GUIDE
EN ITALIE

SAINT-PIERRE DE ROME.

PARIS
L. MAISON, LIBRAIRE-ÉDITEUR
RUE CHRISTINE, 3.

1846.

INTRODUCTION.

ITALIE.

> O terre de Saturne ! ô doux pays ! beau ciel !
> Lieux où chanta Virgile, où peignit Raphaël !
> Terre dans tous les temps consacrée à la gloire,
> Grande par les beaux-arts, reine par la victoire.
> Sans respect, sans amour, qui peut toucher tes bords ?
>
> DE SAINT-VICTOR, *le Voyage du poète.*

ITALIE ! Que de réflexions et de souvenirs fait naître le nom de cette terre classique des arts, des sciences et du génie ! Peut-on le prononcer sans y associer les noms de grandes illustrations et des hommes célèbres dans tous les genres qui ont traversé tant de siècles pour arriver jusqu'à nos jours, sans avoir rien perdu de leur gloire ? Y a-t-il d'ailleurs un pays en Europe dont le sol soit foulé chaque année par une si grande quantité de voyageurs instruits ou curieux qui vont demander à *Rome* ses ruines gigantesques, à *Venise* la gloire de ses doges et de son école de peinture, à *Florence* l'éclat de ses Médicis, ses richesses en peinture, en sculpture, et ses palais de style si sévère, à *Naples* enfin les délices de son golfe, les phénomènes de son *Vésuve* et le bonheur d'un séjour enchanteur ?

Sur cette terre privilégiée, l'antiquaire trouve dans chaque

---

(1) Nous devons une partie de cet avant-propos à l'Itinéraire de MM. ARTARIA, de Milan ; c'est *le seul emprunt* que nous leur ayons fait.

rovince, dans chaque ville, et particulièrement à *Rome*, *Pompéi*, en *Sicile*, etc., de nouveaux aliments à sa curiosité : à chaque pas, des restes antiques lui offrent de nouvelles études et lui fournissent matière à d'intéressantes comparaisons. Le botaniste, l'agriculteur et le minéralogiste y trouvent aussi des moissons abondantes pour leurs utiles recherches.

Quels avantages ne doit pas retirer l'architecte d'un voyage en *Italie* ? Sans parler de l'étude des monuments de l'ancienne Rome, ne peut-il pas aussi consulter avec le plus grand fruit les ouvrages plus modernes des *Bramante*, des *Palladio*, etc. ?

Le sculpteur peut s'y perfectionner dans son art difficile en étudiant les plus beaux modèles des temps reculés où la sculpture avait atteint son apogée, et en prenant pour guide l'immortel *Canova*, dont les chefs-d'œuvre n'ont rien à envier aux anciens.

Enfin le peintre pourrait-il trouver de meilleures inspirations qu'en Italie ? en Italie où les toiles immortelles de *Raphaël*, de *Léonard*, de *Michel-Ange*, de *Titien*, de *Corrège* et de tant d'autres grands maîtres, fourmillent soit dans les temples, dans les galeries publiques, soit dans les riches collections privées.

Indépendamment de l'intérêt puissant que l'Italie réveille par les chefs-d'œuvre de toute espèce qu'elle renferme, cette terre semble avoir été comblée des faveurs de la nature, de sorte que la douceur de son ciel, la richesse de ses productions territoriales, les scènes pittoresques et variées qui se renouvellent à chaque pas, et enfin tout ce qui peut contribuer aux jouissances de la vie, suffiraient pour attirer en Italie de nombreux visiteurs, et en faire le séjour le plus délicieux.

Cependant, pour tirer de ce voyage tout le parti possible et y trouver toutes les jouissances qu'on est en droit d'en attendre, le voyageur doit avoir lu l'histoire générale de ce pays : ce n'est qu'après cette instruction préalable qu'il pourra juger sainement et par lui-même, et qu'il ne s'abandonnera pas à un découragement injuste ou à un enthousiasme exagéré. La connaissance de l'histoire le tiendra en garde contre les bavardages dont les *ciceroni* se plaisent à étourdir les étrangers, et lui donnera les moyens d'apprécier à leur juste valeur tous leurs contes souvent ridicules. Que le voyageur ne se laisse pas non plus effrayer par la peinture des dangers supposés de la mauvaise foi des Italiens, du peu de sûreté des routes, et de tant d'autres fables répandues par une injuste partialité, par l'esprit de contradiction ou par l'insuffisance de quelques auteurs, et accréditées par l'envie ou l'ignorance. Loin de là, les étrangers trouvent en Italie un accueil amical; les personnes et les biens y sont respectés tout aussi bien qu'ailleurs; les Italiens ne manquent pas de franchise, d'activité et d'expansion, assertion qui peut être confirmée par les nombreux ultramontains qui viennent s'établir dans ce pays. Si l'étranger sait se conformer aux usages et aux lois du lieu dans lequel il a fixé son séjour, s'il s'abstient de politique, s'il se conduit en honnête homme, et s'il ne sort pas des limites dans lesquelles doit savoir se renfermer l'homme vivant en société, il n'aura jamais qu'à se louer de ses rapports avec les Italiens et leur gouvernement.

Renseignements sur les diverses manières de voyager en Italie.

Il est d'abord indispensable de se mettre en règle pour son passe-port, qui doit préalablement être visé par les ambassadeurs ou les consuls des différents États qu'on se propose de traverser. Le voyageur devra ensuite s'abstenir de porter avec lui des objets qui soient sujets aux prescriptions des douanes; car, dans le cas contraire, il s'exposerait à des inconvénients, à des dépenses et à des pertes de temps à toutes les frontières. Nous lui recommandons surtout de ne pas se charger de beaucoup de livres, et de ne point en emporter qui, par leur nature, soient contraires aux règlements de la censure. Tous les ouvrages traitant de matières politiques, ceux contraires à la religion catholique, les journaux français, en général, sont sévèrement prohibés dans une grande partie de l'Italie.

Dans tous les États d'Italie il y a des *Diligences* publiques.

Ce moyen de transport est aussi prompt qu'économique, surtout pour les personnes qui ont peu de temps ou qui ont fixé la durée de leur voyage. Cependant le moyen le plus commode est sans doute celui de se servir des chevaux de poste et de sa propre voiture, en ayant soin toutefois de la choisir légère et d'une construction solide, parce qu'il faut souvent traverser des pays montueux, et que d'ailleurs on y trouve une économie pour les chevaux de renfort.

Il est une autre manière de voyager qui a aussi ses avantages : nous voulons parler des *Vetturini*, espèce de voituriers qui abondent dans toutes les principales villes d'Italie, et qui font leurs marchés pour toutes destinations. Il suffit de régler son prix d'avance et de le stipuler bien clairement si le voyage doit être long. Ces voituriers font ordinairement 30 à 35 milles par jour (10 à 12 lieues, ou 40 à 48 kilomètres de France). Le prix de la place varie suivant le nombre de voyageurs qu'ils ont trouvés : en outre il est bon de savoir que le prix du voyage d'une capitale à l'autre est toujours moins élevé que celui du trajet d'une capitale à un bourg ou à un village peu fréquentés, parce que, dans ce dernier cas, les voituriers sont souvent obligés de revenir à vide. Si le voyage se prolonge au delà de deux jours, il est d'usage de comprendre dans le prix de la place le souper et le coucher à l'auberge. Cette manière de traiter est avantageuse en ce qu'on est mieux servi, et qu'on évite par là toute espèce de contestation avec les aubergistes. Ce moyen de transport peut être calculé sur une dépense journalière de 12 fr., tous frais compris.

Dans les grandes villes, et particulièrement à *Milan*, à *Florence*, à *Rome* et à *Naples*, on peut traiter avec des voituriers qui attellent trois ou quatre chevaux à votre propre voiture : ces chevaux servent pendant toute la durée du voyage, et même pour le retour dans les autres capitales de l'Europe.

DÉPENSE EN VOYAGE.

On peut voyager en Italie avec autant d'économie que

dans le reste de l'Europe. Les prix dans les auberges sont pour la plupart modérés. Dans les hôtels de premier ordre, les frais de logement varient selon la situation, le quartier, et le nombre de chambres qu'on occupe; cependant la dépense va rarement au delà de 5 francs. Dans le plus grand nombre des auberges, une chambre coûte de 1 fr. 50 c. à 3 fr.

Dans les auberges d'Italie, l'usage de la table d'hôte n'est pas fréquent; on dîne plus communément au repas ou à la carte. Les pourboires des garçons dépendent, comme en France, de la générosité des voyageurs et du plus ou moins d'occupation qu'on leur a donné.

Lorsqu'on voyage avec ses propres chevaux, les frais d'écurie et de remise sont de 3 à 4 fr. par cheval, sans y comprendre l'avoine, qui se paye à part.

Si le voyageur a l'intention de séjourner plus d'un mois dans une ville, il lui convient de trouver un appartement garni, ce qui lui sera toujours facile. Le prix est naturellement proportionné au nombre des chambres et au plus ou moins d'élégance du mobilier. En général, cependant, un appartement de trois, quatre ou cinq chambres fournies de tout ce qui est nécessaire en linge de lit et de table, coûte de 100 à 150 francs par mois. Pour 300 francs par mois, on peut avoir un très-bel appartement avec remise et écurie. Une chambre seule se paye sur le pied de 25 à 40 fr. par mois.

Les divertissements sont aussi peu dispendieux. Il n'est pas de pays en Europe où l'entrée des théâtres soit moins coûteuse. Dans les théâtres de la *Scala* à *Milan*, de la *Fénice* à *Venise*, et de *St-Charles* à *Naples*, le billet d'entrée n'est jamais au-dessus de 3 francs, à moins qu'il n'y ait quelque circonstance extraordinaire. Ce prix diminue selon les saisons. Dans ces théâtres de premier ordre, et surtout à celui de la *Scala* à *Milan*, les dames vont, comme les hommes, au parterre; cependant les élégants et les riches louent des loges, dont le prix varie selon le plus ou moins de succès des pièces qu'on représente. On peut les louer par soirée ou par saison. Au théâtre de la *Scala*, une loge du premier ou du second rang a quelquefois été payée jusqu'à 100 fr.; mais le prix ordinaire est de 10 à 15 fr. par soirée.

Quand on séjourne longtemps dans une ville, on a la facilité de faire des abonnements, qui, dans les grands théâtres secondaires, s'élèvent à peine à 8 ou 9 fr. par mois.

DURÉE DU VOYAGE.

Pour visiter en détail l'Italie, six mois sont suffisants ; mais il faut avoir soin d'éviter la saison chaude. Les mois les plus favorables pour entreprendre ce voyage sont depuis septembre jusqu'à avril, afin de passer l'hiver à Naples, le carnaval et le printemps à Rome, où les processions et les cérémonies de la semaine sainte sont du plus grand intérêt. La distribution du temps doit être à peu près la suivante : deux mois s'emploient pour le Piémont et le royaume Lombard-Vénitien, en consacrant huit jours pour chaque capitale; quatorze jours sont nécessaires pour visiter Florence, six semaines pour Rome, un mois pour Naples et ses environs, et enfin deux mois pour le retour en visitant les autres villes.

Il sera toujours convenable de se munir de *lettres de recommandation*, surtout pour les villes de Milan, de Rome et de Naples, où elles seront très-utiles à l'étranger pour son admission dans les sociétés, pour s'instruire en peu de temps des usages du pays, faire connaissance avec les principaux artistes, et enfin pour lui faciliter les moyens de se faire accompagner par des personnes instruites dans les excursions artistiques.

N. B. Les voyageurs qui désirent copier quelques monuments à *Pompeï*, *Herculanum* ou à *Pestum*, doivent préalablement se munir d'une autorisation spéciale qui est délivrée par le directeur des fouilles, résidant à Naples.

Des lettres de crédit offrent aussi un grand avantage, puisqu'elles évitent le soin embarrassant de se charger de sommes d'argent trop considérables, surtout dans un pays où les portes des chambres dans les hôtels ne ferment pas toujours très-bien.

Quant au genre d'espèces qu'il est le plus convenable de

porter avec soi, ce sont les napoléons d'or et les pièces de 5 fr. En Piémont et dans les duchés de Parme et de Modène, on compte en livres italiennes qui ne sont autre chose que le franc. Dans le royaume Lombard-Vénitien les comptes s'effectuent en livres autrichiennes (zwanziger), dont la valeur, comparée à celle du franc, est de 87 centimes. Dans les États du pape et dans les duchés de Toscane et de Lucques, les monnaies en cours sont les écus et les paoli. Enfin, dans le royaume de Naples, on se sert des onces, des ducats et des carlins, de la valeur desquels nous donnerons plus loin le tableau comparatif.

Aperçu géographique, statistique et commercial de l'Italie.

D'après l'opinion de plusieurs auteurs distingués, l'Italie fut peuplée tant par des colonies qui s'y établirent dans la partie méridionale, que par des populations émigrées qui occupèrent la partie septentrionale, appelée Gaule cisalpine. Cette partie ne fut agrégée à l'Italie que sous *Auguste*. Elle était divisée en *Gaule Cispadane* et en *Gaule Transpadane*, dénominations qui tirèrent leur origine de leur position en deçà ou en delà du Pô; enfin en *Ligurie*, qui était habitée par les Ibériens et les Liguriens. Les provinces de l'est de l'Italie centrale étaient occupées par les Latins, les Campaniens et les Etrusques; celles de l'ouest par les Ombriens, les Picéniens et les Samnites. Le pays des Samnites, auquel appartenaient les Sabins et les Campaniens, était aussi appelé Ausonie. Mille ans avant Jésus-Christ, les Etrusques, aussi appelés Toscans ou Tyrrhéniens, formèrent déjà un peuple composé de douze villes qui avaient aussi l'île de Corse sous leur dépendance. Le *Latium* était également peuplé lorsqu'Evandre d'Arcadie conduisit une colonie sur le mont Palatin, et qu'Énée le Troyen fut accueilli par le roi Latinus. L'Italie méridionale était divisée entre les Lucaniens et les Bruthiens, par les Apuléens et les Calabrois. La ville la plus ancienne construite par les Grecs fut *Suma*, dont la fondation remonte à l'an 1050 avant J.-C. Diomède vint d'Argos dans la Pouille et y construisit Bénévent. Anténor de Troie passe pour avoir fondé Padoue. La Sicile était peuplée par des Siculiens, qui furent expulsés de l'Italie par les Ausoniens.

La partie la plus importante de l'Italie était la centrale, peuplée par les Latins, qui 1151 ans avant J.-C. bâtirent *Albalonga*, d'où sortit ensuite cette fameuse Rome, qui fit d'abord la conquête de l'Italie pour faire plus tard celle du monde ancien. Les ouvrages que nous conseillons au lecteur de consulter pour s'éclairer mieux sur ces matières, sont les suivants :

Micali. — *L'Italia avanti il dominio de' Romani* (l'Italie avant la domination des Romains). — *Tomassi. Dell' Italia antica e dei Romani fino alla caduta dell' Imperio d'Occidente* (de l'Italie antique et des Romains jusqu'à la chute de l'empire d'Occident).

L'Italie, après avoir été la maîtresse du monde, perdit avec le temps sa puissance. Aujourd'hui elle est divisée en plusieurs petits États, ainsi que nous le ferons voir par la suite. Elle forme une péninsule dont la longueur du nord-est au sud-ouest est d'environ 1,200 kil. (300 lieues); sa largeur au nord est de plus de 640 kil. (160 lieues); dans sa partie moyenne, de 200 kil. (50 lieues); au midi elle peut avoir 160 kil. (40 lieues), et à l'entrée de la *Calabre* elle n'a seulement que 40 à 48 kil. (12 lieues).

Elle est bornée au sud par la Méditerranée, à l'ouest par la mer Tyrrhénienne, au nord par la Suisse, le Tyrol et les États autrichiens, et enfin à l'est par la mer Adriatique. De trois côtés la mer forme la frontière de l'Italie, et du quatrième côté elle est séparée des autres États par les Alpes.

La superficie de cette belle péninsule, en y comprenant la *Sicile*, la *Sardaigne* et toutes les petites îles, est de 64,800 kil. (16,200 lieues), et celle des îles seules, 11,300 k. (2,825 l.). Cette riche contrée est divisée de la manière suivante :

DIVISION ACTUELLE DE L'ITALIE.

États.	Surface en milles carrés.	Population.
Royaume Lombard-Vénitien.	13,106	4,842,784
Duché de Lucques.	320	150,500
Duché de Massa.	71	30,000
Duché de Modène.	1,480	390,000
Duché de Parme.	1,000	450,000
États du pape.	13,000	2,850,000
République de San-Marino.	17	7,000
États de Sardaigne.	21,062	4,650,368
Royaume des Deux-Siciles.	32,400	8,072,615
Grand-duché de Toscane.	6,128	1,350,000
Ile de Corse.	2,720	221,463
Ile de Malte avec Cozo et Como.	132	104,600
Total.	92,036	23,119,330

L'Italie est divisée dans sa longueur par les *Apennins*, chaine de montagnes qui s'unit aux Alpes. Les fleuves et les lacs n'abondent que dans l'Italie septentrionale : les autres parties de cette péninsule ont souvent à souffrir de la sécheresse. Du sein des *Alpes* jaillissent le *Pô* et l'*Adige*, fleuves considérables qui se jettent dans la mer Adriatique. Les autres fleuves ou torrents qui arrosent l'Italie centrale ou méridionale sont de peu d'importance, si l'on en excepte l'*Arno* dans la Toscane, le *Tibre* dans la Romagne, le *Garigliano* et le *Volturno* dans le royaume de Naples.

Les principaux lacs sont : le *lac Majeur*, le plus grand et le plus imposant; les *lacs de Côme*, de *Garda*, de *Lugano*, d'*Iseo*, de *Bolsena*, de *Bracciano*, les *lacs de Trasimène* et de *Tucino*.

Les golfes les plus remarquables sont : les golfes de *Gênes*, de *Gaëte*, de *Naples* et de *Palerme*, dans la Méditerranée; les golfes de *Venise*, de *Manfredonia* et de *Tarente*, dans la mer Adriatique.

Les caps les plus importants sont : les caps de *Piombino*, *Monte-Argentero*, de *Mont-Circello*, de *Misène*, de la *Minerva* (*Campanella*), de *Spartivento*, *delle Colonne*, de *Finisterra*, de *Vicatrice*, de *Monte-Quarto*, de *Faro*, de *Passaro*, de *Boco*, *della Testa*, *dell'Asinaria*.

Si l'Italie peut citer la beauté de son climat, la majesté imposante de ses montagnes, l'aspect pittoresque de ses collines, ses plaines ne sont pas moins belles. L'une des plus grandes et des plus riches de l'Europe, et l'on pourrait dire du monde, est celle de la *Lombardie*, qui s'étend entre le golfe de Naples, le Vésuve et les Apennins; sa fertilité est admirable. Sur le versant opposé de cette chaîne, d'autres plaines moins étendues, mais non moins fertiles, se prolongent sur les bords de l'Adriatique, aux environs du golfe de Manfredonia, et sur la terre de Bari.

PRODUITS AGRICOLES.

A l'exception de quelques provinces montueuses, l'Italie produit toute sorte de blés, des olives, des mûriers, des figues et des vignes. Les vins les plus estimés sont le *lacryma-christi*, qui se recueille sur le Vésuve; le vin grec, le vin de Syracuse, celui de *Prosecco* près de Trieste, celui de Montepulciano; et en Piémont, les vins d'Asti, de Caluso, de Bocca, etc.

L'huile est aussi pour l'Italie un objet de grande importance. Celles de Nice et de Lucques sont réputées les meilleures. La Pouille en produit aussi une grande quantité, mais elle est généralement d'une qualité secondaire.

Les grains sont également cultivés avec succès en Italie, et particulièrement en Lombardie et en Piémont, où la culture du riz est une source inépuisable de richesse. La Lombardie tire aussi d'immenses avantages du commerce de ce genre de fromage appelé *Lodigiano* ou de *Grana*, dont il s'y fait d'innombrables expéditions.

Indépendamment de leurs productions territoriales, les deux royaumes que nous venons de citer retirent de grands bénéfices de la culture du mûrier et de l'éducation des vers à soie. Aussi peut-on dire que le commerce de la soie est pour la partie septentrionale de l'Italie une mine sans cesse renaissante de richesses et de prospérité.

Le règne végétal des quatre parties du monde peut prospérer sous le ciel de l'Italie.

Plusieurs provinces sont renommées pour la douceur de leur climat et la salubrité de l'air qu'on y respire : telles sont les provinces de *Nice*, de *Gênes*, de *Pise*, de *Naples*, de *Malte*, les *collines de la Brianza*, la rivière du *lac Majeur*, les lacs de *Côme* et de *Garda*.

Venise, *Rome* et sa *campagne*, les *marais Pontins* et les *Maremmes* de *Sienne*, sont insalubres, et surtout en été. Les exhalaisons méphitiques de la terre produisent diverses maladies, et particulièrement la fièvre tierce.

Le *sirocco*, vent qui souffle en été de la côte d'Afrique, est très-préjudiciable à la santé; il exerce sur les hommes et sur les animaux une influence si maligne, qu'ils tombent presque subitement dans un état de langueur qui ressemble à la léthargie.

COMMERCE, INDUSTRIE.

On sait à quel degré de prospérité s'éleva jadis le commerce de l'Italie. *Gênes* et *Venise* occupent une brillante place dans les annales du commerce maritime de l'Europe moderne. C'est au commerce que les Médicis durent leur élévation; mais, sous ce rapport comme sous celui de la puissance, l'Italie et ces villes elles-mêmes ne sont plus que l'ombre de ce qu'elles étaient alors. Cependant Venise, Gênes, Livourne, Civita-Vecchia, sont encore des ports très-fréquentés, et font un commerce important des riches produits du sol et des objets manufacturés dans les diverses localités de l'intérieur, consistant en calicots, indiennes, rubans, voiles, soieries, velours, broderies, fleurs artificielles, émaux, camées, galons, orfévreries, bijouteries, chapeaux de paille très-renommés, etc., etc. Mais l'Italie possède encore une autre source de richesse; c'est cette grande quantité d'étrangers qui la visitent chaque année, qui y font de longs séjours, et dont l'or répand partout l'abondance.

Les ports francs dans lesquels se font les plus grandes affaires sont : *Trieste*, *Venise* et *Ancône*, dans la mer

Adriatique ; *Gênes*, *Livourne*, *Civita-Vecchia*, *Naples* et *Messine*, dans la Méditerranée.

Les foires principales sont celles qui se tiennent, dans le cours de l'été, à *Sinigaglia* et à *Bergame*.

ROYAUME LOMBARD-VÉNITIEN.

Ce royaume, qui, aux termes du congrès de Vienne de 1815, fait partie de la monarchie autrichienne, se compose des pays situés dans l'Italie septentrionale, c'est-à-dire des duchés de Milan, de Mantoue, de Castiglione et de Solferino, qui étaient connus, avant le traité de Campo-Formio, sous le nom de Lombardie autrichienne. A ces duchés furent ajoutés ensuite la Valteline, Chiavenna, Bormio et la plus grande partie des États de terre ferme appartenant à la république de Venise. Tous ces divers pays composent aujourd'hui le royaume Lombard-Vénitien, dont le vice-roi réside tour à tour à Milan et à Venise.

Le royaume Lombard-Vénitien est borné au N. par les Alpes, qui le séparent de la Suisse, du Tyrol et des autres États héréditaires de la monarchie autrichienne; à l'E. par la mer Adriatique; au S. par les États du pape et par les duchés de Modène et de Parme; et à l'O. par le Piémont, dont il est séparé par le cours du Tésin et du Pô.

La superficie de ce royaume est de 851 milles carrés, et la population d'environ 4,743,000 âmes. Le royaume est divisé en deux gouvernements, dont l'un a pour capitale Milan, et l'autre Venise. Le gouvernement de Milan est divisé en 9 délégations, dont les chefs-lieux sont : Milan, Côme, Pavie, Crémone, Lodi, Sondrio, Bergame, Brescia et Mantoue.

Le gouvernement de Venise se compose de 8 délégations, savoir : Venise, Padoue, Vicence, Vérone, Trévise, Udine, Bellune et Rovigo. Les deux gouvernements renferment 41 villes, 176 bourgs et 5,481 villages et hameaux.

Le tribunal judiciaire suprême et le commandement militaire général résident à Vérone. Les fleuves principaux sont l'Adige et le Pô. Les lacs qui fertilisent son territoire sont le lac Majeur (la rive orientale seulement, car l'autre appartient au Piémont), les lacs de Côme, de Garda, d'Iseo, etc.

Les *Alpes*, qui servent de frontière nord aux riches plaines de la Lombardie, sont une chaine de montagnes de hauteurs différentes, qui prennent des noms différents suivant leur position géométrique. On les distingue en Alpes Maritimes, Cotiennes, Graïennes, Pennines, Léponthiennes ou Helvétiques, Rhétiennes, Noritiennes, Carnitiennes et Juliennes. Ces montagnes forment de l'O. au N. un grand demi-cercle qui commence vers la côte de la Méditerranée près de Monaco, traverse la Suisse et le Tyrol, et se termine au golfe de Quarnero dans l'Adriatique, sur une échelle de 40 lieues, depuis les 44 et 47° de latitude septentrionale et les 40° 20' de longitude méridionale. Nous aurons occasion de citer ces montagnes lorsque nous en décrirons divers passages.

Les Alpes maritimes s'étendent depuis la côte de la Méditerranée jusqu'au mont Viso, entre *Oneglia* et *Tolone* : les cols de Tende, de la Coma, de l'Argentiera et de l'Agnello, en font partie; les Cotiennes s'étendent depuis le mont Viso jusqu'au mont Cénis, et séparent le Piémont du Dauphiné : le mont Genèvre et le mont Viso leur appartiennent; les Graïennes ou Grecques, depuis le mont Cénis jusqu'au mont Blanc, en y comprenant le grand et le petit St-Bernard; les Pennines se terminent au mont Rose; les Helvétiques séparent la Suisse du Piémont et de la Lombardie : le St-Gothard et le Splugen en font partie; les Rhétiennes arrivent jusqu'aux frontières du Tyrol, de la Carinthie et du Salisbourg; les Noritiennes descendent jusqu'aux plaines d'Adenburg en Hongrie; les Carnitiennes ou Camiennes s'étendent jusqu'à la mer Adriatique; enfin les Juliennes vont du *Terylon* jusqu'aux confins de la Croatie, en traversant la Carniole.

Les produits les plus importants du royaume Lombard-Vénitien consistent en riz, grains, vins, fruits, fromages de Lodi et celui dit de Stracchino, en soie, fer, cuivre et marbre.

Plusieurs canaux artificiels sillonnent la Lombardie, et

servent à la fois au transport des marchandises et à l'irrigation des terres. Les principaux sont :

1° Le *Naviglio Grande*, qui, sortant du Tésin, se réunit au canal de Pavie sous les murs de Milan, et transporte dans cette dernière ville les marchandises et les produits du lac Majeur;

2° Le *Naviglio Martesana*, qui sort du lac de Lecco, et vient aboutir à Milan;

3° Le *Canal de Pavie*, qui sert de communication entre cette ville et Milan;

4° La *Canonica*, qui débouche de l'Adda et se termine au Serio;

Enfin la *Fossa Martinenga*, le *Canal de l'Oglio* et la *Fossa Seriola*, qui sont autant de petits canaux secondaires qui servent très-utilement à l'irrigation des terres avoisinantes.

ÉTATS DU ROI DE SARDAIGNE.

Les États du roi de Sardaigne consistent en :
1° L'île de Sardaigne;
2° Les duchés de Savoie, de Montferrat et de Gênes, la principauté de Piémont et une partie de l'ancien duché de Milan.

La superficie totale du royaume est de 1,274 milles carrés, et la population s'élève à 4,700,000 âmes; il est partagé en 8 intendances, en 40 provinces pour le territoire continental, en 11 diocèses pour l'île de Sardaigne, comprenant en tout 94 villes, 269 bourgs, et 3,356 villages et hameaux.

ILE DE SARDAIGNE.

Cette île est située dans la Méditerranée au S. de l'île de Corse, dont elle n'est séparée que par un canal de deux milles de largeur. Sa superficie est de 430 milles carrés, et sa population de 524,700 habitants. Elle est divisée géographiquement en deux parties, savoir : le *Cap Cagliari* et le *Cap Sassari*; sous le rapport politique, elle est répartie en 11 provinces, dont les chefs-lieux sont : *Busachi*, *Iglesia*,

Isilia, Lunasti, Cagliari, Buoco, Sassari, Algheri, Guglieri et *Ozieri.*

Les monts *Limbaro, Villanova, Arizzo, Fornay* et *Genergenta,* sont couverts de neige pendant presque toute l'année. Ce dernier s'élève de 1,877 mètres au-dessus du niveau de la mer. Les productions principales de l'île consistent en vins, fruits, miel et grains. Les salines, la pêche du corail et du thon, sont aussi une branche importante du commerce de la Sardaigne.

Le capitaine général, qui prenait autrefois le titre de vice-roi de Sardaigne, réside dans la ville de Cagliari.

Ce ne fut qu'en 1822 qu'on construisit une route accessible aux voitures entre Cagliari et Sassari.

Les pays de terre ferme appartenant au roi de Sardaigne ont une superficie de 844 milles carrés avec une population de 4,126,000 âmes. Les chefs-lieux de ces diverses provinces se nomment *Turin, Cuneo, Alexandrie, Novare, Aoste, Nice, Gênes,* et *Chambéry,* capitale du duché de Savoie. L'avoine, le riz, les châtaignes, le vin, les fruits, les olives, sont les principales productions de ces provinces.

Mais ce qui forme la principale richesse des Etats du roi de Sardaigne, c'est la soie, dont la qualité est reconnue supérieure à toute celle qui se recueille en Italie.

Revenus : 65,000,000 fr.
Dette : 150,000,000 fr.
Armée : 57,000 hommes.
Marine : 25 bâtiments armés.

LE DUCHÉ DE PARME.

Le duché de Parme, Plaisance et Guastalla s'étend sur une surface de 103 milles carrés, dont la population est de 450,000 âmes. Cette principauté est divisée en trois duchés répartis en 14 districts, comprenant 6 villes, 31 bourgs et 815 villages ou hameaux. Les capitales du duché sont : *Parme, Plaisance* et *Guastalla.* Il est arrosé par le *Pô,* qui le sépare du royaume Lombard-Vénitien, par la *Trebbia,* le *Faro,* la *Stura* et la *Parma.*

Revenus : 6,500,000 fr.
Dette : 7,000,000 fr.
Armée : 1,800 hommes.

Aux termes des conventions politiques de 1815, le duché de Parme doit passer, après la mort de l'archiduchesse régnante, Marie-Louise, aux héritiers de la reine d'Etrurie, duchesse de Lucques.

DUCHÉ DE MODÈNE.

Le duché de Modène, jadis appartenant à la duchesse *Marie-Béatrix*, de la maison d'Est, est aujourd'hui au duc régnant *François IV*, et est uni à celui de *Reggio*, *Mirandole*, et aux principautés de *Novellura*, *Correggio*, *Carpi*, *Massa-Carrara* et *Garfagnana*. Le tout ensemble embrasse une superficie de 98 milles carrés et renferme 390,000 âmes de population, répartie dans 10 villes, 63 bourgs et 437 villages et hameaux. Il est borné à l'E. par les États de l'Eglise, au N. par le royaume Lombard-Vénitien, au S. par la Toscane, et à l'O. par le duché de Parme. Il est traversé par deux fleuves principaux, qui sont la *Secchia* et le *Panaro*. Une partie de ce duché est montagneuse, et la portion qui se compose de plaines produit en abondance des grains, du vin, de la soie et de l'huile. C'est aussi sur son territoire qu'existent ces fameuses carrières de marbre dit de Carrare. Les tribunaux suprêmes de justice et d'appel ont leur siége à Modène, capitale du duché et résidence ordinaire du duc régnant. Les tribunanx secondaires de justice et de première instance sont répartis entre Modène et Reggio. Ce duché est divisé en quatre provinces : celles de *Modène*, *Reggio*, *Garfagnana* et *Lunigiana Estense*. Les manufactures qui donnent les produits les plus satisfaisants sont celles de faïence, d'eau-de-vie, de préparation de peaux et la filature de la soie.

Obizzo III d'Est, dont la famille exerçait déjà depuis longtemps la charge de podestat de Modène, fut créé seigneur de cette ville en 1290. En 1452, *Borso d'Est*, descendant du susnommé, fut élu duc de Modène par l'empereur

Frédéric III, et sa famille régna jusqu'en 1796, époque où les Français la dépouillèrent de ses Etats. Le dernier rejeton mâle fut le duc *Hercule III*, qui cessa de vivre en 1803, et dont la fille, ayant épousé l'archiduc Ferdinand d'Autriche, fut la mère du duc régnant.

Revenus : 4,000,000 fr.
Dette : 1,500,000 fr.
Armée : 1,780 hommes.

DUCHÉ DE LUCQUES.

Ce duché se compose de quelques provinces situées au N. des duchés de Parme et de Modène, qui lui servent de limites : dans la partie S., il est borné par la mer Méditerranée.

Son étendue est de 20 milles, et sa population de 150,000 âmes, réparties dans 2 villes, 20 bourgs et 270 villages et hameaux. Ce duché, jadis divisé en trois provinces, dont les chefs-lieux sont *Lucques*, *Viareggio* et *Bourg Mozzano*, et maintenant en 11 communautés, est un des pays les plus fertiles de l'Italie : il est arrosé par le *Serchio*. Le vin, les grains, les fruits et la soie sont les productions principales de son territoire; mais la plus importante est sans contredit l'huile, dont la qualité est reconnue des meilleures de toutes celles d'Italie. Les Lucquois sont l'un des peuples les plus industrieux de l'Italie; c'est ce qu'attestent l'état de leur agriculture, leurs fabriques d'huile d'olive et leurs manufactures de velours et de soieries. La probité est toujours la compagne du travail : les montagnards de ce duché jouissent d'une réputation de fidélité bien méritée.

La veuve reine d'Etrurie, *Marie-Louise*, infante d'Espagne, gouverna ce duché depuis 1815 jusqu'en 1824, époque de sa mort. Son fils *Charles* est le duc actuellement régnant; mais, d'après les stipulations du congrès de Vienne de 1815, le duc *Charles* devant succéder à l'archiduchesse *Marie-Louise*, ce duché sera incorporé dans celui de Toscane.

Revenus : 1,500,000 fr.
Dette : 800,000
Armée : 800 hommes.

GRAND-DUCHÉ DE TOSCANE.

Il est entouré par la mer Méditerranée, par les Etats du pape et par les duchés de Modène et de Lucques. La population de ce duché est de 1,350,000 âmes, y compris l'île d'Elbe, réparties dans 36 villes, 135 bourgs et 6,017 villages et hameaux. Son territoire est arrosé par une quantité de torrents et par l'*Arno*, fleuve navigable dont les eaux fécondent le territoire. Les vins et les fruits y sont exquis. La soie et les grains y sont aussi d'une excellente qualité, et les marbres qu'on retire de ses montagnes se distinguent par la pureté de leur finesse. La paille dite de Florence, et la fabrication des chapeaux connus en France sous le nom de *chapeaux de paille d'Italie*, formaient jadis la principale richesse des paysans ; mais aujourd'hui cette industrie est bien déchue. L'industrie et les beaux-arts trouvent en Toscane encouragement et protection ; aussi y voit-on de nombreuses fabriques d'étoffes, de soie, de coton, de papier, de savon, de chapeaux de paille, de porcelaines, etc., etc. Ses lacs sont aussi pour le pays une source de richesse : neuf d'entre eux produisent l'acide borique hydraté. Les principaux établissements sont : ceux de *Monte-Cerboli*, *Monte-Rotondo*, *Castel-Nuovo*, *Serazzano* et *Susso*. Leurs produits, en 1844, étaient de plus de 2 millions de kilog. ; en 1817, ils n'étaient que de 4,000 kilog.

Le duché de Toscane est divisé en cinq provinces, savoir : le *Fiorentino*, le *Pisano*, le *Sienese*, l'*Aretino* et le *Grosseto*. L'île d'*Elbe* appartient à la province *Pisana*. Les universités ont leur siège à *Florence*, à *Pise* et à *Sienne*. La cour suprême de justice siège à Florence : les tribunaux de première instance ont leur siège à Florence, Livourne et Pistoia. Le tribunal de commerce est installé à Florence.

L'empereur *Léopold II*, grand-duc de Toscane, fut le fondateur et le protecteur des institutions les plus utiles de la Toscane. Le grand-duc régnant, *Léopold*, secondant les généreuses intentions de ses ancêtres, ne se borne pas à les imiter, mais encore il dirige tous ses efforts vers l'amélioration du bien-être de ses sujets. Le desséchement des Maremmes de Sienne est une entreprise qui suffira pour immortaliser le nom du prince qui en a conçu le projet et qui l'a mis à exécution.

Florence est la résidence du grand-duc. Livourne est considérée comme l'un des ports francs les plus importants d'Italie.

Revenus : 17,500,000 fr.
Dette : éteinte depuis 1829.
Armée : 4,500 hommes.
Universités : 3.

RÉPUBLIQUE DE SAINT-MARIN.

De toutes les républiques existantes, celle de *Saint-Marin* est la plus petite. Elle ne se compose que d'une petite ville et deux villages appelés *Faetano* et *Serravalle*. Sa superficie est d'un mille et demi carré, et sa population s'élève à peine à 7,000 habitants. Elle se gouverne par ses propres lois, quoiqu'elle soit sous la protection du souverain pontife. Le sénat, composé de 12 membres, est présidé par deux consuls qui sont élus tous les trois mois. La souveraineté réside dans un conseil de 300 personnes, appelées *Anziani*.

Le fondateur de cette république fut un ermite nommé *Marino*, qui s'y établit avant l'an 1300.

Revenus : 70,000 fr.
Dette.
Armée : 60 hommes.

ÉTATS PONTIFICAUX.

Les États Pontificaux sont bornés au N. par le royaume Lombard-Vénitien, à l'E. par la mer Adriatique, au S.-E. par le royaume de Naples, au S. et S.-O. par la mer Méditerranée, à l'O. par la Toscane et le duché de Modène. Leur superficie, y compris les provinces de Bénévent et de Pontécorvo, est de 1,812 milles carrés, avec une population de 2,900,000 âmes, répartie dans 90 villes, 206 bourgs et 3,387 villages et hameaux. Ces États sont traversés du N. au S. par les Apennins, dont la montagne la plus élevée, nommée *Monte-Velino*, a 2,615 mètres d'élévation au-dessus du niveau de la mer. Il n'y a dans ces États d'autre fleuve navigable que le Tibre. Les lacs principaux sont ceux de *Bolsena*, de *Bracciano*, d'*Albano*, de *Perugia* et de *Vico*. Quoique le sol, par sa nature, soit très-favorable à toutes sortes de cultures, il est cependant loin de produire autant qu'on serait en droit d'en attendre. Les vins, dont quelques-uns sont exquis, toute sorte de grains, les olives, la soie, le safran, quelques espèces de marbres, la terre de porcelaine et les bestiaux, forment la principale ressource du territoire. Les États Pontificaux sont coupés par une quantité de marais qui rendent inculte et malsaine une grande étendue du territoire; les principaux sont : les *marais Pontins*, les *Valli di Comacchio* et ceux de *Cervia*.

Les États du pape se divisent en 14 délégations ou provinces, qui ont pour chefs-lieux : *Frosinone*, *Viterbe*, *Perugia*, *Spoleto*, *Macerata*, *Fermo*, *Ancône*, *Urbino*, *Forli*, *Ravenne*, *Bologne*, *Ferrare*, *Bénévent*, *Comarca de Rome*.

La souveraineté absolue appartient au pape, qui est élu par les cardinaux assemblés en conclave. Le ministère des finances s'appelle *Camera* (chambre), et est confié à la direction du cardinal *Camerlengo*. La *Sacra Consulta* est le tribunal de justice; le *Buon Governo*, la direction de police, et la *Congregazione de' monti*, l'administration de la dette publique. La chancellerie papale porte le nom de *Dataria*. Les universités ont leur siége à *Bologne, Ferrare, Rome, Perugia, Fermo, Macerata* et *Camerino*.

Revenus : 50,000,000 fr.
Dette : 370,000,000.
Armée : 18,886 hommes.

ROYAUME DE NAPLES ET DES DEUX-SICILES.

Ce royaume est formé de deux autres jadis séparés, et réunis depuis 1817 sous la dénomination de royaume de Naples et des Deux-Siciles. Ils ont ensemble une superficie de 2,030 milles carrés, et une population de 8,100,000 âmes, répartie dans 644 villes, 399 bourgs et 2,156 villages et hameaux.

Il est aujourd'hui gouverné par sa majesté *Ferdinand II*, qui s'occupe sans relâche d'améliorer le sort de ses sujets et de développer les arts et l'industrie. *Naples* est la résidence du roi et celle des ministères.

Le royaume de Naples est borné au N.-E. par les États Pontificaux, au N.-O. par la mer Adriatique, au S. et à l'E. par la mer Méditerranée. Il a 1,437 milles carrés de surface, et une population de 6,200,000 âmes. Ainsi que les États Romains, ce royaume est traversé par les Apennins. Le point le plus élevé de ces montagnes est le *Gran Sasso d'Italie*, dont la hauteur au-dessus du niveau de la mer est de 2,750 mètres. Le climat dans ce royaume est si doux, qu'on n'y connaît de l'hiver que le nom; il est dommage que le vent appelé *sirocco* souffle en été de manière à se rendre assez incommode. Presque toute l'Italie méridionale repose sur un sol volcanique; mais le royaume de Naples est plus particulièrement soumis à cet inconvénient; aussi éprouve-t-il souvent de violentes secousses de tremblement de terre qui produisent de grandes catastrophes. Le tremblement de terre de 1783 détruisit plus de 100 villages dans ce royaume. Le mont *Vésuve*, dont nous parlerons dans le cours de cet ouvrage, est tout à fait étranger aux Apennins. Les fleuves navigables du royaume de Naples sont le *Volturno* et le *Carigliano*. Tous les autres descendent des montagnes, et, après un cours de peu d'étendue, se jettent dans la mer. Les principaux lacs se nomment *Lugrino*, *Agnano*, *Varono* et *Selano*.

Les grains, le riz, les figues, les grenades, les oranges, les châtaignes, les vins, le coton, la soie, le cristal de roche, le corail, sont les productions les plus importantes de ce territoire.

Le royaume est divisé en 15 provinces, savoir : *Naples*, *Terra di Lavoro*, *Principato citeriore*, *Principato ulteriore*, *Abruzzo ulteriore*, *Abruzzo citeriore*, *Capitanata*, *Molise*, *Terra de Bari*, *Terre d'Otrante*, *Basilicata*, *Calabre citérieure*, *Calabre ultérieure*. Chacune de ces provinces est présidée par un gouverneur.

Revenu général : 123,177,000 fr.

Dette : 500,000,000 fr.

Armée de terre : 53,045 hommes.

Marine : 18 navires armés de 463 canons.

ROYAUME DE SICILE.

(Domaine au delà de Faro.)

Cette île, aussi fertile que peuplée, est située dans la Méditerranée et a la forme d'un triangle. Elle est séparée du reste de l'Italie par le canal de Messine, qui n'a que 2 ou 3 milles de largeur. La superficie de ce royaume, en y comprenant les îles Lipari et quelques autres de moindre importance, est de 593 milles carrés, et sa population de 1,100,000 habitants, parmi lesquels on peut compter 35,000 moines ou religieuses.

La montagne la plus élevée de l'île est le célèbre mont *Etna* ou mont *Gibel*. Il n'y a en Sicile aucun fleuve navigable, mais en revanche elle est arrosée par une grande quantité de torrents qui fertilisent le sol d'une manière extraordinaire. C'est peut-être en raison de cette même fertilité que l'agriculture y est très-négligée. L'industrie elle-même y a peu de vigueur : tout le commerce est entre les mains des Anglais, qui y ont établi de nombreuses maisons commerciales.

Les productions territoriales consistent en vins, grains, cotons, olives, câpres, oranges, et en soude dont la qualité la plus estimée est celle de *Catane*. La Sicile est divisée en sept intendances, savoir : *Palerme*, *Messine*, *Catane*,

Girgenti, *Syracuse*, *Trapani* et *Caltanisetta*. Palerme est la capitale de l'île et le siége des tribunaux ainsi que de la régence. Les universités sont à Palerme et à Catane.

Revenus : 41,328,270 fr.
Dépense : 52,349,310 fr.

Dans ce panorama politique de l'Italie, nous n'avons fait qu'esquisser, pour ainsi dire, la physionomie de ces belles contrées, nous réservant le soin d'entrer dans tous les détails qui peuvent intéresser notre voyageur, à mesure que nous parcourrons cette antique *Ausonie*.

HAUTEUR

Des montagnes et des points les plus élevés d'Italie et des Alpes.

	Mètres.		Mètres.
Mont Blanc.	4,795	Hôpital du Grand-St-Bernard.	2,491
— Rose.	4,618	Monte della Sibilla.	2,348
— Cervino (Matterhorn).	4,522	Mont Baldo.	2,280
— Géant.	4,206	— Somma.	2,265
— Jorasse.	4,000	— Cimone.	2,126
— Genèvre.	3,592	Hospice du St-Gothard.	2,075
Passage du mont Cervin.	3,383	Passage du Petit-St-Bernard.	2,192
Mont Velan.	3,166	et auberge de la Poste sur le mont Cénis.	1,906
— Grand-St-Bernard.	3,376		
— Etna.	3,237		
— Tourné.	3,066		
— St-Gothard.	3,032		
— Noir.	3,031	Passage du Simplon.	2,005
— Buet.	3,109	— du mont Genèvre.	1,937
Col del Stelvio.	2,891		
— Cénis.	3,493	— du Splugen.	1,925
— Viso.	3,836	— du col de Tende.	1,795
Grand Sasso d'Italie, le point le plus élevé des Apennins.	2,902	Le bourg de Lanslebourg.	1,780
		Mont Vésuve.	1,052
— Legnone.	2,686	Bourg d'Airolo.	1,066
Petit-St-Bernard.	2,666	Le prieuré de Chamouni.	1,020
— Velina.	2,358	La ville de Bormio.	900
Passage du mont Furka.	2,439	— de Radicofani.	838

Le cratère de Stromboli.	830	Parme.	95
Lac d'Annecy en Savoie.	476	Florence.	74
Lac de Genève.	394	Le fleuve Arno près de Florence.	60
Ville de Sienne.	336		
— de Domo d'Ossola.	314	Le Capitole à Rome.	48
Turin.	300	Le Corso à Rome.	31
Lac de Lugano.	291	Aiguille de St-Pierre à Rome.	167
— de Côme.	216		
— Majeur.	212	Colonne de Trajan à Rome.	147
Tivoli.	198		
Ville de Milan.	231	Maître-autel de St-Pierre à Rome.	33
Bologne.	225		

Court exposé sur l'état des beaux-arts en Italie.

PEINTURE (1).

La peinture est l'art dans lequel les Italiens ont toujours excellé, et presque à l'exclusion de toutes les autres nations. Elle fut en honneur chez eux depuis les siècles les plus reculés. Au VIe siècle appartiennent les tableaux de la Vierge existant à Ste-Marie-Majeure et à Ste-Marie-in-Ara-Cœli, à Rome, et qu'on croit être l'ouvrage de l'apôtre St Luc; au VIIIe siècle fleurit la peinture sur verre, et au XIIIe siècle on avait déjà établi à Venise une académie de peinture.

Giunta Pisano, *Buffalmaco*, *Guide de Sienne* et *André Tosi*, fleurirent à Pise au XIIIe siècle, et donnèrent naissance aux *Cimabue*, *Giotto* et *Masaccio*, fondateurs de cette école florentine, qui, sous *Michel-Ange* et *Léonard de Vinci*, atteignit le plus haut degré de perfection.

L'école romaine fut établie aussi au XIIIe siècle par *Aderigi*. Perugia en était le siége. *Pierre Vanucci* dit le *Perugin*

---

(1) On consultera avec fruit sur cette matière l'HISTOIRE DE LA PEINTURE EN ITALIE, par Stendhal, 2 vol. in-8°.

la cultiva; et plus tard il en sortit l'immortel RAPHAEL SANZIO d'URBIN.

André Murano et *Victor Corpaccia* avaient déjà rendu célèbre l'école vénitienne au XVe siècle. Padoue était le siége de cette académie. *Giorgione* et le *Titien* furent les plus grands maîtres de cette école, dont le caractère distinctif est la vivacité et le brillant du coloris.

L'école lombarde comprend les artistes d'Imola, de Reggio, de Parme, de Modène, de Ferrare, de Mantoue, de Milan et de Bologne, où en fut le siége. *Francia* (*Raibolini*) en est reconnu pour le chef. Cette école dut sa célébrité à *Bramante, Dalmassi, Innocenzo d'Imola, Galassio, Alighieri, Cosimo Tura, Ercole Grandi* et *Dosso Dossi*; mais elle fut redevable de son plus beau lustre au *Corrége*, qui fixa le caractère de l'école lombarde.

Indépendamment de ces quatre principales écoles, il s'en forma de secondaires, comme par exemple celles de Vérone, de Brescia, de Bassano, etc., qui cependant sont considérées comme appartenant à l'école vénitienne. Nous en dirons autant de celles de Milan, de Gènes, etc.

On ne sera sans doute pas fâché de trouver ici une liste alphabétique des artistes principaux de ces quatre écoles, avec l'indication de l'époque de leur naissance et de leur mort, d'autant plus que nous aurons souvent occasion de les citer dans le cours de cet ouvrage. Nous y avons joint les noms des artistes vivants les plus distingués.

Albani Francesco, né à Bologne en 1578, mort en 1660.
Allegri Antonio, né à Correggio en 1494, mort en 1535.
Allori Alessandro, né à Florence en 1535, mort en 1607.
Arpino Giuseppe Cesare, né à Urbino en 1570, mort en 1640.
Bacciccio, *voyez* Sauli.
Baccio della Porta, *voyez* Fra Bartolommeo.
Bandinelli Baccio, né à Florence en 1487, mort en 1559.
Barbarelli Giorgio dit Giorgione, né en 1478, mort en 1511.
Barbieri, dit le Guerchin, de Cento, né en 1590, mort en 1666.
Baroccio Federico, né à Urbino en 1528, mort en 1612.
Battoni Pompeo, né à Lucques en 1728, mort en 1778.

Bellini Gentile, né à Venise en 1419, mort en 1511.
Bellini Giovanni, né à Venise en 1425, mort en 1515.
Bordone Paris, né en 1520.
Borgognone, *voyez* Cortesi.
Bronzini Angelo, né à Florence en 1510, mort en 1570.
Buonacorsi ou Pierin del Vaga, né en 1500, mort en 1547.
Buonarotti Michel Angelo, né à Florence en 1474, mort en 1564.
Cagliari dit Paul Véronèse, né à Vérone en 1552, mort en 1582.
Caldara Poliodoro, né à Caravaggio en 1495, mort en 1543.
Cambiagi Luca, né à Gênes en 1527, mort en 1585.
Carracci Annibale, né à Bologne en 1560, mort en 1609.
— Agostino, né à Bologne en 1558, mort en 1618.
— Antonio, né à Bologne en 1585, mort en 1618.
— Lodovico, né à Bologne en 1555, mort en 1619.
Caravaggio Michel Angelo Merigi, né à Caravaggio en 1569, mort en 1609.
Caravaggio, *voyez* Maturino.
Cimabue Carlo, né à Florence en 1240, mort en 1300.
Correggio, *voyez* Allegri.
Cortesi Giacomo dit Borgognone, né en 1621, mort en 1670.
Crespi Domenico, né à Papignano en 1558, mort en 1638.
Domenichio, *voyez* Zampieri.
Dossi Dosso, né à Ferrare en 1479, mort en 1558.
Dughet Gaspard dit le Poussin, né à Rome en 1613, mort en 1675.
Fattore, *voyez* Penni.
Ferrari Gaudenzio, né à Valdugia en 1484, mort en 1550.
Fra Bartolommeo de St-Marc, né à Florence en 1469, mort en 1517.
Fra Sebastiano del Piombo, né à Venise en 1485, mort en 1547.
Francia de Bologne, *voyez* Raibolini.
Garofalo, *voyez* Tisi.
Gauli Gio. Batt. di Bacciccio, né à Gênes en 1639, mort en 1709.
Giordano Luca, né à Naples en 1623, mort en 1701.
Giorgione, *voyez* Barbarelli.

Giotto, né à Florence en 1276, mort en 1336.
Giulio Romano, *voyez* Lippi.
Guercino, *voyez* Barbieri.
Guido Reni, *voyez* Reni.
Lanfranco Giovanni, né à Parme en 1581, mort en 1647.
Leonardo da Vinci, né près de Florence en 1452, mort en 1519.
Lippi dit Giulio Romano, né à Rome en 1492, mort en 1546.
Luini Bernardino, né à Luino sur le lac Majeur vers la fin du xve siècle.
Mantegna Andrea, né à Padoue en 1437, mort en 1517.
Maratta Carlo, né à Rome en 1625, mort en 1713.
Masaccio Tommaso Guidi, né en 1417, mort en 1443.
Maturino Caravaggio, né en 1417, mort en 1443.
Mazzuoli Francesco dit le Parmigiagino, né à Parme en 1504, mort en 1540.
Merigi Michel Angelo, *voyez* Caravaggio.
Michel Angelo, *voyez* Buonarotti.
Palma il Vecchio, né à Venise en 1540, mort en 1588.
Palma il Giovine, né à Venise en 1544, mort en 1628.
Parmigianino, *voyez* Mazzuoli.
Pellegrino Tibaldi, né à Bologne en 1522, mort en 1591.
Penni Giovanni dit le Fattore, né en 1488, mort en 1528.
Perugino Pietro Vanucci, né à Perugia en 1446, mort en 1524.
Peruzzi Baldassare, né à Sienne en 1475, mort en 1550.
Pinturicchio Bernardino, né en 1454, mort en 1512.
Piombo Sebastiano, *voyez* Fra Sebastiano.
Polidoro da Caravaggio, né en 1495, mort en 1543.
Pordenone Gio. Ant. Regillo, né à Pordenone en 1484, mort en 1540.
Primaticcio Francesco, né à Bologne en 1490, mort en 1570.
Procaccini Camillo et Cirillo, deux frères, nés à Bologne, morts en 1826.
Raffaello, *voyez* Sanzio.
Raffaellino, né à Reggio en 1563, mort en 1620.
Razzi dit Sodoma, né à Verceil en 1480, mort en 1555.
Regillo, *voyez* Pordenone.
Reni Guido, né à Bologne en 1575, mort en 1642.

Ribera Giuseppe dit l'Espagnolet, né à Valence en 1589, mort en 1656.
Rosso, né à Florence en 1496, mort en 1541.
Sanzio Raffaello d'Urbino, né en 187, mort en 1520.
Sarto Andrea (del), né à Florence, fleurit en 1488, mort 1530.
Schiavode Andrea, né à Florence en 1522, mort en 1582.
Schidone Bartolommeo, né à Modène en 1560, mort en 1616.
Solimene Francesco, né à Naples en 1657, mort en 1747.
Tempesta Antonio, né à Florence en 1555, mort en 1630.
Testa Pietro, né à Lucques en 1611, mort en 1650.
Tiepolo, né à Venise, peignit en 1700.
Tintoretto Giacomo Robusti, né à Venise en 1512, mort en 1594.
Tisi Benvenuto, né à Ferrare en 1481, mort en 1559.
Tiziano, *voyez* Veccelli.
Udine Giovanni (da), né en 1494, mort en 1564.
Vaga Pierin (del), *voyez* Buonacorsi.
Vanni Francesco, né à Sienne en 1565, mort en 1609.
Vanucci, *voyez* Perugino.
Vasari Giorgio, né à Arezzo en 1514, mort en 1574.
Veccelli Tiziano, né à Cadore en 1477, mort en 1566.
Veronese Paolo Cagliari, né à Vérone en 1532, mort en 1588.
Zampieri Dominico dit le Dominiquin, né à Bologne en 1561, mort en 1641.
Zuccari Taddeo, né à Urbin en 1529, mort en 1566.
— Federico, né à Urbin en 1543, mort en 1609.

Peintres modernes qui méritent une mention particulière.

Landi, Appiani, ce dernier mort depuis peu d'années.
Agricola, Camuccini, Podesti, à Rome.
Azeglio, Canella, Hayez, Migliara, Sabatelli, Sanquirico, à Milan.
Bazzoli, Benvenuti, à Florence.
Diotti, à Bergame.
Liparini, Politi, à Venise.
Gonin, Palagi, Serangeli, à Turin.

ARCHITECTURE.

Nous aurions beaucoup trop à dire, si nous voulions initier le lecteur dans les détails de l'histoire de l'architecture. Sous les Romains, elle avait acquis le plus haut degré de perfection, et particulièrement au temps d'Agrippa. Les Longobards adoptèrent un nouveau style qui donne une idée de la décadence de cet art; l'église de St-Michel à Pavie et celle de St-Jean à Parme sont du VIIe siècle. Plus tard on introduisit le style lombard-byzantin, duquel l'église de St-Marc à Venise est le plus grand monument, puis le gothique; enfin, au XVe siècle, on retourna au genre classique ancien.

Les architectes les plus célèbres dans les différentes époques sont :

En 1000 Buchetto.
— 1300 Arnolfo di Lupo, Pisano Giovanni.
— 1350 Orgagna, Brunelleschi.
— 1400 Giuliano de Majano.
— 1450 Michelozzo, Martini, Bramente.
— 1500 Mormanda, Conducci, Peruzzi, Lorenzetto, Giamberti, Bertano.
— 1550 St-Michele, Buonarotti, Sansovino, Barozzi da Vignola, Alessi, Palladio, Della Porta, Scamozzi, Ammanati.
— 1600 Maderno, Zampieri.
— 1650 Bernini G. L., Bernini Lodovico, Rainoldi, Monti, de Rossi, Fontana.
— 1700 Galilée, Galli, Bibiena, Ambrosini.
— 1750 Alfieri, Morena, Servandoni, Dal Pozzo.

Les architectes les plus distingués de cette époque jusqu'à nos jours sont :

Piermarini, Pollak, Zanoja, Cagnola, Quarenghi, Canonica, Criveli, Bianchi, Vantini, Voghera, Muraglia, Diedo, Besia, etc.

C'est à Milan que l'architecture a particulièrement fait de grands progrès; aussi n'y a-t-il aucune ville qui soit si riche en constructions modernes.

Graveurs sur pierre et sur métaux.

1400 Pisanello.
1450 Del Carniole (Giov.), Dei Camei (Dom.).
1500 Bernardi (Giov.), Belli (Val.), Vincentino (Val.), Da Rassano (Matt.), Cesari (Aless.), Da Pescio.
1550 Fuzzo, Binago, Benvenuto Cellini.
1700 Namerani.
1760 Sirlato, Costanzi, Landi.
A Milan on cite aujourd'hui Manfredini, Palirati, Mercandello; à Rome, Girmonetti et Cerbara; à Venise, Berini.

GRAVEURS.

Tomasso Finiguirra; 1460, Baccio Bandini, Mantegna Raimondi (Marc-Antoine) de Bologne, dont les estampes sont si estimées, Bonasone, Marco de Ravenne, Curacci, Parmegiano, Maratti, Testa (Pietro), Stefano della Bella.

De notre temps : Cunega, Volpato, Bettellini, Raf-Morghen, le plus célèbre.

De nos jours : Langhi, Anderloni, Follo, Palmerini, Lassimo, Caravaglia, Bartolozzi, Schiavonetti et Dunelli.

MOSAÏQUE.

1300 Bordonne Giotto, Gaddo de Gaddis.
1350 Ghirlandajo.
1500 Odda, Zuccari.
1550 Scalza, Sermei, Fratini, Ricci, Cajetano.
1600 Lambert de Cortona, Rosetti, Torelli, Calandra.
1650 Merlini, Giachetti, Bottini, Spina.
1700 Lavalette, Brocchi, Cochi, Onufrio, Funo, Palati, Fiano.

Aujourd'hui les miniaturistes et les artistes les plus renommés qui travaillent la mosaïque sont à Rome, près de la place d'Espagne. Le plus célèbre de nos jours est le chevalier Barberi.

Nous recommandons M. Roncalli, miniaturiste distingué à Rome.

SCULPTURE.

Ainsi que tous les beaux-arts, la sculpture, après la chute des Romains, était tombée dans l'oubli. En 1250, Nicolas Pisano fut le premier qui exécuta quelques ouvrages de goût. Dès cette époque la sculpture fit des progrès rapides. Ghiberti, Donatello, Michel-Ange Buonarotti, Tatti, Barcio Bandinelli, Benvenutto Cellini, Giovanni de Bologna, etc., furent les artistes les plus distingués.

Les ouvrages de l'immortel Canova sont trop connus pour qu'il soit nécessaire de les énumérer ici. Ils sont empreints de tant de grâce, et dans chacun d'eux respire une imagination si poétique, que Canova ne rivalise qu'avec les plus grands artistes de la Grèce. Il est assez extraordinaire que ce célèbre artiste, si vrai, si touchant et si sublime dans ses groupes et dans ses statues, soit toujours demeuré au-dessous de lui-même dans ses bas-reliefs.

Thorwaldsen, Danois de naissance, mort depuis peu, est l'artiste qui passe avec raison aujourd'hui pour le sculpteur le plus classique. L'étude approfondie qui se laisse apercevoir dans toutes ses compositions prouve combien il savait vaincre la difficulté de son art. Les bas-reliefs de cet artiste sont de la dernière perfection. L'Italie est riche d'autres artistes de grand mérite, tels que :

Tenerani, Fineti, Tadolini, Fabris, Tinelli, Marchesi, Monti di Ravenna, Sangiorgio, Cacciatori, Baruzzi, Costoli, etc.

Sculpteurs célèbres d'Italie.

1300 Pisano, Ugolino, Orgagna (André).
1400 Luca della Robbia, Civitali, Ghiberti, Donatello, Pisano, Lutto, Berrochio.
1500 Rustici, Conduci, Lombardo, Bamboja, Campagna, Leoni.
1550 Buonarotti, Tatti, connu sous le nom de Sansovino,

Pierono da Vinco, Bandinelli, Benvenuto Cellini, Ferrucci, Tadda, Rossi.
1600 Censore, Algardi, Guido, Mochi, Raggi, Brunelli, Gonelli.
1650 Bernini, Algardi, Rusconi, Rossi (Angelo), Bissoni, Iambo, Volpi, Tabi, Nardini, Ferrata, Foggiri.
1700 Guidi, Masinali, Rusconi, Cavaceppi, Mazetti, Corradini.

UNIVERSITÉS D'ITALIE

Indiquées suivant l'ordre d'ancienneté de leur fondation.

Salerne,	en 1100	Palerme,	en 1400
Bologne,	— 1119	Florence,	— 1422
Naples,	— 1224	Catane,	— 1433
Padoue,	— 1228	Macerata,	— 1445
Rome,	— 1248	Fermo,	— 1589
Ferrare,	— 1264	S. Marin,	— 1727
Pérouse,	— 1307	Cagliari,	— 1764
Sienne,	— 1320	Sassari,	— 1765
Pise,	— 1333	Gênes,	— 1783
Pavie,	— 1361		

Tarif des monnaies des divers États de l'Italie,

Comparées aux monnaies de France.

PIÉMONT.

La monnaie légale de ce royaume est la même que celle de France. On compte par livres et centimes. La livre se divise en 100 centimes.

Or.			*Argent.*		
Pièce de 40 liv.	40 fr.	» c.	Ecu de Savoie.	6 fr.	96 c.
Pièce de 20 liv.	20	»	Pièce de 5 liv.	5	»
Louis d'or.	23	27	Pièce nouvelle de		
Pistole nouvelle.	28	»	5 liv.	5	»
Pistole double de			Écu de Gênes.	6	48
Gênes.	78	»			

ROYAUME LOMBARD-VÉNITIEN.

La livre autrichienne ou zwanziger forme la monnaie légale de ce royaume; cependant l'argent de France y est reçu légalement, surtout l'or français, qui y est fort recherché. On compte aussi par livres autrichiennes et par livres de Milan, ce qui est fort embarrassant pour l'étranger, d'autant plus que le cours de ces deux monnaies varie fréquemment. La livre autrichienne se divise en 100 centimes.

Or.

Souveraine nouv.	34 fr.	80 c.
Souveraine vieille.	34	88
Demi.	17	40
Sequin imp.	11	74
Sequin de Bavière.	11	65
Pistole.	19	48
Sequin milanais.	11	83

Argent.

Thaler d'Autriche.	5 fr.	22 c.
Demi-thaler.	2	61
Croson.	5	74
Croson de Bavière.	5	74
Écu de Milan.	4	60
Nouv. écu d'arg.	5	22
Demi-écu.	2	61
Ducat de Venise.	6	55
Justine.	5	85
Liv. autrichienne.	»	87
Demi-livre.	»	43
Quart de livre.	»	21 1/4
Livre milanaise.	»	76
Pièce de 20 carats.	»	37
Livre italienne.	1	»

PARME.

La monnaie légale de ce duché est la même qu'en France. On compte par livres et centimes. La livre se divise en 100 centimes.

Or.

Pièce de	40 fr.	» c.
Pièce de	20	»
Pistole neuve.	21	40
Sequin.	11	95

Argent.

Écu de 5 liv.	5 fr.	» c.
Pièce de	2	»
Pièce de	1	»
Ancienne livre.	»	25
Ducat de Parme.	5	»
Pièce d'Espagne.	5	35

MODÈNE.

On compte par livres (lire) italiennes de 100 centimes ou 1 fr., et par livres de Modène de 20 soldi ou 12 denari, équivalant à 38 c. de France.

Argent.

Écu de François III.	5 fr. 54 c.	Livre italienne.	1	»
Écu d'Hercule.	5 59	Livre de Modène.	»	38
Écu de 5 livres.	1 82			

TOSCANE.

La livre florentine est la monnaie légale du pays; elle vaut 85 c. Elle se divise en 12 *crazies* ou 20 sous, qui égalent un paul et 1/2. — Le paul vaut 8 crazies ou 56 cent.

On compte par livres, sous et deniers. La livre se divise en 20 sous; le sou en 12 deniers.

Or.			Argent.		
Le ruspone d'Étrurie.	36 fr.	» c.	Francescone de 10 pauls.	5 fr.	50 c.
1/3 de ruspone ou sequin.	12	»	Pièce de 5 pauls (mezzo).	2	80
1/2 sequin.	6	»	Pièce de 2 pauls.	1	12
Rosine.	21	54	Pièce de 1 paul.	»	56
1/2 rosine.	10	77	*Petites monnaies.*		
			1/2 paul de 2 crazies.	»	28
			Le crazie.	»	14
			Le quattrini (cinq pour un crazie).	»	3

ÉTATS ROMAINS.

On compte dans les États de l'Église par écus romains ou piastres d'Espagne. — L'écu romain vaut 10 pauls. — Le paul vaut 10 bayoques. — Le bayoque vaut 5 quatrins.

La pièce de 20 fr. de France vaut 3 écus 71 bajocchi, ou 371 bajocchi.

La pièce de 5 francs de France vaut 92 bayoques.

Ces deux pièces sont ainsi tarifées par le gouvernement, et elles ont cours légal à ce taux.

Or.			*Argent.*		
Grégorine vaut			L'écu romain.	5 fr.	43 c.
10 écus rom., ou	54 fr.	30 c.	Le paul.	»	54
½ vaut 5 écus			10 bajocchi valent 1 paul, ou	»	54
romains, ou	27	15	5 bajocchi valent		
¼ vaut 2 ½ écus rom., ou	13	57	½ paul, ou	»	27
Doppia.	17	43	1 bajocchi vaut	»	5½
½	8	71			
Seq. pontifical.	11	94			
½, très-rare.	5	97			

ROYAUME DE NAPLES.

Depuis 1818, on compte dans le royaume des Deux-Siciles par ducats de 10 carlins; le carlin vaut 10 grains; le grain vaut 12 deniers.

Or.			*Argent.*		
Pièce de 6 ducats, ou 60 carlins.	27 fr.	18 c.	Ducat.	4 fr.	25 c.
Pièce de 4 ducats,			Piastre de 12 carl.	5	20
ou pistole.	17	12	*Petites monnaies.*		
Once de 30 carl.	12	75	Carlin.	»	42
			½	»	21
			¼ (2 grani ½).	»	11

La pièce de 20 fr. de France est tarifée à 46 carlins.

SICILE.

On compte par onces, tarins et grains. — L'once se divise en 30 tarins; le tarin en 20 grains; le grain en ½ grain.

Or.		*Argent.*	
Once.	12 fr. 75 c.	Écu de 12 tarins.	5 fr. 20 c.

Les napoléons d'or, les souverains d'Angleterre, les colonnades d'Espagne, les doublons, sont les seules monnaies qui ne perdent pas dans ce royaume.

Mesures itinéraires.

Italie.

La poste dans tout ce pays est à peu près de huit milles géographiques. Le nouveau mille est de mille mètres : le mètre est la dix-millionième partie du quart du méridien terrestre.

Royaume de Naples.

Le mille de Naples est de 7,000 *palmes napolitaines*; égale 1,845 mètres de France.

Il est plus long en sus du mille d'Angleterre de 132 mètres.

Il équivaut presque à un mille et un tiers romain, ou à un mille de Piémont de 50 au degré. Le degré vaut 10 myriamètres.

Deux milles de Naples ne font guère moins d'une lieue de 25 au degré, égale à 4,000 mètres.

États Romains.

Le mille romain était beaucoup plus court que le mille de Toscane; mais on le regarde comme le mille commun d'Italie; il égale 1,489 mètres; il ne diffère pas beaucoup de l'ancien mille des Romains. On le calcule à raison de 75 $\frac{1}{2}$ au degré du méridien.

Toscane.

En Toscane les postes sont de huit milles de 67 au degré. On évalue le mille à mille pas géométriques; il équivaut à 1,650 mètres.

Piémont et Gênes.

Le mille est de 800 *trabucchi*; égale 2,466 mètres.
Maintenant l'ancien tarif des distances étant abrogé, ces

dernières ont été réglées en raison de deux lieues de France de 25 au degré par poste : égale 4,000 mètres.

États de Parme et de Plaisance.

En entrant dans ces États on commence par compter par milles communs d'Italie : égale 1,489 mètres.

États de Venise.

Le mille de Venise approchait de celui de Toscane, et on le calculait en raison de 66 ou 67 degrés : égale 1,834 mètres.

Police. — Passe-ports.

A la préfecture de police, rue de Jérusalem, où tout voyageur doit se présenter afin d'obtenir un passe-port.

Tout passe-port à l'étranger doit être visé : 1° au ministère des affaires étrangères ; 2° par les ambassadeurs ou chargés d'affaires du pays que l'on se propose de visiter ; on s'exposerait autrement à de nombreux désagréments dont le moindre serait d'être obligé de revenir sur ses pas. — Comme ces *visa* sont souvent longs à obtenir et nécessitent d'assez grandes courses, on trouve économie de temps et d'argent à en charger un garçon de bureau de la préfecture de police.

De 10 heures à 4 heures. — Prix du passe-port : 10 fr.

ÉTATS-ROMAINS.

Mgr Fornari, nonce du saint-siége, chargé d'affaires, rue de Grenelle-Saint-Germain, 71.

AUTRICHE.

Comte Antoine d'Appony, ambassadeur, rue de Grenelle-St-Germain, 121.

LUCQUES.

M. le marquis de Brignoles de Sales, chargé d'affaires, rue St-Dominique, 69.

PARME.

Comte d'Appony, chargé d'affaires, rue de Grenelle-St-Germain, 121.

SARDAIGNE.

M. le marquis de Brignoles de Sales, ambassadeur, rue St-Dominique, 69.

DEUX-SICILES.

Son Exc. le duc de Serra-Capriola, ambassadeur, rue du Faubourg-Saint-Honoré, 90.

TOSCANE.

M. Perruzzi, ministre résident, Cité-d'Antin, 11.

Moyens de locomotion.

SERVICE DES POSTES DES DIFFÉRENTS ÉTATS DE L'ITALIE.

Notre cadre ne nous permettant pas de donner tous les règlements du service des postes des divers États de l'Italie, nous nous contenterons d'indiquer au voyageur les points les plus importants sur ce service, en lui recommandant de bien se rappeler que, soit en France, soit en Italie, si une contestation s'élève entre lui et le maître de poste, il a le droit de se faire représenter le tarif établi par l'autorité compétente.

En France comme en Italie, les maîtres de poste ne peuvent donner de chevaux aux voyageurs sans un permis spécial de l'administration des postes ou de la police (en italien *bolletone*).

Chaque relais de poste doit avoir un registre disposé tout exprès pour recevoir les plaintes que les voyageurs pourraient avoir à faire, soit à l'égard du service par les maîtres de poste, soit sur la conduite des postillons.

France.

Depuis le 1ᵉʳ janvier 1840, toutes les distances de poste ont été comptées par myriamètres et kilomètres.

Le prix du service exécuté par les maîtres de poste pour le compte des particuliers est fixé ainsi qu'il suit :

Pour chaque cheval fourni, 2 fr. par myr., soit 20 c. par kilom.

Pour chaque voiture fournie, 2 fr. par myr., soit 20 cent. par kilom.

Pour les guides à payer à chaque postillon, 1 fr. par myr., soit 10 cent. par kil. ; mais l'usage s'est introduit généralement de payer les guides sur le même pied que les chevaux, c'est-à-dire 2 fr. Les voyageurs conservent donc la faculté de restreindre le prix des guides à 1 fr., à titre de punition.

Les maîtres de poste qui conduisent à des relais situés sur les pays étrangers sont autorisés à se faire payer sur le pied du tarif étranger.

Les droits de bac, d'entretien des routes, de pont ou de barrière, sont à la charge des voyageurs, tant à l'aller qu'au retour du postillon, et indépendamment du prix de la course et des guides.

Malles-postes.

Quatre malles conduisent le voyageur en Italie :

1º De *Paris* à *Lyon*, par *Auxerre*, *Arnay-le-Duc* et *Châlon-sur-Saône*; 4 places. Distance, 465 kil.; durée du trajet, 33 heures. Prix : 83 fr. 50 c. Départ à 6 heures du soir.

2º De *Paris* à *Genève*, par *Montbard*, *Dijon* et *Dôle*; 2 places. Distance, 498 kilom.; durée du trajet, 34 h. Prix : 89 fr. 25 c. Départ à 6 heures du soir.

3º De *Paris* à *St-Étienne*, par *Fontainebleau*, mais, depuis 1844, par *Orléans* (chemin de fer), *Nevers* et *Moulins*; 4 places. Distance, 464 kil.; durée du trajet, 34 h. Prix : 83 fr. 30 c. Départ à 6 h. du soir.

4º De *Saint-Étienne* à *Marseille*, par *Valence* et *Avi-*

gnon; 2 places. Distance, 329 kil.; durée du trajet, 22 h. Prix : 58 fr. 97 c. Départ à 6 h. du matin.

Nota. Les malles ou porte-manteaux des voyageurs qui prennent les *malles-postes* ne doivent pas excéder *extérieurement* les dimensions suivantes :

Longueur,	70 centimètres	(26 pouces).
Largeur,	40 —	(15 pouces).
Hauteur,	35 —	(13 pouces).

Il est alloué à chaque voyageur 25 kilog. de bagage.

PIÉMONT ET LIGURIE.

Les maîtres de poste, dans les États de Sa Majesté le roi de Sardaigne, ne pourront donner des chevaux à aucun voyageur sans la présentation du *bolletone*, délivré par le bureau de poste du lieu de son départ; lorsqu'il n'y aura pas de bureau de poste audit endroit, le maître de poste local et les suivants pourront servir le voyageur jusqu'à la première ville ou station sur la route où il y aura un bureau de poste, auquel il devra se présenter pour en obtenir le *bolletone* susdit : ceux qui, venant de l'étranger, voudront continuer leur voyage dans les États de Sa Majesté, seront également soumis aux formalités sus-énoncées.

Tarif.

Le prix des courses en poste, à être payé en francs (pour chaque poste), demeure fixé :

Pour chaque cheval de trait ou de selle, à	1 fr. 50 c.
Pour la voiture couverte à 4 roues,	1 »
Idem à 2 roues	» 60
Postillon,	» 75

Le montant de la course doit être payé aux maîtres de poste avant le départ de leurs stations, et la bonne-main aux postillons, lorsque ces derniers auront fait le service de la course.

Pour le passage du mont Cénis et du Simplon pendant l'hiver, le prix de la course est augmenté de 50 cent. pour chaque cheval et par poste, pour les stations suivantes : de *Suse à Molaret*, de *Molaret au mont Cénis*, de *Lans-le-Bourg au mont Cénis*, de *Domodossola à Isella*, d'*Isella au Simplon*.

Au *passage des Échelles*, le maître de poste attelle ordinairement 2 bœufs aux voitures à 2 chevaux, et pendant l'hiver ce nombre est double : la paire de bœufs compte pour 1 fr. 50 cent.

ROYAUME LOMBARD-VÉNITIEN.

Tarif du prix des postes.

	Livres autrich.		fr.	c.
Pour chaque poste et par cheval,	3	16	2	70
Au postillon par cheval et par poste,	1	»	»	85
Aux garçons d'écurie pour 2 chevaux,	»	30	»	25
Pour une voiture couverte à 4 roues,	»	92	»	80

Avec le supplément qu'on donne ordinairement au postillon, la course avec 2 chevaux se monte à 10 liv., environ 8 fr. 50 cent.

DUCHÉ DE PARME ET PLAISANCE.

Les tarifs sont les mêmes que ci-dessus; excepté les postes de Fiorenzuola à Crémone et de Castel St-Giovanni à Pavie, que l'on paye 7 fr. 50 cent. par poste.

DUCHÉ DE MODÈNE.

	Livres de Modène.	
Pour deux chevaux,	14	6
Aux postillons,	3	18
Aux garçons d'écurie,	»	11
Pour une voiture,	3	»

La livre de Modène vaut 38 cent.

GRAND-DUCHÉ DE TOSCANE.

Pour chaque attelage de 2 chevaux, on paye 10 pauls (5 fr. 40 c.); excepté à la poste royale de Florence, où l'on paye 12 pauls.

Pour le 3e cheval et pour le cheval du courrier qui accompagne les chaises, 4 pauls.

Pour tous les chevaux de selle, 5 pauls.

Pourboire au guide, 3 pauls; si on est content, on donne ordinairement 6 pauls. Le paul (*paoli*) vaut 54 c.

Pourboire au valet d'écurie, demi-paul, et, pour chaque couple qui sera attelée, demi-paul.

ÉTATS-ROMAINS.

Pour chaque attelage de 2 chevaux, par poste, 10 pauls.

Pour le 3e cheval, 4 pauls.

Pour la troisième et la quatrième couple à chaque poste, 8 pauls.

Louage d'une chaise couverte, que le maître de poste est obligé de fournir, 2 pauls.

Au guide, pour le *benandata*, 3 pauls 1/2; quand on est content, on donne 7 pauls.

Au valet d'écurie, pour étrenne, demi.

ROYAUME DE NAPLES.

Par poste avec deux chevaux,	130 grains.	6 fr.	60 cent.
Au postillon,	30	1	50
Au garçon d'écurie,	5	»	35
Voiture découverte,	1/2 ducat.	2	15
Couverte,	1 ducat.	4	30

ROYAUME DE SICILE.

Pour un cheval de selle ou de trait,	6 tarins.	2 fr.	50 c.
Aux postillons,	1	»	45
Garçons d'écurie,	»	10 grains,	25

INTRODUCTION. 43

Le tarin vaut 45 cent. environ.

Si quelques contestations s'élevaient entre le voyageur et le maître de poste, ou pour plus amples renseignements, celui-ci est obligé de montrer les règlements sur le service des postes.

Service des malles-postes, courriers, diligences, messageries.

SERVICE DES COURRIERS.

Pour *Chambéry*, *Turin* et toute l'Italie, desservant *Crémieux*, *Morestel*, *les Abrets*, le *Pont-de-Beauvoisin*, les *Échelles*, etc.

Départs de Lyon tous les matins à 5 h. 1/2 précises.

En 16 h. pour Chambéry.	En 72 h. pour Gênes.
En 18 — Aix-les-Bains.	En 72 — Milan.
En 42 — Turin.	En 116 — Florence.

Y compris les séjours en route.

Lyon. — *Larat-Mille et Comp.*, quai Saint-Clair, 15, entrepreneurs de fourgons accélérés pour l'Italie.

ÉTATS SARDES.

Service des malles-postes royales sardes.

Partant tous les jours de *Turin* pour *Genève*, *Gênes*, *Coni* et *Novare*; correspondant directement avec la *Toscane*, *Nice* et *Milan*.

Voitures bien suspendues à quatre places de front.

Prix des places, et heures déterminées pour chaque course :

		Prix.	Heures.
Pour *Genève*,	l.	75 en	40
— *Lyon*,	—	75 —	42
— *Chambéry*,	—	60 —	26
— *Alexandrie*,	—	20 —	10
— *Gênes*,	—	40 —	18
— *Coni*,	—	12 —	8

—	Nice,	—	39 50	—	30
—	Novare,	—	15	—	10
—	Milan,	—	22 65	—	16

N. B. Les guides sont comprises dans le prix des places, et il est défendu aux postillons de rien demander aux voyageurs. Les courriers donnent aux postillons 15 centimes par course et par voyageur, et ils n'acceptent rien pour eux-mêmes.

Il est accordé aux voyageurs 20 kilog. pour poids de leurs effets.

Les courriers se chargent de marchandises et valeurs à des PRIX MODIQUES.

Les bureaux sont à :

Turin, chez François Camera, place Carignan, près du théâtre et de la direction des postes.

Genève, chez E. Joly-Crottet, Jolimay et Comp., rue Derrière-le-Rhône, n° 64.

Lyon, chez Larat-Mille et Compagnie, quai Saint-Clair, n° 15.

Chambéry, chez J.-B. Ravet, sur la promenade, près de la fontaine de l'Éléphant.

Gênes, chez Jean Reta, place *Fontane Amorose*, maison de la poste aux lettres.

Alexandrie, Paul Prigione, bureau des postes aux lettres.

Coni, chez Michel Marino, hôtel des Trois-Rois.

Nice, chez Gilly, hôtel de la poste aux chevaux.

Novare, chez Ragazzoni et Savio, rue de Simplon.

Vélocifères.

BUREAUX DANS LA RUE DEL BOGINO.

Départs: lundi, mercredi et vendredi.

De TURIN à	*Alexandrie*,	12 fr.	» cent.
—	*Novi*,	16	»

INTRODUCTION. 45

—	Gênes,	26	»
—	Tortone,	13	50
—	Voghera,	16	»
—	Stradella,	21	»
—	Cardazzo,	23	70
—	Plaisance,	29	50
—	Valenza,	14	50
—	Mortara,	47	»
—	Novare,	20	»
—	Asti, départ tous les jours,	6	»

Messageries sardes

DES FRÈRES BONAFOUS, RUE D'ANGENNES, n° 37, A TURIN.

De Turin à :

Asti,	prix,	7 fr.	Départs, mardi, jeudi et samedi, à 5 h. du soir.
Alexandrie,		12	id.
Novi,		16	id.
Gênes,		27	id.
Verceil,		8	Départs, lundi, mercredi et vendredi, à 5 h. du soir.
Novare,		12	id.
Milan,		20	id.
Vérone,		41	id.
Vicence,		47	id.
Padoue,		53	id.
Venise,		57	id.
Mantoue,		41	id.
Plaisance,		31	id.
Parme,		41	id.
Reggio,		46	id.
Modène,		50	id.
Bologne,		56	id.
Sinigaylia,		82	id.
Ancône,		86	id.
Rome,		138	id.

3*

Chambéry,	52 fr.	Diligence, lundi, mercredi et vendredi, à 5 h. du soir.
Genève,	64	id.
Grenoble,	56	id.
Lyon,	68	id.
Strasbourg,	118	id.
Bordeaux,	143	id.
Bayonne,	176	id.
Paris,	133	id.
Amiens,	148	id.
Rouen,	148	id.
Le Havre,	165	id.
Calais,	165	Voiture en poste, mardi, jeudi et samedi, à 4 h. du soir.
Londres,	209	id.
Lille,	164	id.
Gand,	171	id.
Bruxelles,	175	id.
Liége,	185	id.
Amsterdam,	199	id.

De GÊNES à :

Novi,	prix,	11 fr.	Départs, lundi, mercredi, vendredi, à midi. Dilig. à 13 pl.
Voghera,		16	id.
Pavie,		26	id.
Milan,		30	id.

Bureaux correspondants.

Novi, les frères Casissa.—*Alexandrie*, Maurizio Garçon.—*Asti*, Grassi, rue Guglielminetti.—*Chambéry*, G. Besuchet.—*Lyon*, rue Neuve, 17.—*Voghera*, Antonio Pasquale.—Milan, rue del Monte, 5499.—*Verceil*, Filippo Faccio.—*Novare*, Giacomo Mazzelta.—*Genève*, Breittmayer-Raquet.—*Plaisance*, Luigi Orcesi.—Paris, Messageries, rue Notre-Dame-des-Victoires, et Messageries générales, rue Saint-Honoré, 130.

Durée du trajet.

De TURIN à
    Gênes,   24 heures environ.
    Chambéry,   32
    Lyon,   48
    MILAN,   20
De GÊNES à MILAN, 24 h.

Indépendamment de tous ces services, le voyageur trouvera dans cet établissement des *condotte celeri* pour la France, l'Angleterre, l'Italie et l'Allemagne.

Les départs sont :

Pour la France, lundi, jeudi et samedi. — Pour l'Italie et l'Allemagne, lundi, mercredi, jeudi et samedi.

Malles-postes, diligences, courriers royaux et vélocifères en Italie.

ROYAUME LOMBARD-VÉNITIEN.

Service des malles-postes.

De MILAN à GÊNES, et *vice versâ*. A Milan, à la direction générale des postes, Contrada de'Rastrelli; à Gênes, au Palais des Postes.

Départs tous les jours à 2 heures du soir. — Trajet en 17 heures.

Prix des places : 36 fr. par personne.

De MILAN à VÉRONE, mercredi et samedi;

    Passant par *Lodi*,   prix : liv. autrich.(1),   6   »
    —   *Codogno*,   11   »
    —   *Crémone*,   15   »
    —   *Mantoue*,   26   »
    —   VÉRONE,   32   »

(1) Égale 87 centimes de France.

48   GUIDE EN ITALIE.

De Milan à Coire et Lindo (Grisons), mardi, jeudi et dimanche ;

Passant par			
—	*Lecco,*	6	»
—	*Varenna,*	10	50
—	*Chiavenna,*	17	50
—	Coire,	47	50
—	*Lindo,*	63	95

De Milan à Inspruck, le dimanche ;

Passant par			
—	*Lecco,*	6	»
—	*Varenna,*	10	50
—	*Colico,*	13	»
—	*Morbegno,*	15	»
—	*Sondrio,*	18	50
—	*Tisano,*	22	»
—	*Bormio,*	27	»
—	*Mals,*	39	»
—	*Landeck,*	50	40
—	Inspruck,	65	40

De Milan à Novare et à Turin, tous les jours ;

Passant par			
—	*Novare,*	8	75
—	Turin,	26	75

De Milan à Genève par le Simplon, dimanche, mardi et vendredi ;

Passant par			
—	*Sesto-Calende,*	7	»
—	*Arona,*	9	25
—	*Domodossola,*	21	25
—	*Simplon,*	32	»
—	*Brieg,*	48	83
—	*Sion,*	66	»
—	*St-Maurice,*	72	13
—	*Vevey,*	77	80
—	*Lausanne,*	81	»
—	Genève	88	85

De Milan à St-Gothard, dimanche, mardi et vendredi ;

Passant par			
—	*Côme,*	5	»
—	*Chiasso,*	6	»

—	*Lugano*,	9	60
—	*Bellinzone*,	13	50
—	*St-Gothard*,	27	60

De MILAN à TURIN, tous les jours. Ligne directe,   26   75

Courriers.

De MILAN à VIENNE, dimanche et mercredi;

Passant par	*Brescia*,	17	»
—	*Vérone*,	28	80
—	*Vicence*,	36	65
—	*Trévise*,	46	20
—	*Udine*,	63	70
—	*Klagenfurth*,	94	25
—	VIENNE,	150	30

De MILAN à VENISE, lundi, jeudi et vendredi;

Passant par	*Brescia*,	17	»
—	*Vérone*,	28	80
—	*Vicence*,	36	65
—	*Padoue*,	41	70
—	VENISE,	50	70

De MILAN à TRIESTE, mardi et samedi;

Passant par	*Brescia*,	16 fr.	90
—	*Vérone*,	28	73
—	*Vicence*,	36	65
—	*Trévise*,	46	20
—	*Udine*,	63	70
—	TRIESTE,	77	55

Vélocifères.

De MILAN à VENISE, lundi, mardi, jeudi et vendredi;

Passant par	*Bergame*,	8	45
—	*Brescia*,	18	60
—	*Vérone*,	30	45

—	*Vicence,*	38	35
—	*Padoue,*	43	40
—	*Mestre,*	50	15
—	VENISE,	52	40

De MILAN à UDINE, samedi,—route de Venise,— 71 »

Diligences en poste,

Rue del Monte, n° 5489, à Milan.

De MILAN pour LA FRANCE, mardi, jeudi et samedi.

Pour *Novare,*	7 fr.	50 cent.
— *Verceil,*	12	»
— TURIN,	20	»
— *Chambéry,*	72	»
— *Lyon,*	88	»
— *Grenoble,*	84	»
— *Marseille,*	114	»
— *Genève,*	86	»
— PARIS,	142	»
— *Bordeaux,*	160	»
— *Calais,*	185	»
— LONDRES,	216	»

De MILAN à GÊNES, lundi et jeudi ;

Passant par *Voghera,*	14	»
— *Tortone,*	17	»
— *Novi,*	20	»
— *Gênes,*	30	»

Les guides et droits de péage sont compris dans ces prix.

De MILAN à ROME, mardi et vendredi ;

Passant par *Lodi.*	4	»
— PLAISANCE,	11	»
— PARME,	21	»
— *Reggio,*	25	50
— MODÈNE,	30	»
— *Bologne,*	36	»
— *Ferrare* (hors la direction),	42	60

—	*Imola,*	40	75
—	*Forli,*	44	50
—	*Césène,*	47	30
—	*Rimini,*	51	»
—	*Pasaro,*	55	80
—	*Sinigaglia,*	61	40
—	*Ancône,*	65	70
—	*Lorette,*	70	30
—	*Macerata,*	75	10
—	*Tolentino,*	76	25
—	*Foligno,*	93	90
—	*Spoleto,*	97	60
—	*Civitta-Castellana,*	108	»
—	Rome,	117	40

De Milan à Mantoue et Vérone, tous les dimanches ;

Passant par *Codogno,* livre aut. (1).		9	»
—	*Crémone,*	12	»
—	*Mantoue,*	24	»
—	*Vérone,*	28	»

De Milan à Udine par Venise, lundi et jeudi ;

Passant par *Brescia,*		14	»
—	*Vérone,*	24	»
—	*Vicence,*	31	»
—	*Padoue,*	37	»
—	*Mestre et Venise,*	42	»
—	*Trévise,*	45	50
—	*Udine,*	62	»

De Milan à Pavie, tous les jours. Prix : 3 liv.

    — à Bergame, tous les jours. Prix : 6 liv.
    — à Crémone, mardi et vendredi ;

Passant par *Lodi,*		4	»
—	*Casale,*	6	»
—	*Codogno,*	7	»
—	*Pizzighettone,*	8	50
—	*Crémone,*	11	»

(1) 87 centimes.

De Milan à Brescia, tous les jours de la semaine, excepté le samedi. Prix : 14 liv.

De Venise à Vienne, courrier tous les samedis.
— à Milan, vélocifère tous les jours.
— à Udine et Bellune, vélocifère le dimanche.
— à Trieste, courrier le samedi.
— à Vérone, et de là à Inspruck, tous les jours.

De Trieste à Vienne, courrier tous les jours.
— à Milan, *id.* mardi et jeudi.

De Padoue à Ferrare, diligence, mercredi et samedi.
De Vérone à Mantoue, *id.* mercredi et dimanche.
De Mantoue à Brescia, par *Montechiaro*, mardi, jeudi et samedi.
— à Brescia, par *Castiglione*, dimanche, mardi et vendredi.
De Crémone à Brescia, mardi, jeudi et vendredi.

GRAND-DUCHÉ DE TOSCANE.

A *Florence*, le voyageur trouvera les *courriers* qui le conduiront à *Rome* et à *Bologne*; plus, une *diligence* qui fait le service de *Florence* à *Livourne*, passant par *Pise*, et de *Florence* à *Perugia*.

ÉTATS DE L'ÉGLISE.

De *Rome*, une diligence part plusieurs fois par semaine pour *Ancône*, *Bologne* et *Milan*. Deux autres diligences font le service de *Rome* à *Naples*. — Celle qui passe par *Terracina* se prend chez Angrisani ; et l'autre, passant par *Caprano* et *S.-Germano*, est chez Ranuzzi, place du Capitolino.

Du même bureau, une diligence part trois fois par semaine pour *Civitta-Vecchia* et *vice versâ*.

ROYAUME DE NAPLES.

Deux diligences font plusieurs fois par semaine le service

entre *Naples* et *Rome* ; l'une passe par *Terracina*, et l'autre par *S.-Germano* et *Caprano*. Bureau, chez Angrisani, Largo Castello.

SICILE.

Les *courriers* des postes partent de Palerme trois fois par semaine avec les dépêches, et prennent 3 voyageurs.
De *Palerme* à *Messine* par *Catane*.
— à *Trapani*.
— à *Carleone*.
— à *Termini*.

Le voyageur voudra bien se rappeler que nous ne donnons point ces tableaux comme termes rigoureux, bien que pris aux sources les plus authentiques ; nous les offrons seulement comme renseignements, que nous croyons exacts, mais qui ont pu subir quelques légères modifications pendant l'impression de l'ouvrage.

Le véritable touriste, celui qui veut voyager plus lentement, avoir le temps d'observer, peut prendre les *Vetturini* dont nous avons déjà parlé. Cette voie est préférable pour l'artiste et pour l'homme qui ne veut suivre que son goût ou son caprice dans le voyage qu'il entreprend.

On trouve de ces véhicules dans presque toutes les villes un peu considérables de l'Italie. (Voyez pag. 4.)

CHEMINS DE FER.

L'Italie ne compte encore que très-peu de ces voies rapides de communication ; la plus importante est celle de
Milan à *Venise*, passant par *Brescia*, *Vérone*, *Vicence*, *Padoue* et *Venise*.

Viennent ensuite :

De Livourne à *Lucques* par *Pise*.
— à *Florence* par *Pise*.
De Trieste à Vienne par *Leibach*, *Cilli*, *Marhburg*, *Gratz*, *Bruck*, *Neustadt*, *Baaden*, *Vienne*.

De Naples à *Caserta.*
— à *Castellamare.*

Navigation à vapeur.

MARSEILLE A NAPLES.

Par les paquebots de *l'Administration des Postes Françaises.*

Départs les 1, 11, 21 de chaque mois.
Retours les 8, 18, 28 —

Touchant à *Livourne.*		Trajet en 1 jour.	—1re ch. fr.	80
—	—		2e	48
—	—		3e	32
—	*Civitta-Vecchia.*	— 2	—1re ch.	105
—	—		2e	63
—	—		3e	42
—	*Naples.*	— 3	—1re ch.	150
—	—		2e	90
—	—		3e	50

Prix de la nourriture par jour : 6 fr. aux premières, et 4 fr. aux deuxièmes places.

Les voit. à 4 roues payent le prix d'une première place, et celles à 2 roues le prix d'une deuxième place.

Directeur : M. Moissard, rue Breteuil, 20, à Marseille.

MARSEILLE A NAPLES.

Par les paquebots sardes *Castor, Virgile, Dante, Achille, Archimède,* de la force de 150 chevaux.

Départs les 3, 13, 23 de chaque mois.
Retours — —

Touchant à *Gênes.*		Trajet en 21 h.	—1re ch. fr.	80
—	—		2e	70
—	*Livourne.*	— 31	—1re ch.	100
—	—		2e	70
—	*Civitta-Vecchia.*	— 45	1re ch.	130

—	*Civitta-Vecchia.*		2e	80
—	*Naples.*	— 60	—1re	180
—	—		2e	120

Prix de la nourriture par jour : 6 fr. 50 aux premières, et 4 fr. 50 aux deuxièmes places.

Les voitures et les chevaux payent pour transport le prix d'une première place pour chaque destination.

Directeurs : MM. Raphaël Rubattino et compagnie, Vico-Cartari, près la place Banchi, à Gênes.

Agent : M. Fontana, 33, rue Grignan, à Marseille.

MARSEILLE A NAPLES.

Par les paquebots toscans *Maria-Antonietta*, *Leopoldo-Secondo*, de la force de 160 chevaux.

Départs les 5, 15, 25 de chaque mois.
Retours — —

Touchant à *Gênes*.		Trajet en 21 h. —1re ch. fr.	70
—	—		2e	45
—	*Livourne.*	— 31	—1re	90
—	—		2e	60
—	*Civitta-Vecchia.*	— 45	—1re	120
—	—		2e	85
—	*Naples.*	— 60	—1re	165
—	—		2e	120

Prix de la nourriture par jour : 6 fr. aux premières, et 4 fr. aux deuxièmes places.

Les voitures et les chevaux payent pour transport le prix d'une première place pour chaque destination.

Directeurs : MM. André et Abeille, place Royale, n° 4, à Marseille.

MARSEILLE A NAPLES.

Par les paquebots français *le Pharamond*, *le Charlemagne*, *le Sully*, de 160 chevaux de force.

Touchant à *Gênes*.   Trajet en 21 h.. —1re ch. fr. 70
— —   2e   45

—	Livourne.	—	31	— 1re ch.	100
—	—			2e	65
—	Civitta-Vecchia.	—	45	— 1re ch.	130
—	—			2e	85
—	Naples.	—	60	— 1re ch.	180
—	—			2e	120

La nourriture est comprise dans le prix du passage aux premières, mais pas aux deuxièmes places.

Les voitures et les chevaux payent pour transport le prix d'une première place pour chaque destination.

Directeurs : MM. C. et A. Bazin, rue Canebière, n° 33, à Marseille.

MARSEILLE A NAPLES.

Par la *Compagnie Napolitaine du royaume des Deux-Siciles.*

Maria-Christina, force de 180 chev. Départ, 9 de chaque mois.

Mongibello,	—	250	—	19	—
Ercolano,	—	300	—	29	—
Touchant à	*Gênes*.		Trajet en 21 h. — 1re ch. fr.		70
—	—			2e	45
—	*Livourne*.	—	31	— 1re ch.	100
—	—			2e	65
—	*Civitta-Vecchia*.	—	45	— 1re ch.	130
—	—			2e	85
—	*Naples*.	—	60	— 1re ch.	180
—	—			2e	120

La nourriture est comprise dans le prix du passage aux premières, mais non aux deuxièmes places.

Les voitures et les chevaux payent pour transport le prix d'une première place pour chaque destination.

Directeur : M. Auguste Viollier, 21, Strada Piliero, à Naples. — Agents : MM. Claude Clerc et Comp., 40, rue Thubaneau, à Marseille.

MARSEILLE A MALTE.

Par les paquebots de l'*Administration des Postes Françaises*.

Départs les 1, 11, 21 de chaque mois.
Retours les 6, 16, 26   —

Touchant à *Livourne*.	Trajet en 12 h. —	1re ch. fr.	80
— —		2e	48
— *Civitta-Vecchia*. —	24	1re ch.	105
— —		2e	63
— *Naples*. —	60	1re ch.	150
— —		2e	90
— *Malte*. —	5 j.	1re ch.	220
— —		2e	132

Prix de la nourriture par jour : 6 fr. aux premières, et 4 fr. aux deuxièmes places.

Les voitures à 4 roues payent pour transport le prix d'une première place, et celles à 2 roues le prix d'une deuxième, pour chaque destination.

Directeur : M. Moissard, rue Breteuil, 20, à Marseille.

MARSEILLE A MALTE.

Par les paquebots de l'*Administration des Postes Françaises*.

Départ le 4 de chaque mois.
Retour le 25   —

Trajet direct en 72 heures. — 1re chambre. fr. 220
                                              2e — 132

Prix de la nourriture par jour, 6 fr. aux premières, 4 fr. aux deuxièmes places.

Les voitures à 4 roues payent pour le transport le prix d'une première place, et celles à 2 roues le prix d'une deuxième place.

Directeur : M. Moissard, rue Breteuil, 20, à Marseille.

MARSEILLE A MALTE.

Par les paquebots de la Comp. Napolitaine des Deux-Siciles. *Mongibello, Maria-Christina, Ercolano.*

Départs les 9, 19, 29 de chaque mois.
Retours les 4, 14, 24   —

Touchant à		Trajet			
—	*Gênes.*	en 21 h.	—	1re ch. fr.	70
—	—			2e	45
—	*Livourne.*	—	31	1re ch.	100
—	—			2e	65
—	*Civitta-Vecchia.*	—	45	1re ch.	130
—	—			2e	85
—	*Naples.*	—	60	1re ch.	180
—	—			2e	120
—	*Messine, Palerme.*	—	6 j.	1re ch.	190
—	—			2e	125
—	*Malte.*	—	8	1re ch.	240
—	—			2e	160

La nourriture est comprise dans le prix du passage aux premières, mais non aux deuxièmes places.
Les voitures ouvertes payent pour Palerme et Messine, fr. 205
— pour Malte, 225

Directeur : M. Viollier, 21, Strada Piliero, à Naples.
Agents : MM. Claude Clerc et Cie, 40, rue Thubaneau, à Marseille.

Navigation à vapeur sur la mer Adriatique.

TRIESTE A ANCONE.

Le *Lloyd autrichien*, qui fait le service entre *Trieste* et *Constantinople*, fait station à *Ancône*.

Départ le second mardi de chaque mois.

Prix des places : 1re ch., 38 fr. 85 c.; 2e ch. 25 fr. 90 c.

Entre *Trieste* et *Venise*, les communications ont lieu quatre fois par semaine.

Départs de *Trieste* les mardis, mercredis et vendredis.

Prix des places : 1re ch., 18 fr. 13 c.; 2e ch., 10 fr. 36 c.

Navigation à vapeur sur les lacs.

Lac Majeur. Le *Verbano*, steamer qui faisait le service sur ce lac de Sesto-Calende à Magadino, a été remplacé par un bateau en fer de nouvelle construction, beaucoup plus grand et mieux approprié à ce genre de service. En été, les départs ont lieu tous les jours, excepté le dimanche, comme il suit :

De *Sesto-Calende* à *Magadino*, et *vice versâ*.

Prix par place, 6 fr.

De *Magadino* à *Arona*, et *vice versâ*.

Les jeudis, lorsqu'il y a marché à *Locarno*, le steamer passe par cette localité, et s'y arrête une heure.

Lac de Côme. Un beau steamer en fer fait le service maintenant entre *Côme* et *Domaso*, tous les jours dans l'été, et correspond avec les *vélocifères de Milan*.

Prix : premières places, 6 liv. autrich. (1); 2e, 3 liv.

Les voyageurs qui viennent de la Suisse dans leur voiture peuvent s'embarquer sur le lac à *Colico*, que le steamer quitte vers 10 heures du matin, et arriver à Côme vers les 3 heures de l'après-midi pour le départ des voitures pour Milan.

Prix de *Colico* à *Côme* : 1re, 3 fr. » c.
— — 2e, 1 25
Voiture, 25 »
Calèche, 20 »
Un cheval, 5 »

Lac de Garda. Un steamer part tous les jours de *Riva* pour *Desenzano*, parcourant les deux rives de ce beau lac.

Prix : 1re, 6 liv. autrich.
— 2e, 4 —

(1) La livre autrichienne égale 87 cent.

GUIDE

CLASSIQUE, ARTISTIQUE ET ARCHÉOLOGIQUE

DU VOYAGEUR EN ITALIE.

DEUXIÈME PARTIE.

ITINÉRAIRE.

ROUTES ET MOYENS DE LOCOMOTION.

Quatre grandes directions s'offrent au voyageur :
La 1re, par *Lyon*, *Chambéry* et *Turin*; distance, 49 myr. 5 kil. et 37 postes 1/3.
La 2e, par *Dijon*, *Genève* et *Milan*; distance, 48 myr. 1 kil. et 53 postes 1/2.
La 3e, par *Lyon*, *Nice* et *Turin*; distance, 93 myr. 3 kil. et 31 postes 1/4.
La 4e, par *Marseille* et *Gênes*; distance, 79 myr. 3 kil.; et par les bateaux à vapeur, pour *Gênes*, 21 myr. environ.
Ces quatre lignes principales conduiront le voyageur au sein de trois grandes cités, d'où il pourra se diriger vers tous les lieux que sa curiosité ou ses affaires lui indiqueront. C'est au mois d'octobre que l'on se met généralement en route pour l'Italie; il faut, autant que possible, éviter de se trouver dans ce pays pendant la saison des chaleurs. L'in-

stant le plus favorable pour visiter Rome est l'époque de la *semaine sainte*, dont les cérémonies religieuses sont fort imposantes; le carnaval de Rome attire aussi un grand nombre d'étrangers, et mérite d'être vu.

ROUTE Ire.

DE **PARIS** A **LYON** (2 routes).

1re ROUTE, PAR AUXERRE ET AUTUN (*service de malle*), 47 m. 6 kil.				
Charenton,	0 m. 7 k.			
Villeneuve-St-Georges,	1	1		
Lieusain,	1	3		
Melun,	1	3		
Le Châtelet,	1	1		
Panfou,	0	8		
Fossard,	1	4		
Villeneuve-la-Guiard,	0	9		
Pont-sur-Yonne,	1	2		
Sens,	1	2		
Villeneuve-le-Roi,	1	4		
Villevallier,	0	8		
Joigny,	0	9		
Bassou,	1	2		
Auxerre,	1	5		
Saint-Bris,	1	0		
Vermenton,	1	3		
Lucy-le-Bois,			1	9
Avallon,			0	9
Ste-Magence,			1	5
La Roche-en-Brénil,			1	1
Saulieu,			1	3
Pierre-Écrite,			1	0
Chissey,			1	1
Autun,			2	0
Saint-Emiland,			1	7
Saint-Léger,			1	4
Bourgneuf,			0	8
Châlon-sur-Saône,			1	2
Senecey,			1	8
Tournus,			1	0
Saint-Albin,			1	6
Mâcon,			1	4
Pontaneveaux,			1	3
La Croisée,			1	1
Villefranche,			1	4
Limonest,			1	8
Lyon,			1	2

MOYENS DE LOCOMOTION.

Malle-poste. Départ 6 heures du soir, quatre places; trajet, 33 heures. Prix: 84 fr. 35 c.

Messageries Royales, rue Notre-Dame-des-Victoires; *Caillard et Cie*, rue Saint-Honoré, 130, qui conduisent en 45 heures à Lyon. Prix: 75 fr., 60 fr., 50 fr.

De *Lyon*, correspondance pour *Turin*, par *Chambéry*, avec les diligences des frères Bonafous de Turin. Prix : 68 fr. A *Lyon*, rue Neuve, n° 17.

Berlines-postes du Commerce. Service en voiture jusqu'à *Châlon-sur-Saône*; ensuite *bateaux à vapeur* pour Lyon. Paris, rue Croix-des-Petits-Champs, 52.

Cet établissement correspond aussi avec l'Italie par diligence.

On peut encore prendre les *Messageries Royales*, qui passent, sans changer de voiture, par le *chemin de fer d'Orléans*; de là elles vont jusqu'à *Roanne*, où l'on prend le *chemin de fer de Saint-Étienne à Lyon*.

Si le voyageur veut visiter les bords de la *Loire*, il prendra le *chemin de fer d'Orléans* : trajet 4 h.; prix : 12 fr. De là, les steamers qui remontent ce beau fleuve le conduiront à *Nevers*, et de *Nevers*, par l'Allier, à *Moulins*. Trajet, si on ne couche pas à Nevers, 30 heures; prix : 15 fr. 70 c. et 10 fr. 75 c.—De Moulins, diligence jusqu'à *Roanne*, et chemin de fer pour LYON.

Les Malles-postes et les Messageries Générales ne sortent plus de Paris par le faubourg St-Antoine; elles traversent la Seine au pont de l'Archevêché, suivent le quai en passant devant le Jardin-des-Plantes, et longent la rivière pendant une heure. La route nouvelle est belle, mais monotone jusqu'au nouveau pont, où elle traverse la Seine proche sa jonction avec la Marne.

LYON. *Hôtels :* de l'Europe, près la place Bellecour; de Provence, place de la Charité, à côté des bateaux à vapeur du Rhône; des Princes, rue St-Dominique. — *Hôtels* du quartier des Terreaux, à proximité des Messageries : du Nord, de Milan, du Parc. —*Hôtels* secondaires pour les voyageurs du commerce : des Courriers, rue Saint-Dominique; des Quatre-Chapeaux, rue de ce nom; Bayard, rue Tupin; de Paris, quai Peyrollerie, près des bateaux de la Saône. — *Hôtel pour les ecclésiastiques* : de Rome, bonne maison, place St-Jean.

LYON, chef-lieu du département du *Rhône*, une des villes les plus considérables, les plus belles et les plus riches de France. Son origine remonte à l'époque la plus reculée, où les Romains formèrent des établissements dans les *Gaules*. Le consul Lucius Munatius Plancus, ami de Cicéron et d'Horace, et lieutenant de César, en fut le fondateur. Il y rassembla, l'an 41 avant J.-C., les habitants de *Vienne*, chassés par les Allobroges. *Lyon* se nomma d'abord *Lucii-Dunum*, par abréviation *Luc-Dunum*, et enfin *Lugdunum*, d'où est venu *Lyon*. Trajan y fit construire un édifice magnifique, destiné aux foires, marchés et tribunaux de justice. Ce monument, qui s'écroula l'an 840, est nommé, dans plusieurs chroniques du ixe siècle, *Forum vetus*, dont on a fait *Fortviel*, puis *Fourvières*, nom que porte encore le quartier où il existait, et sur la partie la plus élevée duquel on a édifié une petite église sous le vocable de Marie, et récemment un belvédère qui, de loin, nuit à l'effet du tableau que présentait autrefois le clocher de l'église, et où l'on monte pour jouir du plus beau panorama qu'il y ait en Europe ; on y découvre le *mont Blanc* et les *Alpes*, ainsi que le cimetière de Vaise, où se trouvent de très-beaux mausolées. L'an 532, cette ville fut réunie à la France ; et, bien que ravagée dans le viiie siècle par les Goths et les Sarrasins, déchirée par les guerres civiles au xvie siècle, on y a trouvé une foule d'antiquités, entre autres les restes de l'aqueduc construit par l'ordre de Marc-Antoine, et plusieurs constructions qui en dépendaient ; sur la montagne de *Fourvières*, une infinité d'inscriptions antiques, deux tables de bronze, découvertes en 1528, sur lesquelles sont gravés des fragments de la harangue prononcée par l'empereur Claude, qui n'était encore que censeur, devant le sénat romain, en faveur de la ville de *Lyon*, sa patrie ; plusieurs autels antiques, bains, vases, tombeaux, etc., etc. Tous ces précieux objets sont maintenant *au Muséum, Palais des Beaux-Arts*.

Cette ville est entièrement traversée par la *Saône*, rivière considérable qui prend sa source en *Lorraine* ; elle est côtoyée par le *Rhône*, fleuve qui prend la sienne au *mont Saint-Gothard*, et dont les eaux belles et rapides séparent la ville des *Broteaux* et de la *Guillotière*, et vont se réunir à la *Saône* à son extrémité méridionale, au lieu dit *la Mulatière*. La partie la plus étendue et la plus peuplée de *Lyon* se trouve placée entre ces deux rivières. Le *Rhône*, qui baigne la partie du levant, est traversé par plusieurs ponts : l'un de bois, remarquable par une hardiesse et une légèreté qui ne nuisent point à sa solidité; il porte le nom de M. Morand, son architecte. Ce pont aboutit aux *Broteaux*, où se trouvent nombre de guinguettes que les trois quarts de la classe ouvrière ne manquent pas de visiter chaque dimanche de la belle saison, et de beaux cafés ainsi que des fabriques.

En parcourant cette promenade, les prairies qui l'environnent, le voyageur ne pensera peut-être pas sans attendrissement que ces lieux qui répètent les accents d'une joie folâtre retentirent en 1793 des cris de douleur poussés par des centaines d'infortunés Lyonnais expirant sous la mitraille; et sans doute, à la vue du monument funèbre érigé à leur mémoire, il donnera quelques larmes au souvenir de leur courage et de leur malheur. On y voit aussi une belle *Eglise*, de construction moderne, un *Colysée* et une *Rotonde* grandiose, où l'on donne des bals.

Le second pont, qu'on a nommé pont du *Concert*, est bien construit; on y jouit d'une fort belle vue.

Le pont construit en pierre porte le nom du faubourg de la *Guillotière*, auquel il conduit. C'est, après le *pont Saint-Esprit*, le plus long de France. Depuis on a encore construit sur le Rhône trois ponts suspendus. La Saône, placée au centre de *Lyon*, exigeait un plus grand nombre de communications; aussi compte-t-on huit ponts qui la traversent, dont trois suspendus et cinq en pierre. Voici leur position en arrivant de *Paris : pont de Serein*, nouvellement construit : les piles sont en pierre, les arches en bois et les parapets en fer; le *pont Saint-Vincent*; celui de *la Feuillée* (suspendu); le *pont de Nemours* (en pierre); le pont suspendu, en face du palais de justice; le *pont de l'Archevêché*, tout en pierre, d'une belle architecture, quoiqu'un peu lourde : le dernier pont est celui d'*Ainay*; ses piles seulement sont en pierre. A la jonction du *Rhône* et de la *Saône*, le *pont d'Orléans*, qui est très-beau.

Lyon est généralement bien bâti; il est difficile de se faire une idée de la beauté de ses quais, notamment de celui de *Saint-Clair*, où toutes les maisons se font remarquer autant par l'élégance de l'architecture que par leur étonnante élévation. Ses rues pour la plupart, quoique assez bien percées, sont étroites; ce qui, joint à la hauteur de ses bâtiments, lui donne un air un peu sombre. De toutes ses places, celle de *Bellecour* est la plus belle, quoiqu'elle soit loin d'avoir la même beauté qu'en 1780. Ses façades, qui en faisaient le principal ornement, détruites en 1794, ont été remplacées par des bâtiments modernes d'une architecture mesquine qui fait regretter le grandiose de celles dont l'infâme Couthon ordonna la destruction, en les frappant d'un marteau que ses mains débiles pouvaient à peine tenir. Au midi de cette place et dans toute sa longueur, plusieurs rangs de tilleuls forment une promenade des plus agréables. La perspective dont on jouit du centre de *Bellecour* est magnifique; le voyageur voit se déployer à ses yeux les riches coteaux de *Sainte-Foy* et de *Fourvières*. Au milieu est la statue de Louis XIV, en bronze, due au ciseau de Lemot, un des meilleurs ouvrages de ce sculpteur lyonnais; le cheval est surtout admiré. La place des *Terreaux* vient en seconde ligne, relativement à son étendue, mais ne lui cède en rien sous le rapport des bâtiments qui la décorent : l'hôtel de ville, élevé sur les dessins de Mansard, et, après celui d'Amsterdam, le plus beau de l'Europe, en fait le principal ornement; l'ancien monastère de *Saint-Pierre* forme un des côtés. Ce vaste édifice est devenu l'asile des arts, des sciences et du commerce; on y voit une école gratuite de dessin, de peinture et de sculpture, qui, en partie formée par les soins des Revoil, des Richard, des Chinard, a fourni des artistes distingués, au nombre desquels on cite avec éloges MM. Bonnefond, Guindran, Orsel, Biard, Jacquard, Trémolet, Génod, etc., etc. C'est là qu'est le musée de la ville et le cabinet d'histoire naturelle.

En entrant à l'*Hôtel de ville* par la place des *Terreaux*, on remarque un superbe vestibule, sous lequel on a placé, à chacun des côtés, des bronzes représentant le *Rhône* et la *Saône*, préservés du vandalisme révolutionnaire. Les peintures à fresque que l'on voit sur les voûtes et les murs du grand escalier sont de la main de Blanchet, qui avait également peint plusieurs sujets historiques dans la belle salle dite de *Henri IV*, considérablement endommagée par l'incendie de 1803. En traversant les deux cours qui se trouvent à la suite du vestibule, on arrive à la place de la Comédie, où l'on a élevé un *Théâtre* grandiose, qui a coûté 4,000,000. L'*Hôpital*, dû à Soufflot, est admiré comme le plus magnifique de France. Il forme une immense façade d'ordre ionique, sur le quai du *Rhône*. La distribution intérieure et la sage administration de cet hospice sont faites pour servir de modèle. Le voyageur remarquera la vaste étendue de ses salles, surtout de celle dont le dôme quadrangulaire est couronné des emblèmes de la médecine. Il faut visiter aussi l'*Hospice de la Charité*, l'*Hôpital militaire*, un des plus beaux de l'Europe ; l'*Hospice de l'Antiquaille*, contenant environ 600 infortunés, fous ou malades incurables : il est confié aux soins de vingt-sept frères hospitaliers et de soixante-sept sœurs. La *Bibliothèque* de la ville est une des plus belles de France, et son vaisseau est magnifique ; l'œil est frappé de son étendue, du grand jour qui l'éclaire, et du tableau animé qu'y présentent, de là, le quai et le cours du *Rhône*. On y compte plus de 100,000 volumes, au nombre desquels plus de 8,000 manuscrits, dans toutes les langues. Lyon possède une seconde bibliothèque au *Palais des Arts*. *Lyon* a deux théâtres, le grand théâtre et le théâtre des Célestins, sur la place de ce nom. Il faut visiter les cafés élégants qui ornent la jolie place des *Célestins*. On a récemment élevé dans l'ancienne boucherie de l'Hôpital un magnifique passage éclairé au gaz, comme toute la ville. Un beau monument moderne que le voyageur doit visiter avec soin, est le nouveau *Palais de Justice* avec une belle colonnade de 24 piliers corinthiens sur les dessins de M. Baltard.

Parmi les édifices religieux, la *Cathédrale* est remarquable par la beauté de sa nef et son architecture gothique. Sous une de ses chapelles latérales est la magnifique horloge (arrêtée maintenant) dont le mécanisme, aussi curieux qu'étonnant, est de Lippius de Bâle. Cette église est enrichie de beaux tableaux. Les autres églises dignes d'attention sont celles de *Saint-Nizier*, bâtie au XIVe siècle ; du *Col-

lége, de l'*Hôpital*, de *Saint-Paul*, où se voit un tableau du célèbre Lebrun, etc.; celles d'*Ainay*, où l'on admire quatre colonnes qui soutiennent la coupole, et qui faisaient partie d'un temple dédié à Auguste; de *Saint-Bonaventure*, *Saint-Polycarpe* et des *Chartreux*. Lyon a un hôtel des monnaies, lettre D; une académie, un riche musée, une école de peinture, un superbe jardin botanique qui offre une jolie promenade, un cabinet d'histoire naturelle, un mont-de-piété, une pépinière départementale. Il faut visiter les abattoirs, le beau marché aux vins, les belles *Prisons*, le magnifique *Arsenal*, construit récemment, les fortifications, etc. Sa population, qui s'accroît prodigieusement, s'élève à 230,000 habitants, en y comprenant la population de la *Guillotière* et de la *Croix-Rousse*, ses faubourgs, et qui prennent aujourd'hui le titre de *villes*. L'industrie commerciale est portée dans cette ville au plus haut point. Ses manufactures en étoffe d'or, d'argent et de soie, lui assurent une supériorité incontestable sur les autres villes du royaume. Sa chapellerie jouit d'une réputation également méritée. Le commerce que sa position favorable la met à même de faire en épiceries, vins, blés, fer, grains de toute espèce, contribue à la rendre une des plus importantes de l'Europe.

Lyon est le siége d'un archevêché, d'une cour d'assises, d'une préfecture et de la 19e division militaire. Il possède un collége royal, une académie, un cercle littéraire, un cercle médical, une société des Amis des Arts, un hippodrome, des expositions de peinture et de sculpture.

Poste, place Bellecour ou Louis-le-Grand.

Si le voyageur est logé quartier des *Terreaux*, il visitera, le 1er *jour*, les quais *St-Clair*, la *place des Terreaux* et ses cafés, le grand *Théâtre*, l'*Hôtel de ville*, le *palais St-Pierre*, où est le musée; la *Bibliothèque royale*, les *églises* de *St-Pierre*, de *St-Nizier*.— Le 2e *jour*, les quais de *Saône*, l'hôpital de la Charité, la place de *Louis-le-Grand*, l'*église d'Ainay*; il traversera le pont de *Tilsit* et parcourra le quartier St-Jean.— Le 3e *jour* serait employé à monter à *Fourvières*, à visiter l'*église St-Paul*, puis, traversant *la Saône*, à voir la *Croix-Rousse* et ses ateliers de soierie, l'*église des Chartreux* et ses *Tapis* verdoyants, les fortifications, etc.

RENSEIGNEMENTS. *Voit. pub.*: Messageries de Bonafous frères, pour Turin, Gênes, Milan et toute l'Italie, correspondant avec Chambéry et Aix-les-Bains, rue Neuve, 17.

Messageries de P. Galline et comp., pour la Provence, le Languedoc et tout le Midi, quai St-Antoine, 29.

Diligence de F. Poulin et comp., pour la Provence, le Languedoc et tout le Midi, rue Puits-Gaillot, 2.

Diligence de Burdet et Ricard, pour Genève, place du Concert, 8.

Diligence de Gaillard frères et comp., pour Genève, quai St-Clair, 11.

Courriers journaliers pour Chambéry, Aix-les-Bains, Turin, Gênes, Milan et toute l'Italie (dans la saison des bains les voitures vont à Aix sans changer de conducteur); chez Larat, Mille et comp., quai St-Clair, 15.

Diligence de Lyon à Marseille, passant par Vienne, la Côte-Saint-André, Grenoble, Briançon, correspondant avec les Messageries des Alpes, chez Ferrouillat et Martinais, place du Concert, 9.

NAVIGATION A VAPEUR.

Compagnie générale des bateaux à vapeur, quai et place de la Charité; départs tous les jours pour *Valence*, *Avignon*, *Beaucaire* et *Marseille*.—Le service du Cygne et de la Colombe, bateaux en fer à basse pression, se fait tous les jours entre *Lyon* et *Châlon*. Le départ a lieu tous les matins à la pointe du jour. Directeur de la compagnie générale, Jacques Breittmayer. Bureaux: place des Terreaux, 16; quai de la Charité, 28.

Services du Rhône et de la Saône. L. BREITTMAYER aîné et compagnie, propriétaires des bateaux à vapeur *les Aigles*, 12, place de la Charité, à Lyon. La compagnie générale des bateaux à vapeur du Rhône et ses affluents, place de la Charité, à Lyon. *Châlon*, *Lyon*.—Bateaux à vapeur, *les Aigles* et *le Cygne*. Départs tous les jours à 5 et 6 h. du matin; trajet en 6 h. 1/2. Premières places, 8 fr.;

deuxièmes, 6 fr. *Lyon*, *Valence*, *Avignon*, *Beaucaire*, *Arles*, *Marseille*. Départs tous les jours à 4 heures du matin : trajet de Lyon à Avignon, 12 heures. Prix des places : Avignon, premières places, 20 fr.; deuxièmes places, 15 fr.; — Beaucaire, premières places, 22 fr.; deuxièmes places, 17 fr.; — Arles, premières places, 23 fr.; deuxièmes places, 18 fr. Les services correspondent : à Avignon, pour Marseille, les messageries par terre partant le soir, et faisant le trajet dans la nuit; à Beaucaire, pour Nîmes et le Languedoc, par le chemin de fer et le canal du Midi; à Arles, pour Marseille, par les bateaux de mer des mêmes compagnies, partant le matin; trajet en 5 heures. Prix des places d'Arles à Marseille, 5 fr.—*Lyon*, *Valence*. Service spécial desservant les ports intermédiaires. Départs tous les jours à 11 heures du matin; trajet en 7 heures. Premières places, 10 fr.; deuxièmes places, 7 fr. 50 c. Ce service correspond avec les voitures pour Dié, Montélimart, Crest et l'Ardèche.

Société Lyonnaise Courrat, Gaillard et comp., entreprise des bateaux en fer les *Papins*; service sur la Saône pour Mâcon et Châlon, quai Peyrollerie, et sur le Rhône pour Valence, Avignon, Beaucaire et Arles, port des Cordeliers. Transport des voyageurs et des marchandises.

Compagnie du Rhône supérieur, service de *Lyon* à *Aix-les-Bains*. Bureaux : cours d'Herbouville, 4, hors de la barrière de St-Clair.

Bateaux à vapeur en fer, *le Sirius*, *le Vésuve* et *le Vesper*, partant tous les deux jours du pont de la Guillotière pour *Avignon* et *Beaucaire*. — Bureaux, quai de l'Hôpital, 118.

Les bateaux à vapeur *la Sylphide*, *la Sirène*, *le Jupiter*, *le Neptune*, partent tous les jours du port de la Charité pour *Valence*, *Avignon*, *Beaucaire*, *Arles* et *Marseille*.— Bureaux : place des Terreaux, 16; quai et place de la Charité, 28.

L'administration fait partir un paquebot tous les jours, été et hiver, du port de la Charité. Le trajet de *Lyon* à *Avignon* se fait en 12 h.; celui de *Lyon* à *Marseille*, en passant par *Arles*, en un jour 1/2.

Transport de toute espèce de marchandises pour *Avignon, Beaucaire, Arles, Marseille, Nîmes, Toulouse, Bordeaux, Bayonne*, etc.

Correspondance avec le chemin de fer de *Beaucaire à Alais*, et avec les *canaux du Midi*.

Bains. Les principaux bains qu'on trouve à Lyon sont : place de la Miséricorde, — derrière la cathédrale de St-Jean, — rue Sala, — rue en face de la Charité, — à l'hôtel de Provence, — quai Saint-Antoine, — rue Saint-Dominique, — rue du Garet, — hôtel du Nord, — rue Belle-Cordière, — rue Saint-Marcel, en face des Carmélites, — galerie de l'Argue, — rue Sainte-Catherine, et les magnifiques bains du Rhône.

Cafés. Les plus fréquentés pour les excellents *déjeuners au café et au chocolat* sont Casati, rue du Bât-d'Argent; Toriani, rue Puits-Gaillot; Toni-Poulet, rue Lafont; Rossignol, quai des Célestins; Grand, place des Terreaux.

Pour la *bonne bière*, les cafés Forni, angle de la rue Lafont et du Garet; — *Parisien*, de la *Comédie*, Borry, Berthoux, place des Célestins.

Traiteurs et restaurateurs : Maire, près de l'église Saint-Nizier; — Charion, hôtel des Princes; — Poche, hôtel de Rome; — Bauquis, hôtel du Commerce; — Rivière, à l'Écu-de-France; — Caillot, passage de l'Argue; — Joly, hôtel de l'Europe; — Dutel, montée de la Glacière; — Philibert, hôtel de Provence; — veuve Victor, rue Sainte-Marie-des-Terreaux; — Laverlochère, place des Terreaux; — Oray, place des Cordeliers; — Barbezat, rue Sirène; — Deschamps, place des Célestins; — Pion, place des Terreaux; — Camille, place Saint-Pierre; — Bavoux, place de la Préfecture; — Mathieu, quai Saint-Antoine, — etc.

CONSULATS ÉTRANGERS : *Sardaigne*, MM. le marquis Jules Doria, consul général, rue de Puzy, 1, au rez-de-chaussée; Laugieri, vice-consul, rue des Remparts-d'Ainay, 10.

Confédération suisse, MM. P. Galline, consul, et Osca Galline fils, vice-consul, quai St-Antoine, 29.

Brésil, M. B. Puy, consul, petite rue des Feuillants, 5.

Etats-Unis d'Amérique, M. A. Berger, vice-consul, place Sathonay, 5.

SÉJOUR. La vie n'est pas très-chère à Lyon ; pour 50 cent. on a du café ou du chocolat excellent, chez Toriani, limonadier italien, qui demeure rue *Puits-Gaillot*. Le chocolat que l'on prend chez Casati, rue *Bât-d'Argent*, est très-estimé ; 50 cent. la tasse. Les petits pains, les brioches qu'on sert dans les bons cafés sont délicieux. Il y a divers restaurateurs à la carte. On est très-bien servi dans le passage de l'*Argue* à 2 fr. 50 et 3 fr. par tête. On boit d'excellente bière, *place des Terreaux*, chez Grand ; on sert, *passage Saint-Dominique*, près de la *place des Célestins*, à 2 et 3 fr. par tête ; le vin y est bon. Ceux qui aiment les poissons du *Rhône* en mangeront de délicieux *aux Brotteaux* (1).

(1) MUSÉE *au palais des Beaux-Arts* (ouvert les dimanche et jeudi de chaque semaine, de 11 à 2 h.)

Salons de fleurs. — N° 10. Vase de fleurs, d'Abrah. Mignon. — 11. Vase en bronze rempli de fleurs, de M. Bony, de Lyon. — 12. Cartouche entouré de fleurs, de D. de Heem. — 3. Vase rempli de roses, de J. Van-Huisum, chef-d'œuvre. — 17. Vase par Mme Bruyère. — 21. Vase par Van-Proussel, d'Anvers

Galerie du musée. — N° 4. Racine, par Philippe de Champagne. — 8. Sacrifice d'Abraham, par Andrea del Sarto. — 9. Invention des reliques de sainte Véronique, de saint Protais, par Philippe de Champagne, tableau très-estimé. — 11. Adoration des Bergers, de Jordaens. — 12. Vue de la cour du château de Fontainebleau, par Bouhot, tableau d'un effet piquant. — 18. Ballon, par de Boissieux. — 19. Saint François, saint Dominique et plusieurs autres saints, par Rubens, tableau capital. — 22. Une table de cuisine, par Suyders d'Aupy. — 27. La Pluie d'or de Danaé, attribué au Tintoret. — 30. Vendeurs chassés du Temple, par Jean Jouvenet. — 31. Deux têtes d'étude, par Van-Dick. — 32. Le petit Rémouleur, par Grobon. — 34. Des soldats jouant dans un corps-de-garde, tandis qu'un ange délivre saint Pierre, de David Teniers, très-beau tableau. — 35. Vert-Vert, par Richard, charmante composition. — 37. Pigeonnier de Rochecardon, par Grobon. — 39. Adoration des Anges, de Jacques Stella. — 43. Un tournoi, par Revoil, tableau d'un bel effet. — 46. Vue de saint Jean. — 47. Aqueducs, par Grobon, bel effet, belle couleur. — 52. Visitation, par Jordaens. — — 59. Baptême de Jésus-Christ, par Louis Carrache. — 61. Le bon Samaritain, par Drolling. — 65. Saint François d'Assise, par l'Espagnolet. — 67. Le Christ à la colonne, par Palme le jeune. — 75. Ascension, par Pierre Pérugin, magnifique. — 78. Circoncision, par Guerchin, beau

ROUTE 1re. — DE PARIS A LYON.

Ouvrages a consulter : *Guide pittoresque de l'étranger à Lyon*, et *Guide à la grotte de la Balme*, qui se trouvent à *Paris*, chez L. Maison; à *Lyon*, chez Chambet aîné.

Excursions : 1º à *Rochecardon*; on passe par le faubourg de *Vaise*. *Rochecardon* est un bois fort joli que J.-J. Rousseau aimait beaucoup; 2º à l'*Ile-Barbe*; 3º au pont de la *Mulatière*. On suit l'allée *Perrache* : à la sortie du pont, à droite, par le chemin d'*Oullins*, village dont l'église conserve la tombe de Thomas, est une petite montée au milieu de laquelle on doit s'arrêter pour jouir d'une vue magnifique; 4º à *Charbonnières*, charmant village à 8 kil. environ de *Lyon*, et dont les eaux minérales sont conseillées pour les obstructions : on prend les voitures sur le *quai Villeroy*; 5º au *mont Cindre*, près de *Saint-Cyr*, par le faubourg de *Vaise*, et du plateau duquel on jouit d'un très-beau panorama; 6º à *Saint-Bonnet-le-Froid*, à 1 myr. 6 kil. de *Lyon*, sur un plateau granitique très-élevé, et d'où l'on jouit d'un panorama aussi beau que tous ceux qu'on va chercher en *Suisse*. On ne regrettera pas un peu de fatigue pour gravir la montagne; on sera dédommagé amplement de ses peines par les points de vue admirables qu'on a derrière soi. Il faut passer par *Saint-Just*, le *Pont-d'Allay*, etc., et non par l'*Arbresle*; 7º à *Écully*, par les omnibus, charmant village qu'il ne faut pas oublier de visiter.

Il y a des *omnibus* qui conduisent à l'*Ile-Barbe* et à *Fon-*

---

tableau. — 83. Adoration des Mages, par Rubens. — 84. Assomption, du Guide. — 85. Moïse sauvé des eaux, par Paul Véronèse.

Salle des antiques. — Le Christ sur la croix, par Van-Thulden, tableau qui a joui d'une grande réputation. — 2. Le Repas chez Simon le Pharisien, par Jean Jouvenet. — 4. Louis XII présenté à Jésus-Christ par saint Louis, de Charles Lebrun. On remarque *un taurobole* de 1 mètre 60 centimètres de haut; les *tables de bronze* contenant la harangue de *Claude* au sénat romain; la gravure en est belle et les lettres aussi visibles que si elles venaient d'être écrites; une *belle mosaïque* représentant tous les *jeux du cirque*, découverte à *Ainay* en 1800; les *jambes d'un cheval de bronze*, découvertes dans le lit de la Saône, etc. (*Extrait de la notice des tableaux du musée de Lyon*, par Artaud, in-8º, Lyon, chez Lambert-Gentot.)

taine pour 50 et 75 centimes. On les trouve place de la Feuillée.

ROUTE II.

DE PARIS A LYON.

2ᵉ ROUTE, PAR NEVERS ET MOULINS (*service de malle*), 47 myr. 3 kil.

Villejuif,	0 m.	8 k.	Magny,	1	2
Fromenteau,	1	1	St-Pierre-le-Moutier,	1	1
Essonne,	1	2	St-Imbert,	0	8
Ponthierry,	1	1	Villeneuve-sur-Allier,	1	0
Chailly,	0	8	Moulins,	1	2
Fontainebleau,	1	0	Bessay,	1	5
Nemours,	1	6	Varennes,	1	5
La Croisière,	1	3	St-Gérand-le-Puy,	1	1
Fontenay,	0	7	La Palisse,	1	0
Montargis,	1	4	Droiturier,	0	8
Nogent-sur-Vernisson,	1	7	St-Martin-d'Estréaux,	0	7
La Bussière,	1	2	La Pacaudière,	0	7
Briare,	1	2	St-Germain-l'Espinasse,	1	2
Neuvi-sur-Loire,	1	7	Roanne,	1	2
Cosne,	1	4	St-Symphorien-de-Lay,	1	7
Pouilly,	1	5	Pain-Bouchain,	1	5
La Charité,	1	3	Tarare,	1	2
Pougues,	1	3	Les Arnas,	1	1
Nevers,	1	2	Salvagny,	1	9
			Lyon,	1	4

On sort de Paris par le faubourg Saint-Marceau ; à droite, *Bicêtre*, ancien château converti en hôpital pour les vieillards et les aliénés. On y remarque un puits étonnant par sa largeur et sa profondeur (60 mètres); un réservoir contenant 4,000 muids d'eau, et l'église en forme de croix.

Pour la description de cette route, voyez le *Guide du voyageur en France de Richard*, chez L. Maison, Paris.

Lyon. *V*. Route 1ʳᵉ, p. 63.

ROUTE III.

DE LYON A TURIN.

7 myr. 4 kil. et 38 postes ¾.

De Lyon à Bron,	1 m. 0 k.	Aiguebelle,	1	½
St-Laurent-des-Mû-res,	0 8	La Grande-Maison,	2	¾
		St-Jean-de-Maurienne,	2	
La Verpillière,	1 1	Saint-Michel,	2	
Bourgoin,	1 2	Modane,	2	½
La Tour-du-Pin,	1 5	Le Vernay,	2	
Le Gaz,	0 8	Lans-le-Bourg,	2	
Pont-de-Beauvoisin,	1 0	L'Hosp. du Mont-Cénis,	3	
Les Echelles de Savoie (poste étrangère),	2	Molaret,	3	
		Suze,	2	
St-Thibaud-de-Coux,	1 ½	Brusolo,	1	¾
Chambéry,	1 ½	Saint-Ambroise,	1	¾
Montmélian,	2	Rivoli,	1	¾
Maltaverne,	1 ½	Turin,	2	¼

MOYENS DE LOCOMOTION.

Avant de quitter Lyon, le voyageur doit faire viser son passe-port. — *Diligences Bonafous*, n° 17, rue Neuve, à Lyon. — Départs tous les jours pour :

Turin. Prix : coupé, 74 fr.; rotonde, 50 fr.

Gênes, 95 fr.; rotonde, 80 fr.;

Milan, 85 fr.; rotonde, 69 fr.;

Venise, 129 fr.;

Bologne, 121 fr.; *Parme*, 106 fr.; *Rome*, 197 fr.; *Chambéry*, 15 fr.

Le touriste pourra aussi s'embarquer sur l'un des paquebots qui remontent le Rhône, pénètrent dans le pittoresque lac du *Bourget*, et de là se rendre à *Chambéry*.

De Lyon, en remontant le Rhône, la navigation est parfois ennuyeuse; elle exige 22 heures, sans compter plus d'une longue heure qu'il faut passer aux douanes de Savoie.

Les sites qu'offre cette partie du fleuve n'ont rien de remarquable, à l'exception de quelques points, tels que le *Saut du Rhône*, où le canal se rétrécit dans un profond ravin entre d'immenses rochers; sur ceux du côté de la France, se voit le fort de *Pierre-Châtel*, dont la situation est des plus imposantes. L'eau rugit dans cet étroit passage, où la navigation semble présenter de grands dangers; mais l'adresse des pilotes sait éviter tout accident, et leur habileté est surtout nécessaire en passant sous un pont de fil de fer, situé à la base de *Pierre-Châtel*, qui lie la frontière de France à celle de la Savoie.

Mais ce voyage sur le lac est des plus intéressants. La navigation à travers le canal étroit et tortueux qui porte les eaux du lac dans le Rhône; la marche de ce paquebot, pouvant contenir 300 personnes, et qui, semblable à un énorme reptile, serpente au milieu des prairies, présentent quelque chose d'étrange qui attache et frappe l'imagination.

Ce voyage ne peut se faire que dans la belle saison.

Le voyageur quitte Lyon par le pont de la Guillotière, et suit le long faubourg de ce nom; ensuite on passe entre deux forts détachés, nouvellement élevés, et on entre dans le département de l'Isère avant d'atteindre *Bron*, simple relais de poste.

Une belle route conduit de Bourgoin au Saut du Rhône, 2 myr. 8 kil. Ce saut n'est qu'à une lieue de la grotte de Balme. Cette grotte mérite d'être visitée.

LA TOUR-DU-PIN (Isère), (*hôtels* : la Poste,—Pollet, près de la Douane, et Chalat), chef-lieu de sous-préfecture. Cette petite ville, autrefois baronnie indépendante, et réunie au Dauphiné en 1273, est située sur une rivière qui porte son nom. Les vins, grains, chanvres, lins, mûriers pour les vers à soie, que fournit son territoire, sont les seules ressources de son commerce et de son industrie. Pop. 2,000 hab.

PONT-DE-BEAUVOISIN (Isère). *Hôtels* : Barbier, près de la Douane, et l'Ancienne-Poste.—Cette petite ville, qui séparait autrefois la France de la Savoie, est située sur le Giers, qui la coupe en deux parties, et prend sa source sur les confins de la Savoie et du Dauphiné. *Curiosité* : le *pont* d'une seule arche, remarquable par sa hardiesse; le poste des douanes des deux pays est situé à chaque extrémité du pont. *Commerce* : chanvre, blé, fabrique de toile. Pop. : du côté de la *France*, 2,500 habit.; du côté de la *Savoie*, 1,500 hab.

Une remarque que tout observateur ne manquera pas de faire, c'est que dès cet endroit le teint des habitants est plus brun que celui des Dauphinois qui demeurent dans la partie du pays qui avoisine le Rhône. Cette nuance devient plus sensible à mesure que l'on avance, et augmente ainsi jusqu'à ce que l'on ait passé le mont Cénis, dont cette route porte le nom. Ce changement s'étend aussi sur la nature; les sites changent d'expression, le climat de température. Le voyageur trouvera dans l'aspect des montagnes de la Savoie, de ses torrents, de ses cascades, de ses précipices, des tableaux d'une beauté sévère et imposante.

Avant d'arriver au bourg des Echelles, on traverse une gorge au fond de laquelle le Giers roule ses eaux entre deux montagnes d'une pente rapide et d'une prodigieuse élévation.

En entrant en Savoie, la route traverse d'abord une plaine bien cultivée, couverte de vignes, d'arbres de toute espèce, et où l'on voit de belles prairies, de nombreux troupeaux, enfin tout ce qui marque la richesse du pays; mais à peine a-t-on fait une lieue, qu'on se trouve dans les Alpes.

L'aspect de ces montagnes offre au voyageur le spectacle en même temps le plus curieux et le plus imposant, lors surtout qu'il les observe pour la première fois. Tout y annonce le mouvement de la nature qui enfante ses productions les plus variées, les plus singulières; c'est le pays des sensations profondes. D'énormes masses de rochers, et un torrent qui coule avec fracas au fond des précipices, sont les premiers objets qui frappent la vue. La route, qui monte pendant trois heures le long de ce torrent, est tracée avec une intelligence rare, et de plus garnie de parapets dans les lieux escarpés. Quelques auteurs croient que c'est par là qu'à l'aide du feu et du vinaigre, Annibal fit ouvrir un passage à ses troupes.

On descend ensuite au bourg des

Echelles, situé dans un vallon fort resserré, et qui présente, en général, l'affligeant tableau de la misère. Une foule de vieillards, de femmes et d'enfants viennent solliciter une pitié et des secours qu'il serait bien difficile de leur refuser. Pop. 700 hab.

Au delà de ce village, la vallée forme un véritable cul-de-sac; un mur de calcaire de 272 mètres de haut s'étend en travers, et depuis les Échelles l'œil cherche en vain les moyens d'en sortir. On finit cependant par distinguer sur la face de l'escarpement, à moitié chemin de la montée que la route parcourt en sinuant, un petit trou ressemblant assez à l'ouverture d'une ruche à miel; mais, lorsqu'on est assez près, on reconnaît l'ouverture d'un tunnel à grandes dimensions, percé à travers la montagne : cette galerie coupée dans la roche calcaire, a 8 mètres de haut, autant de large, et près de 340 de long; ce magnifique ouvrage fut commencé par Napoléon, et achevé par le roi de Sardaigne en 1817. Il y a encore là deux routes plus anciennes, dont l'aînée ne mérite guère ce nom : c'était un sentier des plus raboteux et des plus difficiles, conduit à travers les rochers au moyen d'échelles placées l'une au-dessus de l'autre; d'où il fut appelé *chemin de la Grotte*, ou *les Échelles*, et il donna son nom au village voisin, qui l'a conservé. Les difficultés de ce passage étaient encore augmentées par le gonflement des torrents de la montagne, qui le rendaient souvent impraticable pour les bêtes de somme; les voyageurs le traversaient alors assis dans un fauteuil fixé sur le dos d'un de ces forts paysans de la Savoie.

Pour atteindre la vieille route en revenant de France, il fallait traverser une profonde déchirure qui se trouvait au bas de la vallée, sur la gauche de la galerie.

En 1640, le duc Charles-Emmanuel de Savoie améliora la route en la dégageant des masses de roches qui l'obstruaient, et la rendit praticable aux voitures; vint Napoléon qui traça une nouvelle ligne, perça hardiment la montagne, et créa une nouvelle route sur laquelle deux voitures peuvent marcher de front et à l'aise. En sortant de la galerie, on aperçoit à droite la vieille route; en la suivant pendant un kil. environ, le voyageur s'approche des anciennes routes de la Savoie, dont la plus vieille est maintenant impraticable. Sur les parois de la roche se lit une inscription pompeuse, écrite par l'abbé St-Réal en l'honneur de Charles-Emmanuel, qui fit construire cette route ; quoique escarpée, c'est un ouvrage assurément fort remarquable pour l'époque.

La route que nous parcourons maintenant suit un ravin étroit et rocailleux qui s'ouvre graduellement et finit par former une jolie vallée.

St-Thibaud-de-Coux. Non loin de cet endroit se trouve une jolie chute d'eau décrite par J.-J. Rousseau.

Il faut encore traverser un autre ravin étroit avant d'arriver à

Chambéry (en italien Ciamberi). *Hôtels* : Hôtel de l'Europe, tenu par Ferroillet ; bonne maison qui vient d'être restaurée et remise à neuf ; appartements élégants et commodes, jardin à la disposition des voyageurs, bonne cuisine, table d'hôte et service particulier, remises et écuries. Cet hôtel est à la proximité des diligences, et le courrier de Turin passe devant. Les propriétaires se font distinguer par leur politesse. *Prix modérés.* — La Poste, le Petit-Paris, bonnes maisons.

Chambéry, capitale de la Savoie, siége d'un archevêché, avec environ 12,000 hab., est située dans une plaine riante et fertile, entre de hautes montagnes ; deux rivières l'arrosent : l'Alysse et l'Albane. Son sol est élevé de 282 mètres au-dessus du niveau de la mer, et sa place d'armes ne s'élève que de 36 mètres au-dessus du niveau du lac du Bourget.

Il existe encore à Chambéry plusieurs tours et d'autres fragments de l'ancien château des ducs de Savoie. La chapelle gothique, située dans son enceinte (1415), échappa à la conflagration de 1798 ; vous la laissez à gauche en arrivant par la route de Lyon. La précieuse relique (*santo-sudario*) le saint suaire, qui est maintenant à Turin, fut longtemps déposée dans cette chapelle ; François Ier, roi de France, y fit de Lyon un pèlerinage à pied. *Saint-Pierre* de Rome possède aussi un *saint suaire* qu'on montre au peuple dans les grandes cérémonies.

Avant la révolution française, Chambéry renfermait 20 couvents ; on en compte encore aujourd'hui 7, dont quatre de femmes et trois d'hommes.

Parmi ses édifices, on remarque les *trois casernes* construites par Napoléon. Elle possède aussi une *bibliothèque publique* contenant 16,000 vol., un *petit musée* renfermant quelques peintures peu remarquables, et un *théâtre*.

Le *collége royal* est placé sous la direction des jésuites, qui remplissent les différentes chaires pour les sciences et les lettres.

Histoire. — Chambéry n'est pas fort ancien, car il n'existait point au temps des Romains. Il a été cité pour la première fois dans un titre de 1029; et ce n'était encore, dans le XIIe siècle, qu'un château avec un bourg. Ce château était entouré d'un fossé que remplissaient les eaux de l'Albane, rivière qui prend sa source dans les montagnes de *Grenier* et d'*Apremont*, et traverse la ville avant de s'unir à l'*Alysse*. Le comte Thomas Ier en fit, en 1232, la capitale de ses États, et dès lors Chambéry reçut des priviléges et eut des établissements qui lui donnèrent promptement plus d'importance. Amédée V fut le premier comte qui y fixa sa résidence, et ses successeurs contribuèrent à l'agrandir. Les rois de France même lui accordèrent des priviléges pendant qu'ils possédèrent cette partie de la Savoie.

Événements militaires. — Chambéry a été pris par François Ier en 1536. En 1600, Henri IV y entra vainqueur. Louis XIII en fut aussi maître. Louis XIV fit occuper cette ville pendant ses démêlés avec Victor-Amédée II jusqu'à la paix d'Utrecht, en 1713. Plus tard, en 1742, les Espagnols s'en emparèrent, et l'année suivante l'ancien château de Chambéry, résidence de l'infant don Philippe, fut entièrement incendié. Réparé en 1775, il fut de nouveau brûlé dans la nuit du 13 au 14 décembre 1798. En 1803, alors que la Savoie était réunie à la France, sous le titre de département du Mont-Blanc, il fut en partie réparé.

Biographie. — Chambéry a donné naissance à une foule d'hommes distingués par leur savoir, leurs talents et leurs vertus, et qu'il est important de connaître; parmi les plus remarquables on distingue :

Saint-Réal, l'auteur de la « *Conjuration des Espagnols* » *contre la république de Venise,* » qui y naquit en 1639; l'historien Emmanuel-Philibert de Pingnon; le père de Challe, jésuite, habile mathématicien; l'ingénieur Ducla; le graveur Delallée; le peintre Paul, dont les peintures à l'huile sont estimées; François Bérenger, dont la copie du Saint Jérôme du Corrége est proclamée par Mengs un vrai chef-d'œuvre; le comte de Maistre, l'auteur du *Lépreux de la vallée d'Aoste*, du *Voyage autour de ma chambre;* le comte Joseph de Maistre, qui a écrit le livre *du Pape* et les *Soirées de St-Pétersbourg*, homme de génie; M. Raymond, qui a longtemps rédigé le *Journal de Chambéry*. A ces noms nous devons joindre celui du général de Boignes, qui a doté Chambéry, sa ville natale, d'établissements si nombreux, et qui assurent à leur généreux fondateur une gloire aussi pure que durable.

La vie aventureuse de M. de Boignes en fait un personnage historique. Il avait 22 ans lorsque, étant entré au service de la compagnie des Indes, il se rendit à Madras en 1777. Après quatre campagnes, voyant que sa qualité d'étranger était un obstacle à son avancement, il partit pour Delhy, dans le Mogol, dont les habitants étaient depuis longtemps en guerre avec les Jattes. Il offrit ses services au prince maratte, Mandajy Scindiah, qui soutenait une lutte opiniâtre contre les rajahs ses voisins. En 1785, le jeune de Boignes lui organisa deux bataillons à l'européenne, et bientôt après eut le commandement d'un corps de 3,000 hommes, avec lequel il gagna la bataille de Jannah-Panaah, ce qui lui valut des présents considérables. La mort du prince vint mettre un terme à ses entreprises belliqueuses; en même temps, sa santé lui rendant nécessaire le climat d'Europe, il revint en 1796 avec une fortune immense qu'on portait à 15 millions; il épousa une demoiselle d'Osmond, et alla dans sa patrie dépenser noblement les trésors dont le sort l'avait rendu possesseur. Il y fonda deux hôpitaux.

Une nouvelle rue à colonnades, à l'instar de celle de Rivoli à Paris, porte son nom; à l'une des extrémités de cette rue, sur la promenade, se voit une fontaine monumentale supportée par des éléphants, et surmontée de la statue du général. Cette fontaine pèche sous le rapport des proportions: la colonne est mesquine, et ses dimensions ne sont pas du tout en harmonie avec celles de sa base.

Le général de Boignes mourut en 1830, après avoir répandu

de nombreux bienfaits ; il emporta dans la tombe l'estime et la reconnaissance de son pays (1).

Maisons. — Les maisons de Chambéry sont en général assez propres, bâties en pierre ; quelques-unes sont peintes à l'extérieur, ce qui leur donne un aspect gai, un air agréable à l'œil.

Rues. — Quelques-unes sont vraiment belles ; nous citerons surtout celle qui a reçu le nom de Boignes, magnifique rue à arcades, avec d'élégants magasins de nouveautés, de beaux cafés, etc.

Églises. — Les églises à Chambéry sont peu nombreuses ; les plus importantes à signaler sont :

La *Cathédrale*, édifice gothique, bâtie vers l'an 1430 par les franciscains, et remarquable par les deux fresques, qui paraissent dater du xive siècle ; l'une représente une sainte famille, l'autre est en partie effacée.

L'*église paroissiale de Ste-Marie*, construite en 1636 ; elle est d'ordre dorique, et possède un joli maître-autel, un tableau représentant l'incrédulité de saint Thomas, donné aux augustins de Chambéry par le prince Thomas de Carignan, leur fondateur.

La *Sainte Chapelle*, dédiée à saint Michel, et dont le portail est orné des statues de princes de la maison de Savoie.

La *Chapelle royale*, la plus remarquable de Chambéry, selon M. Bertolotti, et dont les vitraux surtout sont dignes d'attention.

Hospices. — Chambéry possède plusieurs hospices ; le plus remarquable est celui de Saint-Benoît, fondé en 1820 par la générosité du général de Boignes, qui a acquis le local, l'a fait restaurer, et l'a doté à perpétuité pour y entretenir un certain nombre de vieillards des deux sexes, parmi ceux qui, ayant vécu dans l'aisance, ont éprouvé des revers inopinés de fortune. Cet établissement, unique dans son genre, mérite d'être visité avec soin.

(1) La vie et les aventures du général de Boignes sont admirablement racontées dans « *Une promenade à cheval*; *Florence*, par *une Dame*, 1841. »

Le *Musée* de Chambéry est riche en médailles romaines, et il renferme quelques tableaux fort anciens, ainsi que des antiquités trouvées à Aix. Le catalogue de ces objets serait ici trop long, et nous renverrons le voyageur au « Guide » en Savoie et en Piémont, de Richard. »

A la *Bibliothèque* on remarquera : 1° un missel, avec miniatures d'or, du pape Félix ; 2° une Bible sur parchemin, du IX° siècle.

Théâtre. — Le théâtre de Chambéry est situé à l'issue des boulevards, à l'entrée de la ville ; c'est un parallélogramme de 69 mètres de longueur sur 22 de largeur ; la façade, en très-belle pierre de roche, a un avant-corps d'ordre ionique à pilastres ; elle est couronnée d'un fronton dans lequel sont sculptées les armes du roi. La salle, qui peut contenir environ 1,500 personnes, est d'une belle proportion ; sa forme est demi-circulaire ; les loges sont en galeries ornées de sculptures et de peintures. La scène est très-spacieuse ; il y a d'assez belles décorations, peintes, ainsi que le rideau représentant la descente d'Orphée aux enfers, par les frères Vaca.

Ce théâtre est un monument digne de remarque par sa coupe, son plan intérieur, la commodité des distributions et l'élégance des ornements. Cet édifice fait honneur au talent des architectes Trivelli et Préltacso, qui en ont donné les dessins et dirigé la construction.

Cafés. — Il y en a plusieurs qu'on peut recommander aux voyageurs ; celui qui est sous l'arcade du théâtre, celui qui est à côté de la librairie de M. Puthod. Il y en a trois autres dans la rue de Boignes, également bons et recommandables.

Séjour. — On se fait de fausses idées sur le gouvernement du roi de Sardaigne. On jouit à Chambéry de tout autant de liberté que dans aucune autre ville du monde. Le brillant magasin de librairie de M. Perrin, dans la rue de Boignes, et celui de M. Puthod, sur la place d'armes, sont là pour témoigner combien peu la censure du pays est sévère. On trouvera dans le premier un assortiment varié d'ouvrages de piété, de littérature, de sciences et d'arts ; de la papeterie ; une foule d'articles de fantaisie et de luxe, tous venant de Paris. Dans le second se trouvent la plupart des livres publiés à Paris, romans, mémoires, etc., mais sous le format qu'on leur a donné à Bruxelles. On trouvera dans ces deux librairies les *Guides* ou *Itinéraires de Richard en France, en Suisse, en Italie*, etc.; les meilleurs ouvrages sur la Savoie, et de bonnes cartes routières.

Gastronomie. — Nous indiquerons au voyageur la *compote verte*, qui se vend chez les confiseurs et dans les cafés, comme une excellente friandise. C'est une production du pays, fort estimée de certains gourmets. Les *pâtés de Savoie* rivalisent presque avec ceux du *Périgord*, et ses *grands biscuits* ont une réputation européenne.

Promenades. — Les promenades de Chambéry sont en général assez agréables; celle appelée le *Verney*, plantée en quinconce, est fort jolie et des plus fréquentées.

EXCURSIONS.

Les Charmettes.

Cette pittoresque retraite est située à 20 minutes de marche, au sud de Chambéry.

Une visite aux Charmettes doit entrer dans le plan de tout voyageur qui parcourt la Savoie. Nous prendrons pour guide dans cette excursion M. Raimond, écrivain aussi spirituel qu'exact. Ecoutons d'abord Jean-Jacques lui-même:

« Après avoir un peu cherché, nous nous fixâmes aux Charmettes, une terre de M. de Conzié, à la porte de Chambéry, mais retirée et solitaire comme si l'on était à cent lieues. Entre deux coteaux assez élevés est un petit vallon nord et sud, au fond duquel coule une rigole entre des cailloux et des arbres. Le long de ce vallon, à mi-côte, sont quelques maisons éparses fort agréables pour quiconque aime un asile un peu sauvage et retiré. Après avoir essayé deux ou trois de ces maisons, nous choisîmes enfin la plus jolie, appartenant à un gentilhomme qui était au service, appelé M. Noiret. La maison était très-logeable. Au-devant un jardin en terrasse, une vigne au-dessus, un verger au-dessous, vis-à-vis un petit bois de châtaigniers, une fontaine à portée; plus haut, dans la montagne, des prés pour l'entretien du bétail ; enfin, tout ce qu'il fallait pour le petit ménage champêtre que nous y voulions établir. Autant que je puis me rappeler les temps et les dates, nous en prîmes possession vers la fin de l'été de 1736 (1). J'étais transporté le premier jour que nous y couchâmes. O maman ! dis-je à cette chère amie en l'embrassant et l'inondant de larmes d'attendrissement et de joie, ce séjour est celui du bonheur et de l'innocence ; si nous ne les trouvons pas ici, il ne faut les chercher nulle part.

> » *Hoc erat in votis : modus agri non ita magnus,*
> » *Hortus ubi, et tecto vicinus jugis aquæ fons,*
> » *Et paululùm sylvæ super his foret ;......*

» Je ne puis pas ajouter : *Auctiùs atque Di meliùs fecêre*; mais n'importe, il ne m'en fallait pas davantage ; il ne m'en fallait pas même la propriété : c'était assez de la jouissance. A peine les neiges commençaient à fondre que nous quittâmes notre cachot, et nous fûmes assez tôt aux Charmettes pour y avoir les prémices du rossignol. Dès lors je ne crus plus mourir. Je me levais tous les matins avant le soleil. Je montais par un verger voisin dans un très-joli chemin qui était au-dessus de la vigne et suivait la côte jusqu'à Chambéry. Là, tout en me promenant, je faisais ma prière, qui ne consistait pas en un vain balbutiement des lèvres, mais dans une sincère élévation du cœur à l'auteur de cette aimable nature dont les beautés étaient sous mes yeux..... J'aime à le contempler dans ses œuvres tandis que mon cœur s'élève à lui. Mes prières étaient pures, je puis le dire, et dignes par là d'être exaucées. Je ne demandais qu'une vie innocente et tranquille, exempte du vice, de la douleur, des pénibles besoins, la mort des justes et leur sort dans l'avenir. Du reste cet acte se passait plus en admiration et en contemplation qu'en demandes, et je savais qu'auprès du dispensateur des biens, le meilleur moyen d'obtenir ceux qui nous sont nécessaires est moins de les demander que de les mériter. Je revenais, en me promenant, par un assez

(1) Rousseau avait alors 24 ans, étant né en 1712.

grand tour, occupé à considérer avec intérêt et volupté les objets champêtres dont j'étais environné, les seuls dont l'œil et le cœur ne se lassent jamais. Deux ou trois fois la semaine, quand il faisait beau, nous allions derrière la maison prendre le café dans un cabinet frais et touffu que j'avais garni de houblon, et qui nous faisait grand plaisir durant la chaleur; nous passions là une petite heure à visiter nos légumes, nos fleurs, à des entretiens relatifs à notre manière de vivre et qui nous en faisaient mieux goûter la douceur. J'avais une autre petite famille au bout du jardin : c'étaient des abeilles, » etc., etc.

Voici comment s'exprimait Rousseau au sujet des Charmettes, peu d'années avant sa mort : « Depuis que je m'étais, malgré moi, jeté dans le monde, je n'avais cessé de regretter mes chères Charmettes et la douce vie que j'y avais menée. Je me sentais fait pour la retraite et la campagne; il m'était impossible de vivre ailleurs : à Venise, dans le train des affaires publiques, dans la dignité d'une espèce de représentation, dans l'orgueil des projets d'avancement; à Paris, dans le tourbillon de la grande société, dans la sensualité des soupers, dans l'éclat des spectacles, dans la fumée de la gloriole; toujours mes bosquets, mes ruisseaux, mes promenades solitaires venaient, par leur souvenir, me distraire, me contrister, m'arracher des soupirs et des désirs. »

Pour aller aux Charmettes en sortant de Chambéry, il faut passer auprès de la grande caserne au sud de la ville. On marche depuis là, pendant quelques moments, aux bords de l'une des branches de l'*Albane*, rivière qui coule du levant au couchant, et se distribue par un grand nombre de canaux souterrains dans la plupart des rues de Chambéry. Quand on est arrivé au lieu dit le *Bocage*, tout auprès de l'ancien séminaire, on quitte brusquement la plaine pour monter à droite, par un chemin assez rapide pratiqué sur le roc; on passe sur une carrière où l'on taille des meules de moulin. Après quelques pas, la pente s'adoucit tout à coup, et l'on tourne au sud.

C'est ici que commencent les Charmettes, dont le nom s'étend aux deux coteaux qui s'élèvent à droite et à gauche de l'étroite vallée dont parle J.-J. Rousseau. On se trouve ici au-dessus des moulins des Charmettes, et l'on touche le clos de même nom, où se voit la maison qui appartenait à M. de Conzié, l'ami de Jean-Jacques, à qui celui-ci entreprit d'enseigner la musique, et dont il s'est rappelé si longtemps la douce liaison.

On entre bientôt dans le vallon nord et sud qui conduit en droiture à la maison de Jean-Jacques. Dans un des beaux jours du printemps, on fait cette route entière aux sons harmonieux d'une musique enchanteresse et continuelle : c'est celle du pinson, du merle, de la fauvette et du rossignol ; voilà bien tout le triomphe du mois de mai, tel que madame de Sévigné le trouvait à Livri. A ce concert délicieux se joint le bruit souvent interrompu du torrent qui passe à gauche du chemin, et qui devient tour à tour un torrent impétueux au travers des rocailles, ou un ruisseau paisible coulant doucement dans un lit de fleurs.

A l'entrée de cette vallée inclinée au nord, le chemin est pendant quelque temps complétement enveloppé de feuillages et presque couvert en berceau ; mais un peu plus loin la vue se dégage, et rencontre de part et d'autre les détails les plus variés. Pour jouir d'un contraste assez piquant, il faut se retourner par intervalles, et regarder au travers des arbres et des coupures du terrain les restes d'un lointain qui s'échappe, et dont la vive lumière brille derrière les hauts noyers, les peupliers, les saules pleureurs, les cerisiers et les maisons voisines. La vallée est étroite, et les coteaux qui la forment sont deux amphithéâtres opposés, tapissés de la plus belle verdure, garnis de touffes d'arbres, et peuplés d'un assez grand nombre de petites et jolies maisons éparses çà et là, et de quelques chaumières.

A mesure qu'on avance, le paysage devient plus agreste ; il prend même une légère teinte sauvage qui pourtant ne déplaît pas. On entrevoit bientôt, par derrière les arbres, sur la droite, la pointe du toit de la maison : voilà le petit bois de châtaigniers qui est en face ; voici le verger à droite du chemin et la vigne au-dessus du verger. C'est là ce jardin en terrasse où était planté sur quatre piquets ce papier magique éclairé par-dessous ; nous voici à la même place d'où les paysans effrayés aperçurent la synagogue et le sabbat qui se tenaient chez M. Noiret.

Quand on est arrivé au-dessous de la maison, on voit à quelques pas plus loin le *vicinus aquæ fons*, et un petit pont de pierre qui, au milieu de ce paysage chargé d'ombre et de verdure, a bien aussi son mérite, quoiqu'il ne conduise qu'à une méchante chaumière.

La maison est un peu élevée au-dessus du chemin; au-devant est une terrasse de la même largeur que la maison, et environnée d'un parapet à hauteur d'appui. Ce parapet est coupé par une grille de bois à deux battants, qui ferme l'entrée de la terrasse, sur laquelle on monte par trois marches de pierre. La face principale de la maison est tournée au levant et parallèle au chemin. C'est un petit bâtiment régulier, de forme rectangulaire; il est couvert d'un toit rapide, en ardoises, à quatre pans, et surmonté de deux aiguilles. Les rustiques sont au midi et attenants à la maison, et le jardin est du côté du nord.

Au-dessus de la porte d'entrée sont les armoiries des anciens propriétaires; on les a mutilées, à l'exception de la date de 1660, qui est parfaitement conservée. Dans le même mur antérieur, et sur la droite, est incrustée une pierre blanche portant l'inscription suivante, faite par Héraut de Séchelle, qui l'y fit placer en 1792, lorsqu'il était commissaire de la Convention, avec l'abbé Simon et Jagot, dans le département du Mont-Blanc :

> Réduit par Jean-Jacques habité,
> Tu me rappelles son génie,
> Sa solitude, sa fierté,
> Et ses malheurs et sa folie.
>   A la gloire, à la vérité,
>   Il osa consacrer sa vie,
>   Et fut toujours persécuté
>   Ou par lui-même, ou par l'envie.

La chambre qu'a occupée Rousseau est au-dessus du vestibule; elle est de même grandeur et n'a qu'une fenêtre : c'est celle qui est directement au-dessus de la porte d'entrée. La chambre de madame de Warens est celle du nord, sur le jardin.

Le rez-de-chaussée est composé du vestibule, d'une petite cuisine à gauche, qui n'existait pas du temps de madame de Warens; d'une première salle où était autrefois la cuisine, d'un petit salon communiquant directement au jardin, et de quelques autres petites pièces.

L'escalier est intérieur; il est construit en pierres de taille, et composé de deux rampes. Sur le premier palier est une porte extérieure qui s'ouvre sur une petite esplanade derrière la maison, où était le cabinet de houblon dont parle Jean-Jacques. Sur ce même palier est l'entrée d'une petite chambre et d'un cabinet pratiqués sur un caveau et sur la cuisine actuelle, et qui n'étaient pas autrefois dans cet état. La seconde rampe conduit à deux portes, dont l'une, à droite, s'ouvre sur un corridor qui communique à la chambre de madame de Warens et à celle de Rousseau, et qui dégage en outre celle-ci par une porte de derrière. Dans la première est une alcôve qui a été faite par M. de V..... L'autre porte dont j'ai parlé introduit dans un petit vestibule ou à une chapelle dédiée à la Vierge, et de là dans une chambre carrée, assez grande, très-éclairée, qui remplit l'angle de la maison au nord-est, et dont les fenêtres, s'ouvrant sur le jardin, présentent une vue étendue et fort agréable. Tel est l'intérieur de la maison. Du reste, il est propre, fort commode, par sa distribution bizarre, pour loger un assez grand nombre de personnes, avec l'avantage de les rendre indépendantes les unes des autres; ce qui ne laisse pas d'être un agrément réel, surtout à la campagne.

Pour aller au jardin, on passe sur une seconde petite terrasse où Jean-Jacques cultivait des fleurs, et qui a encore la même destination. Il est situé entre la vigne et le verger; c'est à son extrémité septentrionale qu'étaient placées les ruches de madame de Warens.

Voici la place où Rousseau avait établi son observatoire. « Je me rappelle à ce sujet, dit-il, une aventure dont le souvenir m'a fait souvent rire. J'avais acheté un planisphère céleste pour étudier les constellations. J'avais attaché ce planisphère sur un châssis, et les nuits où le ciel était serein j'allais dans le jardin poser mon châssis sur quatre piquets de ma hauteur, le planisphère tourné en dessous; et pour l'éclairer sans que le vent soufflât ma chandelle, je la mis dans un seau à terre entre les quatre piquets; puis, regardant alternativement le planisphère avec mes yeux et les astres avec ma lunette, je m'exerçais à connaître les étoiles et à discerner les constellations. Je crois avoir dit que le jardin de M. Noiret était en terrasse; on voyait du chemin tout ce qui s'y faisait. Un soir des paysans, assez tard, me virent dans un grotesque équipage, occupé à mon opération. La lueur qui donnait sur mon planisphère, et dont ils ne voyaient pas la cause, parce que la lumière était cachée à leurs yeux par les bords du seau, ces quatre piquets, ce grand papier barbouillé de figures, ce cadre et le jeu de ma lunette qu'ils voyaient aller et venir, donnaient à cet objet un air de grimoire qui les effraya. Ma parure n'était pas propre à les rassurer : un chapeau clabaud par-dessus mon bonnet, et un pet-en-l'air ouaté de maman, qu'elle m'avait obligé de mettre, offraient à leurs yeux l'image d'un vrai sorcier, et, comme il était près de minuit, ils ne doutèrent point que ce ne fût le commencement du sabbat. Peu curieux d'en voir davantage, ils se sauvèrent très-alarmés, éveillèrent leurs voisins pour leur conter leur vision, et l'histoire courut si bien que, dès le lendemain, chacun sut dans le voisinage que le sabbat se tenait chez M. Noiret. Je ne sais ce qu'eût produit enfin cette rumeur, si l'un des paysans témoins de mes conjurations n'en eût le même jour porté sa plainte à deux jésuites qui venaient nous voir, et qui, sans savoir de quoi il s'agissait, les désabusèrent par provision. Ils nous contèrent l'histoire, je leur en dis la cause, et nous en rîmes beaucoup. Cependant il fut résolu, crainte de récidive, que j'observerais désormais sans lumière, et que j'irais consulter le planisphère dans la maison. »

Rousseau a décrit en peu de mots les dehors de cette retraite; il n'y a rien à en dire après lui : tout est là tel qu'il l'a dépeint, sauf la chapelle extérieure, où l'on a établi depuis longtemps un four dont les voisins ont le droit de se servir.

Mais nous avons à jouir d'un spectacle dont il n'a point parlé, et nous le trouverons au sommet de la colline ou montagne qui domine les Charmettes au couchant, et sépare ce vallon de celui de *Belle-Combette;* nous arriverons sur ces hauteurs en suivant d'abord le chemin que prenait Rousseau lorsqu'il allait prier avant le lever du soleil.

En sortant de la maison, il faut passer à droite dans le pré voisin, au-dessus de la fontaine, faire quelques pas au sud ouest, et prendre un sentier fort rapide qui revient au nord, et ensuite au couchant. Ce sentier aboutit à un chemin horizontal, parallèle à celui d'en bas, dirigé du nord au sud, et passant au-dessus de la vigne : c'est le chemin de Jean-Jacques. En le suivant au nord, comme pour aller à Chambéry, on tourne avec la colline, ce qui donne aux points de vue qui se succèdent rapidement une variété admirable. Je conseille aux voyageurs qui seront venus par le chemin inférieur, et qui n'auront pas le temps de monter au plus haut de la colline, de s'en aller au moins par ce chemin.

En quittant le sentier rapide dont j'ai parlé, et prenant pied sur le chemin de Rousseau, tournons au sud, et gagnons ensuite à droite un petit bois de châtaigniers qui fait partie du domaine des Charmettes. De là, montons au milieu des champs en retournant au nord-ouest. C'est par ici qu'est le *modus agri non ità magnus*, car il y a plusieurs pièces de champ qui sont de la même dépendance. Sur les rochers vis-à-vis, au sud-ouest, est le *paululùm sylvæ :* nous avons vu le reste en bas. En continuant à monter, on arrive facilement et en peu de temps sur la partie la plus élevée d'un vaste plateau incliné, parfaitement isolé, sauf au midi, où il communique aux montagnes voisines dont il est un appendice. Sa pente se prolonge en avant jusqu'aux portes de Chambéry et vers le lieu nommé le *Bocage*, que nous avons indiqué sur le chemin qui conduit de la ville aux Charmettes (1).

A une demi-lieue à l'ouest de Chambéry sont les *eaux sulfureuses de Boisse*, bonnes aux estomacs débiles.

Les voyageurs qui ont le temps, et qui veulent faire une promenade agréable de deux heures, peuvent aller visiter le ravin appelé le *Bout-du-Monde*, site qui plaît au voyageur

(1) Notice sur les Charmettes, vallon des environs de Chambéry, brochure in-8°; Genève, Paschoud, 1811.

ami de la nature sauvage. La route qui y conduit quitte celle de Turin à l'extrémité du faubourg de Montmeillan, suit la rive gauche de la *Leysse* jusqu'au village de ce nom, où elle traverse le courant, et, laissant à droite le château pittoresque de *Chaffardon*, entre dans la gorge de la *Doriat*, entourée de tous côtés par les hauts escarpements qui forment la base de la *Dent de Nivolet*, et n'offrant aucune issue.

On y voit une belle papeterie fondée par un Montgolfier. L'extrémité supérieure de cette gorge est fermée par une masse énorme de rochers, du haut desquels se précipitent, en cascades, des ruisseaux qui forment par leur confluent une partie de la rivière de l'Aisne.

Au couchant de la ville, à une demi-heure de chemin, le beau point de vue dont on jouit au *château de Mongex*, et plus loin, en tirant au nord, le château et la chapelle gothique de M. le marquis de Costa Beauregard.

A deux lieues au sud-est de Chambéry, *le château des Marches*, le *château de Bayard* en face, et plus loin le *fort Barreau.*

On peut faire encore une excursion très-agréable qui prendra un jour ou deux; c'est d'aller aux *bains d'Aix* et au *lac du Bourget.* (*V.* route 3.)

Au relais suivant, nous laissons à gauche le *château de Bâtie*, et un peu plus loin celui de *Chignin*, chaînons d'une ligne de forts qui s'étendait sur tout le pays, et sur les tours desquels on allumait des feux pour donner l'alarme aux habitants en cas d'invasion étrangère. A ces moyens grossiers du moyen-âge on a depuis substitué les télégraphes. Vers les parties supérieures des vallées de l'*Arc* et de l'*Isère*, cette chaîne de vieux châteaux se continue presque sans interruption. La montagne que le voyageur aperçoit à droite est le *mont Grenier*, haut de 2,600 m. environ; le côté qui fait face à Chambéry présente un escarpement perpendiculaire, produit par la chute d'une masse considérable de la montagne en 1248 : elle couvrit de ruines tout le pays qui se trouve à sa base, et une ville du nom de St-André avec seize villages furent engloutis. Les traces de cette catastrophe sont encore visibles : elle est attestée par l'irrégularité du sol et par ces nombreux monticules maintenant couverts de vignes, et qu'on nomme les *Abîmes de Myans*. Le *mont Grenier* est situé à l'angle de la vallée de Chambéry et de celle de Grésivaudan, traversée par l'Isère, et qui conduit à Grenoble. A quelques kilomètres plus bas, sur la rive gauche de la rivière, on trouve les ruines du *château Bayard*, berceau de l'illustre chevalier *sans peur et sans reproche*.

MONTMEILLAN. *Auberge :* hôtel des Voyageurs. Cette petite ville est située sur la rive droite de l'Isère, à la jonction de quatre routes : celle du mont Cénis, sortant de la vallée de Maurienne ; celle de la Tarentaise et du Petit-Saint-Bernard ; celle qui part de Grenoble, et descend la fertile et belle vallée de Grésivaudan ; enfin, celle de Chambéry. Le château de Montmeillan fut longtemps le boulevard de la Savoie du côté de la France. En 1600, Henri IV, faisant alors le siége de ce château, manqua d'être tué d'un coup de canon tiré du haut des murs ; ce prince, tout couvert de boue, fit alors un signe de croix, sur quoi Sully lui dit qu'il se trouvait heureux de voir que Sa Majesté était si bon catholique. Le comte Geoffroi Bens de Cavour défendit bravement et avec talent ce château pendant treize mois contre Louis XIII ; enfin Louis XIV, qui s'en rendit maître en 1705, fit raser et démolir toutes les fortifications. Il existe encore quelques fragments de murailles couverts de ronces et d'épines, seuls restes de cette ancienne clef des Alpes savoisiennes.

Les environs de Montmeillan produisent un vin blanc estimé.

Au sortir de Montmeillan, on traverse l'Isère sur un grand pont, d'où, quand le temps est beau, le voyageur peut voir le *mont Blanc*. C'est le seul point de cette route d'où l'œil du touriste peut contempler ce géant des *monts d'Europe*. Et, après avoir côtoyé cette rivière pendant quelque temps, on aperçoit devant soi un grand rocher noir qui semble fermer la route. On se détourne un peu à droite, et l'on entre dans la *vallée de la Maurienne*. A gauche est la vallée de la *Tarentaise*, par laquelle on va aussi en Italie, en passant le Petit-Saint-Bernard. Rien de si sauvage, de si ennuyeux que la vallée de la Maurienne ; on côtoie pendant vingt lieues, et jusqu'au pied du mont Cénis, l'Arque ou l'Arche, petite rivière dont le cours est très-tumultueux, et l'on marche sans cesse entre deux lignes de rochers arides, escarpés et souvent très-rapprochés.

Les principaux bourgs ou villages qu'on traverse sont d'abord *Aiguebelle* et la *Chambre*.

AIGUEBELLE (*hôtel* : la Poste) a d'assez belles maisons et une église considérable où l'on voit le mausolée en bronze de l'évêque qui en fut le fondateur. A 500 pas de cette église, et sur un coteau qui domine l'Arque, on aperçoit les ruines d'une autre église et de plusieurs maisons qui furent détruites et ensevelies, le 20 juin 1760, par un éboulement subit de neiges, de terres et de rochers, qui se détachèrent de la partie supérieure de la montagne. Aiguebelle, sous le rapport de sa situation, peut être considéré comme la clef de la Maurienne. En effet, depuis ce lieu la vallée se resserre, les montagnes s'élèvent, leurs sommets sont déjà couverts de neiges, et tout annonce que l'on approche de la chaîne centrale : c'est vraisemblablement entre ce lieu et Saint-Jean-de-Maurienne que les Allobroges livrèrent à Annibal le premier combat, dans lequel le général carthaginois perdit une partie de son arrière-garde. Ce même lieu est encore fameux par l'action très-vive que le duc don Philippe de Parme, à la tête des Français et des Espagnols, y engagea contre les troupes du roi de Sardaigne. Pop. 1,500 hab.

D'*Aiguebelle*, si vous portez vos regards vers *Chambéry*, cette cité semble être placée à vos pieds, et la route, partant des *Échelles*, est parfaitement distincte, ainsi que la *cascade de Coux*, dont les eaux argentées apparaissent comme un filet blanc au milieu de ce vaste paysage. La vallée qui se trouve entre la *Dent de Nivolet* et le *mont Granier* étale aussi ses pentes richement boisées et sa belle culture ; bien peu de vues offrent à l'œil du voyageur d'aussi belles scènes.

La route d'*Aiguebelle* à la *Chambre* suit pendant quatre lieues un vallon fort étroit, cultivé autant que la nature du terrain peut le permettre, et arrosé par l'Arque, qui y forme quelques marais. Là, les montagnes sont couvertes de sapins, de châtaigniers et de chênes. On voit d'espace en espace, et sur des éminences isolées, des tours ruinées qui servaient autrefois à la défense des passages.

La *Chambre* est un bourg peu remarquable, bâti sur le bord de l'Arque. Quoique le vallon où il est situé soit fort étroit, les montagnes qui le resserrent étant moins escarpées, laissent quelques échappées de vue qui en rendent les abords assez riants.

2 lieues après vient

Saint-Jean-de-Maurienne (*hôtel* : de l'Europe), ville qui, quoique la plus considérable de toutes celles qu'on a rencontrées depuis Chambéry, n'a cependant pas au delà de 2,000 h. Elle n'a acquis une espèce de célébrité que parce que Charles le Chauve, roi de France, y mourut empoisonné par un médecin juif, à son retour d'Italie.

Ici, on commence à s'apercevoir qu'on est dans les Hautes-Alpes. Les montées sont beaucoup plus roides ; à chaque pas on voit sur sa tête d'énormes rochers qui menacent ruine. Les débris de ces rochers que les torrents ont déjà détachés des parois de la montagne, utilisés par l'industrie des habitants, forment des enclos pour garantir le peu de terre qui est susceptible de culture. Le printemps peut seul rendre supportable l'aspect de cette lugubre vallée. Les regards du voyageur y sont sans cesse attristés par la rencontre d'individus des deux sexes qui ont des goîtres. Cette difformité est devenue presque commune en se perpétuant avec les races : on n'est pas d'accord sur la cause qui la produit ; cependant la plupart l'attribuent à l'extrême crudité de l'eau de neige fondue qui est la boisson ordinaire des paysans, des journaliers et des pauvres.

De *Saint-Jean-de-Maurienne* à *Lans-le-Bourg*, qui est au pied du mont Cénis, il y a environ 13 lieues (52 kilom.). Après avoir dépassé *Saint-Michel*, et avant d'arriver à *Modane*, on n'aperçoit déjà plus de traces de culture. Des rochers escarpés, de profonds abîmes, des torrents qui se précipitent avec fracas, de sombres forêts, sont les seuls objets qui s'offrent aux regards du voyageur.

Saint-Michel (*hôtel* : du Lion-d'Or) est un joli village traversé par de jolies maisons, et dans un site charmant.

Il semble sortir d'un bouquet de verdure. Pop. 6 à 700 h.

Modane, plus considérable que *Saint-Michel*, est plus peuplé, mais est triste et sans charme. *Hôtels :* de la Poste, des Voyageurs.

De *Modane* à *Termignon*, l'ancien chemin traversait la forêt de Bramant, et, côtoyant d'affreux abîmes, montait et descendait sans cesse pendant l'espace de cinq heures de marche. On citait plusieurs exemples d'individus qui y ont péri. En suivant la nouvelle route qui longe le cours de l'Arque et passe par le *Verney*, on n'a pas à craindre des accidents de cette espèce; cette route a toute la largeur que comporte la nature des lieux, et les pentes en sont si bien ménagées, qu'on arrive à *Termignon*, et de là à *Lans-le-Bourg*, sans danger et sans beaucoup de fatigue.

Termignon est un bourg bâti sur la rive droite de l'Arque ou Arc, qui a l'air d'un hameau et l'étendue d'une petite ville. Les femmes y sont presque toutes laides. Leur costume ne les embellit pas.

Les montagnes qu'on traverse pendant cette route offrent quelques singularités assez remarquables. Les unes sont absolument arides; déchirées par les torrents qui les sillonnent, elles présentent l'image de la décrépitude. Les autres, couvertes de bois, ont un air plus vivant; mais comme elles sont en général fort escarpées, on n'y voit aucune habitation. Au sommet de ces diverses montagnes sont des grottes qui servent de retraite aux ours. Ce qu'on y observe avec beaucoup de plaisir, c'est l'industrie de l'habitant, qui ne laisse pas un pouce de terre inculte. Au moyen des murs de soutenement qu'il pratique en divers sens, il met en valeur le peu de terre végétale que les eaux n'ont pas emportée.

C'est à *Termignon* que le sentier partant du *col de Vanoise* rejoint notre route.

Lans-le-Bourg. *Auberge :* l'hôtel Royal, bon, mais cher. Ce village est situé au pied du *mont Cénis*. Après avoir passé devant une grande caserne, la route traverse l'Arc, puis recommence à gravir la montagne par des zigzags faciles et bien calculés. Pour gagner le sommet, il faut prendre des chevaux d'extra. De Lans-le-Bourg il faut à une voiture, pour atteindre la maison de poste du mont Cénis, 3 h. 1/2. On peut y arriver en moins de temps, en évitant le zigzag, et en suivant la vieille route, qui débouche près du 20ᵉ refuge.

On trouve entre *Lans-le-Bourg* et *Suse* vingt-trois maisons de refuge, élevées le long de la route, et occupées par des cantonniers qui doivent prendre soin de la route et assister les voyageurs. Toutes ces maisons sont numérotées, en partant du pied de la montagne du côté du Piémont. Près du nº 22 il tombe quelquefois des avalanches; on peut passer cet endroit dangereux en trois ou quatre minutes. Le nº 20 est appelé la *Ramasse;* il y a toujours ici un certain nombre de traîneaux, et lorsque, pendant l'hiver, la neige recouvre les inégalités de la montagne, le voyageur peut en dix minutes descendre jusqu'à Lans-le-Bourg dans un de ces traîneaux, que conduit un paysan qui se place sur le devant.

Cette descente perpendiculaire est d'environ 600 mètres, et, malgré l'extrême rapidité de sa course, elle n'offre aucun danger. Le voyageur doit compter sur l'expérience de son conducteur.

Le 17ᵉ refuge se trouve à la barrière de la Savoie : ici on paye un droit de 5 francs par cheval, taxe qui sert à l'entretien de la route. Bientôt après, le voyageur atteint le point culminant du passage, 2,700 mètres au-dessus du niveau de la mer; ensuite la route descend dans la plaine du mont Cénis. De Lans-le-Bourg, une personne à pied peut arriver à la poste en 2 heures 20 minutes, et redescendre par la même route en 1 heure 1/2 à peu près. La route passe près du bord d'un lac considérable qui reste gelé pendant six mois de l'année; il est renommé pour la bonté de ses truites : la pêche appartient aux moines de l'hospice.

La maison de poste du mont Cénis (monte Cenisio), ainsi que l'ancienne poste, sont deux auberges passables, où le voyageur pourra manger d'excellentes truites du lac, mais qu'il payera fort cher. Cette superbe route, autre monument du génie créateur de Napoléon, fut commencée en 1803, et terminée en 1810, après avoir coûté 7,500,000 fr.; l'ingénieur Fabvroni fut chargé de ce noble travail. C'est une des routes les plus sûres des Alpes, et la plus praticable pendant l'hiver.

A un kilomètre environ au delà de la poste, se trouve l'*hospice* fondé dans l'origine par Charlemagne, qui, dans le ix⁰ siècle, traversa le mont Cénis avec son armée. L'édifice actuel, bâti par Napoléon, est maintenant occupé, la moitié par un corps de carabiniers piémontais qui examinent les passe-ports, et l'autre moitié par des moines bénédictins, qui exercent gratuitement l'hospitalité envers les pauvres voyageurs. Le couvent contient deux ou trois chambres à coucher très-propres, pour les personnes d'une classe plus élevée.

A l'extrémité de la plaine se trouve l'auberge de la *Grande-Croix*, où les voyageurs s'arrêtent souvent pour se reposer et se réchauffer. Cet endroit forme un groupe de cabarets occupés par des charretiers et des muletiers. La route, dans l'origine, suivait les côtes de la montagne; mais, comme elle était exposée à de terribles avalanches, on l'abandonna, et on en construisit une nouvelle soutenue par des chaussées élevées, qui descend directement, en serpentant, au milieu de la plaine de *Saint-Nicolas*, et se trouve tout à fait hors de la portée des avalanches, excepté entre le 3⁰ et le 4⁰ refuge, où il en tombe encore quelquefois dans le printemps. La galerie taillée dans la roche, par où l'ancienne route passait, est maintenant abandonnée, et offre un aspect remarquable de confusion; son toit est en partie tombé.

Les limites du Piémont se trouvent au milieu de la petite plaine de Saint-Nicolas. En quittant cette plaine, on aperçoit à gauche une montagne magnifique : c'est la *Rochemelon*. Sur son sommet est située la chapelle de *Notre-Dame-des-Neiges*, autrefois très-fréquentée par les pèlerins, mais abandonnée depuis quelque temps à cause du danger et des difficultés qu'offre son ascension. De son sommet la vue s'étend sur une partie des plaines de l'Italie, ce que ne présente aucun point de la route du mont Cénis au-dessus de Molaret. La nouvelle route ne passe plus par *Ferrière* et *Novalèse*, mais continue directement vers

Molaret, premier village piémontais, près duquel se trouve une petite auberge. Une nouvelle galerie a été taillée dans la roche entre ce village et

Suse (*auberge*: la Poste, mauvaise et chère), petite ville de 2,000 habitants, située à la jonction des routes du *mont Genèvre* et du *mont Cénis*, est principalement remarquable pour son antiquité, ayant été fondée par une colonie romaine sous le règne d'Auguste. La seule chose digne de remarque est l'*arc de triomphe*, élevé huit ans environ avant J.-C., en l'honneur d'Auguste : il est situé hors de la ville, dans le jardin du gouverneur. Pop. 2,000 h.

Le passage du mont Cénis est peut-être un des moins intéressants de tous les grands passages des Alpes, quoiqu'un des plus fréquentés ; on y trouve cependant quelques points de vue remarquables : entre autres, lorsque l'on porte, en montant, ses regards en arrière vers Lans-le-Bourg, du côté de la Savoie, et, en descendant, vers le Piémont, la vaste montagne de la *Rochemelon*, située à l'opposé de la vallée de Novalèse, la vue de la *Combe de Suse*, ainsi que des plaines du Piémont, présentent un beau panorama. La montée du côté de l'Italie est longue et ennuyeuse ; elle demande 5 ou 6 heures. Les montagnes qui entourent la plaine du mont Cénis offrent des excursions intéressantes, et un jour ou deux peuvent être employés d'une manière très-agréable. On trouve ici un excellent guide ; pour l'avoir, il faut s'adresser à l'hospice du mont Cénis.

En quittant Suse, la route suit d'abord la rive gauche, ensuite la rive droite de la Doire, la vallée de ce nom, qui offre un verger continuel dans la première lieue. La vue est ensuite attristée par la nudité des plaines de *Bussolino*, qu'un torrent couvre fréquemment de ses graviers. Le très-petit et très-vilain bourg de ce nom, où l'on passe la Doire, est peuplé de 5 à 600 habitants, et dépourvu de ressources. On y remarque un petit château gothique en ruine. Le pays reprend ensuite sa fraîcheur et sa fertilité : on commence à voir la vigne mariée à l'ormeau, le terrain couvert de blés et de mûriers qui annoncent l'abondance et l'excellente qualité des soies du Piémont. Il s'améliore à mesure qu'on avance ; les canaux d'arrosage qu'on tire de la Doire l'enrichissent et l'embellissent à la fois : nous verrons ces canaux, qui continuent jusque dans la jolie plaine de Turin, l'arroser et la féconder de même.

SAINT-GEORGE, hameau de 4 à 500 habitants, où l'on voit un reste de château gothique, comme à Bussolino. *Saint-Antonin* est un bourg de 6 à 700 habitants, qui renferme une auberge passable.

A peu de distance au delà, on trouve le village de *Vayez*, connu par ses carrières de granit, que signalent aux yeux du voyageur les nombreuses colonnes qu'il voit éparses au bord de la route.

Le bourg de *Saint-Ambroise*, qu'on traverse peu de temps après, renferme 7 ou 800 habitants : on y trouve une auberge passable. On remarque la nouvelle église, de figure octogone d'un bon goût, bâtie sur le dessin d'un simple maçon. Saint-Ambroise est dominé par un ancien couvent de bénédictins, qui s'élève de la manière la plus pittoresque sur la montagne haute et pyramidale de Saint-Michel, dont il semble former le sommet.

AVIGLIANO est un lieu plus considérable que les précédents. Il renferme 1,200 habitants, une boîte aux lettres, une auberge et beaucoup de filatures de soie.

A un quart de lieue sur la droite, sont deux lacs très-poissonneux qui se dégorgent l'un dans l'autre. C'est une très-courte et très-agréable excursion qu'on peut faire dans sa voiture. Après ce bourg, la vallée s'élargit tellement, qu'on est tenté de se croire déjà dans les plaines du Piémont, qui cependant ne commencent réellement qu'à Rivoli. La montagne qui la borde, en s'abaissant et s'éloignant sans cesse de l'autre côté de la Doire, finit par une haute et noire cime d'une forme presque conique, d'une nudité complète et d'un aspect extraordinaire.

A une lieue et demie (6 kil.) S.-S.-O. d'Avigliano, le bourg de *Giaveno* est remarquable par de nombreux établissements de forges.

RIVOLI, *Rigulæ*, la seconde ville qu'on trouve entre le mont Cénis et Turin. Elle a 5,300 habitants, et un château royal situé sur une éminence d'où il commande la ville et la plaine. L'édifice en est très-vaste, quoiqu'il ne soit pas achevé. Il a servi de retraite, ou, pour mieux dire, de prison à Victor-Amédée II.

C'est près de cette ville que se donna la bataille de Rivoli, célèbre dans les fastes militaires de la France.

Une allée large et parfaitement alignée, faisant face au beau dôme de la *Superga*, qui s'élève majestueusement sur la colline de Turin, est la route qui conduit à cette ville, au milieu d'une plaine riche et fertile arrosée par un grand nombre de canaux creusés exprès pour y répandre les eaux de la Doire. C'est là que commence la riche plaine de la Lombardie, qui s'étend jusqu'à Venise, et qui peut passer pour une des plus belles du monde.

La pyramide qui s'élève à gauche de la route, près de l'entrée de Turin, indique une des deux extrémités de la base d'un triangle par lequel le P. Beccaria détermina le méridien de Turin. L'autre extrémité de la même base est marquée par une pyramide semblable, qui échappe à l'attention du voyageur.

Turin. (*Voyez* route 4.)

ROUTE IV.

DE PARIS A TURIN, PAR NICE.

39 myr. 3 kil. et 20 postes ¹/₄.

De Paris à Lyon			Loriol,	1 1
(*v.* route 1re),	47 m.	6 k.	Derbières,	1 3
De Lyon à St-Fons,	0	8	Montélimart,	1 0
St-Symphorien,	0	8	Donzère,	1 4
Vienne (Isère),	1	3	La Palud,	1 6
Auberive,	1	3	Mornas,	1 2
Péage de Roussillon,	0	6	Orange,	1 1
St-Rambert (Drôme),	0	9	Sorgues,	1 8
St-Vallier,	1	2	Avignon,	1 0
Tain,	1	4	Saint-Andiol,	1 9
Valence (Drôme),	1	8	Orgon,	1 0
La Paillasse,	1	1	Pont-Royal,	1 8

St-Cannat,	1	5	Nice (poste étr.),	2	4
Aix (Bouch.-du-Rh.),	1	6	ou 3 postes étr.		
Châteauneuf-le-			Scarena,	2 p.	$1/2$
Rouge,	1	2	Sospello,	3	$3/4$
La Grande-Pugère,	1	1	Giandola,	2	$3/4$
Tourves,	2	2	Tenda,	2	$1/2$
Brignoles,	1	2	Limone,	4	
Le Luc,	2	3	Robilante,	1	$3/4$
Vidauban,	1	1	Cuneo,	2	
Le Muy,	1	3	Sentallo,	1	$1/2$
Fréjus,	1	5	Savigliano,	2	$1/4$
L'Estérel,	1	4	Racconiggi,	1	$3/4$
Cannes,	1	9	Carignan,	2	$1/4$
Antibes,	1	2	Turin,	2	$1/4$

MOYENS DE LOCOMOTION.

Voyez 1re route de Paris à Lyon.

De Lyon, diligence jusqu'à Nice, ou bien de Lyon, bateaux à vapeur pour Marseille, et de Marseille à Nice, également par la vapeur; ensuite de Nice, voiture pour Turin.

DE LYON A MARSEILLE

Par la Compagnie générale des Aigles.

Services journaliers à 6 et 7 heures du matin, par *Vienne*. Trajet en 2 h.—1re chamb., 4 fr.; 2e ch., 2 fr. » c.
Valence. —   5 —   —   10 — 7 50
Avignon. — 10 —   —   20 — 15 »
Beaucaire. — 12 —   —   22 —   » »
Arles. — 14 —   —   32 — 18 »
Marseille. — 18 —   —   25 — 20 »

Prix du transport des voitures : grosses voitures, 120 fr.; coupés et berlines, 110 fr.; calèches, 80 fr.

Un cheval (sans nourriture) paye 40 fr.

Directeurs : MM. Breittmayer aîné et comp., 12, place de la Charité, à Lyon.

DE MARSEILLE A NICE.

Départs tous les mercredis; retours tous les vendredis. — Trajet en 12 heures.

1re classe, 20 fr. ; 2e, 19 fr. ; domestiques, 15 fr.

A Marseille, rue Canebière, 50, chez MM. Ségur frères.

Pour la description de cette route, voyez route de *Paris à Nice* dans le *Guide du Voyageur en France*, de Richard.

CONSEIL AUX VOYAGEURS.

Mal de mer.—Bien que la navigation de Marseille à Nice ne soit que de quelques heures, nous recommandons au voyageur, comme le meilleur préservatif contre le mal de mer, le moyen adopté par l'administration militaire ; il consiste seulement à se serrer fortement le ventre au moyen d'une large ceinture à boucles, et à manger peu. Cette partie du corps ainsi maintenue, les effets du roulis, seule cause du mal de mer, sont presque insensibles.

NICE (*Hôtels* : des Étrangers, où descendent les diligences de Turin et de Gênes; d'York, du Dauphin, des Quatre-Nations, de France, de Londres, la Pension-Anglaise, l'hôtel du Nord, l'hôtel du Midi. On trouve aussi à Nice beaucoup de pensions bourgeoises et logements garnis, mais l'usage ici n'est de louer un appartement que pour la saison, et non au mois ou la semaine, comme cela se fait dans beaucoup d'autres endroits. La dépense d'hôtel peut être évaluée de 6 à 10 fr. par jour, suivant le quartier et la beauté des appartements). *Nice* est une ville d'environ 30,000 habitants, située au pied des Alpes, et adossée à un rocher au sommet duquel on voit encore les ruines d'un ancien château. On distingue la *ville vieille* de la *nouvelle* : celle-ci est tirée au cordeau, bien bâtie, et s'étend le long de la mer. On y a pratiqué une large terrasse d'où, par un temps clair, on découvre les montages de la Corse : au pied de cette terrasse est une promenade couverte, et près de là une place spacieuse. La ville vieille n'a qu'un quart de lieue dans son enceinte ; ses rues sont tortueuses, étroites, inégales et fort sombres. Elle a la forme d'un amphithéâtre, et occupe la pente occidentale du rocher. Le *port* a, terme moyen, 3 mètres de profondeur, ce qui suffit pour les bâtiments de 300 tonneaux : à l'entrée s'élève la *statue* en marbre de *Charles-Albert*, bon morceau de sculpture. On a dirigé vers ce port les eaux d'une fontaine très-abondante, avantage inappréciable pour les marins. L'église, qui porte le nom de *Santa-Reparata*, est l'édifice le plus remarquable de la ville vieille. Dans la nouvelle ville se trouve le *théâtre*, noble édifice, construit depuis peu de temps; on y joue des pièces italiennes, et quelquefois une troupe française y joue des opéras, des comédies et des vaudevilles. Les autres établissements publics que le touriste doit visiter sont : le *palais du gouverneur*, l'*hospice*, édifice moderne; le *collége des jésuites*, le *couvent des dominicains*, vieil édifice; la *bibliothèque publique*. On compte à Nice dix-sept ou dix-huit couvents des deux sexes. Le principal faubourg est celui de Saint-Jean-Baptiste. Ceux de la Poudrière et de la Croix-des-Marbres sont modernes. Le quartier de la *Marine*, principalement aux *Ponchettes*, proche la terrasse, est fort agréable : c'est là principalement que logent les étrangers qui, attirés par la douceur du climat, passent l'hiver à Nice. A la vérité, l'été y est fort chaud, mais cette chaleur est agréablement tempérée par une brise de mer qui tous les jours se lève à dix heures du matin et souffle jusqu'au coucher du soleil. Aussi vit-on longtemps dans ce pays (1).

La campagne répond parfaitement à ce qu'un ciel si beau semble promettre. C'est une plaine occupée par des coteaux derrière lesquels s'élèvent trois rangs de montagnes, dont le dernier se confond avec les Alpes. C'est à ce triple rempart, à cet abri naturel, que Nice doit l'avantage d'une si douce température. Les coteaux sont couverts de bastides, ou petites maisons peintes de différentes couleurs, qu'on aperçoit au travers du feuillage terne des oliviers. Les terres sont plantées en vignes, soutenues, d'espace en espace, par des roseaux liés à des figuiers, des amandiers, des pê-

---

(1) Les logements sont assez chers à Nice, surtout dans le quartier de la Croix-de-Marbre qu'aiment les Anglais. Le vin y est bon et à bon marché, les fruits y sont excellents. Un cent de citrons ou de limons coûte au plus 6 fr.

Le naturaliste a une ample moisson à faire sur les montagnes qui environnent Nice.   Henri Coxe, *Picture of Italy.*

chers. Ajoutons des berceaux, des allées, des bosquets d'orangers, de citronniers, de cédrats, de lauriers, de myrtes et de grenadiers, qui donnent l'idée d'un printemps continuel, et contrastent agréablement avec les Alpes, souvent couvertes de neiges, qu'on découvre à deux ou trois lieues au delà, et qui terminent ce magique tableau.

La société est très-brillante à Nice, surtout pendant le séjour des étrangers. Les plaisirs du carnaval y sont presque aussi animés que dans les plus grandes villes. Il y a une salle de théâtre fort jolie, où l'on joue les opéras italiens, et où l'on donne alternativement toutes les semaines bal et concert. La langue du pays est un provençal corrompu ; mais on parle français dans tous les cercles.

Nice possède une église anglaise où l'on fait le service deux fois tous les dimanches.

Cafés.—Royal,— glaces à 20 c. et 40 c.,— sur le Cours. Un salon est réservé pour les dames, qui peuvent s'y reposer le temps qu'elles veulent sans rien prendre. Le café du Commerce est très-fréquenté.

Tables d'hôte. — La meilleure de Nice est à l'hôtel des Etrangers ; il y en a une autre très-bonne aussi à la Pension Piémontaise, à 2 fr. par tête.

Bateaux à vapeur. — Pour Marseille, Gênes, Livourne, Rome, Naples, 2 fois par semaine. (*Voir* Introduction, *navigation à vapeur,* page 54.)

Voitures de place.— Les voitures sont très-chères à Nice et peu nombreuses. Un cheval de selle se paye, pour deux heures, 5 francs. — Des omnibus font le service de la basse ville. Deux diligences partent tous les jours pour *Turin*, *Gênes* et la *France*.

Le voyageur a l'avantage de trouver à *Nice* beaucoup de *vetturini*, qui mettent quatre jours pour aller à *Gênes* et 8 ou 10 pour *Genève*. Le prix est de 20 fr. par jour (1).

---

(1) Le prix du voiturin, en Italie, est d'ordinaire, par place, de 12 à 15 fr. par jour. Quand on prend la voiture entière, il y a par jour, et par chaque place vacante, la réduction d'à peu près 4 fr., prix de la nourriture et du logement. On fera bien de ne pas comprendre dans le traité la bonne-main (*buona-mano* ou *mancia*), et de se réserver de la

Consul de France. — M. le marquis de Châteaugiron. — Tout voyageur doit faire viser son passe-port : 1° au consul de son gouvernement ; 2° à la police du royaume, s'il veut continuer sa route sans entraves.

Banquier. — M. Avigdor, dont la villa ou campagne est fort belle.

Nice n'offre aucun monument antique; mais à Cimier, *Cenemanium*, qui est à trois quarts de lieue au nord sur une colline, on trouve des vestiges qui indiquent une ville autrefois très-considérable. Cette ville était en effet la capitale de la province romaine des Alpes maritimes. On y voit encore des ruines de bains, de temples, et d'un amphithéâtre qui est très-reconnaissable. De cette colline enchantée, et qui surpasse tout ce que l'imagination des poëtes a produit de plus séduisant, on jouit de points de vue admirables ; aussi est-elle couverte d'élégantes maisons de campagne que les étrangers se plaisent surtout à habiter. On peut à ce site charmant appliquer les vers de lady *Montague* :

> Here summer reigns with one eternale smile ;
> Succeding harvets bless the appy soil.
> Fair fertile fields, to whom indulgent heaven
> Has every charm of every season given.
> No killing cold deforms the beauteous year,

donner suivant que l'on sera content. Cette précaution est surtout nécessaire pour les petits trajets, qui deviennent par fois d'une lenteur infinie, tandis que l'appât rémunérateur de la bonne-main vous asservit le cocher et le rend docile et complaisant. La proportion est à peu près d'un cinquième du prix convenu avec le maître voiturin.

C'est un mauvais arrangement que d'avoir sa propre voiture et de charger le voiturin de fournir les chevaux. Sous le prétexte des montées ou de la pesanteur de votre carrosse il renouvelle beaucoup trop les chevaux ou les bœufs de renfort, et il revient parfois plus cher que la poste.

Cette dernière manière de voyager sera toujours préférée par les étrangers opulents, parce qu'elle est la plus rapide, et que la voiture, sorte de logis ambulant, dérange moins leurs habitudes et leur besoin confortable. (*Valery*. l'Italie confortable, 1 vol. in-18, Paris, J. Renouard et comp.)

> The springing flowers no comming winter fear ;
> But as the parent rose decays and dies,
> The infant budswith brigther colours rise
> And with fresh sweets, the mother's scent supplies.

RENSEIGNEMENTS. — On peut vivre à très-bon compte à Nice, malgré la grande affluence d'étrangers ; mais il faut y avoir son ménage. Tous les comestibles y sont à bas prix, à l'exception du beurre et des œufs.

Un poulet peut coûter	1 fr. 25 c. à 1 fr. 50 c.
Un chapon gras,	2 50 à 3 »
Un dindon,	4 » à 5 »
La livre de bœuf,	» 25 » »
Le veau et le mouton,	» 30 à » 40

Gibier de tout genre à des prix modérés.

Le poisson de mer est abondant, varié et à bon marché.

Les pâtes de Nice ont une certaine réputation, et se vendent de 20 à 25 c. la livre.

Comme à Gênes, et dans les principales villes de l'Italie, les *ravioli* forment un mets délicat et recherché ; nous recommandons ce plat aux gourmands.

Les oranges et les citrons, ces derniers surtout, sont excellents et se vendent de 5 à 6 fr. le cent.

On estime surtout, en vins d'ordinaire, ceux d'*Antibes*, de *Marignana* et de *St-Tropez*, qui valent de 25 à 30 c. la bouteille.

Les vins de dessert les plus estimés sont le muscat d'Aspremont et le Braquet.

On prend d'excellent café au *Café Royal*, sur le Cours. Prix : 15 cent. la tasse ; d'excellentes glaces à 20 et 40 cent.

Nous recommandons en toute assurance la table d'hôte de la *Pension Piémontaise*, et en première ligne celle de l'hôtel des Étrangers. Prix : 2 fr. 50 cent par tête, garçons compris.

Un petit logement, pour la saison d'hiver, dans le *quartier de la Marine* et aux *Ponchettes*, à l'abri du vent du nord, peut coûter de 200 à 350 francs.—Le *faubourg de la Croix-de-Marbre* offre de grandes et belles maisons, avec jardins, écuries et salles de bains, pouvant loger depuis 12 jusqu'à 15, 20 et 30 personnes, dans les prix de 1,200 fr. jusqu'à 8 et 9,000 fr.

Ces maisons se louent toutes meublées, même avec le linge, l'argenterie et la batterie de cuisine.

Nous ne devons point passer sous silence cet usage cruel, existant encore à Nice, qui oblige le locataire à remplacer les meubles d'un appartement dans lequel est mort un malade. Il faut donc toujours prévoir ce cas et faire ses conditions en conséquence.

ENVIRONS A VISITER. — Nous indiquerons *Cimier*, dont nous avons parlé plus haut; la *grotte de Saint-André*; le romantique *vallon de Magnan*; le *Vallon Obscur*; le *monte Calvo*, du sommet duquel on jouit d'un vaste panorama; *Drap*, renommé par son vin blanc mousseux; *Villefranche*, où l'on arrive en 3 heures; *Beaulieu*, renommé par ses trois oliviers; *St-Hospice*, où le voyageur trouvera chez la cabaretière Gioanetta d'excellente bouillabaisse; le *mont Gros*, dont on peut faire le tour à âne ou à cheval; les *jardins* de MM. *Gent* et *Barras*.

Ouvrages à consulter. — La description la plus estimée de Nice est celle de l'Anglais *Davils*, qui a pour titre: *Account of Nice*; — Description française de Nice, 1 vol. in-8° de 6 fr., chez tous les libraires de la ville; — *David Bertolotti*, Viaggio nella Liguria marittima, excellent ouvrage; — cartes et plans, chez tous les libraires de Nice.

De Nice, la route devient très-accidentée jusqu'à

SCARENA, petit bourg situé sur le plateau de la montagne de ce nom. Se tournant vers le sud, le voyageur jouit d'un beau panorama.

La route qu'on suit est belle, quoique pratiquée à travers les montagnes.

On traverse

SOSPELLO, bourg dans une situation pittoresque, arrosé par le *Bersera*, torrent. Pop. 2,500 hab.

Ensuite BAGLIO, bourg avec quelques fortifications.

Puis CHIANDOLO, petite ville dans une jolie position.

Sans quitter les Alpes maritimes, on arrive au

COL DE TENDE. La ville de ce nom, située sur le bord de la *Reya*, fut construite par Amédée IV. Bien que belle, cette route n'est pas toujours praticable, par suite des vents violents qui soufflent souvent dans cette contrée.

De là on atteint

Limone, bourg de 4,000 habitants, peuplé de muletiers et de guides pour les montagnes de l'antique Ligurie.

Robellante possède une manufacture de laine. Pop. 1,700 hab.

San-Dalmazzo est dans une belle situation, a une jolie abbaye de bénédictins, et 2,900 hab.

La contrée que nous traversons est toujours alpine jusqu'à

Cuneo ou *Coni* (*Cuneum*), (*hôtel* : des Trois-Nations), place forte, célèbre par le grand nombre de siéges qu'elle a soutenus, et par les batailles qui se sont données dans les environs; elle est située dans la plaine au confluent du *Gesso* avec la *Stura*. Ses fortifications ont été démolies par les Français en l'année 1801, après la journée de Marengo. De *Cuneo* à *Carmagnole*, un canal navigable contribue à faire fleurir le commerce de ce pays. Sa population monte au-delà de 17 mille habitants.

Centallo, joli bourg arrosé par la *Grana*. Cette contrée est tout à fait pittoresque. Pop. 4,000 hab.

Tout le pays que nous parcourons est riche et d'un riant aspect jusqu'à

Savigliano, jolie ville, située dans une plaine arrosée par la *Grana* et la *Maira*; elle est bien bâtie, possède quatre églises, qu'on doit visiter, ainsi que l'arc de triomphe situé à l'extrémité de la grande rue. On trouve dans cette cité plusieurs manufactures d'étoffes de laine, soie, toile et coton. L'air qu'on y respire est d'une grande pureté, et la contrée extrêmement fertile. Pop. 17,000 hab.

Le pays continue d'offrir à l'œil du touriste des champs bien cultivés, au milieu desquels se trouve *Cavalier Maggiore*, qu'on traverse sans s'arrêter. Ensuite vient la petite ville de

Racconigi, entourée de murs, avec quatre portes et autant de faubourgs; elle possède deux églises paroissiales et plusieurs établissements religieux. Le voyageur visitera avec intérêt le *château*, nouvellement restauré, riche d'architecture et dont les appartements sont superbes ; le parc qui entoure cette royale demeure est magnifique. *Commerce* : grains, fabriques de draps et papier, filature et dévidage de soie. Pop. 11,000 hab.

CARIGNANO (*Carinianum*), petite mais fort jolie ville, célèbre par ses manufactures de soie. *Curiosités* : la grande place, la cathédrale, le tombeau de Blanche de Montferrat, la statue équestre de Jacques Rovana. Pop. 8,000 hab.

Après avoir quitté cette ville, le voyageur suit la vallée du Pô pendant environ deux heures, et arrive dans l'antique *Taurinorum*.

TURIN. — *Hôtels* : les meilleurs sont ceux de l'Europe, place du Château ; dîners à 1 h. $^1/_2$ et à 5 h. ; prix, 3 fr. ; chambre, 1 fr. 50 c., 2 et 3 fr. ; — Feder, tenu à la française, excellente maison ; dîners à 1 h. $^1/_2$ et à 5 h., 3 fr. ; chambre, 1 fr. 50 à 3 fr. ; — de l'Univers, rues du Pô et Charles-Albert ; — la Pension-Suisse, rue Notre-Dame-des-Anges ; de la Caccia-Reale, de la Bonne-Femme, sur la place du Château. On trouve dans tous ces hôtels, et notamment dans les premiers, de vastes appartements pour les familles, des écuries et remises. On peut aussi se faire servir dans sa chambre ; mais alors les prix changent, et le dîner se paye au moins 5 fr. par tête. Dans ce cas, il est utile de faire son prix d'avance.

Cafés. On en compte plus de cent à Turin ; les principaux sont : le café Saint-Charles, qui est d'une grande magnificence ; le Fiorio, fréquenté par la haute société ; le Dilej, rue du Pô ; ceux de Venise, de Londres, tous deux sous les arcades de la rue du Pô ; le Colosso, à l'entrée de la rue Grande-Doire ; del Cambio, place Carignan, où l'on peut déjeuner à la fourchette, ainsi que presque dans tous les autres cafés de Turin. Ces établissements sont éclairés par le gaz, et généralement fort bien tenus. On y trouve quelques journaux français et anglais, mais beaucoup plus de journaux italiens. Les Débats, l'Echo Français, le Moniteur universel, le Journal des Villes et Campagnes, sont les seuls journaux français qu'on trouve et qui aient entrée à Turin.

Restaurateurs : celui de l'Univers, celui des Deux-Indes,

Pastore; on peut y dîner confortablement pour 2 fr., 2 fr. 50 c., 3 et 4 fr.

Turin, capitale du Piémont, est une des villes les plus considérables d'Italie. Elle est située presque au pied des Alpes, dans une superbe plaine arrosée par le Pô, et au confluent de ce fleuve et de la Doire. C'était, selon Pline, la plus ancienne ville de la Ligurie. Elle avait autrefois un rempart en terrasse, défendu par des bastions et par un large fossé; mais une partie de ces fortifications a été détruite, et, sous le rapport de l'agrément et de la perspective, on peut dire que la ville y a gagné. Le périmètre de Turin, en deçà de la rue de circonvallation, est de 7,750 mètres, y compris la citadelle et la place d'armes; avec les faubourgs du Pô et de la Doire, il est d'environ 11,450 mètres; sa plus grande longueur, depuis la porte du Pô jusqu'à la porte de Suze ou *Suzina*, peut être de 2,000 mètres, et sa plus grande largeur, depuis la porte du Palais, qu'on appelle aussi d'Italie, de 1,400 mètres. Ces quatre portes n'existent plus, elles ont disparu avec les fortifications, excepté leurs noms qui subsistent toujours, pour indiquer l'endroit où elles étaient situées.

On compte à Turin 13 places et 84 rues tirées au cordeau, qui se croisent à angles égaux et partagent la ville en 145 quartiers : c'est ce qu'on appelle le *Nouveau Turin*.

PLACES. — Parmi les treize places que renferme Turin, plusieurs sont très-remarquables, tant par leur étendue que par les beaux édifices qui les entourent. La principale est la *place du Château* (*piazza Castello*), située dans le plus beau quartier de Turin. Elle tire son nom du palais qui se trouve au centre, qu'on appelle le *palais Madame*, et où se trouvent aujourd'hui plusieurs administrations publiques et la galerie de peinture. Au nord de cette place sont situés le *Palais Royal* et les résidences des secrétaires d'Etat aux départements de la guerre et de la marine, des finances, de l'artillerie et des fortifications, etc.; sur les autres côtés se trouvent le *grand Théâtre* et une série d'édifices d'une riche architecture et flanqués d'arcades. Les trois plus belles rues de Turin aboutissent à cette place : à l'est, c'est la rue *du Pô*, large, droite et ornée de jolies maisons avec arcades, ce qui en fait une promenade fort agréable, soit dans les grandes chaleurs, soit dans les temps de pluie; à l'ouest, est la longue rue de *Dora-Grossa*, également belle, mais moins large et sans arcades : c'était dans cette rue que se faisaient les courses de chevaux du temps de Napoléon; au midi, se trouve la rue *Nuova*, qui traverse la place Saint-Charles et se prolonge jusqu'à la porte Neuve.

Place Saint-Charles. Elle est située entre les rue Neuve et porte Neuve : c'est la plus belle et la plus régulière des places de Turin; elle a la forme d'un carré long où aboutissent six rues. Deux palais latéraux ornent les côtés Est et Ouest, ayant de vastes portiques bien pavés et à arcades; sur l'aile méridionale s'élèvent les deux églises de *Saint-Charles* et *Sainte-Christine*, et dans le centre la statue en bronze d'Emmanuel-Philibert remettant son épée dans le fourreau. Cette belle composition est due à M. Marochetti; elle a été fondue à Paris et exposée dans la cour du Louvre. Ce monument est orné de quatre bas-reliefs allégoriques, représentant le comté de la Vallée d'Aoste, la principauté de Piémont, le comté de Nice et le duché de Savoie.

La *place Victor-Emmanuel* est une des plus vastes de l'Europe et d'un aspect imposant; sa forme est celle d'un carré long, ayant à une extrémité le beau pont du Pô, et à l'autre la noble rue du même nom : les édifices qui la bordent sont réguliers, d'une belle architecture, avec de jolies terrasses à leur sommet et de commodes arcades à leur base. De l'autre côté du pont s'élève majestueusement le temple de la *Mère de Dieu*, bâti au pied d'une verte colline couverte de jolies habitations. Cette perspective est fort belle.

La *place Emmanuel-Philibert*, située à l'ouest de la ville, avant le faubourg Dora ou Doira, forme un vaste octogone environné de constructions destinées aux divers marchés de la cité; la grande route qui conduit au pont de la Doire, et la route ombragée qui entoure Turin, traversent cette place en croix.

La *place Carignan* mérite aussi d'être mentionnée, moins pour son étendue que parce qu'elle renferme le palais de Charles-Albert, ci-devant prince de Carignan, et le théâtre de Carignan.

Les autres places que le voyageur devra visiter sont : la *place Caroline*, au sud de la rue du Pô ; la place du *Palais-de-la-Ville*, appelée aussi *piazza dell' Erbe*, de ce qu'on y vendait autrefois des herbes ; la place *Fusine* ou *Pæsana* ; la place *Charles-Félix* et celle de *la Consolata* ; au centre de cette dernière place s'élève une colonne surmontée d'une statue de la Vierge, érigée pour l'accomplissement d'un vœu fait lors des ravages du choléra dans cette cité.

Au sud-ouest de la ville se trouve un grand terrain quadrangulaire, appelé *Champ-de-St-Secondo* ou *Champ-de-Mars*, destiné aux évolutions militaires.

Ponts. — Turin ne renferme que deux ponts, mais tous deux remarquables. Celui du *Pô* est, comme nous venons de le dire, jeté sur ce fleuve à l'extrémité est de la place Victor-Emmanuel ; c'est un beau pont en pierre, qui date du temps de Napoléon ; son architecture est sévère, et ses cinq arches bien coupées. Si, du pont, l'on porte ses regards sur les monts verdoyants qui, à peu de distance de la rive gauche du fleuve, forment un amphithéâtre sur lequel un grand nombre de jolies habitations ont pris place ; à droite, sur le plateau, apparait la tour octogone d'un couvent considérable de capucins ; à gauche, le château de la reine ; plus loin, sur une éminence, domine le dôme altier de la Superga. Des bouquets de bois çà et là couvrent les hauteurs. Cet ensemble compose une scène fort pittoresque.

Le *pont de la Doire* est un ouvrage des plus remarquables tant par la hardiesse que par la solidité de sa construction ; il est en pierre et d'une seule arche. Il a été construit sur les plans et sous la direction du chevalier Mosca, savant ingénieur piémontais.

Rues. — La rue du Pô et la rue Neuve sont surtout frappantes par leur longueur, par leur largeur et par la symétrie des maisons, qu'on prendrait pour des édifices publics. Les fenêtres de ces maisons ont des chambranles saillants couronnés de frontons. L'entrée forme vestibule avec des colonnes et des pilastres. Le fond de la cour, qui se voit de la rue, a toujours quelque décoration. Si toute la ville était construite avec autant de goût, Turin serait de toutes les capitales de l'Europe la plus belle et la plus commode. Pendant la nuit on lâche une écluse qui nettoie les rues et fournit abondamment de l'eau en cas d'incendie.

La rue de la *Doira-Grossa* serait une des plus belles de Turin si elle avait plus de largeur. Après ces trois grandes voies viennent celles de la *Notre-Dame-des-Anges*, de *Charles-Albert*, de *Ste-Thérèse* et *St-Philippe*, des *Corroyeurs*, d'*Angennes*, de la *Monnaie*, etc. Ces rues sont en général ornées de jolies maisons.

Eglises. — Turin a 110 églises ou chapelles, la plupart enrichies de marbres, bâties dans le goût moderne, et très-bien éclairées. La plus remarquable est celle de

Saint-Jean-Baptiste; c'est la cathédrale. Le portail est orné de pilastres, mais d'une assez mauvaise architecture. L'intérieur de cette église n'a rien de bien frappant; on y voit néanmoins un bel autel de marbre, une vaste tribune, et un orgue chargé de dorures et de bas-reliefs qui produisent assez d'effet. Il y a six chapelles qui n'ont aucun tableau distingué. Le plafond de la nef principale est une demi-voûte peinte en blanc. A droite de la porte est un mausolée en marbre, pour une princesse de Piémont, fondatrice de l'église : elle est représentée à genoux sur un sarcophage; six petites statues en marbre noir décorent la base. A gauche de la porte, le baptistère, fermé par une grille en fer, contient uniquement la statue de saint Jean-Baptiste, en marbre blanc. Le maître-autel est en marbre précieux. A la croix, sur la droite, dans une chapelle, sont des statues de marbre d'une grande beauté. *Ste Thérèse* ouvre ses vêtements pour découvrir son cœur à Dieu; elle lève sa tête au ciel, le feu de l'amour divin est allumé dans ses yeux; chef-d'œuvre de *Legros*, sculpteur français. *Ste Christine* tient d'une main la palme du martyre, et élève l'autre main en confirmant sa foi; par le même artiste, qui montre encore dans celle-ci beaucoup de talent. Derrière le maître-autel, et par le moyen d'un vitrage placé à une certaine élévation, nous apercevons la chapelle du

Saint-Suaire; c'est comme une église à part, et certainement la plus belle de Turin; on y monte par deux escaliers de 15 degrés chacun. Elle forme une rotonde très-élevée, environnée de colonnes groupées, de marbre noir poli venant de Côme, dont les bases et les chapiteaux sont de marbre doré. Ces colonnes soutiennent six grandes arcades qui forment les fenêtres. La coupole qui termine cette rotonde est d'une construction fort singulière : elle se compose de plusieurs voûtes en marbre, percées à jour, placées les unes au-dessus des autres, et disposées de manière qu'elles laissent voir au sommet de l'édifice une couronne de marbre en forme d'étoile, qui semble être suspendue en l'air, quoiqu'elle repose sur ses rayons. L'autel, de marbre noir, est à deux faces, et porte une châsse carrée, environnée de glaces, laquelle renferme la relique du Saint-Suaire. Au-dessus est un groupe d'anges qui soutiennent une croix de cristal. Le pavé est de marbre bleuâtre, dans lequel sont incrustées des étoiles en bronze doré. Tout cet ensemble est d'une beauté vraiment majestueuse et bien conforme à sa destination. On sort de ce lieu avec une impression de tristesse causée par la couleur lugubre qui partout y est répandue. Cette chapelle est contiguë au palais du roi, qui de l'une de ses galeries peut y entrer de plain-pied.

Parmi les autres églises de Turin qui méritent de fixer l'attention des curieux, on peut citer *la Consolata*, très-fréquentée à cause d'une image de la Vierge, à laquelle on a beaucoup de dévotion. Cette image est placée dans une chapelle ornée de colonnes de marbre, et dont la coupole est couverte de peintures et de dorures. Le bâtiment de cette église est d'ailleurs peu régulier, et les ornements peints dans la voûte de la nef sont trop petits pour ne pas paraître confus.

Au centre de la place où se trouve cette église, s'élève, comme nous l'avons déjà dit, une colonne votive de beau granit de Bielle. Au sommet il y a la statue de la Vierge en marbre de Carrare. Sur le piédestal se lit l'inscription suivante :

MATRI . A . CONSOLATIONE
OB . AERVMNAM . MORBI . ASIATICI
MIRE . LENITAM . MOX . SVBLATAM
TANTAE . SOSPITATRICIS . OPE

ORDO . DEC . PRO . POPVLO
VOTVM . SOLVENS . QVOD . VOVIT
AN . M . DCCC . XXXV

Saint-Philippe de Néry, la plus grande de toutes les églises de cette ville, est un édifice aussi élégant que majestueux ; il avait été commencé sur les plans du père Guarini, mais, en 1715, la voûte en tombant renversa la moitié de l'édifice. L'église actuelle a été reconstruite sur les plans de Juvara, architecte espagnol ; elle est beaucoup plus belle que dans l'origine ; son fronton, qui était longtemps resté inachevé, est presque terminé aujourd'hui ; il est orné de colonnes cannelées. Son maître-autel est orné de six colonnes torses, d'un beau marbre, entourées de guirlandes de pampre en bronze doré. — Deux colonnes et deux statues en marbre forment l'ornement de chaque chapelle : dans l'une, le tableau de saint Philippe de Néry est d'un excellent peintre. — Celui du maître-autel, représentant l'Assomption, ne lui est pas inférieur. La table par-devant l'autel étant couverte de pierres précieuses, de nacre, d'ivoire, offre par leur assemblage habilement combiné des tableaux, des bas-reliefs ; des fleurs et des fruits y sont figurés d'une manière surprenante.

L'*église de Saint-Laurent*, précédée d'un péristyle où se trouve une chapelle somptueusement ornée, a la forme octogone, avec trois chapelles à droite, et trois à gauche. La décoration de chacune se compose d'un tableau assez commun entre deux colonnes de marbre, et d'une statue en marbre de chaque côté de l'autel. Il y en a une dans laquelle un groupe en marbre, représentant l'*Annonciation*, doit fixer l'attention. Le dôme sous lequel est placé le maître-autel se compose de deux coupoles rondes établies l'une au-dessus de l'autre, chacune ayant huit croisées ; dans le bas de ce dôme les quatre Évangélistes sont peints en fresques belles de dessin et de coloris.

Cet édifice est dû au talent de Guarini.

Corpus Domini.—Elle fut fondée par la ville en commémoration du fameux miracle du Très-Saint-Sacrement, arrivé le 6 juin 1453.

Cette église fut bâtie en 1607, par Vitozzi. Elle est remarquable par la riche profusion de ses décorations intérieures, ouvrage d'Alfiéri. Les colonnes du maître-autel sont torses et d'un marbre jaune fort rare.

Saint-Esprit. — Jointe à l'église du *Corpus Domini*, que l'on prétend fondée sur un temple de Diane; mais cette supposition est peu vraisemblable. Ce fut dans cette église qu'en 1728 J.-J. Rousseau abjura le calvinisme.

Basilique de l'ordre équestre des saints Maurice et Lazare. — Elle est l'ouvrage de Lanfranchi, et date du dix-septième siècle. Sa belle façade d'ordre corinthien est un des plus beaux ouvrages du chevalier Mosca.

Saint-Thomas. — Est une des plus anciennes paroisses de la capitale : elle n'a rien de bien remarquable, excepté deux tableaux du *Moncalvo*.

Sainte-Thérèse. — La façade de cette église est due à la munificence du cardinal Rovere, qui la fit ériger en 1764 sur les dessins d'Aliberti. L'intérieur offre une nef, deux chapelles de chaque côté et deux près du chœur. Celle qui est à droite, dédiée à sainte Thérèse, contient deux tableaux qui ont du prix : dans celle de gauche, une petite coupole est soutenue par six colonnes en marbre de différentes couleurs; au-dessous, St Joseph tenant l'enfant Jésus dans ses bras : groupe curieux en albâtre. L'église fut bâtie en 1635 par Victor-Amédée 1er, et elle se distingue par ses décorations de stuc et de marbre.

La Très-Sainte-Trinité. — Magnifique église de forme ronde, bâtie par Vittozzi, et embellie par Juvara. Elle appartient à la confrérie des pénitents rouges, sous l'invocation de la très-sainte Trinité.

Daniel Seyter, premier peintre de la cour de Victor-Amédée II et de Charles-Emmanuel III, est enterré dans cette église.

Sainte-Marie des Carmes. — Son architecture est belle, mais les lois de la proportion n'y sont point observées. Elle manque de façade.

Dans l'intérieur on voit une petite coupole soutenue par six colonnes de marbre de différentes couleurs, sous laquelle est une très-belle statue d'albâtre de St Joseph; les jours y sont si bien ménagés, que lors même qu'il fait sombre la voûte paraît éclairée par le soleil.

Saints Solutor et compagnons martyrs, communément dite *des Jésuites*. — Il n'y a pas à Turin d'église plus riche en marbres et en bronzes dorés. Elle fut bâtie sur les dessins de Pellegrini, en 1577, pour les jésuites, qui en ont repris possession dans ces derniers temps.

Saint-François de Paule. — Fut fondée par la duchesse Christine sur les dessins de Pellegrini. Elle est fort belle : on y voit le buste du sculpteur Carnoli.

Sainte-Croix. — Temple des dames chanoisesses. L'église est construite sur les magnifiques dessins de Juvara. Elle est de forme ovale, avec des colonnes en marbre et un dôme très-élevé.

Sainte-Marie de Place. — Est une des églises les plus anciennes de Turin. Elle existait même au temps de Charlemagne. Elle fut restaurée en 1751 par le théologien Pico, sur les dessins d'Antoine Bernard Vittone.

Saint-Charles. — Bâtie en 1619 par Charles-Emmanuel Ier, sur les dessins du baron Valperga. Cette église orne la place St-Charles et mérite aussi l'attention du voyageur. Sur la même place, du côté opposé à la rue Neuve, se trouve

Sainte-Christine, église construite sur les dessins de Juvara ; sa façade est remarquable et s'harmonise parfaitement avec l'architecture des édifices qui entourent cette belle place.

Il reste encore plusieurs églises que nous conseillons au touriste de visiter :

La *Très-Sainte-Annonciation.* — Sa façade, d'une belle simplicité, est de *Martiny*; mais elle est en partie masquée par la terrasse qu'on a bâtie pour unir les portiques de la rue du Pô.

Saint-Dominique. — Cette église fut fondée en 1214 par saint Dominique de Gusman. Elle renferme les tombeaux de l'historien Pigone, du prince de Melfi et de Pierre de Ruffia, ainsi que le *Rosaire* de Guercino.

Saint-Augustin. — On ne voit rien de remarquable dans cette église, si ce n'est le tombeau du célèbre Cassien del Pozzo, président du sénat sous Emmanuel-Philibert.

Saint-Dalmace. — Cette église n'a de remarquable que le tableau du Savillianais Molineri, surnommé le *Guercino*, représentant la *Déposition de Jésus-Christ dans le tombeau.*

Saint-François. — Fondée par saint François d'Assise en 1215. La façade est l'ouvrage de Vittone.

Saint-Joseph. — Petite église où il y a un collége de prêtres appelés *Ministres des malades.*

Notre-Dame-des-Anges. — Charles-Emmanuel Ier en fut le fondateur en 1622.

Saint-Roch. — L'architecture de l'intérieur du temple est de Lanfranchi; celle de la façade est de l'architecte Beria. Elle est remarquable par sa forme octogone, et elle est soutenue par huit colonnes de marbre.

Sainte-Claire. — Eglise jointe au couvent des Visitandines de l'institut de saint François de Sales.

Sainte-Marie-Madeleine. — Appartient et est annexée au couvent des Capucines.

Sainte-Pélagie. — Son architecture est du comte Robilant. La maison y attenante est consacrée à l'instruction morale et religieuse des enfants.

Saint-Procès et Saint-Martinien. — Cette église fut bâtie en 1678 par le comte Amédée de Castellamonte, et rétablie par l'architecte Bonvicini.

La Croisette. — Eglise paroissiale sur le vieux chemin de Pignerol. Elle est remarquable par une *Descente de Croix* du *Tintoretto.*

Mais de tous les monuments religieux que renferme cette belle capitale, il n'en est aucun qui mérite plus l'attention du voyageur que celui appelé

La Mère-Dieu; c'est au pied d'une verte colline, parsemée de vignes (1) ou jolies maisons de campagne, que s'élève ce beau temple. Il a été construit sur les plans du chevalier Bonsignori, architecte, et aux frais de l'adminis-

---

(1) Nom qu'on donne à Turin aux châteaux et maisons de plaisance situés dans les environs; ainsi, au lieu de dire le château de la Reine, on dit *la vigne de la Reine.*

tration municipale, pour perpétuer le souvenir du retour de la maison de Savoie dans ses États. Ce temple est d'un style ancien ; c'est une jolie imitation en miniature du Panthéon de Rome. — Ce noble monument est, comme nous l'avons déjà dit, sur le prolongement de la place Victor-Emmanuel, à l'extrémité du pont du Pô.

Il y a une remarque à faire, c'est qu'on ne trouve, dans presque aucune des églises de Turin, des chefs-d'œuvre de peinture comme on en rencontre dans les grandes cités d'Italie. Toutefois on y voit des productions de *Guidobono, Savonne, Albert-Dürer, Garavaglia, Guercino, Proccacini, Morazzone, Trevisan, Vanloo, Maratti, Seyter,* et du *Tintoretto*.

PALAIS. — *Le palais du Roi* n'a rien de surprenant au dehors : c'est un grand édifice qui forme la face septentrionale de la grande place appelée *Piazza Castello*, et qui ne répond pas à la beauté de la ville ; mais les appartements en sont vastes, commodes, richement décorés, et de bon goût. Il est disposé de manière qu'il a la vue sur les quatre principales portes de la ville.

Cette royale demeure fut élevée par le duc Charles-Emmanuel II, sur les plans du comte Amédée de Castellamonte. La statue située en face du grand escalier représente Victor-Amédée Ier, père de Charles-Emmanuel. En pénétrant dans les appartements, on y remarque de beaux paysages de *Bagetti*, de riches collections de vases chinois et du Japon, des peintures représentant les batailles où figurent les princes de la maison royale, dues au pinceau d'*Azeglio* et autres artistes piémontais. Dans les cabinets de la reine, on admire les travaux de sculpture et de marqueterie de Piffetti.

La bibliothèque du roi est riche de 30,000 vol. imprimés : les manuscrits sont au nombre d'environ 1,800. Il y a aussi dans cette bibliothèque plusieurs lettres du duc Emmanuel-Philibert, du prince Eugène de Savoie, de Redi, quelques autographes de Napoléon et de plusieurs de ses généraux ; 2,000 dessins anciens, parmi lesquels 20 de Léonard de Vinci, plusieurs de Raphaël, du Corrége, de Titien ; une collection de 166 insectes de la Chine dessinés et peints en miniature sur papier sérique; une collection de 80 miniatures chinoises, d'oiseaux, de fleurs, etc, etc.

Le *palais des ducs de Savoie*, qui est réuni à celui du roi au moyen d'une galerie, se fait admirer par une façade dans le goût du péristyle du *Louvre*. Les autres façades attendent encore la main de l'architecte. Le jardin contigu au palais du roi est trop petit; mais Le Nostre, en le dessinant, en fit disparaître les irrégularités, et l'illusion qui résulte des perspectives savamment combinées lui prête une étendue qu'il n'a pas en effet. Après les deux palais dont nous venons de parler, le plus important est le

Palais-Madame ou *Château*. La fondation de ce noble édifice date du commencement du XIII° siècle; il fut réparé et agrandi par Amédée VIII, en 1416, et forma dès lors la résidence des ducs de Savoie. Plus tard, il fut habité par Madame royale, duchesse de Savoie-Nemours, d'où il tire son nom de *Palais-Madame*. — En 1720, Juvara y ajouta la façade, qu'on admire aujourd'hui tant pour la grâce du style que pour les ornements dont elle est embellie; l'escalier qui conduit aux vastes appartements de ce palais est grandiose. Ces appartements ont été consacrés par le roi régnant, Charles-Albert, à l'exposition publique de la galerie royale des tableaux. On admire dans cette riche collection, disposée par écoles, les ouvrages des plus grands maîtres, tels que *Raphaël*, *Jules Romain*, le *Titien*, *Guido Reni*, le *Guerchin*, le *Dominiquin*, *Gaudenzio Ferrari*, *Giorgione*, *Benvenuto-Garaffalo*, *Sasso-Ferrato*.

Nous empruntons à M. *Emmanuel Polonceau* la description complète de ce musée remarquable :

« Je monte par un magnifique escalier à double rampe éclairé par sept grandes croisées cintrées ayant jour sur la place. J'arrive à une pièce spacieuse décorée de quatre statues, de six bustes en marbre, de douze bas-reliefs au-dessus de la première corniche : dans le haut, des croisées établies au-dessus d'une seconde corniche éclairent cette pièce.

Je visite ensuite les treize salles, voici ce qu'elles contiennent :

LA PREMIÈRE, les quatre Éléments, très-grands morceaux, par *l'Albane.*—L'Hermaphrodite, par le même auteur.— Puis trois petits tableaux, encore de lui.

La deuxième, portrait en pied de Côme de Médicis, duc de Florence, par *Brandisono.* — Homère qui chante ses vers en s'accompagnant de sa lyre, par *Murillo.* — La Décollation de saint Paul, par *Molineri.* — Saint Jean Népomucène qui confesse une reine d'Espagne, par *Crespi.* — La Vierge seule, tête d'une beauté divine, par *Dolci.*—La Sainte Famille et Saint François, par *Bourdon.* — Agar dans le désert, par *Ricci.* — La Vierge tenant l'enfant Jésus nouveau-né, point de crèche, beaucoup de personnages, par *Crespi.* — Saint Jérôme, par *del Sarto.* — Trois Génies figurant la Philosophie, la Géométrie, l'Agriculture, par le *Dominiquin.* — L'Enfant Prodigue, grande machine qui a six pieds sur quatre; il est à genoux, la tête découverte, son père le soutient et veut le relever; par le *Guerchin.* — Une Madeleine, par le *Titien;* elle met sur sa poitrine une main parfaitement belle, lève les yeux au ciel; l'autre main tombe bien. — Samson qui défait les Philistins, a la tête levée; il regarde la mâchoire d'âne qu'il tient suspendue à sa main droite, par le *Guide.* — Le Martyre de saint Barthélemy, par *Molineri.* — Une Descente de croix, par le *Guide.* — Saint François qui tient un livre et fait lire un ange, par le *Guerchin.* — La Vierge, l'Enfant Jésus, Saint Joseph, Saint Joachim, Sainte Anne, Sainte Catherine, Saint Jean, par *Bellino.* —Bacchus qui se joue de cinq Amours, et qui combat avec eux, par le *Guide.* — L'Annonciation, par *Gentileschi:* la Vierge baisse la tête, l'ange est à genoux, il tient un lis à la main gauche, et d'un doigt de la main droite montrant le ciel, il semble révéler le mystère. — Saint Thomas tient une plume, un ange dicte, par *Jules Romain.* — La Sainte Famille, quatre jeunes personnes regardent, par *Bartolomeo.* — La Vierge dite au poisson; sainte Catherine présente une fleur, plusieurs vieillards jouent des instruments, par *Palma* père. — Saint Jérôme, supérieur, et de l'école vénitienne; on ne connaît pas l'auteur.—La Vierge, l'Enfant Jésus, Saint Joseph et le portrait d'un prêtre qui a commandé le tableau, par *Bellino.*—Jacob bénissant ses enfants, par *Ricci*. — L'ange Gabriel seul, par *Mozetti*. — Rébecca près du puits, par *Pietro di Cortone*. — Portrait de Paul III, par le *Titien*. — Flagellation du Christ, par le *Bassan*.

LA TROISIÈME, Saint Paul, par *Piolo* de Gênes. — Paul et Marsyas, par le *Guide*. — Madeleine, les yeux baissés, une main sur son livre fermé, de l'autre tenant une couronne d'épines; l'expression de la figure est bien sentie; par le *Guide*. — Louis XIV à cheval, par *Mignard*; tout son talent est là. — Saint Pierre joignant les mains exprime son repentir, repentir le plus profond, le plus amer: pouvait-il être rendu avec plus de vérité? ses larmes arrachent des larmes; par *Annibal Carrache*. — Descente de croix, de *Lageno*. — Descente de croix, le dessin est différent, par *Ferrari*. — Saint Jérôme tenant d'une main un livre, écrit de l'autre main, par *l'Espagnolet*. — Lucrèce qui veut se percer le cœur, deux femmes placées derrière elle veulent l'en empêcher, un vieillard regarde froidement; par *Pietrino*, premier élève de Léonard de Vinci.

LA QUATRIÈME, la Vierge dite sous la tente, l'Enfant Jésus et Saint Jean, par *Raphaël*. — La Vierge, Saint Joseph, tous deux à genoux, contemplent et adorent l'enfant Jésus qui est à terre, devant eux, par *Ferrari*. — Une femme tenant un enfant sur ses bras, par le *Guide*. — Jésus-Christ enseignant les docteurs dans le temple, par *Beneventi Garafolo*. — Saint Antoine et l'enfant Jésus qui semble vouloir l'embrasser, par *Caravoglio*. — Portrait de Louis XV à l'âge de quatorze ans, par *Vanloo*. — Madeleine lavant les pieds du Sauveur, par *Paul Véronèse*. — Portrait d'une princesse de la maison régnante de Savoie, par le *Titien*. — La Cène, par *Ricci*. — Madeleine qui réfléchit, elle a le coude appuyé et une main sur une couronne d'épines, par le *Guide*. — L'Enfant Prodigue, il tient son mouchoir sur ses yeux, son père de la main droite le relève, et avec sa main gauche le couvre de son manteau, par *Pompeï Baltone*. — La Circoncision, par *Badille*. — L'Adoration des Mages, par *Macrini*, première manière de peinture; ce tableau a quatre cents ans. — Les trois

Marie, par *Pietro di Cortone*. — Deux petits anges dans un seul encadrement, par le même. — La Nativité du Sauveur; le lieu est bien dessiné, un berger est à genoux, d'autres accourent, par le *Bassan*. — La Vierge, l'Enfant Jésus, Sainte Catherine, par *Léonard de Vinci*, ouvrage supérieurement gracieux. — Madeleine portée au ciel par les anges, du *Guide*. — Histoire d'Hélène en quatre tableaux, par le *Titien*.

La cinquième, saint Pierre joint les mains, en les élevant; le coq, qui est vis-à-vis lui, chante; l'apôtre reste stupéfait, par *Lanfranc*. — David dansant devant l'arche, par *Massuci*, grande composition qui a six pieds sur quatre. — Jugement de Salomon, même grandeur et du même auteur. — Un jeune prince ayant la main appuyée sur son épée, par *Diorjone*. — Tête de saint Jean mise dans un bassin, on dirait qu'elle est encore animée, par *Luino*. — Deux têtes d'enfants sur la même toile, par *Schidone*. — La Vierge a sur ses genoux l'enfant Jésus, de la main gauche elle tient une rose, l'enfant en regardant sa mère lève le doigt pour prendre la fleur, par *Sassaferato*.

La sixième ne contient que des ouvrages de l'école flamande : Agar renvoyée, de *Rembrandt*. — Madeleine ayant les yeux rouges par l'excès de la douleur, et pleins de larmes, par *Rubens* : la figure de Mme de la Vallière, par *Lebrun*, semble copiée sur celle-ci. — Pont de la Bicoque, par *Wouwermans*. — Madeleine aux pieds du Sauveur paraît se confondre en repentir, par *Rubens*. — Portrait d'Erasme, par *Wildens*. — La Vierge et l'Enfant Jésus, par *Wan-Dick*. — Un portrait, par le même. — Jésus-Christ couronné d'épines, par *Rubens*. — Une femme avec un paysan, par *Teniers*. — Procession à Bruxelles, par *Saltario*. — Lazare ressuscité, par *Rubens*, magnifique d'effet. — Un petit garçon jouant de la vielle, par *Teniers*. — Un bourgmestre, par *Wolbin*. — Portrait de Calvin, par le même. — Un bourgmestre, par *Rubens*. — Sainte Famille, superbe coloris, par *Chiffrel*. — La Mort d'Abel, par *Wandermeer*. — Trois petits portraits, par *Rubens*.

La septième, Pyrame et Thisbé, par *Maaur*. — Le Rémouleur d'Anvers, par *Netscher*. — Deux enfants de

Charles 1er, roi d'Angleterre, par *Van-Dick*.—Une femme, un enfant, un chien, par *Mieris*. — Les Joueurs aux cartes, par *Teniers*. — Animaux et fruits, par *Jean With*.—Deux portraits sur la même toile, par *Van-Dick*. — Un autre portrait, par le même. — Toute la passion du Sauveur, sur une seule toile, représentée en différentes actions parfaitement détachées, par *Albert Dürer*.—Des chevaux qu'un écuyer promène, par *Wouwermans*.

La huitième, des Bacchanales, coloris chaud, par *Rubens*. — Une sorcière qui veut rajeunir son père, par *Wandermeer*.—Une Danse de paysans, par *Teniers*. — L'Intérieur d'une ferme, par le même. — Jésus-Christ attaché à la colonne, par le *Titien*. — Portrait de trois femmes, sur une seule toile, par *Van-Dick*.—Une petite fille qui cueille du raisin près d'une fenêtre, par *Gerardi*.—Une nourrice tient un enfant, une autre femme qui est derrière elle veut embrasser l'enfant, par *Mieris*.

La neuvième, un vieux berger tient une jeune fille sur ses genoux, par *Van-der-Meer*.—Des paysans boivent, d'autres jouent, par *Teniers*.—Portrait du prince de Savoie Carignan, par *Van-Dick*.—Une dame espagnole, par *Lefranc*.—Le Jugement général, grande composition commandée par Pie V, six pieds sur six pieds, par *Spranger*. — Le Crucifiement, par *Leghem*. — Un Marché aux chevaux, par *Wouwermans*.—Saint Philippe de Néry, à qui un ange montre au ciel la Vierge tenant l'enfant Jésus, par *Meyer*.

La dixième, deux portraits, par *Van-Dick*. — Bacchanales de Carnaval, par *Rubens*, *Teniers*, *Bega*, qui en ont fait chacun une partie, si j'en crois le conservateur. — Portrait de Pétrarque, par *Holbein*. — Par le même, portrait de Luther et de la femme de Luther.—Plusieurs joueurs de violon, par *Teniers*. — Saint Jean dans le jeune âge, par *Mignard*. — Lazare ressuscité, par *Rembrandt*.—Un procureur a des papiers étalés sur une table, et lit un mémoire; un paysan qui est en face de lui tient une bourse à la main, sa femme a sous le bras un petit porc ; par *Teniers*.—Portrait de Théodore de Bèze, par *Rembrandt*.—La Mort de la Vierge, par *Berghem*. — Sainte Marguerite qui se renverse en arrière pour contempler des anges qui sont au haut du tableau, par le *Poussin*. — Portrait d'un personnage qui n'est pas connu, par *Rubens*.

La onzième, Bataille du prince Eugène de Savoie, par *Ostenburg*, école de *Vandermeulen*. — Bataille du prince Eugène contre les Turcs, par *Bourguignon*.

La douzième, dix-sept petits tableaux charmants, d'un fini parfait, sur faïence, copiés d'après de grands tableaux de la galerie de Florence, par *Constantin*, célèbre peintre de Gênes.

La treizième, l'église de Saint-Marc à Venise, par *Petersneef*.—Beaux paysages, par le *Poussin*.— Deux vues, par *Lorrain*. — Deux, par *Vandermeulen*.—Trois tableaux de *Panini* : Saint-Pierre de Rome, Saint-Paul de Rome, le Colysée. — Deux marines, par *Manglar*.— Un paysage dans lequel un rocher est d'un effet très-remarquable, par *Salvator Rosa*. — Quatre grands tableaux de *Solimen* : Jésus-Christ chassant du temple les marchands ; portrait de la reine de Saba ; deux batailles livrées sous la reine de Saba. — Une Foire, par le *Bassan*.—Suzanne jugée par Jésus-Christ, qui du haut des marches prononce qu'elle est innocente ; Suzanne prosternée a la face sur une marche ; des femmes, en faisant des gestes, s'écrient : « Voyez-vous qu'elle n'est pas coupable ! » Beaucoup d'autres personnes regardent en gardant le silence, par *Ricci*. — Par le même, Moïse fait sortir l'eau du rocher.—Alexandre embrasse le fils de Darius, la mère est derrière son fils, par *Pescheux*.— Mort d'Epaminondas, par le même. »

Le conservateur, en six mois, a su mettre l'ordre le plus parfait, infiniment de goût, dans l'arrangement de deux cents tableaux d'un grand prix.

Dans une des tours de ce palais est l'*Observatoire*, riche en instruments d'optique et d'astronomie.

Le *palais Carignan*, situé sur la place du même nom, est un vaste édifice, mais dont l'architecture manque d'harmonie. Cependant son aspect est assez imposant, et on admire toujours le grand escalier et le salon. Il servait de résidence au prince royal, qui depuis son avénement au trône y a établi les bureaux du conseil d'État et de l'administration des postes.

Le *palais du Sénat* fut commencé sous la direction de Juvara, continué par le comte Alfieri, et terminé par Micheli; l'ensemble de l'édifice ne manque pas de noblesse.

Théatres.— Le *grand théâtre*, où l'on joue l'opéra, tient au palais du roi. Point d'architecture extérieure; mais il n'y a rien à désirer pour l'intérieur. Le théâtre est d'une grandeur peu ordinaire. La salle proprement dite a 25 mètres dans œuvre, 17 de hauteur, et six rangs de loges, dont 26 à chaque étage, sans compter celle du roi et celles des entre-colonnes du théâtre. On est assis au parterre. L'avant-scène est de 14 mètres d'ouverture; la profondeur du théâtre de 35 mètres, avec une cour de 8 mètres sur le derrière, où, en jetant un pont-levis, on peut faire monter des chevaux et des carrosses jusque sur le théâtre. On a ménagé pour la sûreté et la commodité de ce vaste édifice tout ce que la précaution et l'habileté pouvaient imaginer. Les corridors des loges sont en grandes pierres sans plancher, afin d'éviter le bruit que pourraient causer en marchant ceux qui vont et viennent pendant le spectacle. Quatre puits avec des pompes pour remédier aux incendies ont été pratiqués, deux sous le théâtre, et deux autres à l'entrée principale. Comme les représentations durent quatre à cinq heures, on s'assemble dans les loges pour y faire la conversation, on y reçoit des visites : sans cela on ne pourrait tenir contre la longueur du spectacle et l'ennui du récitatif.

Le *théâtre de Carignan*, situé sur la place du même nom, est précédé d'un grand vestibule et soutenu par des colonnes. On y représente pendant l'été des opéras bouffons et des comédies françaises.

Le *théâtre d'Angennes*, fort joli intérieurement, n'a aucune apparence extérieure.

La *Sutera*, petit théâtre gracieusement décoré à l'intérieur.

L'Université est un bâtiment très-remarquable : la cour est grande, entourée de portiques soutenus par des colonnes ornées de bas-reliefs, d'inscriptions grecques et latines, et d'autres monuments de ce genre.

La fondation de cet établissement remonte à l'an 1405 ;

on y compte environ 2,000 étudiants. Les salles supérieures contiennent la bibliothèque, formée principalement de l'ancienne collection des livres et manuscrits des ducs de Savoie, dont le nombre monte à plus de 112,000 volumes et 2,000 manuscrits.

VISITE AUX COLLECTIONS SCIENTIFIQUES DE TURIN.

L'Université possède les chaires suivantes : quatre de théologie, huit de jurisprudence, six de philosophie, cinq de mathématiques, deux de chimie, cinq de littérature, deux de sciences naturelles, deux d'architecture ; cinq colléges des facultés de théologie, de jurisprudence, de médecine, de chirurgie, de mathématiques, philosophie, littérature ; un collége de pharmacie, une bibliothèque créée par Emmanuel-Philibert, et une école d'anatomie fondée par Victor-Amédée II, laquelle étant devenue trop petite, vu le nombre toujours croissant des élèves, a été réédifiée par le roi Charles-Albert, au même endroit, sur une plus grande échelle et beaucoup plus belle ; elle est contiguë au grand hôpital. Il y a aussi un *cabinet anatomique et pathologique*, des *laboratoires* et un *amphithéâtre de chimie* dans l'édifice de l'Académie royale Albertine; un *jardin botanique* fondé par Victor Amédée II, annexé au château royal de Valentin, et agrandi par Charles-Albert ; un *cabinet de physique* ; un *observatoire astronomique*, élevé sur l'une des quatre grosses tours du château royal ; un *édifice hydraulique*, construit par Charles-Emmanuel III ; un *cabinet de zoologie*, fondé par le même ; un *cabinet de minéralogie*, l'un des plus estimés de l'Europe ; un *cabinet d'antiquités*, le *musée Egyptien*, fondé par le roi Charles-Félix en 1823, etc. Les collections d'histoire naturelle sont contenues dans une longue galerie, deux grandes salles et plusieurs autres plus petites ; les animaux y sont classés par ordre. Les vertébrés, les mollusques céphalopodes, les zoophytes occupent de grandes tablettes ; les coquilles vivantes et fossiles sont dans de grandes montres ; les crustacés, les insectes remplissent un très-grand nombre de tableaux, quelques-uns suspendus, les autres droits sur les montres. Les *mammi-*

fères se distinguent, soit par la rareté, soit par la beauté des exemplaires : le siamang (pitecus syndactilus), le wouwou (hylobates agilis), l'ouaderou ou macacus silenus, le vampire (vampirus sanguisuga), la rossette (pteropus edulis), le galeopiteco (galeopitechus variegatus), la mygale pyrenaica, l'ours maritime, le dasiure de Maugé, le tylacinus harrisii, l'acrobata pygmaea, le kangouru (macropus labiatus), le wombat (phascolomys wombat), le hydrochareus capibara, l'orycterus maritimus, l'acheus aï au collet noir, l'orycteropus capensis, le tamanoir (mirmecophaga jubata), le pangolin (manis macroura), le phatagin (manis africana), l'échidna, l'ornitorinco, le tapire américain, l'hippopotame, la girafe, le zèbre, un hibride de zèbre et d'âne, le *quagga*, le bison avec son squelette, le mosco de Java, le tragelafe, le bouquetin, etc.

Les oiseaux exotiques sont plus complets et plus variés. On y voit : le cariame, le condor, le sarcoramphus papa, le nouveau falcon d'Éléonore, le buceros galeatus, l'arapunga carunculata, la phytotoma rara, le zampilops anhelus, le licht (agrilorhinus sittaceus, Bonap.), le lira, le promerops superbus, le philedon cincinnatus, la colombe couronnée, le tragopan (phasianus satyrus, Temm.), l'argus, le nandu, l'émeu, le jabira du Sénégal (mycteria senegalensis, Lath), le marabout, le cygne noir, l'alca impennis, l'aptenodites patagonica, etc.

Ensuite viennent les oiseaux indigènes, représentés par de nombreux couples de mâles et femelles de tout âge et bien choisis.

La classe *des reptiles* est la moins riche; on y trouve de très-belles tortues : la chelonia imbricata, la matamata (chelys fimbriatus), la trionix ferox, un crocodile long de 3 2/3 mètres, plusieurs caïmans, un très-gros souroucou (lachesis rhombeata), les deux crotales, la céraste, la sirène intermédiaire, etc., etc.

La classe des poissons contient plusieurs espèces très-rares et bien conservées : la cephaloptera giornae, le trachypterus cristatus, le lophotes cepedianus, le bogmarus islandicus, l'alepocephalus rostratus, l'astrodemus elegans, etc., etc.

Les collections des vertébrés, et spécialement des testacés, sont très-nombreuses.

La collection conchyliologique se compose des espèces vivantes et des espèces fossiles qui se trouvent dans les terrains tertiaires de l'Italie, et surtout en Piémont. Parmi les espèces vivantes on remarque une valva d'Avicula margaritifère, dans laquelle brille une perle merveilleuse, tant par sa grosseur que par sa beauté et par sa forme; don de S. M. le roi Charles-Albert.

Au nombre de tous ces fossiles se trouvent les coquilles de Brocchi, et plusieurs centaines provenant des environs d'Asti et des collines de Turin, qui n'étaient pas connues de ce naturaliste. La collection entomologique présente la famille des brachélytres et celle des ichneumons, mises en ordre par le P. Gravenhorst. Le D. Erichson de Berlin offrit dernièrement une nombreuse série de brachélytres. Le P. Géné recueillit les insectes de la Sardaigne, qui s'élèvent à six mille.

Le muséum zoologique possède une précieuse collection de squelettes, entre lesquels se distinguent ceux des animaux suivants : bison, girafe, tapire américain, capibara, aï, kangouro, autruche, casoar.

Enfin l'on doit faire mention du squelette fossile d'un cétacé intermédiaire, décrit par le D. Bruno. (*V.* vol. I, série II des Mémoires de l'Académie royale.)

Cette belle collection vient encore de s'enrichir des sujets recueillis en Amérique lors du voyage du prince de Carignan, par les soins de M. Caffet, qui accompagnait le prince, et dont le roi a fait don au cabinet.

Cabinet de minéralogie.

C'est au professeur Borson qu'est due la formation de ce cabinet, qu'on peut mettre au rang des plus riches de l'Europe. La partie géologique fut fondée par le professeur Sismonda. Outre les échantillons des divers terrains du Piémont, on y trouve des échantillons envoyés d'Angleterre et par le Jardin des Plantes de Paris, contenant les roches principales du terrain argileux jusqu'au terrain d'alluvion des alentours de cette capitale. On y remarque aussi des minéraux fort rares provenant des monts Ourals.

Cette collection est renfermée dans deux grandes salles disposées d'après la classification de Brongniart.

Cabinet d'antiquités.

Depuis un demi-siècle il existe un cabinet d'antiquités égyptiennes, grecques, étrusques et romaines.

De toutes les collections que renferme ce précieux musée, celle des monnaies occupe la première place. Il y en a de très-rares; on en compte en tout environ quinze mille. Les plus remaquables sont : les monnaies d'Égypte, une d'Athènes en or, beaucoup des rois de Syrie en argent, plusieurs arsacides et sassanides en argent; quelques darides de Perse en or et argent; des lagides, quelques-unes en or, beaucoup en argent, deux cents environ en cuivre; des empereurs romains en argent, en cuivre, et autres métaux.

On remarque dans la collection des statues, bustes et têtes en marbre, Cupidon dormant sur une peau de lion; une tête d'Antinoüs couronnée de pampres, une tête de cyclope.

On admire aussi la mosaïque qui fut découverte à Stampace, en Sardaigne, en 1766. Elle est divisée en plusieurs parties, lesquelles, étant réunies, représentaient Orphée jouant de la lyre, environné de divers animaux.

Parmi les petites statues en bronze, étrusques, grecques, romaines, sardes, on remarque principalement une Pallas, découverte en 1828 au confluent des torrents *Versa* et *Stradella*; un faune mutilé, découvert dans le siècle dernier; une patère d'argent, un trépied de bronze, une table de même métal, avec inscription; deux fragments d'une autre table aussi en bronze, avec inscription romaine; une patère très-ancienne représentant en relief une bataille d'Hercule et Thésée avec les Amazones; elle fut trouvée par un pêcheur dans le lit du Pô. Des vases de bronze et d'argent au nombre de plus de soixante. Un diplôme de l'empereur Adrien; une tête de Méduse creuse à l'intérieur et qui a dû servir à brûler des parfums; une foudre dorée; une aigle romaine découverte à Antius, et plus de soixante petits animaux de diverses espèces; environ 350 instruments, ustensiles, ornements, etc.

La fameuse *Table isiaca*, qui ornait ce cabinet, a été transportée au muséum égyptien.

Les vases d'argile appartiennent surtout au genre étrusque; beaucoup ont été découverts dans les ruines de Pollenzo et dans d'autres lieux du Piémont. Plusieurs objets d'art moderne ont été ajoutés à ces monuments anciens, dont les plus curieux sont : deux beaux groupes en ivoire représentant le Jugement de Salomon et le Sacrifice d'Abraham.

Musée égyptien.

Cette collection est sans contredit dans son genre la plus belle qui existe au monde. Il est triste de penser qu'après avoir été formée en Egypte par le consul de France Drovetti pour orner le Louvre, le gouvernement français, par un déplorable motif d'économie, refusa d'en faire l'acquisition. C'est à la munificence du roi Charles-Félix, en 1823, que Turin doit cette précieuse collection. Les objets les plus remarquables de ce riche musée sont : la statue colossale du roi *Osymandias*, celles de *Toutmosis Ier* et de *Toutmosis II*, d'*Aménophis II*, connu sous le nom de *Memnon*, et de *Rhamsès IV* ou du *grand Sésostris*, regardée comme la plus grande des statues égyptiennes que l'on connaisse. Toutes ces statues des anciens Pharaons sont d'un seul morceau, en granit sans taches, en granit rouge, en basalte vert ou noir. On y voit aussi une riche suite de stèles ou tableaux peints et sculptés sur pierre, au nombre d'environ 200, dont les couleurs ont conservé toute leur fraîcheur; une longue série de statues de grandeurs différentes, représentant des dieux, des déesses, des animaux sacrés, des emblèmes mythologiques et divers personnages d'âge et de sexe différents; de nombreux ustensiles destinés aux usages de la vie; des instruments d'agriculture et des armes; une immense quantité de momies et de manuscrits sur papyrus, entièrement conservés, dont le nombre peut s'élever à 200 ; une grande quantité de fragments d'autres manuscrits : parmi ces derniers se trouvent les fragments d'un tableau chronologique de plus de cent rois, antérieurs à la 18e dynastie, indiquant la durée de leur règne. Toutes ces richesses du berceau du monde, et que nous ne faisons qu'énumérer, furent pour Champollion l'objet de savantes et précieuses recherches.

Bibliothèque.

La bibliothèque publique est une des collections les plus remarquables que l'on connaisse en Europe.

Les manuscrits hébreux sont au nombre de cent soixante-dix : plusieurs sont inédits et n'ont pas été indiqués par les savants compilateurs des bibliothèques hébraïques, Buxtorff, Bartolozzi et Wolf (1).

On y compte trois cent soixante-dix manuscrits d'ouvrages grecs ; il y a peu d'ouvrages des grands écrivains classiques. Ils sont pour la plupart relatifs à la théologie. Ceux sur la médecine, l'histoire naturelle, les mathématiques, les traités de chimie, principalement de l'art royal et de philosophie, sont assez nombreux. Quelques manuscrits traitent de la rhétorique, de l'histoire, et surtout de la diplomatique, qui en est une des bases principales. Quelques autres manuscrits sont curieux pour la connaissance des anciens caractères, ou pour leurs ornements.

Tels sont : le *Commentaire de* Théodoret *sur les douze petits Prophètes*. Les caractères majuscules sont très-beaux, et les signes dont ils sont accompagnés pour indiquer les esprits et la ponctuation sont remarquables. Pasini, t. I, p. 74. Des *Commentaires sur les Evangiles*. Ils sont accompagnés des figures des quatre évangélistes, assis devant leur table, qui est garnie de tous les instruments dont les copistes faisaient usage. Ces peintures sont fidèlement re-

---

(1) MILLIN. — Depuis que cet écrivain a publié son ouvrage, le nombre des manuscrits s'est augmenté.

présentées en bois dans le *Catalogue* de PASINI, I, 92. On trouve aussi dans ce manuscrit les figures et l'explication des signes dont les copistes se sont servis. — La *Vie de Théodore Teron*, écrite en lettres d'or, et ornée de son portrait, image assez belle pour le temps où elle a été faite. PASINI, I, 235, a donné un exemple des caractères et des ornements de ce manuscrit.

On compte douze cents manuscrits latins. Un très-grand nombre appartiennent à la théologie. On y distingue plusieurs Bibles avec ou sans commentaires. On y remarque une très-belle Bible richement accompagnée de miniatures. Elle a été prise, dans le sac de Rome, par le connétable de Bourbon, et donnée au duc Emmanuel-Philibert par un Italien appelé Jacques Goria, entre les mains de qui elle avait passé. — Un manuscrit du XIIe siècle, contenant l'*Ancien Testament*, et une *Exposition de l'Apocalypse*, accompagnée d'un très-grand nombre de figures grossièrement peintes. PASINI, II, 29, a donné la gravure en bois d'une carte géographique qui en fait partie, pour montrer combien la géographie était alors dans l'enfance. — Un *Commentaire de* BÉDA *sur l'évangile de saint Luc*, du même temps. Une belle vignette représente *saint Luc écrivant ; près de lui est le bœuf*, et autour sont *saint Vincent qui tient aussi un évangile, l'abbé Warpert et un de ses moines*. V. PASINI, II, 60. On y voit le manuscrit de l'*Imitation de Jésus-Christ*, connu sous le nom du manuscrit d'Arona, qui a été l'objet de tant de controverses, et un superbe livre de prières. Ce précieux manuscrit de 91 pages, fol. vélin, est orné de charmantes miniatures. A chaque mois est un petit tableau qui représente les travaux d'agriculture dont on s'occupe à cette époque de l'année. Il y a ensuite 26 tableaux.

Le premier fait voir Dieu le père tenant le globe du monde. Il est sous un pavillon royal d'étoffe bleue, posé sur un soleil dans le firmament. Aux côtés sont deux anges, dont l'un tient une épée et l'autre un lis, et autour sont d'autres anges. Le tableau inférieur, un chœur d'anges qui chantent les louanges du Très-Haut en s'accompagnant de différents instruments. Il y a dans la lettre initiale, qui est le *D* du mot

Deus, un homme agenouillé qui prie : c'est sans doute celui pour qui ce beau livre a été fait.

Les miniatures suivantes représentent différentes scènes de la Passion ; au bas sont les martyrs, des saints, des scènes de l'Ancien et du Nouveau Testament.

A la page 35, on voit la mort de Jésus-Christ. La Madeleine est figurée par derrière, embrassant la croix ; ses beaux cheveux sont épars, et elle reçoit dans sa bouche le sang qui sort des pieds du Sauveur du monde.

Page 39, est une représentation de la Trinité. Dieu le père est assis sur un beau trône dans une église. Il tient son sceptre ; le Fils porte sa croix ; ils se tiennent par la main, et l'Esprit-Saint est entre eux deux sous la forme d'une colombe.

Page 43. Le Fils de Dieu tient le livre de la Loi d'une main, et de l'autre montre le ciel avec le doigt. Il est sous la porte d'une église à laquelle on monte par trois degrés sur lesquels on lit : *Caritas*, *Spes*, *Fides*.

Page 71. On voit un homme à cheval dans un bois où il y a des voleurs, et devant lui on lit sur une légende : *Eripe me*, etc. Il adresse cette prière à Dieu, qui est dans un arc-en-ciel, tient d'une main le globe du monde, et a l'autre étendue. Plus bas, dans le petit tableau inférieur, est un ange qui conduit par la main deux voyageurs ; il porte un petit couteau brodé en blanc sur un manteau brun : ce qui a l'air d'un ordre de chevalerie. L'ange leur montre une croix qui porte deux autres petites croix, et au milieu de laquelle il y a une main fixée, comme pour indiquer la route. Plus loin, dans l'éloignement, on aperçoit un château, une ville ou un village. Au centre du *D* du mot *Deus*, il y a un homme dont les pieds sont retenus dans des entraves, et qui paraît dire, en croisant ses bras sur sa poitrine, ces mots qu'on lit devant lui sur une légende : *Miserere mei*, *Deus*.

Page 72. Il y a une figure très-curieuse représentant saint Thomas d'Aquin, entouré d'une auréole, occupé à écrire. L'artiste a figuré le miracle du Christ que Thomas voit devant lui, et qui se penche pour lui adresser ces mots écrits sur une légende : *Te Thoma, quia bene scripsisti de me*.

Sa bibliothèque, son bureau, son pupitre, ses meubles, sont arrangés d'une manière particulière. Ces instruments sont bien plus nombreux que ceux qu'on remarque autour des copistes dans les autres vignettes de ce genre. L'écritoire ressemble beaucoup à celle qui est conservée dans la bibliothèque du roi de France, et qu'on attribue à saint Denis. MONTFAUCON, *Palæogr.* 23. On reconnaît ici très-bien tous les ustensiles du calligraphe; il y a de plus une espèce de calendrier.

Page 76. Louis IX en oraison dans son pavillon royal. Il n'a pour meuble qu'un oratoire, près duquel est placé le coffre qui est censé renfermer tous les bagages du saint monarque. Derrière le roi sont ses écuyers agenouillés et priant aussi. L'armée des croisés est rangée en ordre de bataille. Devant la tente, on distingue les bannières de France et d'Angleterre. J'y ai distingué celles de la maison de Dreux. Plus loin, derrière les montagnes, s'avance l'armée de Saladin.

Page 79. On voit un autre saint que rien ne me paraît caractériser. Un valet emporte ses livres déjà écrits ; un autre arrange sa chandelle. Près de lui est un bahut rempli de manuscrits ; et sur un banc il y a un chapeau de cardinal, ce qui peut faire présumer que ce personnage est saint Jérôme. Le saint a près de lui ses ciseaux et sa règle ; il est occupé à tailler sa plume avec un canif. Près de la règle est un astrolabe. La boîte destinée à placer tous ces ustensiles est d'argent; auprès est une lanterne dont l'ouverture est à coulisse. On voit en haut un oiseau dans une cage qui a la forme de celles d'aujourd'hui. Il y a sur la table une charte au bas de laquelle pend un sceau de cire rouge.

Un *Traité du Jeûne*, composé par frère STEFANO *delle Notte*; des copies d'auteurs classiques, et des traductions accompagnées de commentaires ou ornées de belles vignettes, plusieurs poésies du moyen-âge, et un grand nombre de pièces historiques. Il y a à peu près deux cent vingt manuscrits italiens, et environ cent vingt en langue française.

Académie royale militaire.—Elle fut fondée dans le XVIIe siècle, pendant la minorité de Victor-Amédée II, et terminée sous la duchesse de Nemours. Ce bel édifice, avec une cour spacieuse ornée de portiques et de galeries soutenues par des colonnes de pierre, fut érigé sur les dessins du comte de Castellamonte. Le manége, élevé sur les plans d'Alfieri, forme une espèce de théâtre d'un carré long, orné de galeries dans l'intérieur pour placer les spectateurs. — Les nouvelles écuries royales tiennent à cet édifice, qui renferme tout ce qui peut servir aux exercices militaires.

L'*Académie des beaux-arts*, qu'il est facile de voir tous les jours de la semaine, en donnant quelque chose au concierge ou custode. Ce musée renferme de beaux tableaux; une salle presque entière est consacrée à l'Albane. On admire un tableau original de Raphael, un Albert Dürer, des Van-Dick, un beau Luini, un Carlo Dolci, beaucoup de belles pages de l'école hollandaise, Miéris, Metzis, etc., et peut-être ce que l'Albane a composé de plus parfait.

Notre excursion aux quatre cabinets et aux principaux établissements scientifiques et artistiques de Turin étant terminée, d'autres établissements non moins intéressants, mais sous d'autres rapports, réclament aussi notre visite.

ÉTABLISSEMENTS DE BIENFAISANCE.

Hôpital majeur de Saint-Jean-Baptiste et de la ville de Turin. — On n'a des renseignements authentiques sur sa fondation qu'à dater du commencement du xiv° siècle. — Il reçoit tous les malades, excepté ceux atteints de maladies contagieuses, et il a 418 lits. — Le nombre annuel des malades que l'on y reçoit peut se calculer à 6,000.

Le grand hôpital des Saints Maurice et Lazare. — Fut fondé en 1572. — On y reçoit les individus atteints de maladies subites, non contagieuses, et surtout les militaires. — Vingt lits y sont destinés pour recevoir les gardes du corps de Sa Majesté, et pour les particuliers qui y sont admis en vertu d'une permission spéciale. — Il y a 1,000 admissions.

Hôpital militaire divisionnaire. — Fondé en 1831. — Destiné aux militaires de la division de Turin. — Le nombre des malades est d'environ 300.

Manicome royal. — Sa fondation date de 1728, et sa

nouvelle réédification de 1818. — On y admet les fous des deux sexes du Piémont proprement dit. — Le nombre de ces infortunés se monte annuellement à 200 environ.

Hôpital de la Maternité. — Fondé en 1732. — Il est destiné aux orphelins et aux femmes enceintes qui n'ont aucun moyen de subsistance. Le nombre des femmes admises est d'environ 600, et celui des enfants presque le même.

Hôtel de Vertu. — Sa fondation date de 1580. — Est destiné à entretenir l'industrie parmi la classe pauvre, et à leur donner une éducation chrétienne.

Hôpital de la Charité. — Anciennement fondé, et réorganisé en 1717. — Ce pieux édifice, situé près de la rue du Pô, consiste en deux grandes ailes ayant une grande cour chacune entourée de galeries. L'église occupe le centre du bâtiment. Le nombre des enfants, des invalides, des femmes et des malades, était en 1844 d'environ 1,500.

Hôpital Boggetto, date de 1734. — Fondé par le banquier de ce nom, et par la suite a été annexé à l'hôpital de la Charité.

Refuge de mendicité. — Fondé en 1838, ouvert le 10 janvier 1840. — Destiné à recevoir les mendiants des deux sexes et de tout âge de la ville et province de Turin.

Maison royale d'éducation de la Providence. — Fondée au commencement du XVIIe siècle. — Destinée à l'éducation de jeunes filles nobles; leur nombre s'élève à 130 environ.

Œuvre de la mendicité instruite. — Fondée en 1776. — Enseignement des pauvres des deux sexes, et dotation de pauvres filles.

École royale normale des sourds-muets. — Destinée à les rendre maîtres, pour enseigner aux autres sourds-muets.

ÉTABLISSEMENTS MILITAIRES.

La *Citadelle.* — De toutes les fortifications qui entouraient Turin il ne reste que la citadelle, vaste construction fondée en 1363 par le duc Emmanuel-Philibert, huit ans après la bataille de St-Quentin. Quand on considère que c'est la première citadelle bâtie en Europe, car elle précède de deux années celle d'Anvers, on ne peut s'empêcher d'admirer le génie que François Pacciotto déploya dans la construction de cette forteresse.

Les *Casernes*, répandues dans les divers quartiers de Turin.

L'*Arsenal*, au nord de la place d'Armes, fut commencé par Charles-Emmanuel Ier, et reconstruit avec des additions considérables par Charles-Emmanuel III, sous la direction de Vincent, commandant supérieur du corps royal d'artillerie. On y remarque une école de métallurgie, un dépôt des plans en relief de fortifications anciennes et modernes, un laboratoire de chimie, un cabinet d'histoire naturelle, une fonderie de canons, une école d'artillerie instituée par le roi Charles-Emmanuel III. Dans une des spacieuses salles se trouvent des trophées, ainsi que d'anciennes armes et armures disposées de la manière la plus pittoresque.

A une petite distance de la ville se trouve le *cimetière de Campo-Santo*, lieu de repos d'un aspect imposant.

Parmi les nombreux objets intéressants qu'offre encore Turin, nous visiterons la *Manufacture royale* du Parc, et le bel établissement *Agrico-Botanique* de MM. Burdin et Comp., proche la Porte-Neuve.—On y trouve une collection choisie des plantes indigènes et exotiques, ainsi que des arbres et arbrisseaux de tous les pays du globe, disposés dans un ordre parfait.

Promenades. — La promenade du Valentin est une des plus belles qu'il-y ait en Italie. Elle se compose de plusieurs allées plantées de grands arbres, tenues avec beaucoup de soin et bordées de petits canaux où coulent des ruisseaux d'eau vive. A l'extrémité de la principale allée et sur le bord du Pô, est le petit château royal du Valentin, bâti en 1660 par Catherine de France. Rien de plus brillant, de plus animé que le coup d'œil que présente la promenade du Valentin un beau jour de fête, et surtout au printemps. On y voit une multitude de beaux équipages, et un peuple immense bien vêtu qui respire la gaîté.

Cette magnifique promenade part de la *Porte-Neuve* et se prolonge jusqu'au pont suspendu sur le Pô, appelé *Marie-Thérèse*. Cette jolie construction a 184 mètres de longueur; la hauteur du plancher au-dessus des eaux basses est de 10 mèt. 50 cent., et dans les grandes eaux de 4 à 5 mètres; sa largeur est de 6 mètres, avec un trottoir de 60 centimètres de chaque côté. Ce pont est soutenu par 198 barres en fer battu, unies avec des coussinets de même métal à 8 câbles de fil de fer, qui sont attachés à chaque bout dans les galeries pratiquées sur les côtés du pont, au moyen de cylindres en métal. Les quatres colonnes qui ornent le pont s'élèvent à 15 mètres.

Bien que Turin soit généralement entouré de jolies promenades, nous citerons le *jardin* public sur les anciens boulevards, et le *jardin du Roi*, qui sont aussi très-fréquentés.

Avant de commencer nos excursions autour de Turin, il nous reste encore à visiter

L'*Académie philharmonique*, instituée pour propager le goût et l'étude de la musique. Son école de chant est gratuite. Le palais du Borgo, acheté par l'Académie et situé sur la place St-Charles, en est la magnifique résidence.

Société Piémontaise des courses.—Les courses ont lieu sur la très-spacieuse place d'Armes, dite de St-Second. Ces courses durent trois jours, et ont lieu vers la fin de mai. Les chevaux du haras royal de la Vénerie sont remarquables par la beauté des formes. Les coursiers piémontais ont dernièrement parcouru l'arène (2,446 mètres) en 3 minutes et 22 secondes. Les deux premiers jours, le roi assiste aux courses; le troisième jour est destiné aux courses particulières.

Commerce et industrie.—La branche la plus importante de l'industrie de cette capitale est la fabrique de soie et de velours; ces étoffes sont si bien travaillées, qu'on les vend souvent pour des produits des manufactures de Lyon. Les articles de toilette et de mode forment aussi une branche importante; toutefois, ce qu'il y a de plus élégant vient de Paris. Turin est peut-être la ville d'Italie où les modes françaises et les nouveautés de Paris sont le mieux et le plus généralement portées.

RENSEIGNEMENTS SUR TURIN.

Comestibles.—La table à Turin est excellente ; la cuisine piémontaise participe de la légèreté et de la délicatesse de la cuisine française en même temps que de la cuisine substantielle et forte de l'Italie. Le *cuoco* piémontais est une préparation de diverses substances, et forme un plat très-délicat ; le *riz* est préparé en *rizotto* comme à Milan ; l'*agnolotti* et le *tagliarini*, espèces de pâtes, sont des mets fort agréables ; le *stuffato*, bœuf à la mode, est la base de tout dîner piémontais.

Le *poulet à la Marengo*, improvisé après la bataille de ce nom pour le premier consul, et assaisonné avec de l'huile, faute de beurre, est accommodé avec des champignons, du vin blanc et des croûtes de pain. — C'est un excellent mets.

On mange sur toutes les tables de Turin un pain en forme de baguettes, nommé *cressent* ou *grissin*. Ce pain fort sec et très-léger est bon pour l'estomac. C'est une curiosité pour le voyageur qui voit l'Italie pour la première fois, et on ne le fabrique bien qu'à Turin. Son prix est de 20 c. la livre.

La viande, le poisson, les légumes et le laitage sont fort bons et très-abondants. Le bœuf de première qualité coûte 25 à 30 cent. la livre ; le veau, 30 à 35 cent. La truite des torrents alpins, la tanche de Turin, et surtout la lamproie du Pô, sont des poissons excellents : ce dernier poisson était le mets favori de Napoléon, et il ne passait jamais à Turin sans qu'on lui en servît sur sa table. Les truffes blanches du Piémont sont très-estimées. Le chocolat de Turin passe pour le meilleur de l'Europe. Cette fertile contrée produit aussi des vins très-bons, dont les plus recherchés sont ceux de Barbera, de Barolo, de Caluso, d'Asti et de Soma.

On fabrique à Turin d'excellentes liqueurs : le *vermout* et *l'elixir de quina*. Elles se boivent ensemble ou séparément avant les repas, et sont un fort agréable stimulant infiniment préférable à l'absinthe, en ce qu'elles ne produisent pas sur la santé les effets fâcheux de cette dernière.

Cafés : sont très-fréquentés à Turin, même par les hauts dignitaires de l'État; tous sont bien fournis de journaux nationaux et étrangers, ainsi que de revues littéraires.

Une tasse de café à la crème, très-sucré et excellent, coûte 40 cent., à l'eau 15 cent.; une tasse de chocolat, 20 cent., etc. On peut déjeuner à la fourchette dans tous les cafés de Turin, et pour un prix très-modique : une côtelette, deux œufs sur le plat, un carafon de vin et une petite tasse de café, ne coûtent guère plus de 1 fr. Les glaces y sont délicieuses et coûtent 40 c.

Poste aux lettres, contrada delle Finanze (rue des Finances). Lettres pour Gênes, Chiavari, Savone, la Toscane, les États de l'Église, les deux Siciles, tous les jours à midi; — Pour Chambéry, Genève, la Suisse, la France, les Pays-Bas, la Grande-Bretagne, l'Espagne, le Portugal, tous les jours à 3 heures après midi; — Pour Nice, Vintimiglia et les départements méridionaux de la France, les provinces nord et est de l'Autriche, tous les jours à 3 heures après midi; — Pour Parme, Modène, Plaisance et Reggio, le mercredi et le samedi à midi; et pour les autres États et les provinces du royaume non indiquées ci-dessus, les lundi, mercredi et vendredi, à trois heures après midi.

N. B. Les lettres doivent être mises à la poste avant 8 heures du soir, la veille des dimanches et des fêtes de l'Ascension, de Dieu, de la Vierge, de Noël et de Pâques.

MOYENS DE LOCOMOTION (1).

Messageries sardes des frères Bonafous, de Turin, contrada d'Angennes, n° 37 (rue d'Angennes, n° 37), partant pour la France les lundi, mercredi et vendredi, à 5 heures après midi.

Chariots en poste les mardi, jeudi et samedi, à 4 heures après midi.

(1) Pour plus de détails voyez Introduction.

Diligences pour Milan et villes circonvoisines, les lundi, mercredi et vendredi, à 5 heures du soir.

Pour Gênes, mardi, jeudi et samedi, à 5 heures du soir.

Pour Parme, Plaisance, Modène, Rome, Ancône, etc., lundi, mercredi et vendredi.

Pour Chambéry et Genève, lundi, mercredi et vendredi, à 5 heures du soir.

Malle-poste (rue des Finances), prenant quatre voyageurs tous les jours pour Milan, Gênes et Genève.

Vélocifères des frères Multa, pour Novare et Arona, tous les jours.

Courriers de Turin pour Bielle et Arona, tous les jours excepté le dimanche; pour Alba-Pompéi, ancienne cité romaine, tous les jours; pour Pignerol, Suse, Casale, Vigevano, Asti, tous les jours; pour Lanale, Jassino, Chiéri, Moncalieri, tous les jours.

Arrivent à Turin:

Diligences de France, les lundi, jeudi et samedi, dans la soirée.

Chariots en poste, mercredi, jeudi et dimanche, dans la soirée.

Diligences, de Milan, mercredi, jeudi et dimanche, et de Gênes, mercredi, jeudi et dimanche; de bonne heure dans la matinée.

Voituriers. On trouve des occasions de départ à l'auberge du *Bœuf-Rouge*, rue de la Rose-Rouge, n° 7, ou a celle de la *Vieille-Douane*, dans la rue du Sénat, n° 4.

Consigne des effets perdus, à l'hôtel de ville.

Jours d'entrée aux établissements scientifiques.

Aux musées égyptien, d'histoire naturelle, numismatique, d'anatomie, tous les jours de 10 heures du matin à 4 heures après midi; la galerie d'armes, tous les jours de midi à 2 heures; galerie de peinture, tous les jours de 10 à 4 heures.

Passe-ports.—Les étrangers doivent remettre leurs passe-ports en entrant aux barrières, aux gardes qui en donnent un reçu; ensuite ils doivent aller les chercher chez le commandant supérieur militaire, palais de la Chancellerie, rue des Finances, en présentant le reçu; puis ils doivent les présenter au bureau de l'étranger en payant 2 fr., et les reporter ensuite chez le commandant militaire, pour en avoir la signature, et enfin les faire viser par le ministre de leur nation.

LIVRES A CONSULTER. — *Turin à la portée de l'étranger*, chez les frères Reycend ; *Dix jours à Turin*, *Description de Turin*, par le chevalier Bertolotti ; *Quelques jours à Turin*, Fontana, éditeur, rue du Pô, 56.

EXCURSIONS. — *La Superga* (1). Après avoir traversé le beau pont du Pô, nous prenons à gauche en suivant une belle allée de marronniers, qui nous conduit, après deux kil. environ de marche, à un petit village que nous quittons pour atteindre et gravir la montagne, sur le sommet de laquelle s'élève la noble basilique. Une heure et demie de marche ascendante nous conduit au perron de la célèbre église : dix marches conduisent au péristyle, formé de six colonnes en pierre sur le devant, et d'une colonne au second et au troisième rang en arrière-ligne. L'édifice est en forme de rotonde, ayant de chaque côté un bâtiment surmonté d'une tour fort jolie, à jour, qui sert de résidence aux chanoines.

On sonne à la porte du bâtiment qui est sur la gauche et touche à l'église, un laquais à la livrée du roi se présente et vous introduit.

On passe d'abord par un cloître composé sur chaque ligne de sept arcades fermées par des croisées étroites, mais si hautes qu'elles donnent suffisamment de jour; au milieu il y a quatre pièces de gazon. Tout est couvert en plomb. Il y a 102 ans que l'on a mis la dernière main à ce monument, dont Victor-Amédée Ier, roi de Sardaigne, est le fondateur.

De là on entre dans une salle où sont les portraits des prêtres de cette maison qui sont devenus évêques; six ec-

---

(1) Extrait de l'*Itinéraire d'Italie*, par M. EMM. POLONCEAU, excellent et consciencieux ouvrage, qui se trouve à la librairie de L. Maison.

clésiastiques ayant à leur tête un doyen y résident habituellement ; l'archevêque de Turin a la suprématie de dignité et d'autorité : le portrait du fondateur est au-dessus de la cheminée.

La salle suivante sert de salle à manger lorsque le roi vient à la Superga, au moins une fois par an. Elle contient les portraits des anciens cardinaux nés dans ce royaume ; en outre, un tableau remarquable de *Matheus* ; il représente la Cène.

Maintenant, par un bel escalier dont la voûte est fort haute, nous descendons dans un souterrain : on ouvre une grille, et nous voilà dans le lieu où sont réunis les tombeaux des rois, des reines de la maison de Savoie et de leurs enfants. A l'entrée sont deux statues en marbre ; partout le pavé est en marbre. En face de la grille est une sorte de chapelle ; sur l'autel est un superbe groupe en marbre blanc ; la Vierge a sur ses genoux Jésus-Christ descendu de la croix : quatre statues en marbre sont placées aux angles de cette chapelle.

Au centre des caveaux et devant la chapelle, paraît le tombeau de Victor-Emmanuel : le sarcophage est décoré par quatre génies ou anges ; à chaque coin est une urne cinéraire, et à un bout un faisceau d'armes, casque, épée, baudrier ; tout en marbre blanc très-poli et d'un travail extrêmement fini. — Dans une case à droite repose le corps de sa femme ; — celui de son père à gauche, près de la porte d'entrée ; — celui de sa mère au-dessous.

Au fond des caveaux, sur la gauche, est le tombeau de Victor-Amédée ; il porte son buste. — Vis-à-vis et sur la droite, à l'extrémité, est le tombeau de Charles-Emmanuel son fils ; il porte son buste : aux côtés sont deux statues en marbre, la Prudence, la Force. — Des cases près de là renferment les corps de ses trois femmes, qui étaient de la maison d'Autriche.

On pénètre ensuite dans un caveau qui est ordinairement fermé ; il est réservé uniquement pour les princes de la maison de Savoie-Carignan. — Puis dans un autre pour tous les enfants de la maison régnante ; il n'y a encore que cinq tombes.

Remontant par le grand escalier, au deuxième repos, on voit le portrait de Victor-Amédée; il est à cheval: l'auteur est un peintre français que l'on n'a pu nous nommer.

Quand nous sommes arrivés sur le dernier palier, nous trouvons en face de nous un tableau non moins beau, *saint Charles Borromée* à genoux, invoquant la Vierge qui tient l'enfant Jésus; au bas, deux anges regardent le prélat.

Immédiatement après, ayant traversé de vastes corridors, nous entrons dans une salle dont les murs sont couverts des portraits en buste de tous les papes ou chefs de l'Eglise catholique: cette collection commence à Jésus-Christ, puis saint Pierre... Grégoire XVI en fait déjà partie.

A l'extrémité du corridor on ouvre une croisée pour nous faire admirer l'étendue, la beauté de la perspective: placés à cette hauteur, nos regards embrassent toute la plaine du Piémont, au milieu de laquelle est assise la ville de Turin et le lit prolongé du fleuve; devant nous s'élèvent les montagnes des Alpes, dont le sommet est blanchi par les neiges, et d'autres beaucoup plus éloignées, même au delà de Chambéry, que l'on distingue un peu: il est impossible de peindre la magnificence de ce spectacle, les aspects extraordinaires qui enfantent l'indicible exaltation d'un enthousiasme qui deviendrait intarissable.

Nous descendons pour visiter l'église et passons par la sacristie. Il faut s'arrêter devant le buste en marbre blanc de Benoît XIII: le ciseau a si fortement, si purement prononcé les traits, qu'il est impossible de ne pas croire à une complète ressemblance.

Une rotonde forme la plus grande partie de l'église; quatre grosses colonnes en marbre vert d'eau, marbre précieux, soutiennent la coupole ornée de rosaces blanches. Les deux portes latérales du chœur sont garnies de marbres variés. Au maître-autel, les deux colonnes sont en marbre ordinaire. Derrière est un morceau de sculpture en marbre blanc, étonnant par la composition, à l'exécution soignée; il représente le vœu fait à la Vierge par Victor-Amédée, lorsqu'en 1706 les Français assiégeaient Turin. Dans le chœur, qui est entièrement tendu de noir, un jeu d'orgues fort simple est à droite; à gauche, une très-grande tribune dans laquelle se placent le roi et toute la famille royale.

Dans le reste de l'église il y a quatre autres tribunes et six chapelles qui sont hors de la rotonde, de chaque côté. Celle du milieu est plus grande, et contient un groupe en marbre: à droite, c'est la Naissance de la Vierge; à gauche, l'Annonciation. Chacune des quatre petites offre un bon tableau de *Ricci*: sur la droite, saint Louis et saint Maurice; sur la gauche, saint Charles Borromée et sainte Marguerite de Savoie.

Après avoir passé trois heures en ce lieu, nous reprenons à pied la descente de la montagne, nous la parcourons en trois quarts d'heure, et nous retrouvons notre voiture à l'endroit où nous l'avons laissée.

Ce premier moment d'enthousiasme un peu calmé, le voyageur peut, en revenant à Turin, à l'aide d'un petit détour sur sa gauche, visiter

La Vigne de la Reine, jolie maison de plaisance située sur la colline qui fait face au pont du Pô. Cette riante demeure d'été fut construite par le prince Maurice de Savoie, pour y rassembler l'académie littéraire qu'il venait d'instituer. Les appartements sont beaux et renferment quelques bonnes peintures; les jardins et les terrasses sont délicieux.

A l'extrémité de la belle promenade dont nous avons déjà parlé, nous trouvons

Valentin, château royal au bord du Pô. Il fut élevé par Christine de France, épouse de Victor-Amédée Ier; elle le fit construire dans le style de cet âge, avec quatre tours carrées à pyramide, et avec des portiques et des galeries. Actuellement il sert de logement et d'école aux pontonniers, lesquels donnent souvent le spectacle de jeter un pont en barques sur le Pô. Des deux côtés de la cour sont deux grands jardins; à gauche est le jardin botanique, à droite se trouve le dépôt des appareils nécessaires à la gymnastique des artilleurs. Ses salons spacieux et sa cour servent tous les six ans à l'exposition publique de l'industrie et arts du royaume.

A 8 kil. environ de la capitale, se trouve

Stupinigi, château royal magnifique, fondé par Charles-Emmanuel II, sur les plans de Juvara, et agrandi par le comte Alfieri. Napoléon aimait beaucoup cette demeure; il y resta, dans le mois de mai 1805, pendant dix à douze jours. Une belle allée d'ormes, bordée de riches prairies, conduit le voyageur à cette royale demeure; de beaux bois aux ombrages bienfaisants animent ce riche paysage. Les appartements du château sont magnifiques et ornés de belles peintures.

Le grand salon par lequel on entre dans le château est octogone; le plafond figure le *Réveil de Diane* à l'instant où paraît l'Aurore : ouvrage des *Valérien*, il y a 117 ans. — Quatre bustes en marbre blanc représentent les *quatre Saisons*, par les frères *Coligny*. — Il y a huit cheminées en marbre peu commun, et six portes. — Vers le milieu de la hauteur de ce salon règne au pourtour une charmante galerie.

L'une des portes communique à la chapelle qui renferme le tableau de saint Hubert, à qui elle est dédiée; le chevalier de *Beaumont* en est l'auteur.

Une autre porte conduit à l'appartement de Charles-Félix : sur le plafond de la première pièce se voit le Sacrifice d'Iphigénie, par *Creusety*; la tapisserie en soie a été brodée par la princesse Félicité; la cheminée est en très-beau marbre.

Le plafond de la chambre à coucher représente Diane qui sort du bain, par *Vanloo*.

Dans l'appartement de la duchesse de Chalais, sœur de Charles-Félix; au plafond, *Diane revenant de la chasse*; deux tables en mosaïque de Florence. — Au cabinet de toilette, la tapisserie en pékin; au-dessus de la cheminée, un joli portrait de la seconde femme de Charles-Emmanuel, la duchesse Polixène, princesse autrichienne, avec ses deux petits enfants, par *Meins Raphaël*.

Dans une pièce particulière, huit tableaux par *de Chignarole* retracent toute l'histoire de la chasse : le départ, le cerf poursuivi; on le force; il est mis à mort; la curée, etc. De nombreux trophées de chasse parent les panneaux des portes, par *Vacher*.

Après avoir traversé une galerie très-longue qui n'est pas ornée, et monté cinq marches, on voit sur le palier deux statues remarquables en marbre de Carare, par les frères *Coligny*.

Dans une antichambre, huit tableaux représentent l'histoire d'Annibal, par le chevalier de *Beaumont*.

Dans le salon d'audience, la tapisserie en damas giroflée et blanc, avec des bordures très-riches, deux glaces dans de très-grandes dimensions, des sculptures magnifiques, et beaucoup de dorures.

La chambre meublée de même étoffe; deux commodes travaillées avec art et d'un bois recherché. — Le boudoir en pékin blanc, et les portes sont en glaces.

La tenture et le lit en soie et de couleur verte dans la seconde chambre à coucher. — Dans le cabinet attenant, un papier de Chine fort beau.

Dans la chambre à coucher du roi et de la reine (en 1805, l'impératrice Joséphine l'occupait), la tapisserie en étoffe brochée couleur lilas, une commode magnifique; les six peintures au-dessus des portes, par *Repousse*, de Turin. — Au cabinet de toilette, le meuble en pékin blanc à fleurs, le plafond tout en glaces.

Un petit cabinet de lecture meublé de même.

Vient enfin une galerie très-vaste qui servait quelquefois de salle à manger, ou pour les concerts, ou pour les grandes réunions. Quatre glaces répètent les croisées; en outre il y en a une à chaque bout; pour tapisserie, une toile sur laquelle sont peints des dessins chinois.

Il n'y a point de jardin; dans le bois qui forme la ceinture du château, on a percé plusieurs allées pour se promener.

Près de ce somptueux édifice s'en élèvent d'autres beaucoup plus modestes, destinés au logement de plusieurs animaux, et principalement d'un très-bel éléphant.

Le voyageur devra aussi visiter le

Parc royal, autre maison de campagne des ducs de Savoie, à un mille de Turin, au confluent de la Doire et du Pô; habitation admirable et presque unique en son genre, mais actuellement destinée à la fabrique royale des tabacs et du papier timbré.

Dans le voisinage de cette capitale se trouve encore la

Vénerie royale. Charles-Emmanuel II y fit construire un palais et un parc pour la chasse, avec un spacieux quartier pour la cavalerie, auquel on a ajouté les écoles d'équitation et vétérinaire. A un mille de là, dans une situation riante, est le *haras royal*, établissement fort remarquable.

Sur la route d'Alexandrie se trouve *Moncalieri*, ancien village qui s'éleva au rang de ville, sur les ruines de l'ancienne Testonne, détruite au IXe siècle. Sa belle situation engagea Victor-Amédée II à y construire un palais qui fut agrandi et embelli par Charles-Emmanuel Ier, et plus tard par Victor-Amédée II, sur les dessins de Léonard Marini. Réparé dans ces derniers temps par Victor-Emmanuel, ce prince y fixa son séjour, et y mourut en février 1823. Maintenant il sert de maison de campagne aux princes fils du roi régnant. Depuis quelques années, le collége Charles-Albert, dirigé par les PP. barnabites, y est établi.

Sur la route que nous avons déjà parcourue en venant de Chambéry, se trouvent

Rivoli, ville sans régularité, à 5 milles de Turin. Le célèbre château ducal qui s'élève sur la pointe du coteau est une des plus anciennes maisons de campagne des princes de Savoie; Charles-Emmanuel Ier y naquit; on y respire un air très-pur. (*V*. route 3.)

Racconis, ville florissante, éloignée de 15 milles de Turin, au milieu de fertiles campagnes : on y voit un magnifique château et un parc immense parsemé de bassins et peuplé d'oiseaux de tout genre. Il y a une horloge de nuit pour l'utilité des voyageurs. C'est le séjour de prédilection de la famille royale. Cette ville fait un commerce assez considérable, et possède de grandes manufactures de soie. (*Voyez* route 4.)

Aglié, château dans une position charmante, à 14 milles de Turin, appartenait jadis aux ducs de Chablais. Il fut agrandi par Victor-Emmanuel ; il a un parc magnifique et une belle église.

La situation de ce château, sur une éminence qui domine la ville du même nom, est fort belle.

Il nous reste encore à visiter :

L'église et le couvent des capucins del Monte, ainsi nommés parce qu'ils sont placés sur une colline vis-à-vis de Turin. Il faut, pour y aller, traverser le pont du Pô, prendre à droite, et après avoir tourné la montagne, on arrive au plateau sur lequel est construit cet édifice. Le panorama qui s'offre alors aux regards est magnifique.

Saint-Sauveur, église près de Turin, sur le chemin royal de Nice, avec un couvent de servites.

Notre-Dame-de-Campagne. Elle n'est éloignée que d'un mille hors la porte Palais, avec un couvent de capucins.

ROUTE V.

DE PARIS A MILAN PAR DIJON, GENÈVE, SION, LE SIMPLON.

49 myr. 9 kil. et 53 postes ½.

Service des malles-postes.

De Paris à	m.	k.		m.	k.
Charenton,	0	7	Villeneuve-les-Couvers,	2	2
Villeneuve-St-Georges,	1	1	Chanceaux,	1	4
Lieusain,	1	3	Saint-Seine,	1	2
Melun,	1	3	Val-Suzon,	1	0
Le Châtelet,	1	1	Dijon,	1	7
Panfou,	0	8	Genlis,	1	7
Fossard,	1	4	Auxonne,	1	4
Villeneuve-la-Guiard,	0	9	Dôle,	1	6
Pont-sur-Yonne,	1	2	Mont-sous-Vaudrey,	1	8
Sens,	1	2	Poligny,	1	9
Theil,	1	1	Montrond,	1	3
Arces,	1	8	Champagnole,	1	0
St-Florentin,	1	6	Maison-Neuve,	1	2
Flogny,	1	3	St-Laurent,	1	0
Tonnerre,	1	5	Morez,	1	2
Ancy-le-Franc,	1	8	Les Rousses,	0	8
Aizy-sur-Armançon,	1	6	La Vattay,	1	5
Montbard,	1	1	Gex,	1	5
			Genève,	1	7

MOYENS DE LOCOMOTION POUR GENÈVE.

Malle-poste tous les jours à 6 heures du soir ; prix, 89 fr. 25 c.; durée du trajet, 34 h.

Messageries Générales tous les jours ; prix, 90 fr., 74 fr., 63 fr. Par les diligences on met, pour parcourir ce trajet, 60 à 70 heures.

Pour la description de cette route, voyez *Guide du voyageur en France*, chez L. Maison, éditeur des Guides Richard, rue Christine, 3.

GENÈVE (Suisse). *Principaux hôtels :* la Couronne, l'Écu-de-Genève, les Bergues, les Balances.—Le Rhône, dont les eaux sont très-limpides, divise cette ville en deux parties inégales, et forme une île intermédiaire.

Curiosités : 1º la *Cathédrale*, ornée d'un beau péristyle construit sur le modèle de celui de la rotonde de Rome ; 2º l'*Hôpital*, vaste édifice bâti au commencement du siècle dernier : on trouve dans son enceinte une chapelle destinée à la célébration du culte anglican ; 3º l'*Académie*, fondée par Calvin ; 4º la *Bibliothèque* publique, de 50,000 vol. et de beaucoup de manuscrits précieux, entre autres les Sermons et Lettres des deux réformateurs Calvin et Bèze ; les Homélies de saint Augustin, écrites au VIᵉ siècle, sur du papyrus, et les Tablettes de Philippe le Bel, fragment du livre de dépense de ce monarque, en 1314 ; 5º le *Musée* d'histoire naturelle. Cet établissement renferme déjà des représentants de presque tous les genres d'animaux, la plus grande partie des espèces de la Suisse, et surtout les collections des poissons de ses lacs. Une salle contient une suite de pétrifications des deux règnes organisés ; une autre salle est destinée à la minéralogie : la salle des antiquités, médailles et produits industriels, possède une très-belle momie de Thèbes ; 6º le *Jardin botanique* est un des plus beaux ornements de Genève : il sert de promenade publique ; 7º l'*Observatoire* ; 8º l'*Académie de dessin*, dont les salles contiennent plusieurs modèles de statues, bustes et bas-reliefs antiques, avec quelques beaux tableaux des peintres génevois Saint-

Ours et de la Risse; 9° la Société pour l'avancement des arts; 10° la nouvelle *machine hydraulique*, qui fournit 600 pintes d'eau par minute à toutes les fontaines de la ville, et s'élève à la hauteur de 36 mètres; 11° la *maison pénitentiaire*; 12° le nouvel *hôtel des postes*, place du Bel-Air.

MOYENS DE LOCOMOTION.

La *Poste aux chevaux* est rue du Cendrier, n° 120. — Le prix est 1 fr. 50 c. par poste et par cheval, et 75 c. au postillon. Cinq routes desservies par la poste aux chevaux partent de Genève : 1° pour *Paris* par *Gex* et *Dijon*; 2° à *Lyon* par *le Pont-d'Ain*; 3° à *Chambéry* et à *Turin*; 4° à *Milan* par *Thonon* et le *Simplon*; 5° à *Lausanne* et *Bâle*. — *Diligences* pour *Paris*, par la nouvelle route de *Nantua*, et *Lons-le-Saulnier*, correspondant à Dôle avec les diligences de MM. Caillard et comp.; départ tous les jours. Cette route est préférable à celle du Jura, surtout en hiver, à cause de l'absence des neiges, qui permet l'emploi des voitures pendant toute l'année. Ce trajet se fait en 72 heures; pour *Berne*, en 22 heures; pour *Zurich* et *Bâle*, en 44 h.; pour *Neufchâtel*, en 16 h., etc.

NAVIGATION A VAPEUR.

Des *steamers* font un service journalier entre *Genève*, *Lausanne* et *Villeneuve*. Trajet, 8 heures $1/2$.

PROMENADES INTÉRIEURES. La *Treille*, jolie terrasse plantée de marronniers, est située au midi; *St-Antoine*, aujourd'hui place Maurice, d'où l'on découvre une vue magnifique sur le coteau de *Coligny*; et, sur le lac jusqu'à *Yvoire*, en Savoie, *Rolle* et *Morges*, dans le canton de *Vaud* : on y distingue aussi très-bien le mont *Buet*.

OBSERVATION. Le voyageur qui veut aller de *Genève* à *Chamouni*, en Suisse ou en Italie, peut trouver des *retours* aux hôtels indiqués, et les GUIDES ou ITINÉRAIRES de Richard dans toutes les librairies de Genève. *Passe-port* à l'hôtel de ville, où l'on est obligé d'aller le prendre à midi, ou de 9 heures à 11 heures du soir, en présentant une carte qu'on a reçue en entrant dans la ville.

On peut éviter le visa du passe-port si, en entrant à Genève, on déclare vouloir seulement traverser la ville (1).

DE GENÈVE A MILAN.

Les postes sont égales à celles qui existaient autrefois en France.

46 postes 1/4 françaises et 6 postes italiennes.

De GENÈVE à				
Dovaine,	2 p.1/2	Passage du Simplon,	3	1/2
Thonon,	2	Isella (ici on arrête les passe-ports et les bagages),	2	1/2
Evian,	1 1/2	Domo-d'Ossola,	2	1/4
St-Gingoux,	2 1/2	Vogogna,	2	
Vionne,	2 1/4	Baveno,	3	
St-Maurice,	2 1/4	Arona,	2	1/2
Martigny,	2 1/4	Sesto-Calende (postes italiennes),	1	1/2
Riddes,	2 1/4	Gallarate,	1	1/4
Sion,	2 1/4	Legnarello,	1	
Sierre,	2 1/4	Rho,	1	
Tourtemagne,	2 1/4	MILAN,	1	1/4
Viége,	2 1/4			
Glise ou Brigg,	1 1/2			
Berisal,	2 1/2			

La première portion de cette route, qui comprend un espace de 36 kil. à peu près en ligne droite de *Genève* à *Thonon*, n'offre ni aspects fort intéressants, ni objets particulièrement dignes de remarque. De la colline de *Coligny*, dont le point le plus élevé est un peu au delà du village de ce nom, à environ trois quarts de lieue de Genève, la vue

(1) Pour la description complète de Genève, voyez *Guide du voyageur en Suisse, en Savoie et en Piémont*, chez L. Maison, rue Christine, 5, Paris.

s'étend d'une manière assez agréable, d'un côté sur le mont Blanc et la première chaîne des Alpes, de l'autre sur le Jura et cette lisière de jolies habitations qui bordent sans interruption, dans un espace de 8 kil., la rive droite du lac. Une plaine aride et monotone s'étend de là jusqu'à *Dovaine* (*Dovenia*), le premier village savoyard qu'on traverse sur la route. Le paysage devient de plus en plus indistinct. On perd à peu près de vue le lac et ses rives; les hautes Alpes ne se laissent plus apercevoir qu'en profil.

DOVAINE, séparé du lac par une plaine de trois kil. de largeur, couverte d'arbres, et appuyé de l'autre côté sur la pente occidentale du coteau de Boisy, ne jouit d'aucune vue. (Ici on examine les passe-ports et les bagages.)

La route va de là continuellement en montant et en s'écartant toujours davantage du lac, jusqu'au village de *Massongy*. Mais un peu plus loin, après une montée ennuyeuse, une plaine étendue se déroule aux regards à mesure qu'on avance. On revoit le lac qu'on avait perdu de vue; on le voit dès lors dans sa partie la plus large, formant un vaste bassin entre la rive vaudoise et le golfe de Thonon. *Thonon* et la *Chartreuse de Ripaille* se découvrent au milieu de ce riant paysage.

Ripaille, anciennement couvent d'augustins, avec un beau parc, fut fondé par Amédée VIII de Savoie : ce prince y passa les dernières années de sa vie. On prétend que le royal anachorète ne consacrait pas tous ses jours à la pénitence, mais qu'il passait une bonne partie de son temps en plaisirs et en festins, d'où est venu le proverbe français : « *Faire ripaille.* »

On arrive à Thonon par un chemin uni, ombragé de beaux arbres, qui donne une assez agréable apparence à l'entrée de cette capitale du Chablais.

THONON (*hôtel :* la Balance), peuplé de 4,000 hab., a un collége, quelques fabriques et un commerce de détail assez actif. Les environs sont cultivés avec soin. Thonon était autrefois la capitale du Chablais.

A vingt minutes de marche de Thonon, on a à sa gauche le ci-devant couvent de Ripaille, dont nous venons de parler. Un épais rideau d'arbres le cache du côté de la route, ainsi que la plus grande partie du promontoire où Ripaille est situé.

A 1 kil. environ au delà, on traverse le torrent de la Dranse sur un pont soutenu par 24 arches, mais tortueux, mal pavé, et tellement étroit, que deux voitures ne peuvent y passer de front.

Sur le revers de ce coteau, à un quart de lieue de la Dranse, la route passe à *Amphion*, joli village connu par ses eaux ferrugineuses et toniques, dont la source sort de terre, au bord du lac, sous un hangar qui sert d'abri contre la pluie et le soleil.

D'*Amphion*, en suivant la pente légèrement inclinée de la rive du lac, on arrive en moins de trois quarts d'heure de marche à

ÉVIAN (*Aquianum*) (*hôtels* : du Nord, de la Poste), la seconde ville du Chablais, peuplée de 1,700 hab., fréquentée dans la belle saison par des étrangers qu'attire la beauté de sa situation, plus encore que les eaux minérales, dont il y a cependant de plusieurs natures dans le voisinage de cette ville. Évian est peut-être le point le mieux placé de toute la rive gauche pour contempler la rive opposée. La côte de Suisse s'y développe aux regards sur une étendue de 48 à 50 kilomètres.

A 4 kil. d'Évian est le village de la *Tour-Ronde*, non loin duquel s'arrêtait anciennement la route. On ne trouvait plus au delà, jusqu'à l'entrée du Valais, que des sentiers étroits et pénibles qui rendaient à peu près impraticable la course par terre. La nécessité de s'embarquer pour faire le trajet éloignait la plupart des voyageurs d'entreprendre le tour du lac de Genève. Cette belle promenade n'est devenue à la mode que depuis que les ingénieurs français, en sapant les masses énormes de rochers qui bordaient le lac au sud-est, ont construit sur leurs débris une chaussée en terrasse dont on admire le travail.

Meillerie, jadis composée d'une vingtaine de misérables habitations entassées au pied d'une pente rapide, à 4 kil. de la Tour-Ronde, est devenue, depuis qu'une grande route la traverse, un endroit assez agréable qui présente l'aspect d'une prospérité croissante. On voit, en passant, des usines en activité et des maisons neuves qui forment comme un village moderne au-dessus des masures du village ancien. Une espèce d'auberge ou plutôt de cabaret, dont l'enseigne dorée et ciselée sent prodigieusement le xix® siècle, peut au moins offrir quelques rafraîchissements aux voyageurs à pied (1).

C'est à 1 kil. 1/2 du rivage de Meillerie que le lac atteint sa plus grande profondeur, 307 mètres. Ici lord Byron manqua de périr dans une tempête. Rousseau, dans sa Nouvelle Héloïse, a conduit aussi vers ce port St-Preux et madame de Wolmar, poussés par un orage. Sur le rivage opposé s'aperçoivent Clarens et les murs blancs du château de Chillon.

Au delà de Meillerie, le paysage devient à chaque moment plus imposant et plus agreste. Toutes les proportions grandissent. On arrive au pied de ces fameux rochers que la poudre à canon a mutilés sans leur ôter leur âpreté primitive.

Quand la vue, attristée par l'aspect sauvage de ces rochers, se reporte sur le bassin du lac et sur ses rives, on découvre à peu de distance devant soi le joli promontoire où est situé

SAINT-GINGOLPH (*hôtel* : la Poste), avec ses vergers qui s'abaissent en pente douce jusque vers la grève, et les embarcations dont le vent agite les banderoles dans ce petit port. Pop. 600 hab.

Avant d'y arriver, on passe sur l'emplacement un peu incertain de l'antique *Tauretunum*, bourg florissant au temps des Romains, anéanti, l'an 563 de notre ère, par la chute d'une partie de la montagne voisine.

On compte à peu près 4 kil. de Saint-Gingolph au hameau du *Boveret*, auprès des bouches du Rhône. Cette dernière portion de la rive gauche offre une suite de tableaux auprès desquels toutes les descriptions sont pâles et inanimées.

Du Boveret au *Port-Valais*, on perd tout à fait de vue le lac. La route est, de temps à autre, encaissée entre des

---

(1) La lotte est un poisson délicieux que le gourmand doit demander.

rochers verticaux taillés régulièrement, et formant comme des murailles de chaque côté du chemin. Bientôt on arrive à Mûraz, qui n'offre rien de remarquable que ce mouvement général d'améliorations qui s'observe, depuis une vingtaine d'années, dans tout le Valais. Un clocher en obélisque signale de loin *Monthey*, au milieu des bois de châtaigniers qui ombragent le paysage.

En sortant de *Monthey* par le pont de la Viége, la vue se porte sur un massif de hautes montagnes qui se présentent en face sur la rive droite, et qui croissent en élévation et en âpreté à mesure qu'elles s'approchent de l'extrémité de la vallée que leurs bases vont bientôt fermer. Elles sont couronnées par une suite de sommités coupées à pic du côté du Rhône, s'élevant par gradation rapide jusqu'à la *Dent-de-Morcle*, la plus haute d'entre elles et la plus avancée vers le fleuve, au-dessus duquel elle se projette comme une tour. A gauche, un autre groupe de montagnes plus élevées encore arrête nos regards : c'est celui des *Dents-du-Midi*, dont les pyramides élancées se détachent du milieu d'une vallée de neige.

De *Massongy* à *Saint-Maurice*, la grande vallée se rétrécit chaque moment davantage : on suit de près le lit du Rhône encaissé de plus en plus entre les corniches de rochers qui forment les derniers gradins des Dents de Morcle et du Midi.

ST-MAURICE. *Auberge :* l'hôtel de l'Union, situé près des Diligences, dont le départ a lieu tous les matins pour *Milan, Genève, Paris.* Dans l'hôtel, bureaux des omnibus, correspondant avec le bateau à vapeur; prix : de *St-Maurice à Villeneuve*, 2 fr. dans l'intérieur; 2 fr. 50 c. dans le coupé. Voitures particulières pour *Martigny*, les *bains de Loëche*, et guides pour l'ascension de la *Dent-du-Midi*, dont l'accès est facile, et d'où l'on jouit d'une vue magnifique. Dîners à table d'hôte, 3 fr.; déjeuners, thé ou café, beurre, miel et petit pain, de 1 fr. 25 c. à 1 fr. 50 c.

St-Maurice est une petite ville de 1,300 habitants, située sur la rive gauche du Rhône, à 450 mètres environ au-dessus de la mer. Ses curiosités sont :

L'abbaye, fondée en l'honneur de *saint Maurice*, chef

de la légion thébaine, qui souffrit ici le martyre, et dont elle porte le nom. On attribue sa fondation à saint Théodore, le premier évêque du Valais, qui occupa le siége épiscopal de 351 à 391. Sigismond, roi de Bourgogne, lui fit des dotations considérables. Rodolphe 1er, roi de la Transjurane, y fut couronné en 889, et y est enseveli. Cette abbaye, plusieurs fois pillée et détruite au moyen-âge, se releva constamment de ses ruines. Les augustins s'y établirent en 1188; leur abbé, crossé et mitré, porte le titre de comte, et relève immédiatement du saint-siége. Outre sa collection de reliques, la plus riche en ce genre, l'abbaye possède deux vases d'agate, présent de Charlemagne. On y voit une espèce de petit clocher en or, dont les niches sont remplies de petites figures d'un pouce de haut, finement travaillées; un calice donné par Berthe, reine de Bourgogne, et plusieurs autres objets d'une haute antiquité.

L'*église*, dans laquelle on voit la châsse de St Sigismond, fut très-endommagée par un incendie dans le xvii° siècle; mais la tour n'a souffert aucune altération. On trouve dans l'intérieur plusieurs inscriptions romaines. La ville de Saint-Maurice était connue jadis sous les noms de *Targada* et d'*Agaunum*.

La scène qui frappe l'œil du voyageur au *pont de Saint-Maurice* est vraiment imposante : une seule arche très-hardie de 22 mètres d'ouverture s'étend sur le fleuve, très-rapide en cet endroit, s'appuyant à droite sur la *Dent-de-Morcle*, et à gauche sur la *Dent-du-Midi*, dont les bases se projettent si loin, qu'elles laissent à peine de la place au fleuve pour continuer sa course vagabonde.

Les habitants de ce district sont encore aujourd'hui Savoyards par leur langage, qui est à peu près le même que celui du Chablais; mais leur costume, leur physionomie, leur manière de vivre, le style de leurs constructions, ont déjà une forte empreinte valaisane. Les femmes s'y font en général remarquer par une expression de visage assez agréable, que leur joli chapeau national contribue à relever; mais le reste de leur ajustement dissimule trop peu une dégoûtante difformité dont il est rare qu'elles soient entièrement exemptes. Le goître se montre déjà ici sous des formes repoussantes.

Ermitage de Notre-Dame-du-Sex. A peine sortis de St-Maurice par la route de Martigny, nous trouvons à notre droite l'Ermitage de Notre-Dame-du-Sex, bâti sur une étroite corniche, à une hauteur considérable, au milieu des assises de rochers qui forment la base de la Dent-du-Midi. Cette singulière retraite, qu'on prendrait de loin pour l'aire d'un oiseau de proie, plutôt que pour une habitation construite par la main des hommes, mérite d'être visitée, par sa situation extraordinaire, et pour les aspects qu'on a de cette esplanade élevée de 200 mètres au-dessus du Rhône. Le chemin qui y conduit est une suite de rampes taillées en zigzag dans le roc, presque verticalement les unes au-dessus des autres, et bordées d'une petite muraille sèche, suffisante pour marquer le précipice qu'on a continuellement à côté de soi.

Un peu plus bas, sur la route, la chapelle de *Verolliey*, élevée à l'endroit même où la légion thébaine fut décimée.

Entre Saint-Maurice et Martigny, à la droite de notre route, se trouve la belle *chute de la Sallenche*, qui descend dans la vallée du Rhône d'une hauteur perpendiculaire d'environ 100 mètres; mais le saut de la cascade ne dépasse pas 40 mètres.

Cette chute, qui s'aperçoit de fort loin, est très-curieuse.

Avant d'atteindre Martigny, les tours pittoresques du *château de la Bâtie* s'offrent à nos regards. Cet édifice fut détruit en 1518 par Georges Supersax.

Bientôt après nous entrons à

Martigny (all. Martinach). *Auberges* : la Tour, recommandable par sa position et le confortable de ses appartements : bonne cuisine, prix modérés. — Mulets et guides pour Chamouni et le Grand-Saint-Bernard ; calèche pour la route;— la Poste, le Cygne, tolérables et prix modérés ; tous les jours table d'hôte, 3 fr., le vin compris.

Martigny (l'*Octodurus* des Romains) est divisé en deux parties : l'une située sur la route du Simplon, l'autre, *Bourg-de-Martigny*, à plus d'un kil. 1/2, en remontant la vallée de la *Dranse*. Sa position sur la grande route du Simplon, au point où finit la route à chars du Saint-Bernard et le sentier à mules de Chamouni, en fait comme un centre où se réunissent les voyageurs. C'est une petite ville sans apparence, à 1,500 mètres environ au-dessus de la mer, et située près de l'endroit où le Rhône reçoit la Dranse, torrent qui a déjà deux fois manqué de détruire Martigny et Bourg-de-Martigny, en 1545 et en 1818. Les marques de la dernière inondation sont encore visibles sur les murs de beaucoup de maisons. La massive construction des murs inférieurs de la maison de poste est destinée à la garantir de semblables catastrophes. C'est dans cette ville que réside la congrégation des moines de Saint-Bernard, où ils ont un couvent d'où partent les pères qui vont relever ceux qui ont séjourné pendant un certain temps sur le Grand-Saint-Bernard. Le monastère du Saint-Bernard est à 10 heures de marche de cette ville.

On peut atteindre la *vallée de Chamouni* en 7 ou 8 h., par le passage de la *Tête-Noire*, ou par le *col de Balme*.

On récolte dans cette partie du Valais deux vins exquis et renommés, que l'on appelle *Coquempin* et vin de la *Marque*.

En sortant de Martigny, on voit des rochers stériles taillés à pic. Des marais occupent une partie du bas de la vallée. Le pays change ensuite : on découvre de beaux pâturages. Des vignes, soutenues par de petits murs, s'élèvent en terrasse les unes au-dessus des autres, tapissent le bas des montagnes tournées vers le midi ; des villages, des églises, des oratoires, remarquables par leur blancheur, décorent les cimes culminantes.

Riddes. Notre route, qui avait suivi la rive gauche du Rhône, traverse ce fleuve et se continue dans la vallée du Rhône, à laquelle la nature a donné un tout autre aspect : le paysage, de sombre et triste qu'il était, est devenu pittoresque et fertile.

Sion. (*Hôtels :* le Lion-d'Or, — la Poste, — la Croix-Blanche.) Cette ville, capitale du haut Valais, est située sur la rive droite du Rhône ; elle est le siége d'un évêque dont les prédécesseurs furent pendant un temps les plus puissants et les plus riches seigneurs de la Suisse, et qui encore aujourd'hui convoquent et président les assemblées générales de ce canton démocratique. Elle est la capitale du Valais, et contient 2,500 habitants. Elle possède trois vastes châteaux qui lui donnent de loin un aspect féodal et pittoresque. En venant de Martigny, celui que l'on aperçoit à gauche est le château *Tourbillon*, bâti en 1492 ; il fut longtemps la résidence de l'évêque, et aujourd'hui il tombe en ruines. Celui de *Valérie*, situé sur le pic sud, renferme une église très-ancienne, et sert maintenant de séminaire. Au-dessous se trouve un troisième château nommé *Majorie*, parce qu'il servait de résidence aux majors ou anciens gouverneurs du Valais ; il fut brûlé en 1788 dans un incendie qui détruisit la plus grande partie de la ville. Les jésuites ont un couvent à Sion, où ils ont formé une collection de l'histoire naturelle du Valais.

L'*hôpital*, confié aux soins des sœurs de Charité, contient plusieurs victimes du goître et du crétinisme, maladies prédominantes dans ce district.

On voit dans cette ville des crétins sourds, muets et presque insensibles aux coups. Ils ont des goîtres qui leur pendent jusqu'à la ceinture. On ne trouve en eux aucune trace de raisonnement, mais ils sont pleins d'activité pour ce qui regarde les besoins corporels. On découvre encore des ruines du temps des Romains. Vis-à-vis de Sion, de l'autre côté du Rhône, on remarque dans un village un couvent taillé tout entier dans le roc, avec caves, cuisines, réfectoires, église, cellules, etc. ; mais il est désert, à cause de l'humidité qui y règne.

SIERRE, dans une situation agréable. On y voit une église et des bâtiments plus ornés que dans le reste du Valais ; c'est le séjour des gens les plus riches du pays. De Sion à *Brigg*, on remarque le théâtre des batailles livrées entre les Valaisans et les Français dans la sanglante guerre de 1798.

Après *Sierre*, de hauts monticules de sable s'élèvent en cônes dans la vallée ; le lit du fleuve se couvre de petites îles verdoyantes formées par des troncs d'arbres et des sapins entraînés par le courant. A gauche, on découvre la ville de *Leuck*, placée sur les flancs de la montagne, et fortifiée par un antique château qui appartenait autrefois à l'évêque. L'habillement, la figure et le langage des habitants ne sont pas moins remarquables que le pays qu'ils habitent ; ils parlent l'allemand du moyen-âge.

TOURTEMAGNE (all. Turtman). *Hôtels*: la Poste; le Soleil, très-bon; de Lion. — A vingt minutes de marche derrière cette auberge, vous trouvez une cascade aussi belle que celle de la *Sallenche* ou *Pissevache*, dans une situation plus remarquable; un sentier étroit et glissant conduit dans un fond garni de hauts rochers qui semblent avoir été ainsi disposés pour former un amphithéâtre autour du torrent, qui se précipite en grandes masses avec un bruit majestueux.

On passe au bourg de

VIÈGE, situé à l'entrée des vallées de Saint-Nicolas; il s'étend sur la rivière qui en descend. Deux églises d'une architecture remarquable, dans la partie la plus élevée du village, se dessinent sur les montagnes que domine le mont Rose.

Après Viège, on trouve de grandes prairies marécageuses; on atteint le fond de la vallée; elle s'élargit à son extrémité, et se couvre de verdure. Le bourg de *Brieg* ou Brigg, et ses tours surmontées d'énormes globes de fer-blanc, paraissent au pied des glaciers, au milieu des prairies, des bois et des bosquets. A gauche est le joli village de *Naters*; le Rhône qui l'arrose descend des sommités de la Fourche et des sombres vallées de l'Axe; à droite on aperçoit déjà les premiers travaux du Simplon, le beau pont construit dans la Saltine; le chemin, qui s'élève insensiblement, perce les sombres forêts de sapins.

BRIGG ou BRIEG (*Sempronium*). *Hôtels*: du Simplon, de la Poste: chambres, 1 à 2 fr.; déjeuner, 1 fr.; table d'hôte à midi, 3 fr. avec le vin; à 7 heures du soir, 2 fr. 50 cent. Chevaux et chars pour passer le Simplon ou excursions.

Brigg est l'endroit où s'arrêtent ordinairement les voyageurs avant de franchir le Simplon. Cette petite ville n'a rien de remarquable qu'un peu d'originalité, et le *collège des Jésuites*, contenant 10 pères et environ 30 élèves. On y trouve aussi un *couvent d'ursulines*. Population, 700 habitants.

LE SIMPLON.

Qui non palazzi, non teatro o loggia ;
Ma 'n loro vece un' abete, un faggio, un pino,
Tra l'erba verde, c'l bel monte vicino
Levan di terra al ciel nostr' inteletto.

PÉTRARQUE.

Simplon ou Simpeln (en italien, Sempione ; en latin, *Mons Sempronius, Scipionis Mons*), montagne située dans la chaîne des hautes Alpes, entre le Valais et le Piémont; on y trouve un grand passage pour entrer en Italie.

La route du Simplon quitte la vallée du Rhône à *Brieg*, et commence à monter immédiatement après la poste. La distance de *Brieg* à *Domo-d'Ossola* est de 39 kilomètres, et le voyage prend ordinairement 10 heures : 7 jusqu'au Simplon, et de là 3 1/2 à *Domo-d'Ossola*. Un bon marcheur mettra 10 bonnes heures pour aller de *Brieg* à *Domo-d'Ossola*.

Ce fut immédiatement après la bataille de *Marengo* que Napoléon décida la construction de la route du *Simplon*.

La levée des plans fut faite par M. Céard, et une grande partie des travaux furent exécutés sous l'inspection de ce savant ingénieur. Elle fut commencée du côté de l'Italie en 1800, et du côté de la Suisse en 1801. — Il fallut six ans pour la terminer, et plus de 30,000 hommes y travaillèrent en même temps. — Pour donner une idée de la nature colossale de l'entreprise, nous dirons que le nombre des ponts, grands et petits, construits pour le passage de la route entre *Brieg* et *Sesto*, est de 611 ; ajoutez à cela de vastes constructions, telles que terrasses en maçonnerie massive de plusieurs kilomètres de longueur; 10 galeries, dont plusieurs taillées dans la roche vive et d'autres bâties en pierre solide, et 20 maisons de refuge pour abriter le voyageur et loger les cantonniers chargés du soin de la route. — Sa largeur en général est au moins de 8 mètres, et dans quelques places de 10 mètres ; les pentes ont été tellement ménagées, qu'elles n'excédent nulle part 9 centim. par mètre. Tant que les travaux ne furent pas fort avancés, les difficultés de l'entreprise la faisaient considérer comme impossible et même absurde par les habitants du pays, qui s'en moquaient ouvertement. Mais ils apprirent bientôt à connaître cet homme dont le génie puissant devait plus tard enfanter tant de prodiges et étonner le monde.

Pour nous servir des expressions de l'Anglais sir James Mackintosch, « on peut dire que le Simplon est de tous les travaux utiles le plus merveilleux et le plus grandiose. » On peut ajouter que le *Simplon* (excepté le mont Cénis) fut la première route à voitures ouverte sur les Alpes occidentales.

La dépense de cette route se monta à 400,000 francs par lieue. Le but de Napoléon, en créant cette magnifique communication, se décèle dans la demande qu'il fit à l'ingénieur : « Quand le canon pourra-t-il passer au Simplon ? »

Enfin on peut dire que toutes les ressources de l'art concoururent pour vaincre la plus grande résistance de la nature, et rendre la route du Simplon digne du génie qui en avait conçu le plan.

La nouvelle route, qui cesse d'être montueuse à *Crevola*, 4 kil. avant d'arriver à Domo, continue jusqu'à *Arona*, petite ville située sur le bord du lac Majeur ; là elle se joint au grand chemin qui traverse le Tessin vis-à-vis de *Sesto*, et conduit droit à *Milan*.

Avis aux voyageurs. — En été, lorsqu'il ne reste que de petites quantités de neige sur les parois des montagnes, le passage du Simplon ne présente d'autres difficultés que celles qui sont inséparables des montées et des descentes extrêmement prolongées. La route est si large, et d'ailleurs, dans les endroits escarpés, si bien pourvue de barrières en bois et de buttes de pierre, ses pentes sont si bien ménagées, ses contours si bien développés, qu'on peut la parcourir, soit à cheval, soit en voiture, sans avoir à redouter le moindre accident.

Mais, en hiver, la scène change entièrement. Les commodités et la sûreté qui résultent d'une route si belle, si bien garantie contre les précipices qui l'environnent, disparaissent; et cette même route, couverte d'une immense quantité de neiges entassées, est impraticable pour les voitures: elles verseraient à chaque pas. A peine aperçoit-on à quelques toises plus bas les barres en bois ou les buttes de pierre : alors on marche sans cesse sur le bord des abimes. Il ne reste qu'un sentier frayé du côté de l'escarpement, et c'est sur ce sentier assez étroit qu'on fait rouler un traineau, lorsque la gelée a donné aux neiges assez de consistance.

Cette situation, qui paraît assez critique, n'est pourtant pas le plus à craindre; car, quand le cheval attaché au traineau viendrait à faire un faux pas, le voyageur, s'il se tient sur ses gardes, peut se dégager du traîneau et s'élancer du côté opposé au précipice. Des ravages causés par les avalanges, avalanches ou lavanges, lui offrent à chaque pas l'image d'un danger bien plus réel : c'est ainsi qu'on appelle les chutes de neiges, phénomène de la nature en même temps le plus terrible et le plus extraordinaire.

Au sortir de Brieg, nous continuons de voyager pendant environ 2 h. $^1/_2$ au milieu de ces merveilles du génie de l'homme, puis nous arrivons à

BERISAL, petite auberge solitaire où l'on trouve quelques chevaux de poste.

L'ancien chemin passait par Brieg, et montait rapidement jusqu'à la première arête de la montagne qu'on doit franchir; la nouvelle route, partant de *Glis* (1), laisse *Brieg* à un 1 kil. sur la gauche, et, après avoir traversé le torrent de la *Saltine* sur un pont couvert dont l'arche construite en mélèze a 27 mètres d'ouverture, et repose sur des culées de 33 mètres de hauteur, s'élève par une pente douce et uni-

---

(1) Dans la chapelle de l'église de Glis est un tableau représentant le soldat Georges de Supersax, avec l'inscription suivante :

En l'honneur de Sainte-Anne,

George de Supersax soldat,

A fondé cette chapelle l'an de grâce 1519,

A élevé un autel et l'a enrichi,

En reconnaissance de VINGT-TROIS ENFANTS

Que son épouse Marguerite lui a donnés.

COXE, *picture of Italy*.

forme, et, faisant un grand contour, laisse l'ancien chemin au-dessous d'elle, traverse une forêt de mélèzes qui forment de superbes ombrages, et parvient au haut de la même montagne qui porte le nom de *Léria*, et sépare la *vallée du Rhône* de celle de *Ganther*. De là on aperçoit toute la plaine du Valais, le cours du Rhône et le bourg qu'on vient de quitter ; de l'autre, la jonction des vallées de Ganther et de la Saltine, qui retentissent du bruit des torrents. En suivant le développement des montagnes qui les débordent, on voit à ses pieds l'ancien chemin serpenter sur des rochers escarpés, et puis descendre rapidement dans le fond de la vallée de Ganther ; tandis que la nouvelle route se jette à gauche, remonte cette vallée jusqu'à sa naissance, et la contourne en traversant un pont au pied des glaciers qui la terminent. Près de ce pont, qui a 25 mètres d'ouverture, et dont la construction élégante frappe par l'opposition avec un lieu si sauvage, était la première galerie pratiquée pour le passage de la route ; mais on a été obligé de la détruire, afin de prévenir les accidents qu'eût pu causer la chute des rochers désunis dont elle était formée.

Jusque-là il ne paraît pas qu'on ait à redouter les violents effets des avalanches. De *Glis* au pont de Ganther on compte 12 kilom., et de ce pont au col du Simplon, pareille distance. Non loin de ce même pont, la route, faisant plusieurs grands contours, s'élève dans un espace peu étendu, et, se prolongeant ensuite sur le revers de la montagne qu'on aperçoit de Brieg, la vallée de Ganther disparaît, et celle de la Saltine se découvre. Ici les sites changent et se multiplient. Les parois de la montagne étant rudement inclinées, le vallon qu'on a à sa droite effraye par son immense profondeur : aussi voit-on de distance en distance les barrières qui bordaient la route, et d'énormes sapins brisés et emportés par les avalanches. Enfin, après une heure et demie de marche, on se trouve dans la *galerie de Schalbet*, qui a 31 mètres de longueur. En sortant de cette sombre caverne pratiquée sur un des points les plus élevés de la montagne qu'on gravit, et dont aucun objet ne masque la vue, les regards sont frappés de l'aspect du Rosboden.

L'âme est vivement émue; elle se rappelle les beaux ver de Pope :

>Mount o'er the vales, and seem to tread the sky
>Th' eternal snows appear already past,
>And the first clouds and moutains seem the last,
>But, those attained, we tremble to survey
>The growings labours of the lengthened way,
>Th' increasing prospect tires our wand'ring eyes,
>Hills peep o'er hills, and Alps on Alps arise.

Bientôt les arbres, cédant à la rigueur du climat, ne font plus que languir, et disparaissent presque entièrement. Les eaux qui s'échappent des glaciers que l'on aperçoit à sa gauche forment quatre belles cascades qui, traversant la route dans des aqueducs d'une très-belle construction, vont se perdre dans l'abîme. Ce lieu, qui dans les beaux jours d'été présente des effets si grands, si pittoresques, devient très-dangereux le reste de l'année, à cause des neiges que de violents coups de vent y accumulent.

C'est au pied du *Schon-Horn*, qui élève majestueusement dans les airs sa cime blanchâtre, qu'on passe *la galerie des glaciers*; sa longueur est de 64 mètres environ, et elle est élevée au-dessus de Brieg de 1,306 mètres. Comme les rochers au travers desquels elle est pratiquée ont une infinité de fissures, l'eau qui filtre sans cesse se congèle à la première variation de température, et produit des colonnes et des aiguilles de glace qui restent suspendues à la voûte : le coup d'œil en est assez agréable, et l'on serait tenté de s'arrêter pour en considérer les détails, si le froid et le courant d'air qui y règnent n'en rendaient le séjour aussi dangereux qu'incommode. Après avoir quitté cette galerie, le voyageur jette un dernier regard sur le Rhône, sur le Valais, sur la Suisse, sur les montagnes qu'il vient de parcourir, et, tournant la base du Schon-Horn, il atteint le point le plus élevé du passage qui est indiqué par une simple croix de bois: cet endroit est élevé de 2,005 mètres au-dessus du niveau de la mer.

La vue du col du Simplon est triste et sauvage; c'est un plateau circulaire, uni, assez spacieux, environné de toutes parts de rochers dont aucun arbre ne voile l'affreuse nudité.

A un demi-kilomètre de la croix se trouve le nouvel hospice, fondé par Napoléon, pour recevoir les voyageurs, mais terminé seulement en 1840. A l'extérieur, l'édifice est simple, mais solide; il contient des chambres à coucher très-propres, un salon avec piano, un réfectoire, une chapelle et environ 30 lits. Ce pieux asile est habité par trois ou quatre frères de l'ordre de St-Augustin, avec un cuisinier, deux domestiques et trois chiens.

Du col au village du Simplon, il y a encore 8 kilomètres. A l'extrémité du plateau, on commence à descendre. Après un quart d'heure de marche, on laisse à sa droite l'ancien hospice.

Bientôt le vallon se rétrécit; les montagnes ne présentent encore que des rochers nus et l'image du désert; mais, à mesure qu'on avance, on voit la végétation s'animer. La route traverse successivement deux torrents qui descendent des glaciers du *Rosboden*, et peu de temps après on arrive au village du

Simplon (Ital. Sempione). *Auberge :* la Poste, avec de bons lits et un bon dîner (4 ou 5 fr.). Le voyageur surpris par la nuit doit se féliciter de rencontrer un semblable gîte, car il n'en trouvera plus d'autre avant *Domo-d'Ossola*, course de 3 h. $^1/_2$ au moins. Le voyageur fera bien de se pourvoir ici d'un sabot de bois, afin d'en garnir les roues de sa voiture, parce que la descente devient alors rapide, malgré le large circuit que fait la route.

Ce lieu est encore élevé de 1,518 mètres au-dessus de la mer. Comme il est entouré de hautes montagnes qui le privent pendant plusieurs mois de l'année des rayons du soleil, le froid y est très-âpre et souvent excessif. Endurcis aux rigueurs du climat, les habitants se font une ressource du transport des marchandises, et des services qu'ils rendent aux voyageurs en déblayant la route.

Du village du Simplon à *Domo-d'Ossola* (*Oscella*), il y a un trajet de 24 kil., et le plus dangereux de toute la route. En quittant ce village, on continue à descendre rapidement entre des montagnes assez resserrées et parées à leur base de bouquets de mélèzes disséminés dans les prairies. Après avoir tourné sur un angle très-aigu, on se trouve subitement enfoncé dans un vallon fort étroit, dont le fond est couvert de blocs de granit que les torrents ont détachés des montagnes. C'est au milieu de ces débris que le *Krumbach* vient se perdre dans la *Doveria*, laquelle se précipite des glaciers de *Laqui* avec un horrible fracas. Là commence la sombre *vallée de Gondo*, où l'on pénètre par la *galerie d'Algaby*, l'une des plus grandes et des plus belles du Simplon ; elle est taillée dans le granit, et a près de 83 mèt. de longueur.

A peine est-on sorti de cette galerie, que la vallée de Gondo prend le caractère terrible qui la distingue. Les montagnes s'élèvent et se rapprochent ; l'intervalle qui les sépare est occupé tout entier par la route et le torrent. On n'entrevoit le ciel qu'à une hauteur de 6 à 700 mètres. Plus de végétation. La route, creusée en corniche dans le granit, est suspendue sur un abîme au fond duquel la Doveria mugit avec fureur, et c'est sur cet abîme redoutable qu'on a jeté un pont aussi élégant que solide, qu'on appelle *Ponte-Alto*.

Cet endroit, dans les temps de dégel, est un des plus périlleux, parce que les glaces, en se détachant des rochers, entraînent avec elles des parties de ces rochers, et obstruent souvent la route. Contre de pareils accidents la fuite est inutile ; le seul moyen de prévenir le danger, c'est de mieux choisir son temps.

En approchant de la grande galerie, on croirait que la vallée va s'élargir ; mais à peine a-t-on traversé la Doveria, que de nouveau les énormes masses de rochers qui dominent ces bords se rapprochent, et qu'on se retrouve entouré des objets les plus menaçants. Ici la nature, dans un espace peu étendu, déploie tout ce qu'elle a de plus grand et de plus affreux. D'immenses rochers s'élevant à pic des deux côtés de l'abîme ne laissaient à la vallée qu'une issue presque impraticable : c'est dans un de ces rochers que la mine et le ciseau ont creusé la magnifique galerie de Gondo. Elle a 227 mètres de longueur. Pour l'éclairer on y a pratiqué latéralement deux grandes ouvertures (1). Après avoir fait plus de 200 pas sous cette voûte de granit, le voyageur revoit la lumière, et ses regards sont aussitôt frappés par l'aspect pittoresque des eaux de la *Fracinone*, qui tombe de la montagne au fond du précipice, et qu'il passe sur un pont d'une construction singulièrement hardie.

La route continue à descendre par une pente assez rapide. A mesure qu'on avance, les rochers qui la débordent prennent des formes encore plus gigantesques. Bientôt on découvre un grand bâtiment à plusieurs étages, et dont la lugubre architecture est bien en harmonie avec les objets qui l'entourent; c'est la demeure d'un Valaisan chez lequel les voyageurs surpris par la tourmente trouvent un abri. Cette auberge, quelques autres petites maisons et une chapelle composent le village de GONDO.

Au sortir de ce village, la vallée présente une scène moins triste et moins menaçante. Le coudrier et le saule croissent sur les bords de la Doveria; le noyer et le châtaignier ombragent les collines; on croirait être passé d'un affreux désert dans des lieux où du moins la nature donne quelques signes de vie. Vient ensuite

ISELLA, qui appartient à l'Italie, et où l'on trouve les premières douanes. Ce hameau, qui a autour de lui quelques prairies parsemées d'arbres à fruit, est dans une situation assez agréable. Non loin de là, on trouve la cinquième galerie, qui, quoiqu'elle ne puisse être comparée aux autres, sous le rapport de l'étendue et de la difficulté du travail, ne laisse pas que d'être remarquable par l'aspect riant et gracieux qu'elle offre à l'œil du voyageur. En effet, elle est percée dans un rocher dont la partie saillante repose sur une colonne. La couleur rembrunie de cette énorme masse contraste si bien avec l'azur des cieux, avec la blancheur argentine des cascades qui se précipitent de la montagne, et avec la fraîche verdure des collines environnantes, qu'on ne peut se lasser de contempler les effets magiques de cette perspective.

---

(1) On lit ces simples mots sur le côté de la galerie :
ÆRE ITALO
MDCCCV.

A peine a-t-on parcouru un kil., que la vallée reprend tout à coup les formes gigantesques qu'elle semblait avoir abandonnées, et devient plus horrible et plus effrayante que jamais. En effet, rien de plus nu, de plus sauvage; rien qui porte l'empreinte de la destruction d'une manière plus épouvantable. D'énormes rochers s'élèvent à pic, et leurs sommets, minés par le temps et les eaux, suspendus sur la tête du voyageur, menacent de l'écraser. Leurs débris épars çà et là annoncent le danger qu'il y a de passer si près de leur base. C'est pour obvier à ce danger qu'on a établi, sur les bords de la route un massif de murailles, qui n'est pas moins remarquable par sa solidité que par son étendue.

Enfin on approche du riant vallon de *Dovedro*. Les montagnes, s'écartant du côté de l'est, forment un amphithéâtre couvert de hameaux, de vignes, de châtaigniers, et offrent un mélange délicieux de belle verdure et de jolies habitations. Autant la vallée de Gondo est bruyante et sauvage, autant l'entrée de Dovedro est paisible et gracieuse. On y pénètre en traversant la Chérasca sur un pont de pierre dont la construction est aussi simple qu'élégante. Ici chaque objet repose la vue. Cependant, au midi et sur la rive droite de la Doveria, règnent toujours des rochers nus et escarpés d'où se précipitent des torrents avec la plus grande violence.

Ce n'est qu'à regret qu'on s'éloigne des riants coteaux de Dovedro; mais la route, continuant à descendre, ramène bientôt parmi les rochers et sur les bords tumultueux de la Doveria. Néanmoins, quoique la vallée soit toujours très-étroite et couverte de débris, le gazon et les arbrisseaux qu'on y voit rendent moins sensible l'aspérité de ces lieux.

Bientôt après ce changement de scène, on aperçoit un énorme rocher qui, uni d'un côté à la montagne, s'avance de l'autre jusque dans le lit du torrent. La *galerie de Crevola*, la dernière du Simplon, traverse ce rocher en ligne droite et sur une longueur de 56 mètres. Cependant la route, continuant à descendre par une pente assez rapide, ne tarde pas à conduire le voyageur loin des rochers, des abimes, et du bruyant tumulte des eaux qui se précipitent. C'est au milieu d'un objet riant qu'on arrive à *Crevola*, où l'on traverse la Doveria sur un pont qui est un des ouvrages les plus considérables de la route. Ce pont est soutenu par un énorme pilier qui a plus de 33 mètres d'élévation ; les maisons et le clocher de Crevola, qu'il domine, en font encore ressortir la grandeur colossale. De ce village on arrive à

Domo-d'Ossola. *Hôtel* : de la Ville, autrefois la Poste : chambres, 1 fr. à 2 fr. ; table d'hôte à 1 heure, 2 fr. 50 c. ; déjeuner, 1 fr. ; table d'hôte à 4 heures, 3 fr. 50 cent. ; à 7 heures du soir, 2 fr. 50 c., le vin compris. Cet hôtel est le meilleur des trois ou quatre de la ville.

Domo-d'Ossola est une petite ville sans importance, sans points de vue intéressants ; c'est une ville italienne dans toute l'acception du mot. Des maisons à colonnades, des rues garnies d'auvents, des boutiques remplies de charcuterie, de macaroni et d'ail ; des flâneurs, des lazzaroni en bonnet rouge, les jambes nues et couleur d'acajou ; des prêtres en grand nombre, et des femmes voilées, avec leurs mantilles, complètent la physionomie d'une ville d'Italie. Pop. 1,800 hab.

En sortant de Domo-d'Ossola, la route traverse pendant deux lieues des plaines arrosées par la *Toccia*, et conduit à *Villa*. Rien de si charmant que ce village : le devant des maisons y est ombragé par de superbes noyers ; derrière ces maisons, la vigne forme de riches berceaux, et plus loin les collines, parsemées de fermes, s'élèvent en amphithéâtre. Après Villa, on trouve des plaines fertiles ; on passe par *Porto-Mazone*, puis par *Manangione*, qu'on rencontre deux lieues plus loin, et on arrive à

Vogogna. *Hôtel* : la Couronne.

Et enfin, après avoir traversé les vastes prairies qui s'étendent d'Ornavasco jusqu'à *Gravelona*, on se trouve à

Fariolo ; ici le *lac Majeur* s'offre dans l'éloignement à la vue, avec l'*Isola-Madre*, la plus au nord des *îles Borromées*. Un peu plus loin on rencontre des carrières d'un beau granit violet, tirant sa couleur du feld-spath violet qui domine dans ces rochers.

Baveno. *Auberge* : la Poste, qui n'est séparée du lac que par la route ; assez bonne cuisine, mais peu confortable et chère.

Le *monte Monterone*, qui s'élève derrière le village, offre un des plus beaux panoramas des Alpes, égal, s'il ne le surpasse, à celui du Righi, ayant à ses pieds le *lac d'Orta* d'un côté, et le *lac Majeur* de l'autre. Il faut trois heures pour gagner son sommet, dont les pentes sont, dit-on, infestées de serpents. Le côté opposé vous conduira à *Orta*. Les rives occidentales du lac, servant de frontières à la Sardaigne, sont garnies de douaniers qui fouillent rigoureusement toutes les personnes qui débarquent venant de l'Autriche ou de la Suisse.

On peut très-commodément visiter les *îles Borromées*, soit par le steamer ou par les bateaux à rames.

Prix des bateaux à rames sur le lac Majeur.

De *Baveno* aux îles Borromées et retour, n'excédant pas deux heures, avec deux rameurs, 5 fr. » c.
Pour chaque heure de plus, 1 »
Dans un mauvais temps, 7 . 50
A *Laveno*, avec 3 rames, 10 50
A *Magadino*, 24 »
A *Sesto* ou *Luino*, 16 »
A *Suna*, *Pallanza*, *Intra*, 6 »
Sans compter la *bonne main*.

EXCURSIONS DE BAVENO.

Au *Monterone*, 3 h. »
Aux montagnes de *Saint-François*,
Saint-Thomas et *St-Julien*, 1 1/2
De *St-Julien* à *Pella*, par bateau, 1 1/2
De *Pella* à *Varallo*, par *Lalma*, 3 »
Pour visiter le *Sacro-Monte*, 1 1/2
De *Ciriagio* à *Omigro*, 3 »
D'*Omigro* à *Baveno*, par voiture, 1 1/2
D'*Omigro* à *Orta*, par eau, 1 1/2
— par terre, 1 1/4

Le touriste trouve à Baveno des ânes pour l'ascension du *Monterone*, au prix de 4 fr.; pour *Orta*, 8 fr.; pour *Varallo* et le *mont Rosa*, 6 fr. par jour.

Les deux steamers qui naviguent sur le *lac Majeur*, le

Verbano et le *St-Charles*, sont petits, mais proprement disposés, avec un assez bon restaurant à bord.

Au sortir de Baveno, la route du Simplon, que nous suivons sur le bord du lac, n'est pour ainsi dire qu'une longue terrasse, garnie de bornes éloignées seulement de quelques pieds les unes des autres.

Au delà de *Belgirate*, joli village, on aperçoit la statue de saint Charles Borromée, et bientôt on est à

ARONA. *Hôtels* : de la Poste et Royal. Parmi les villes qui dominent les bords du *lac Majeur*, celle d'*Arona*, par où passe la nouvelle route du *Simplon*, rappelle d'intéressants souvenirs. C'est là que naquit, en 1538, *saint Charles Borromée*, cardinal et archevêque de *Milan*, qui consacra sa vie et ses richesses à fonder des établissements de charité, et se distingua surtout par son généreux dévoûment lors de la peste qui ravagea en 1576 Milan et ses environs.

Arona est une ville ancienne de 4,000 habitants, avec un petit port défendu par des murailles. Elle est bâtie sur les bords mêmes du lac : la principale rue, où se trouve l'auberge, est si étroite, qu'une voiture seule peut y passer. La route du Simplon suit la partie haute de la ville : le steamer s'arrête ici deux fois par jour; on y embarque des voitures.

La principale église, celle de *Santa-Maria*, renferme un beau tableau de *Gaudenzio Ferrari*, représentant une Sainte Famille, avec des volets sur lesquels se trouvent des figures de saints et le portrait d'une comtesse Borromée, qui en fit don à l'église. Saint Charles Borromée naquit dans le vieux château d'Arona, presque détruit maintenant.

A une demi-heure de marche de la ville, sur le sommet d'une colline, on trouve la *statue colossale de St Charles Borromée*, ayant 22 mètres de hauteur, et placée sur un piédestal de 13 mètres. La tête, les mains et les pieds sont fondus; le reste de la statue est formé de feuilles de cuivre battu, arrangées autour d'une masse de maçonnerie qui soutient tout le monument. Le saint est représenté étendant les mains vers le lac et sur Arona, sa ville natale, leur donnant sa bénédiction. Cette statue, malgré ses proportions gigantesques, a une certaine grâce dans son attitude, et quelque chose de bienveillant dans la contenance, dont l'effet produit une vive impression. Elle fut élevée en 1697, par souscription, mais principalement par la famille Borromée. On peut pénétrer dans l'intérieur de la statue et aller jusqu'à la tête ; mais cette ascension est difficile et fatigante : elle s'effectue au moyen de deux échelles attachées ensemble, s'appuyant sur le piédestal et atteignant le bord de la robe du saint. Ici le curieux doit grimper en se glissant entre les plis de la draperie supérieure et inférieure, tâche qui présentera quelques difficultés, s'il est un peu corpulent ; alors il se cramponne aux piliers de pierre qui supportent la tête, en plaçant ses pieds sur des barres de fer qui servent à fixer la draperie de cuivre. Tout ceci se fait dans l'obscurité jusqu'à ce qu'il atteigne la tête, qui peut contenir trois personnes à la fois : ici se termine l'ascension, et le voyageur pourra se reposer en s'asseyant dans le creux du nez, qui sert de fauteuil. Dans l'église voisine on a conservé plusieurs reliques de saint Charles Borromée.

La vue des pics neigeux du *mont Rosa*, prise de la partie inférieure du *lac Majeur*, est magnifique. Un bac passe les voyageurs sur le *Tessin*, qui sert d'écoulement au lac, et qui va de là arroser les plaines de la Lombardie autrichienne et la petite ville de

SESTO-CALENDE, où on ne trouve pas une bonne auberge. Ici les passe-ports sont strictement examinés, et *il n'est permis à aucun voyageur de passer la frontière, s'il n'est muni de la signature d'un ministre autrichien* ; faute de quoi, il est renvoyé à *Turin* ou à Berne pour se la procurer. On croit que *Sesto* a été une station romaine, et que son nom lui vient d'un marché qui s'y tenait le premier de chaque mois, *Sexto Calendarum*. Cette ville est située sur la rive gauche du *Tessin*, juste au-dessus de l'endroit où cette rivière quitte le *lac Majeur*. L'*église de St-Donato* est un monument du moyen-âge.

Un paquebot à vapeur part tous les jours, excepté le dimanche, à une heure, pour l'extrémité supérieure du lac, s'arrêtant à *Arona*, et passant par les îles *Borromées*. Il correspond avec les omnibus de *Milan*, qui partent une demi-heure après l'arrivée du bateau à vapeur.

La route de Milan parcourt un pays plat et monotone ; c'est le commencement de la grande plaine de la Lombardie, traversant des avenues de mûriers aux têtes arrondies, des haies d'acacias, et des vignes au milieu d'arbres fruitiers ; le tout disposé de manière à cacher la vue de chaque côté de la route. Toute cette contrée est extrêmement fertile, mais n'offre aucun intérêt, et, de plus, la route présente le désagrément d'être ordinairement couverte de poussière. Les postes, en général, ne sont pas bien montées, et, malgré le pourboire que vous promettrez au postillon, vous n'en irez pas plus vite. A l'entrée de chaque village, vous trouvez son nom écrit sur le mur. Le premier qu'on rencontre est *Soma*, où se trouve un ancien château de Visconti, entouré de murailles crénelées, et un cyprès remarquable par son âge et par sa grosseur : c'est un des plus forts qu'on connaisse ; on prétend qu'il date du temps de Jules César ; il a 40 mètres de haut sur 8 mètres environ de circonférence. Napoléon défendit qu'on troublât sa vieillesse dans la construction de la route du Simplon, et il ordonna qu'elle décrirait une petite courbe autour de ce patriarche de la végétation.

Ce fut près de cet endroit qu'eut lieu la première grande bataille entre Scipion et Annibal, ordinairement appelée la *bataille du Tessin*, dans laquelle Scipion fut défait.

Gallerati. Au delà on trouve *Cascina delle Corde* (des cordes), qu'on appelle aussi *Cascina del Bon-Jesu*. A *Busto*, à 1 kil. 1/2 de cet endroit, à l'est, se trouve une église construite d'après les plans de Bramante, et contenant des fresques de *Gaudenzio Ferrari*.

1 poste, *Legannello*.

1 poste, *Rho*. Hors de cette ville vous trouvez une très-belle église d'après les plans de *Pellegrini* ; la façade, finie depuis peu, est de *Pallack* : près de cet endroit on rencontre d'immenses champs de riz, dont le voisinage est très-malsain.

La route se termine en entrant à Milan par l'*arco del Sempione* (l'arc du Simplon), commencé par Napoléon, et terminé par le gouvernement autrichien en 1838.

MILAN. (*V.* route 27.)

ROUTE VI.

DE PARIS A MILAN, 2ᵉ ROUTE, PAR PONTARLIER, LAUSANNE ET VEVEY.

De Paris à Mont-sous-Vaudrey (voyez route ci-dessus),	37 m. 7 k.	Jougne,	1	9
		Orbe (poste étrang.),	2	0
		ou	2 p.	½
		Cossonnay,	1	¾
Mouchard,	1 6	Lausanne,	2	
Salins,	0 9	Vevey,	2	½
Levier,	2 1	Roche,	2	
Pontarlier,	2 1	St-Maurice,	2	¾

De Saint-Maurice à MILAN (*v.* route ci-avant), 39 ¼
Pour la description de la route jusqu'à
JOUGNE, voyez le *Guide du voyageur en France de Richard*, chez L. Maison, éditeur, 3, rue Christine.

Tout le pays que le voyageur parcourt en quittant la France abonde en belles scènes alpestres jusqu'à

Orbe (Suisse) (*auberge :* la Maison-de-Ville), ville pittoresque et ancienne, peuplée de 2,000 habit., bâtie sur une colline presque entourée par la rivière d'*Orbe*, qu'on traverse sur deux ponts, chacun d'une seule arche : le pont inférieur est d'une grande antiquité; le supérieur est moderne, avec une arche de 42 mètres d'ouverture. C'était l'*Urbiginum* des Romains, et une place importante dans le moyen-âge, sous les rois bourguignons, qui y possédaient un château royal. La belle mais cruelle Brunehilde, reine des Francs, s'y réfugia avec sa petite-fille; mais elle y fut bientôt mise à mort. Les trois fils de Lothaire s'y réunirent en 855 pour diviser le royaume. En 1475, les Suisses prirent Orbe d'assaut; mais le château, dont il ne reste plus que deux tours en ruines, fit une résistance vigoureuse : la garnison ne cédait que pied à pied, disputant la possession de chaque appartement, de chaque escalier et de chaque passage; ceux qui restèrent furent poursuivis dans la tour, que les Suisses incendièrent. La *tour circulaire* mérite d'être visitée avec attention.

En quittant Orbe, notre route incline vers le sud jusqu'à
Cossonney (Suisse), petite localité n'ayant de remarquable que sa position. De ce point, la route suit une direction oblique vers l'est, au milieu d'une riante campagne qui nous conduit à

Lausanne. De loin la vue de cette cité, située sur la pente des collines, surmontée de sa cathédrale et de son château, offre un aspect très-pittoresque. Entre cette ville et le lac se trouve le faubourg ou village d'*Ouchy*, qu'on peut appeler le port de *Lausanne*. *Auberge* : l'Ancre, sur le bord de l'eau, bonne et pas chère. C'est dans cette auberge, au mois de juin 1816, que lord Byron écrivit le *Prisonnier de Chillon* dans l'espace de deux jours, pendant lesquels il fut retenu par le mauvais temps.

Après avoir traversé la promenade ombragée de Montbenon, nous entrons à

Lausanne. *Hôtels* : Gibbon, l'un des meilleurs et des mieux situés de la Suisse, bien tenu, et prix modérés : table d'hôte à 1 h., 5 h. et 8 h. du soir; le Faucon, excellent, mais un peu cher; la Couronne, hôtel du commerce. Il y a deux autres hôtels en face de l'hôtel Gibbon et près du grand-pont. — *Lausanne*, capitale du canton de Vaud, renferme 14,500 habitants. Le pays de Vaud (all. Waadtland) était originairement soumis aux ducs de Savoie; mais, ayant été vaincu par les Bernois, il resta tributaire de cette république pendant deux siècles et demi, jusqu'en 1798, époque où il acheta son indépendance. La ville est située sur le versant inférieur du *mont Jorat*, qui s'abaisse graduellement jusqu'au lac, mais non sans être coupé par plusieurs ravins; c'est pourquoi beaucoup de ses rues présentent des montées et des descentes, dont quelques-unes sont très-rapides et courent dans une direction parallèle au lac, en sorte qu'on ne peut l'apercevoir. L'une de ces montées, celle qui conduit à la cathédrale, est garnie du haut en bas d'escaliers de bois recouverts d'un toit : elle est très-fatigante. On vient de construire un *viaduc* d'une grande hardiesse sur la vallée profonde dont la ville occupe les bords; ce pont, qui part en face de l'hôtel Gibbon, traverse la vallée, et va rejoindre la nouvelle route qui, longeant les bords E. du lac, conduit maintenant au centre de la ville sur un plan uni, et en rend l'accès beaucoup plus facile qu'autrefois. Les anciennes rues sont pour la plupart étroites et assez sales. On jouit d'une très-belle vue de *la terrasse de la cathédrale*.

Cathédrale. La cathédrale de Lausanne, qui passe pour une des plus belles églises gothiques de l'Europe, a été fondée vers l'an 1000 par l'évêque Henri, et consacrée en 1275 par le pape Grégoire X. Cette grande et superbe église, située sur une hauteur qui domine la ville, est aperçue de fort loin, et présente un aspect imposant. Son plan, qui forme une croix latine, occupe une surface de 227 mètres, mesure vaudoise. Elle est surmontée de deux grandes tours, dont l'une sert de clocher, et l'autre, construite au-dessus du chœur, présente une flèche élégante et très-déliée qui s'élève à plus de 77 mètres au-dessus du sol.

On entre dans l'église par deux superbes portiques ornés d'un grand nombre de statues et de sculptures, et par trois petites portes. La longueur de l'église dans œuvre est de 105 mètres; sa largeur dans le chœur est de 40 mètres, et sous la grande nef et ses bas-côtés de 22. Cette nef est haute de 20 à 22 mètres, et la coupole du chœur de 34. L'intérieur de l'église est orné de deux étages de galeries et renferme plus de mille colonnes, entre lesquelles on en distingue un grand nombre à cause de leur extrême délicatesse. Le chœur, séparé jadis par un jubé de marbre noir et maintenant par une grille, présente une fenêtre ronde, appelée la Rose, de 10 mètres de diamètre, et garnie de vitraux de diverses couleurs qui représentent des sujets de l'histoire sacrée. Parmi plusieurs tombeaux, quelques-uns se font remarquer par leur belle exécution. On y voit entre autres celui du pape Félix V, qui, en 1449, abdiqua la tiare dans l'église de Saint-François; ceux de plusieurs évêques, du chevalier Othon de Grandson, d'une princesse russe de la famille Orlow, d'une duchesse Caroline de Courlande, d'une comtesse de Wallmoden-Cimbron, et, le plus récent, celui de dame Henriette Canning, épouse de Stratford-Canning, ambassadeur d'Angleterre en Suisse. Ce monument, qui porte la date de 1817, est un très-bel ouvrage de Bartolini. Le souvenir d'un grand événement historique se rattache à la cathédrale : en octobre 1536, il s'y tint pendant une semaine une dispute religieuse en présence de commissaires bernois; Farel, Viret et Calvin y assistaient.

C'est dans cette église qu'a été enterré le vénérable Bernard de Menthon, fondateur de l'hospice du Grand-Saint-Bernard, auquel il a donné son nom.

Au pied de l'escalier qui conduit à la cathédrale, en partant de la place du Marché, n° 6, demeure le sacristain, auquel il faut s'adresser pour entrer dans l'église, qui est presque toujours fermée.

Évêché. Du haut du clocher de la cathédrale, et depuis la terrasse voisine, qui est ombragée de deux rangées de marronniers, on jouit d'une des plus belles vues de la Suisse. Tout auprès de cette terrasse sont plusieurs rampes d'escaliers en bois et recouverts, qui établissent un moyen de communication assez prompt, mais fort pénible, entre le quartier de la Cité et celui de la Palud. Un bâtiment très-ancien, appelé l'Évêché, et qui a son entrée sur la terrasse, renferme les prisons du tribunal du district de Lausanne; on a converti une partie de ce bâtiment en une école d'enseignement mutuel.

Il existe une autre plate-forme non loin de la cathédrale; c'est celle du *Château*, tour carrée et massive flanquée de quatre tourelles, et dont l'aspect est tout à fait romantique. C'était autrefois la résidence des évêques de Lausanne; mais il sert maintenant aux réunions du conseil du canton. Lausanne possède un collége fondé en 1587, et un muséum cantonal dans lequel on trouve quelques objets dignes d'intérêt : une collection des minéraux de Bex et un échantillon de ses mines de sel. Les autres branches de l'histoire naturelle y sont aussi rassemblées : on y trouve un échantillon du *silurus glanis*, un des plus grands poissons d'eau douce, provenant du lac de Morat; plusieurs antiquités découvertes dans le canton, à *Aventicum*, et sur les bords du lac Léman.

La *maison de Gibbon*, dans laquelle il termina son Histoire de Rome, est située dans la partie inférieure de la ville, derrière l'église de St-François : la maison ainsi que le jardin ont éprouvé de grands changements. Les murs de l'hôtel Gibbon occupent maintenant l'emplacement de son pavillon d'été, et le berceau a été remplacé par le jardin de l'hôtel ; mais la terrasse qui domine le lac et les acacias qui l'entourent sont restés dans le même état.

On a beaucoup fait, dans ces dernières années, pour l'amélioration des institutions de ce petit Etat. Les voyageurs ne verront pas sans intérêt le *pénitentiaire*, la *prison* et l'*école normale*, dont l'organisation remarquable atteste l'esprit libéral et éclairé qui a présidé à leur établissement.

Il y a au *casino* un excellent salon de lecture, où les étrangers sont admis sur la présentation d'un membre.

On a construit depuis peu une chapelle anglaise dans laquelle le service divin est célébré tous les dimanches.

Le ministre de Sardaigne réside à Lausanne, où les passeports pour Chamouni et Turin doivent être signés. Prix du visa : 2 fr.

L'administration des *postes* et des *diligences* est place St-François, près de l'église et de l'hôtel Gibbon. La *poste aux chevaux* est dans la rue Martheray, 57.

Les *bateaux à vapeur* touchent à Ouchy (port de Lausanne) deux fois par jour, en allant et en revenant. Des omnibus y conduisent les voyageurs et les ramènent à la ville. Prix de l'omnibus, 50 c. sans bagage, et 1 fr. avec bagage.

De Lausanne, on continue à voyager en poste jusqu'à Milan : des diligences partent tous les jours pour *Vevay*, *Bex*, *Berne*, *Genève*, *Neuchâtel* et *Bâle*.

En quittant Lausanne, la route que nous suivons jusqu'à Vevay est fort étroite et presque toujours bordée de murs assez élevés pour cacher la vue du lac, ce qui la rend extrêmement monotone.

VEVAY. *Hôtels* : les Trois-Couronnes, nouvel et splendide établissement, situé sur le bord du lac, avec une vue magnifique; de la Ville-de-Londres, de la Croix-Blanche, du Faucon. Table d'hôte à 1 h. $\frac{1}{2}$.

Vevay (all. *Vivis*, le *Vibiscum* des Romains) est la seconde ville du canton de Vaud, et contient 4,500 hab. Elle est principalement remarquable par le charme de sa situation sur le bord du *lac Léman*, à l'endroit où ses rivages offrent les sites les plus beaux. Les ouvrages de Rousseau (ses *Confessions*) ont aussi contribué à sa célébrité.

Du haut d'une petite terrasse à l'extrémité du marché, l'œil peut contempler la scène de la Nouvelle Héloïse; à l'E., les villages de *Clarens*, *Montreux*, *Chillon*; au delà, *Villeneuve* et la *gorge du Rhône*, qui semble s'appuyer sur les *Alpes gigantesques du Valais*; la *Dent-du-Midi* et le *Pain-de-Sucre* (voisins du Grand-Saint-Bernard); tandis que sur le rivage opposé du lac s'élèvent les *rochers de Meillerie*, surmontés par les pics de la *Dent-d'Oche*; enfin le village de *St-Gingolph*, au pied des montagnes.

Voici ce que Victor Hugo dit en parlant de Vevay :

« Je suis à Vevay, jolie petite ville blanche, propre, anglaise, confortable, chauffée par les pentes méridionales du mont de Chardonne comme par des poêles, et abritée par les Alpes comme par un paravent. J'ai devant moi un ciel d'été, le soleil, des coteaux couverts de vignes mûres, et cette magnifique émeraude du Léman, enchâssée dans des montagnes de neige comme dans une orfévrerie d'argent.

» Vevay n'a que trois choses, mais ces trois choses sont charmantes : sa propreté, son climat et son église. »

Les principaux édifices publics sont : l'*église de St-Martin*, qui renferme les tombes d'Edmond Ludlow, général de l'armée parlementaire et l'un des juges de Charles Ier, roi d'Angleterre, ainsi que celle de l'amiral Broughton, qui, comme lieutenant civil, lut à cet infortuné monarque sa sentence de mort. Ils moururent tous deux ici dans l'exil; leurs têtes ayant été mises à prix, le gouvernement de Berne refusa constamment de les livrer, malgré les nombreuses réclamations qui lui furent adressées. La maison de Ludlow existe encore; on lit sur la porte cette inscription : « *Omne solum forti patriâ.* »—L'*église de Ste-Claire*, édifice d'un style simple et élégant; l'*hôpital*, construit en 1754, renferme une *école de travail*, une *école primaire*, la *bibliothèque*, de 12,000 vol.; les tribunaux criminel et correctionnel y tiennent leurs séances; la *halle au blé*, la *douane*, l'*hôtel de ville*, construit en 1755, les *prisons*, le *collége*, construit en 1838.

Moyens de locomotion. Trois bateaux à vapeur font chaque jour le trajet de *Genève* à *Villeneuve* et retour ; de petites embarcations pour la promenade stationnent pendant toute la belle saison au bas de la grande place.

Des *diligences* et *courriers* partent et arrivent chaque jour, pour *Londres* et *Paris* par *Besançon*, pour le midi de la *France* par *Genève*, pour *Milan* et *l'Italie* par le *Simplon*, pour *l'Allemagne*, *Neufchâtel*, *Berne*, etc. Bureau, n° 35, rue du Lac.

A 3 kil., sur une éminence qui domine le lac, se trouve l'ancien *château de Blonay*, bâti dans le xe siècle, lequel, pendant 700 ans, a appartenu à la même famille ; plus loin, au-dessus de Clarens, se voit un autre château, celui de *Châtelard*.

A 1 kil. 1/2 de Vevay, vous trouvez le hameau de la *Tour de Peil*, avec un château bâti au bord de l'eau dans le xiiie siècle. 1 kil. 1/2 plus loin se trouve

CLARENS, décrit d'une manière si sentimentale par J.-J. Rousseau dans sa *Nouvelle Héloïse;* sa situation commande une des plus belles vues du lac, offrant la perspective des montagnes qui forment la vallée du Rhône, et celle des rivages opposés. Mais le village est par lui-même pauvre et n'offre aucun intérêt. Il ne doit sa célébrité qu'aux belles pages de Rousseau. Celui qui voudrait, la *Nouvelle Héloïse* à la main, chercher tous ces endroits si ravissants dans la description, ne saurait assurément les reconnaître, tant, comme l'a dit Rousseau lui-même, « ils sont grossièrement altérés ! » L'endroit où l'on s'attend à trouver le bosquet de Julie est maintenant un champ de pommes de terre. Byron dit que les arbres ont été abattus par les moines du Saint-Bernard, et employés pour l'usage de la maison ; mais sa seigneurie a oublié une chose : c'est de demander si le bosquet avait réellement existé autre part que dans l'imagination du poëte.

A 4 kil. E. de Vevay se trouve le grand village de

Chailly; on y voit encore la maison qu'habitait madame de Warens, la protectrice de Jean-Jacques.

Les collines doucement inclinées et couvertes de vignes, qui depuis Genève bordent presque sans interruption les beaux rivages du lac, changent ici d'aspect; ce ne sont plus que des escarpements s'élevant brusquement du bord de l'eau à une hauteur considérable; la route suit les sinuosités des baies qui se trouvent à leur base.

MONTREUX (*hôtel :* la Couronne) est un joli village dans une position des plus pittoresques : d'un côté s'élève majestueusement la *Dent-de-Jaman*, et de l'autre coulent les belles eaux du lac. La température y est fort douce; aussi beaucoup de valétudinaires de tous pays viennent-ils y séjourner. L'auberge est très-bonne; on y trouve aussi des pensions bourgeoises très-confortables. Le voyageur devra visiter le *cimetière*, *l'église* et sa terrasse, d'où l'on jouit d'une vue magnifique. Le costume des femmes attirera aussi son attention.

A 3 kil. de *Montreux* se trouve le romantique *château de Chillon*, situé sur un roc isolé, entouré d'eaux profondes, mais tout près du rivage et de la route, avec laquelle il communique par un pont-levis. Ce donjon présente une masse de bâtiments fort considérable, mais irrégulière, dominée par une grande tour carrée munie d'un beffroi. Il fut bâti en 1238 par Amédée IV de Savoie, et servit longtemps de prison d'État. Au nombre des victimes qui y furent enfermées figurent plusieurs des premiers réformateurs. Dans son *Prisonnier de Chillon*, quand Byron fait la description d'un captif imaginaire, il ignorait l'histoire réelle de Bonnivard, prieur de Saint-Victor, qui se rendit suspect au duc de Savoie par les efforts qu'il fit pour affranchir les Génevois du joug de la Savoie. Les émissaires du duc s'emparèrent de lui et l'entraînèrent secrètement dans ce château. Pendant six longues années il fut plongé dans le cachot le plus profond, sur un sol au niveau des eaux du lac. On voit encore fixé à l'un des piliers l'anneau auquel il fut attaché, et on aperçoit très-distinctement à sa base, sur les dalles de pierre, la trace des pas du prisonnier.

Le château sert maintenant d'arsenal; sa vieille chapelle, très-curieuse, sert de magasin à poudre; mais on ne peut y entrer. A l'exception de cette partie du bâtiment, l'étranger peut le visiter en entier. Les souvenirs historiques qui se rattachent à cette féodale habitation l'intéresseront vivement.

Le lac peut avoir dans cet endroit une profondeur d'environ 125 mètres. C'est près de ce château que J.-J. Rousseau a placé, dans sa Nouvelle Héloïse, la catastrophe qui coûta la vie à Julie.

Un peu au delà du château se trouve le splendide *hôtel Byron*, commandant une belle vue ; c'est une habitation vaste et tranquille, où le voyageur trouve tout le confort désirable. (Mis en vente en 1845 ; pourrait être fermé.)

VILLENEUVE (*hôtels* : la Croix-Blanche, le Lion-d'Or), petite ville ancienne entourée de murailles et ayant 1,500 habitants. C'est le *Penniculus* des Romains. Villeneuve est situé à l'extrémité orientale du lac, à l'endroit où la route quitte ses bords pour entrer dans la vallée du Rhône, et où ce fleuve se jette dans le lac. Une diligence attend l'arrivée des steamers pour conduire les voyageurs à Bex.

A 1 kil. $^1/_2$ de Villeneuve, on trouve une petite île, la seule qui existe sur cette partie du lac, et dont Byron parle dans le *Prisonnier de Chillon*. — Ensuite on arrive à

ROCHE, où se trouve le relais de poste, et tout proche se trouve

LAIGLE (*Aquilea*) (*hôtel* : la Croix-Blanche), village de 1,700 habitants, construit de marbre noir, ce qui lui donne un aspect fort triste. Ses environs renferment des carrières de marbres de différentes nuances.

La route que nous suivons traverse une contrée alpestre très-pittoresque jusqu'à

BEX. *Hôtel* : l'Union (bonne), comprenant une pension et un établissement de bains alimenté par une source sulfureuse qui prend naissance dans le voisinage, ce qui amène un assez grand concours de monde à Bex. On y trouve, pour faire des excursions dans les montagnes, des guides, des chevaux et des chars-à-bancs.

Bex est un village de 3,000 habitants, situé sur la grande route du Simplon, principalement remarquable par ses mines de sel et les ateliers établis pour leur exploitation. Dès le milieu du XVIe siècle, on obtenait le sel de sources saumâtres qui pendant longtemps appartinrent à la famille d'un marchand d'Augsbourg, nommé Zobel; mais elles sont maintenant la propriété du gouvernement du canton. Jusqu'en 1823, les sources salines fournissaient seules le sel, et elles diminuaient rapidement, lorsque M. Charpentier, directeur des mines, fit la découverte d'une énorme masse de roche salée qui a assuré l'existence de l'établissement, et en a augmenté considérablement le produit annuel, qui est maintenant porté à 30,000 quintaux.

Les *salines* sont la première chose que les étrangers visitent en arrivant à Bex; elles sont situées à 3 kil. dans la vallée de *la Gryonne*; une route escarpée, mais praticable pour les chars-à-bancs, conduit au milieu de sites magnifiques à l'entrée des mines.

Avant d'atteindre St-Maurice, nous trouvons le village de Lavey, avec 200 habitants et un bel établissement de *bains thermaux* dont la température est de 45° centigrades. L'établissement des bains et les hôtels destinés à loger les pensionnaires sont bien disposés et dans une situation pittoresque (1)

St-Maurice. (*Voyez* route 5, p. 158.)

---

(1) Pour plus grands détails, voyez *Manuel du voyageur en Suisse*, route 86. — Chez L. Maison, 5, rue Christine, Paris.

ROUTE VII.

DE PARIS A GÊNES PAR MARSEILLE,

ET NAVIGATION A VAPEUR JUSQU'A GÊNES.

De Paris à Lyon (voyez routes 1 et 2.)

De Lyon à Marseille par les bateaux à vapeur du Rhône (voyez route 4).

De Lyon à Marseille (route de malle-poste.)

De Lyon à			Montélimart,	1 0
St-Fons,	0 m.	8 k.	Donzère,	1 4
St-Symphorien-d'O-			La Palud,	1 6
zon,	0	8	Mornas,	1 2
Vienne,	1	3	Orange,	1 1
Auberive,	1	3	Sorgues,	1 8
Le Péage-de-Roussil-			Avignon,	1 0
lon,	0	6	St-Andiol,	1 9
St-Rambert,	0	9	Orgon,	1 0
St-Vallier,	1	2	Pont-Royal,	1 8
Tain,	1	4	St-Canat,	1 5
Valence,	1	8	Aix,	1 6
La Paillasse,	1	1	Le Pin,	1 4
Loriol,	1	1	Marseille,	1 5
Derbières,	1	3		

Pour la description de cette route, voyez *Guide du voyageur en France* de Richard, chez L. Maison, 3, rue Christine, Paris.

MARSEILLE (Bouches-du-Rhône). *Hôtels :* d'Orient, rue Grignan, 17, tenu par M. Borel. Cet hôtel est au premier rang, à cause des hauts personnages qui y descendent. C'est aussi le logement des princes, lorsqu'il leur arrive de visiter Marseille.—Des Empereurs, rue Canebière, tenu par M. Chalanqui. Sa position est la plus belle, et son ameublement magnifique; il vient d'être entièrement agrandi, restauré et remis à neuf. Excellente table d'hôte et restaurant à la carte dans le genre de Véry, de Paris. Service parfait, prix modérés; deux choses assez rares à Marseille. Cet hôtel est admirablement situé, au centre de la ville, à côté de la Bourse, du port, des diligences et des bateaux à vapeur. Il y a des interprètes pour toutes les langues, et le propriétaire se fait distinguer par son urbanité et ses soins attentifs pour les étrangers.—Beauveau, rue Beauveau, 4, tenu par M. Chauvier.—Noailles, rue Noailles, 24, tenu par M. Guien. C'est, après l'hôtel de l'Orient, le plus recherché par les personnages de marque.—Des Princes, rue Beauveau et place Royale, 12. Cet hôtel est plus particulièrement le rendez-vous des voyageurs du commerce; il est ancien et jouit d'une grande réputation. Table d'hôte.—Paradis. Cet hôtel est très-estimé des voyageurs.—Du Luxembourg, rue Vacon, 19.—Des Ambassadeurs, rue Beauveau, 1, rivalise avec l'hôtel des Princes, pour les voyageurs du commerce; sa table d'hôte jouit d'une excellente réputation.—De l'Univers, rue Saint-Ferréol, entrée sur la rue du Jeune-Anacharsis; hôtel d'un grand avenir.—*Marseille* possède en outre une quarantaine d'hôtels de deuxième ou troisième classe, tenus soit par des Français, soit par des étrangers, et dont la nomenclature dépasserait les bornes de cet ouvrage. Cependant il convient de citer *l'hôtel d'Italie*, rue Coutellerie, 9, tenu par M. Galliany, Italien, renommé par sa science culinaire.—*Marseille*, grande, belle et riche ville, bâtie 600 ans avant J.-C. par une colonie grecque, s'allie avec les Romains, qui lui donnent le nom de *Massilia*; cultive les lettres et mérite le nom de nouvelle Athènes; embrasse le parti de Pompée, est assiégée et prise par Jules-César; passe des Vandales aux Bourguignons, des Bourguignons aux Sarrasins; vers le XIe siècle, s'érige en république; Louis XIV la réunit définitivement à la France: peste, en 1720, qui enlève 60,000 individus. C'est une des villes les plus anciennes de France; elle n'est plus que l'ombre de ce qu'elle était autrefois. C'est le chef-lieu du département des *Bouches-du-Rhône*; elle possède une préfecture, des tribunaux, un évêché, une église consistoriale réformée, une académie de belles-lettres, sciences et arts, un hôtel des monnaies (lettre M double), une école royale de navigation, une bourse, un musée, un cabinet d'antiques, une assez belle bibliothèque, créée au commencement de ce siècle, riche de près de 60,000 vol. et 1,200 manuscrits peu curieux provenant en partie des livres des couvents et des émigrés : ce riche dépôt ainsi que le musée (1) font partie de l'ancien couvent des Bernardins, et sont ouverts au public presque tous les jours, ainsi que le muséum d'histoire naturelle ; un lazaret, un jardin des plantes, un théâtre. Le port est un des plus beaux de la *Méditerranée* : il peut contenir près de douze cents vaisseaux. Le quartier situé entre le cours et le port est la vieille ville ; le reste, formant à peu près les deux tiers de *Marseille*, compose la ville neuve : l'une a des rues en général étroites et mal pavées, l'autre des rues larges, bien aérées, bordées de maisons bien bâties, dont quelques-unes portent l'empreinte du ciseau du Puget ; les rues de la Canebière, Beauveau, Saint-Ferréol, sont magnifiques. La *Salle de spectacle* mérite d'être remarquée : le lustre est fort joli, la troupe assez bonne ; la façade en est un peu lourde. L'*Hôtel de la préfec-*

(1) MUSÉE DE MARSEILLE. *Ecole française :* 3, Joseph reconnu par ses frères, de Coypel ; 11, 12, portraits de Fauchier ; 18, 19, 20, 21, de Mignard ; 27, le Couronnement de la Vierge, par Parrocel ; 33, le Triomphe de Flore, du Poussin ; 38, le Sauveur du monde, du Puget, morceau capital ; 43, 44, 45, 46, 47, 48, 49 à 66, de Michel de Serre ; 67, J.-C. chez Marthe et Marie ; 68, la Présentation au temple, par le Sueur ; 90, magnifique Christ en ivoire. — *Ecole italienne :* 94, 95, d'Annibal Carrache ; au plafond, Assomption de la Vierge, de Louis Carrache ; 107, la Charité romaine, de Guido Reni ; 111, Famille de la sainte Vierge, du Pérugin ; 112, des cavaliers (sur bois), par Pippi ; 113, un ermite contemplant une tête de mort, par Salvator Rosa ; 114, saint Jean écrivant l'Apocalypse, de Sanzio (Raphaël). — *Ecole flamande :* 118, un paysage (sur bois), de Brughel ; 119, 120, de Philippe de Champagne ; 124, Pêche miraculeuse, de Jordaëns ; 127 à 131, de Rubens ; 434, portrait du comte de Stafford, par Van-Dick.

Marseille est peu riche en monuments antiques : on admire, dans la salle des tableaux, n° 2, un autel grec.

OUVRAGE A CONSULTER : *Guide de l'étranger dans Marseille*, par *Richard*, joli vol. in-18, orné d'un plan de Marseille et de vues en taille-douce. Prix : 5 fr., à Paris, chez l'éditeur L. Maison, rue Christine, 3, et à Marseille, chez tous les libraires.

ture, dont l'architecture est élégante; le clocher de l'ancienne *église gothique des Accoules* sert d'horloge; les *Fontaines* publiques de la porte Paradis, de la place Royale et de celle des Fainéants, sont assez belles. On doit visiter la *Salle du concert*, l'*hôpital du Saint-Esprit*, l'*église inférieure de St-Victor*; l'*église de la Major*, ancien temple de Diane, renferme un bas-relief du XII° siècle et un beau buffet d'orgues; l'*église des Chartreux* est le plus bel édifice religieux de Marseille; le *Temple réformé*; l'*Hôtel de ville*, sur le port, construit par Puget. Il existe chez un amateur de cette ville deux dessins projetés pour le même édifice, infiniment supérieurs aux premiers, qu'on refusa parce qu'ils auraient été trop dispendieux. *La Bourse*, ouverte de midi à 2 heures. Elle se tient en ce moment dans un bâtiment provisoire construit en planches, sur la place Royale, où se trouve une fontaine assez lourde dont le bassin est supporté par des griffons sur lesquels on a écrit : « N'approchez pas, ils sont mauvais. » Sur une autre fontaine, surmontée du buste d'Homère, on lit : « Les descendants des Phocéens à Homère. 1803. » Le port *Dieudonné*, formé par la jonction de l'île *Ratonneau* avec celle du château d'*If*, prison d'Etat où Mirabeau fut enfermé; le buste de *Milon*, sur la façade d'une vieille maison rue des Grands-Carmes; la maison de *Puget*, à l'embranchement de la rue de la Palud avec celle de Rome; le *Palais épiscopal*, la *porte Juliette*, l'arc de triomphe, la *nouvelle Halle*, à 32 colonnes d'ordre toscan. Parmi les promenades, on remarque surtout le Cours, formé de deux rangs d'arbres qu'accompagnent de beaux édifices; les allées de *Meilhan* sont fort agréables; on a de beaux points de vue du fort *Notre-Dame-de-la-Garde*, construit sous François Ier, mais qui ne fut jamais d'une grande importance comme défense, ce qui donna lieu à ces quatre vers :

> Gouvernement commode et beau,
> Où l'on ne voit pour toute garde
> Qu'un suisse avec sa hallebarde,
> Peint sur la porte du château!

Un spectacle non moins curieux est celui qu'offre le port. L'affluence des négociants nationaux et étrangers, la variété des costumes, des mœurs et des langages, la multitude des vaisseaux, des chaloupes et des batelets, offrent un tableau véritablement curieux : le coup d'œil de la porte d'*Aix* est magnifique. De l'Observatoire, établissement dont *Marseille* se glorifie à juste titre, on a un panorama d'un genre unique : le port, la ville, la campagne et la mer forment quatre tableaux différents. Beaucoup de personnes préfèrent le séjour de *Marseille* à celui de *Bordeaux*; quelques-unes regardent cette ville comme la plus belle de *France* après *Paris*: le climat en est doux, le ciel pur et rarement troublé par le *mistral*; les cousins sont des hôtes incommodes dont on se défend par un rideau nommé *cousinière*.

Marseille possède de bonnes fabriques de savon, de maroquin, de parfumerie, des raffineries de sucre. Elle commerce en olives, huiles, denrées coloniales, parfums, essences, fruits secs et confits, vins, eaux-de-vie, anchois renommés, thon mariné. *Bains*: Imbert, place du Grand-Théâtre; Auzilly. *Bains de mer* de M. Giraudy, pour 1 fr. 50 c., y compris l'omnibus. *Poste aux lettres*, rue Jeune-Anacharsis. *Restaurateurs*: il y en a plusieurs sur le Cours, à l'*hôtel du Luxembourg*, chez Parroul; à la *Réserve*, chez Bonnifay frères, maison renommée pour son excellente cuisine, ses bons vins et ses poissons toujours frais. C'est à la Réserve, sur le bord de la mer, qu'on va manger des huîtres et ces coquillages si connus des gourmands sous le nom de *clovis*. On y va, dans la belle saison, en partie de plaisir. *Cafés*: d'Europe, place de la Comédie; Bodoul, rue Saint-Ferréol; de l'Univers, des Mille-Colonnes. Pop. 146,000 hab.

MOYENS DE LOCOMOTION.

Malle-poste pour *Paris* par *Lyon*; pour *Paris* par *St-Étienne*; pour *Toulouse* et *Bordeaux*. — *Messageries des maîtres de poste* du Languedoc et de la Provence; service de *Marseille* à *Nîmes*, et retour par *Aix* et *Salon*. Bureau, place Royale, 5. — *Service des maîtres de poste et des berlines-postes du Commerce*, de *Marseille* à Paris par *Aix*, *Avignon* et *Châlon*. Bureaux, rue Canebière, 7. — *Messag.*

Poulin, correspondant avec les Messag. Caillard et compagnie, de *Marseille* à *Lyon* par la *Bourgogne* et les *paquebots* de la Saône, par le *Bourbonnais* et le *chemin de fer d'Orléans*. Bureaux, place Royale et rue Suffren, 2.

Entreprise Piffard. De *Marseille* à *Toulon* et retour, départ tous les jours. Bureaux, rue Canebière, 1.

Entreprise Paban-Avon. De *Marseille* à *Toulon*, 2 départs par jour; de *Marseille* à *Aix*, 4 départs par jour. Bureaux, sur le Cours, 6.

Entreprise Lauzier. De *Marseille* à *Toulon*, 3 départs par jour; de *Marseille* à *Aix*, 8 départs; de *Marseille* à *Nîmes*, 1 départ; de *Marseille* à *Avignon*, 1 départ; de *Marseille* à *Nice*, 1 départ; de *Marseille* aux *Martigues*, 3 départs; de *Marseille* à *Draguignan*, 1 départ. Bureaux, sur le Cours.

A l'hôtel des Deux-Pommes et *des Deux-Indes*, on trouve des voitures pour *Barjols*, *Brignolles*, *Manosque*, *Besançon*, *Briançon*, partant tous les jours à 5 heures du soir.

Voitures tous les jours pour *Arles*, *les Martigues*, *Aubagne*, *Roquevaire* et routes, *Avignon*, *Valence*, *Lyon*, *Gap*, *Grenoble*, *Sisteron*, *Chambéry*, *Genève*, *Nîmes*, *Montpellier*, *Paris*, le *Nord*, *Tarascon*, *Beaucaire*, *Nîmes* et tout le *Languedoc*.

A peine le steamer a-t-il quitté la riche Marseille, qu'il se dirige vers l'est, effleurant avec une grande rapidité les eaux d'un bleu-ciel qui, devant nous et à notre droite, semblent se confondre avec l'horizon; à notre gauche se trouvent les côtes de la Provence. Bientôt nous saluons *Toulon* avec ses mille bouches à feu, les *îles d'Hyères*, *Fréjus* aux souvenirs historiques, et *Nice*; puis nous disons adieu à la France. L'Italie alors se présente à nous avec toutes ses villes opulentes et commerçantes.

Après une navigation d'environ 40 myriamètres, nous arrivons en 17 heures à

GÊNES. (Voy. p. 199.)

ROUTE VIII.

DE MARSEILLE A GÊNES, PAR LA VOIE DE TERRE, PAR BRIGNOLLES.

17 myr. 4 kil. et 34 postes ½.

De Marseille à					
Aubagne,	1 m.	7 k.	gère),	3	
Roquevaire,	0	8	Turbia,	3	
Tourves,	3	0	Mentone,	2	
Brignolles,	1	2	Vintimiglia,	1	½
Le Luc,	2	3	San-Remo,	2	¾
Vidauban,	1	1	San-Stephano,	2	
Le Muy,	1	3	Oneglia,	2	½
Fréjus,	1	5	Alassio,	3	½
L'Estérel,	1	4	Albenga,	1	¼
Cannes,	1	9	Finale,	3	
Antibes,	1	2	Savone,	3	½
Nice (poste étran-			Arezano,	3	½
			GÊNES (1).	3	

Beaucoup de voyageurs, surtout les dames, craignent le voyage par mer; nous avons cru devoir leur indiquer la voie de terre.

Pour la description de la route de Marseille à Antibes, voyez le *Guide du Voyageur en France* de Richard, chez L. Maison, 3, rue Christine.

NICE (voyez route 4, page 103).

En quittant Nice, notre route traverse une riante et fer-

---

(1) La route de *Nice* à *Gênes* est faite depuis 18 ans; sans être une route royale, elle n'en est pas moins praticable pour les voitures les plus fortes, et des relais composés de 10 à 12 chevaux se trouvent partout organisés et sous l'inspection de l'administration des postes. Le trajet de *Nice* à *Mentone* est déclaré route royale. C'est cette route que l'on suit pour se rendre à Gênes, et non celle de *Villefranche* et de *Monaco*, qui est tout-à-fait hors de cette direction. Ces relais ont été fixés par l'administration.

tile plaine; bientôt le sol s'élève et nous conduit sur le plateau occupé par la forteresse de

MONTALBAN. De là, une pente assez roide nous mène à

VILLAFRANCA, petite localité, mais dont le port et la rade sont fort remarquables.

La route suit toujours le littoral de la Méditerranée, jusqu'à

TURBIA, petite ville dont les monuments, ainsi que ceux du village voisin, *Esa*, attirent toujours l'attention de l'archéologue et de l'artiste.

Voyageant toujours dans un riche pays, nous arrivons dans la capitale du ci-devant royaume de MONACO, dont le souverain a cédé sa principauté au roi de Sardaigne en 1845. Cette ville est située sur un rocher qui semble braver la fureur des flots, et sur l'emplacement du temple d'*Hercule Monœcus*, dont parle Virgile (1). Sa population s'élève à 1,200 hab.

MENTONE, petite ville sarde, située dans un district fertile en oranges, cédrats et huiles, dont elle fait un commerce assez important. Les femmes de cette riante localité se font remarquer par la fraîcheur de leur teint. Population, 4,000 hab.

Suivant toujours le littoral au milieu d'un beau pays, nous arrivons à

VINTIMIGLIA, petite ville épiscopale dans une situation des plus agréables, avec une population de 6,000 hab. On traverse ensuite

Bordighera, grand village fortifié, n'ayant de curieux que sa position; et non loin nous trouvons

SAN-REMO, petit port dont le commerce est assez actif, situé sur le penchant d'une colline dont les versants sont couverts de vignes, d'oliviers et d'arbres à fruits; ses marins ont la réputation d'être les meilleurs du littoral. Pop. 9 à 10,000 habit.

Ensuite nous traversons les villages de *St-Laurent*, *San-Stephano* et *Riva*, qui n'offrent rien d'intéressant, si ce

---

(1) Énéide, liv. VI, vers 851.

n'est quelques vieilles tours élevées jadis pour la défense du rivage. A une petite distance se trouve

Porto-Maurizio, petite ville située vers l'entrée du golfe de Gênes, et dont le port acquiert chaque jour une certaine importance commerciale; on y exporte une grande quantité de pâtes, d'huiles d'olive et de pierres lithographiques, qu'on trouve dans ses environs. Pop. 6,400 hab.

Quelques instants après avoir quitté cette localité, nous entrons à

Oneglia, petite ville fortifiée, avec un petit port très-sûr; elle est située dans un canton qui produit la meilleure huile d'olive de toute cette partie du golfe de Gênes. Ce fut à Oneglia que Bonaparte vint remplacer le général Scherer dans le commandement en chef de l'armée d'Italie, en 1796. Cette ville est la patrie d'André Doria. Pop. 5,000 hab.

Au sortir d'Oneglia, nous traversons *Diano-Marino*, avec son beau château, puis les villages de *Cervo*, *Rolo* et *Lingueglie*, jusqu'à

Alassio, bon petit port avec un chantier de construction, et qui fait un commerce actif. Pop. 5,700 hab.

Non loin, sur notre droite, s'élève du sein des ondes l'île de

Gallinara, servant aujourd'hui d'asile aux pêcheurs; les Romains l'appelèrent ainsi du grand nombre de poules sauvages qu'ils y trouvèrent.

A deux pas de là, nous traversons la petite rivière de *Centa*, et nous sommes à

Albenga, petite ville épiscopale dont quelques monuments attestent l'antiquité; elle est située au fond d'un golfe qui forme un petit port assez commode : son commerce en chanvre, huile et olives, est assez considérable. Pop. 4,800 habit. — Vient ensuite

Cériale, dont la moitié des habitants furent, il y a environ deux siècles, enlevés par les Turcs et conduits en esclavage.

A *Borghetto di S.-Spirito*, le voyageur pourra visiter dans le voisinage la *grotte de Ste-Lucie*, célèbre par les magnifiques stalactites qu'elle renferme.

Longeant toujours le littoral, nous passons par

Loano, petite ville avec sa curieuse église du *Mont Carucela*, et une population de 3,500 habitants. — Puis vient

Pietra et son petit port pour le cabotage : les habitants conservent encore le souvenir du passage de l'armée française, en 1796, sous les ordres du général Masséna.

Finale (*Finarium*), autrefois capitale d'un marquisat qui appartenait aux Génois, est une ville bien bâtie, mais son port est peu profond, ouvert et peu sûr. De ce côté la campagne est fertile en fruits et en huile, et l'on y recueille notamment des pommes exquises, que l'on appelle *pomi carli*.

Le voyageur devra visiter l'église collégiale de *St-Jean-Baptiste*, située dans le quartier de *Final-Marino*; c'est un temple magnifique, érigé sur les plans de Bernini; les seize colonnes qui divisent l'église en trois nefs, le pavé et le grand escalier sont en marbre. Le quartier *Final-Borgo* renferme aussi une collégiale, dédiée à *St Blaise*: le marbre qui soutient la chaire représente la *Vision d'Ézéchiel*; le *mausolée du marquis de Carretto*, un tableau, imitation de Luc de Hollande, méritent toute l'attention du voyageur. Les ruines du *château Gavone*, la galerie de *tableaux Raimondi*, méritent aussi d'être visitées.

Varigotti est un petit village au delà duquel la route plonge dans une galerie longue d'environ 130 mètres, taillée dans le marbre, et immédiatement après se trouve

Noli (*Naulum*), où réside un évêque; c'était une petite république de pêcheurs, autrefois soumise à celle de Gênes, quoique très-attachée à ses priviléges; mais à présent elle est incorporée avec Gênes au royaume de Piémont. Cette ville est assez bien bâtie, défendue par un château, et avec un port de peu d'importance. Le peuple, n'ayant pas de terres à cultiver, tire de la pêche presque toute sa subsistance. Pop. 2,000 hab.

Une heure de marche environ conduit à

Vado, petite ville ancienne, avec une rade pouvant abriter des vaisseaux de haut bord, et défendue par quelques fortifications. Pop. 2,000 hab. — On trouve dans le voisinage une grotte remplie de belles stalactites. — Vient ensuite

Savone. *Hôtels* : Albergo-Reale, la Poste. Cette ville, fort ancienne, d'une assez grande étendue, possède un port qui jadis eut une certaine importance commerciale; mais la négligence ou l'incurie l'ont laissé combler; quelques travaux peu coûteux pourraient le rendre d'un accès facile aux gros vaisseaux.

Curiosités. — La *cathédrale*, noble édifice d'une riche architecture, et dont l'intérieur est orné de peintures d'*Allegrini*, de *Castelli*, et de tableaux de *Cambiaso*, de *Robertolli* et de l'*Albane*.

L'*église St-Jacques* possède une belle toile d'*Albert Dürer*, représentant l'*Adoration des Mages*, et une autre toile précieuse, due au pinceau d'*Antoine Semini*; on trouve du même peintre une *Nativité* dans l'*église Saint-Dominique*. — Savone est la patrie de l'empereur Pertinax, des papes Grégoire VII, Sixte IV, Jules II, et de *Chiabrara*, célèbre lyrique.

Commerce. — Fabriques de faïence, porcelaine et potasse; vins, huiles, oranges, etc. Pop. 16,000 hab.

Excursion. — A 4 kil. de la ville se trouve l'*église de la Madonna della Misericordia*, ornée de belles peintures et de riches sculptures en marbre; on y admire surtout la statue de la Vierge, couverte de pierres précieuses.

Bientôt le voyageur traverse

Albizzola, avec sa belle manufacture de porcelaine;

Varraggio, avec ses constructions maritimes. A

Cogoleti, nous saluons en passant la maison où naquit Christophe Colomb. Ensuite c'est

Voltri, avec ses beaux édifices et ses maisons élégantes, ses papeteries, ses manufactures de draps assez estimés, et sa population d'environ 8,000 hab.

A peine a-t-on quitté Voltri, qu'on passe à

Prato. Pop. 4,000 hab.; — ensuite à

Sestri-di-Ponente, bourg riche où se trouvent de belles maisons de campagne. Pop. 6,000 hab.

Enfin nous entrons par la nouvelle route dans le magnifique faubourg de *Saint-Pierre-d'Arena*; nous sommes arrivés à *Gênes*. L'entrée de cette ville par terre est fort belle; mais le panorama qu'elle déroule à nos yeux, en arrivant par mer, est tout à fait grandiose : vers l'est s'élèvent les vertes *montagnes de Carignan*, à l'ouest le *mont Saint-Benigno*, se liant aux premières par une série de riantes collines à la végétation luxuriante, et du sein desquelles surgissent des palais, des temples et de riantes habitations. Au pied de ce bel amphithéâtre, Gênes étale ses innombrables palais de marbre, sa superbe rade et le mouvement animé de son port !

GÊNES.

Ecco ! vediam la maestosa, immensa
Città, che al mar le sponde, il dorso ai monti,
Occupa tutta, et tutta a cerchio adorna.

GÊNES (*hôtels* : la Croix-de-Malte, table d'hôte à 4 heures; Feder sur le port, table d'hôte à 4 ou 5 heures, selon la saison; prix, 3 fr.; chambres depuis 2 fr. jusqu'à 5 et plus; de Londres, prix modérés; les Quatre-Nations, d'York, de l'Europe, d'Italie, l'Albergo-Reale, la Pension suisse, l'Aquila-Nera, etc.), surnommée *la Superbe* à cause de la magnificence de ses palais. Elle est bâtie en forme de croissant, sur le penchant d'une montagne qui fait partie des Apennins. Vue de la mer à une certaine distance, elle offre un spectacle aussi magnifique qu'imposant, parce qu'une multitude de belles maisons de campagne, disséminées sur les hauteurs et aux environs, semblent se confondre avec la ville même. Que si l'on arrive par terre de la Lombardie, en entrant dans le vaste faubourg de Saint-Pierre-d'Arena, bâti presque au bord de la mer, on ne peut qu'être frappé à l'aspect de tant de palais somptueux qui annoncent le goût et l'opulence des habitants. Après avoir parcouru ce faubourg dans toute sa longueur, on arrive au pied de la tour du grand fanal, élevée sur le même emplacement où était la citadelle que Louis XII avait fait construire pour s'assurer de Gênes. De là on découvre le port et la ville qui l'environne : cet ensemble forme un coup d'œil vraiment admirable.

La ville de Gênes a des fortifications très-considérables. Son enceinte extérieure s'étend jusqu'au sommet de la montagne, et forme un circuit d'environ 4 lieues (16 kil.). L'enceinte intérieure a environ la moitié de cette étendue. Nous allons visiter cette belle ville en nous servant du Guide de Gênes et de ses environs (1).

Palais.

Palais ducal. Cet immense bâtiment, qui était anciennement la résidence des doges de la république, sert maintenant aux séances du sénat royal de Gênes. Ce palais vraiment royal est un des plus vastes et des plus étendus de la ville. C'est au Génois Simon *Cantoni* qu'on doit l'architecture du palais actuel, qui réunit à la plus rare élégance des formes la plus grande solidité et l'incombustibilité. La façade extérieure présente un ensemble majestueux ; elle est décorée de corniches et de balustrades en marbre. Les grandes voûtes de cet édifice, ainsi que la toiture, qui est sans aucune charpente ni ferrements, comme l'indiquait son projet, méritent l'attention des connaisseurs. La grande salle où siégeait le sénat a 40 mètres de longueur sur 17 de largeur et 20 de hauteur. Ce somptueux édifice est occupé aujourd'hui par les bureaux des justices de paix, par l'intendance générale, par la trésorerie et la police. Il est fortement question de débarrasser ce palais des sombres murailles qui le masquent en grande partie.

Archevêché. Le palais de l'archevêché a une très-belle salle peinte à fresque par le peintre *Cambiaso* ; on y voit à la voûte la tenue d'un synode provincial.

Palais royal, rue *Balbi*. Ce palais, l'un des beaux de cette ville, appartenait à la famille *Durazzo*. Sa majesté en a fait l'acquisition. Il a tous les agréments qu'il est possible

---

(1) Chez M. Beuf, libraire, rue Neuve, à Gênes.

de désirer : une vaste cour, des jardins et des écuries; tous ces objets sont réunis dans cet immense édifice, qui présente une perspective de 94 mètres le long de la rue Balbi. Il fut bâti sur les dessins de deux architectes, Pierre-François *Cantone* et Jean-André *Falcone*; mais les beaux escaliers en marbre ont été dirigés par le chevalier Charles *Fontana*.

Parmi les précieux tableaux qui décorent ce palais, on admire surtout : *Olinde et Sophronie*, par Luc Giordano; — *Adam et Ève*, de Procaccino; — *un portrait*, par le Tintoret; — *un portrait*, par Van-Dyck, — *un portrait de femme*, par le même; — *une Vierge*, du Guide; — *une Arthémise*, du Tintoret; — *une Crèche*, par le Titien; — *un Jésus-Christ*, du même; — *une Madeleine*, par le Tintoret; — *une Vierge*, de Carlo Dolci; — *le Sauveur*, par le même; — *une Descente de Croix*, de Caravage; — *Jésus crucifié*, *une tête de femme*, du Titien; — *une tête de femme*, par le Tintoret; — *une Sainte Famille*, par Albert Durer; — *Saint Jean, l'Enfant Jésus et plusieurs Chérubins*, par le Titien; — *Susanne*, par Rubens; — *Quatre fleuves*, de Giordano.

Dans le salon dit *di Paolo* est un des plus beaux ouvrages de Paul Véronèse : la *Madeleine aux pieds de J.-C.* La *statue de Vitellius*, capable à elle seule d'orner une galerie, est le plus bel ornement de ce palais.

Palais *de l'Université*. Ce vaste palais a deux façades; la principale se déploie sur la rue, et l'autre donne sur la place de Saint-François-Xavier. Son architecture est d'un beau style; elle est due aux dessins de Barthélemi *Bianco*. Il y a trois ordres de croisées avec des balcons en marbre d'ordre toscan. On entre dans le vestibule, qui est trop petit en raison de la grandeur de l'édifice; mais l'architecte a si adroitement placé deux grands lions en marbre sur le troisième degré, que l'on ne s'occupe en entrant que d'admirer ces beaux morceaux de sculpture. Tout dans ce riche palais est digne de la curiosité du voyageur; la *salle des examens*, dont la voûte est ornée d'une fresque d'une grande beauté, exécutée par *Carloni*, renferme six statues en bronze de *Jean de Bologne*, représentant la Justice, la Foi, la Charité, l'Espérance, la Force et la Tempérance. — Les *cabinets* d'*histoire naturelle* et de *physique*, la *bibliothèque*, contenant environ 50,000 vol., et le *jardin botanique*, sont fort remarquables.

PALAIS BALBI-PIOVERA, rue Balbi, dont l'architecture est de *Barthélemi Bianco* et d'*Antoine Corradi*. Ce palais possède une nombreuse collection de belles toiles, dont les plus précieuses sont, dans le salon, six portraits par *Van-Dyck*, dont un représente Francese Balbi à cheval ; l'Interprétation des songes par Joseph, de *Strozzi* ; dans une salle à gauche, cinq autres portraits du même maître ; dans la salle à droite, Andromède sur un rocher, par le *Guerchin* ; un Marché, par *Bassano* ; sainte Catherine, par le *Titien* ; Jésus au jardin des Oliviers, de *Michel-Ange* ; saint Jérôme, du *Titien* ; dans une autre pièce, un Philosophe et un Mathématicien, par l'*Espagnolet* ; saint Jérôme, par le *Guide* ; la Conversion de saint Paul, par *Michel-Ange* ; une Vénus, par *Annibal Carrache* ; dans une autre salle, une Cène, par *Paul Véronèse* ; une Lucrèce, par le *Guide* ; un Guerrier antique, par le *Corrège* ; une Vierge et l'Enfant Jésus, par *Procaccini* ; deux portraits, par le *Titien* ; deux portraits, par *Van-Dyck* ; la Présentation au temple, par le *Parmésan* ; une Cléopâtre, par le *Guide* ; une Madeleine, par *Annibal Carrache* ; l'Innocence, par *Rubens* ; la Vierge, l'Enfant Jésus et sainte Catherine, par le *Corrège* ; saint Marc, par le *Guide* ; une Vierge, de *Salvator Rosa* ; une Foire et des Bergers, par *Valerio Castelli*.

PALAIS DURAZZO. Ce palais termine la rue *Balbi* avec ses galeries jusqu'à l'église de l'*Annonciade*. Il a, au milieu des angles, un grand corps de bâtiment, duquel partent deux galeries couvertes, ornées de colonnes en marbre ; la façade de ce palais a 38 mètres de longueur, sans y compter les galeries et les jardins. On y admire la Madeleine du *Titien* : les connaisseurs, quoique instruits qu'il en existe une dans le palais *Barbarigo* à Venise, n'en considéreront pas moins celle-ci comme un original ; les Pharisiens montrant au Seigneur la monnaie de César, par le *Guercino* ; l'Adultère, du *Procaccino* : ce tableau ferait honneur au premier des peintres. On cite encore comme dignes d'admiration une Charité romaine, de *Guido Reni*; saint Eustache, un Enfant qui dort, du même; le Mariage de sainte Catherine, de *Paul Véronèse*; le Seigneur qui apparaît à Jean, du *Dominiquin*; saint Sébastien, du même; le portrait de Philippe IV, par *Rubens*; Héraclite et Démocrite, de *Ribera*; une Femme et deux Enfants, de *Van-Dyck*; une Vierge, de *Strozzi*; les neufs portraits de la famille Durazzo, par *Van-Dyck*; deux morceaux de *Bassan*; le Festin chez le Pharisien, de *Paul Véronèse*, belle copie de David; une Suzanne, par *Rubens*; la Mort de Sénèque, par *Ferrari*; un Vieillard, par *Rembrandt*; Olinde et Sophronie, par *Jordaens*.

PALAIS BRIGNOLE, *dit le Palais Rouge, dans la rue Neuve*. Le grand Palais Rouge, situé dans la belle rue Neuve, 49, dont nous avons déjà eu occasion de parler, appartient à M. le comte Antoine de *Brignole-Sale*. Ce palais possède une des plus riches collections de tableaux qu'il y ait à Gênes. Nous citerons Jésus-Christ chassant les vendeurs du temple, du *Guerchin*; Judith, de *Paul Véronèse*; plusieurs *Rubens*; Jésus au jardin des Olives, de *Carlo-Dolci*, admirable; la Résurrection, par l'*Albane*; sainte Catherine, par *Baroccio*; la Vierge, l'Enfant Jésus et plusieurs saints, par *Paris Bordone*; saint Laurent, par *Annibal Carrache*; la Résurrection de Lazare, par *Michel-Ange*; une Assomption, par le *Corrége*; saint Jean-Baptiste, par *Léonard de Vinci*; la Vierge, l'Enfant Jésus et plusieurs saints, par le *Guerchin*; même sujet, par *André-del-Sarto*; le Père Éternel, par le *Guerchin*; Cléopâtre, par le *Guide*; Tobie, par le *Poussin*; une Sainte Famille, la Vierge, l'Enfant Jésus, quatre Apôtres, par *Procaccino*; un portrait, par *Rubens*; deux tableaux de famille, par *David Teniers*; un portrait, par le *Titien*; deux Marines, par *Vernet*; Jésus et les Pharisiens, le Sauveur, une Escarmouche de soldats et plusieurs portraits, par *Van-Dyck*; Jésus chassant du temple les marchands, du *Guerchin*; sainte Véronique, du même; une Suzanne, par *Annibal Carrache*.

PALAIS SERRA, *dans la rue Neuve*, 19. Ce palais, de feu Dominique *Serra*, fut bâti en 1552 par l'architecte *Galeazzi Alescio*, et décoré à la moderne par *Tagliafichi*, architecte génois.

Ce noble édifice ne le cède en rien à ceux que nous venons de visiter, tant pour les décors intérieurs que pour quelques riches peintures qu'il renferme.

Le salon de ce palais, un des plus beaux qu'il y ait en Italie, est de l'invention de Wailly, architecte français, et a été exécuté par *Tagliafichi*; on peut voir, dans le supplément de l'Encyclopédie, le dessin de chaque face de la voûte, ainsi que les éloges qu'on donne à cet ouvrage qui surpasse tous les autres du même genre, soit par l'élégance des proportions, soit par la richesse des ornements, des dorures, des glaces, des flambeaux, des meubles et des broderies. Les quatre bas-reliefs de marbre blanc qui sont sur les portes sont l'ouvrage des sculpteurs génois *Traverso* et *Ravaschio*. Les portes sont plaquées en lapis-lazzuli; le pavé est en mosaïque. Enfin ce salon mérite à juste titre le nom de palais du Soleil, que lui a donné M. le président Dupaty, dans ses Lettres sur l'Italie; tout le reste est conforme à la richesse qui se voit dans tous les coins de ce salon; la dorure y est avec profusion, et a coûté, dit-on, un million au propriétaire.

Palais Spinola, rue Neuve, n° 44. Ce palais, qui est en face de celui ci-dessus, est très-vaste; la façade extérieure est toute peinte à fresque par Lazare *Tavarone*, avec les portraits des douze Césars. Dans l'intérieur de ce palais il y a de très-beaux tableaux, dont les plus remarquables sont: la Nativité, un portrait, l'Hiver, l'Automne, par *Bassano*; la Vierge, l'Enfant Jésus et plusieurs saints, le roi David, par le *Guide*; Bacchus, par *Rubens*; la Vierge, l'Enfant Jésus, par *Luc de Hollande*; un portrait, par *Sébastien del Piombo*; trois autres portraits, d'*André del Sarto*; une Vierge et un Enfant Jésus, de *Luino*; Jésus rencontrant Véronique, du *Tintoret*; un portrait, par le même; Jésus couronné d'épines, un portrait, par le *Titien*; un crucifix, deux portraits, de *Van-Dyck*, etc.

Palais de M. Nicolas Grillo Cataneo. Ce palais possède une riche et belle collection de tableaux; il est tout près de la porte du *Portello*, ou de la rue Neuve, n° 31, comme on l'appelait anciennement. Nous citerons saint Joseph et saint Jean, de *Raphaël*; la Lapidation de saint Étienne, de *Louis*

Carrache; le portrait d'un sénateur, du *Titien*; Samson, de *Paul Véronèse*; saint Antoine, de *Lanfranc*; le Martyre de saint Laurent, de *Pierre de Cortone*; un portrait, de *Jean Bellini*; sainte Agnès, d'*André del Sarto*; un portrait de femme, de *Van-Dyck*; une sainte Famille, de l'*Espagnolet*; la Modestie, de *Paul Véronèse*; un portrait, par le *Titien*; Samson, de *Gherardo delle Notti*; un portrait de femme, de *Rubens*; une bataille, de *Borgognone*; un paysage, par *Tempesta*; etc.

PALAIS de *M. le duc Vivaldi Pasqua*. Ce palais, en face de la rue Neuve, sur la place des *Fontane Amorose*, a la façade peinte représentant les Vertus; le vestibule a de belles peintures représentant des batailles ainsi que les histoires du roi Salomon. Une sainte Famille, par *Léonard de Vinci*; un tableau représentant des jongleurs faisant des tours d'adresse, du *Caravaggio*; tableau représentant les Heures, de *Raphaël*; les Amours qui dansent, de *Raphaël*: ces deux tableaux sont d'une beauté admirable; un Christ mort, la Sainte Vierge, et d'autres figures, de *Rubens*.

PALAIS *du prince Doria Panfili, hors la porte Saint-Thomas*. Ce palais très-vaste se déploie sur une large avenue ayant 150 mètres de longeur; sa façade principale regarde le nord. Son architecture est de *Montorsoli*, Florentin; la porte, ornée de deux colonnes d'ordre dorique en marbre blanc, est d'après les dessins du célèbre *Pierrin del Valga*. En entrant dans le vestibule on voit la voûte couverte de stucs, de peintures grotesques et de différentes histoires, tant dans les lunettes que dans les compartiments. Quatre médaillons, où le triomphe de Scipion, en de très-jolies petites figures, est exprimé avec beaucoup de grâce. Il faut entrer dans les appartements pour y admirer les grands travaux du célèbre Pierre *Bonacorsi*, dit *Pierrin del Vaga*, le second disciple, après Jules Romain, de l'école du grand Raphaël, et grand maître lui-même.

LE PALAIS DORIA TURSI, rue Neuve, 2, appartient aujourd'hui à l'Etat; il renferme de très-bonnes peintures, dont les plus remarquables sont: deux Musiciens, par *le Guerchin*; — Vénus et l'Amour, par *Lanfranc*; — le Songe de l'échanson, de *Carravaggio*; Diane et Endymion, de *So-*

limène ;—Hercule couronné par la Gloire, de *Lanfranc* ; —l'Aurore réveillant Morphée, de *Solimène* ;—deux paysages, de *Claude Romain* ;—Alexandre dans le royaume des Amazones, par *Solimène*, etc.

PALAIS CAMBIASO, 27, rue Neuve. Comme la plupart de tous ces palais, la façade en marbre est d'une grande richesse ; mais malheureusement le peu de largeur de la rue en détruit l'effet ; il possède aussi une belle collection de tableaux, dont les plus estimés sont : Ste Marie-Madeleine, de *Guerchin* ;—une Sainte Famille, par *Innocent* ;—la Vierge, l'Enfant Jésus et saint Jean-Baptiste, de *Raphaël* ; —une Crèche, de *Bassano* ;—une Madeleine, qu'on croit du *Corrège* ;—deux Vues de Venise, de *Canaletto* ;—une Vierge et l'Enfant Jésus, de *Procaccini* ;—l'Adoration des Bergers, de *Bassano* ;—un portrait, du *Titien* ;—un portrait de femme, du *Guide* ;—un portrait, de *Paul Véronèse* ;—sainte Lucie, par *le Guerchin* ;—une tête de femme, de *Van-Dyck* ;—l'Adoration des Mages, de *Luc de Hollande* ;—le David de Michel-Ange, par *Caravage*, etc.

PALAIS PALLAVICINI, rue Charles-Félix, no 327. La façade de ce palais est neuve et fort belle, mais la cour est petite et ne répond en rien à l'élégance de l'extérieur. Le salon est magnifique ; parmi les nombreuses peintures on remarque surtout une Madeleine, par *Annibal Carrache* ;—un portrait, de *Van Dyck* ;—l'Ivresse de Silène, de *Rubens* ;— une Sainte Famille, d'*Albert Durer* ;—l'Adultère, de l'*Espagnolet* ;—la Musique, du *Guerchin* ;—Mutius Scevola, par le même ;—saint Pierre aux fers, de *Rubens* ;—saint François, saint Jérôme, par *le Guerchin* ;—une Déposition, d'*Albert Durer* ;—Diane au bain, du *Guide*.

PALAIS DEL VECCHIO, muro di San-Stephano, n° 866. Cet édifice se distingue par l'élégance de sa construction et la belle vue dont on y jouit. Les tableaux qu'il renferme, au nombre de six cents environ, sont presque tous de l'école ancienne.

PALAIS ET VILLETTA DI NEGRO, près de l'Acquasola. La situation de ce palais est magnifique, ainsi que la vue dont on y jouit. On y remarque une collection de gravures, tant anciennes que modernes, dont plusieurs sont fort curieuses. Attenant à cet édifice, se trouve le *Jardin botanique*, ou *Villetta*, contenant une assez grande quantité de plantes exotiques très-rares et cultivées avec un grand soin. On remarque aussi dans ce jardin une grotte tout à fait pittoresque d'où la vue commande un vaste horizon, s'étendant sur le golfe, sur la ville et ses environs.

PALAIS SAULI, *dans le faubourg de St-Vincent, près de la porte Romaine.* Ce palais, qui appartenait anciennement à la famille *Grimaldi*, est sans contredit l'un des plus magnifiques non-seulement de la ville de Gênes, mais de toute l'Italie.

ANCIEN PALAIS, dit *des Pères du commun*. On voit dans ce local un des plus précieux monuments de l'antiquité qu'il y ait peut-être en Italie. C'est une table en bronze qui fut trouvée en 1506 dans la *Polcevera*, près de Gênes, par un paysan, en piochant la terre : l'inscription qui y est gravée est très-bien conservée ; elle a pour objet une sentence rendue, l'an 633 de la fondation de Rome, par deux jurisconsultes romains, à l'occasion de quelques différends survenus entre les peuples de Gênes et ceux de Langasco, de Voltaggio et de Polcevera, appelés dans ce temps-là *Genuates*, et les Génois *Genuenses*. Un autre monument antique que l'on conserve dans cette salle, est le plan topographique de la ville de Gênes, telle qu'elle était en 1164, avec les murailles anciennes et les tours du palais et maisons particulières, d'où combattaient les factions civiles des Guelfes et des Gibelins.

Ces splendides palais, que nous venons de visiter, ne sont pas les seuls que renferme Gênes ; mais notre cadre ne nous permettant pas de les décrire tous, nous indiquerons sommairement les plus remarquables.

Le *Palais Durazzo* (autre que celui déjà cité), près du Zerbino, 473 ; un autre du même nom, place di Negro ; *palais Brignole*, place du même nom, 808 ; *palais Spinola*, rue dell'Acquasola, n° 13 ; *palais Negroni*, sur la place du même nom, n° 24 ; *palais Pallavicini*, montée de St-Bartolomméo, n° 421 ; *palais Faragiana*, place Acquaverde, etc.

Monuments religieux.

Église de St-Laurent. Cette église est toute revêtue de marbre à l'extérieur; sur la grande porte il y a en relief le *Martyre de St Laurent*. On voit aussi à l'angle la statue en marbre du Fourbisseur, faite par ses propres mains en 1100. Outre les quatre piliers, la grande nef est décorée de seize colonnes d'ordre composite formées par des pièces de marbre blanc et noir de Paros. Dans la frise on lit que l'ouvrage de cette basilique fut renouvelé en 1300, et la belle inscription latine qui rappelle son origine. Voici la disposition des autels et chapelles qu'on y trouve. A droite, à la deuxième chapelle est un tableau de l'Ascension de Notre-Seigneur, de Jérôme *Piola*; les trois autels qui suivent ont quelques bons tableaux. On doit la belle chapelle qui est en tête de la nef, à droite, à la piété du doge Mathieu *Senarega*, qui en ordonna la construction en 1596. Elle est toute incrustée en marbre blanc, le médaillon principal représente le martyre de St Laurent. Le chœur mérite d'être observé par la superbe marqueterie de François *Zabello*, Bergamasque. La chapelle en tête de la nef, à gauche, est toute revêtue en marbre; on l'appelle l'autel du St-Sacrement : cet autel, fait en 1821, sous la direction du chevalier Charles *Barabino*, Génois, est orné de deux anges adorant le St-Sacrement, faits par Joseph *Gaggini*, Génois. On conserve, dans la sacristie de cette métropolitaine, un monument des plus précieux que l'on connaisse; c'est le vase d'émeraude connu dans toute la chrétienté sous le nom de *Sacro Catino*, trouvé à la prise de Césarée en Palestine, en 1101. Le gouvernement français s'en empara en 1809, et il fut transporté à Paris, où il resta jusqu'à la paix de 1815. Il est gardé soigneusement : la grandeur de ce *Catino* est de 40 centimètres, son pourtour a 1 mètre $1/_8$, et il est de forme hexagone, ayant deux anses, dont l'une est polie et l'autre ébauchée. On prétend que c'est dans ce vase que Notre-Seigneur mangea l'agneau pascal avec ses disciples. On conserve aussi dans la même sacristie un beau bassin ou plat (*Disco*) d'agate ou chalcédoine, avec la représentation de la tête de saint Jean-Baptiste ; c'est un présent du pape Innocent VIII. On prétend même que c'est le plat sur lequel on apporta à Hérodiade la tête du saint. On garde aussi dans le trésor de la métropolitaine deux châsses, dont l'une en vermeil sert à la procession des cendres de saint Jean-Baptiste. L'autre châsse, qui est en argent, est aussi digne d'être admirée par les ornements qui sont d'un fini admirable, et par le nombre de petites statues en vermeil représentant les prophètes et saints de l'Ancien et du Nouveau-Testament : elle sert à la procession de la Fête-Dieu. La chapelle de St Jean-Baptiste, dessinée par Jacques *Della Porta*, oncle du frère Guillaume, est d'un genre gothique très-soigné.

ÉGLISE DE SAINT-CYR. Cette église est une des plus anciennes, elle existait déjà sous le titre de Basilique des douze Apôtres, lorsque Salomon, premier évêque de Gênes, y eut fixé son siége en l'an 250. Cette église, l'une des plus belles, des plus riches en marbres et des plus grandes de la ville, est soutenue par 16 colonnes accouplées d'ordre composite de beau marbre blanc, d'une seule pièce, d'une grosseur et d'une hauteur dont on ne trouve pas de pareilles à Gênes. La voûte est peinte par *Carlone*, peinture d'un grand mérite. Les grisailles et la perspective sont de Paul *Brozzi*, Bolonais. Le grand autel, qui est très-beau, est orné de figures d'anges et de jeunes garçons en bronze doré, du célèbre *Puget*. On distingue dans cette église le tableau de St André Avellina, peint par *Sarzana*. Dans la chapelle, sous les orgues, il y a un beau tableau de l'*Adoration des bergers*, du *Pomerancio*.

La Sacristie, qui est la plus grande des églises de Gênes, renferme quelques tableaux qui méritent d'être observés.

ÉGLISE DE N.-D.-DES-VIGNES. La grande nef est soutenue par seize belles colonnes d'une seule pièce en marbre granitelle fin ; elles sont accouplées en huit groupes ; la coupole de cette église a été peinte en 1815, par *Paganetto*, peintre génois ; les quatre évangélistes sont de *Tagliafico* ; la voûte du chœur est peinte par *Taveroni* ; on y voit trois beaux tableaux : 1° l'Annonciation, par *Ratti* ; 2° la Présentation au Temple, par *David* ; 3° la Naissance du Seigneur, par un peintre romain. Le maître-autel est du *Puget*; on y voit l'ange, le lion, l'aigle et le bœuf qui sont les symboles des évangélistes. L'autel à droite du maître-autel est celui de la Ste-Vierge, en grande vénération à Gênes. Cette chapelle est richement ornée par la piété des fidèles; on y admire aussi de bons tableaux de *Paggi*. Dans la chapelle à gauche du sanctuaire, on voit Jésus-Christ en croix, chef-d'œuvre de *Marogliano*, célèbre sculpteur en bois, ainsi que les deux statues, aux côtés, de la Ste Vierge et de saint Jean. Au troisième autel, est une demi-figure de la sainte Vierge avec l'enfant Jésus, enchâssée dans un grand relief en marbre, ayant les figures de saint Jean-Baptiste et de saint Roch avec les âmes du purgatoire au fond; ouvrage très-beau de *Solaro*, élève de *Puget*; cet autel a deux belles colonnes imitant le porphyre.

ÉGLISE DE L'ANNONCIATION. La magnificence et la splendeur de cette église est due à la famille de *Lomellini*. Sa façade, supportée par des colonnes cannelées, vient d'être revêtue de marbre blanc d'une grande beauté. La coupole a été retouchée par *Ferrari*, les peintures du chœur sont de Jules *Benzo*; à côté du sanctuaire, on voit deux peintures par Jean-Baptiste *Carlone*; il y a une belle représentation d'architecture. Au-dessus de la porte, il y a une belle *Cène de Notre-Seigneur*, chef-d'œuvre de *Procaccino*; ce tableau est de grande manière, d'une couleur belle et forte. Dans la première chapelle à gauche, on voit un tableau du martyre de *saint Clément*, un des meilleurs ouvrages de *Carlone*. La quatrième chapelle à droite, dédiée à saint Louis, roi de France, est affectée à la nation française; il y a un beau tableau représentant ce saint adorant la Croix, peint par Bernard *Carlone*, Génois. Dans cette chapelle est le tombeau du *duc de Boufflers*, mort à Gênes en 1747. Dominique *Piola* a peint les tableaux qui ornent plusieurs chapelles; nous ne citerons que l'*Annonciation*, la *Prédication de St Jean*, la *Conception*, et quelques miracles de *St Diégo*. Il faut admirer les beaux albâtres qui décorent le grand autel, à la croisée à gauche. Dans la chapelle en tête de la nef à gauche, il y a un beau tableau, la *Sainte Vierge* évanouie, *St Jean* et *Sainte*

Marie-Madeleine ; ce tableau est frappant, il est de *Scotto*.

EGLISE DE ST-AMBROISE, rue des Selliers (Sellaj). La façade de cette église est d'une architecture noble et majestueuse. Au maître-autel, on voit un tableau de *la Circoncision de Notre-Seigneur*, de *Rubens*. L'architecture de cet autel est magnifique et imposante ; il a quatre grosses colonnes de 8 mètres de hauteur, en marbre noir ou *basdiglio* de *Porto-Venere*. Dans la croisée à droite, l'*Assomption de la Vierge*, grand tableau de *Guido Reni*, en 26 figures tant grandes que petites ; c'est un tableau admirable. A la croisée à gauche on voit *St Ignace* qui guérit une possédée et ressuscite des enfants ; c'est un grand tableau de *Rubens*, admirable. La chapelle en tête de la nef, à l'épitre, a un très-joli tableau de *St Pierre ès-liens*, du célèbre Cornelius *Wael*, peintre flamand.

SAINTE-MARIE-DE-CARIGNAN ou l'*église de l'Assomption*, située à une des extrémités du beau pont de *Carignan*. Le portail est orné de trois belles statues ; d'un côté on admire celle de St Pierre, de l'autre celle de St Paul, et au centre celle de la Vierge. L'intérieur de ce pieux édifice a quelque analogie avec celui de *St-Pierre de Rome* ; il y a trois nefs, une chapelle à chaque bout de la croix, et trois coupoles dont une grande et deux petites. Les quatre piliers qui soutiennent la grande coupole sont ornés de quatre statues en marbre de 4 mètres de hauteur ; les deux plus belles sont du fameux *Puget* : celle qui passe pour un chef-d'œuvre est *Saint Sébastien*, la seconde représente le bienheureux *Alexandre Sauli*. Le grand autel est orné de bas-reliefs en bronze, faits par Maximilien *Soldani*, Florentin ; il est en marbre jaune : les plus beaux marbres ont été employés pour faire cet autel. On voit dans cette belle église plusieurs bons tableaux, savoir : 1º *Saint Pierre et Saint Jean* qui guérissent le paralytique, chef-d'œuvre de Dominique *Piola* ; 2º *le Martyre de Saint Blaise*, attaché à un poteau ; c'est un des premiers grands tableaux de Charles *Maratta* ; 3º *la Sainte Vierge et l'enfant Jésus, et Saints Dominique, Hyacinthe et Catherine*, très-beau tableau, chef-d'œuvre de Jérôme *Piola*, fils de Dominique ; 4º *la Sainte Vierge, Saint François et Saint Charles* ; c'est un des plus beaux tableaux du *Procaccino*, mais il a souffert des injures du temps ; 5° *Saint François* recevant les stigmates ; c'est un des meilleurs tableaux du *Guercino*. Les orgues de cette église sont des premières d'Italie. On monte à la coupole par un escalier fort commode : de là on jouit du plus beau coup d'œil qu'on puisse imaginer ; toute la ville et le port se déploient sous les yeux. Tout près de cette magnifique église est le pont, non moins surprenant, qui porte le même nom, et qui joint les deux collines de Sarzano et de Carignan.

Église de St-Étienne, *près la porte de l'Arc.* L'église paroissiale de St-Étienne est très-ancienne, son architecture est gothique ; on voit dans cette église un des plus beaux tableaux que l'on connaisse ; le sujet est *la lapidation de Saint Étienne*, contemplant le ciel ouvert. La partie inférieure de ce tableau est de *Jules Romain*, la partie supérieure de *Raphaël*. Il formait un buffet d'orgues à Rome, et Léon X en fit présent à l'ancienne république. Ce tableau fut porté à Paris ; il a été restauré par *David*.

Sainte-Marie-des-Écoles-Pies. Le plus bel ornement de cette église consiste en neuf superbes bas-reliefs, en marbre blanc, qui avaient été détachés pour être envoyés à Paris, mais ils y ont été replacés. Les trois premiers ont été faits par François *Schiaffino*, célèbre sculpteur ; les six autres par Charles *Cacciatore*, son digne élève. La statue du maître-autel est de *Donatello* ; l'Ange Gardien est de P. *Oderico*, et le tableau de la Passion, du *Guide*.

Sainte-Marie-de-Castello. Cette église est fort ancienne ; la *famille Castelli*, dont elle conserve encore le nom, la fit agrandir dans le xie siècle ; son style est gothique, et l'intérieur se compose de trois nefs, soutenues par des colonnes de granit. Au premier autel à droite, il y a un tableau de tous *les Saints*, et un autre de *l'Annonciation* : ces tableaux peints sur bois et dorés, par Louis *Brea*, sont très-anciens et méritent d'être examinés en détail. Un autre morceau de peinture qui mérite une attention particulière est *la Sainte Vierge* au milieu de *Sainte Catherine* et de

Sainte Madeleine, peint par *Greghetto*; c'est un tableau de toute beauté. Mais le plus précieux est le Saint Sébastien, du *Titien*, qui orne la sacristie.

SAINT-CHARLES. La statue de *la Sainte Vierge*, en beau marbre, est un des chefs-d'œuvre de Dominique *Parodi*.

SAINT-PHILIPPE-DE-NERI. Dans l'oratoire attenant à cette église, on ne doit pas oublier une belle statue en marbre, de la *Sainte Vierge*, du célèbre *Puget*, ouvrage de la dernière perfection.

Eglise de Saint-François-de-Paule, hors la porte Saint-Thomas. Les amateurs ne seront pas fâchés d'y monter; ils y auront la satisfaction de voir toute l'étendue du port et de la ville : l'église mérite aussi d'être vue; il y a quelques bonnes peintures à fresque et de jolies colonnes en marbre rare de différentes couleurs; il y a aussi quelques bons tableaux à l'huile : l'Adoration des bergers, par Luc *Cambiaso*; c'est un beau tableau, qui avait été porté à Paris et qui a été rendu depuis. Le tableau de l'Annonciation, du même auteur, mérite d'être examiné.

Eglise de Sainte-Marie de la Consolation. La plus belle église située dans ce quartier, et une des mieux ornées de Gênes, est celle de N.-D. de la Consolation. Elle est grande et a trois nefs divisées par huit piliers, deux desquels portent une coupole fort élevée. Elle a huit chapelles latérales, deux grands autels à la croisée et le maître-autel dans la tribune. Il faut considérer dans la croisée le *grand autel de Saint-Augustin*, formé par quatre colonnes torses de marbre noir *basdiglio*, très-poli, posées sur doubles piédestaux d'albâtre et de marbre noir veiné d'or.

Eglise de Saint-Stéphano (Saint-Etienne), située près de la porte de l'Arno, est fort ancienne, d'un style gothique et dans une belle position; on y distingue surtout quatre colonnes torses enrichies d'ornements, et soutenant une superbe coupole; on y admire aussi le tableau si renommé qui représente le martyre de St Etienne, par *Raphaël* et *Jules Romain*; cette magnifique toile fut donnée à la république de Gênes par le pape Léon X. Sous Napoléon, ce tableau fut transporté à Paris et restauré par David. Parmi les huit chapelles que renferme cette église, celle de *Notre-Dame de la Garde* est la plus élégante.

Gênes possède encore plusieurs églises que nous indiquerons au touriste et que nous lui conseillons de visiter.

ÉTABLISSEMNTS PUBLICS.

L'*Albergo dei poveri* (hôpital des pauvres). Jamais, dit M. Valery, la douleur physique n'eut un plus magnifique séjour. Cet établissement fut fondé en 1564 par Emmanuel Brignole. On compte dans ce pieux asile près de 200 infortunés plus ou moins infirmes, tant hommes que femmes, vieillards, orphelins et enfants trouvés; toute cette population est divisée en diverses classes et employée à des travaux manufacturiers. Tous les ans une exposition publique a lieu, et des prix sont accordés à ceux qui ont montré le plus de zèle et d'intelligence. L'église de cet hospice renferme une belle toile de *Piola*, représentant l'Ascension; on y admire aussi la Piété, bas-relief de *Michel-Ange*; une statue de la Vierge, soutenue par des anges, groupe magnifique du *Puget*.

Ce vaste hôpital sert aussi de maison de correction; les hommes en sortent sachant un métier, et les filles avec une dot; les revenus en sont considérables.

L'*Hôpital de Pammatone*, passe pour un des plus beaux édifices de Gênes; il fut fondé par *Barthélemy Bosco*, en 1420, sur les plans d'*André Orsolino*; on y reçoit les malades, quelle que soit leur nation, les femmes en couche et les enfants trouvés; on y remarque plusieurs statues représentant les bienfaiteurs de ce pieux asile.

Casa di Recovero del Pazzi (maison d'aliénés), située hors de la porte Arco. Cette noble institution a été fondée en 1838 et peut contenir 300 personnes.

Hôpital des Incurables, rue *Giula*; établissement fort intéressant à visiter : on y entre par un péristyle orné de statues en marbre. La distribution des quatre salles est parfaite; elles contiennent chacune cinquante lits, et au bout de chaque salle s'élève un autel : on y admire un superbe tableau de la Cène, par *Cambiaso*, peintre génois.

Conservatorio delle Fieschine, pieux établissement fondé par Dominique Fieschi, en 1763, pour servir d'asile aux jeunes Génoises orphelines ; on leur apprend à travailler en linge, la broderie, et à fabriquer des fleurs artificielles, genre d'industrie dans lequel elles ont acquis une grande réputation.

Gênes renferme encore d'autres établissements de charité publique, tous tenus par des religieuses de l'ordre de Sainte-Catherine.

Institution royale des sourds-muets, montée de St-Bartolommeo, n° 419. Ce philanthropique établissement fut fondé en 1801 par le révérend père Octave Assarotti. Il y a onze places gratuites pour les garçons et sept pour les filles : on leur apprend divers genres de métiers.

Academia di belle arti (académie des beaux-arts), place St-Domenico ; cet établissement renferme une bonne collection de tableaux antiques, de dessins, de modèles, etc., avec une bibliothèque d'environ 25,000 volumes.

Gênes possède une université, un collége royal, séminaire, école royale de marine, hôpital de marine, académie de peinture, bibliothèque publique où l'on trouvera quelques beaux manuscrits (1) et beaucoup d'établissements industriels.

Théâtres.

Théâtre Charles-Félix. Ce théâtre est dû au plan habilement tracé par le chevalier Charles *Baradino*, architecte génois ; il peut rivaliser en ce genre avec les plus beaux d'Italie, par sa décoration extérieure qui est à la fois noble et simple, par la richesse des marbres, l'élégante beauté de

---

(1) Silvestre de Sacy, dans ses *Recherches faites dans les archives de Gênes* (Millin, *Magasin encyclopédique*, 1807.—Juillet, pag. 137-147), cite une Bible hébraïque, en 7 gros in-fol., les *Annales* de Caffari. — Voyez *Iter Italicum*, Friedrich Blum, tom. 1, page 83 et suiv.

son vestibule, la magnificence de son foyer, de son porche et de ses principaux escaliers.

Les deux autres théâtres sont : celui de *St-Augustin* et celui *delle Vigne*, destinés à la comédie.

Le théâtre de St-Augustin, autrefois couvent, puis église dédiée au saint dont il porte le nom. Cette église fut convertie en théâtre pour l'opéra ; mais depuis l'érection du splendide théâtre *Charles-Félix*, on n'y représente que des comédies italiennes, des farces et des scènes équestres.

Places et aspect de la ville.

L'intérieur de Gênes ne répond point à l'idée qu'on s'en fait vue de loin. Les rues en général sont étroites, tortueuses et bordées de maisons de cinq ou six étages, surmontées de terrasses, ce qui leur donne un aspect triste et sombre. Cependant on y trouve quelques belles rues, telles que celles *Nuova*, *Nuovissima*, *Balbi*, *Charles-Félix*, qui sont ornées de palais dont les façades sont presque toutes de marbre. Les rues *Giula*, de la *Paix*, et *Charles-Albert*, sont aussi remarquables.

La plus belle place de Gênes est celle qui se trouve près de la *Douane*. Là s'élèvent les nouveaux portiques qui s'étendent jusqu'à la *Darse* ; sous ces portiques sont de jolies boutiques, et au-dessus une jolie terrasse dallée de marbre. Cette *nouvelle terrasse* peut passer pour un des plus beaux édifices publics de Gênes. Sa partie supérieure forme une esplanade d'environ douze mètres de largeur, et sa longueur peut être de 400 mètres. On évalue la dépense à deux millions de francs. Les autres places de Gênes sont peu nombreuses et peu remarquables. La plus vaste est celle d'*Aqua-Verde*, offrant un carré long ; celles *Nuova*, de l'*Annunciata*, *Amorosa*, du *Théâtre* et *Branchi*, sur laquelle se réunissent les négociants, les armateurs, les courtiers et les capitaines au long cours.

L'Arsenal de terre. La salle d'armes est très-belle et distribuée avec goût et intelligence. On y conserve des armes très-anciennes; on remarque entre autres une des pièces en cuir que les Génois prirent aux Vénitiens sous *Chioggia*, et une de ces proues que les Romains appelaient *rostrum*, et que l'on croit unique au monde; on dit qu'elle fut trouvée dans le port de Gênes, et on la suppose encore un reste de la bataille qui eut lieu entre les Génois et Magon, général carthaginois, comme il est indiqué dans Tite-Live.

PORT-FRANC. Le Port-franc est une réunion de huit beaux édifices uniformes renfermés dans une enceinte de murailles; il est situé près du pont des Marchands, où toutes les marchandises qui arrivent de l'étranger, tant par terre que par mer, peuvent être mises en magasin sans payer aucun droit; cet immense local fait la richesse du commerce de la ville. Le Port-franc est ouvert tous les jours, excepté le dimanche et autres fêtes, depuis 8 heures du matin jusqu'à 3 heures après midi. Les seuls portefaix bergamasques qu'on nomme *Caravani* peuvent y travailler; l'entrée en est prohibée à tout autre portefaix. Il faut, pour y entrer, une permission spéciale du directeur des douanes.

DOUANE. — *Ancienne banque de Saint-Georges*. C'est à la douane que se font les expéditions des marchandises; au-dessus se trouve l'appartement où étaient les trésors de la fameuse banque de Saint-Georges; la grande salle d'entrée est ornée de statues antiques des fondateurs et bienfaiteurs de cette maison. Au-dessus de la porte principale de la douane on voit suspendus des morceaux d'une grosse chaîne en fer, comme on en rencontre aussi sur les édifices et les portes les plus anciennes de la ville. Ce sont ces mêmes chaînes, dont les Pisans avaient fermé leur port, que les Génois rompirent en 1290, et qu'ils portèrent en triomphe à Gênes.

DARSE ET ARSENAL DE MARINE. En suivant la rue des *Miragliette*, on arrive à la porte de la Darse, où sont les bâtiments de l'État en armement, désarmement ou en réparation; tous les magasins de l'arsenal se trouvent dans ce grand local, ainsi que les ateliers des ouvriers de la marine militaire; au fond, sur la droite, se trouve le bagne, contenant 700 forçats environ.

PROMENADES.—En outre de la *nouvelle terrasse*, dont nous venons de parler, nous devons citer celle de l'*Acquasola*, où le dimanche, pendant la belle saison, une musique militaire exécute des symphonies. Non loin de là s'élève une *colline* du haut de laquelle l'œil embrasse le riche panorama de Gênes, de son port et de son golfe. Les *murailles* offrent aussi une promenade intéressante, qui donne une idée des moyens de défense de cette cité. Le *pont de Carignan*, ouvrage remarquable, haut d'environ 153 mètres, qui, jeté par-dessus des maisons de cinq ou six étages, réunit deux quartiers élevés de la ville. L'*Aqueduc* est un ouvrage digne des Romains; il fournit de l'eau à presque toutes les maisons de Gênes. — La promenade qui le longe est délicieuse.

PHYSIONOMIE GÉNÉRALE DE GÊNES. — « Gênes la Superbe, dit M. Joseph Bard, est une des métropoles de la Péninsule où la vie italienne est le plus franchement développée. — Ainsi, piété populaire et sociale, manifestations artistiques, costumes, pompe des églises et des palais, musique éclatante et chants des rues, voix métalliques, vivacité de la population, luxe de linge et des serviettes ornées de franges et souvent de dentelles, fresques intérieures et extérieures des maisons, rideaux flottants à la porte des églises et des palais, absence de papiers peints dans les appartements riches ou pauvres, et présence du badigeon plus ou moins voisin de la fresque, chaises à la fine paille, préparation culinaire, cure-dents de bois, parmesan pour la *minestra* et le *brodo*, sentiment instinctif de l'art et du beau moral et idéal chez les hommes de la plus infime condition : tout vous annonce que d'un seul bond vous avez sauté, sans transition, des mœurs françaises au cœur de la nationalité italienne. — En effet, tout a changé brusquement pour vous, la langue, les usages et la société, l'atmosphère politique. Vous vous trouvez jeté au sein d'un peuple de troubadours, d'un peuple qui prie et chante avec la même effusion, au milieu des mœurs les plus communicatives et les plus excentriques.— Enfin les rues de Gênes, malgré la conformité des deux climats, offrent un aspect bien différent de celles de Marseille. »

Le voyageur est frappé, à Gênes, de l'extérieur d'aisance

et de propreté du peuple, de l'obligeance et de la politesse de la classe supérieure, et des manières simples de la noblesse. — Les femmes mettent beaucoup de recherche et d'élégance dans leur toilette; elles portent avec une grâce particulière, quand elles vont à pied, un ample voile blanc, appelé *mezzaro*, dont elles couvrent plutôt qu'elles ne cachent une partie de leur visage, les épaules et les bras. Cet ajustement, qui descend jusqu'aux pieds, ajoute à l'élégance d'un bas de soie bien tiré et d'une chaussure légère (1). Le costume des hommes est en général celui que l'on porte en France. — Le nombre prodigieux de mendiants de tout âge que l'on rencontre, et qui vous poursuivent avec une persévérance infatigable, vient gâter quelque peu le tableau des beautés que nous venons de décrire.

Une coutume assez bizarre, qui règne parmi la haute classe de Gênes, est le *cicisbéat*, qui permet à une femme mariée d'avoir un amant déclaré, lequel est aux petits soins près d'elle, la conduit partout, sans que le mari en prenne jalousie. Il est très-rare de voir les maris chez leurs femmes; et quand on les y rencontre, ils ont l'air de s'intéresser fort peu à ce qui s'y passe.

Il est certaines époques où Gênes se montre au voyageur dans tout son éclat, c'est au moment où se font les processions connues sous le nom de *Casazze*. La richesse des costumes, qui sont presque tous en soie et en velours brodés d'or et d'argent, la magnificence et l'aspect imposant des cérémonies religieuses, attirent alors à Gênes une grande affluence d'étrangers et de nationaux. Les cérémonies de la *semaine sainte* sont aussi fort imposantes : à cette époque, les églises sont transformées en corbeilles de fleurs naturelles de la plus grande beauté.

Biographie. — Parmi les hommes illustres que Gênes a vus naître, nous citerons le *pape Adrien V*, *Jean Balbi*, *Christophe Colomb*, *André Doria*, etc.

---

(1) Ce voile n'est plus guère en usage que parmi la classe pauvre ou peu aisée; ailleurs il a cédé la place aux modes françaises, qui auront bientôt fait disparaître de la surface de l'Europe ces costumes nationaux si curieux et parfois si attrayants.

Commerce, industrie.—On trouve à Gênes de nombreuses fabriques de damas, d'étoffes noires, de velours, de broderies, de bas de soie, de toiles de coton, de chapeaux, de rubans, de fleurs artificielles très-renommées, de pâtes qu'on expédie sur tous les points de l'Europe; les ouvrages d'orfévrerie, d'horlogerie et le filigrane jouissent d'une haute réputation, ainsi que la fabrication des *bijoux en corail*, dont il se fait un commerce considérable.

Exportations. — Huiles d'olive, riz, limons, oranges, cédrats, fruits, pâtes, draps, soie, corail, etc. La soie grége de Sicile et de Calabre, le coton, les denrées d'Amérique et du Levant, les grains de Sicile, forment les principaux objets de ses exportations.

RENSEIGNEMENTS DIVERS.

Ouvrages en corail artistement travaillés : on en fait des colliers, des pendants d'oreilles, des broches, des boutons, etc.

Fleurs artificielles que l'on achètera au *Conservatoire delle Fieschine*, couvent et maison de travail, fondé par Dominique Fiesque en 1763. Ces fleurs, dont la réputation s'étend dans toute l'Europe, sont fort brillantes, mais elles sont loin, nous devons le dire, d'atteindre la perfection de nos fleurs de Paris; en outre, elles se vendent assez cher.

Ouvrages en bois de figuier.—On en fait des tabatières, des gobelets, des tasses, des assiettes, des vases de formes diverses : tous ces objets réunissent la solidité et la légèreté à l'élégance. Le vernis brillant qui les recouvre, les rendant imperméables, permet d'y conserver frais tout ce qu'on y renferme.

Ouvrages en filigrane. — On en fait des fleurs, des épingles pour mettre dans les cheveux, des pendants d'oreilles, des broches, des couronnes, etc.; tous ces ornements sont on ne peut plus gracieux et coquets.

Chapeaux de paille. — On trouvera à Gênes, en s'adressant à son maître d'hôtel, des dépôts de chapeaux de paille de Florence; mais il faut être bien renscigné pour ne pas être trompé.

Comestibles. — Le *bœuf* et le *veau* sont délicieux et fort tendres. — Le *poisson* est abondant et varié ; il est aussi fort bon et toujours frais, grâce à la police qui a soin de faire jeter tous les matins celui qui n'a pas été vendu la veille. — Les *pâtes de Gênes* sont reconnues les meilleures d'Italie. — Les *champignons* qui croissent sur la pente méridionale des Apennins sont excellents et abondants ; les rouges, appelés *boleti*, et les noirs, *neri*, lorsqu'ils sont secs sont envoyés jusqu'en Amérique. — Les *poires*, *limons* et de petites oranges vertes (ou chinois), *piccoli chinesi*, font d'excellentes conserves. — Les figues et tous les fruits y sont très-bons et fort abondants.

Vins. — Les *vins français* et de *Montferrat* sont en première ligne ; viennent ensuite les *vins blancs* du pays, d'un usage général, mais d'une qualité très-médiocre ; celui de *Polcevera*, vallée des environs de Gênes, est plus agréable. Une boisson très-agréable et rafraîchissante est celle que l'on obtient avec le *zucchero rosato*, conserve de rose, qui se vend par petites boîtes de 1 fr. 50 c. ; cette pâte se délaye parfaitement dans l'eau, absolument comme on pourrait le faire avec de la gelée de groseilles, et elle peut être d'une grande ressource en voyage.

Passe-port. — Dès son arrivée, le voyageur est obligé de livrer son passe-port contre un reçu qui lui sert pour le réclamer à l'instant du départ ; il doit être visé par le consul de sa nation, par celui du pays qu'il veut visiter, puis aux bureaux du gouvernement et de la police.

Voici ce qu'on paye pour chaque visa :

	fr.	c.
Au gouvernement,	4	»
Au consul anglais,	2	80
— français,	3	»
— toscan,	2	»
— suisse,	2	»
— des Deux-Siciles,	6	»
— de Lucques,	1	30
— de Rome,	3	20
— américain,	10	50

MOYENS DE LOCOMOTION. — *Malles-postes* (proche la poste)

pour *Milan*; tous les jours à 2 heures ½ après midi, en 18 heures. Prix : 36 francs.

Pour *Turin*, tous les jours. Prix : 27 fr. » c.
— *Lucques*, 40 »
— *Pise*, 45 50
— *Livourne*, 51 »
— *Florence*, 62 50
— *Nice*, à 4 heures, etc.

Messageries Sardes. — De GÊNES à MILAN en 24 heures.
Velturini.—Pour *Florence*, en 4 jours.
— Pour *Milan*, en 2 jours.
— Pour *Turin*, en 2 jours.

NAVIGATION A VAPEUR.—(Voyez l'*introduction*, page 54.)

Prix des porteurs et des bateliers : du steamer à la digue, 1 fr. par chaque personne ; de la digue à l'hôtel, 1 fr. ; du bureau des voitures à l'hôtel, 1 fr. ; pour débarquer une voiture, 5 fr.

ROUTE IX.

DE GÊNES A LUCQUES.

Par la rivière du levant, 46 l. ½, 23 p. ¼.

Recco,	3		Sarzana,	2 ¼
Rapallo,	1 ½		Lavenza,	1 ½
Chiavari,	1 ¾		Massa,	1
Bracco,	2 ¾		Pietrasanta,	1
Mattarana,	1 ½		Montramitto,	1
Borghetto,	1 ½		Lucques,	1 ½
Spezia,	3			

Depuis *Gênes* jusqu'à *Lucques*, en suivant la côte orientale du golfe, on compte environ 12 kil. Cette route est large et très-commode pour le transport des marchandises et des voitures.

Rien de si enchanteur que la campagne qu'on traverse au sortir de *Gênes*. Elle ressemble à un jardin d'agrément : tout y fait illusion. Comme les maisons parsemées sur les coteaux sont peintes de différentes couleurs, de loin on les prendrait pour des pavillons de la plus élégante architecture. L'air qu'on y respire est embaumé par le parfum des orangers qui bordent le chemin.

A 8 kilom. de *Gênes* on passe par *Nervi*, bourg bien peuplé et dans une situation riante. Ce pays est renommé par la douceur de son climat et la beauté de ses fruits. Plus loin on trouve *Recco*, village assez considérable. Vient ensuite *Rapallo*, bourg situé sur le golfe du même nom. A la partie la plus occidentale de ce golfe est *Portofino* (*Portus Delphini*), port vaste et sûr pour les vaisseaux. Les huiles de ce canton ont beaucoup de réputation.

CHIAVARI, qu'on rencontre ensuite, est une ville très-peuplée et très-commerçante : elle est bien bâtie et située dans une plaine aussi fertile qu'agréable. *Curiosités* : plusieurs jolies églises, un hôpital, plusieurs bonnes manufactures de soie. Il y a une société d'agriculture. C'est la patrie du pape Innocent IV. Population, 10,000 hab.

Tout près de là est le village de *Lavagna*, d'où l'on tire cette ardoise d'un beau noir et d'une grande solidité appelée *pietra di Lavagna*, qui est très-commune à Gênes.

De *Chiavari* on arrive à *Sestri di Levante* en deux heures de marche. *Sestri* est un petit endroit, jadis plus considérable, défendu par une forteresse et placé sur une péninsule ou langue de terre baignée des deux côtés par la mer. On tire des environs des marbres de différentes couleurs. La partie de cette péninsule qui regarde du côté de *Gênes* a un golfe très-vaste où les vaisseaux sont en sûreté. Les *Génois* possèdent aux environs de *Sestri* beaucoup de maisons de campagne. Une singularité qui ne peut manquer de frapper l'œil de l'observateur, c'est qu'en général, dans les montagnes qui bordent la côte orientale de *Gênes*, la nature n'étale, pour ainsi dire, qu'un luxe d'ostentation, sans aucun but d'utilité : chaque herbe y est une fleur, chaque arbuste un laurier; mais on n'y trouve ni fruits ni moissons. Cette ville renferme environ 7,000 hab.

De *Sestri di Levante* jusqu'à *Spezia*, la route, bordée d'arbustes odoriférants, se prolonge au milieu d'un pays peu fertile. On trouve d'abord le petit village de *Bracco*, et ensuite le bourg de *Moneglia*, qui produit, quoiqu'en petite quantité, le meilleur vin du pays.

Spezia est une petite ville très-peuplée et fort commerçante, bâtie au fond d'un golfe. Son port, l'ancien port de *Luni*, est un des plus vastes et des plus sûrs que la nature ait formés, ou plutôt un assemblage de plusieurs ports capables de contenir une armée navale, fût-elle des plus considérables. A la partie occidentale du golfe est une petite ville appelée *Porto-Venere*, avec un château et une église bâtis sur une esplanade assez élevée qui domine le golfe, et d'où la vue s'étend sur la mer. Deux forts, construits aux deux embouchures du golfe, en défendent l'entrée. Il y a aussi un vaste lazaret, composé de deux bâtiments, l'un pour les marchandises et l'autre pour les hommes qui doivent faire la quarantaine. Le territoire de la *Spezia* est un beau vallon entouré de collines couvertes d'oliviers. A 1,600 mètres environ du rivage, se trouve dans la mer une source qui lance avec force une gerbe d'eau douce, phénomène très-curieux. Pop., 8,000 hab. *Lerici*, gros bourg situé sur le même golfe, a un port aussi large que profond : c'est là qu'on s'embarque ordinairement pour aller à *Gênes*, lorsqu'on vient de la *Toscane*. Les environs de *Porto-Venere* fournissent un beau marbre noir taché de jaune.

Une route superbe conduit de la *Spezia* à *Sarzana*, distance d'environ 20 kil.

Sarzana, dont l'origine remonte à la plus haute antiquité, appartenait autrefois au grand-duc de Toscane, qui la céda aux Génois dans le XVe siècle, en échange de *Livourne*, qui n'était alors qu'un village. On n'y voit de remarquable que la *cathédrale*, quelques autres *églises*, l'*hôtel de ville* et la *place*. Les antiquaires y observeront en outre, surtout dans les murs de la maison *Benettini*, plusieurs inscriptions tirées des ruines de l'ancienne *Luni*. C'est la patrie de Nicolas V, qui, de simple moine, fut élu pape en 1447. Pop. 8,000 hab.

Il reste encore environ 56 kilomètres à faire pour aller de

Sarzana à *Lucques*. Dans ce trajet, on passe par *Lavenza* et *Massa*, laissant à gauche la petite ville de *Carrara*, où sont ces fameuses carrières connues des anciens et d'où l'on tira le marbre du *Panthéon*. On compte à *Carrara* et aux environs 1,200 ouvriers employés à tirer le marbre, à le transporter, le dégrossir, le scier, le polir ou le sculpter. Les montagnes d'où l'on tire le marbre ont 8 kilomètres de long sur environ 780 mètres de haut : là tout est marbre depuis la base jusqu'au sommet. On extrait quelquefois des blocs de 3 mètres de long sur 1 mètre 25 centimètres et même 2 mètres de profondeur, ou de 40 milliers de poids : on prétend même qu'on en a extrait de 100 milliers. On peut avoir pour 200 livres le bloc nécessaire pour une figure en pied de grandeur naturelle. Il part chaque année environ 100 navires chargés de marbre tant brut que travaillé, portant chacun mille quintaux. La grande difficulté du choix, ainsi que celle du transport, fait que bien des sculpteurs vont séjourner et ébaucher leurs ouvrages à *Carrara*. L'*Académie* de sculpture de ce pays jouit d'une grande célébrité, et est richement pourvue de modèles antiques et modernes. Les habitants sont hospitaliers et accueillent bien les étrangers. Il y a tout près de *Carrara* une grotte très-curieuse pour le naturaliste. Les environs sont assez bien cultivés : on y voit beaucoup de châtaigniers, d'oliviers, d'orangers et de citronniers.

Massa, capitale du duché de *Massa-Carrara*, aujourd'hui possédée par l'archiduchesse Marie-Béatrice d'Este, tante de S. M. l'empereur d'Autriche, est une petite et jolie ville défendue par une forteresse, et placée dans une plaine agréable, à peu de distance de la mer : elle est la résidence d'un évêque, et suffisamment peuplée. Son commerce consiste principalement dans la vente des marbres dont nous avons parlé à l'occasion de *Carrara*, et qu'elle expédie jusqu'en Afrique et même en Amérique. Il n'y a à voir dans *Massa* que l'*hôtel de ville*, le *jardin* et les *églises*, qui contiennent quelques bons tableaux. Dans les environs la campagne est agréable. Pop., 8,000 hab.

Passé *Massa*, on arrive à *Pietrasanta*, gros bourg sur les bords de la mer, auprès duquel il y avait autrefois un *temple* et un *bois* consacrés à la déesse *Féronia*, qu'il ne faut pas confondre avec ceux dont parle *Pline*, et qui étaient sur le mont *Soracte*. On voit à peu de distance de *Pietrasanta* les carrières de *Seravezza*, qui fournissent un marbre veiné d'un grain plus fin et plus serré que celui des marbres de *Carrara*.

Le voyageur rencontre ensuite quelques montagnes presque désertes, d'où il descend dans une riche plaine. C'est là qu'est la ville de Lucques, dont nous parlerons bientôt.

ROUTE X.

DE **GÊNES** A **ANTIBES** PAR **NICE** ET LE LITTORAL.

(Voyez route 8.)

ROUTE XI.

DE **GÊNES** A **GENÈVE**.

Par le Simplon, 67 p. $^3/_4$, 135 l. $^1/_2$.

De Gênes à Novi (v. p. 248),	8 p.	Novara,	3 p.
Sparvara,	2	Oleggio,	2
Pieve del Gairo,	2 $^1/_4$	Arona,	2 $^1/_2$
Mortara,	3	D'Arona à Genève (v. p. 154),	45

COMMUNICATIONS.

De Novi à Alexandrie,	3 p. $^1/_4$	De Mortara à Verceil,	4 p. $^1/_2$
— à Tortona,	2 $^1/_4$	De Novare à Verceil,	3
De Mortara à Vigevano,	1 $^1/_2$	— à Buffalora,	2
— à Casale,	4 $^1/_2$		

ROUTE XII.

DE **GÊNES** A **NICE**.

Par Asti, Cuneo et le col de Tende, 47 l. ¹/₄.

De Gênes à Asti		Bra,	2	¹/₄
(v. route de Turin		Fossano,	3	
à Gênes par A-		Cuneo,	3	
lexandrie, p. 248),	17 p. ¹/₄	De Cuneo à Nice		
Alba,	4 ¹/₂	(v. route 4),	17	³/₄

BRA (*Braida*, *Balderate*), ville, 12,000 h., florissante par son commerce de grains, de vins, de soies. Visitez l'*église de la Trinité*, avec son beau tableau de *Toriceo*.

De *Bra*, une route commode nous conduit à

CERVÈRE (*Cervaria*), village assez considérable et d'une haute antiquité; ensuite nous suivons les rives de la *Stura*, qui nous conduisent à

FOSSANO (*Fossanum*), belle ville riche en antiquités, dont les rues sont larges, droites et bien coupées. — *Curiosité* : la cathédrale. Pop. 13,000 hab.

ROUTE XIII.

DE **GÊNES** A **GENÈVE**.

Par le Simplon, 67 p. ³/₄, 135 l. ¹/₂.

De Gênes à Novi		Novare,	3 p.	
(v. route de Turin		Oleggio,	2	
à Gênes, p. 248),	8 p.	Arona,	2	¹/₂
Sparvara,	2	D'Arona à Genève		
Pieve del Gairo,	2 ¹/₄	(v. route 5),	45	
Mortara,	3			

COMMUNICATIONS.

De Novi à Alexandrie,	8 p. 1/4	De Mortara à Verceil,	4 p. 1/2
— à Tortona,	2 1/4	De Novare à Verceil,	3
De Mortara à Vigevano,	1 1/3	— à Buffalora,	2
— à Casale,	4 1/2		

Après Novi nous trouvons Cairo (*Cairum*), puis Lomello (*Laumellum*), bourg de 4,000 hab. On passe à l'Agogna, et on arrive à San-Giorgi, on entre à Mortara, à Albonese, à Vespolate, à Olengo, à Novare (*v*. route de Turin à Milan). Deux chemins nous conduisent de là au lac Majeur, l'un par *Oleggio*, l'autre par *Borgomanero*.

Voghera (*Vicus Iriæ*) est la dernière place du Piémont, aux confins du pays de Plaisance et du territoire de Pavie. Cette ville, bâtie dans une situation riante, sur la *via Claudia*, offre une vue agréable et charmante. La *cathédrale* est d'architecture moderne, et mérite d'être remarquée, ainsi que l'*hôpital civil* et la *place du Commerce*. Pop. environ 10,000 hab. De Voghera il y a une route qui conduit directement à *Plaisance* par *Bronio* et *Château-Saint-Jean*. A Voghera succède le bourg de Casteggio (*Clastidium* ou *Clastegium*), à la droite du *Pô*, sur la *via Posthumia*. On arrive au vieux château de Broni, sur la droite du torrent le *Schirpazio*. On passe à Stradella, dernier village de l'État sarde; on entre dans le duché de *Parme*; on arrive à Castel-San-Giovanni, bourg de 2,000 h.

ROUTE XIV.

DE GÊNES A NICE.

Par Asti et Ceva, 112 l., 56 p.

De Gênes à Asti		Alba,	4 1/4
(*v*. route de Turin		Cherasco,	2 1/2
à Gênes, p. 248),	17 p. 1/4	Doaglini,	2 1/2

Ceva,	3 p.	à Oneille),	11 ½
De Ceva à Oneglia		De Oneglia à Nice	
(*v.* route 22 de Turin		(*v.* route 8),	15 ½

CHERASCO (*Clarascum*) est une jolie petite ville bien située, et peuplée d'environ 9,000 habitants. On change de chevaux à DOGLIANI (*Dolianum*); on traverse MULLAZZANO, CEVA (*Ceba*), l'antique cité des Liguriens (*voir* Pline, liv. 2, ch. 45), renommée par ses truffes. Nous arrivons à BAGNASCO (*Baniascum*), puis au gros bourg de GAREZZIO (*Garetium*), 3,000 habitants, dont on doit visiter la chartreuse. ORMEA est une petite ville de 5,300 habitants, à peu de distance du TANARO. Nous sommes à ONEGLIA (*Oneille*). D'ONEGLIA à NICE, *voyez* route 8.

Depuis *Dogliani* notre route n'a pas cessé de parcourir une contrée alpine et pittoresque.

ROUTE XV.

DE GÊNES A TURIN PAR ALEXANDRIE.

25 postes ½, 51 l.

(Voyez route 21, de TURIN à GÊNES.)

ROUTE XVI.

DE GÊNES A MILAN PAR NOVI.

20 p. ½, 41 l.

(Voyez route 37, de MILAN à GÊNES.)

PIGNEROL est une ville peu compacte, ayant quelques

manufactures, et une population forte de 12,000 habitants; on y trouve plusieurs auberges, dont les principales sont la *Corona-Grande* et le *Canone-d'Oro. Curiosités* : la cathédrale et l'*hôpital.* Une diligence fait le service plusieurs fois par jour entre Pignerol et Turin, ce qui donne une grande facilité au voyageur qui souhaite, de cette ville, visiter les vallées protestantes. Une autre diligence part tous les jours pour *la Tour*, éloignée seulement de 15 kil., 10 m. angl.; la route passe par *St-Secundo* pour atteindre *Bischerasco*, 7 kil. 1/2, 5 m.; et 4 kil. 1/2, 3 m. plus loin, on arrive à la première commune protestante de

None, village considérable situé dans un district très-fertile. Ensuite le sol s'aplanit ; nous traversons sur un pont la *Gravina*, et peu d'instants après nous entrons dans TURIN.

ROUTE XVII.

DE **BRIANÇON** A **TURIN**.

12 p., 24 l.

Alberts,	2 p.		St-Antonin,	1 p.
Cesana,	1		St-Ambrogio,	1
Oulx,	»	3/4	Rivoli,	1 3/4
Exiles,	»	3/4	Turin,	1 3/4
St-Giorio,	2			

(Quelques itinéraires marquent 13 p., 26 l.)

COMMUNICATIONS.

De Turin à None,	2 p. 1/4	Cesana,	3 p.
Pignerol,	2 1/4	Les Alberts,	2
Fenestrel,	4 1/4	Briançon,	1

La route de *Briançon* à *Suse*, et de là à *Turin*, est la plus facile et en même temps la plus courte de toutes celles qui traversent les Alpes. Aussi a-t-elle été fort pratiquée dans les temps mêmes les plus reculés. C'est par là que les Gaulois pénétrèrent en Italie. Annibal et César profitèrent de la facilité que leur offrait ce passage, pour assurer le succès de leurs opérations militaires. Charles VIII, après la bataille de *Fornoue*, franchit le mont *Genèvre* avec son armée victorieuse.

Cependant ce n'est que de nos jours que le passage du mont *Genèvre* a été rendu accessible aux voitures à quatre roues. La nouvelle route a été commencée en 1803; et, trois ans après, la partie de cette route qui présentait le plus d'obstacles a été terminée. Le voyageur se rappellera que de *Briançon* à *Suse* la poste n'est pas encore montée.

BRIANÇON, autrefois *Brigantia*, est une petite ville du Dauphiné contenant environ 3,500 habitants, et qui n'a rien de remarquable que sa citadelle, placée sur le sommet d'une roche escarpée. De là à *Suse*, où la route qui traverse le mont *Genèvre* (mons *Genuæ*, mons *Juniperus*) se joint à celle du mont *Cénis*, on compte environ seize lieues.

A une demi-heure de *Briançon*, entre le hameau de *Vachette* et le village d'*Alberts*, on passe la *Durance*, qui descend de la vallée *Desprez*, et au bout d'une autre demi-heure on arrive au pied du mont *Genèvre*. La nouvelle route s'élève en zigzag jusqu'au sommet de la montagne : les pentes en sont si bien réglées et les tournants si bien développés, qu'elle est aussi sûre qu'aisée, malgré la hauteur considérable à laquelle on parvient en une heure et demie de marche. Là on trouve une petite plaine qui dans l'été est couverte de beaux gazons et d'excellents pâturages.

Après avoir traversé ce col ou passage, on descend pendant une heure par de grandes rampes, développées sur le revers méridional de la montagne, dans la vallée de *Sesane*, qui est arrosée par la *Doire*. Depuis cette rivière, sur les bords de laquelle est bâti le village de *Clavières*, jusqu'à

Sesane, on suit, sur une longueur d'environ une demi-lieue, d'autres rampes très-bien régularisées et adoucies.

A *Sesane*, la route se divise en deux branches : celle qui prend à droite traverse les vallées du *Pregelato* et de *Pérouse*, et aboutit à *Pignerol*. La branche qui tourne à gauche passe par *Oulx* et *Exiles*, et conduit à *Suse*.

Depuis *Sesane* jusqu'à *Oulx*, distance de deux lieues, on voyage dans le fond de la vallée en suivant l'ancien chemin. Entre *Oulx* et *Salle-Bertrand*, on traverse la *Doire*, et l'on arrive à *Exiles* en suivant encore l'ancien chemin, à mi-côte et à gauche de la rivière : passage assez difficile qui se prolonge pendant deux heures.

On sort d'*Exiles* par des rampes pratiquées sur le revers de la montagne, et, passant par *Chaumont*, on gagne *Suse* en une heure et demie de marche. Là on entre dans la route du *mont Cénis*, qu'on suit jusqu'à *Turin*. (*V.* route 3 de *Suse* à Turin.)

Si le voyageur, arrivé à *Sesane*, voulait poursuivre son voyage par *Pignerol* au lieu de passer par *Suse*, il suivrait alors la route suivante :

De *Sesane* à Fénestrelles,	3 postes.
à Pignerol,	4 1/4
à None,	2 1/4
à Turin,	2 1/4
	11 3/4

Cette route est tracée au milieu des montagnes ; elle fut construite par Napoléon, pour conduire plus directement en Italie. Bien que plus courte que la précédente, elle est moins fréquentée, à cause de la négligence que le gouvernement sarde a mise à la réparer. Toute cette partie de la route remonte la *vallée de la Clusone*, et présente des scènes agrestes et imposantes. Le premier endroit important que nous rencontrons est

FÉNESTRELLES, village de 800 habitants avec une auberge passable. Le *fort de Fénestrelles* est une place importante qui défend le Piémont du côté de la vallée ; il s'élève depuis le défilé que forme la base du *mont Albergian* jusqu'au sommet de la montagne, et commande la rive gauche du torrent par son immense ligne de fortifications. On arrive à la batterie supérieure par une galerie contenant 3,600 marches. On trouve sur le sommet un bassin couvert de verdure, appelé le *Pré de Catinat*, du grand général de ce nom qui acampé sur cette place. Non loin du sommet, le *col de la Fenêtre* s'étend sur la combe de Suse et sur la vallée de la Doire. A la base de l'Albergian se voient les restes d'anciens forts maintenant inutiles. Le village de Fénestrelles est situé au milieu du défilé. Le fort de Fénestrelles sert maintenant de prison d'État.

De Fénestrelles à Pignerol il y a huit lieues (32 kil.), qui se font presque entièrement dans la vallée de la Clusone, dont les sites offrent peu d'intérêt. Cette vallée est généralement étroite; mais partout où l'on peut la cultiver elle abonde en blé et en vin; le mûrier pour les vers à soie y prospère, ainsi que les arbres à fruit et forestiers. Elle renfermait autrefois une communion protestante, maintenant défendue; les églises vaudoises ne sont tolérées que dans les vallées de *Rosa*, la *Tour*, *St-Martin* et *Angrona*.

ROUTE XVIII.

DE PONT-DE-BEAUVOISIN A TURIN.

Par le Petit-Saint-Bernard.

Pour passer le Petit-Saint-Bernard, on suit la route du mont Cénis depuis le pont de Beauvoisin jusqu'à *Montmélian*; là, laissant à droite la vallée de la Maurienne, on entre dans celle de la Tarentaise, pays stérile et plein d'affreuses montagnes; il y a cependant de bons pâturages. La rivière de l'Isère la traverse d'orient en occident, et y prend une de ses sources. En remontant cette rivière, et passant par *Conflans*, on vient à

MOUTIERS (*auberges :* hôtel de la Diligence, et celui tenu par Vizioz), capitale de la Tarentaise. Cette ville n'est qu'une grande bourgade peuplée d'environ 2,000 habitants, toute ouverte, sans défense, et coupée par l'Isère. Ses rues sont très-étroites. L'*église métropolitaine* est devant une place de médiocre grandeur. Il n'y a guère de remarquable que le palais où réside l'archevêque, son ancien *hôpital*, une *école des mines* avec un laboratoire de chimie. Du reste, les avenues de la ville sont extrêmement difficiles ; on n'y arrive que par des défilés bordés de torrents et de précipices. Elle est à 8 lieues ou 32 kil. S.-E. de *Montmélian*.

En partant de *Moutiers*, on continue à remonter le cours de l'Isère ; on traverse la petite ville de Saint-Maurice, et l'on gagne le village de *Scez*, qui est situé au pied du Petit-Saint-Bernard. C'est un trajet d'environ 5 lieues ou 20 kil. Le village de Scez, comme tous ceux qui se trouvent placés sur une route fréquentée, est assez commerçant ; mais sa situation le rend sujet, en hiver, à des tourbillons de vent très-dangereux. Ces tourbillons, qu'on appelle *tourmentes*, agissent sur l'atmosphère avec une telle violence, qu'ils étouffent quelquefois ceux qui ont le malheur d'en être surpris. Les neiges charriées et accumulées par ces mêmes tourbillons s'élèvent assez souvent jusqu'à 4 mètres.

Au village de *Scez* on quitte l'Isère, et l'on commence à monter en se dirigeant vers le nord. Dans un quart d'heure on arrive à *Villard-Dessous* par un chemin pavé de pierres calcaires, et au bout d'un autre quart d'heure on passe sur un pont le torrent qui descend du *Petit-Saint-Bernard*. Au delà de ce pont on jouit d'une perspective tout à fait agréable : d'un côté, une belle cascade se précipite à travers des prairies bordées d'arbres, et placées par échelons au-dessus d'un village ; de l'autre on voit, à l'entrée de la vallée d'où sort le torrent, des masses informes de gypse blanchâtre qui contrastent singulièrement avec la verdure de leur base. Après avoir dépassé la cascade, on ne tarde pas à rencontrer *Saint-Germain*, dernier hameau d'hiver.

De ce hameau on continue de monter par une pente

assez douce, en suivant la rive droite du torrent. Les deux parois de la montagne sont couvertes de bois et de prairies. Si l'on se retourne pour jeter un coup d'œil en arrière, on voit à ses pieds la vallée arrosée par l'Isère et que l'on vient de quitter. Ensuite on passe sous des chalets où logent de nombreux troupeaux, et en trois heures depuis *Scez* on arrive à l'*hospice du Petit-Saint-Bernard*, toujours à travers des prairies en pente douce, et sans avoir eu à franchir ni mauvais pas ni rochers escarpés; en sorte que le Petit-Saint-Bernard est un des passages des Alpes les plus aisés, quoiqu'il ne soit guère fréquenté que par les habitants de la Tarentaise ou du val d'Aoste.

L'*hospice* ou couvent du Petit-Saint-Bernard est situé dans un vallon qui a la forme d'un berceau, et s'étend du nord-est au sud-ouest. Ce vallon, qui a de 600 à 800 mètres de largeur, est couvert de gazons, mais sans arbres ni arbrisseaux. Son élévation est de 2,192 mètres au-dessus de la mer. De là on va en 13 heures de marche à la cité d'Aoste.

En partant de l'hospice pour descendre dans le val d'Aoste, on monte par une pente très-douce jusqu'au point le plus élevé du vallon, signalé par une belle colonne de marbre cipolin. Ici on voit au-dessous de soi, et à gauche, un petit lac renfermé dans un joli bassin de verdure. Après une descente d'environ trois quarts d'heure, on rencontre un plateau incliné, à l'extrémité duquel est un bois qu'on traverse; et, à une lieue et demie de l'hospice, on passe le *pont du Serrant*, construit sur un torrent qui coule à plus de 33 mètres de profondeur. De ce pont on a un point de vue aussi varié qu'agréable : on aperçoit au bas de la montagne une belle cascade qui, sortant d'un bois, traverse une prairie, et va mêler ses eaux à celles du torrent; on découvre à sa gauche le *glacier de Ruitor*, l'un des plus grands qu'il y ait dans cette chaîne de montagnes, et l'on a sous ses yeux les vastes plaines du Piémont.

A une demi-lieue du pont Serrant est le village de la *Tuile*, où se termine la descente du Petit-Saint-Bernard. On n'entre point dans ce village, on le laisse à droite et de l'autre côté du torrent. Après avoir suivi ce torrent pendant dix minutes, on le passe pour aller côtoyer le pied d'une montagne sur un chemin en corniche assez large et assez commode, mais fort élevé au-dessus de la Tuile. Là on voit des amas de neige qui se conservent très-longtemps, et qui forment des ponts sur le torrent. Au-dessous du village de la *Barma*, on repasse le torrent, on laisse à gauche sur la hauteur le village d'*Oleva*, situé au pied du Cramont, et, après deux heures de marche depuis la Tuile, on arrive au bourg de *Pré-St-Didier*, qui est encore à 8 lieues ou 32 kil. de la cité d'*Aoste*.

A une lieue et trois quarts de Pré-Saint-Didier, on passe sous l'ancien château de la Salle, remarquable par une tour ronde fort élevée, et par des murs couronnés de créneaux qui forment sa vaste enceinte. Tout près de là est le village de la *Salle*, qui consiste en une rue très-longue, très-étroite et mal pavée. Ici on commence à voir des vignes élevées en treilles. On traverse ensuite un large et profond ravin creusé dans un amas de sable, de terre et de débris de montagnes, charriés et accumulés par le torrent qui y coule. A une lieue et un quart de la *Salle*, on quitte la rive gauche de la Doire, que l'on a constamment suivie depuis Pré-St-Didier, et l'on passe sur la rive droite.

Bientôt après la vallée se resserre; la montagne est coupée à pic dans toute sa hauteur, et le chemin passe sur une étroite corniche qui borde un affreux précipice au fond duquel coule la rivière. Cet étroit défilé, d'autant plus important qu'il est impossible de passer de l'autre côté de la Doire, a pour défense un poste, deux ponts-levis, placés sur de profondes coupures pratiquées dans la largeur du chemin, et un corps-de-garde construit sur un rocher qui domine le passage.

A une demi-lieue plus loin, le village d'*Avise*, situé de l'autre côté de la Doire, présente un paysage extrêmement pittoresque, des tours et des châteaux gothiques; sur le devant, des vignes qui s'étendent jusqu'aux bords de la rivière; sur le derrière, de beaux vergers, et, dans le lointain, la montagne qui, s'élevant avec majesté, termine cet agréable tableau. Puis on descend la longue et vilaine rue du village de *Livrogne*, au bas duquel on traverse le torrent qui vient de *Val-di-Roma*. Là on trouve une très-belle route au milieu de prairies ombragées par des noyers, et l'on vient au village d'*Arvier*, et ensuite à *Villeneuve*, qui est un assez gros bourg situé dans un fond serré par de hautes montagnes, et remarquable par l'affreuse quantité de crétins dont il est affligé, et que dans le val d'Aoste on nomme marrons.

Au sortir de Villeneuve, on passe *la Doire*. Ici la vallée s'élargit considérablement, et prend un front horizontal qu'elle n'avait point encore eu. Bientôt après on traverse le *village de Saint-Pierre*, et on laisse à gauche son grand et antique château bâti sur le roc. A mesure qu'on avance, les montagnes perdent leur physionomie alpestre, et en deux heures de marche, depuis Villeneuve, on arrive à la cité d'Aoste. Voyez la suite de cette route dans le chapitre suivant.

ROUTE XIX.

DE GÊNES A TURIN.

Par le Grand-Saint-Bernard, 84 l. 1/2, 2 p. 1/4.

Martigny,	30 1/2	Donas,	7 1/2
St-Branchier,	3 1/2	Ivrée,	6
St-Pierre,	3 1/2	Caluso,	5
Hospice,	3	Chivasso,	3 1/2
Remo,	4	Settimo,	2 1/2
Aoste,	6	Turin,	3
Castiglione,	7		

COMMUNICATIONS.

D'Ivrée à Biella,	3 1/2	St-Maurice à Lausanne,	7 1/4
De Martigny à Sion,	4 1/2	Dovaine à Bonneville,	3 1/4

De *Martigny* dans le Valais, et sur le Rhône, jusqu'à l'*hospice du Grand-St-Bernard*, on compte 10 lieues 1/2 ou 42 kil. La route suit d'abord la *vallée d'Entremont* dans toute sa longueur. Cette vallée, située sur le revers septentrional du Grand-Saint-Bernard, est très-intéressante pour le géologue, parce qu'elle coupe transversalement les Alpes pennines. Elle est parcourue par la Dranse, et offre les scènes alpestres les plus remarquables.

On va de *Martigny* à *St-Pierre* en 5 heures de marche : on peut faire cette partie de chemin en petit char. En partant de Martigny, on laisse à droite le chemin qui mène au col de la Forclas et à Chamouni; bientôt après on traverse le village de *Bourg*; ensuite on passe par la *Valette*, *St-Branchier*, *Orsières*, *Liddes*, et l'on arrive à *St-Pierre*, situé au pied de la haute chaîne des Alpes, qu'on se propose de franchir. Les environs de la *Vallete* sont remplis de gorges épouvantables, et les chutes d'eau qu'on y voit, près du pont de bois, ont quelque chose de vraiment pittoresque. A *Saint-Branchier* débouche le val de Bagnes, qui a 44 kil. de longueur; c'est de là que sort le torrent de la Dranse. *Orsières* répond à l'ouverture de la vallée qui mène au col Ferret, et de là à Courmayeur, qui est au pied méridional du mont Blanc. *De Saint-Pierre* on atteint l'hospice du Grand-St-Bernard au bout de trois heures de montée. Près de ce bourg, le torrent de la Valsorey se précipite dans une énorme cavité dont la vue est effrayante. Les voyageurs, pour contempler cette scène magnifique, descendent souvent sous les immenses voûtes formées par les rochers au-dessus de ces enfoncements dont l'obscurité jette d'abord dans l'âme un trouble involontaire ; mais, si l'on porte ses regards vers le peu de ciel que l'on peut découvrir au travers de quelques échappées, à l'aspect des arbustes qui pendent du haut des roches, lorsque le soleil les éclaire d'une vive lumière, on croirait que quelqu'un vient là avec un flambeau pour y chercher le voyageur qui s'égare. Tout fait illusion dans cet abîme souterrain, et, quand on en sort, le grand jour est si ardent, que la nature paraît embrasée.

A quelque distance de St-Pierre, on admire des beautés d'un autre genre : les arbres à fruits disparaissent, et l'absence de toute végétation utile, à l'entrée d'un vaste désert, frappe ceux qui pénètrent pour la première fois dans ces gorges sauvages et solitaires. Un peu plus loin, on traverse une petite plaine nommée le *Sommet-de-Prou*, au-dessus de laquelle on aperçoit un vaste glacier du milieu duquel s'élève le mont Velan, la plus haute des sommités du Grand-Saint-Bernard.

Une lieue ou 4 kil. avant d'arriver à l'hospice, on rencontre deux bâtiments dont l'architecture gothique est en harmonie avec le morne silence qui règne dans ce lieu. L'un sert de refuge aux voyageurs surpris par la nuit ou par la tourmente ; ils y trouvent du bois pour faire du feu, et quelques provisions. L'autre, adossé à une roche pyramidale, au milieu des glaces blanchâtres, et ombragé par quelques tristes mélèzes, est une chapelle où l'on dépose les cadavres de ceux qui périssent en traversant la montagne ; car, toutes les années, on trouve des individus morts de froid ou ensevelis dans les neiges des avalanches. On range leurs corps à côté les uns des autres, et, comme l'air glacial garantit de la putréfaction, les traits du visage se conservent pendant deux ou trois ans, après quoi ces mêmes corps se dessèchent et deviennent semblables à des momies.

L'HOSPICE (1). Une chose non moins remarquable que celles dont nous venons de parler, est l'apparition de l'hospice, qui semble toucher au ciel lorsque les sommités voisines sont voilées par d'épais brouillards. Il est bâti dans un vallon resserré par de hautes montagnes, et occupé en partie par un petit lac. C'est là qu'on croit être au milieu d'un cirque fermé de distance en distance par des rochers de granit qui ressemblent à des pyramides ou à des mausolées d'une grandeur colossale. Des sommités couvertes de neige qui dominent cette superbe enceinte, descendent quelquefois de dangereuses avalanches.

L'hospice, qui, suivant les observations de M. de Saussure, est de 2,491 mètres au-dessus du niveau de la mer, est sans contredit l'habitation la plus élevée qu'il y ait dans tout l'ancien continent ; on ne voit même aucun chalet à cette hauteur, parce que sa position est très-voisine de la région

---

(1) Pour la description du passage de l'hospice du Grand-Saint-Bernard, voyez le *Manuel du voyageur en Suisse*, chez L. Maison, à Paris.

des neiges et des glaces éternelles, qui refroidit nécessairement tout ce qui l'environne. Ce qui contribue encore à rendre ce séjour excessivement froid, c'est que la gorge est percée du nord-est au sud-ouest, et par conséquent dans une direction très-approchante de celle des vents du septentrion. Aussi, au fort même de l'été, y gèle-t-il presque tous les matins. On n'y jouit guère qu'environ dix ou douze fois par an d'un ciel pur et serein pendant toute une journée. Dans les mois les plus froids, le thermomètre se tient, aux environs de l'hospice, à 20 ou 22 degrés au-dessous de glace, et il y a des endroits où la neige ne fond jamais.

Cet utile établissement est administré par des religieux dont le nombre varie de 20 à 30 : il n'y en a que 10 ou 12 qui y résident. Nés pour la plupart chez les Valaisans, ils en ont le caractère aimant et les mœurs patriarcales. Les voyageurs, quel que soit leur nombre, sont pendant trois jours reçus et alimentés dans l'hospice ; s'ils ont éprouvé quelque malheur, on leur donne les secours nécessaires.

Le traitement des personnes gelées sur la montagne est très-simple ; il consiste à rétablir par degrés la circulation du sang. Une longue expérience a appris qu'il faut baigner la partie malade dans de l'eau mêlée de neige, jusqu'à ce que les chairs aient repris de la chaleur et leur couleur naturelle.

Les gorges du Grand-Saint-Bernard sont surtout périlleuses à cause des avalanches qui y tombent fréquemment. Ces éboulements étonnants partent avec la rapidité de la foudre, et il est presque impossible de les éviter. On conseille aux voyageurs d'entreprendre la montagne de grand matin, et par un temps serein ; d'abord parce que la chute des avalanches est plus fréquente lorsque la neige est un peu échauffée par les rayons du soleil, ou ramollie par la pluie, et ensuite parce que l'air est ordinairement plus tranquille le matin que le reste de la journée.

De l'hospice, on descend en 6 ou 7 heures par la *Vault-Pennine* à la cité d'*Aoste*. La route est fatigante, parce que la pente de la montagne est beaucoup plus rapide que du côté du Valais. On trouve la frontière du Piémont entre le lac et le Plan-de-Jupiter, et l'on arrive, au bout de deux heures, à *Saint-Remy*. Là on commence déjà à ressentir les chaleurs de l'Italie. Ensuite, passant par *Saint-Oven*, *Etrouble*, le défilé de la Cluse et *Gignod*, on gagne la cité. Avant d'y arriver, la vue de l'amphithéâtre donne une idée de l'état de cette ville du temps des Romains. Ce monument de la grandeur des maîtres du monde ne présente que des ruines ; mais ces ruines sont imposantes, et l'arc de triomphe d'Auguste, assez bien conservé, atteste la prospérité d'Aoste avant la chute de l'empire.

Aoste. *Hôtels* : la Poste, l'Ecu-du-Valais, la Couronne. Cette ville est l'ancienne *Augusta Salassiorum*, ou *Augusta Prætoria*. Une colonie de 3,000 soldats qu'Auguste y envoya la fit nommer ainsi. Aujourd'hui elle n'a d'autre avantage que sa position favorable au commerce, à cause de plusieurs vallées qui y aboutissent, et dont elle est le centre et la capitale. La *cathédrale*, de style gothique, doit être visitée, ainsi que la *collégiale de Saint-Orzo* ; sur la grande place est une *croix en pierre*, élevée lorsque la ville refusa de recevoir les dogmes de Calvin ; elle porte l'inscription suivante :

Hanc Calvini fugi erexit anno M. D. XLI. Religionis constantia reparavit anno M. D. CCXLI.

Aoste est bâtie sur la Doire ; on y voit des individus affligés du crétinisme, mais seulement dans la classe très-pauvre. C'est la patrie de saint Anselme, évêque de Cantorbéry. La vallée a 48 kil. d'étendue ; elle est très-abondante en fruits et en pâturages. Pop. 6,800 h.

La diligence va et vient trois fois par semaine d'Aoste à Turin.

Les principaux bourgs ou villages qu'on traverse pour se rendre dans la cité d'Aoste, en Lombardie, ou dans les plaines du Piémont, sont d'abord *Châtillon* et *Bard*, *Fort-Abbre*, qui, lors du passage de l'armée française par le Grand-Saint-Bernard, furent le théâtre des plus vives attaques des Français, auxquelles les Autrichiens opposèrent, mais en vain, la plus opiniâtre résistance. Viennent ensuite *Saint-Martin* et *Donas* (*Donatium*), où l'on voit un chemin taillé dans le roc, et qu'on prétend avoir été fait par Annibal. Enfin on arrive à

IVRÉE, *Eporedia*, ville de 8,500 habitants, située sur la rive droite de la Doire, et bâtie partie sur le penchant d'une colline, et partie en plaine. Elle a été, dit-on, fondée 100 ans avant J.-C., et a essuyé plusieurs siéges. On y fait un commerce considérable de fromages. Il y a de bonnes filatures de soie et de coton, un entrepôt de fer de *Cogne*. La *vieille prison* ainsi que les restes des anciens murs présentent un aspect très-pittoresque.

D'Ivrée on va à *Turin* par *Chivasso*, et à *Milan* par *Verceil*, *Novare* et *Bufalora*.

ROUTE XX.

D'ALTORF A TURIN PAR LE SAINT-GOTHARD.

58 l. ½, 29 p., ¼.

Amsteg,	3	Giornico,	2
Wasen,	2	Poleggio,	1
Andermatt,	2	Bellinzone,	2
Saint-Gothard,	2 1/2	Magadino,	2
Airolo,	2	Par vapeur à Arona,	
Faido,	5	Turin,	35

Ces distances ont été calculées diversement; il n'y a pas ici de relais établis *officiellement*. Lutz marque 9 heures 30 minutes d'*Altorf* au *Saint-Gothard*; Ebel, 22 lieues d'Altorf à Bellinzone; Artaria, 33 lieues d'Arona à Altorf. (*Voir* notre *Guide en Suisse*.)

LE SAINT-GOTHARD, situé entre la Suisse et l'Italie, est un des passages des hautes Alpes les plus fréquentés. La grande route qui le traverse part de la ville d'Altorf et remonte la Reuss jusqu'à sa source; ensuite, du point le plus élevé du col, longeant le cours du Tessin qui se précipite vers l'Italie, elle aboutit à Bellinzone; de là on peut se rendre ou au lac Majeur ou à celui de Lugano.

La route, qui a de 4 à 5 mètres de largeur, est pavée en quelques endroits de grandes dalles de granit. On en a reconstruit à neuf quelques parties, soit pour en diminuer les sinuosités, soit pour en adoucir la pente trop rapide. En hiver, les neiges s'y accumulent quelquefois à la hauteur de 8 à 10 mètres; mais les habitants d'*Urseren* et d'*Airolo*, qui, pour aider au transport des marchandises, sont constamment occupés à gravir ou à descendre la montagne avec des traîneaux attelés de bœufs, prennent un soin tout particulier de déblayer la route, en sorte qu'il est bien rare qu'elle demeure fermée pendant huit jours.

La ville d'ALTORF (*Altorfia*), [*Auberges*: Adler (l'Aigle), la Clef-d'Or; Loewe (le Lion)], où l'on prend ordinairement la grande route qui traverse le Saint-Gothard, est le chef-lieu du canton d'Uri. Quoique cernée de toutes parts par des montagnes si élevées qu'il faut faire des efforts pour voir le ciel, elle a néanmoins des maisons assez vastes, très-propres, et de plus ornées de grilles et de jardins. Dans l'endroit où l'on prétend que le héros de la Suisse eut l'adresse d'abattre la pomme que le cruel Gesler avait placée sur la tête du jeune Tell, on a élevé deux fontaines qui indiquent l'espace que parcourut la flèche: on y voit les statues du père et du fils dans la même attitude qu'ils devaient avoir pendant la scène tragique qui détermina la liberté des cantons helvétiques. Pop. 4,700 hab.

Au sortir d'Altorf, on passe un fougueux torrent qui descend dans la vallée du Schéchen, et l'on entre dans celle de la Reuss, où après avoir traversé les villages d'*Ersfelden*, *Klous* et *Silenen*, on arrive à *Amsteg*, qui est à 3 lieues, 12 kil. d'Altorf. Rien de si triste que les premiers villages qu'on rencontre en pénétrant dans la *vallée de la Reuss*; tout annonce que cette lugubre contrée est l'asile de la maladie, de la pauvreté; l'espèce humaine y est dégradée jusque dans ses formes, funeste produit de l'air corrompu par les exhalaisons des eaux stagnantes dans des plaines basses, chaudes et marécageuses. Cependant les environs d'Amsteg sont assez agréables, et la végétation y paraît d'une vigueur singulière: différence qui vient sans doute de ce que ce gros bourg est situé au pied du Saint-Gothard, pris dans la plus grande étendue qu'on puisse donner à sa base.

D'*Amsteg* à la vallée d'*Urseren* on compte 4 lieues, 16 k. Pendant ce trajet, on dirait que la nature prend plaisir à se décomposer pour offrir aux regards du voyageur les scènes à la fois les plus effrayantes et les plus sublimes. A chaque pas on est frappé du désordre occasionné par les éléments qui se font la guerre.

A un quart de lieue d'Amsteg, 1 kil., on trouve le hameau d'*Im-Ried*, près duquel on passe un ruisseau qui, sortant d'une gorge très-profonde, offre un aspect tout à fait pittoresque. Plus loin on traverse le village de *Meischlinghen*, et l'on ne tarde pas à atteindre le point nommé le *Fallibrouk*, où un torrent forme, au milieu d'un groupe de noirs sapins, des cascades très-agréables. Ensuite on gagne la rive gauche de la Reuss sur un pont nommé le *Saut-du-Moine*; ce pont, composé d'une seule arche, est ainsi appelé parce qu'il repose sur deux rochers si rapprochés l'un de l'autre, qu'il semble qu'on pourrait franchir la rivière d'un saut.

A une petite distance de là, on traverse un torrent qui descend de la montagne; immédiatement après, la route, s'élevant par une pente très-rapide, conduit à *Wasen*, où l'on trouve une bonne auberge. L'église de ce village, bâtie sur une roche qui domine la vallée, produit dans le paysage un effet très-agréable. A une demi-lieue de Wasen, on rencontre le village de *Wattenghen*, près duquel on passe un pont nommé *Schœn-Brücke*, qui ramène sur la rive droite de la Reuss; et, au bout d'une autre demi-lieue, on est reporté sur la rive gauche de cette rivière par un autre pont dont l'arche est d'une hauteur extraordinaire. Depuis ce troisième pont jusqu'à la vallée d'Urseren, la Reuss forme une suite presque continue de chutes.

Vient ensuite le village de *Gœschenen*, au sortir duquel on passe un quatrième pont appelé *Hœderli-Brücke*, et l'on se retrouve sur la rive droite de la Reuss. Ici la vallée prend un aspect aussi effrayant que sauvage; elle ne présente que des rochers absolument nus, et l'on n'entrevoit le ciel que par d'étroites échappées entre ces rochers. A un quart de lieue plus loin, on est remis sur la rive gauche par un cinquième pont nommé *Tantzenben*; et enfin, après une montée d'une heure et demie dans cette gorge affreuse et glaciale, on parvient au fameux

PONT-DU-DIABLE, par lequel on regagne la rive droite.

L'arche de l'ancien pont avait 25 mètres d'ouverture; le nouveau, récemment construit, est magnifique. Ces lieux pleins d'horreur retentissent au loin des rugissements de la Reuss, qui se précipite dans l'abîme avec une impétuosité effrayante. On est étonné des scènes de dévastation qu'on a sous ses yeux. Tout ce que la fable raconte des masses élevées jusqu'au ciel par les géants, et renversées sur ces rebelles, n'est qu'une faible image de l'informe chaos que présente la gorge où est bâti le Pont-du-Diable.

Bientôt après avoir passé le Pont-du-Diable, le peu de lumière que les sommets des montagnes réfléchissent dans cette profonde vallée disparaît sous les voûtes de l'*Urnerloch*; c'est un antre taillé dans le roc vif, et qu'on a été obligé de pratiquer, parce que, dans cet endroit, les parois de la montagne sont trop escarpées et presque perpendiculaires. La galerie a 84 mètres de longueur. En sortant de cette caverne humide et obscure, la scène change tout à coup, et le voyageur, comme par enchantement, se trouve transporté sous un beau ciel; il aperçoit des touffes de verdure et des champs assez bien cultivés, contraste d'autant plus frappant qu'il était inattendu: c'est la *vallée d'Urseren*, qui, à la vérité, n'est pas des plus fertiles, mais que les gorges affreuses qu'on vient de quitter font, par une illusion bien naturelle, paraître un séjour délicieux.

Cette vallée, qu'on traverse jusqu'à l'endroit où la montée recommence pour ne cesser qu'au sommet du Saint-Gothard, renferme quatre villages.

ANDERMATT (*hôtel*: des Trois-Rois; les diligences descendent dans cet hôtel), qu'on rencontre à un quart d'heure de la galerie de l'Urnerloch, en est le chef-lieu. A trois quarts de lieue plus loin est le village de l'*Hospital*, situé près du confluent des deux Reuss, dont l'une vient du Saint-Gothard et l'autre de la Fourche. Les lits de ces deux torrents sont profondément excavés, et bordés de précipices.

En partant de l'*Hospital*, la route n'offre plus ces grands accidents de la nature qui causent la surprise et inspirent l'effroi. On monte lentement sur une chaussée pavée de grosses dalles de granit. Cependant on arrive dans un endroit où le rapprochement des deux parois des rochers semble fermer entièrement le passage, et où la Reuss fait une chute assez forte. Tout près de là on traverse cette rivière sur le pont de *Rudunt*, et, continuant de monter pendant quelques moments, on atteint enfin le point le plus élevé du passage.

C'est dans ce lieu qu'était bâti l'hospice.

La température du col du *Saint-Gothard* est très-âpre et très-rigoureuse. L'hiver y dure pendant neuf mois, et les neiges s'y accumulent à une hauteur prodigieuse. Les voyageurs qui traversent le Saint-Gothard pendant la mauvaise saison doivent s'attacher à suivre scrupuleusement les conseils des gens du pays. Si des circonstances impérieuses les forcent à continuer leur route dans un temps dangereux, la seule précaution qu'ils puissent prendre, c'est d'ôter aux chevaux leurs clochettes et tout ce qui pourrait faire quelque bruit, et de se hâter de traverser les mauvais pas sans dire un mot et dans le plus grand silence, car il ne faut souvent qu'un son très-faible pour déterminer la chute des masses de neige dont on est menacé.

De l'hospice à *Airolo* (*Ayrolum*), il y a deux lieues ou 8 kil. de descente très-rapide. Une singularité assez remarquable, c'est qu'on fait une partie de ce trajet par un chemin de marbre, de spath et de cristal. Le *Tessin*, dont on longe les rives, coule d'abord parmi des rochers où il produit une multitude de belles cascades, et puis il se divise en divers rameaux pour traverser la région des sapins. En quittant le plateau du Saint-Gothard, on s'enfonce dans le *Val-Tremola*. Après environ une heure de marche, on passe le *Tessin* sur un pont. Là quelquefois, en hiver, les neiges, transportées par des vents impétueux, s'entassent jusqu'à 16 à 17 mètres de hauteur, et souvent même, en été, forment sur le *Tessin* des voûtes qui sont en état de supporter des fardeaux d'une pesanteur très-considérable. Au-dessous du second pont qu'on rencontre, on aperçoit déjà de vertes prairies, et l'on quitte cette nature sauvage, dont les regards du voyageur ont été constamment frappés sur les bords de la Reuss. Ensuite on passe à côté de la *chapelle de Sainte-Anne*, et, traversant la *forêt de Piotella*, on ne tarde pas d'arriver à Airolo, où l'on voit un sol qui, s'il n'est pas des plus fertiles, répond du moins aux soins du cultivateur par des récoltes assez abondantes en pois, en pommes de terre et même en blé.

Dazio-Grande, qui vient après, est à 9 kil. d'Airolo. Le chemin qui y mène descend comme un escalier, en suivant pendant un quart d'heure une gorge que débordent des rochers très-escarpés. On passe trois ponts dans ce court trajet. La route actuelle, pratiquée dans cette gorge, a coûté des sommes immenses.

Entre *Dazio-Grande* et *Giornico* il y a un intervalle de 12 kil. Après avoir passé le village de *Faido*, qui est à 4 kil., la vallée commence à se rétrécir. Depuis Airolo jusqu'à cet endroit, les montagnes qui environnent cette vallée s'abaissant insensiblement vers l'Italie, le Tessin, qui se précipitait en torrents, a déjà pris un cours plus égal et plus tranquille : mais tout à coup d'énormes rochers s'opposent à son passage; on dirait que ce fleuve, impatient et irrité de la barrière qu'il rencontre, rassemble toutes ses forces pour la surmonter. En effet il bouillonne, s'élance en écume blanchâtre par-dessus la chaîne de rochers qui l'a retardé dans sa marche, et tombe au fond d'un gouffre épouvantable : bientôt il reparaît et s'étend dans la plaine. Cependant le chemin, pratiqué en corniche dans les rochers, descend par une pente assez roide à *Giornico*, grand village divisé en deux parties par le Tessin, et entouré de superbes châtaigniers.

Au delà de GIORNICO (*Jornicum*), la vallée s'élargit et s'étend jusqu'à *Bellinzone*. On passe par *Polleggio*, et de là on arrive à Bellinzone dans deux heures de marche.

BELLINZONE (*Castrum Bilitionis*), (auberges : l'Ange, l'Aigle-d'Or, le Serpent (Biscia), est une jolie petite ville assise des deux côtés du Tessin et sur la pente de la montagne. Elle commande un paysage important, parce que la vallée s'y rétrécit à tel point, qu'il ne reste de place que pour la grande route et la rivière. A l'est on a construit deux châteaux-forts l'un au-dessus de l'autre, et il y en a un troisième du côté de l'ouest. Les murs qui servent de défense à ces châteaux descendent jusqu'au bord du Tessin, en sorte que les portes de la ville ferment toute la vallée. Bellinzone est donc la clef de la Suisse du côté du Saint-Gothard : elle est de plus une ville d'entrepôt pour les marchandises qui vont en Italie ou qui en viennent. Ce furent les Français qui, sous le règne de François Ier, élevèrent la grande digue qu'on voit près de cette ville, et qui sert à prévenir les dévastations du Tessin. Les habitants parlent l'italien, mais les aubergistes savent l'allemand. *Curiosités* : l'*église* située sur la place, belle construction moderne, dont la façade est en marbre blanc; la chaire est ornée de bas-reliefs historiques. Le voyageur doit aussi visiter, dans le faubourg de Ravecchia, l'ancienne *église de S.-Biaggio* (St-Blaise).

ROUTE XXI.

DE TURIN A GÊNES PAR ALEXANDRIE.

25 p. 1/2, 51 l.

Truffarello,	2	1/4	Alexandrie,	2	1/4
Poirino,	1	1/2	Novi,	3	1/2
Dusino,	1	1/2	Arquata,	1	1/2
Gambetta,	1	1/2	Ronco,	2	
Asti,	1	1/2	Ponte-Decimo,	2	1/2
Annone,	1	1/2	Gênes,	2	
Felizano,	1	1/2			

COMMUNICATIONS.

De Truffarello à Chieri,	1	1/2	D'Asti à Casale,	5	
De Poirino à Carignano,	1	1/4	D'Asti à Alba,	4	1/4
			D'Alexandrie à Casale,	4	1/2
à Sommariva,	3		à Valenza,	2	1/2
à Raconiggi,	2	3/4	à Acqui,	5	
à Alba,	4		à Tortona,	3	

Nous suivrons sur cette route M. Vaysse de Villiers.

Après avoir traversé le Pô, au sortir de Turin, sur un joli pont qui fait face à la Vigne de la Reine, maison de plaisance, on suit à droite un chemin agréable qui domine en terrasse sur le fleuve, et qui est dominé lui-même à gauche par la charmante colline de Turin.

Au bout de 2 kil., on voit, sur la rive opposée, la maison royale du Valentin.

A 4 kil. plus loin, on traverse la petite ville de *Montcalieri* (*mons Calezius*), qui est bâtie sur l'antique Cestona, et possède de magnifiques jardins, un château royal situé sur un site très-élevé, et un fort marché hebdomadaire. Population, 8,600 hab. environ.

TRUFFARELLO est un village peu considérable. On se rend de là par une route de 12 kil. qui n'est qu'un chemin de traverse, quoique ligne de poste, à *Chieri* ou Quiers, ville assez considérable, qui a une communication plus directe avec Turin par la montagne de la Superga.

Chieri (*Carrea Polentia*) est riche et bien bâtie, dans une plaine agréable : on y remarque une jolie église et une porte de ville construite en arc de triomphe. Population, 12,000 hab.

On prend à gauche, par une plaine bien cultivée, la direction de

Poirino, bourg de 5,000 hab., avec un bureau de poste. Dans le temps des pluies le chemin est impraticable, et alors il vaut mieux aller à Alexandrie par Casal.

Même plaine pendant la première distance. Au bout de 8 kil., on traverse le bourg de *Villanova*, de 2,500 habitants, par une rue droite. On passe à *Dussino* (*Doria Decionum*), ferme isolée, aussi bien que *Gambetta*. Aux deux tiers de l'intervalle qui sépare ces deux fermes, le village de *Villefranche*, perché sur une jolie colline qui domine la route droite, offre un coup d'œil assez gracieux.

La route s'enfonce dans de petites collines qui se rattachent sur la gauche à celle de Turin, dont la plus haute cime, couronnée par le majestueux dôme de la Superga, se montre encore dans un lointain de cinq à six lieues. Ces collines, arrosées par des ruisseaux qui vont grossir le Tanaro, présentent des aspects variés, se couvrent de vignes en approchant d'Asti.

Asti (*Hasta Pompeia*), (*hôtels* : le Lion-d'Or (*il Leone d'Oro*), hôtel Royal (*l'Albergo real*), le Canon-d'Or (*il Cannone d'Oro*), ville de 21,000 habitants, située près du Tanaro, est entourée de grandes et de mauvaises murailles qui lui donnent une enceinte presque aussi étendue que celle de Turin. Le quartier des gens riches est bien bâti, mais peu peuplé. Les rues sont étroites, le peuple pauvre, sans industrie et sans commerce. On remarque la *cathédrale*, d'architecture moderne, bâtie sur le site d'un temple de Diane. Elle renferme de très-bonnes peintures. *St-Second*, Notre-Dame dite la *Consolata*, et, hors la ville, *St-Barthélemi*, ci-devant des Bénédictins; les *palais Frinco*, *Bistagno*, *Masetti* et *Bessagni*. Cette ville, célèbre jadis par ses cent tours, n'en possède plus qu'une trentaine, dont le nombre et la hauteur diminuent encore journellement. On remarque dans le nombre des hôtels celui du fameux Alfieri, le plus célèbre poëte tragique d'Italie. Asti est le siége d'un évêché. Les vins rouges et blancs d'Asti sont réputés, à juste titre, les meilleurs du Piémont. Popul. estimée à 24,000 habit.

Outre la route qu'on suit, *Asti* en a une de 7 lieues ou 28 k. sur *Acqui*, petite ville, et une de 5 lieues sur *Alba*, autre petite ville de 7,000 habit., où l'on peut se rendre aussi de *Chierasco*, patrie de l'empereur Pertinax; elle est sans doute la plus ancienne ville d'Italie, si sa fondation remonte à Janus. Connue des Romains sous le nom d'*Alba Pompeia*, elle doit ce nom à son restaurateur, Pompeius Strabon, père du grand Pompée.

On traverse le *Stirone*, où est une plaine riche en blé, très-peu boisée et fort triste.

On passe à *Annone* (*ad Nonum*), hameau; *Quatordio* et *Felizzano*, bourgs de 1,500 habitants. A mi-chemin de Felizzano à Alexandrie, on trouve *Solero*, bourg de 1,200 habitants.

La ville d'*Alexandrie*, vue de loin, présente l'effet d'un grand village au milieu d'une grande plaine. Un quart de lieue ou 1 kilomètre avant d'y arriver, on trouve un embranchement formé par quatre routes : celle qui est en face se dirige sur la citadelle ; celle qu'on prend à droite mène à la ville ; celle qu'on laisse à gauche conduit à *Casal.*

Le pont couvert sur lequel on traverse le Tanaro, après avoir traversé les fortifications de la place, est le plus beau du Piémont. Remarquable par sa hauteur et par sa solidité, il l'est encore plus par le toit qui, régnant dans toute sa longueur, en fait une véritable galerie.

ALEXANDRIE (*Alexandria Stelliatorum*). *Hôtels :* Hôtel Neuf, d'Italie. On y arrive par une rue large et belle, depuis le pont jusqu'à la place. Une allée d'acacias l'entoure et sert de promenade.

Le *Palais royal*, ci-devant de Ghilini, en orne un côté : on remarque sur un autre côté l'hôtel de ville et la salle de spectacle, assez belle intérieurement. Les *églises de Saint-Alexandre*, des *ex-Servites*, de *St-Laurent*, le *Mont-de-piété*, le *bâtiment de la Foire*, le *théâtre moderne*, méritent d'être vus. Le reste de la ville a peu de quoi satisfaire les regards des voyageurs, si l'on excepte cependant la caserne dite des Jésuites et l'*hôpital civil*, qui sont deux vastes et beaux édifices.

Alexandrie n'est ni une belle ville, quoique percée de rues la plupart droites et assez larges, ni une grande ville, quoiqu'elle prétende l'être autant que Turin.

En revanche, on la cite comme une des plus fortes places de l'Europe, tant par sa citadelle que par elle-même, tant par les forts et les ouvrages avancés qui l'entourent que par ses travaux intérieurs, dont le plus remarquable est l'éclusement du Tanaro. Les remparts sont, avec la grande place, les uniques promenades de cette ville. Elle possède une école d'artillerie, des bains publics, d'assez chères auberges, un cabinet littéraire et une très-petite bibliothèque publique. Son commerce, peu considérable, consiste en soie filée. Les filatures sont établies la plupart hors de la ville. Il s'y tient en avril et en octobre deux foires qui y attirent un grand nombre d'étrangers. A l'exception d'une rue, les autres offrent peu de boutiques, ce qui les rend assez tristes. Les maisons sont toutes en briques, ainsi que les remparts. Alexandrie-de-la-Paille est célèbre dans l'histoire des guerres d'Italie par les nombreux siéges qu'elle a soutenus. C'est la patrie de George Mérula, savant du XVe siècle. Population, 38,000 hab.

D'Alexandrie on peut aller à *Valence*, 4 lieues et demie ou 18 kil., par une route de poste. Le chemin est coupé de collines et de vignobles. On traverse ensuite un vallon délicieux, par lequel on débouche dans la plaine de Valence.

Valence, située sur la rive droite du Pô, a un château. On traverse le fleuve pour se rendre à Mortara, 6 lieues et demie ou 26 kil.

On traverse, au bout d'un quart de lieue, la *Bormida*, et, une demi-lieue plus loin, *Marengo*, hameau jadis obscur, mais célèbre aujourd'hui par la victoire complète remportée sur les Autrichiens, en 1800, par Bonaparte. Entre Alexandrie et Novi, il ne faut pas négliger de visiter l'ancienne abbaye *del Bosco*, des dominicains. On y voit de bons tableaux et de belles sculptures de Michel-Ange.

La plaine de *Marengo*, qui est la même que celle d'*Alexandrie*, n'est belle que pour les batailles : point de bois, point de vergers, point de haies vives, peu de vignes; mais de tous côtés des champs à perte de vue.

On laisse à *Marengo* la route de *Parme*, et au village de *Pozzolo*, vers le milieu de la distance, l'embranchement de la route de *Milan* à *Gênes*.

Novi (*hôtels* : d'Europe, et, hors la ville, la Poste), ville de 10,000 habitants. Les superbes maisons qui décorent cette ville sont habitées, pendant l'automne, par de riches Génois. Il ne reste du vieux château de Novi qu'une tour bien conservée, située sur une éminence, et remarquable par son élévation.

Cette ville fait encore un peu de commerce d'entrepôt pour les transports. Elle a donné son nom à une bataille gagnée en l'an VII de la république par les Autrichiens et les Russes sur les Français, qui y perdirent le général Joubert. La soie blanche de cette ville jouit d'une grande réputation dans le commerce.

Hors de Novi, on peut quitter l'ancienne route de la Bochetta, et prendre la nouvelle qui mène à Gênes par *Arquata*, *Arcuatum*, *Ronco*, *Ponte-Decimo*; puis, à travers une route magnifique, on entre, de Saint-Pierre-d'Arena, semé d'édifices somptueux ; à Gênes.

On voit que nous quittons avec la diligence l'ancienne route dite de la Bochetta, route difficile, mais admirable par ses points de vue. Nous la donnons ici pour les amateurs des belles scènes de la nature.

Après avoir traversé les vignobles, les vergers et les châtaigneraies de Novi, le voyageur pénètre par une suite continuelle de montées et de descentes, de gorges et de ravins, de passages étroits et difficiles, dans le cœur des Apennins. Le bourg de *Gavi*, de 1,700 habitants, qu'on trouve au milieu de la distance, est connu par le fort qui le domine, et qui passe pour n'avoir jamais été pris. *Voltaggio* a 1,200 habitants. Il y a près de ce bourg une source d'eau minérale.

La Bochetta. — La montée et la descente de la *Bochetta* composent toute cette distance. Le col de la Bochetta est le point où l'on traverse les Apennins. Sa hauteur perpendiculaire de 777 mètres au-dessus du niveau de la mer est peu inférieure à l'élévation générale de toute la chaîne.

Le point où la nouvelle route traverse l'Apennin, étant plus bas que la Bochetta, est moins sujet aux tourmentes qui règnent fréquemment sur ce dernier passage ; mais il n'offre pas un aussi beau point de vue. Outre la Méditerranée qu'on découvre de toutes les hauteurs de l'Apennin septentrional, la Bochetta présente un aspect qui lui est particulier. La *vallée de la Polcevera*, qui s'étend depuis ce col jusqu'à la mer, dans une longueur de quelques lieues, est aussi sauvage, aussi stérile par sa nature, que toutes les vallées et toutes les croupes tant septentrionales que méridionales de cette partie des Apennins ; mais l'industrie et la magnificence génoises lui ont presque donné une autre nature.

Il n'y a point de perspective comparable à celle qui s'offre inopinément du haut de la Bochetta. Le paysage qu'on a sous les yeux vous conduit à la superbe Gênes, placée sur la pointe orientale du croissant, dont il présente la forme pittoresque. On n'aperçoit cette cité, encore éloignée de six lieues, que d'une manière imparfaite du haut de la Bochetta, ou, pour mieux dire, on ne l'aperçoit pas du tout ; car ce qu'on entrevoit n'est que son faubourg. La mer forme le dernier plan de ce tableau encore confus. Mais bientôt le panorama se déroule ; les objets deviennent plus distincts ; le golfe étale à vos regards ses ondes d'un beau bleu ; les palais se dessinent : enfin c'est Gênes, Gênes la Superbe que vous apercevez en entier, et dans laquelle vous faites votre entrée par le somptueux faubourg de *St-Pierre-d'Arena*.

GÊNES (*voyez* route 8).

ROUTE XXII.

DE TURIN A ONEILLE PAR CHERASCO.

23 p. 3/4, 47 l. 1/2.

Carignano,	2	1/4	Ceva,	3
Carmagnola,	1		Bagnasco,	1 1/2
Sommariva,	1	1/2	Garezzo,	1 1/2
Bra,	1	1/2	Ormea,	1 1/2
Cherasco,	»	3/4	Oneglia,	7
Dogliani,	2	1/4		

COMMUNICATIONS.

De Carmagnola à Racconiggi,	1		De Bra à Alba,	2 1/4
à Poirino,	2	1/8	De Cherasco à Alba,	2 1/2
De Sommariva à Savigliano,	2	1/4	à Fossano,	3
			De Dogliano à Fossano,	4
De Bra à Savigliano,	2	1/2	De Ceva à Mondovi,	3

CARMAGNOLA, belle ville qui a donné naissance au fameux capitaine Francisco Busone. C'était un municipe romain et le *forum cereale*. — On change de chevaux à *Sommariva*. — On rencontre l'antique *Balderate*, aujourd'hui *Bra*, peuplé de 12,000 hab., et qui commerce en soieries.

CHERASCO (*Clarascum*), dans une belle position, a près

de 8,000 habitants. — On rencontre le fleuve *Tenaro*; on s'arrête à CEVA (*Ceba*); la route conduit au célèbre BAGNASCO (*Baniascum*); près de là est le *Castrum Saracenorum*, aujourd'hui CASTELLACIO, où mourut, dit-on, Valère-Maxime; on arrive à GAREZZO (*Garetium*), peuplé de 5,000 hab., puis à ORMEA, ville de 5,500 hab., avec château; on passe l'Aroscia, on laisse à droite Cervo, et on fait halte à

ONEILLE. (*Voyez* route 8.)

ROUTE XXIII.

DE TURIN A ARONA SUR LE LAC MAJEUR, PAR ROMAGNANO.

46 p. 3/4, 32 lieues.

De TURIN à		montée),	2
Settimo, avec la poste de faveur,	2	S.-Giacomo,	3
		Romagnano,	2
Chivasso,	1 1/2	Borgomanero,	1 1/2
Cigliano,	2 1/4	Arona,	1 1/2
Santhia (poste non			

Nous quittons Turin par le beau *pont de la Doire*; la route que nous suivons longe la rive gauche du Pô. Quelques instants suffisent pour nous porter sur les bords de la Stura, qu'on traverse sur un bon pont, et bientôt nous arrivons au relais de poste de

SETTIMO. La route continue à suivre la rive gauche du Pô jusqu'à

CHIVASSO, petite et ancienne ville située dans une contrée peu fertile, sur les bords nord du Pô. Son commerce est assez actif. Pop. 7,000 hab. environ.

Nous continuons pendant environ 4 kil. à suivre les bords du fleuve, puis nous arrivons à

Rondissone, bourg d'environ 2,500 hab. Suivant toujours la même direction, on atteint

Cegliano, où se trouve le relais de poste. Ce bourg est situé dans une plaine vaste et fertile arrosée par la *Doire-Baltée*. Pop. 4,000 hab.

La route alors incline vers l'est; on passe à *Tronzano*, et, laissant à droite la route de *Verceil*, 2 kil. de marche vers le nord nous conduisent à

Santhia, petite ville épiscopale, patrie de *Facino Cane*, guerrier renommé du xve siècle, et de l'écrivain *Jacob Durond*. Pop. 3,300 hab.

La route que nous suivons traverse un pays plat; on passe successivement, sur de bons ponts, les rivières d'*Uvo* et de *Cervo*; on rencontre *Buronzo*, puis *St-Giacomo*, où se trouve le relais; enfin nous arrivons à

Gattinara, gros bourg renommé pour les bons vins que produit son territoire. Pop. 3,500 hab.

A peine a-t-on quitté cette petite localité, qu'on traverse la *Sesia* pour entrer à

Romagnano, bourg qui n'a rien de remarquable, si ce n'est sa position sur la rive orientale de la Sesia.

EXCURSIONS.

Les touristes ne quittent jamais Romagnano sans visiter les deux sanctuaires si renommés dans cette partie de l'Italie : le premier est celui de la *Madonna d'Oropa*, qui dépend de Biella, petite ville où se trouvent des manufactures de toiles, de draps et des papeteries; elle est située au S.-O. de Romagnano. De cette industrieuse localité, le touriste peut en deux heures atteindre le sommet de la montagne d'où s'échappe l'*Oropa*, torrent qui a donné son nom au sanctuaire.

C'est sur la pente de cette montagne que s'élève l'immense édifice avec une vaste cour entourée de colonnes. L'église est moins remarquable par sa grandeur que par la richesse de ses ornements. Elle contient une statue de la Vierge sculptée en cyprès du Liban, laquelle, selon la légende, y fut transportée de la Palestine.

Cette statue, qui est en grande vénération dans toute la contrée, est somptueusement ornée de diamants et de pierres précieuses; les ornements qui servent au culte sont également de la plus grande richesse. Mais ce luxe de décoration n'est pas la seule chose qui frappe l'œil du voyageur; c'est aussi la situation élevée de cet édifice gigantesque, dont tous les matériaux ont dû coûter des sommes immenses et demander un temps considérable pour être transportés à une telle élévation. Outre les logements des vingt chanoines desservants, l'édifice contient un bel appartement pour le roi de Sardaigne, un autre aussi beau pour l'évêque de Verceil, et des chambres en assez grand nombre pour loger sans rétribution 4,000 personnes à l'époque des fêtes solennelles, qui ont lieu tous les cent ans et durent huit jours; la dernière eut lieu en 1825. On évalue à 50,000 environ le nombre des personnes qui y assistèrent. L'auberge qui se trouve tout près est assez bien tenue.

Le sanctuaire de Varollo.—Pour atteindre ce sanctuaire, nous prenons une belle route qui de Romagnano remonte la rive gauche de la *Sesia*, passe à *Borgosesia*, où nous trouvons une belle papeterie, un pays pittoresque et une population industrieuse d'environ 3,000 hab.

Après une bonne heure de marche, nous arrivons à

VARALLO, petite ville située sur la rive gauche de la Sesia, dans une jolie position, avec une population d'environ 3,000 hab.— C'est dans le pittoresque voisinage de cette petite cité que se trouve le pieux édifice.

Le sanctuaire de Varallo se compose d'une église entourée de quarante-deux stations ou chapelles séparées les unes des autres, et dans lesquelles se trouvent des statues peintes et des fresques représentant les principales actions du Sauveur.— Toutes les peintures sont d'une belle exécution; plusieurs sont dues au pinceau de *Gaudenzio Ferrari.*— C'est surtout sur l'une des parois des murs de l'église des moines qu'on admire une riche composition de ce grand maître.

Ayant visité tout ce que le *mont Sacré* renferme d'intéressant, nous regagnons Romagnano, et de là, continuant notre route, nous traversons

Curegio, grand village dont l'église renferme de curieuses antiquités. Ensuite une heure de route dans un beau pays conduit le touriste à

Borgomanero, bourg considérable et industrieux, dont la population est de 7,000 hab.

Encore une heure de marche, et nous entrons à
Arona (v. route 5).

ROUTE XXIV.

DE TURIN A PLAISANCE.

Par Alexandrie, 25 p. $^3/_4$, 51 l.

De Turin à Alexandrie (v. route 21),	13 p.$^1/_2$	Casteggio,	1 p.$^1/_4$
		Broni,	1 $^3/_4$
		C. S. Giovani,	2
Tortone,	3	Plaisance,	2
Voghera,	2 $^1/_4$		

COMMUNICATIONS LE LONG DE LA ROUTE.

De Tortone à Novi,	2 p.$^1/_4$	De Plaisance à Crémone,	2
La Pieve del Cairo,	2 $^1/_2$		
De Casteggio à Pavie,	3 $^1/_2$		

Après avoir quitté Alexandrie, le voyageur traverse l'historique village de *Marengo*; bientôt la route quitte celle de Gênes, incline vers l'est, traverse de riches plaines, et, après avoir franchi la *Scriva*, on entre à

Tortona (*hôtel :* la Poste), ville située dans une plaine fertile, autrefois considérable, mais bien déchue de sa splendeur passée, et n'offrant plus rien qui soit digne de l'attention du voyageur. Pop. 10,000 hab.

Ensuite on passe le *Curone* (Curo), torrent parfois impétueux, et le village de

Ponte-Curone; de là on arrive bientôt à

VOGHERA (*v.* route 37 de *Milan à Gênes*). Une heure de marche nous conduit à

CASTEGGIO, gros bourg sur le *Coppa*, torrent qui se jette dans le Pô à une petite distance nord de cette localité.

La route continue au milieu d'une plaine fertile, bien cultivée, et occupée par plusieurs torrents dont le passage présente quelques dangers dans les temps pluvieux. Le grand nombre de mûriers plantés dans la campagne donne une idée du commerce de soie qu'on fait dans ce pays.

PLAISANCE (*voyez* route 38 de *Milan à Bologne*).

ROUTE XXV.

DE TURIN A GENÈVE.

Par le Mont-Cénis, 45 p., 90 l.

Chambéry (*v.* route 3)	33 p.1/4	Mionnaz,	1 p.1/2
Aix,	2	Frangy,	1 1/2
Albens,	1 1/2	Eluiset,	2
Rumilly,	1 1/4	Genève,	2

Pour la description d'Aix à Genève, *voyez* le *Guide du voyageur en Suisse et en Savoie*, chez L. Maison, éditeur, 3, rue Christine, Paris.

ROUTE XXVI.

DE TURIN A GENÈVE.

Par Chambéry et Annecy, 44 p., 88 l.

Chambéry,	33 p.1/4	Annecy,	2 p.1/2
Aix,	2	Cruseilles,	2
Albens,	1 1/2	Genève,	2 3/4

COMNUNICATIONS.

D'Annecy à Bonneville, 4 p. ¹/₄. | De Cruseilles à Éluiset, 1 p.

ROUTE XXVII.

DE TURIN A MILAN.

Par Verceil et Novare, 17 p. ³/₄, 35 l.

Settimo,	1 p.¹/₂	Orfengo,	1 p.¹/₂
Chivasso,	1 ¹/₂	Novare,	1 ¹/₂
Rondissone,	1	Buffalora,	3
Cigliano,	1 ¹/₄	S.-Pietro al Olmo,	1
San-Germano,	2 ¹/₂	Milan,	1 ¹/₄
Verceil,	1 ³/₄		

De *Turin* à *Settimo* on paye double poste.

On rencontre fréquemment sur cette route des rivières et des canaux ; toutefois le chemin est commode, plat et bordé d'arbres bien rangés. De *Turin* à *Settimo*, la route est commode et bien entretenue, la campagne fertile et cultivée avec industrie. On passe la Doire, la Stura ; on traverse cette dernière sur un beau pont ; le Mallone, l'Oro, rivières qui descendent des Alpes. Du lit de la Doire et de la Stura, on tire des pierres qui servent à paver les rues. On traverse le bourg de Brandizzo (*Brandatium*), l'antique *ad Decimum* de l'Itinéraire d'Antonin.

CHIVASSO (*Cluassium*, *Glavaxium*), petite ville assez commerçante. Du côté de Milan, son territoire est moins cultivé, et même un peu stérile, quoiqu'il soit arrosé par plusieurs rivières et ruisseaux, et par le canal qui communique d'Ivrée à Verceil. On y trouve d'assez bonnes auberges, surtout près de la poste aux chevaux. Les François la prirent en 1705. Pop. 6,000 h.

Toute cette partie de la Lombardie est une plaine fertile.

Cigliano (*Cælianum*), 3,000 h. On traverse Tronsano, San-Germano, Quinto (*ad Quintum*).

Avant *Cigliano*, on passe la Doire-Baltée sur un pont de pierre d'une très-belle construction.

VERCEIL (*Vercellæ*) (*hôtels* : le Lion-d'Or, la Poste, de l'Univers) est une ville assez considérable, bien bâtie, sur un terrain élevé et dans une situation riante, près du confluent du Cervo et de la Sésia. Justin en attribue la fondation à Bellovèse, 603 ans avant l'ère vulgaire.

Curiosités. — On y voit quelques beaux édifices, entre autres la *cathédrale*, d'architecture moderne, et les deux chapelles qu'elle renferme, où l'on vénère les corps de saint Eusèbe, protecteur de la ville, et du B. Amédée, de la famille de Savoie; *Saint-André*, d'architecture gothique; *Saint-Christophe*, orné de peintures parmi lesquelles on en distingue quelques-unes du fameux Gaudenzio; *Sainte-Marie-Majeure*, où l'on admire un superbe pavé en marbre, représentant l'histoire de Judith; la voûte est soutenue par 40 colonnes de marbre; l'*hôpital*, édifice vaste, avec un *musée* et divers jardins, dont un de botanique; enfin le *palais public*, autrefois résidence du gouverneur. Dans le trésor de la cathédrale on montre un manuscrit du IVe siècle, qui contient l'évangile de saint Marc en latin. Cette ancienne ville, importante dans le moyen-âge, fut souvent visitée par des papes et des empereurs. C'est dans la plaine, aux environs, que Marius défit les Cimbres, en 652 de Rome. Une belle rue divise la ville en deux parties; on y commerce en riz, blé, chanvre, lin et vin, ébénisterie, poudre pour la toilette, soie. Pop. 18,000 hab. (1).

Jusqu'à Milan la route est toujours belle, mais peu variée; on voit quelques villages, et rarement des maisons de campagne. De Verceil on va par une route de poste à *Trino*, éloignée de deux postes un quart.

En sortant de *Verceil*, on passe la Sésia sur un pont très-long. Depuis le mois d'avril jusqu'au mois de septembre, toute la campagne ressemble à un vaste marais;

---

(1) *Dell' antica condizione del Vercellese*, par Jacques Durandi. *Storia della Vercellese litteratura ed arti*, 2 vol. in-4°.

l'air y est en conséquence humide : on voit des plantations de riz. On voyage dans une plaine arrosée par divers canaux depuis *Verceil*. On passe l'Agona, rivière entre *Orfengo* et *Novare*; Orfengo, peuplé de 1,500 hab., puis Lomelome (*Nomenionium*).

NOVARE (*hôtels* : Pesce-d'Oro (Poisson-d'Or), de Tre-Re (Trois-Rois), d'Italie), ancienne ville, bien bâtie, sur une hauteur, défendue par un vieux château et par quelques fortifications, et que ses clochers font apercevoir de loin. Devant le château est une belle place d'armes ornée de la statue colossale en marbre de Charles-Emmanuel III, due au ciseau du chevalier *Pompée Marchesi*; en face de la place est le théâtre neuf.

Curiosités. — On distingue entre autres palais celui de la famille Bellini, remarquable par la richesse et la beauté de ses appartements, et par sa galerie où sont rangés avec art plusieurs tableaux des meilleurs maîtres. La *cathédrale* est une belle église : la voûte du chœur a été peinte par *Saletta*, élève de Palagi; le maître-autel est orné de sculptures de *Thorwaldsen*, *Marchesi*, *Monti*; une chapelle contient des fresques de *Gaudenzio Ferrari*; l'*église de Saint-Gaudenzio*, belle inspiration de Pellegrino-Pellegrini, a des peintures de *Gaudenzio Ferrari*, *Mont-Calvo*, l'*Espagnolet* et de P. *Pallagio*; à côté de cette église, comme aussi à côté de la cathédrale, sont des restes d'antiquités romaines; près de cette dernière est le merveilleux monument, mausolée, œuvre de *Christoforo Solari*: les archives de ces deux églises contiennent des choses précieuses (1). Le voyageur visitera aussi avec intérêt le *grand hôpital*, l'*hôpital St-Julien*, l'*Institut des arts et métiers*, fondation récente; le *Marché*, qui est fort remarquable; son beau vestibule est orné des statues de *Verri*, *Gioja*, *Romagnosi*, *Beccaria*, exécutées par d'*Argenti*, *Monti* et *Somaini*.

Cette ville est peu peuplée; elle a un mille et demi de

---

(1) Lettre de l'abbé André à l'abbé Morellet sur le Codex de la bibliothèque capitulaire de Novare, Parme 1802. Bianchini, Cose rimarchievoli della cita di Novara. — Carlo Morbio, Storia di Novara.

circuit sur ses remparts. Cependant le commerce s'y soutient, et les deux foires qui ont lieu en août et septembre contribuent beaucoup à l'entretenir en activité. On y entend assez bien le français; les femmes y sont recherchées dans leurs vêtements. Pop. 16,000 h.

C'est à Novare que commence la ligne continuelle des douanes des États voisins.

A 4 lieues de Novare se trouve la ville d'*Oleggio*, intéressante par son institution balnéo-sanitaire, très-recommandable par son site, les soins qu'on y porte et les agréments de tout genre qu'on y trouve.

De *Novare* au Tessin on parcourt environ 10 milles sur un terrain fertile et gras, arrosé par la rivière Terdoppio et par le canal de Sforzesca, qu'il faut également passer.

On traverse, sur un nouveau pont de pierre *très-beau*, le Tessin, un des plus magnifiques fleuves d'Italie, mais qui parfois déborde tellement, qu'il devient difficile à passer. Des bandes de voleurs et de gens sans aveu se rassemblent souvent sur les bords du Tessin, à cause de la facilité qu'ils ont d'aller d'une frontière à une autre. La vigilance du gouvernement rend cependant le chemin sûr. On passe le Naviglio Grande, canal par le moyen duquel se fait le commerce de Milan avec le lac Majeur, et par conséquent celui d'Italie avec la Suisse et l'Allemagne. *Buffalora* marque l'entrée du royaume Lombard-Vénitien. On traverse Magenta, 3,000 habitants (*Maxentia*), Sadriano (*Desiderianum*), Saint-Pierre al Olmo; on entre par la porte dite Vercellina, à

MILAN.

Milan with plenty and with wealth overflows,
And numerous streets and cleanly dwellings shows,
The people, blessed with nature's happy force,
Are eloquent and cheerful in discourse,
A *Circus* and a theatre invites,
The unruly mob to races and to fights;
Moneta consecrated buildings grace,

And the whole town redoubled walls embrace :
Here spacious baths and palaces are seen,
And intermingled temples rise between :
Here circling *Colonnades* the ground inclose,
And here the marble statues breathe in rows :
Profusely graced the appy town appears,
Nor *Rome* itself, her heauteous neighbour, fears.
ADDISSON.

MILAN. *Hôtels* : de la Ville, Reichmann, de la Grande-Bretagne, Royal, de la Croix-de-Malte, Marino, St-Marc, la Belle-Vénitienne, de l'Europe, la Pension-Suisse, etc.

Cette ville est située dans une vaste plaine arrosée par l'Adda et le Tessin. Il est probable qu'elle fut fondée par les Gaulois qui franchirent les Alpes vers le temps de Tarquin l'Ancien : elle s'accrut ensuite, devint la principale ville de la Gaule cisalpine, et fut la résidence de plusieurs empereurs d'Occident. Dans le VIe siècle, les Ostrogoths, sous la conduite de Vitigès, la prirent et la dévastèrent; cependant elle ne tarda pas à se rétablir dans son ancienne splendeur : mais, en 1162, l'empereur Frédéric Barberousse, dont elle avait voulu secouer le joug, l'assiégea, la força de se rendre à discrétion, et la rasa de fond en comble. Malgré cette terrible catastrophe, on vit Milan pour la seconde fois renaître de ses propres cendres. Comme, depuis ce temps de trouble et d'anarchie, cette ville n'a pas cessé d'être le théâtre des guerres les plus sanglantes, il ne faut pas y chercher des vestiges d'antiquités; ce n'est que par tradition ou conjecture que les auteurs modernes ont parlé des monuments qu'elle possédait. Le seul de ces monuments qui ait échappé à la destruction consiste en seize colonnes antiques dont nous parlerons dans la suite. Cette ville a soutenu quarante-deux siéges, et fut prise d'assaut vingt-quatre fois; et, pour combler la mesure, elle fut ravagée par la peste à deux époques différentes.

La population de Milan est aujourd'hui d'environ 151,000 habitants, sans la garnison, qui se monte de 10 à 12,000 hommes; mais ce n'est rien en comparaison de celle que plusieurs historiens attribuent à cette ville, et de ce qu'ils racontent de sa puissance et de sa richesse dans le temps de ses plus grands désastres.

La ville de Milan a 10 kilomèt. de tour, en y comprenant ses anciens remparts et ses nouvelles promenades; mais la première enceinte, ou la partie habitée, n'a que 6 kilomèt. de circonférence. Depuis la porte Orientale jusqu'à la porte du Tessin, on compte 3 kilomèt. : c'est là sa plus grande longueur. On y voit plusieurs grandes rues qui, sans être aussi régulières que celles de Turin, ne laissent pas de produire un bel effet. Les rues sont pavées de petits galets ou cailloux roulés, ce qui serait assez incommode pour les gens de pied; mais on a remédié à cet inconvénient en y plaçant plusieurs bandes de pavés larges et unis : les bandes des côtés servent de trottoirs, et les voitures roulent avec la plus grande facilité sur celles du milieu. La rue des Orfévres est fort belle, et en général toutes les rues de cette ville sont extrêmement propres.

PLACES. — Les places de Milan sont en général sans décorations et très-irrégulières dans leur forme. Celle du *Dôme* est assez longue, mais pas assez large; un seul de ses côtés est garni d'une galerie où l'on étale ce que la mode invente de plus précieux; mais les autres côtés et l'ensemble ne répondent pas à la façade du Dôme, et cette irrégularité est trop frappante pour ne pas choquer au premier coup d'œil.

Au milieu de la place *Fontana*, qui était autrefois la place aux Herbes, on a construit en granit rouge une fontaine avec deux sirènes en marbre de Carrare. Un puits du voisinage fournit l'eau à cette fontaine au moyen d'une pompe mue par un courant d'eau souterrain qui traverse la ville dans plusieurs sens, et contribue à son assainissement et à sa propreté. Cette architecture hydraulique est assez belle.

La place des Marchands, piazza de' Mercanti, dont le milieu était occupé par un portique où les marchands se réunissaient autrefois pour traiter des affaires de commerce, est trop petite, et mérite à peine le nom de place.

La place St-Fidèle est régulière et ornée de beaux édifices.

La place du Château est vaste et garnie de belles allées d'arbres qui offrent une jolie promenade pendant l'été.

La place Borromée n'a rien de remarquable que la statue en bronze de saint Charles.

Les autres places n'offrent rien de remarquable.

MONUMENTS RELIGIEUX.

Des divers édifices qui font l'ornement de la ville de Milan, le plus considérable est la CATHÉDRALE, *il Duomo* (1), qu'on regarde comme la plus belle église de l'Italie après Saint-Pierre de Rome. Le vaisseau a 113 mètres de longueur, 69 mètres de largeur dans la croisée et 70 dans la nef, 60 m. de hauteur sous la coupole, 37 dans la nef, 28 dans les bas-côtés et 16 dans les chapelles. La hauteur extérieure de la coupole, avec le couronnement qu'on y a ajouté, est de 93 mètres. Cinquante-deux colonnes de marbre qui ont 21 mètres de hauteur, y compris les chapiteaux et les bases, et 6 mètres de circonférence, soutiennent cet immense édifice; il en existe peu au monde dont les ornements soient aussi nombreux et si variés : dans toutes les profondeurs, dans toutes les saillies, au-dessus de chaque tour, sur toutes les flèches, s'élèvent des statues en marbre blanc dont le nombre est estimé à plus de 3,000, mais dont beaucoup échappent à la vue.

On est effrayé de la dépense et des travaux que sa construction a dû exiger; aussi a-t-il été appelé la huitième merveille du monde, titre fastueux qui ne peut lui convenir que parce qu'il est surchargé d'une quantité prodigieuse de statues et d'autres ornements d'un beau marbre blanc qu'on tire des environs du lac Majeur.

---

(1) En Italie les *Cathédrales* (Dômes) sont ouvertes depuis le lever jusqu'au coucher du soleil; les autres églises s'ouvrent entre 6 et 7 heures du matin jusqu'à midi, une heure, et de 5 à 6 ou 7 heures du soir.

On donne un ou deux pauls au sacristain qui montre l'intérieur du temple : 80 c. à 1 fr.

Les *palais* sont ouverts depuis 9 à 10 heures du matin jusqu'à midi, une heure, et de 5 heures à 8 heures du soir.

On donne 2 à 4 pauls au cicerone.—*Voyez* Giovani Villa. *Fasti, della metropole, a del metropolita di Milano*, 1830.

Ce bâtiment, commencé en 1386, n'est pas encore entièrement achevé, malgré les deux millions que Napoléon y consacra, et les 144,000 francs que l'empereur d'Autriche y destine tous les ans. En 1174, on éleva au-dessus de la coupole une pyramide de marbre surmontée d'une grande statue de la Vierge en marbre doré, le tout de 27 mètres de hauteur. Dans les derniers temps, et pendant que Milan était le siége du nouveau royaume d'Italie, on a terminé la façade, qui était à peine commencée, et l'on a décoré le dessus du toit d'une grande quantité d'aiguilles, de statues et de bas-reliefs en marbre blanc. Ces beaux travaux ont été exécutés sous le règne et par les ordres de Napoléon. C'est sous ce somptueux assemblage de terrasses, de galeries et d'escaliers, qu'on doit monter, non-seulement pour juger de l'immense travail dont l'église est chargée, mais encore pour y jouir de la vue d'une plaine délicieuse parsemée de villes et de villages, et terminée par l'angle de la jonction des Alpes avec l'Apennin. On distingue parfaitement : 1º la *Chartreuse de Pavie*; 2º le *mont Blanc*; 3º le *mont Rosa*; 4º le *Stelvio*; 5º les chaînes de l'*Oberland*, et une multitude de hautes sommités qui forment un magnifique panorama.

La façade est ornée de bas-reliefs qui représentent divers faits de l'histoire sacrée, et sont assez curieux. L'un d'eux, sur la droite, représente une tête couverte d'un voile, mais ce voile est tellement transparent, qu'il laisse deviner tous les traits du visage. On fait remarquer cette tête aux étrangers. Le milieu de la façade est occupé par la simple inscription suivante, tracée en gros caractères de bronze :

MARIÆ NASCENTI.

On entre par cinq grandes portes fort laides et peu en harmonie avec la splendeur de l'édifice. Les deux colonnes de granit qui soutiennent en dedans l'ornement de la porte du milieu sont surtout remarquables par leur prodigieuse grosseur; elles sont d'un seul morceau, et semblent servir de support aux deux statues colossales de saint Charles et saint Ambroise : la première par *Monti* de Ravenne, la seconde par le chev. *Pompée Marchesi*. Au-dessus, de beaux vitraux représentent l'Assomption, riche peinture de *Jean Berlini*. L'intérieur est mal éclairé; il est de forme tudesque, que plusieurs confondent avec le gothique. Ses arcs pointus sont bien loin d'avoir la grâce des arcs circulaires qu'on admire dans les édifices d'architecture grecque ou romaine; néanmoins l'ensemble a quelque chose de grand et d'imposant au premier coup d'œil, et serait même d'un assez bon genre, s'il n'était gâté par des ceintures de niches dans lesquelles on a placé une foule de statues, car il paraît que l'architecte avait la manie d'en mettre partout.

Les quatre évangélistes et les quatre pères de l'Église en bronze qui décorent les deux chaires sont dignes de l'attention du voyageur; elles sont de *François Brambilla*. Au milieu de cette multitude de sculptures, on remarque les 17 bas-reliefs de la partie supérieure du mur d'enceinte du chœur, qui, d'après l'expression de M. Valery, sont d'une finesse de ciseau rare. Le grand et riche tabernacle en bronze doré du maître-autel est du même artiste. Au-dessus de celui-ci, un brillant reliquaire se fait remarquer: il renferme un des clous de la vraie croix, relique vénérée que, le 3 mai de chaque année, anniversaire de la terrible peste de 1576, l'archevêque de Milan promène processionnellement dans la ville, à l'exemple de saint Charles Borromée.

Ce que l'intérieur de l'église offre de plus digne de remarque, c'est la chapelle souterraine où repose le corps de saint Charles Borromée, mort en 1584. La sculpture, la ciselure et l'orfèvrerie ont épuisé leurs ornements pour exprimer les vertus de ce saint, et embellir le monument qui renferme sa dépouille mortelle. La châsse est d'argent avec des panneaux de cristal de roche et des moulures de vermeil; le dedans du caveau, éclairé dans le haut par un soupirail et une grille, est orné de bas-reliefs d'argent : ces divers ouvrages sont estimés et par leur richesse et par leur travail.

Le chœur est tout sculpté en marbre par dehors et en bois dans l'intérieur. Les sculptures du dedans sont faites avec beaucoup de goût; le pavé est de marbre très-beau, supérieur même à celui de Saint-Pierre du Vatican, mais il en manque environ un tiers. Le trésor de l'église est un des plus riches qu'on connaisse. Les statues de saint Ambroise et de saint Charles sont d'argent et plus grandes que nature. Ajoutons un certain nombre de tableaux qui représentent les actions les plus remarquables de la vie de saint Charles, et dont on garnit tout le tour de la nef dans le temps de sa fête. Derrière le chœur est une statue en marbre de saint Barthélemi, fort estimée : c'est une vraie anatomie de muscles au-dessus de grandeur naturelle : le saint est représenté écorché, portant sa peau sur ses épaules. C'est une composition des plus remarquables; sur la base on lit : *Non me Praxiteles fecit, sed Marcus Agrati.* Je ne suis point l'ouvrage de Paxitèle, mais de Marcus Agrati.

L'escalier qui conduit au sommet du clocher le plus élevé est tout de marbre. Il ne faut pas oublier, si l'on monte au sommet de la cathédrale, de demander à voir les *statues d'Adam* et *d'Ève*, en marbre blanc, par *Brambilla*. Ce sont deux morceaux supérieurs ; Adam est un chef-d'œuvre d'anatomie.

Tombeaux. On remarque celui du cardinal *Frédéric Borromée*, cousin du saint archevêque; le *mausolée d'Othon le Grand* et de *Jean Visconti*, oncle et neveu, archevêques et seigneurs de Milan aux XIIIe et XIVe siècles; celui du *cardinal Marin Caracciolo. La chapelle de Jean-Jacques Médicis* est occupée par le riche mausolée érigé, d'après les dessins de Michel-Ange, par le pape Pie IV à son frère. — Les peintures que renferment les diverses chapelles, et le gigantesque candélabre qui s'élève au centre de la chapelle du bras gauche de la croix, sont, ainsi que les peintures sur verre, dignes de la curiosité du voyageur.

Dans l'église de Milan on observe encore le rit ambrosien, qui s'étend à beaucoup de cérémonies et de pratiques qui n'ont pas lieu dans les autres églises catholiques : par exemple, on y baptise par immersion, comme dans les temps de la primitive Église ; le carême ne commence que le dimanche de la Quadragésime, et les bals ne cessent que ce jour; mais aussi on observe le jeûne pendant les trois jours des Rogations.

Parmi les autres églises ou chapelles, dont le nombre est très-considérable, voici celles qui nous paraissent mériter une attention particulière.

L'église de SAINT-AMBROISE, place de ce nom, est célèbre par son ancienneté; elle date de l'année 387. L'intérieur de cette ancienne basilique pourrait être comparé à un musée, tant est grand le nombre des inscriptions, bas-reliefs, bustes, monuments, etc., des premiers siècles du christianisme, qu'elle renferme. — Sa forme présente trois nefs d'un style gothique, dont les voûtes ogivales sont fort curieuses au point de vue de l'art; au milieu de la principale nef s'élève une colonne de granit égyptien, sur laquelle repose un serpent en bronze dont on ignore l'origine. — Dans la même nef se trouve aussi un monument sépulcral de marbre blanc, d'un haut intérêt, tant par le fini du travail des bas-reliefs dont il est couvert que par son antiquité. — Dans la seconde chapelle à droite, on admire une vierge, un saint Barthélemi et un saint Jean de *Gaudenzio Ferrari*. — Dans la chapelle qui suit, dédiée à sainte Marcelline, se trouve une belle statue en marbre de cette vierge, récemment exécutée par *Pacetti*. — Dans la dernière chapelle se voit une toile très-remarquable de *Lanzani*, représentant saint Ambroise recevant le viatique; et presque en face, une belle fresque de *Borgognone*, qui représente J.-C. entre deux anges. — Les autres peintures qui décorent ce beau temple sont de *Tiepolo Lanino*, *del Caio*, *Bianchi*, *Panfilo*, etc. — La grande mosaïque qui se trouve dans l'abside du chœur est aussi fort belle. — L'autel de marbre sous lequel repose le vénérable archevêque et la chaire du haut de laquelle il prêcha doivent fixer l'attention du voyageur.

L'église de SAINT-ALEXANDRE. Le portail de cette église est orné de sept ou huit statues dont deux sont colossales. L'intérieur de l'édifice offre un caractère majestueux; on admire la grande quantité de lapis-lazuli, d'agates orientales, de jaspes sanguins et autres pierres précieuses dont le maître-autel est revêtu. La voûte, la coupole, les arcades et les murs sont couverts de peintures par *Campi*, *Procaccini*, *Crespi*, etc.

L'église SANTA-MARIA, près de San-Celso, fut fondée en

1491 par Jean Galeazzo Visconti; sa façade est remarquable par deux sibylles couchées sur le fronton du portail, et par deux statues d'*Adam* et d'*Ève* placées à côté de l'entrée; la statue d'Ève peut être comparée à ce que l'antiquité a de plus parfait; elle est l'œuvre d'Adolphe Florentin. Les sibylles et les statues sont de marbre blanc, par *Fontana*. L'intérieur de cette église présente des peintures à fresque du chevalier Appiani qui sont de la plus grande beauté. La chapelle de la *Vierge*, où se trouve la statue de la mère du Sauveur, par *Fontana*, et sur l'autel son image recouverte d'un voile d'argent d'une riche ciselure. — Le maître-autel n'a été terminé qu'en 1825.

L'église S.-VITTORE, située dans le bourg, porte Vercellina, est ornée de belles peintures par *Procaccini* et *Pompée Bettoni*.

L'église SANTA-MARIA DE LA PASSIONE, rue du même nom, est un bel édifice à trois nefs et autant de portes, orné de jolies peintures de *Bianchi* : un Crucifiement, toile riche, par *Jules Campi*; une Flagellation, peinte sur le mur, par *Salmeggia*; la Cène des Apôtres, par *Gaudenzio Ferrari*; J.-C. au jardin des Olives, par *Salmeggia*; l'Assomption, par *Preterezzano*; St François, par *Procaccini*; la Vierge et plusieurs Saints, par *Camille Landriani*; la Cène de St Charles, par *Daniel Crespi*. On admire aussi dans cette église le beau monument élevé, en 1495, à la mémoire de *Daniel Birago*.

La petite église de SANTA-MARIA DEL CASTELLO, place del Foro, restaurée depuis peu, renferme de beaux tableaux par *Daniel Crespi*, *Procaccini* et *Nuvolone*.

L'église SANTA-MARIA, près de S.-Satiro, fut érigée, dit-on, sur l'emplacement d'un ancien temple de Jupiter; les plans sont de *Bramante*; la décoration intérieure qu'on admire aujourd'hui date de 1817. — Le maître-autel est de *Philippe Pizzagali*, et les statues dont il est orné sont de *Crasioso Rusca*.

L'église SANTA-STEPHANO MAGGIORE, place du même nom, se compose de trois nefs et six chapelles d'une belle architecture; dans l'une d'elles se trouve une belle toile de *Procaccini*. Ce fut dans ce temple qu'en 1476, les trois conjurés *Olgiati*, *Visconti*, et *Lampugnani*, assassinèrent le duc Galeazzo-Marie Visconti.

L'église de Saint-Nazaire. On lit cette épitaphe singulière de J.-J. Trivulce, maréchal de France : *Qui nunquam quievit, quiescit, tace*. Silence ! celui qui n'a jamais eu de repos repose.

Enfin Saint-Laurent, San-Lorenzo, est une église dont l'architecture est aussi hardie que singulière. Sa forme est octogone; quatre côtés disposés en portions de cercle ont dans leur enfoncement deux rangs de colonnes l'un sur l'autre qui servent de galeries tournantes; les autres quatre côtés, qui sont en ligne droite, n'ont qu'un seul ordre de colonnes, et ces colonnes, qui ont une double hauteur, soutiennent le dôme : tout cela forme un ensemble assez frappant.

C'est près de cette église qu'on voit les *seize colonnes* dont nous avons déjà parlé, seul monument antique qui subsiste encore dans Milan, malgré les ravages du temps et les catastrophes que cette ville a éprouvées. On croit que ces seize colonnes, précieux restes de la splendeur de cette même ville dans les beaux temps de l'empire romain, faisaient partie des thermes d'Hercule, construits par Maximien, surnommé l'Hercule, collègue de Dioclétien. Il n'existe pas même dans Rome d'édifice antique qui ait un pareil nombre de colonnes rangées sur la même ligne. M. Aimé Guillon, membre de plusieurs académies, a fait sur ce sujet une savante dissertation; mais quelques connaisseurs prétendent que la belle proportion des colonnes indique une époque antérieure au règne de Maximien. Napoléon fit établir au-dessus de ces colonnes un mur en briques, pour les garantir des injures du temps.

L'église Santa-Fidele, place du même nom, dont le fronton est orné d'un beau bas-relief représentant l'Assomption, par *Gaetano Monti*, renferme de bons tableaux, entre autres celui qui représente *saint Ambroise* implorant Dieu pour la cessation de la peste : belle composition !

Notre cadre ne nous permet pas de décrire les autres églises que renferme Milan; mais, si son temps le lui permet, nous conseillons au voyageur de visiter les suivantes : — *Santo-*

Eustorgio, cours de porte Ticinesse; *Santa-Maria delle Grazie*, porte de Vercellina; *Santo-Marco*, sur le bord du canal de porte Neuve; *Santo-Maurizio*, cours de porte Vercellina; *Santa-Euphemia*, du v° siècle; *Santo-Paolo*, cours de St-Celso; *Santo-Tommaso in Terra Mala*, cours du Broletto; *Santa la Vittoria*, etc.

PALAIS. — Milan renferme un grand nombre de palais. Le plus considérable est celui qu'on appelle *Palais royal*, *Palazzo reale* : il fut bâti dans le 14° siècle, et devait par conséquent se ressentir de la barbarie de ce temps. Dans le 17° siècle, on lui donna une forme plus convenable. L'architecture du grand salon, les statues, les cariatides, étaient admirées des connaisseurs; mais, comme on avait été obligé de travailler sur un vieux édifice, l'ensemble ne présentait pas cet aspect de magnificence qu'il a aujourd'hui. En effet, dans les derniers temps il a été singulièrement agrandi; on y a construit de vastes écuries qui manquaient, et un très-beau manége, en sorte qu'il est presque double de ce qu'il était. Les superbes peintures à fresque et autres ornements dont l'intérieur a été décoré sont dignes des célèbres artistes qui y ont travaillé, et feront l'admiration de la postérité. Parmi les richesses que renferme cette royale habitation, le voyageur remarquera les productions du célèbre *Andrea Appiani*, mort trop tôt pour l'art. — C'est surtout dans l'*Apothéose de Napoléon* que se déploie le talent de ce peintre. L'empereur, revêtu des habits impériaux, est placé sur un char traîné par des chevaux aériens; belle composition! — On admire aussi le beau tableau de *David*, représentant *Napoléon à cheval*; le Mont St-Bernard, par Rossy; plusieurs autres portraits de Napoléon; et, au rez-de-chaussée, sa statue colossale, par *Canova*. — Le voyageur est admis à visiter ce palais, en s'adressant au sergent de garde, qui ne refuse jamais cette faveur.

Dans l'intérieur de ce palais se trouve une petite et très-ancienne église dédiée à St Gothard, servant de chapelle pour la cour, qui l'a fait restaurer splendidement dans ces derniers temps : on y admire de belles peintures de *Cerano*, de *Traballesi*, d'*Albertalli*, etc. Tout proche cette église s'élève une haute et élégante tour en briques, surmontée d'un ange colossal ailé, en cuivre, servant de girouette.

Le palais archiépiscopal, qui est au sud de l'église métropolitaine, faisait anciennement partie du Palais royal. Au 16e siècle, saint Charles le fit reconstruire pour y loger les chanoines. Deux grandes salles renferment une riche collection de tableaux des plus remarquables des écoles *lombarde*, *vénitienne* et *bolonaise*, avec des paysages de *Vernet*, de *Canaletto*, de *Panini*, etc.

Le *Palais de justice* était la résidence du juge criminel; il contient des prisons pour les prévenus et les condamnés. Le bâtiment est assez bien construit, et disposé d'une manière conforme à son usage.

Palais Marino, place S.-Fedele. C'est un édifice très-imposant, construit en 1555, par Thomas Marino, sur les dessins d'*Alessi* ; ses vastes et nombreux appartements sont occupés aujourd'hui par les bureaux de la trésorerie et les magasins de la douane qui occupent le rez-de-chaussée.

Le palais de la Comptabilité, pont de St-Andrea. L'intérieur de ce noble édifice présentera au touriste toute la magnificence des architectures ancienne et moderne; ce qui donne une haute idée du talent de *Fabius Magone*, qui en est l'architecte. Ce beau palais est maintenant occupé par la cour des comptes.

Palais du Gouvernement, rue de Montforte, de construction moderne, avec une façade restaurée, une belle cour ornée de portiques, de vastes appartements et une grande salle décorée par Appiani.

Palais du Commandement militaire, rue de Brera, édifice riche en stuc et en peintures.

On voit dans Milan beaucoup d'autres palais qui sont la propriété de la haute noblesse ou des plus riches particuliers de cette ville : tels sont ceux connus sous les noms de *Cusani*, *Lilla*, *Belgiojoso*, *Trivulzio*, *Mellerio*, *Clerici*, *Aresi*, *Serbelloni*, *Borromeo*, *Archinti*, et celui qui est au milieu d'un superbe jardin, appelé *Villa Bonaparte*. Tous ces divers palais sont remarquables par leur belle architecture et par les riches ornements dont ils sont décorés.

Etablissements publics. — Dans le nombre des divers établissements publics dont la ville de Milan est pourvue, un bien digne de remarque est la *Bibliothèque ambrosienne*. Cet établissement fut l'ouvrage du cardinal Frédéric Borromée, archevêque de Milan et neveu de saint Charles. La bibliothèque proprement dite est composée de 40 mille volumes imprimés et de plus de 15 mille manuscrits. Le plus célèbre de ces manuscrits est celui des Antiquités de *Josèphe*, traduites par Ruffin : c'est peut-être le plus singulier de tous ceux qui existent ; il est écrit sur du *papyrus d'Égypte*, et paraît, suivant Mabillon, avoir 1,400 ans d'antiquité. Le *cabinet* ou *muséum* de *Settala*, dont la description a été imprimée, fut réuni, du moins en grande partie, à la bibliothèque ambrosienne. On y remarque un *fragment de saint Cirylle* en caractères slaves anciens ; dix *lettres de Lucrèce Borgia*, dont l'une renferme une mèche de ses cheveux, dont elle faisait cadeau au cardinal Bembo ; quelques *palimpsestes de Cicéron* ; un manuscrit entier de *Léonard de Vinci*, volume curieux sur la physique et la mécanique, ayant pour titre *Codice atlantico*, avec plusieurs dessins et les caractères disposés de droite à gauche. Dans le salon de peinture, le magnifique dessin original de *Raphaël*, représentant *l'École d'Athènes* ; à côté se trouve le carton du même peintre, la bataille de *Constantin contre Maxence* ; onze tableaux *du Titien* : Jésus-Christ au sépulcre, la Fuite en Égypte, l'Adoration des Mages, une Madeleine, le Mariage de sainte Catherine, la Vierge, saint Joseph, saint Jean, l'enfant Jésus, sainte Catherine, un Ecce homo, sainte Cécile avec J.-C., un saint Jérôme, le portrait de Jacques de Médicis ; — un Christ par le *Corrége* ; une Mater dolorosa, du même ; le Lavement des pieds, par *Raphaël* ; et beaucoup d'autres bonnes toiles de *Guerchin*, *Pérugin*, *Andrea del Sarto*, *Carlo Dolci*, *Baroccio*, *Salvator Rosa*, *Schidone*, *Bassano le Vieux*, *Gaudenzio Ferrari*, *Pellegrino Tibaldi*.

Parmi les tableaux de l'école allemande, nous citerons plusieurs compositions d'*Albert Durer*, entre autres la Conversion de saint Eustache, un *Cranack* et un *Emmelinck* fort curieux ; deux portraits de *Holbein*, belle exécution ; plusieurs toiles de *Lucas de Leyde*, etc.

PALAIS DES SCIENCES ET DES BEAUX-ARTS, rue de Brera.— Ce palais, qu'on appelle aussi *Brera*, fut bâti par *Richini* et *Pier Marini* pour faire un collège de jésuites ; il renferme l'*Institut des sciences, lettres et arts*, fondé en 1802 ; l'*académie des beaux-arts*; la *bibliothèque*, riche de 170,000 volumes, dont beaucoup d'ouvrages modernes, et d'environ 1,000 manuscrits ; l'*observatoire*, très-renommé et riche en instruments astronomiques : c'est là que, pendant un demi-siècle, le savant astronome *Barnabé Oriani* étudia le ciel.

La galerie de tableaux. — A l'extrémité du grand escalier, une porte à gauche conduit à un vestibule long et étroit, orné de fresques de *Bernard Luini*, de *Bramante Lazzari* et de *Ferrari*.

Première salle. Les tableaux les plus frappants sont : saint Pierre et saint Paul, du *Guide*; saint Sébastien, par *Annibal Carrache*; la Femme adultère, par *Palme* le vieux; la Danse des Amours, par l'*Albane*; la Madeleine et le Sauveur, par *Louis Carrache*; deux tableaux de saints, par *Procaccini*; le Martyre de saint Etienne, du même; l'Ascension, par *Jules Romain*; la Vierge, l'Enfant Jésus et des saints, par *Minichino*; la Vierge et Jésus endormi dans le giron, par *Sasso Ferrato*; la Vierge et l'enfant Jésus, par le *Dominiquin*; une Tête de Christ, par *Guerchin*; une Madone, le Sauveur et saint Joseph, par l'*Albane*; la Femme adultère, par *Augustin Carrache*; l'Assomption de Marie, par *Paris Bordone*; la Nativité, par *Jules Romain*; le Baptême du Sauveur, par *Paris Bordone*; une Assomption, grande composition de *Borgognone*; Abraham et Agar, du *Guerchin*; un Rubens, un saint Sébastien, par M. A. *Caravage*.

Seconde salle. Les Saints devant la Croix, par le *Tintoret*; l'Assomption, par *Morino*; l'Apparition de la Vierge, par *Enea Salmeggia*; une Madone, le Sauveur et les saints, par *Falvodi*; la Piété, par *Garofalo*; la Vierge et des saints, par *Jules Romain*; le Sauveur mangeant avec les Pharisiens, par *Paul Véronèse*; les Noces de Cana, grande composition du même; Jésus avec Marthe et Marie, du même; l'Adoration des Mages, du même; un saint Roch, du *Bassan*; le Sauveur mort, par le *Tintoret*; saint François, par *Palme* le jeune; le Sauveur et saint Joseph, par l'*Albane*; le Sauveur, par *Benvenuto Garofalo*; la Samariaine, par *Fede Galizia*; saint François, par *Palma le jeune*, etc.

Troisième salle. Le Martyre de saint Pierre, par *Conegliano*; une Annonciation, du père de *Raphaël*; la Prédication de saint Marc, par *Aldobrandi*; le Crucifiement, par *Verone*; les Ames délivrées du purgatoire, par *Salvator Rosa*; un paysage, du même; un autre paysage, du *Poussin*; un portrait de Salomon, une Madone, de *Pompée Bottoni*; une tête de Monk, par *Velasquez*, etc.

Quatrième salle. Un saint Jérôme, par *Salvator Rosa*; saint Jean-Baptiste dans le désert, par *Assini*; la Vierge et saint Antoine, par *Luc Jordan*; une Madone, le Sauveur, à la manière du *Corrège*; plusieurs toiles de l'*Espagnolet*, etc., etc.

Cinquième salle. Le Christ portant sa croix, noble composition de *Daniel Crespi*; plusieurs toiles de *Léonard de Vinci*, de *Bramante*, d'*Oggiono*, des frères *Procaccini*, etc.

Dans le premier cabinet, on admire le Mariage de la Vierge, que *Raphaël* peignit à vingt ans, et d'autres toiles du *Pérugin*, de *Bellino*, de *Cimabué*;

Dans le second cabinet, l'Adoration des Mages, par *Costa*; la Vierge et plusieurs saints, par *Moroni*; la Vierge avec l'Enfant Jésus, par *Orbetto*; une tête de vieillard, par le *Titien*;

Dans le troisième cabinet, Moïse sauvé des eaux, chef-d'œuvre de *Giorgione*; saint François visité par deux personnes, du *Titien*; Jésus-Christ à Emmaüs, par *Bonifacio*; beaucoup d'autres toiles de *Jordaens*, *Sneyders*, etc., etc.

Les salles suivantes contiennent les marbres, statues, bas-reliefs, bustes antiques, plâtres et quelques œuvres de *Canova*.

M. *Polonceau* indique à Milan une belle toile de *Raphaël* représentant une *Vierge* d'une beauté ravissante. D'une main elle soulève un voile qui couvre un petit enfant endormi, de l'autre main elle soutient un autre enfant un peu plus grand. Cette composition est divine. M. Brocka, le propriétaire de ce beau tableau, en possède un autre de *Murillo*, représentant un enfant dormant sur la terre; au bas de cette belle page on lit : *Ecce Agnus Dei* : voici l'Agneau de Dieu. Tout est beau dans cette composition.

L'HÔTEL DE LA MONNAIE, ou le *Zecca*, possède une belle collection de médailles antiques et modernes.

Le réfectoire de l'ancien *couvent* de *Ste-Marie-des-Grâces* : c'est là que sont quelques traces admirables du *Cénacle* de Léonard de Vinci. Il faut s'adresser au custode, qui, moyennant une légère rétribution, ouvre les portes du couvent. Visiter l'église à côté, où il y a quelques beaux tableaux.

Le GRAND HÔPITAL est un bâtiment magnifique et immense. Jamais la fortune n'a employé les ressources de l'art pour un but plus louable. On y reçoit tous les pauvres malades. Il y a, outre les médecins et les chirurgiens ordinaires, des professeurs de médecine et de chirurgie, ainsi que des élèves qui en même temps étudient la théorie de ces arts salutaires, en apprennent la pratique et servent les malades.

Au centre de la principale cour de cette philanthropique habitation s'élève une église composée d'un seul dôme, dont le maître-autel est orné d'une belle toile du Guerchin.

Le nombre des malades que renferme cet asile de la douleur est, terme moyen, de 1,300.

L'HÔPITAL MILITAIRE est aussi un noble édifice érigé sur les dessins de *Bramante*; c'était autrefois un ancien couvent. Les autres établissements de charité que renferme Milan sont : l'hôpital des *Fate-bene-sorelle*, des *Fate-bene-fratelli*; l'hospice des *orphelins*, des *orphelines*; le *lazaret*, les *salles d'asile pour les enfants*.

THÉÂTRES. — Milan possède plusieurs théâtres; le premier est le GRAND THÉÂTRE ROYAL DE LA SCALA, où l'on joue l'opéra; il fut bâti en moins de deux ans par un certain nombre d'actionnaires qui se remboursèrent sur la vente des loges. Rien de plus magnifique, de plus commode et de mieux servi que ce théâtre : on entre par un grand vestibule qui conduit au parterre, et a deux grands escaliers pour cinq rangs de loges, et une terrasse où l'on peut aller prendre le frais. Les loges sont grandes, garnies de rideaux de soie, commodes, meublées très-agréablement, et au nombre de deux cent quarante. L'usage d'y tenir assemblée, d'y recevoir des visites et d'y faire la conversation, est aussi commun à Milan que dans le reste de l'Italie (1). On exécute de grands ballets sur le théâtre de la Scala : les décorations sont quelquefois assez belles, assez bien entendues ; mais les pantomimes et les danses sont presque toujours infiniment au-dessous de ce qu'on devrait attendre. Ce noble édifice est le seul rival qu'ait en Italie le théâtre *St-Charles* à Naples. Voici les dimensions de ces deux grands théâtres :

LA SCALA.	— Longueur totale,	88 mètres.
—	— Largeur,	34
La scène.	— Longueur,	40
—	— Largeur,	31
Avant-scène.	— Longueur,	4
—	— Largeur,	14
Parterre.	— Longueur,	21
—	— Largeur,	17
ST-CHARLES A NAPLES.	— Longueur totale,	64
La scène.	— Longueur,	23
—	— Largeur,	91
Avant-scène.	— Longueur,	2
—	— Largeur,	14
Parterre.	— Longueur,	22
—	— Largeur,	19

Ce théâtre est donc le plus vaste et le plus riche en architecture de l'Italie, et peut contenir de 4 à 5,000 personnes.

Les mêmes actionnaires firent bâtir ensuite un autre théâtre à la *Canobiana*. Du palais de la cour, on va à ce théâtre par un corridor qui traverse la rue. Le petit théâtre *del Rè* est très-fréquenté. On y joue tantôt des opéras bouffons, tantôt des tragédies et des comédies. Les autres petits théâtres ne méritent pas une mention particulière.

---

(1) Ce qui fait qu'on n'entend que le premier coup d'archet, qui est vraiment magnifique, mais on n'entend que celui-là à cause du bruit des portes de loges et du déchaînement des langues : tout le monde cause sans s'occuper du théâtre. Le ballet n'a pas plutôt commencé, que le jeu et les conversations cessent sur-le-champ.

SIMOND, *Voyages en Italie.*

Les fondateurs de Milan avaient sans doute manqué de prévoyance : cette ville, bâtie au milieu d'une vaste plaine, est trop éloignée des deux fleuves qui traversent la Lombardie. L'industrie humaine a su réparer la faute des fondateurs ; deux canaux artificiels font communiquer Milan avec l'Adda et le Tessin. Le canal du Tessin, commencé en 1179, fut terminé en 1271. Celui de l'Adda fut fait en 1457. Arrivé à un mille de la porte Neuve, au nord de Milan, le canal de l'Adda se trouva plus haut de cinq pieds que celui du Tessin : pour les réunir dans la ville sans chute, on pratiqua six écluses, et, pour prévenir les inondations, on plaça près de la porte Neuve un déversoir qui porte les eaux surabondantes hors de la ville. On peut dire que ces deux canaux sont la véritable richesse de Milan ; ils servent non-seulement à l'approvisionnement de cette ville, aux arts mécaniques et à l'irrigation des jardins, mais encore au commerce, surtout depuis qu'on a rendu plus praticables les routes du Simplon et du Saint-Gothard. En général, la science des eaux et de l'architecture hydraulique est employée dans toute l'Italie avec autant d'intelligence que de succès.

Le *Jardin public* est très-rapproché de la porte Orientale; il est assez grand et bien entendu. Au milieu est un bâtiment carré qui pourrait servir aux fêtes publiques. Du jardin on monte aux remparts, qui, étant plantés d'une double allée de marronniers, offrent une belle et longue promenade.

Le local autrefois occupé par le grand château, et qu'on appela ensuite le *Foro Bonaparte*, est sans doute bien digne de fixer l'attention du voyageur. De ce château ou ancienne forteresse, il ne reste presque plus rien qui puisse servir à la défense, et l'on n'a conservé que le carré intérieur qui formait le palais des Visconti et Sforce, seigneurs de Milan, à présent changé en logement aussi sain que commode pour les troupes. Le démantèlement des fortifications est un double avantage pour la ville, d'abord parce qu'elle n'est plus exposée aux risques et aux maux que causent les siéges, et ensuite parce que ce démantèlement a procuré un espace très-vaste à l'ouest pour les évolutions militaires, et, du côté de la ville, une superbe promenade plantée d'arbres de différentes espèces. C'est là qu'aboutit la nouvelle route du Simplon. A l'extrémité de la place d'armes, on a érigé un *arc de triomphe* qui peut être comparé à ce que l'architecture des Grecs et des Romains nous a transmis de plus noble et de plus imposant dans ce genre. Non loin du château est un magnifique *cirque* destiné aux courses et à la naumachie, lequel, au moyen de dix rangs de gradins dont sa circonférence est décorée, et de ses galeries, peut contenir trente mille spectateurs. L'arène a 150 mètres dans sa plus grande longueur et 75 mètres dans sa plus grande largeur. On y voit *un arc de marbre* soutenu de quatre colonnes d'ordre dorique : le pulvinar en a huit d'ordre corinthien, du meilleur granit, et couronnées par les plus beaux chapiteaux. A la porte *Ticinèse* on admire pareillement un *arc de triomphe* avec deux corps-de-garde qui sont d'ordre rustique : la porte *Neuve* en offre encore un d'ordre corinthien avec de superbes bas-reliefs. Tous ces ouvrages, faits pendant l'occupation française, sous Napoléon, ont un caractère de grandeur et de magnificence qui ne peut être que le produit du génie et de la puissance que suppose l'exécution de pareilles entreprises.

Le passage *Cristoforis* peut soutenir le parallèle avec les plus beaux passages de Paris. On y trouve un brillant café, des librairies et plusieurs magasins élégants.

GRANDS HOMMES. — La ville de Milan a eu beaucoup de personnages célèbres dans les sciences et les belles-lettres son histoire littéraire forme seule quatre gros volumes in-folio; aussi cette ville fut-elle surnommée la nouvelle *Athènes*. Virgile y étudia. On compte parmi les anciens auteurs que Milan a produits, *Cœcilius Statius*, *Valère Maxime*, *Virginius Rufus*, et *Salvius Julianus*; parmi les modernes, *Cardan*, *Alciat*, le *P. Lecchi*, le *P. Porta*, le *marquis Beccaria*, *Frisi*, *Parini*, et une foule d'autres que les bornes de cet ouvrage ne nous permettent pas de nommer. On trouve dans cette ville beaucoup d'imprimeurs et de libraires qui méritent d'être connus des gens de lettres.

COMMERCE. — Le commerce et l'industrie de Milan ont toujours été assez florissants. Par sa situation, cette ville est naturellement un entrepôt général de toute l'Italie. A la vérité, la difficulté des transports et l'intérêt personnel ayant suggéré aux peuples voisins la route par mer et le cabotage, Milan perdit beaucoup à ce nouvel ordre de choses ; mais, les superbes routes qui ont été construites dans les derniers temps balançant les facilités des courses par mer, la capitale de la Lombardie peut espérer de réparer, du moins en partie, les pertes qui lui ont été occasionnées. Ses moyens commerciaux se sont singulièrement multipliés : autrefois ils se bornaient aux produits de son territoire, tels que riz, fromages et soie, qui s'expédiaient à l'intérieur pour être échangés avec les objets qui lui étaient nécessaires ; elle avait quelques fabriques d'étoffes de soie et de coton, mais qui, faute de débouchés, étaient tombées en décadence : aujourd'hui de riches négociants y ont formé des établissements considérables ; à l'activité nécessaire dans le commerce ces négociants joignent de grandes fortunes, et avec beaucoup d'argent comptant ils font des spéculations très-avantageuses. Ainsi le commerce actuel de Milan s'étend à une foule d'objets : il embrasse le trafic des produits de l'agriculture ; il s'alimente de ceux des fabriques d'indiennes, de mouchoirs, de rubans, de voiles, de velours, de cuirs, de savons, de verrerie ; il s'occupe même à vivifier l'industrie, en lui fournissant des débouchés convenables : l'orfévrerie, les fleurs artificielles, les broderies et les galons de Milan, sont envoyés dans toute l'Italie. Il y a plus, les diverses relations commerciales, et le besoin qu'ont tous les pays environnants d'avoir des fonds dans cette ville, ont fait que les opérations du change y sont devenues très-importantes, et de cet état de choses on peut conclure que Milan doit être maintenant rangé dans la classe des villes de commerce les plus considérables.

HABITANTS. — De toutes les villes d'Italie, Milan est celle où les étrangers reçoivent le meilleur accueil : ses habitants sont naturellement hospitaliers. On y voit de très-belles femmes ; ce qui les distingue surtout, et qui est sans doute l'effet d'un climat tempéré, c'est la plus belle carnation. La noblesse y est très-nombreuse ; mais il y a aussi plus qu'ailleurs des rentiers, des propriétaires et des capitalistes, qui rivalisent avec elle sous le rapport du luxe. On remarque quelquefois au Cours deux cents à trois cents carrosses. Les modes, pour la plupart calquées sur celles de Paris, donnent le ton dans les autres villes de l'Italie.

RENSEIGNEMENTS UTILES AUX VOYAGEURS.

Comestibles.—Milan est renommé pour ses côtelettes de veau frites dans le beurre et panées, dites côtelettes à la milanaise; c'est un mets délicat et fort appétissant : les hors-d'œuvre (*antipasto*), qui se mangent avant le potage, sont fort en usage sur les tables milanaises, et aiguisent l'appétit; la soupe à la tripe, potage un peu substantiel mais bon ; le riz à la milanaise (*rizotto*), le riz aux choux (*riseverze*), le riz aux fèves (*ai bagiani*), les boulettes frites, le foie de porc frit, les champignons (fort renommés), sont des mets excellents avec lesquels le voyageur devra faire connaissance.

La pâtisserie de Milan est très-délicate ; le chocolat y est excellent, ainsi que le laitage.

Hôtels, restaurants et cafés. — Après avoir donné la liste des principaux hôtels de Milan, nous allons indiquer au voyageur la situation de ces hôtels, et de ceux du second ordre, où l'on est aussi fort bien traité.

HÔTELS DE 1re CLASSE.—Impérial, place du Grand-Auberge, n. 4143. — Royal, rue des Trois-Rois, n. 4107. — De l'Europe, id., n. 4106.—De la Ville, Corsia de Servi, n. 609. — De Saint-Marc, rue *del Pesce*, n. 4916.— De la Croix-de-Malte, place du Saint-Sépulcre, n. 3323. — De la Grande-Bretagne, rue de la *Palla*, n. 5303.

HÔTELS DE 2e CLASSE.—Les Deux-Tours, rue de Sainte-Radégonde, n. 986. — La Belle-Venise, place de Saint-Fidèle, n. 1912. — Le Marino, rue *del Marino*, n. 1137. — Les Anges, place de Saint-Protaize, n. 1716. — Saint-Paul, Corsia de Servi, n. 583. — Locanda de Saint-Paul, id., n. 590. — Le Gambaro, id., n. 596. — La Couronne, rue de Saint-Raphaël, n. 1009. — L'Agnello, rue de l'*Agnello*, n. 5578.— Saint-Michel, rue de *Pattari*, n. 568. — Le Puits, rue de la *Lupa*, n. 3287. — Locanda du Ponzone, rue de *Valpetrosa*, n. 3297. — Les Trois-Rois, rue des Trois-

Rois, n. 4094.—Le Faucon, rue du Faucon, n. 406. — Saint-Ambroise la Palla, rue de la *Palla*, n. 3372. — L'Épée, *Contrada larga*, n. 4767. — Les Deux-Epées, cours de la Porte-Romaine, n. 4613.—La Commende, bourg de la Porte-Romaine, n. 4591.—La Tour-de-Londres, rue *del Rovello*, n. 2294. — La Croix-Blanche, cours de la Porte-Vercelline, n. 2599.

Dans les auberges de première classe, il y a des appartements grands et petits, et des chambres bien arrangées ; les étrangers peuvent compter y être bien servis et bien traités. Dans la plus grande partie de ces auberges il y a des salles pour les bains.

D'autres établissements de bains ont été formés dans la ville. On remarque celui de M. *Martelli*, situé dans la *Corsia de Servi*, n. 600.

Un bel établissement à l'*hôtel de la Ville*, et un autre, superbe, sur le *Corso*, à peu près en face du précédent.

Principaux restaurateurs : Cova, Isola-Bella, Maestri, Marino, Rebecchino. Au *Leone-d'Oro* (Lion-d'Or), sur le Cours, hôtel et restaurant de seconde classe, on peut se loger et prendre ses repas à des prix très-doux ; on y est bien.

Cafés : Delle Colonne, Cova, Martini, Reale, sont les plus fréquentés. Celui du *Commerce*, place du Dôme, est très-fréquenté par les négociants ; on y trouve beaucoup de journaux.

Postes, diligences. — La *poste aux chevaux* est située dans la rue de Borgo-Nuovo (porte Neuve), no 1512.— Pour le prix des postes et les règlements y relatifs, voyez Introduction. Prix : pour deux chevaux par poste, 5 fr. 50 c., 6 l. 32. c. ; au postillon, 1 fr. 50 c., 1 l. 72 c. ; au garçon d'écurie, 25 c., 30 c. d'Autr.

Poste aux lettres, rue des Rastrelli, est ouverte tous les jours, depuis 8 heures du matin jusqu'à 6 heures du soir. Les dépêches partent tous les jours pour la France, l'Angleterre, le nord de l'Allemagne et la Suisse, à midi, et arrivent à 4 heures après midi ; là se trouvent les malles du gouvernement.

Pour le sud de l'Allemagne, Rome, Naples, Florence, etc.,

partent tous les jours à trois heures, et arrivent vers les 9 heures du matin. Les lettres doivent être mises à la poste une heure au moins avant le départ de la malle; elles doivent être affranchies pour tous les pays, excepté pour la France, l'empire d'Autriche, l'Angleterre, le Piémont et Genève.

Diligences, proche la poste, pour *Venise*, tous les jours deux départs, l'un à 6 heures du matin, l'autre à 6 heures du soir, en 36 heures; prix, 50 fr. de France. — *Genève*, par le Simplon, à 5 h. du matin; prix, 68 fr. — *Bâle*, par le Saint-Gothard, tous les jours à midi, en 48 heures; prix, 48 fr. — *Turin*, deux fois par jour; prix, 22 fr. 25 c. — *Côme*, tous les jours à 1 heure du matin, en 5 heures; prix, 5 fr.

Diligences partant de *Contra del Monte*, n° 5499. Pour *Venise*, quatre fois par semaine; prix, 35 fr. — Pour *Rome*, trois fois par semaine; prix, 115 fr. — Pour *Florence*, trois fois par semaine; prix, 63 fr. — *Ancône*, trois fois par semaine; prix, 70 fr. — *Naples*, trois fois par semaine; prix, 199 fr. — *Genève*, par Turin; prix, 86 fr. — *Gênes*, tous les jours; prix, 27 fr. — *Crémone*, quatre fois par semaine; prix, 10 fr. — *Brescia*, par *Bergame*, tous les jours; prix, 9 fr. — *Pavie*, tous les matins; prix, 3 fr.

MALLE-POSTE, rue del Marino: pour *Gênes*, tous les jours à 1 heure après midi, en 18 heures; prix, 36 fr. — Pour *Pavie*, 6 fr.

VÉLOCIFÈRES, Corsia del Duomo, n° 980. Départs tous les jours; ayant des places d'intérieur et de cabriolet: pour *Côme*, prix, 3 fr. 50 et 4 fr. 50. — *Pavie*, 1 fr. 75 c. et 2 fr. 75 c. — *Lecco*, 1 fr. 75 c. et 2 fr. 75 c. (Tous ces prix sont, à quelques centimes près, exacts et conformes aux tarifs en vigueur.)

CHEMIN DE FER (strada ferrata). Pour *Monza*, sept fois par jour : départs toutes les deux heures, depuis six heures et demie du matin; retour, trois quarts d'heure après chaque départ de Milan; temps du parcours, 20 minutes. Prix : première classe, 1 zwanzi. 25 c.; seconde classe, 1 zwanzi.; troisième classe, 75 c. de Milan.

VOITURES DE REMISE. — Dans tous les grands hôtels, le voyageur trouvera de belles voitures à louer aux prix suivants :

par jour, pour Milan ou les environs, 16 francs; une demi-journée, 8 francs.

Une course, 5 fr.
Au théâtre, aller et revenir, 6 fr.
A *la Chartreuse*, 24 fr.
A la Chartreuse et à *Pavie*, 30 fr.
Monza, 20 fr.
A *Côme*, s'arrêtant à *Monza*, temps : deux jours, 40 fr.
Pour visiter le *lac Majeur* et *Côme*, 3 jours, 75 fr.

FIACRES. — Cinq stations sont destinées à ces voitures, savoir : *place S.-Sepolcro*, *place S.-Dalmazio*, *place Fontana*, *porte Orientale* et *Bottonuto*.

Le tarif fixé par la police est :

Par course de moins d'une heure,	1 fr. 50 c.
La première heure,	2
Pour les heures suivantes,	1 fr. 50 c.

Des OMNIBUS élégants et légers circulent dans toutes les directions; il en part régulièrement de la *place du Dôme* pour chaque départ du chemin de fer de *Monza*; prix, 50 c.

VALETS DE PLACE. — Le voyageur trouvera dans tous les bons hôtels des personnes intelligentes et fidèles qui l'accompagneront partout, soit avec la voiture, soit en qualité de guide à pied. Le prix est d'ordinaire de 5 à 6 fr. par jour.

PASSE-PORTS. — A son arrivée aux portes de Milan, le voyageur est obligé de déposer son passe-port entre les mains d'un inspecteur de police, qui lui en donne un reçu contre lequel il obtient à la direction générale de la police (*Direzione generale di poliza*), Contrada di Santa Margherita, un permis de séjour. Lorsqu'il veut quitter Milan, il reprend son passe-port, visé pour le lieu où il veut aller; mais il ne peut rester que 24 heures dans la ville après ce visa. — Si le voyageur veut prendre des chevaux de poste, il est obligé de s'adresser aussi à la police, en indiquant le nombre des chevaux qu'il désire : ce qui lui est accordé. — Si le voyageur veut aller à *Venise* ou dans d'autres lieux de la domination autrichienne, le seul visa de la police sera suffisant et ne coûtera rien; pour la *Sardaigne*, 4 francs; pour la *Suisse*, 2 francs.

Consulats étrangers.—Pour la *France*, rue St-Antonio, n° 5398. — *Angleterre*, Porte-Orientale, n° 651. — *Naples*, Porte-Orientale, n° 646. — *Rome*, rue Cervetta, n° 366. — *Hollande*, Corsia St-Marcellino, n° 1794. — *Belgique*, rue St-Prospero, n° 2364. —*Sardaigne*, palais, *Trivulzio*, place St-Alexandre, n° 3965. — *Suisse*, rue St-Paul, n° 937.

BANQUIERS. — MM. *Ulrich* et Ce, St-Pietro et Lino, n° 2391. — *Carli* di *Tomaso* et Ce, St-Jean à la Conca, 4127. — *Balabio*, *Besana* et Ce, rue Lauro, 1,804. — J.-B. *Negri*, borgo Porta Romana, 4604. — J. M. *Poggi*, rue Filodramatici, 1809. — *Oneto* et *Reymond*, rue St-Paul, 937. — *Uboldi* et *Brunati*, rue Pantano, 4690. — H. *Mylius* et Ce, rue Clerici, 1768. — Les bureaux sont ouverts depuis dix heures du matin jusqu'à quatre heures après midi, les dimanches exceptés.

ATELIERS DES PEINTRES LES PLUS RENOMMÉS. — MM. *Arienti*, local de St-Prassede, n° 118. — *Bisi Joseph*, rue Isara, 747. — *Azeglio*, place S.-Fedele, 1138. — *Bellosio*, rue del Monte di Pieta, 1578. — *Bisi*, fils de Michel, rue de Brera. — *Mensi*, rue del Lauro, 1845. — *Canella*, cours de Porte Tosa, 21. — *Hayez*, rue del Monte di Pieta, 1578. — *Molleni*, même rue, 1578. — *Sanquirico*, rue del Becchetto, 2463. — *Sabatelli*, au palais de Brera.—*Servi*, cours de Porte-Neuve, 1470. —*Sogni*, rue del Morone, 1171.

SCULPTEURS. — MM. *Monti* de Ravenne, rue Ste-Agnese, n° 5551. — *Fraccaroli*, pont de Medici. — *Cacciatori*, rue Ste-Agnese, 2772. — *Gandolfi*, cours Francesco, 601. — *Marchesi*, rue St-Primo, 776. — *Somaini*, rue del Gesù, 1281. —*Sangiorgio*, rue Ste-Agnese, 5301. — *Pultinani*, pont de Medici.

PANORAMA RÉTROSPECTIF DES OBJETS LES PLUS REMARQUABLES DE MILAN.

La Cathédrale, place Duomo.—Edifice surprenant, peintures, sculptures remarquables, objets d'antiquités, trésor.

N.-D. de la Passione, rue de ce nom. — Architecture de *Solari*, peintures, sculptures.

St-Etienne Maggiore, place de ce nom. — Eglise vaste, bonnes peintures.

N.-D. près de St-Celse, au bas du pont de la Porte. — Architecture de *Bramante*, richesse d'ornements, peintures et sculptures superbes.

St-Paul, cours de St-Celso. — Architecture de *Cerano*, bonnes sculptures et peintures.

St-Nazare-Grande, cours de Porte-Romaine. — Eglise ancienne, mausolée des *Trivulzio*.

— *St-Alexandre in Zebedia*, place de ce nom. — Architecture de *Binaghi*, ornements en pierres dures, bonnes peintures.

N.-D. près de St-Satyre. — Architecture de *Bramante*, beau dôme, sacristie admirable.

St-Sébastien, cour de la Palla. — Architecture de *Pellegrini*, rotonde, bonnes peintures.

St-Eustorge, cours de la porte Ticinèse. — Temple ancien, monuments de sculpture.

St-Laurent, même cours. — Architecture noble et singulière de *Bassi*.

Colonnes de St-Laurent, même cours. — Précieux restes de l'antiquité.

St-Maurice ou *Monastero maggiore*, cours de porte Vercellina. — Architecture de l'école de *Bramante*, superbe fresque de *Bernardin Luvini*.

St-Ambroise, place de ce nom. — Vieux temple, devant d'autel en or, mosaïque, peintures et sculptures de mérite.

St-Victor al Corpo, bourg de St-Vittore, porte Vercellina. — Architecture magnifique de l'*Alessi*, bonnes peintures.

N.-D. delle Grazie, cours de porte Vercellina. — Dôme majestueux de *Bramante*, bonnes peintures, belle sacristie, reste de la Cène de *Léonard*.

Saint-Simplicien. — Temple ancien, bonnes peintures.

N.-D. Incoronata. — Architecture singulière, monuments de sculpture.

St-Ange. — Temple magnifique de *Pellegrini*, bonnes peintures.

St-Marc, le long du canal Porte-Neuve. — Eglise vaste, bonnes peintures et sculptures.

St-Fidèle, place de ce nom. — Superbe temple de *Pellegrini*, bonnes peintures.

Ste-Marie del Castello, place del Foro. — Nouvellement restaurée, belles peintures.

Palais de la Cour. — Architecture de *Pierre Marini*, grande salle à danser, superbes fresques d'*Appiani*.

Palais de l'archevêché, près la place du Dôme. — Cour magnifique, écuries singulières de *Pellegrini*, galerie de peinture.

Casino de la société du Giardino, rue St-Joseph, 1602.— Bonne architecture de la cour, appartements bien arrangés.

Palais Serbelloni. — Architecture de *Cantoni*, vestibule magnifique, très-belle cour.

Villa royale, près le jardin public. — Bonne architecture de *Polak*, superbes fresques d'*Appiani*, très-beau jardin.

Porte Romaine, sur la route de Rome. — Architecture de *Bassi*.

Palais Trivulzio. — Cabinet et muséum très-riche d'antiquités.

Porte Ticinèse. — Achitecture du marquis *Cagnola*.

Place d'armes. — Vaste et régulière, prospectus de la grande caserne, porte d'après le plan du célèbre *Rossi*.

Arc de la Paix ou du Simplon, où aboutit la route du Simplon. — Monument magnifique, commencé par Napoléon, architecture du marquis *Cagnola*, construction solide, finesse de travail, belles sculptures; au sommet, chevaux en bronze d'un magnifique travail.

Palais Belgiojoso d'Este, place de ce nom. — Architecture magnifique de *Pierre Marini*, appartements bien ornés.

Palais du gouvernement, rue de Montforte. — Edifice très-vaste, belle cour, façade nouvelle de *Gilardoni*.

Monte du Royaume, rue de ce nom. — Architecture de *Pierre Marini*.

Direction du cadastre. — Architecture de *Pestagalli*, salles très-vastes pour les dessinateurs.

Palais Marini ou des finances, place S.-Fedele. — Architecture singulière et imposante de l'*Alessi*, sculptures et peintures, établissements administratifs.

Palais de la comptabilité, pont de S.-Andrea. — Architecture admirable de *Mangoni*, beaux vestibules, cours magnifiques.

Typographie royale. — Etablissement très-bien monté.

Hôtel de la Monnaie, rue S.-Angelo. — Grand établissement, nombreux ateliers, très-belles machines mises en mouvement par les eaux.

Palais des tribunaux, rue des Clerici. — Réunion des tribunaux, salle peinte par *Tiepolo*.

Institut géographique militaire. — Superbe établissement très-bien monté.

Caserne de St-François. — Grand édifice, architecture de *Rossi*.

Palais des sciences et des arts, ou *Brera*, rue de Brera.— Architecture magnifique de *Richini*, porte de *Pierre Marini*; institut des sciences, pinacothèque, superbes tableaux, bibliothèque très-riche, cabinet numismatique, observatoire, académie des beaux-arts, plâtres, dessins, école de gravure, cabinet de marine, jardin des plantes, etc.

Observatoire Moscati. — Belles machines, beaux instruments.

Bibliothèque ambrosienne, place S.-Sepolcro. — Architecture de *Mangoni*, ouvrages très-rares, manuscrits, tableaux, dessins, sculptures et autres raretés; monument du chev. *Bossi*, peintre; buste par *Canova*, etc.

Conservatoire de musique, près l'église de la Passion. — Etablissement bien monté; peintures dans le réfectoire.

Séminaire, cours de la Porte-Orientale. — Architecture magnifique de *Meda*, cour très-vaste, porte de *Richini*.

Collége militaire, sur le canal de Porte-Neuve.— Bel édifice, établissement très-utile.

Institut des sourds et muets, bourg de S.-Calocero.— Etablissement bien monté.

Collége des demoiselles à St-Philippe. — Très-bel établissement d'éducation.

Grand Hôtel.—Architecture de *Philarète* et de *Richini*,

cour très-vaste, richesse d'ornements; grand établissement.

Foppone ou *St-Michel dei Nuovi Sepolcri.* — Grands portiques de *Croce*, église au centre, d'*Attilius Arrigone*.

Hôpital des vieux ou *Luogo Pio*.

Trivulzi. — Edifice très-vaste, belle institution.

Lazaret, hors de la porte Orientale. — Edifice très-vaste de *Lazzare de Palozzo*; chapelle octogone au centre, par *Pellegrini*.

Hôpital des frères, Fate-bene-fratelli, sur le canal de Porte-Neuve. — Hospice pour les malades, bien arrangé.

Hôpital militaire, près de St-Ambroise. — Architecture magnifique de *Bramante*, cour très-vaste, fresques de *Calixte Piazza* de Lodi.

Maison des orphelins. — Cour magnifique par *Bramante*.

Maison des orphelines. — Edifice très-vaste de *Mangoni*.

Grand théâtre de la Scala. — Architecture de *Pierre Marini*; édifice très-vaste, commode, élégant.

Théâtre Philodramatique. — Architecture de *Polak*, peintures d'*Appiani*.

Amphithéâtre ou *l'Arène*, sur la place du Château. — Edifice très-vaste, belle construction, *pulvinare* magnifique, porte d'entrée très-élégante, architecture de *Canonica*.

Cours de la Porte-Orientale. — Belle promenade, très-fréquentée.

Jardin public, cours de la Porte-Orientale. — Emplacement très-vaste, bonne disposition; grande salle très-élégante; théâtre diurne.

Route du Simplon. — Grande route magnifique, ouvrage surprenant.

Canaux ou *Navigli*. — Ouvrage admirable, soutiens ou écluses ingénieuses, ponts superbes, voyage agréable.

ENVIRONS. — Il y a aux environs de Milan plusieurs belles maisons de campagne; une des plus remarquables est *Castellazo*, située dans une belle plaine à deux lieues de la ville. On y trouve des jardins immenses, une ménagerie, de grandes allées couvertes, des cédrats en pleine terre; les grilles des jardins sont dorées : tout y est orné d'une manière aussi noble que riche. Les appartements sont décorés en stuc, avec des bas-reliefs, des marbres, des moulures et autres ornements. A une lieue de Milan, du côté du nord, est la maison de campagne appelée *Casa Simoneta*, où est un écho qui répétait autrefois un mot plus de cent fois, mais qui a perdu beaucoup de sa réputation par les dégradations ou les réparations qu'on y a faites.

DE MILAN A MONZA.

12 kil. environ.

Chemin de fer; trajet, 30 minutes; prix, 1 zwanz., ou 87 centimes de France.

MONZA. (*Hôtels :* du Faucon, Angel.) — Les étrangers qui passent à Milan n'oublient pas de voir *Monza*, située sur la route de *Lecco*. Par arrêt de Sa Majesté Impériale et Royale, Monza a été élevée au rang de ville. Elle est célèbre par sa couronne de fer, qu'on garde dans le trésor de la cathédrale, bâtiment gothique très-ancien, ayant une façade assez belle et un beau clocher qui contient huit grandes cloches d'un accord parfait. Ce noble édifice est dédié à saint Jean, et date du xive siècle. Sur la principale porte on voit un curieux bas-relief représentant Théodolinde, reine des Lombards, avec son époux. Les peintures qui décorent la voûte de l'église sont de *Bianchi*, et celles du maître-autel de *Montalto* et J. C. *Procaccini*; la belle toile représentant la Visitation est du *Guerchin*, et le saint Gérard peint à fresque sur une des colonnes est de B. *Luino*. C'est dans une des chapelles que se trouve la *couronne de fer* qui servit au couronnement de Charles V à Bologne, et, de nos jours, à celui de Napoléon. Il faut, pour la voir, une permission du gouverneur de Milan ou de l'archiprêtre de *Monza* (1). A Monza on voit aussi un *palais royal* magnifique, dessiné par l'architecte Pierre Marini, environné de jardins délicieux auxquels on a ajouté un parc très-étendu, destiné aux amusements de la chasse, tout entouré d'une haute muraille qui parcourt l'espace de neuf milles d'Italie, ou de 18 kil. environ. Les allées qui aboutissent au palais et aux jardins sont très-magnifiques et plantées de beaux arbres.

A une petite distance de Milan, on voit l'église de *Notre-Dame de Saronno*. *Saronno* est un gros bourg situé sur la route de Milan au lac Majeur par *Varèse*. L'église fut construite en 1498, mais la coupole fut ajoutée dans le xvie siècle. Ce joli temple n'a qu'une seule nef, qui renferme de belles peintures, dont les plus remarquables sont : le Mariage de la Vierge, la Dispute de J.-C. avec les docteurs, la Purification de la Vierge, l'Adoration des Mages, Jésus-Christ au Temple. Dans la coupole, on admire les *quatre évangélistes*, sainte Claire, *sainte Apollonie*, etc.; un vieillard à barbe blanche frappe aussi la vue : c'est le portrait de *Luini*, l'auteur de tous ces chefs-d'œuvre. La belle Descente de croix, en marbre, est du chevalier *Pompée Marchesi*.

LA CHARTREUSE DE GAREGNANO.—Pour s'y rendre, on sort de Milan par la porte Tenaglio, et, après une demi-heure, on arrive au petit village de *Garegnano*, où se trouve la *chartreuse* de ce nom, fondée par Jean II Visconti. L'architecture de l'église est simple mais imposante; l'intérieur est orné de belles peintures presque toutes de *Daniel Crespi*, représentant les principaux faits de la *vie de St Bruno*. Sur la voûte on remarque des anges et des saints, du même auteur, d'une riche exécution. Cette église renferme encore de belles fresques de *Simon Peterazzano*, de *Barthélemi Roverio*, et de plusieurs autres grands maîtres du xviie siècle. La *chartreuse de Garegnano*, chan-

---

(1) Les antiquaires liront avec intérêt les *Mémoires historiques touchant Monza et sa cour*, du chanoine Frisi, où sont détaillées les raretés que renferme cette basilique et son ancien trésor.

gée maintenant en un magasin à poudre, rappelle à la mémoire du voyageur instruit le sensible chantre de Laure. Pétrarque, qui vécut quelque temps retiré dans une maison de campagne qu'il avait à *Linterno*, hameau que l'on voit à peu de distance à main droite, venait presque tous les jours visiter les moines de cette chartreuse et passer au milieu d'eux les instants qu'il ne consacrait pas à l'étude. Charles Borromée allait aussi tous les ans visiter cet asile de la piété et de la méditation.

Rho, petite ville à 16 kil. de *Milan*, sur la route des *îles Borromées*; elle est célèbre par sa belle église, *Notre-Dame-des-Miracles*. Ce temple majestueux, qui ne se compose que d'une seule nef, fut élevé sur les dessins de *Pellegrino Tibaldi*, à l'exception de la façade, qui est de l'architecte *Polak*; il contient de belles peintures de *Camille Procaccini*, de *Figino*, de *Morazzone* et de *Lanzano*. A quelques kilomètres de *Rho* se trouve le joli bourg de

Lainate, avec son beau *palais ducal* appartenant à la famille Litta Visconti, édifice curieux tant par sa construction que par la disposition des appartements, la beauté du jardin et des vastes serres, remplies d'arbustes rares, et surtout par deux belles statues de marbre dues au ciseau du chevalier *Pompée Marchesi* : une Madeleine et une Vénus pudique.

La Chartreuse de Chiaravalle, située à 6 kil. de la porte Romaine. La route qui conduit à cette antique abbaye est tout à fait champêtre : à la première vue, le voyageur est frappé de la hauteur et de la hardiesse du clocher, qui s'élève majestueusement dans les airs; l'aspect de l'église aux dimensions grandioses, la beauté de l'architecture, de style gothique, exciteront son admiration. L'intérieur de ce temple renferme un beau mausolée; mais malheureusement les jolies fresques qui décorent la voûte et les murs sont endommagées d'une manière considérable.

Avant de quitter Milan, nous avons encore à visiter les riants coteaux de la *Brianza*, contrée aussi pittoresque que fertile, où l'œil se promène agréablement sur une succession de collines, de vallées d'une verdure luxuriante; deux ou trois lacs dont les ondes pures réfléchissent les scènes champêtres qui bordent leurs rives viennent compléter ce charmant paysage. Cette petite contrée est appelée le *Jardin de la Lombardie*.

Il nous reste encore à faire une excursion du plus haut intérêt, sous le double point de vue religieux et artistique ; c'est à la *chartreuse de Pavie*, l'un des plus magnifiques édifices religieux connus.

On sort de Milan par la porte de Pavie ; la route que nous suivons peut être comparée, sans exagération, à une belle allée de jardin bordée d'arbres et de canaux. Rien n'est plus riant ni plus fertile que le pays que nous parcourons, et, après un charmant voyage de 27 kilomètres, nous arrivons à la

CHARTREUSE DE PAVIE, si renommée. Après avoir franchi la porte d'entrée de la cour, on se trouve en face du portail de l'église ; il est de marbre blanc, jauni par l'action de l'air et de l'eau. L'aspect de cette façade est imposant ; sur le fronton se lit l'inscription suivante :

MARIÆ, VIRGINI, MATRI, FILIÆ, SPONSÆ DEI.
A la Vierge Marie, mère, fille, épouse de Dieu.

Les sculptures et les bas-reliefs qui ornent cette façade sont tous d'un travail achevé, et représentent la Charité, les vies de *St Pierre*, de *St Laurent*, de *St Paul*, de la *Madeleine*, de *St Jean-Baptiste*, de *St Ambroise*, etc. Des statues de marbre couronnent les pilastres, dont les bases sont couvertes de bustes d'empereurs romains sculptés en relief.

En pénétrant dans le vestibule qui précède l'église, nous voyons deux belles toiles, saint Sébastien et saint Christophe, par *Lutti* ; de là, on pénètre dans l'intérieur du temple, dont l'aspect est de toute beauté : « La croix latine, trois nefs, seize chapelles, une magnifique coupole, un chœur dont la décoration de loin s'annonce extraordinairement brillante, forment, dit M. Polonceau, le plan de ce temple resplendissant. »

Notre cadre ne nous permettant pas de décrire cette profusion de richesses architecturales, nous indiquerons seulement les plus saillantes. Toutes les chapelles sont en général fermées par une haute grille de fer d'un beau travail; l'intérieur est orné de colonnes, d'un tableau qui représente un saint, et de fresques.

Au-dessus de la porte de la grande nef on remarque trois belles fresques représentant l'Assomption de la Vierge, saint Pierre et saint Paul. Les huit compartiments de la coupole sont couverts de peintures d'une grande richesse, représentant les visions de l'Apocalypse. Toutes les fresques qui couvrent les murs du chœur majestueux de cette église sont de *Daniel Crespi*; elles représentent : Jésus-Christ au milieu des docteurs, l'Adoration des Mages, une sainte Madeleine, les quatre Évangélistes, la Naissance du Sauveur, la Vie de saint Bruno, etc.

Au centre de la croix, on admire six belles statues en marbre, qui sont : J.-C. attaché à la colonne, sainte Judith, saint Georges, la sainte Vierge, sainte Agnès, sainte Véronique. De chaque côté de l'autel on remarque les belles statues de l'Espérance, par *Rusnati*; la Charité, par *Bussola*; la Foi, par *Simonetta*, et la Religion, par *Rusnati*.

Un monument fort remarquable est le *mausolée* érigé par les chartreux à *Jean-Galéas Visconti*, seigneur de Pavie, qui, après avoir fait enfermer et emprisonner son oncle, fit vœu de bâtir cette chartreuse, dont la première pierre fut posée par le fondateur même, en 1396, et, trois ans après, vingt-cinq chartreux habitaient la maison. Lors de la suppression du monastère par Joseph II, empereur d'Autriche, il renfermait cinquante chartreux profès et dix frères; les revenus étaient alors de 800,000 fr.

Le mausolée dont nous venons de parler est en marbre de Carrare, exécuté par *Christophe Romano*; la statue du duc est couchée sur sa tombe; à ses côtés se trouvent la Victoire et la Renommée. Ce monument est orné de bas-reliefs par *Zamodia*. Les vitraux qui se trouvent au-dessus, ainsi que ceux des autres parties de l'édifice, sont en général d'une grande beauté. Nous finirons cette très-courte esquisse en recommandant à l'attention du voyageur les riches bas-reliefs et les peintures qui décorent les deux sacristies, ainsi que les belles fresques qui tapissent les deux cloîtres. Les sujets du grand cloître sont : saint Augustin, saint Bernard,

Abraham, David, Tobie, les quatre Évangélistes, Job, Salomon, saint Jérôme, sainte Hélène, sainte Madeleine, saint Grégoire, saint Ambroise, saint Barnabé.

Les habitations particulières des religieux ont été détruites; toutes ont disparu, excepté quelques fragments de cinq ou six d'entre elles.

Avant de quitter la chartreuse et les trésors artistiques qu'elle renferme, montons au sommet de son dôme, d'où nos regards jouiront d'un panorama des plus magnifiques.

ROUTE XXVIII.

DE MILAN AUX ILES BORROMÉES (LAC MAJEUR).

4 p. 1/2, 9 l.

De Milan à Rho,	1 p. 1/4	Gallarade,	1
Cascina Buon-Gesù,	1	Sesto-Calende,	1 1/4

Malle-poste; prix : 7 livres. Le voyageur devra, avant de partir, faire viser son passe-port au bureau de la police générale à Milan, et au consul de Sardaigne.

Nous quittons Milan par la barrière de l'*Arc du Simplon*, ou de la *Paix*, comme l'appellent maintenant les Italiens. Une heure de marche nous conduit à

Rho (*Rhaudium*), gros bourg bien peuplé et agréablement situé; on y remarque le collége de missionnaires et la belle église de Notre-Dame-des-Miracles. (*V.* environs de Milan, p. 294.)

Ensuite viennent *St-Lorenzo*, *St-Vittore*, *Legnarello*, villages sans importance. Non loin de ce dernier village, un peu à gauche de la route, on trouve

Arsizio (*Bustum*), gros bourg très-commerçant, érigé, dit-on, par *Bellovèse*, avec une belle église, construite sur les dessins de *Bramante*, et ornée d'une riche toile et de belles fresques, par *Gaudenzio Ferrari*; les autres peintures qui décorent ce temple sont de *Benoît Tatti*, de *Cerano*, de *Raphaël Crespi* et de J.-B. *della Croce*.

GALLARATE prend son nom de la légion *Gallerita*, qui y séjourna sous les consuls Marcellus et Cornelius. On a traversé des bruyères. Ces plaines arides, où l'industrie, malgré tous ses efforts, n'est pas encore parvenue à dompter la nature, se terminent à peu de distance de la *Cassina del Buon Gesù*.

SOMA. C'est là que fut livrée la bataille entre Annibal et Scipion.

ARSAGO (*Arsus ager*). On voit encore les ruines d'un ancien temple païen dédié à Hercule ; on voit incrustée dans le campanile une pierre avec ces mots : *Herculi Victori*.

SESTO-CALENDE (*Sextum Calendarum*), où se tenait probablement un marché public le premier jour de chaque mois. — Là, le voyageur qui va aux îles a le choix ou de passer le Tessin, et par *Arona* d'arriver à *Baveno*, ou de s'embarquer sur le lac. De *Sesto-Calende* à *Milan*, voyez aussi route 5.

A *Sesto-Calende* le voyageur trouvera une bonne auberge où on loue des voitures pour *Baveno* ou pour toute autre excursion.

C'est ordinairement à *Sesto-Calende* que le voyageur quitte la route de terre pour visiter les *îles Borromées* et les lieux les plus remarquables qui se trouvent sur les rives du *lac Majeur*; mais, avant de nous embarquer, nous allons décrire rapidement ce monarque des lacs italiens.

LE LAC MAJEUR (en all., *Langen See*; ital., *Lago Maggiore*). Ce bassin magnifique, le plus grand de tous ceux qu'on trouve en Italie, ne touche sur le territoire suisse que par sa partie supérieure ; s'étendant du N. au S., il sépare la Lombardie proprement dite des Etats sardes. Sa superficie est de 190 milles italiens carrés, 342 kil. ; son élévation au-dessus de la mer, de 195 mètres ; la hauteur de ses eaux, au-dessus du niveau ordinaire, est de 3 m. 54 c. Sa longueur est de 47 m. ital., depuis Mappo, au-dessus de Locarno, jusqu'à Sesto (environ 84 kil.) ; sa plus grande largeur, de Mergozzo à Cerro, près de Laveno, est de 8 milles (12 kil.) Quant à sa profondeur, elle varie beaucoup : 800 mètres entre le rocher de Ste-Catherine, sur la rive orientale, et celui de Farre, sur le rivage occidental ; 375 entre Barbe et Bedero ; 248 entre Brissago et Dirinella ; 63 entre Locarno et Magadino.

Le lac Majeur, appelé aussi *Verbano*, de son ancien nom latin, reçoit les eaux de la portion du versant méridional des Alpes, qui s'étend depuis le mont Rose jusqu'au Bernardin. Ses principaux affluents sont la *Toccia*, la *Maggia*, le *Tessin*, qui en sort près de Sesto-Calende, et la *Tressa*, qui lui apporte les eaux du *lac de Lugano*.

Ce qui lui donne une grande célébrité, ce sont les *îles Borromées*, situées à l'entrée du golfe au fond duquel débouche la Toccia. Les *châteaux de Canero*, dans les îles, sur la côte piémontaise, étaient autrefois des repaires de brigands. Il ne serait pas difficile de transformer en séjour délicieux les deux îlots *Dei Conigli*, près d'Ascona.

Parmi les nombreuses localités qui animent les bords du Verbano, nous mentionnerons *Arona*, *Lesa*, *Stresa* et *Belgirate*, sur la route du Simplon ; *Pallanza*, chef-lieu d'une province sarde ; *Intra*, place de commerce ; *Canobbio*, à l'entrée de la vallée piémontaise du même nom : une nouvelle route vient d'y être construite par le roi de Sardaigne, qui unit *Baveno*, sur le Simplon, à *Bellinzone* et au *St-Gothard* ; *Angera*, *Laveno*, *Porto*, presque en face d'Intra, d'où une route pour les voitures mène à *Varèse* et au *Sacro-Monte* ; *Luino*, d'où une grande route conduit par Ponte-Tresa à *Lugano* ; *Maccagno* ainsi que *Luino*, sur le territoire lombard ; *Brissago*, joli petit endroit où prospèrent en plein air la vigne, le figuier, l'olivier, le grenadier et le myrte ; *Ascona*, surmonté de son joli château : *Locarno* et *Magadino*, sur le territoire suisse. Dans plusieurs de ces localités se tiennent des marchés considérables, et les jours sont distribués de manière à ce qu'on puisse les fréquenter l'un après l'autre. La pêche est partout fructueuse ; le droit de pêche appartient soit à l'Etat, soit à des particuliers.

La navigation du lac était libre il n'y a pas encore longtemps ; mais les gouvernements sarde et autrichien ont cherché à l'entraver. Ce dernier vient d'établir une police qui règle la circulation sur ce lac. La navigation est considérable, et n'offre aucun danger, à cause du grand nombre de places de débarquement faciles. Ce qui la rend d'autant plus importante, c'est que par le Tessin et le Pô on peut se rendre dans l'Adriatique. Ce lac est aussi sur la route de Gênes en Suisse. La navigation se fait au moyen de barques de toutes dimensions, et elle a été considérablement accélérée depuis l'établissement, en 1826, du bateau à vapeur le *Verbano*, de la force de 14 chevaux, auquel on a adjoint dans ces derniers temps le *St-Charles*.

Deux vents périodiques soufflent en été sur le lac Majeur, comme sur les autres grands bassins voisins : le vent du nord, appelé *tramontana*, commence ordinairement vers minuit, et cesse dans la matinée ; l'*inverna*, venant d'une direction opposée, se fait sentir depuis midi jusqu'au soir. Les vents non périodiques sont le *maggiore*, qui vient du nord, et le *margozzo*, le plus dangereux, qui souffle dans une direction opposée.

La partie septentrionale, dite *lac de Locarno*, appartient à la Suisse. — A 7 myr. 12 kil. S. de Locarno, sur la rive E., se trouve la frontière autrichienne ; celle de Sardaigne occupe les bords O. depuis *Brissago* jusqu'à *Sesto-Calende*.

Une majesté sauvage, jointe aux beautés d'une nature douce et riante telles qu'on en rencontre dans l'heureux sol de l'Italie, caractérise ce lac. La vue y est tantôt resserrée dans les plus étroites limites, et tantôt elle embrasse un horizon immense. De hautes montagnes l'entourent au S.-O., à l'O., au N. et au N.-E. Celles de l'E. et du S. s'abaissent par degrés jusqu'aux plaines de la Lombardie. Au N.-E., entre Magadino et Laveno, les montagnes sombres et sauvages du Gambarogno s'élèvent rapidement du sein des ondes jusqu'à la hauteur de 6,000 pieds au-dessus de leur surface. Les flancs boisés du Pino et le mont Canobbio semblent fermer l'horizon.

NAVIGATION A VAPEUR DU LAC. — Nous avons déjà dit que deux bateaux à vapeur, le *Verbano* et le *St-Charles*, font un service journalier, excepté le dimanche, entre *Sesto-Calende* et *Magadino*, extrémité nord du lac. Les stations de ces steamers sont fixes, et ils ne restent dans la localité que le temps nécessaire pour débarquer ou pour prendre des passagers.

ROUTE 28. — DE MILAN AUX ILES BORROMÉES.

Course descendante.

De Magadino à	Locarno et Ascona,	0 fr.	60 c.
—	Canobio à Brissago,	1	80
—	Canero et Luino,	2	20
—	Intra et Laveno,	3	60
—	aux îles,	4	00
—	Stresa ou Baveno,	4	20
—	Belgirate,	4	80
—	Arona,	5	80
—	Sesto,	6	00

Course ascendante.

De Sesto à	Arona,	1re, 1 fr. 20;	2e, 0 fr. 70 c.		
—	Belgirate,	2	20	1	30
—	Stresa ou Baveno,	3	00	1	80
—	aux îles,	3	00	1	80
—	Intra ou Laveno,	3	40	2	05
—	Canero ou Luino,	4	50	2	70
—	Canobio,	5	00	3	00
—	Brissago,	5	60	3	35
—	Locarno ou Ascona,	6	00	3	60
—	Magadino,	6	00	3	60

Prix du transport des marchandises.

De Sesto ou d'Arona à Magadino, pour chaque 100 kilogrammes.	Les jours de course double,		75
	simple,		50
Les paquets, corbeilles, boîtes et autres objets du poids moindre de 5 kilogrammes, pour les différents endroits du lac,		1	50

Prix du transport des voitures.

Pour toute l'étendue du lac, c'est-à-dire de Sesto ou Arona à Magadino, et *vice versâ*.	Berline ou landau,	40
	Calèche,	30
	Cabriolet,	16

Prix d'embarquement et débarquement.

Pour ou de Sesto-Calende, Magadino, Locarno, Canobio, Canero, Intra, Belgirate, Arona,	0 fr. 10 c.
Brissago, Ascona, Pallanza,	0 20
Stressa,	0 30
Baveno et Laveno,	0 60
Luino,	1 »

On n'embarque les voitures et les chevaux qu'à Sesto-Calende, Arona, Magadino (1).

ILES BORROMÉES.

Ces îles, le plus bel ornement du lac, sont au nombre de quatre; elles sont situées à l'entrée d'une jolie baie, entre *Pallanza* et *Stresa*. Leur beauté est passée en proverbe, surtout celles d'*Isola-Bella* et d'*Isola-Madre*; les deux dernières, *Isola-Supérieure* ou *dei Pescatori*, et *Isola S.-Giovanni* ou *Isolino*, n'offrent rien de très-remarquable, si ce n'est leur situation au milieu des belles ondes du lac et la vue dont on jouit sur leurs deux rives.

Pour visiter ces îles enchantées, nous prendrons le bateau à vapeur qui part tous les jours de Sesto, et passe par ces îles à 3 heures après midi. Prix : 3 fr. 1res places, 2 fr. 5 c. aux 2es.

L'ISOLA-BELLA (l'Ile-Belle), quoique plus petite que l'Ile-Mère, la surpasse en agrément et en élégance (2).

> Whatever fruits in different climes are found,
> Thad proudly rise, or humbly court the ground;
> Whatever blooms in torrid tracts appear
> Whose bright succession decks the varied year,
> Whatever sweets salute the northern sky
> With vernal lives that blosson but to die.
> These here disporting own the hindred soil,
> Nor ask luxuriance from the planter's toil.

---

(1) Pour la navigation à voile ou à rame, voyez route 8, de Paris à Milan.

(2) Il y a une bonne auberge, où pour 3 fr. on peut faire un excellent repas. Le voyageur qui partirait de *Baveno* mettrait 28 minutes avec un bateau à rame pour arriver à cette île.

Cette île est composée de dix terrasses voûtées qui s'élèvent les unes au-dessus des autres, et dont la plus haute a quatre mètres au-dessus de la surface du lac, et 13 mètres en carré. Un Pégase placé au haut de cette terrasse donne à l'île entière la forme d'une pyramide aux yeux de ceux qui viennent y aborder du côté de l'E. Au couchant, on voit sortir des ondes du lac un vaste palais qui n'est pas encore entièrement achevé. Dans un des berceaux des terrasses, le fondateur a fait consigner sur le marbre le but de cette création. Les mosaïques ou salle terraine sont les appartements qui occupent la partie inférieure du palais, et dont les murs imitent les parois de brèche d'une grotte naturelle. On y voit de belles copies en marbre d'antiques célèbres, un buste d'Achille très-estimé, un dauphin en marbre blanc qui verse de l'eau dans une vaste conque, etc. Les autres appartements du palais contiennent des tableaux de *Luca Giordano*, de *Procaccini*, de *Schidone*, du *Titien*, de *Le Brun* et de divers autres maîtres. On voit dans ces trois petites chambres plusieurs paysages du chevalier *Tempesta*, peintre fameux qui avait été exilé dans cette île après avoir assassiné sa femme pour en épouser une plus belle. Dans la proximité de l'Isola-Bella, la profondeur du lac est de 200 mètres; mais entre les îles on ne trouve que 6 mètres. Toute l'île est couverte de bosquets (1) et de berceaux composés d'orangers, de citronniers, de grenadiers, de cédrats, de lauriers, d'oliviers, de cyprès, de vignes, de rosiers, de jasmins, de myrtes et de câpriers. Elle est embellie par des fontaines, des statues, et peuplée de superbes faisans. Les orangers et les citronniers y poussent presque aussi vigoureusement qu'à Naples et à Palerme, et leurs troncs ont jusqu'à 33 centimètres de diamètre. Là, sur des orangers chargés en même temps de fleurs et de fruits, on voit fleurir la vigne et s'épanouir les boutons de la rose et du jasmin. On y cueille des cédrats, sorte de gros citrons de 30 centimètres de longueur sur 20 centimètres de diamètre. Pendant le temps de la floraison, les parfums de ces

---

(1) Dans un de ces bosquets, un laurier attire surtout l'attention. Napoléon y grava, l'an 1800, le mot *bataille*.

jardins s'étendent à une grande distance sur le lac, et flattent l'odorat des voyageurs qui approchent de l'île, surtout le matin. En hiver, on recouvre de planches toutes les différentes variétés d'orangers et de citronniers. Les autres plantes que l'on cultive en pleine terre y passent sans inconvénient la mauvaise saison. La vue dont on jouit sur la plus haute terrasse est d'une beauté et d'une étendue surprenantes. Au N., on voit l'Isola-Madre, et, plus près du rivage, les îles de *San-Giovanni* et de *San-Micheli* sortir du milieu des ondes. Sur les rives du lac on découvre les villes de *Pallanza* et d'*Intra*, et le gracieux coteau de *Castagnuola*, couvert de couvents, de villages et de maisons de campagne, ainsi que le *monte Rosso* et le *Simolo*; plus loin, à l'horizon, les hautes et sombres montagnes des vallées d'*Intrasca* et *Vichezza*; à droite de l'Isola-Madre, la partie du lac qui s'étend du côté de *Locarno*, avec les rochers escarpés de *Pino* et de *Gamborogno*, au-dessus desquels s'élèvent les montagnes des vallées de *Verzasca* et de *Maggia*; au N.-O., l'*Orsero*, au pied duquel la *Treza* va se jeter dans le lac; plus au S., *Laveno*, au-dessus duquel s'élève le *monte Beusser*; à l'E., les collines enchantées de *Varèse*, que couronnent une multitude de chapelles, de tours et de maisons de plaisance.

Selon *Simond*, l'île vue de loin présente l'idée d'un « énorme pâté du Périgord, garni de têtes de coqs de bruyère et de perdrix. » *Mathieu* la vante comme une « création magique et pleine de goût, une terre féerique, qui aurait pu servir de modèle pour les jardins de Calypso. » *Saussure* l'appelle « un magnifique caprice, une pensée grandiose, une espèce de création; » tandis que *Brockedon* la considère, « comme digne de l'extravagance d'un homme riche et du goût d'un confiseur. »

L'*Ile-Supérieure* ou des *Pêcheurs*, qui, par la simplicité de ses bâtiments, semble être placée à dessein près de l'Isola-Bella pour en rehausser la magnificence, n'a rien de curieux. Quoique son circuit ne soit à peu près que de dix minutes, elle renferme néanmoins plus de deux cents habitants, qui sont presque tous de pauvres pêcheurs, et une église qui est la paroisse des trois Borromées.

L'Île-Mère (Isola-Madre), plus grande, plus irrégulière et plus agreste que l'Ile-Belle, est située à un mille; 1,800 mètres plus loin, du côté du nord. Elle est composée de sept terrasses, au haut desquelles s'élève un palais. Les faisans et les pintades la peuplent. Elle a ses beautés dans un genre différent. On a voulu réunir l'utile et l'agréable. On peut regarder l'autre comme l'ouvrage de l'art, et celle-ci comme celui de la simple nature. Se faisant ressortir mutuellement, l'une sert d'ornement à l'autre, et elles concourent toutes deux à orner le superbe bassin du lac. On recueille aussi en abondance, dans l'Ile-Mère, des oranges et une espèce de citron d'une grosseur extraordinaire et d'une odeur exquise. Petit théâtre d'un bon goût, où l'on a joué des comédies de Goldoni.

Les autres localités qui bordent ce beau lac sur la rive orientale, partant de *Sesto-Calende*, sont :

ANGERA, gros bourg situé au fond d'une petite baie : quelques débris trouvés dans des fouilles font présumer qu'Angera fut anciennement une place importante. Plus au nord se trouve

LAVENO ou Campa (*Titus Labienus*), gros bourg entouré de hautes montagnes. Tout près de cette petite localité se voit un rocher qui se projette dans le lac, et sur lequel s'élève la petite et curieuse église de *S.-Catherina-del-Sasso*.

Continuant toujours vers le nord, on arrive à

LUINO ou Luvino, bourg fort riche, patrie, dit-on, de Luini le peintre, et dont l'église paroissiale conserve quelques fresques. Voir le *palais Crivelli*, le *temple* soutenu par 16 colonnes doriques. Ensuite on rencontre

PINO, sur les confins de la Lombardie ;

MAGADINO (*hôtels* : le Bateau-à-Vapeur, Suisse), bourg de quelque importance, à l'embouchure du Tessin, dans une riante situation sur la route de Bellinzone à Milan.

Sur la rive occidentale du lac, nous trouvons, à son extrémité nord,

LOCARNO (en all. Lugarus), (*hôtel* : la Couronne), une des capitales du canton du Tessin, dans une situation délicieuse, avec un petit port, un fort marché, trois églises assez curieuses, surtout celle de la *Madona-del-Sasso*, d'où la vue est magnifique.

BRISSAGO, jolie petite localité où prospèrent en plein champ la vigne, le figuier, l'olivier, le myrte, etc.

CANOBBIO, un des bourgs les plus riches des bords du lac Majeur. Voir l'église *della Pietà*, dont le dessin est de Bramante, qui a de belles peintures et des inscriptions antiques, et des fresques attribuées à *Gaudenzio Ferrari*.

En suivant le même rivage, vers le sud, se trouve

CANERO, gros bourg dans une riante situation, et jouissant d'une température douce.

INTRA, autre bourg très-commerçant. Enfin nous terminons notre tour du lac par

PALLANZA, chef-lieu d'une province sarde, petite ville très-gaie, entourée de coteaux couverts d'une riche végétation. Voyez sa curieuse église de *S.-Stephano* et quelques débris d'antiquités romaines.

Les autres localités qui bordent cette rive du lac sont décrites route 5.

ROUTE XXIX.

DE MILAN A VARÈSE.

4 p., 8 l., 32 kil.

| Saronno, | 2 p. | Varèse, | 2 p. |

COMMUNICATION.

De Varèse à Laveno, 2 p., 4 l. (16 kil.)

Les environs de Milan sont délicieux.

Caronno est un beau village où l'on doit visiter l'église, construction de *Fabio Mangone*, et où est un beau tableau de *Marozzone*. On rencontre ensuite

SARONNO (voyez environs de Milan), beau bourg. Visiter l'église de la Madone pendant qu'on relaye, bel ouvrage de *Rinaldi Thibald*, où l'on admire de beaux tableaux de *Luini*, de bons ouvrages de *Pompée Marchesi*, grand sculpteur de Milan, qui a imité heureusement la manière de *Canova* (1).

VARÈSE (*hôtels :* la Poste, l'Ange), jolie ville bien peuplée; ses environs sont parsemés de bâtiments nouvellement construits, et de palais ornés de jardins délicieux et de belles fontaines. A 2 milles (3 kil. 1/2) de *Varèse*, sur le haut d'une montagne, s'élève un sanctuaire très-fréquenté consacré à la Vierge, appelé, à cause de sa situation, *Madonna del Monte* (2). De cet endroit on jouit de la vue des lacs de *Varèse*, de *Canobbio*, de *Ternate*, de *Monate*, du *lac Majeur*, et d'une grande partie de la Lombardie; on voit même, avec une bonne lunette, *Pavie*, *Novare*, *Verceil*, etc. La disposition des chapelles distribuées le long du chemin qui conduit au sanctuaire, et dans lesquelles sont représentés les Mystères du Rosaire, peints ou sculptés par d'habiles artistes, tels que *Marazzone*, *Bianchi*, *Panfilo*, *Prestinari*, *Legnani*, etc., offre de loin et de près un coup d'œil charmant.

Palais à visiter : *Serbelloni*, *Bossi*, *Berra (Dandolo)*, *Litta*, tous magnifiques! Beau tableau de Crespi dans la basilique.

ROUTE XXX.

DE MILAN A COME.

3 p., 6 l., 24 kil.

| La Barlassinna, | 1 p. 1/2 | Côme, | 1 p. 1/2 |

(1) V. les Memorie sull' insigne templo di N. S. presso Saronno, Monza 1816, in-16.

(2) V. Compendio e Notizie di Varese e de' luoghi adjacenti, compreso il Santuario del Monte, par Gaspare Ghirlanda. Milan, 1817, in-8.

COMMUNICATIONS.

De Côme à Lugano, 3 p. | De Côme à Lecco, 2 p. 1/2
    à Varèse, 2 |

On sort de Milan par la porte Comasina; on traverse les jolis villages de *Dergano*, *Bruzzano*, *Affori*, *Cassina*, *Amata*, *Cesano*, *Seveso*, puis l'agréable *Barlassina*, gros bourg avec une bonne auberge; ensuite les riants villages de *Birago*, *Lentate*, *Copreno*, *Monsolaro*, *Asnago*, la *Pioda*, *Vertemate*, et le gros bourg de

Fino, où se trouve une belle *villa*; et de là une route pittoresque conduit à

Côme. *Hôtels* : l'Angelo, l'Italia, la Corona, le Monte di Brianza.

Côme est située à l'extrémité méridionale du lac auquel elle a donné son nom. C'est une fort jolie ville. On peut compter sa *cathédrale* parmi les belles églises de l'Italie supérieure : son architecture marque évidemment la transition du style gothique au style roman; l'intérieur est orné d'un superbe baptistère attribué au *Bramante*, de quelques bons tableaux de *Luini* et de *Ferrari*, et de belles fresques dans les voûtes des chapelles; le dehors est tout en marbre, et enrichi de sculptures. Celles qui ornent l'autel St-Jérôme sont des ouvrages remarquables du chevalier *Pompée Marchesi*. A côté de la cathédrale on remarque l'ancien palais du *Broletto*, où sont aujourd'hui les archives publiques, et dont le style est parfaitement en harmonie avec celui de l'église que nous venons d'indiquer. Non loin de là est le *Théâtre*, construit avec magnificence sur les ruines d'un ancien château. Le palais de l'*Archevêché* possède un morceau de sculpture des beaux temps de Rome; et la famille *Giovio* conserve, outre plusieurs manuscrits autographes de ses ancêtres, une riche collection d'inscriptions sur pierre.

L'élégante façade du *Lycée* est ornée de huit colonnes antiques d'un marbre précieux; et le célèbre sanctuaire du *Crucifix*, ainsi que l'église de *St-Fidèle*, possèdent des orgues excellentes. Le faubourg appelé *Borgo-Vico* se distingue par un grand nombre de palais agréablement situés sur le bord du lac : son extrémité est pour ainsi dire couronnée par le palais *Odescalchi*, surnommé *dell' Olmo*, qui attire les regards des voyageurs. On voit dans ce palais un magnifique salon qui ne laisse rien à désirer, si ce n'est que les peintures du milieu eussent été faites par une main plus habile.

L'artiste ne verra pas sans intérêt la statue colossale en marbre que les habitants de Côme ont élevée à leur illustre concitoyen, *Alexandre Volta* : ce bel ouvrage, du chevalier *Pompée Marchesi*, orne la *Piazza Volta*.

Le commerce de cette ville, bien que déchu, est encore important. Pop. 2,000 hab.

Dans le voisinage de cette antique cité se trouve *Brunate*, d'où l'on jouit d'un magnifique panorama. De ce plateau élevé, l'œil s'étend sur les *Apennins*, sur le *Piémont* et sur la *riche plaine de la Lombardie*.

Lac de Côme (1). Avant de quitter *Côme*, l'étranger ne doit pas manquer de visiter le lac, anciennement connu sous le nom de *Lacus Larius*. Ce lac peut avoir depuis *Riva*, extrémité nord, jusqu'à *Bellagio*, vers le sud, 18 milles (32 kil. 1/2); là il se bifurque : la branche de gauche se termine à *Côme*, et celle de droite à *Lecco*. Ainsi sa longueur totale est d'environ 30 milles (54 kil.). Sa largeur moyenne est de 4 milles ou 7 kil. Sa hauteur au-dessus du niveau de la mer est d'environ 265 mètres, et au-dessus du lac Majeur de 60 mètres. Aussi riche qu'aucun autre en sites pittoresques, la main de l'homme a ajouté à ses beautés en peuplant ses bords de villages, de bourgs, de superbes maisons de campagne, et en couvrant ses coteaux de vignes et d'oliviers. Ce lac est formé par plus de soixante cours d'eau dont un grand nombre forment de belles cascades; ce

---

(1) Consultez pour ce voyage aux îles et à Côme, *Viaggio ai tre Laghi, Maggiorre, Lugano e di Como*, etc., di *Carlo Amoretti*, Milano, avec trois cartes. On pourra recourir au *Voyage d'Eustace*, qui en a donné une description fort exacte, vol. II, pag. 332-367, au *Guida al Lago di Como*, à Côme, chez C. A. A. Ostinelli, in-12, 1831, en italien et en français.

qui est dû à la hauteur des montagnes qui l'entourent, et dont quelques-unes ont jusqu'à 3,000 mètres d'élévation. Ces montagnes, en s'abaissant, forment une série de pittoresques et fertiles collines. Parmi ces cours d'eau, on remarque l'*Adda*, rivière qui descend de la *Valteline*, et parcourt un espace de plus de 50 milles. Il varie beaucoup dans sa largeur; son tronc supérieur se partage en deux bras à la pointe de *Bellaggio* : l'un de ces deux bras se prolonge vers *Côme*; l'autre vers *Lecco*, et prend le nom de lac de Lecco (*Leucum*). Ce dernier finit précisément là où s'élève le gros bourg qui lui a donné son nom, à l'endroit où l'*Adda* sort du lac, et est de là navigable jusqu'à *Milan* par le moyen des canaux de *Paderno* et de la *Martezana*.

Le point de séparation des deux bras du lac de *Côme* offre le plus magnifique et le plus agréable coup d'œil qu'il soit possible d'imaginer.

De cet endroit, en se dirigeant vers l'extrémité du tronc supérieur du lac, on remarque d'abord à main droite, près de l'embouchure du lac de *Lecco*, le *Fiume Latte*, torrent auquel la blancheur de son écume a fait donner le nom de *fleuve de lait*, et qui a cela de particulier qu'il grossit subitement au mois de mars et tarit au mois de septembre. Plus haut, du même côté, est l'*Orrido di Bellano*, ainsi appelé du nom d'un petit village peu éloigné : cet *orrido* consiste en un ravin formé par la chute de la *Pioverna*, qui se précipite avec fracas au milieu d'une montagne dont les flancs ont été creusés par le temps : un pont soutenu par une chaîne traversait autrefois le ravin, mais il est tombé avec la portion de rocher où la chaîne était fixée. Le voyageur curieux pourra visiter dans le voisinage du *Fiume Latte* une verrerie considérable; et à *Dongo*, presque au bout du lac, les mines de fer et les usines qui appartiennent à M. Rubini, et qui sont dans ce genre peut-être le plus magnifique établissement du royaume.

En descendant par le bras du lac qui conserve le nom de lac de *Côme*, on aperçoit d'abord, à droite, la *Tremezzina*, pays heureux, fertile en oliviers et cédrats qu'on cultive en plein air. La *Tremezzina* est un assemblage pittoresque d'une multitude de petits villages et de palais élégants : on

ROUTE 30. — DE MILAN A CÔME.

distingue parmi ces derniers le palais *Sommariva*, autrefois *Clerici*, qui, outre une collection choisie d'excellents tableaux, possède plusieurs morceaux de *Canova* et de *Torwaldsen*. A *Bellaggio* (*Billacium*), on voit le palais du *duc Melzi*, décoré avec le goût le plus exquis : dans l'intérieur de ce palais, les appartements sont enrichis de peintures, de plusieurs ouvrages du sculpteur *Comolli*, et de bons tableaux de grands maîtres, parmi lesquels on en remarque quelques-uns de *Bossi*, peintre moderne milanais. Les voyageurs qui voudront s'arrêter quelque temps à la *Tremezzina* ou à *Bellaggio*, pour jouir des beautés de l'art et de la nature dans ces endroits charmants, y trouveront de bonnes auberges.

En continuant d'avancer vers *Côme*, on aperçoit à droite le promontoire de *Lenno*, où il existe encore un petit temple antique souterrain, avec des colonnes, un autel et une inscription de *Vibius Cominianus* à Diane. Un peu plus loin, du même côté, on voit *Villa*, où Giovio pense qu'était cette maison de campagne que *Pline* avait coutume d'appeler sa *Comédie* : le fait est qu'à cet endroit, près de la maison de MM. *Caroe*, on distingue encore dans le fond du lac, lorsqu'il est limpide et tranquille, des restes de colonnes. On voit ensuite *Balbanio*, dominé par le sanctuaire de la *Madonna del Soccorso*, auquel on monte par un chemin bordé de chapelles. A côté de *Balbanio*, le torrent *Perlana* forme une superbe cascade, et en face on remarque l'île de *St-Jean*, célèbre dans l'histoire du moyen-âge, parce qu'elle était pour ainsi dire la capitale de ces environs. Au 5e siècle, il se réfugia dans cette île un si grand nombre de chrétiens, qu'elle fut alors appelée *Christopolis*.

Plus loin, toujours du même côté, on aperçoit d'abord *Cologno*, où est un arc, élevé, dit-on, du temps des Romains; *Argegno*, puis *Brienno*, environné de bosquets de lauriers, et *Torriglia*, point où le lac offre le moins de largeur. Ici le voyageur a devant lui, à main gauche, un golfe assez vaste, dans le fond duquel est la célèbre *Pliniana* : c'est un palais fort simple, appelé du nom de Pline, parce que ce naturaliste y trouva une source d'eau intermittente qui croît et diminue alternativement plusieurs fois par jour, et dont il a parlé dans ses écrits : cette source existe encore, et M. *Amoretti*, dans son *Viaggio ai tre Laghi*, cherche à expliquer la cause du phénomène qu'elle présente. On voit près de ce palais une cascade magnifique : le bruit sourd de la cascade, l'humidité et l'aspect presque délabré des appartements depuis longtemps abandonnés, l'ombre des cyprès qui enveloppe cette habitation, réveillent dans l'âme du spectateur un sentiment involontaire de tristesse. Peu après la *Pliniana*, et du même côté, on voit le pittoresque bourg de *Torno*, agréablement situé sur la pointe d'un petit cap, en face de *Moltrasio*, qui est sur la rive opposée.

A *Moltrasio* on remarque un vaste palais appartenant aux comtes *Passalaqua*; et en montant sur une éminence qui est près de l'église du pays, on jouira de la vue d'une belle cascade. Plus loin, sur la même rive du lac, on verra avec plaisir le palais du comte *Mugiasca* : les appartements en sont meublés avec une richesse et un goût peu communs, et les jardins sont parfaitement distribués. De cet endroit on distingue, sur la rive opposée du lac, le petit pays de *Blevio*, où MM. *Artaria* et Mme *Cosway* possèdent de jolies maisons; on y voit aussi la *Villa-Belvédère*, appartenant aujourd'hui à M. le chevalier de *Lynk*, qui en a rendu les jardins d'une beauté surprenante. Près de là est une jolie habitation environnée d'un jardin délicieux, appartenant à la célèbre Mme *Pasta*; et la *Villa Tanzi*, une des premières dont les jardins aient été ornés, selon le goût moderne, de grottes et de bosquets.

Enfin, peu avant d'arriver à *Côme*, sur la rive droite du lac, on voit la belle *Villa d'Este*, autrement dite *Garovo*, qui appartint à la princesse de Galles : cette princesse y fit de grandes dépenses, mais le palais est maintenant abandonné; on peut y aller de *Côme* par terre, en suivant un large chemin qui se prolonge jusqu'à *Moltrasio*.

La route qui mène de *Côme* à *Milan* est large et bien entretenue. Elle s'élève d'abord assez rapidement, et passe auprès du château de *Baradello*, où *Napo Torriani*, seigneur de Milan, pris par *Othon Visconti*, mourut en 1278, enfermé dans une cage en fer ; elle traverse ensuite *Barlassina*, qui n'a rien d'intéressant que le séminaire de *S.-Pie-*

tro *Martire*, ancien couvent des dominicains, bâti près de l'endroit où fut tué saint Pierre, martyr, premier inquisiteur lombard, et aboutit à *Milan* par la porte de *Comasina*.

AVERTISSEMENT. — Terminons en avertissant l'étranger qu'il trouvera sur le lac de *Côme* un bateau à vapeur qui, partant et arrivant à des heures fixes, le transportera commodément à tous les pays qui bordent les rivages des lacs de *Côme* et de *Lecco*. — Il part en outre de Milan, à jours et heures fixes, des *vélocifères* qui vont à *Côme*, à *Lecco* et à *Sesto-Calende*. L'heure du départ de ces diligences varie selon les saisons; mais le départ du bateau à vapeur est tellement réglé, qu'il coïncide toujours avec l'arrivée des vélocifères. Cette manière de voyager joint la rapidité à l'économie.

Le bateau à vapeur ne convient pas au touriste qui veut visiter toutes les beautés naturelles dont le lac est entouré; il vaut mieux, dans ce cas, louer une barque qu'on a tout à fait à sa disposition; mais il faut bien stipuler ses arrangements avant le départ : on paye d'ordinaire 4 à 5 fr. par jour à chaque batelier, dont le nombre est de trois à quatre, sans le pourboire, qui est de 2 fr.—Si l'excursion est courte, on peut louer un bateau à l'heure, à raison de 1 fr. 50 c. par heure et par chaque batelier.

Prix des places. Le bateau à vapeur quitte *Côme* tous les matins, dans la belle saison, à 7 h. 1|2, pour se rendre à *Colico*, et quitte *Colico* à 10 h. du matin, pour arriver à Côme au départ des diligences.

Premier cabinet,	3 swanz.	2 fr.	61 c.
Second,	1	»	87
Voiture,	25	21	75
Calèche,	20	17	40
Un cheval,	5		4 35

Les vélocifères partent régulièrement pour *Pavie*, *Bergame*, *Lodi*, etc., ainsi que l'on pourra s'en informer aux bureaux de l'administration.

PETITS VOYAGES DEPUIS CÔME.

A Bergame, 11 l., 44 kil.
Lecco, 5 l., 20 k. Bergame, 6 l., 24 kil.
A Novare, 14 l. 1|2, 58 kil.
Milan, 6 l., 24 kil. Novare, 8 l. 1/2, 33 kil.

A Plaisance, 18 l. 1|2, 74 kil.
Milan, 6 l., 24 kil. Plaisance, 12 l. 1|2, 50 kil.
A Crémone, 20 l. 1|2, 82 kil.
Milan, 6 l., 24 kil. Crémone, 8 l. 1|2, 33 kil.

ROUTE XXXI.

DE MILAN A LA BRIANZA.

3 p. 3/4, 7 l., 28 kil.

Monza,   2 l. 1/2 | Lecco,   3 l.
Garsaniga,   2 |

La *Brianza*, située entre les deux bras du lac de *Côme*, est sans contredit l'Eden de la Lombardie. On y trouve des lacs, des coteaux fertiles, de fréquentes sources d'une eau fraîche et limpide, une température douce, un air pur, et par conséquent de toutes parts une végétation vigoureuse. Il semble que la nature ait pris plaisir à rassembler dans cet endroit tout ce qui pouvait en rendre le séjour agréable : aussi y rencontre-t-on à chaque pas de jolis villages et de belles maisons de campagne qui appartiennent la plupart à de riches Milanais. (Voyez *excursions* aux environs de *Milan*, p. 292.)

Quelques milles après *Monza*, le voyageur visitera avec plaisir, dans le bourg de *Desio*, le superbe jardin anglais qui appartient à M. l'avocat *Traversi* : c'est un des plus beaux qu'il y ait en Italie, et l'on y voit une riche collection de plantes étrangères. On ne tarde pas à arriver à *Seregno*, gros bourg où se donna, en 1277, entre les *Torriani* et les *Visconti*, la fameuse bataille qui assura à ces derniers la seigneurie du duché de Milan, et l'on parvient bientôt après au petit endroit d'*Inverigo*. C'est là que s'élève la magnifique rotonde du marquis *Cagnola*, qui en fut lui-même l'architecte. Ce palais est bâti sur une éminence, avec un luxe d'architecture bien rare de nos jours ; de la coupole qui couronne l'édifice, la vue s'étend d'un côté jusqu'à *Novare* et *Turin*, de l'autre sur une grande partie de la *Brianza*.

A un mille d'*Inverigo*, un peu au-dessus de la route, dans le village de *Lurago*, est le palais *Sormanni*, des portiques intérieurs duquel on jouit d'une vue charmante; à gauche, on peut se diriger sur *Anzano*, visiter en passant le palais *Carcona*, dont les jardins s'étendent jusqu'aux bords du petit lac d'*Alserio*, et monter ensuite au *Soldo*, nom de l'élégante maison que vient d'élever sur le sommet d'une colline M. *Jacques Apiani*. On peut dire que cette maison de délices est, au moins par sa position, la plus belle de la *Brianza*. De là, le voyageur peut aller se reposer à *Erba*, gros bourg bien peuplé, où l'on trouve une assez bonne auberge.

Ce bourg, placé entre les lacs d'*Alserio* et de *Pusiano*, à peu de distance de ceux de *Sagrino* et d'*Annone*, s'élève non loin des bords du *Lambro*, petit fleuve qui passe par *Monza*, et va se jeter dans le *Pô* au-dessous de *Pavie*. C'est près d'*Erba* qu'était l'ancien *Liciniforum*, qui formait avec *Côme* et *Bergame* les trois villes des *Orobiens*, dont parle *Pline* ; et il paraît que les trois lacs d'*Alserio*, de *Pusiano* et d'*Annone* n'en faisaient qu'un autrefois, connu alors sous le nom d'*Eupilis*. On pourra voir à peu de distance d'*Erba* le *Buco del piombo*, l'antre du plomb ; le chemin qui y conduit est extrêmement difficile, et l'intérieur de l'antre, où l'on croit distinguer les traces de quelques murs tombés en ruine, est assez grand pour qu'on puisse s'y tenir debout commodément : cet antre est très-profond, et, en traversant les mares d'eau qu'on y trouve, on peut s'y avancer jusqu'à environ 500 pas.

En partant d'*Erba*, le voyageur curieux se dirigera vers la vallée d'*Assina*, ainsi appelée du nom d'*Asso*, qui en est le principal endroit, gros bourg bien situé et très-commerçant sur les bords du *Lambro*. La route qui traverse cette vallée est large et bien entretenue, et aboutit à *Bellagio*, précisément à la pointe du promontoire qui sépare le lac de *Côme* de celui de *Lecco*. Le long de cette route, un peu vers la gauche, le voyageur verra, à quelque distance du petit et sombre lac de *Sagrino*, les pays de *Castel-Marte* et de *Proserpio*, dont le nom seul annonce que les habitants du premier rendaient un culte particulier au dieu Mars, et ceux de l'autre à Proserpine. Plus loin on trouve *Canzo*, bourg bien peuplé, actif, et dans une situation agréable, au pied d'une montagne dont le sommet présente la forme d'un croissant. Tout près de cet endroit, sur le chemin d'*Asso*, on remarque une belle cascade, appelée la *Vallategna*, dont l'eau est utilement employée pour faire mouvoir différentes machines. Passé *Asso*, et à l'extrémité de la vallée, là où le *Lambro* prend sa source, le voyageur naturaliste observera avec plaisir dans une grotte, près de *Magreglio*, une source intermittente appelée *Menaresta* : l'eau de cette source augmente et décroît périodiquement ; elle croit pendant trois minutes avec un léger bruit, puis s'abaisse pendant cinq minutes, et ainsi de suite. A peu de distance est une autre source, appelée *Acqua della febbre*, parce que ses eaux ont, dit-on, la propriété d'être fébrifuges. De là on peut monter sur le *mont Tivano*, dont le sommet, élevé d'environ 1,160 mètres au-dessus du niveau du lac de *Côme*, présente une large plaine de tous côtés entourée de hauteurs : cet endroit offrira au naturaliste plusieurs objets intéressants.

Si l'on ne veut pas s'avancer autant que nous venons de le faire, alors on pourra aller droit d'*Erba* à *Malgrate*, en côtoyant d'abord le petit lac de *Pusiano*, et ensuite celui d'*Annone*. Le long de cette route, au couvent maintenant supprimé des capucins du Saint-Sauveur, on jouira d'une vue magnifique : c'est là que le naturaliste pourra encore trouver des indices de l'existence de l'ancien lac *Eupilis*. *Malgrate* est situé sur les bords du lac de *Lecco*, et le voyageur pourra, de cet endroit, retourner à Milan par *Olginate*, *Carsaniga* et *Monza*.

Cependant, en suivant ce dernier chemin, resserré, depuis

Malgrate jusqu'auprès de *Carsaniga*, entre la base des collines d'un côté et l'*Adda* de l'autre, le voyageur n'aura pas sous ses yeux ce luxe et cette variété de paysages que lui offrira la route d'*Oggiono* : celle-ci est à la vérité moins commode, mais le peu de difficultés qu'elle présente sont amplement rachetées par les beautés que la nature déploie à chaque pas aux yeux du passager. On arrive à *Oggiono* en côtoyant la rive orientale du petit lac d'*Annone*. Des hauteurs voisines on voit *Galbiate*, *Garlate*, une multitude de bourgades, de hameaux délicieusement situés, et au sud-sud-est la *Brianza*, coteau élevé, sur le penchant duquel existe encore le clocher d'où l'on convoquait autrefois au son de la cloche tous les habitants du pays. On traverse ensuite *Brianzola*, *Rostabio* et *Missaglia*; et l'on peut, près de ce dernier endroit, un peu vers la droite, aller à *Monticello* jouir d'un point de vue enchanteur. A quelque distance de *Missaglia*, la route passe sous *Montaveggia*, qui mérite l'attention de l'étranger. L'église de ce village possède quelques bons tableaux, un surtout d'une beauté frappante peint par *André Salmasio*; et de la place qui est devant l'église on domine un paysage d'une richesse surprenante.

Arrivé à *Carsaniga*, le voyageur pourra encore se transporter à *Meratte*, pour y visiter la superbe maison de campagne de la famille *Belgiojoso*, et de là à *Robiate*, sur le penchant du mont *Robio* ou *Orobio*, qui produit le meilleur vin du territoire milanais, et dont le nom rappelle les *Orobiens*, premiers habitants de la *Brianza*. Il n'y a que peu de distance de ce dernier endroit au *naviglio de Paderno*, canal qui sert à rendre l'*Adda* navigable depuis *Lecco* jusqu'à *Trezzo*, et dont les constructions méritent d'être vues.

Les habitants de la *Brianza* sont en général vifs, d'un esprit délié comme l'air qu'ils respirent. On y récolte beaucoup de soie, qui passe pour la meilleure de la Lombardie, et des vins excellents.

De retour à *Carsaniga*, le voyageur, en passant par *Cernusco*, *Osnago*, *Arcore*, revient à *Monza*, et de là à *Milan*.

ROUTE XXXII.

DE **MILAN** A **GENÈVE**,

Par le Simplon, 106 l., 52 p.

Rho,	2 ½	localités, voyez route 28),	2 ½
Segnarello,	2	Arona,	3
Gallarate,	2	D'Arona à Genève	
Sesto-Calende (pour la description de ces		(voyez route 5),	92

A Arona, bon *hôtel*, la Poste. Là descendent les diligences qui viennent de Turin, de Milan, et correspondent avec celles de Domo-d'Ossola et de Genève.

De là on peut visiter le lac d'*Orta*, la jolie île de *S.-Giulio*, le *Sacro-Monte di S.-Francesco* de *Baveno*; route *carrossable* à ces endroits divers.

ROUTE XXXIII.

DE **MILAN** A **ALTORF**,

Par le Saint-Gothard, 36 l., 18 p., 144 kil.

La Barlassina,	3	Jusqu'à Altorf (*voyez* route 20, et lisez en sens inverse),	29
Côme (*voyez* route 30),	3		
Lugano,	5		
Bellinzone,	5		

ROUTE XXXIV.

DE **MILAN** A **COIRE**,

Par le Splügen, 15 p. $^1/_2$, 124 kil.

De Milan à		Riva,	1	
Monza,	1 p. $^1/_4$	Chiavenna,	1	
Carsaniga,	1	Campo-Dolcine,	1	
Lecco,	1 $^1/_2$	Splügen,	2	$^1/_3$
Varenna,	1 $^1/_2$	Thusis,	1	$^3/_4$
Colico,	1 $^1/_4$	Coire,	1	$^3/_4$

De Milan à *Lecco* par terre, *voyez* route 31. Mais nous conseillons au voyageur qui a du temps à lui de faire ce voyage par eau; il sera plus long que par la voie de terre, mais aussi plus pittoresque par l'aspect des riantes collines qui bordent l'*Adda*. De Milan nous prenons le *canal de la Martesana*, qui conduit à *Trezzo*, où l'on entre dans l'*Adda*; ensuite, quittant cette jolie rivière pour entrer dans le *canal de Paderno*, qui bientôt nous remet dans l'*Adda*, nous arrivons jusqu'à *Lecco* sur le lac de Côme, d'où s'échappe cette belle rivière.

A *Lecco*, deux voies s'offrent encore au voyageur. Il peut continuer à suivre par terre la rive orientale du lac de Côme jusqu'à *Riva*, traversant les jolis villages de *Mandello*, *Olcio*, *Varenna* avec ses jolies maisons et ses deux bonnes auberges. Ensuite la route traverse plusieurs galeries taillées dans le roc, dont la plus longue peut avoir 90 mètres de longueur. De distance en distance on a pratiqué dans ces galeries des ouvertures donnant sur le lac, et qui non-seulement éclairent la route, mais procurent au voyageur de ravissants points de vue. On arrive ensuite à

Bellano, qui possède plusieurs manufactures de soie, et qu'on ne fait que traverser; ensuite à

Dervio, qu'on atteint après avoir traversé une galerie percée dans le marbre. Une heure de marche nous conduit à

Piona, où nous jouissons de la vue magnifique qu'offre le majestueux *mont Legnone*, dont la hauteur est d'environ

2,660 mètres au-dessus du niveau du lac. Sans quitter les pittoresques rives du lac, nous arrivons à

COLICO, bourg assez important. Ici la route se bifurque : la branche qui se trouve à notre droite, remonte l'Adda supérieur, et conduit au *mont Stelvio* ; celle que nous suivons ne quitte le lac qu'à

RIVA, petite ville située à son extrémité nord : elle est bien bâtie, possède une jolie *église paroissiale*, et commerce en soie, huile, et surtout en truites du lac, qui pèsent jusqu'à 12 kilogrammes. Pop. 6,400 hab.

On peut aussi, de *Lecco*, au lieu de suivre la route que nous venons d'indiquer, prendre le steamer qui relâche à *Colico*, et de là prendre un bateau pour aller à *Riva* (*voyez* route 30).

De *Riva*, une heure de marche conduit à

CHIAVENNA, où l'on passe la *Méra* sur un beau pont de pierre. *Hôtels* : Coradi, la Poste. Chiavenna est une petite ville assise sur les deux rives du torrent *Méra*, au confluent de ce dernier avec le *Liro*. Elle est très-commerçante à cause du passage continuel des marchandises qui vont d'Italie en Allemagne ou d'Allemagne en Italie. On y voit un beau monument que M. *Jérôme Stampa* fit élever dans ses jardins à la mémoire de *Louis Castelvetro*, homme de lettres aussi célèbre par ses talents que par ses malheurs ; et l'on remarque dans l'église paroissiale de *Saint-Laurent* les fonts baptismaux, qui présentent un bas-relief du XIII° siècle. Les environs de cette petite ville sont on ne peut pas plus pittoresques : la promenade publique de *Prato-Giano*, environnée de jolies maisons de campagne et de jardins adossés à d'immenses blocs de granit noircis par le temps, est très-fréquentée. Le voyageur curieux pourra aller voir, à la distance d'environ une demi-lieue de la ville, dans la vallée *Breggalia*, la superbe cascade de *Piuro*, dite d'*Aqua Fragia*. C'est près de là qu'en 1618 un considérable éboulement des montagnes ensevelit sous ses ruines la riche bourgade de *Piuro* ou *Pleurs* avec tous ses habitants. On visitera avec plaisir, à peu de distance de cet endroit, un bel établissement où l'on travaille la pierre *ollaire* pour en fabriquer toutes sortes d'ustensiles destinés aux usages domestiques. Nous invitons l'étranger à visiter aussi la cascade de *Gordonna*, à environ quatre milles de *Chiavenna*. Il y verra un fleuve tout entier se précipiter d'une hauteur considérable. Au haut de la cascade est un petit pont sur lequel il faut monter pour jouir de ce spectacle imposant.

En quittant Chiavenna, l'aspect du pays que traverse la route offre des scènes ravissantes. Avant d'arriver au petit village de *Bet*, la route monte et tourne rapidement le flanc de la montagne. De ce lieu, si nous portons nos regards vers *Chiavenna*, un panorama superbe se déroule sous nos yeux; une campagne charmante nous laisse voir ses riches vignobles, ses arbres à fruit, ses mûriers, ses nombreux villages et ses jolies habitations. Ensuite la route se replie sur elle-même, et pénètre dans la *vallée du Liro*, qui se rétrécit derechef. Le lit du Liro devient plus profond, et l'on ne tarde pas à arriver à un endroit où ses flots, s'accumulant avec fracas dans un bassin étroit, blanchissent d'écume les rochers qui s'opposent à leur passage; le voyageur serait étourdi de ce bruyant tumulte du torrent, si un long parapet en mur ne le rassurait. Remontant ce cours d'eau, on rencontre le bourg de *Saint-Jacques*. Passé ce bourg, la vallée redevient riante et pittoresque; les montagnes qui bordent le Liro se parent d'une riche végétation, et leurs bases sont couvertes de beaux pâturages. Ensuite on arrive, après avoir franchi un pont assez élevé, au petit village de *Gallivaggio*, dont l'église est située au milieu d'un épais bois de châtaigniers, sur la paroi d'une roche dont la cime élevée et menaçante se replie en avant.

De Gallivaggio jusqu'au village de *Vho*, la vallée ne tarde pas à reprendre un caractère agreste et sauvage; et, passé le village de *Lirone*, que nous laissons à gauche, les montagnes se rapprochent de la route, et leurs flancs, dépouillés de toute verdure, déchirés en mille sens divers, montrent les traces terribles des grandes révolutions de la nature. C'est au milieu de ces ruines imposantes, appelées ruines de *Cima-Canda*, que la route est portée, comme par un prodige, du petit village de *Gallivaggio* jusqu'à *Campo-Dolcino*. Avant d'entrer dans cette pittoresque localité, la route monte en zigzags le long des flancs de la montagne

Stozzo, sur les parois de laquelle on lit une inscription en l'honneur de l'empereur François 1er. *Campo-Dolcino* est situé dans un bassin large et agréable, couvert de pâturages et de champs où mûrissent l'orge et le seigle.

Cet endroit présente un coup d'œil des plus attrayants. Le pont de bois sous lequel le torrent *Rabbiosa* précipite en mugissant ses flots et les blocs de pierre qu'il entraîne avec lui ; l'autre pont de pierre, d'une seule arche, jeté à une hauteur considérable sur les deux rives du même torrent, à l'endroit où il entre dans la vallée ; l'église qui s'élève à l'écart sous l'ombre solitaire d'un bosquet de frênes : tous ces objets se groupent d'une manière si charmante, qu'on ne peut se lasser d'en admirer l'ensemble. *Campo-Dolcino* jouit d'une température fraîche et égale, même dans les mois les plus chauds de l'année.

Une heure de marche conduit le voyageur dans le romantique village d'*Isola*.

De ce lieu pour revenir à *Campo-Dolcino*, on rencontre le *Liro*, qui, semblable à une bande argentée, descend des glaciers de la montagne voisine. La route, se prolongeant ensuite sur les bords de ce torrent, traverse le triste village d'*Isola*, environné de prairies, et s'avance dans une gorge étroite qui laisse à peine assez de place pour le chemin et le fleuve. On ne tarde pas à rencontrer une autre galerie de 126 mètres de longueur, et construite en pierre pour garantir la route de la chute des avalanches. Peu après avoir passé cet endroit, on voit auprès de *Pianazzo* une superbe cascade qui, se précipitant du sommet de la montagne couverte d'arbres, paraît s'élancer du sein des nues : à droite de la cascade, au milieu des rochers, serpente un sentier étroit et rapide qui met en communication *Campo-Dolcino* avec les pays supérieurs de *Pianazzo* et de *Madesimo*. La route, suivant ensuite tantôt la rive gauche, tantôt la rive droite du *Liro*, est partout pittoresque.

Quittant *Isola*, les parois de la montagne, d'un côté, se précipitent à pic dans le ravin, de l'autre s'élèvent jusqu'aux nues ; alors la route, presqu'au niveau des glaciers, est, pour ainsi dire, suspendue sur un gouffre épouvantable dont on ne peut mesurer la profondeur. Ensuite nous arrivons à la *Galerie delle Acque Rosse*, ou, comme on l'appelle aussi, *il Passo della Morte*, Passage de la Mort; le paysage qui environne ce passage offre un caractère terrible. Au sortir de cette galerie *des eaux rouges*, la route monte, passe le ravin appelé *Valbianca* sur un superbe pont de pierre, et pénètre dans une galerie taillée dans la roche ayant 202 mètres de long : un peu plus loin on pénètre de nouveau dans une autre galerie, longue de 221 mètres 80 centimèt., sur 4 mètres 20 centimèt. de hauteur.

Avant d'arriver au *col du Splügen*, le voyageur rencontre la *douane*, et une *auberge* à l'extrémité d'une plaine triste et sauvage, dont l'ensemble, appelé *Maison de la Montagne*, est bien en harmonie avec l'âpreté et la nudité du lieu.

Sur le col du Splügen, dont le point le plus élevé marque la limite entre la Suisse et le territoire italien, on trouve une *maison cantonnière*, bâtiment destiné à offrir un abri aux voyageurs surpris par le mauvais temps : il y a trois maisons semblables disposées le long de la route, depuis le col de la montagne jusqu'à *Chiavenna*.

Du village de *Splügen*, qui se trouve à la base du versant nord de la montagne, il faut, pour atteindre le col, passer d'abord le *Rhin* sur un beau pont couvert, construit en mélèzes; et la route, forcée de s'élever ensuite considérablement dans un petit espace, se replie souvent en zigzags. Ce trajet cependant n'est pas long, et l'on ne tarde pas à sortir de la vallée de *Splügen*, que d'éternels glaciers environnent, pour se trouver au sommet de la montagne, qui a 2,117 mètres d'élévation au-dessus du niveau de la mer. Ce passage est quelquefois assez dangereux; aussi y a-t-on établi une cloche que l'on sonne pendant les tourmentes mêlées de neige, afin d'indiquer aux voyageurs la route qu'ils doivent tenir pour ne pas s'égarer. On se sert aussi pour cet effet de longues perches plantées de distance en distance sur les bords de la route, et qu'on appelle *Stazer*.

Revenons à la route du *Splügen*. Cet ouvrage immense n'a coûté que cinq ans de travail : la partie qui se prolonge depuis *Chiavenna* jusqu'au sommet de la montagne, sur une ligne de 32,000 mètres, fut commencée en 1818 et achevée en 1820 ; l'autre partie, sur le territoire des *Grisons*, qui parcourt une ligne de 7,613 mètres depuis la cime de la montagne jusqu'au village de *Splügen*, fut terminée en 1822. Cette magnifique route, surmontant comme par prodige les obstacles les plus imposants, et n'offrant malgré cela, même dans les endroits les plus rapides, qu'une inclinaison de sept à huit mètres sur cent, doit être sans contredit comptée au nombre des plus beaux ouvrages dont l'industrie humaine puisse s'enorgueillir (1).

Le premier village que le voyageur rencontre deux heures après avoir quitté Splügen, c'est *Souvers*, situé à l'entrée d'une plaine couverte de bois qu'on appelle *Salva-Plana* ; ensuite la route plonge dans le défilé qu'on appelle les *Roffeln* : c'est là que la rivière d'Avers, au sortir de la vallée de Farrera, se précipite dans le Rhin qui, descendant de la vallée de Rhinwald, lutte avec fureur contre les obstacles que les Roffeln opposent à sa course rapide, et offre un spectacle également sublime et effrayant. Cependant ce défilé est moins sauvage et d'un aspect moins affreux que le passage de la Via-Mala. — On quitte ce sombre passage près du *château de Bérembourg*, et bientôt on arrive au village d'*Andeer*, où l'on trouve la meilleure auberge de toute la contrée.

On entre ensuite dans la *vallée de Schams* ; le premier village qu'on rencontre en la quittant est celui de *Zillis*. Cette vallée forme un bassin ovale d'une lieue et demie de longueur ; elle contient onze villages et les ruines de plusieurs châteaux, et offre, surtout au sortir de l'affreuse gorge de la Via-Mala, un aspect des plus gracieux. Le Rhin postérieur, qui la traverse, y grossit ses eaux de six petites rivières ou torrents.

La route continue encore pendant un court espace au milieu de la riante et gracieuse *vallée de Schams*, et nous conduit à l'église de *Saint-Ambroise*. Non loin de là, le

---

(1) Livres à consulter : *Malerische Schilderungen des Weges in Stor. Burde's : Reise nach Italien. — Die neuen strassen durch Graubundten über den Splügen und Bernardin*; mit 57 Kupfern und einer karte; Zurich, 1830.

chemin passe sur la rive droite du fleuve, au moyen d'un pont; au bout d'une demi-heure, on arrive à un endroit où le *Rhin* forme une chute considérable, et ses flots se brisent contre les rochers avec une prodigieuse impétuosité. A quelque distance de là, un second pont non moins hardi que le premier reporte le voyageur sur la rive gauche. Ce pont, composé d'une seule arche, a 13 mètres environ de long, et s'élève au-dessus d'un abîme de 160 mètres de profondeur. Bientôt après avoir traversé une roche percée, on passe le Rhin sur un troisième pont de pierre d'une construction très-hardie; ensuite la route monte jusqu'à la ferme de *Ronghella*, et une demi-heure de descente conduit à la *Nolla*, qu'on traverse, et on entre à

Thusis, un des endroits les mieux bâtis qu'il y ait dans tout le pays des Grisons; il est situé sur la rive gauche du Rhin postérieur et au pied du *Heinzenberg* : la situation de ce bourg sur la grande route du Splügen le rend fort vivant (1).

La route qui de *Thusis* conduit à *Coire* est belle et bien entretenue; elle fut construite entre les années 1782 et 1786 : elle traverse de riches et populeuses vallées; passe par *Retzuns*, *Bonadutz*, le gros bourg de *Reichenau*, situé au confluent du Rhin postérieur et du Rhin antérieur, et enfin par le grand village d'*Ems*, le dernier endroit où l'on parle le roman.

De là, une petite heure de marche nous conduit à

COIRE (all. Chur). *Auberges :* Weisser-Kreutz (la Croix-

---

(1) RENSEIGNEMENTS. Postes : 2 chevaux, 1 postillon, 8 fr. 29 c.; 3, 12 fr. 21 c.; 4, 16 fr. 14 c.— Calèche, 1 fr. 31 c., et dans les montagnes *moitié en sus*. — DISTANCES OFFICIELLES, de Coire à Thusis, 2 l. 1/2; *Via Mala*, 2 l. 1/2; *Splügen*, 5 l.; de Coire aux bains de *Pfeffers*, 4 l. — *Hôtel*, la Croix-Blanche.— Pour parcourir avec fruit le pays des Grisons, nous conseillons aux voyageurs le *Manuel du voyageur en Suisse et sur les montagnes des Grisons*, Paris, chez L. Maison, 5, rue Christine. On trouve cet ouvrage chez tous les libraires d'Italie et de Suisse.—LIVRES A CONSULTER. Sternberg : *Reise durch Tyrol ins venetiatische*. Regensburg 1806. De Sénones : *Voyage pittoresque dans les Grisons*. Chapuis de Montlaville : *Lettres sur les Grisons*, in-8°.

Blanche), bonne; la Poste ou Freiegg, également bonne; le Lion-Rouge; Steinbock (le Capricorne), hors la ville : c'est une bonne maison, dont les maîtres sont polis et les prix modérés. Le vin de la Valteline se consomme dans les Grisons; ici on peut s'en procurer de la meilleure qualité.

Coire, capitale des Grisons, la *Curia Rhœtorum* des Romains, est une ville ancienne, entourée de murailles, de 5,200 habitants, à 1 kil. 1/2, — 1 m. du Rhin. Elle doit une grande partie de sa prospérité à sa situation sur les grandes routes de l'Italie en Suisse et de l'Allemagne occidentale, et qui lient les grandes villes commerçantes de *Milan* et de *Gênes*, au sud des Alpes, avec celles de *Zurich* et de *St-Gall*, au nord. Coire est l'entrepôt des marchandises qu'on transporte par les deux grandes routes du *Splügen* et du *Bernardin*; c'est le lieu des assemblées du conseil des Grisons, dont chaque membre prend le titre de « Votre Sagesse (Euer Weisheist). »

Les rues de la ville sont étroites, et sur un terrain accidenté; l'architecture locale est très-curieuse.

Visitez le *Palais épiscopal*, *l'église de St-Lucius*, celle *des Capucins*, et les promenades, d'où l'œil s'étend sur un riche panorama.

ROUTE XXXV.

DE MILAN A COIRE,

Par le Bernardin, 18 p., 36 l.

De Milan à Bellinzone		Leggia,	1
(*voy.* route 33),	9 p.	Misocco,	1 1/4
Le Bernardin,	1	*Tosana*,	1 3/4
Neufenen,	1	Coire,	1 3/4
Splügen,	1 1/4		

BELLINZONE est une jolie petite ville assise des deux côtés du Tessin, et sur la pente de la montagne. Elle commande un passage important, parce que la vallée s'y rétrécit à tel point, qu'il ne reste de place que pour la grande route et la rivière. A l'est, on a construit deux châteaux forts l'un au-dessus de l'autre, et il y en a un troisième du côté de l'ouest. Les murs qui servent de défense à ces châteaux descendent jusqu'au bord du Tessin, en sorte que les portes de la ville ferment toute la vallée. Bellinzone est donc la clef de la Suisse du côté du Saint-Gothard : elle est de plus une ville d'entrepôt pour les marchandises qui vont en Italie ou qui en viennent.

De Bellinzone on peut se rendre ou au lac Majeur ou à celui de Lugano. Pour aller au lac Majeur, on prend la route qui tourne à droite, et conduit en trois heures de marche à *Magadino*, sur le lac Majeur. Là on s'embarque, et, traversant le lac dans toute sa longueur, on arrive à *Sesto*, d'où l'on se dirige sur *Milan*.

ROUTE XXXVI.

DE **BELLINZONE** A **LUGANO**.

3 p., 6 l.

Giubiasco,	½ p.	Cadempio,	½
Cadenazzo,	½	Vezia,	
Bironico,	¾	Lugano,	¼
Taverne,	½		

Après avoir dépassé *Bellinzone*, on trouve un chemin qui prend à gauche et mène à *Lugano*, ville située sur le lac du même nom. On passe d'abord par *Giubiasco* et *Cadenazzo*, et, traversant le mont Généré, couvert de forêts et de châtaigniers, on arrive à *Bironico* ; ensuite on longe le cours du Lisone, et l'on descend dans les beaux villages de *Taverne, Sopra* et *Sotto*. Lorsqu'on est parvenu au moulin d'Osteriata, on voit dans le lointain la cime du San-Salvador, qui est au bord du lac. *Vezia* est le dernier village que l'on rencontre; au delà de ce lieu, on passe un pont, et lorsqu'on a gagné la chapelle de la Madonna, on aperçoit le lac, et l'on commence la descente qui conduit à *Lugano*. Toute cette route abonde en sites pittoresques.

LUGANO (*Hôtels* : de la Couronne et l'hôtel Suisse) est situé sur la rive septentrionale du lac ; c'est une ville très-commerçante à cause du passage des marchandises qui sont dirigées par le Saint-Gothard ; il y a des moulins à filer la soie dont le mécanisme est très-ingénieux, des manufactures de tabac, des papeteries, des fabriques de poudre à canon, et, dans les environs, des forges où l'on travaille le fer et le cuivre. La soie qu'on y récolte passe pour la meilleure de tout le canton du Tessin, et surpasse même en finesse celle de *Milan*. Vue du lac, la ville offre un aspect magnifique et tout à fait pittoresque.

La *Cathédrale*, sur une éminence, est remarquable par les bas-reliefs qui ornent son portail ; l'*Eglise* et le *Réfectoire* du couvent des Franciscains, où se trouvent de belles fresques, et une riche toile de *Bernardin Luini* ; le *Théâtre*, jolie construction moderne. Pop. 5,000 hab.

Les environs de *Lugano* sont tout à la fois fertiles et pittoresques.

ROUTE XXXVII.

DE MILAN A GÊNES.

39 l. $^1/_2$, 19 p. $^1/_4$.

Binasco,	1 p. $^1/_2$	Novi,	2 $^1/_4$
Pavie,	1 $^1/_4$	Arquata,	1 $^1/_2$
Casteggio,	2 $^1/_2$	Ronco,	2
Voghera,	1 $^1/_4$	Pontedecimo,	2 $^1/_2$
Tortone,	2 $^1/_4$	Gênes,	2 $^1/_2$

De Milan on voyage dans une belle plaine d'environ 20 milles de longueur, et en côtoyant jusqu'à Pavie le canal Naviglio. La fertilité offre partout le coup d'œil le plus agréable; la route est bordée d'arbres rangés en différents ordres, et baignée par des canaux qui se répandent dans les campagnes.

PAVIE (*Pavia*), (*hôtels* : de la Lombardie, la Croix-Blanche, la Poste), située sur les bords du Tessin et dans une belle plaine, est une ville très-ancienne; suivant Pline elle existait même avant Milan. Son territoire est si fertile, qu'on l'appelle le *Jardin du Milanais.* Elle a d'assez beaux édifices. Il n'y a pas encore longtemps, on y voyait de hautes tours carrées bâties de briques : c'est dans une de ces tours que fut renfermé Boëce, dont on voit la tombe dans l'église des Augustins. La place la plus considérable est environnée d'un grand portique; les rues sont larges et bien alignées; la plus belle est celle qui traverse la ville et va aboutir au pont du Tessin ; ce pont, revêtu de marbres, est couvert et sert de promenade aux habitants; il a 340 pas de longueur. Cette antique cité lombarde est aujourd'hui chef-lieu de province, siége d'un évêché, d'une intendance, d'un tribunal de première instance et d'une chambre de commerce.

MONUMENTS RELIGIEUX. — La *Cathédrale*, qui a été rebâtie il n'y a pas bien longtemps, n'a rien de remarquable; on y conserve une prétendue lance de Roland, qui n'est autre chose qu'un aviron armé de fer. L'*église de Saint-Pierre*, où repose, dit-on, le corps de saint Augustin, est ornée de marbres et de statues; l'architecture en est gothique et hardie.

Il y avait autrefois une citadelle très-forte qui, dans les guerres d'Italie, fut plusieurs fois assiégée et prise d'assaut : aujourd'hui elle est presque ruinée.

UNIVERSITÉ.—L'université de Pavie a été toujours renommée à cause des grands hommes qu'elle a possédés, et qui, par leur mérite personnel, ont su soutenir la célébrité de cet utile établissement : tels sont les fameux jurisconsultes Jazon, Balde et Alciat, qui en ont été professeurs. Parmi les objets qui méritent une attention particulière, on peut citer la bibliothèque, le *musée d'histoire naturelle*, le *cabinet de physique et d'anatomie*, et *le jardin botanique.*

PALAIS. — Les palais les plus remarquables par la richesse des ornements et la magnificence des galeries sont ceux de

Brambilla et de l'ex-professeur Scarpa, où est un portrait peint par Raphaël, et par leur architecture et la beauté des jardins, ceux de Maino et d'Ollevano. Le théâtre, bâti en 1733, est d'une forme assez agréable.

Mœurs. — Les habitants de Pavie sont très-réservés dans leur maintien; les mœurs y sont respectées. Les femmes n'ont garde de se montrer à la promenade ou dans les lieux publics avec cet air de liberté et d'abandon qui se fait remarquer dans beaucoup d'autres villes, et qui choque la décence. L'habillement de la bourgeoisie et du peuple annonce la richesse du pays, qui abonde réellement en grains, vin, fromage, chanvre et autres denrées. Pop. 23,000 hab.

Chartreuse. — A quatre milles avant d'arriver à Pavie, est la célèbre chartreuse, supprimée par Joseph II, dont nous avons déjà parlé aux excursions de Milan, route 27, page 295. Ce monastère est isolé, et couvre, par ses nombreux bâtiments de service, par son église et son beau cloître, l'espace de terrain qu'occuperait un fort village. L'église, qui a été commencée en 1396 par Jean Galéas, est un mélange d'architecture gothique avec celle de la renaissance. Elle est entièrement incrustée de marbres de diverses couleurs, et elle était couverte en plomb. La façade est garnie de sculptures, de manière à ne pas rencontrer deux pieds de matière simplement polie. L'ordonnance générale ne laisse pas cependant d'être belle. Le plan de l'église forme la croix latine surmontée d'une belle coupole. En entrant, on trouve de chaque côté huit chapelles dont les murs sont couverts de peintures à fresque très-médiocres, mais entourées d'ornements dorés ou chargés de couleurs les plus vives. Chaque autel, surmonté d'un tableau, offre à l'œil l'assemblage des marbres les plus rares, incrustés ordinairement de pierres fines. Jusque-là il n'y a que du luxe, mais il est grand. La traverse de la croix joint à ce mérite étranger à l'art celui d'une grande pureté d'architecture, et l'on y retrouve l'Italie. Cependant, quoique la somptuosité qui y règne soit étourdissante, elle est toujours soumise au bon goût. C'est là que se trouve en marbre blanc le tombeau de Jean Galéas, fondateur de cette église. Ce monument ressemble au tombeau de François Ier, à Saint-Denis. L'entassement des richesses recommence au maître-autel, qui, avec le tabernacle, forme un monceau d'albâtre parsemé de pierres précieuses. Toutes les voûtes sont peintes à fresque, et la plupart des ornements qui les décorent se détachent sur un fond d'or ou d'azur. Près du tombeau de Galéas on trouve une porte basse qui mène au *lavabo* des moines. Une grande vasque de marbre règne le long du mur, auquel sont ajustées des figures qui lancent de l'eau. Au-dessus est un buste qui, dit-on, est le portrait de Henri Gamodia, ou Zamodia, Allemand de nation, et architecte de l'église. A la gauche du *lavabo*, on voit un petit puits en marbre blanc, comme tout le reste de cette pièce, où l'artiste semble avoir épuisé son art, tant on y trouve d'élégance et de délicatesse.

La richesse et la grandeur des deux sacristies répondent à ce qu'on a vu déjà; un immense réfectoire, une vaste bibliothèque, des salles d'assemblée pour le chapitre, un bâtiment pour donner l'hospitalité aux étrangers, ainsi que tous les lieux nécessaires à la vie ordinaire, sont distribués avec art autour de l'église, d'où l'on sort d'un côté pour entrer d'abord dans le portique de la fontaine, lieu distribué absolument comme l'atrium des anciens. Des eaux jaillissantes sont au centre, et un portique en terre cuite sculptée, soutenu par des colonnes élégantes, offre sur ses quatre côtés égaux une promenade délicieuse pendant la chaleur du jour: les plafonds sont peints en azur et or.

A ce cloître en succède un autre plus vaste, mais non moins élégant. Les murs sont garnis de peintures à fresque, et l'espace du milieu, couvert d'un gazon, était le cimetière des chartreux, dont on voit les cellules toutes semblables s'élever symétriquement au-dessus du toit avancé qui couvre le portique. Vingt-deux portes correspondent à chacune d'elles: rien n'égale l'élégance sévère et la propreté de ce lieu de tranquillité.

On ne peut se faire une idée de la somptuosité de cette chartreuse quand on ne l'a point vue, et il est impossible d'évaluer les millions qu'on a successivement dépensés pour la mettre dans l'état où elle est. La première pierre fut posée par Galéas en 1396. Dès l'année 1396, les chartreux y avaient été appelés et établis. Le duc leur assigna des biens, à condition de terminer et embellir cette église. Non-seulement ils remplirent grandement leur promesse, mais ils amassèrent encore des richesses immenses par des améliorations qu'ils introduisirent dans la culture de leurs terres. En effet, il est difficile de trouver un sol plus fertile et mieux employé que celui qui entoure au loin ce monastère. La terre y est tellement garnie de végétation et d'arbres, qu'on a peine à concevoir aujourd'hui comment on a pu donner en ce lieu une bataille aussi importante que celle de Pavie, où notre François 1er fut fait prisonnier. C'est cependant près des murs de cette chartreuse qu'eut lieu cette action mémorable, et c'est dans ce monastère même que le roi de France fut conduit, quand il eut *tout perdu*, *fors l'honneur*. (*Voyez* page 295.)

VOGHÈRE est la dernière place du Piémont, aux confins du pays de Plaisance et du territoire de Pavie. Cette ville, bâtie dans une situation riante, offre une vue agréable et charmante. La *cathédrale* est d'architecture moderne, et mérite d'être remarquée. De Voghère il y a une route qui conduit directement à *Plaisance*, par *Bronio* et *Château-Saint-Jean*. (*Voy.* route 24.)

A 6 milles, 11 kil. environ en avant de *Tortone*, on passe le *Curone*. La route continue au milieu d'une plaine fertile, bien cultivée, et coupée par plusieurs torrents dont le passage présente quelque danger dans les temps pluvieux. Le grand nombre de mûriers plantés dans la campagne donne une idée du commerce de soie qu'on fait dans ce pays.

TORTONE, grande ville, autrefois bien peuplée, n'est plus importante aujourd'hui. En passant dans cette ville, on voit quelques maisons bien bâties. (*Voy.* route 24.)

GÊNES. (*Voy.* route 8.)

ROUTE XXXVIII.

DE MILAN A BOLOGNE,

Par Plaisance, 18 p. 1/2, 37 l.

Marignano,	1 p. 1/2	Parme,	1 p.
Lodi,	1 1/4	Saint-Hilaire,	1 1/4
Casal-Pusterlengo,	1 1/2	Reggio,	1
Plaisance,	2	Rubiera,	1
Firenzuola,	2	Modène,	1
Borgo-San-Donnino,	1	La Samoggia,	1 1/2
Castel-Guelfo,	1	Bologne,	1 1/2

La partie du Milanais qu'on traverse en prenant la route de *Bologne* est très-riche et de la plus grande fertilité: partout des champs, des canaux d'arrosage, des haies vives, des treillages vigoureux, des arbres de toute espèce; aucune jachère ne frappe la vue. La route est superbe; de nombreux et beaux villages ajoutent à la beauté de la campagne.

C'est particulièrement depuis Lodi jusqu'à Plaisance que l'on voit ces vastes prairies où se fabrique le fromage de Parmesan. La race des vaches y est en général belle; elles sont presque toutes tachées de noir et de blanc. C'est là qu'on entend pour la première fois le chant rauque de la cigale, dont plusieurs poëtes anciens ont fait un grand éloge.

Hors de *Casal-Pusterlengo* à *Mariano*, on trouve une route de poste qui conduit à *Mantoue* par *Crémone*. C'est la grande route de *Milan* à *Venise*. A l'est de Lodi est une autre route qui, par *Crême*, *Brescia* et *Vérone*, mène à *Venise*. Il y en a aussi une troisième qui mène à *Pavie*.

En poursuivant par Casal-Pusterlengo, on ne rencontre rien qui mérite d'être observé; mais le chemin jusqu'à Plaisance est commode, et toujours au milieu d'un pays riche et fertile.

La *Rossa*, petit village peu éloigné de Plaisance, situé

presque sur les bords du Pô, est aux confins de la Lombardie autrichienne.

Plaisance (*hôtels :* St-Marc, d'Italie, la Croix-Blanche) est très-agréablement située sur la rive droite du Pô, dont les eaux jaunâtres ont beaucoup de ressemblance avec celles du fleuve qui arrose la Touraine. Elle est enceinte de remparts qui servent aujourd'hui de promenade. Toutes les habitations, les églises et les palais, qui sont, assure-t-on, au nombre de cent, sont en briques. Lorsqu'on parcourt Plaisance, on se croirait plutôt dans les détours d'une citadelle du moyen-âge que dans les rues d'une ville. Le dehors des maisons est grave jusqu'à inspirer de la tristesse, et le peu d'habitants qu'on y rencontre donne à quelques quartiers l'aspect d'une ville dépeuplée. La grande place est le seul endroit où l'on trouve un peu de vie et de mouvement. Là est le palais ducal, fort simple; en face la Podesteria (mairie), monument gothique assez singulier, et aux extrémités duquel on voit les deux statues équestres de *Rannucolo* et d'*Alexandre Farnèse*. Les têtes sont passables; mais le reste, et surtout les chevaux, sont très-mauvais, ainsi que les bas-reliefs et les ornements qui sont sur les piédestaux.

Monuments religieux.—La *Cathédrale* est d'architecture gothique et n'a rien de remarquable. Son intérieur est orné d'une foule de peintures assez médiocres, et ce n'est que dans la coupole que l'on trouve des ouvrages de *Guerchin* et des figures de *Louis Carrache*. Il est extrêmement difficile, pour ne pas dire impossible, de jouir des détails de cette coupole, même avec une lorgnette. On fait voir encore dans cette église deux tableaux, l'un du *chevalier Landi*, représentant Jésus sur le Calvaire; l'autre, de *M. Cammucini*, la Présentation au temple : le premier est fort de couleur et d'expression, et pauvre de dessin; l'autre offre une ordonnance de composition belle et simple, une couleur vraie quoiqu'un peu grêle, et fait honneur à l'école moderne d'Italie. Les autres églises sont : *Saint-François*, édifice noble et simple; *la Madonna della Campagna*, d'un style remarquable, et renfermant de belles peintures de *Pordenone* et de *Sogliano*; *Saint-Giovanni*, avec deux tableaux de grande dimension, dont l'un est de *Landi*, et l'autre de *Cammucini*; l'*église St-Sixte*, belle architecture. En général, les églises de Plaisance, brillantes de ce luxe dont on est si prodigue en Italie, fourmillent d'ornements de mauvais goût et de tableaux assez médiocres. C'est l'architecture extérieure qui frappe d'étonnement.

Hors la porte San-Lazaro on va voir le beau *collége Albéroni*, à un mille, et le beau pont sur la *Trebbia*, de 22 arches. Le *palais Farnèse*, de l'autre côté du Pô, est un monument massif qu'on prendrait pour une prison ruinée : ce monument n'a jamais été achevé. Pop. 30,000 habitants.

La route que nous suivons en quittant Plaisance est l'ancienne *voie Emilia*, construite environ 600 ans après la fondation de Rome, par Émilius Lépidus. Toute la route, jusqu'à Borgo-San-Donnino, est couverte de beaux villages.

Borgo-San-Donnino est un petit endroit où l'on remarque un hôpital magnifique et des habitations qui passeraient pour des monuments dans une ville de France. L'auberge est vaste et spacieuse, et ornée de peintures à fresque et d'arabesques charmantes.

Avant d'entrer à Parme, on traverse, sur le Taro, un pont magnifique que Marie-Louise a fait construire. Il est en ligne droite, percé de 20 arches, entre lesquelles on a pratiqué 18 *grands yeux* pour offrir moins de résistance au torrent. A chaque extrémité du pont sont deux escaliers majestueux qui conduisent au bord de l'eau. Le travail souterrain est fort beau.

Parme (*hôtels* : la Poste, le Paon, l'Écrevisse) est en général bien bâtie : ses rues sont droites, larges et décorées de beaux édifices; elle est en outre pourvue de fontaines et d'aqueducs pour la conduite des eaux. Mais les principaux objets pour lesquels les étrangers s'y arrêtent ordinairement, sont les chefs-d'œuvre de trois peintres célèbres, savoir : du *Corrége*, du *Parmigianino* et de *Lanfranco*, qui ont enrichi de leurs ouvrages la plupart des églises et des bâtiments publics et particuliers de cette ville.

Monuments religieux.—La cathédrale, *il Duomo*, est un

vaste édifice de style gothique, remarquable par sa coupole, dont les peintures, quoiqu'un peu dégradées, passent pour le plus bel ouvrage du *Corrége* : elles représentent l'*Assomption de la Vierge au milieu des anges et des saints* ; la chaleur de l'imagination et la hardiesse des raccourcis y sont portées au plus haut point. On voit dans la même église les tombeaux du célèbre *Adéodat Turchi*, évêque de Parme; de *Jean-Baptiste Bodoni*, qui le premier porta en Italie le mécanisme de l'art typographique à un haut degré de perfection, et d'*Ange Mazza*, le chantre de l'harmonie, mort en 1817 dans sa soixante-seizième année. On y remarque aussi un mausolée consacré à la mémoire de *Pétrarque*, qui fut longtemps archidiacre de la cathédrale. Du reste, ce temple, ainsi que le vaste souterrain décoré de colonnes, qui est au-dessous, sont en outre ornés de sculptures, de tableaux et d'autres fresques de grand prix. Le *Baptistère*, à côté de la cathédrale, est un riche édifice octogone construit en 1196, tout en marbre de Vérone, par *Antelami*, sculpteur et architecte; dans l'intérieur on voit plusieurs colonnes précieuses, deux entre autres de granit oriental, diverses peintures antiques qui ne sont pas sans mérite, et un tableau de *Lanfranco*, représentant *St Octave tombant de cheval*; la grande cuve de l'eau bénite, au milieu du temple, est d'un seul morceau de marbre véronais du XIIIe siècle. ST-JEAN-L'ÉVANGÉLISTE, ancienne église des *Bénédictins*, placée à l'extrémité du faubourg de *Riolo*, est enrichie de bons tableaux parmi lesquels on distingue une belle copie du *St Jérôme* du *Corrége*, faite par *Aretusi*, et une autre copie de la fameuse *Nuit* du même peintre, tableau qui est maintenant dans la galerie royale de Dresde. Les superbes peintures de la coupole de cette église, représentant *J.-C. montant au ciel*, sont pleines de hardiesse et d'expression, et d'une rare beauté de composition et de coloris; ce fut le premier grand ouvrage du *Corrége*, qui les exécuta à l'âge de 26 ans. Le même artiste peignit en clair-obscur les ornements qui décorent la voûte du sanctuaire, et donna les dessins des figures et des enfants en bas-relief qui embellissent la frise de la corniche, ainsi que les candélabres que l'on voit sur les chapiteaux des pilastres tout le long de l'église. Les arcades des chapelles du *St-Crucifix* et de *Ste-Gertrude* sont enrichies de fresques du *Parmigianino*. Dans une lunette, au-dessus d'une petite porte qui conduit au couvent attenant à l'église, on admire un *St Jean Évangéliste* du *Corrége* ; et, dans le couvent, on pourra voir, en face de la porte du réfectoire d'hiver, dans une espèce de niche, un joli groupe de petits enfants du même peintre, fresque malheureusement très-endommagée. On remarquera en outre, dans un corridor du couvent dont nous parlons, quatre belles statues en stuc, modelées par le célèbre *Antoine Begarelli* de Modène. L'ÉGLISE DES NOUVELLES CAPUCINES fut élevée en 1569 sur un dessin de *Jean-François Testa*. Cette petite église est riche et élégante, et couronnée d'une coupole dans laquelle *Jean-Baptiste Tinti* peignit, avec la grâce qui lui était ordinaire, l'*Assomption de la Vierge*. L'ÉGLISE DES CAPUCINS, qui appartenait aux *Templiers*, possède une *Conception* de *J.-B. Piazetta*, deux beaux tableaux de *Lionel Spada*, qui sont dans le chœur, représentant deux miracles de St Félix ; deux tableaux d'*Annibal Caracci*, grand imitateur de la nature, dont le sujet est *St Louis* et *Ste Élisabeth*, et plusieurs autres morceaux dignes de l'attention des amateurs. L'ANNONCIADE est une église d'une forme assez singulière, qui se compose de dix chapelles en ovale dirigées vers le même centre : on y remarque une *Annonciation* du *Corrége*, peinte à fresque, et qu'on y a transportée en sciant le mur, mais qui est très-endommagée. L'ÉGLISE de l'ancien couvent de *St-Paul* sert maintenant à l'usage de la cour, et est dédiée à *St Louis*. Dans une des chambres du couvent actuellement supprimé, l'amateur pourra voir la fameuse fresque du *Corrége*, représentant le *Triomphe de Diane*, avec divers petits Génies qui portent des instruments de chasse, et autour du tableau des compartiments en clair-obscur d'un effet surprenant. L'ÉGLISE DE SAINTE-THÉRÈSE est entièrement peinte à fresque par *Galéotti*; ces peintures représentent les fastes de la sainte titulaire, et montrent le génie plein de feu de l'artiste qui les exécuta. LA MADONNA DELLA STECCATA, attribuée au *Bramante*, mais construite réellement, en 1639, par l'architecte *Jean-François Zaccayna*, est la plus belle église de *Parme*.

Cependant les marbres et les dorures qui l'enrichissent cèdent au nombre et à la beauté des peintures à fresque et à l'huile dont elle est décorée : on admire, entre autres ouvrages d'*Anselmi*, de *Jérôme Mazzola*, de *Tiarini*, de *Sojaro*, de *Franceschini*, et d'autres peintres célèbres, trois *Sibylles* sous l'orgue, et sous une arcade voisine un *Moïse*, avec un *Adam et Ève* en clair-obscur, peints par le *Parmigianino*. L'ÉGLISE DE LA TRINITA-VECCHIA possède aussi de belles fresques, une entre autres qui représente *St Roch* et *St Antoine de Padoue*, et une *Ste Vierge en adoration devant l'enfant Jésus*, avec *St Jean-Baptiste* et *St François*, de J.-B. *Srotti*, surnommé *Molosso*. On voit en outre dans cette même église diverses inscriptions en l'honneur de plusieurs hommes illustres. Il serait trop long de nous arrêter aux autres églises de *Parme*, mais nous pouvons assurer qu'elles présenteront toutes aux yeux de l'amateur plus ou moins d'objets dignes de son attention.

PALAIS. — Le *palais Farnèse*, autrement dit la *Pilotta*, est un assemblage de grandes masses de bâtiments qui attendent encore la main de l'architecte ; mais, lorsqu'il sera terminé, il pourra être compté parmi les beaux édifices de *Parme*. On y voit l'*Académie* des beaux-arts, à laquelle la France a rendu différents tableaux du *Corrège*, qu'elle lui avait enlevés : tels sont la *Madone de l'Ecuelle*, une *Descente de Croix*, le *Martyre de St Placide*, tous ouvrages du *Corrège*, et le chef-d'œuvre de ce peintre divin, le précieux tableau représentant la *Vierge* et *l'Enfant Jésus avec sainte Marie-Madeleine, saint Jérôme et deux anges* : rien n'approche de la beauté du coloris de cet ouvrage admirable. On remarque dans le même endroit d'autres superbes tableaux de *Raphaël*, du *Parmigianino*, de *Francia*, de *Lanfranco*, des *Mazzola*, des *Caracci*, du *Schidone*, du *Conegliano*, d'*Anselmi*, du *Guercino*, de *Rondani*, du chev. *del Cairo*, d'*Amidano*, du *Procaccini*, du *Cignani*, de l'*Espagnolet*, etc. ; plusieurs statues anciennes de grand prix, entre autres un *Hercule* et un *Bacchus* en basalte de grandeur colossale, et d'autres tableaux d'auteurs modernes, couronnés à l'exposition qui a lieu toutes les années dans cet établissement. Au fond de la galerie de l'Académie des beaux-arts, s'élève une statue colossale en marbre représentant Marie-Louise, par *Canova*.

Au massif palais Farnèse est adossé un édifice d'une grande simplicité, c'est la demeure de *Marie-Louise*. L'une des salles de ce palais renferme le riche berceau de son fils, la toilette et les meubles magnifiques qui furent donnés par la ville de Paris à l'épouse de Napoléon. LE MUSÉE, contigu à l'Académie, est riche en bronzes, en inscriptions, etc., monuments trouvés la plupart dans le *Plaisantin*, en fouillant auprès de *Velleja* : on y remarque surtout la fameuse *Table Trajane*. LA BIBLIOTHÈQUE PUBLIQUE, en face de l'Académie, occupe deux vastes galeries qui se suivent, et contiennent plus de 80 mille volumes et 4,000 manuscrits, outre une bonne fresque du *Corrège*. *Parme* a aussi une *Université* établie dans un ancien collége des Jésuites, et qui s'honore d'avoir possédé des savants distingués : on y trouve réunis un amphithéâtre anatomique, un laboratoire de chimie, un cabinet d'histoire naturelle, un observatoire pour l'astronomie et un cabinet de physique ; elle est fréquentée par environ 500 étudiants. LE JARDIN BOTANIQUE est établi dans un autre quartier. LE COLLÉGE DE SAINTE-CATHERINE, ou des *Nobles*, est dans son genre un des plus beaux établissements qu'on puisse voir : on y remarque de bonnes peintures de *Lanfranco*, de *Lionel Spada*, de *Fr. Stringa*, et de *Bibiena*, un petit théâtre, et un plan de fortification d'attaque et de défense, exécuté en relief sur une longueur de plus de 16 mètres, par l'ingénieur *Parcher d'Aubencourt*, directeur des plans de la galerie du Louvre à Paris.

THÉÂTRE.—Le *théâtre* Farnèse, dans le palais du même nom, est un des plus beaux qu'il y ait en Italie. Il a 315 mètres de long, 30 de large, et l'avant-scène est décorée de colonnes corinthiennes de 20 mètres de hauteur ; il peut contenir environ neuf mille personnes. Le plan en a été tracé avec beaucoup d'intelligence par l'architecte *J. B. Aleotti*, sous le règne du duc *Ranuce Farnèse I*; et il n'a pas le défaut ordinaire des autres théâtres d'Italie, où une partie des spectateurs est condamnée à ne rien voir : le pourtour de la salle, qui est de forme semi-circulaire, a 14 rangs de gradins à la manière des amphithéâtres romains ; de sorte que non-seulement tout le monde y peut jouir du spectacle, mais du fond même du théâtre on entend parfaitement les sons les plus faibles comme les plus aigus. Il existe un autre théâtre moins grand près du *Palais Ducal*; et la munificence de S. M. Marie-Louise, duchesse actuelle de *Parme*, à laquelle ces États sont redevables de deux ponts magnifiques sur le *Taro* et sur la *Trebbia*, a voulu orner sa capitale d'un troisième théâtre qui, sous tous les rapports, est un des plus élégants d'Italie : ce bel édifice a été achevé sur les dessins et par les soins du célèbre architecte *Nicolas Bettoli* de *Parme* : le chevalier *Paul Toschi*, graveur et directeur de l'Académie des beaux-arts, en a surveillé les ouvrages de peinture et les ornements intérieurs.

L'amateur visitera encore avec plaisir les édifices suivants, savoir : le *palais Sanvitale*, qui contient une riche collection de dessins du *Parmigianino*, une galerie de tableaux des meilleurs peintres anciens et modernes, et une belle bibliothèque, outre un petit théâtre construit en bois, qui sert à l'usage du public, mais qui n'est pas ouvert tous les jours ; le *collége Lalatta*, orné de fresques de *Gambara*; le palais *Pallavicini*, qui possède des peintures superbes de *Galeotti*, du *Tempesta*, etc. ; le *Palais Ducal*, appelé aussi *Palazzo Giardino*, dans l'intérieur duquel on admire des stucs, des tapisseries de la fabrique des Gobelins, et une chambre enrichie de fresques d'*Augustin Caracci* et de *Cignani*; le délicieux *jardin* contigu, qui est tous les jours ouvert au public. Comme ouvrages d'architecture, nous citerons le *palais Corradi*, élevé sur les dessins de *Rossetti*; la petite et élégante maison *Cusani de Vignola*, gâtée cependant par le temps et par les réparations qu'on y a faites; le *palais Poldi*, ou du *Duc Grillo*, tout en bossage, mais encore imparfait; la *porte de St-Michel*, attribuée à *Sammicheli*; l'*arc de triomphe* à un demi-mille hors de la ville, appelé *Portone di S.-Lazaro*; la façade de l'*église de la Madone des Grâces*; le *palais de la Commune*, construit d'après les dessins de *J.-B. Magnani*; celui du *Gouvernement*, sur la grande place, qui est elle-même décorée d'un monument en marbre, élevé pour perpétuer la mémoire de la venue de Joseph II à Parme; le grand *hôpital de la Miséricorde*; la *grande place* du Palais Ducal, plantée de platanes et d'acacias, avec des siéges, et qui présente ainsi une promenade fort agréable; le *Manége*, la *Giara*, lieu commode pour le marché public, et près duquel sont les boucheries; enfin, hors de la ville, le cimetière public, appelé la *Villetta*, et le superbe pont qui traverse *le Taro*, construit il n'y a pas longtemps par l'ingénieur *Coconcelli*: ce pont est formé de 20 arches qui ont 24 mètres de corde sur 6 mètres 60 centimètres de rayon, avec des pieds-droits de 3 mètres; la longueur totale du pont est d'environ 600 mètres sur 8 de largeur, y compris les deux trottoirs.

Parmi les établissements publics, nous indiquerons encore à l'étranger le palais de l'*Évêché*, la *bibliothèque du Collége des théologiens*, ouverte à certains jours; différents colléges et autres établissements non moins utiles à l'humanité qu'honorables pour la ville qui les a fondés. En 1843, on a découvert à Parme les restes d'un beau théâtre romain.

CITADELLE.—La *citadelle* de Parme est régulière, mais en trop mauvais état pour être susceptible d'une grande résistance: aussi entre cette citadelle et la ville a-t-on fait une promenade avec des allées d'arbres, qui a près de 585 mètres de long, et qui se joint à une autre promenade, laquelle conduit à la porte *St-Michel*. Hors des portes de la ville, est une maison de délices de la duchesse actuelle, située sur une hauteur, dans une position charmante, qui porte le nom de *Casino de' Boschi*. A 9 milles (16 kil. $^1/_4$) hors de la porte qui conduit à *Casal-Maggiore*, on rencontre un autre château royal de plaisance, appelé *Colorno*.

La ville de *Parme* a produit dans tous les temps des hommes célèbres: c'était la patrie de *Cassius*, l'un des principaux chefs de la conspiration contre *César*; d'un autre *Cassius*, poëte, dont parle *Horace*; de *Macrobe*, etc. Parmi les modernes, on y compte quantité de poëtes et autres écrivains distingués.

SÉJOUR.—Le séjour de *Parme* est très-agréable, et l'air y est pur; cependant, quoique le climat y soit tempéré, l'élévation du sol et le voisinage des *Apennins* sont cause qu'on y éprouve quelquefois des hivers rigoureux. Le territoire *parmesan* a été toujours renommé pour ses nombreux troupeaux et la beauté des laines qu'on en retire : c'est ce qui a fait dire au poète *Martial :*

Tondet et innumeros Gallica Parma greges.

La soie est aujourd'hui la principale richesse de ce pays : elle se vend en trame et en organsin. Les *Parmesans* ne récoltent pas toujours assez de blé pour leur consommation ; mais ils ont des objets d'échange, des salines considérables, des mines de fer, de cuivre, de vitriol, et des eaux médicinales. Les habitants de *Parme* sont en général instruits, polis et affables. Pop. 36,000 hab.

LIVRES A CONSULTER. *Guida del Forestiere al Ducale Museo d'Antichita di Parma,* par Pietro de Lama. Parma, Carmignani, 1824, in-8°. — *Servitore di Parmo*, par Attio da Busseto. — *Storia della Scultura*, du chevalier Cicognara. — *Indicazione di alcune celebri Pitture di Parma*, 1809.

De Parme on peut, en passant par *Colorno*, maison de campagne délicieuse, et par *Casal-Maggiore*, joli bourg à deux postes de Parme, aller à *Bozzolo*, et de là à *Mantoue*; de *Casal-Maggiore* à *Bozzolo* on compte une poste et demie.

On va aussi de Parme à *Mantoue* en prenant par *Sorbolo*, où l'on passe le pont d'*Enza* ; *Brescello*, *Guastalla*, etc. De Parme à Brescello on compte deux postes, et une seulement de Brescello à Guastalla. On voit toujours la même plaine, dont la beauté semble croître avec la fertilité à mesure qu'on avance. Ce sont des prairies délicieuses, toutes bordées de haies vives, toutes parsemées de vigoureux arbres enlacés de ceps d'une végétation non moins florissante. L'épais ombrage qu'ils répandent et de nombreux canaux d'irrigation entretiennent partout, avec la verdure et la fraîcheur, un printemps presque éternel. On trouve à chaque pas de jolis hameaux entourés de touffes d'arbres.

REGGIO (*Regium Lepidi*), (*hôtels* : la Poste, le Lis), sur le *Grostolo* et *le canal de Tassone*, au milieu d'un district fertile et délicieux, est une ville qui renferme 19 mille hab.

On peut donner un coup d'œil à la *Cathédrale*, où se trouvent à l'entrée les deux belles statues d'Adam et Éve, et, dans l'intérieur, le superbe mausolée de l'évêque Rangoni, par Prosper *Sparo*. Il faut voir aussi l'*église de Notre-Dame*, dite de la Giara, où est un Christ de *Guerchin*; on peut aussi voir la *chapelle de la Mort*, très-remarquable par les peintures qu'on y conserve. Les habitants de Reggio ont de l'esprit et du courage; ils sont adonnés au commerce, qui se soutient au moyen d'une foire qui s'y tient au printemps. On montre aux étrangers une prétendue figure de *Brennus*, dans un bas-relief antique, à l'extrémité d'une rue, qui n'est pas cependant un morceau d'antiquité bien remarquable. On prétend que Reggio, plutôt que Scandiano, est la patrie du fameux Louis Arioste, né en 1474. On doit visiter le *musée* d'histoire naturelle du célèbre *Spallanzani*, acquis par le gouvernement pour servir à l'instruction publique.

Entre *Reggio* et *Modène*, le chemin passe à une lieue de *Corrège*, jolie petite ville de 4,000 habitants, avec une belle *Cathédrale*, le *Palais* des anciens princes, un séminaire et une *Bibliothèque*; mais plus connue pour avoir donné la naissance et le nom au fameux Antoine Allegri. Après *Rubiera*, vieux château fortifié, on passe la Secchia, où l'on voit quelques débris d'un ancien pont romain.

Dans toute la riante plaine de la Lombardie, rien n'est aussi bien planté, aussi bien cultivé, aussi bien bâti que le petit État de Modène. La route est bordée par des files de grands arbres enlacés de guirlandes de vignes qui offrent un spectacle vraiment enchanteur.

MODÈNE (*hôtels* : St-Marc, d'Italie) est une ville de 27 mille habitants, située dans une plaine agréable, entre la Secchia et le Panaro. Cette ville est très-ancienne; elle était une des plus belles colonies des Romains.

La ville de Modène est très-bien bâtie; des portiques qui règnent le long des rues mettent à l'abri du soleil et de la pluie, ce qui est fort commode pour les gens de pied : la grande rue, *strada Maestra*, est décorée de beaux édifices.

PALAIS.—Le palais ducal, d'une architecture à la fois élégante et majestueuse, est d'autant plus remarquable, qu'il est isolé, situé sur une grande place et dans le quartier le plus fréquenté de la ville. La cour est vaste et environnée de colonnades qui produisent un grand effet. L'escalier, le salon principal, les appartements, un cabinet revêtu de glaces et de dorures, tout annonce la magnificence et répond à l'idée que l'extérieur a pu donner des décorations du dedans. Ce palais renfermait jadis des richesses d'un autre genre; c'était une prodigieuse quantité de tableaux des plus grands maîtres de l'art; mais une partie de ces tableaux fut vendue au roi de Pologne. Cependant la galerie qui existe aujourd'hui renferme encore de grandes richesses en tableaux de grands maîtres de l'école italienne. Cette galerie n'est point publique. On visitera la *Casa della Carità*, où sont rassemblées beaucoup d'antiquités décrites par *D. Celestino Cadevoni* (1); les archives de la cathédrale, où sont rassemblés des documents de haut prix.

MONUMENTS RELIGIEUX.— Quoique la ville de Modène n'ait qu'une population de 27 mille âmes, on y compte 51 églises ou chapelles, qui n'ont cependant rien de bien remarquable. La *Cathédrale* est d'un assez mauvais gothique : elle renferme néanmoins un tableau qui mérite d'être vu ; c'est une copie de celui du Guide, représentant le *Nunc dimittis*. La tour de cette église, appelée la *Guirlandina*, est de forme carrée, isolée, tout en marbre, et l'une des plus élevées d'Italie : c'est au bas de cette tour qu'on conserve le vieux seau de bois qui fut un des trophées que les Modénois enlevèrent sur les Bolonais, et qui a fait le sujet de la *Secchia Rapita*, poëme héroï-comique du célèbre Tassoni. L'*Église San-Giorgio* a un défaut, c'est d'être trop jolie ; elle a presque l'air d'une salle de bal. Les autres églises de Modène sont, comme la plupart de celles d'Italie, riches d'ornements, de tableaux, de colonnades de marbres de différentes espèces; mais le grand, le majestueux, le sublime ne s'y montrent que rarement.

La bibliothèque contient environ 100 mille volumes, parmi lesquels est une suite d'éditions très-rares. Les manuscrits

---

(1) Voyez *Museo lapidario Modenese*, de M. Malmuso, Modène, 1830.—Oglio J. Pregi, del Reale Palazzo, Modène, 1811.

sont au nombre de 3,000 ; parmi ces derniers on cite un évangile du VIII° ou du IX° siècle, et un recueil de poésies provençales du XIII° siècle, de *Ferrari* de Ferrare, etc.

Le cabinet des médailles, annexé à la bibliothèque, contient une collection fort riche de médailles grecques, sans les 26,000 médailles antiques. L'*Université* est assez renommée. Il y a aussi à Modène un *Collége* où l'on élève la jeune noblesse. Le *Théâtre* est bien décoré ; il ressemble en quelque sorte aux amphithéâtres des anciens. La *Citadelle* n'est plus rien ; on la fait servir aujourd'hui à des objets plus utiles : on y a établi des manufactures de draps grossiers, des toileries, des corderies, où sont employés un nombre considérable de condamnés. La seule *promenade* de la ville, comme dans presque toute l'Italie, est la *Strada del Corso*, ou le rempart. L'*Hôpital des Enfants-Trouvés* et celui des *Malades* sont deux édifices modernes et assez beaux.

Modène est la résidence du duc, le siége des tribunaux supérieurs et de toutes les administrations civiles et militaires.

Le canal artificiel qui de Modène va au Panaro, et de cette rivière au Pô, établissant une communication avec la mer Adriatique, est très-avantageux à cette ville, qui, à cause de sa localité, est devenue un entrepôt des plus importants.

Sous le sol de Modène est un bassin souterrain rempli d'une eau aussi saine que pure, et qui est la source des puits qu'on trouve en très-grand nombre dans la ville et dans les environs ; ces puits n'éprouvent aucune diminution, pas même dans les plus grandes sécheresses. Le réservoir de l'eau est à plus de 36 mètres sous terre, et il fait les fonctions d'un vaste puits artésien, car il alimente d'une manière naturelle toutes les fontaines de la ville.

Mœurs. — On a dit que les habitants de Modène sont très-gais, et même un peu pantomimes ; qu'ils aiment beaucoup le plaisir, et qu'ils sont bons maris, quoique leurs femmes passent pour être assez coquettes.

A Modène, les personnes d'un certain rang s'habillent comme en France ; les bourgeoises portent le *zendado*, espèce de voile qu'elles laissent flotter, et quelquefois entr'ouvert de manière qu'on puisse voir leur figure. Les paysannes ont sur leur tête des mouchoirs de mousseline.

EXCURSIONS.

A *Sassuolo*, à 10 milles, 18 kil. sud-ouest de Modène, on verra avec plaisir une campagne délicieuse et un magnifique palais avec de belles peintures. Dans ce même district se trouve *Nonatola*, gros bourg entouré de murailles, avec une population de 3,000 âmes. Visitez sa riche *abbaye* avec l'*église* et la *bibliothèque*.

La nouvelle route de *Modène* à *Pistoie*, quoique montueuse, est bonne et commode. Avant d'arriver à *Boscolungo*, on trouve un chemin de traverse qui mène aux Filigare, sur la grande route de *Florence* à *Bologne*. Près de *Boscolungo* est le petit *lac de Scaffajolo*, au nord duquel on voit les bains de la *Porretta*, sur le Reno, au pied d'une montagne d'où descend cette rivière. Ces bains sont très-estimés; l'eau s'enflamme à l'approche d'une lumière, comme l'Aquabuja de Pietramala. Du lieu où sont situés ces bains s'élève une vapeur ou gaz inflammable, dont le feu étant bien allumé dure plusieurs mois.

En parcourant cette route, on voit une presqu'île formée par le confluent du *Lavino* et de la *Ghironda*, à l'endroit nommé *Forcelli*, et qu'on laisse à une lieue et demie sur la gauche. C'est dans cette presqu'île que fut formé le triumvirat d'Octave avec Marc-Antoine et Lépide.

Entre *Boscolungo* et *San-Marcello*, on passe le Sestajone et la Lima sur deux beaux ponts que le grand-duc Léopold fit construire sur les dessins de l'abbé Ximénès.

Voyez la route de *Pistoie* à *Florence* (à la table).

A 24 kil. nord de Modène, on trouve

MIRANDOLA, ville autrefois capitale du duché de ce nom, et remarquable par sa position, la largeur de ses rues, la beauté de ses habitations, les restes de son vieux palais, la régularité de ses fortifications et de ses remparts. Visiter le *Dôme*, le *Gesù* et les *hôpitaux*. Pop. 4,000 hab.

Après *Modène*, la route continue d'être roulante et agréalle, et la plaine se montre toujours riante. On passe le Panaro sur un beau pont de trois arcades, en payant 25 sous de Milan. En arrivant à Castel-Franco, on laisse à gauche le fort Urbain, bâti par le pape Urbain VIII, près du champ de bataille où les consuls Fulvius et Pansa furent défaits par Marc-Antoine. Il fut pris par les Russes sur les Français, qui s'y étaient retranchés, lors de leurs revers dans la campagne de 1799.

BOLOGNE.—Nous décrirons cette ville aux États romains.

ROUTE XXXIX.

DE **MILAN** A **BOLOGNE**,

Par Mantoue et Carpi, 21 p., 42 l.

De MILAN à MANTOUE (v. route 42),	12 p. $^3/_4$	Modène,	1 $^1/_4$
S.-Benedetto,	1 $^1/_2$	Samoggio (États romains),	1 $^1/_2$
Novi,	1 $^1/_2$	Bologne,	1 $^1/_2$
Carpi,	1		

De Mantoue, notre route se dirige vers le sud, traverse un pays boisé, puis arrive sur les bords du Pô, qu'on passe dans une barque; nous sommes à

S.-Benedetto, village qui possédait une riche abbaye; bientôt on atteint

Novi, bourg de 2,500 habitants; de là une belle route bordée de canaux conduit à

Carpi, petite ville entourée de boulevards et siége d'un évêché. *Curiosités* : la *Cathédrale*, érigée sur les plans de Bramante; l'*église St-Nicolas*, le *Séminaire*, le *vieux Château* et le *Palais*. Pop. 5,000 hab.

De cette localité, une route droite nous conduit, dans une heure 1/2 de marche, à *Modène*, de là à *Bologne*. *Voyez* route ci-dessus.

ROUTE XL.

De **MILAN** à **BOLOGNE**,

Par Mantoue et Guastalla, 24 p. $^3/_4$, 49 l.

De Milan à Mantoue		Reggio (Modène),	3
(*v.* route 42),	12 p.$^3/_4$	De Reggio à Bologne	
Borgoforte,	1	(*v.* route 38),	5
Guastalla (Parme),	3		

Nous quittons Mantoue par la *porte Predilla*; bientôt nous arrivons à l'ancien château de

Borgoforte, construit en 1211, sur les bords du *Pô*, que nous traversons pour gagner

Luzzara, bourg de 1,600 hab.; et bientôt après les rives du *Crostolo* nous conduisent à

GUASTALLA, petite ville sur la rive droite du Pô : *visitez* sa belle *Cathédrale*, son *Séminaire*, sa petite *Bibliothèque* publique et son *Ecole de musique*. Population, 4,000 habitants.

De là, une jolie route qui suit la rive gauche du Crostolo nous conduit en deux heures à *Reggio*. De Reggio à Bologne, *voy.* route 38.

ROUTE XLI.

De **MILAN** à **VENISE**,

Par Brescia et Vérone, 22 p. $^3/_4$, 45 l.

De Milan à Cascina de		Castelnuovo,	1 p.$^1/_2$
Pecchi,	1 p.$^1/_2$	Vérone,	1 $^1/_2$
Cassano,	1	Caldiero,	1
Caravaggio,	1	Montebello,	1 $^1/_2$
Antignate,	1	Vicence,	1
Chiari,	1	Arlesega,	1 $^1/_4$
Ospedaletto,	1	Padoue,	1
Brescia,	1	Dolo,	1 $^1/_2$
Ponte S.-Marco,	1 $^1/_2$	Mestro,	1 $^1/_2$
Desenzano,	1	Venise, par eau,	1

AUTRE ROUTE PAR BERGAME.

Cascina de' Peschi,	1 p. 1/2	Palazzualo,	1
Canonica,	1	Ospedaletto,	1 1/2
Bergame,	1 1/2	Brescia,	1
Cavernago,	1		

Jetons un rapide coup d'œil sur la route par *Cassano*, *Caravaggio*, que le voyageur prend rarement, et qui n'est pas celle des diligences.

Inzago (*Anticiacum*) est un bourg ancien et fort agréable; *Cassano* (*Cassianum*), dans une belle position militaire; *Treviglio*, bourg fort curieux, et dont on doit visiter l'*église*, vaste et majestueuse. Pop. 5,000 hab. *Caravaggio*, qui a donné naissance à de si grands peintres : belles peintures de *Campi de Crémone*, et, dans l'*église de la Madone*, beaux tableaux, beaux marbres, etc. *Antignate* (*Antinianum*), *terra bellisima*, suivant Priorato; *Calcia*, bourg de 5,000 h.

CHIARI, petite ville de 9,000 h. On y visitera la *bibliothèque*, l'*église* cathédrale, la *tour du clocher*, une belle promenade. On arrive à Brescia. (*Voyez* ci-après.)

Reprenons la route aimée des voyageurs, par Bergame.

De *Milan* à *Bergame* il y a environ 36 kil. Il faut traverser les campagnes de la Lombardie pour pouvoir se former une idée de la beauté et de la richesse de ce pays. Quand on est arrivé à *Gorgonzola*, on laisse à droite la route qui conduit à *Brescia*, et l'on tourne à gauche. A *Vaprio*, on passe l'Adda sur un pont ; ce fleuve, qui descend du lac de Côme et va se jeter dans le Pô près de *Crémone*, par les détours qu'il fait en traversant les plaines de la Lombardie, présente les points de vue les plus agréables, les plus pittoresques : de toutes parts ce sont des maisons de plaisance, des jardins, des bosquets, quelquefois de riches palais qui rivalisent avec ceux des villes principales.

A 4 kil. après le passage de l'Adda, on entre dans le territoire bergamasque. C'est un pays très-peu peuplé, et où l'industrie a fait usage de tous ses moyens pour faire fleurir l'agriculture : des canaux d'irrigation y portent partout l'abondance et centuplent la végétation.

BERGAME (*Bergamum*) (1), (*hôtels* : Royal, d'Italie, la Fenice), est bâtie en amphithéâtre sur un coteau entre le Brembo et le Serio, qui descendent des montagnes de la Valteline. Elle est revêtue de murailles, de bastions et de fossés ; sa citadelle occupe le sommet du mont Saint-Virgilio, d'où la vue est magnifique ; ses nombreux et vastes faubourgs s'étendent au pied du coteau et ont environ 2 kil. de long : sa population est de 30,000 habitants.

ÉDIFICES. — L'édifice le plus remarquable de Bergame est celui qu'on appelle le *Bâtiment de la foire*, construit en pierres de taille, vers l'an 1740, entre les faubourgs Santo-Antonio et Santo-Leonardo : il contient plus de six cents boutiques symétriquement disposées, avec une vaste plaine et une belle fontaine qui, par des canaux bien entretenus, répand la fraîcheur et sert à la propreté. La foire se tient dans les huit derniers jours d'août et les premiers de septembre ; c'est le temps le plus agréable et le plus utile pour Bergame, à cause du grand nombre d'étrangers qui s'y rendent. Là, des cafés élégants, ornés de glaces, rassemblent les hommes et les femmes de la meilleure compagnie ; ici on fait la conversation sous des tentes de toile qu'on a soin d'humecter ; enfin on trouve dans ce lieu tous les objets de luxe et de nécessité, et l'on peut dire que c'est, dans son genre, le monument moderne le plus beau qu'il y ait en Italie.

Un canal d'eau qui vient de *Serio* passe dans les faubourgs, et y alimente les moulins à blé et les fabriques de soie. Le bourg Santo-Leonardo est le plus considérable de tous ; il contient autant de population que tout le reste de la ville.

On entre dans Bergame par quatre portes désignées par des noms de saints : entre celles de *Saint-Augustin* et de

(1) A ceux qui voudraient connaître les peintures de Bergame et les peintres que cette ville a produits, indiquons la *Pittura in Bergama*, 1822, et *Vie de' pittori, scultori ed architetti bergamaschi*, du comte Fr. Tassi, tom. 2, in-4, 1793.

Saint-Jacques, il y a sur les murs de la ville une promenade d'où l'on jouit des plus beaux points de vue. De là on découvre la vaste plaine du Milanais, les coteaux, les bosquets, les prairies, les palais et les maisonnettes dont cette plaine est décorée.

ÉDIFICES RELIGIEUX. — En montant dans la ville, on rencontre la *Cathédrale*, construite sur les dessins du fameux Fontana; là on révère le corps de saint Alexandre, protecteur de la ville : cette église contient de beaux tableaux.

A côté de la basilique de *Sainte-Marie-Majeure* est une chapelle où l'on voit le mausolée du général Colleone, qui le premier fit conduire de l'artillerie à la suite des armées. Ce monument est en marbre avec des bas-reliefs; le général y est représenté à cheval; sa statue est dorée; mais tout cela a été fait dans un temps où l'on n'était pas encore sorti du gothique.

Dans l'*église des Augustins* est le tombeau d'Ambroise Calepin, religieux de cet ordre, de l'illustre famille des Calepio, né à 12 kil. de Bergame, près du lac d'Iseé. Son dictionnaire des sept langues, qui parut pour la première fois en 1503, ouvrage d'érudition dans un temps où les sciences étaient si négligées, contribua beaucoup aux progrès de la littérature.

Il est plusieurs autres églises qui possèdent des tableaux anciens et modernes d'un assez grand prix; mais celle de *Santa-Grata* est surtout remarquable par la prodigieuse quantité et la richesse des ornements et des dorures dont ses murailles sont revêtues.

L'édifice appelé le *Nouveau-Palais* est d'une excellente architecture. Sur la place principale on voit la statue du Tasse. L'académie Carrara possède de très-bons modèles et une belle galerie de tableaux.

Les Bergamasques ont beaucoup d'industrie et d'activité. Voilà sans doute pourquoi on les désigne en Italie par les rôles d'arlequin, que l'on suppose contrefaire le patois et l'accent populaire de Bergame : mais ce caractère fin et rusé, sous une apparence de simplicité et de bêtise, se rencontre en tant de différents pays, que ce n'est pas la peine d'en faire un reproche particulier aux Bergamasques. On visitera à Bergame le *lycée*, la *bibliothèque publique*, l'*académie de peinture*, les *deux théâtres*, l'*école musicale*, qui, sous la direction du P. Simon Mayr, a donné de si grands élèves.

De *Bergame* à *Brescia*, on côtoie les Alpes à la distance de deux ou trois milles. On voit encore ici une campagne non moins peuplée et aussi fertile en huile, vins, soie, fruits délicieux, laines, etc. La plaine étroite qui se trouve entre le pied des Alpes et la ville de Bergame est assez belle et très-productive; mais celle qui s'étend du côté de *Crémone*, qu'on aperçoit à l'extrémité de l'horizon, est immense et d'une inconcevable fertilité. Une chose digne de remarque est la manière ingénieuse avec laquelle les eaux y sont distribuées pour l'irrigation.

De *Bergame* on va à *Cavernago*. Avant d'arriver à *Palazzolo*, on passe l'Oglio, qui descend du lac d'Isée, et l'on joint à l'*Ospedaletto* la route de *Milan* à *Brescia*, laquelle conduit à cette dernière ville en ligne directe.

BRESCIA (*hôtels* : la Tour, l'Hôtel-Royal, l'Ecrevisse), située près des Alpes, au pied de coteaux délicieux, dans une campagne riante et fertile, entre le *Mella* et le *Naviglio* qui sort du *Chiese*, contient environ 33,000 habitants, et a quatre milles de tour. C'était, suivant *Tite-Live*, l'ancienne demeure des *Gaulois Cénomanes*. Colonie des Romains, elle leur resta fidèle jusqu'à l'invasion des Barbares. On croit qu'elle fut brûlée par les *Goths*, et quelque temps après prise et saccagée par *Attila*.

Brescia a de beaux édifices. Le *palais de la Commune* est remarquable par sa grandeur et par son architecture, qui est un mélange de gothique et de grec : il a été bâti par l'architecte *Bramante* sur les ruines d'un temple de *Vulcain*; on y voit de belles peintures à fresque, et divers tableaux, dont quelques-uns sont d'un assez grand prix. A côté de l'*évêché*, édifice considérable, est la *bibliothèque* publique, que le cardinal *Quirini* donna à la ville : on y verra un beau *cabinet de physique*, une riche collection de dessins et de modèles à l'usage des jeunes gens qui s'appliquent à l'étude des beaux-arts, une belle *galerie d'estampes* qui appartient à la famille de *Martinengo Ferdinando*, et une *croix* qui date du temps de Désiré, roi des Lombards, ornée de pierres précieuses.

MONUMENTS RELIGIEUX.—La *cathédrale*, il *Duomo*, édifice tout en marbre, est décorée d'un ordre corinthien dans le goût moderne; les statues, les bas-reliefs, les ornements y sont prodigués : la coupole est superbe et fait honneur à l'architecte *Vantini*, qui en donna le dessin. L'intérieur est enrichi de statues, de tableaux et autres objets précieux, dus en grande partie à la munificence du célèbre cardinal *Quirini* et de quelques autres familles patriciennes du pays. On conserve dans cette cathédrale une croix pour laquelle le peuple a une vénération particulière, parce qu'il croit que c'est une image contemporaine de celle qui apparut à *Constantin* au moment de combattre *Maxence*. Ce temple renferme aussi un superbe mausolée, par *Monti*, érigé à la mémoire de l'évêque *Nava*. Tout près de ce bel édifice, qu'on appelle ordinairement la *nouvelle cathédrale*, se trouve l'*ancienne cathédrale*, dont les autels sont ornés de belles peintures de *Pierre Rosa* et de *Moretto*. L'*église de Sainte-Marie-des-Miracles*, dont le portail est un des beaux ouvrages du quinzième siècle, est décorée de statues estimées et de bonnes peintures, parmi lesquelles on distingue celles du *Moretto* de *Brescia*. Les autres églises, particulièrement celles de *Saint-Nazaire*, de *Saint-Pierre in Oliveta*, de *Saint-Dominique*, de *Sainte-Euphémie*, de la *Paix*, de *Saint-Jean* et de *Sainte-Afra*, contiennent des tableaux de prix, peints par des artistes de l'école vénitienne, tels que le *Titien*, *Paul Véronèse*, *Tintoret* et *Carletto Caliari*. Le *couvent*, aujourd'hui supprimé, attenant à l'église de *Sainte-Afra*, se fait remarquer par le beau style de son architecture.

GALERIES DE TABLEAUX. — Le palais *Avogadro*, où l'on voit trois salles peintes à fresque par le *Romanino* et par d'autres peintres célèbres, possède de bons tableaux de *Paul Véronèse*, du *Titien* et d'autres grands maîtres. M. le comte *Tosi* a aussi une belle collection de tableaux anciens et modernes, parmi lesquels est un petit tableau sur bois, peint par *Raphaël*, d'une rare beauté et extrêmement précieux. L'amateur pourra encore voir d'autres galeries très-riches dans les maisons *Lecchi*, *Brognoli*, *Fenaroli* et *Averoldi*. Les plus beaux palais de Brescia sont ceux des familles *Martinengo delle Fabbriche*, *Martinengo Cesaresco*, *Gambara*, *Fenaroli*, *Bargnani*, *Uggeri*, *Calini*, *Fè*, *Barbisoni*, *Cigola*, *Lecchi*, *Suardi* et l'*Evêché*, tous plus ou moins riches en tableaux des peintres les plus célèbres. Le jardin de la maison *Lecchi* contenait beaucoup de monuments antiques du temps des Romains, tels que des inscriptions, des bas-reliefs, des tombeaux, etc.; mais ils sont maintenant dans le musée. On a fait des fouilles dans une partie de la ville, et l'on y a découvert un temple superbe : l'inscription gravée sur la frise du temple annonce qu'il fut construit l'an 72 de notre ère, et consacré à Vespasien. Tout près de là on a déterré une statue en bronze de deux mètres de haut, représentant la Victoire, qui peut être regardée comme la plus belle statue antique en bronze qu'on connaisse : trois chambres contiguës à ce même temple ont été destinées à conserver les objets précieux récemment découverts, et cela forme un musée très-intéressant. Les curieux visiteront aussi avec plaisir le riche cabinet de médailles de feu M. le comte *Mazzuchelli*, et les restes d'un ancien aqueduc romain sur le chemin qui conduit à la *Valtrompia*. Le nouveau cimetière, élevé sur les dessins de M. *Vantini*, est un beau morceau d'architecture moderne. Le *théâtre* est grand et construit avec goût. Presque à chaque pas, dans les rues et dans toutes les maisons, on trouve des fontaines.

Environs. — Les environs de Brescia sont arrosés par trois différentes rivières qui font la richesse du pays; les eaux de ces rivières, dirigées et distribuées avec intelligence, portent la fécondité dans les champs, et alimentent beaucoup de moulins et d'usines. Les machines pour filer la soie, qui sont en très-grand nombre, celles à forer les canons de fusil, les meules de couteliers, les marteaux pour le travail du fer et du cuivre, les pilons pour écosser le riz, sont mus par le moyen de l'eau. La principale branche du commerce de Brescia est la soie; viennent ensuite le fer, le lin, la laine et les étoffes. Brescia a été toujours renommée pour la fabrication des armes à feu ; de là le proverbe italien : *Tutta Brescia non armerebbe un coglione.*

Les habitants de Brescia passent pour être très-vindicatifs. Les femmes aiment à s'occuper des soins du ménage ; cela n'empêche pas qu'elles ne soient fort gales et peut-être même un peu trop libres dans leurs propos ; en général, elles sont jolies, bien faites, et ont beaucoup plus d'élégance et de tournure que celles de Bergame. Les dames suivent les modes françaises ; elles portent cependant un voile noir qui leur couvre la tête, descend jusqu'à la ceinture, et se noue négligemment sur les reins.

En partant de *Brescia*, on voit les coteaux voisins qui dominent la route, couverts de villages, de jardins et d'arbres de différentes espèces symétriquement plantés ; cette variété d'objets forme un tableau délicieux. On passe par *Lonato*, petite localité de 500 hab., dont le nom rappelle de beaux faits d'armes des Français en 1796. — Vient ensuite le

LAC DE GARDA. Ce lac a environ 11 lieues, 44 kil. de long depuis le pied des Alpes jusqu'à *Peschiera*, et 4 lieues, 16 kil. dans sa plus grande largeur. Si ce lac n'est pas un des plus grands d'Italie, il est du moins un des plus beaux : il abonde en excellent poisson, et ses eaux très-limpides sont bonnes à boire. La forteresse de *Peschiera* est bâtie à l'endroit où le Mincio sort du lac ; elle domine sur un petit port qui sert d'asile aux barques, lorsque les eaux sont extrêmement agitées.

Le lac de Garda, autrefois connu sous le nom de Benacis, a été célébré par Virgile :

Fluctibus et fremitu assurgens, Benace, marino.

En effet, au moindre vent qui souffle, le lac de Garda ressemble à une mer fortement courroucée. Ce lac, dans sa partie méridionale, forme une péninsule qu'on appelle *Sermione* ; là on aperçoit quelques vestiges d'anciennes constructions qu'on croit avoir été la maison ou la grotte de Catulle, et dont ce poëte faisait ses délices : *Peninsularum, Sirmio, insularumque*, etc. Le mont *Baldo*, qui paraît suspendu sur le lac, et qui était autrefois fameux par le bois de construction qu'on en tirait, et par les plantes rares qu'il fournissait à la médecine, est à présent nu, entièrement dépouillé, et offre le plus horrible aspect. Le côté occidental, au contraire, charme la vue par les scènes les plus riantes, les plus variées, par tout ce que la nature, prodigue de ses dons, a pu y réunir : c'est ce qu'on appelle rivière *di Salo*, lieu renommé par la beauté des rivages du lac, et par la multitude d'orangers et de citronniers qu'on y cultive. La ville principale porte aussi le nom de *Salo*; elle est bien bâtie et contient 3,000 habitants. La pêche du lac de Garda est un objet important. Au centre de cette belle nappe d'eau s'élève une petite île sur laquelle le *comte Lecchi* a fait construire une jolie habitation avec un riche jardin botanique.

Après avoir côtoyé le lac de Garda, depuis *Desenzano*, (*hôtel* : Impérial), gros bourg renommé par l'excellence de ses vins, par sa délicieuse situation, sa vue du lac, par deux bons hôtels, jusqu'à la forteresse de Peschiera, ce n'est qu'à regret qu'on en quitte les bords d'où l'on a des points de vue d'une beauté qui ravit l'âme et la transporte, pour ainsi dire, hors d'elle-même. *Peschiera* est encore à 5 lieues, 20 kil. de Vérone : une partie de cette route se fait dans un terrain sablonneux et presque aride.

DISTANCES SUR LE LAC DE GARDA.

Le voyageur trouvera à *Desenzano* des bateaux à rames pour le conduire à *Sermione*, ainsi qu'un *steamer* qui fait plusieurs fois par semaine un voyage sur le lac.

	mill. all.	kil.		mill. all.	kil.
De Riva à Gargano,	14	112	De Peschiera à Sermione,	5	40
à Malsesino,	7	56	à Gargnano,	15	120
à Garda,	22	176	à Riva,	28	224
à Lazise,	25	200	à Malsesino,	21	168
à Salo,	22	176	à Garda,	8	64
De Peschiera à Desenzano,	9	72	à Lazise,	4	32
à Salo,	13	104			

LIVRES A CONSULTER. — *Descrizione di Lago di Garda, etc.*, par Volta ; Mantoue, 1828. — *Herta*, mai 1827. Von Martens. — *Viaggio al Lago di Garda*, par D. C. Polline ; Vérone, 1816.

De *Peschiera* on a encore 2 milles 1/2 (20 k.) pour atteindre Vérone. Une partie de cette route se fait dans un terrain sablonneux et à peu près aride ; on passe *Castelnuovo* et l'on entre dans les provinces vénitiennes.

VÉRONE (1), (*hôtels :* les Deux-Tours, la Tour-de-Londres, le Grand-Paris, la Grande-Czarine de Moscovie), agréablement située sur l'Adige qui la traverse, est une des plus anciennes villes de l'Italie, et en même temps la plus belle de celles du second ordre. Elle renferme une population d'environ 50,000 h. dans un circuit de près de 6 milles, en y comprenant les faubourgs. On la divise en deux parties : l'une est nommée *Vérone*, et l'autre *Veronetta*. Vérone est la plus considérable. Nous ferons parcourir à l'étranger, l'une après l'autre, les deux parties de la ville, en nous aidant et du *Guide* imprimé à Florence et du *Manuel de Giégler* ; et nous commencerons par la première partie, en supposant qu'il loge à l'auberge des Deux-Tours, ou à l'auberge dans la rue de la Porte-Neuve. Les *fortifications* de Vérone, construites par San-Micheli, sont considérables. On remarque la *Porte-Neuve* à droite de l'Adige, d'une architecture plus militaire et plus convenable au nouveau système de fortification ; le *château Saint-Ange*, dont on voit les restes à gauche, et le bastion appelé le *bastion d'Espagne*, regardé comme un chef-d'œuvre du temps où il fut construit, le tout dessiné par *San-Micheli* : c'est cet artiste qui fit élever la porte del Pallio, ou *porta Stuppa*, qui, bien qu'elle soit encore imparfaite, rivalise avec les ouvrages des anciens dans ce genre. Parmi les monuments d'antiquité qu'on trouve dans cette partie de la ville, on remarque particulièrement les arcs de

---

(1) Voyez l'*Anfiteatro di Verona ei suoi novi seavi*, 1820, par J.-B. da Persico. — *La Guida al Museo lapidario veronese*, de l'abbé Jos. Venturi. — *La descrizione di Verona e sue provincie*, de M. Persico. — Aldi : *Descrizione delle architecture, pitture e scolture di Vicenza* 1779, 2 vol.

triomphe : le premier, appelé *porta de Bosa*, sous l'empire de Gallien, l'an 252 ; le second, *porta del Foro giudiziale*, et le troisième près de *Castel-Vecchio*, œuvre de Vitruve, élevé en l'honneur de la famille Gavia ; enfin l'*Amphithéâtre*, parfaitement conservé et qui forme le plus bel ornement de Vérone.

AMPHITHÉATRE. — Ce bel édifice est de forme ovale ; il a extérieurement 153 mètres de long et 123 mètres de large. L'arène, ou la place vide du milieu, a 74 mètres sur 44. Tout autour de cette arène règnent 45 rangs de gradins qui ont 50 cent. de hauteur sur 66 de profondeur, et qui, lors de la fête donnée à l'empereur François Ier, contenaient 50,000 personnes commodément placées. Aux extrémités du grand axe de l'ellipse, il y a deux grandes portes, et, au-dessus de chacune de ces portes, une plate-forme ou tribune de 7 mètres sur 3, fermée par une balustrade. On y voit aussi un grand nombre d'issues ou vomitoires, par où les spectateurs entraient et sortaient. L'enceinte extérieure, qui servait de couronnement à l'intérieur, a été presque entièrement détruite. Ce superbe monument de la magnificence des empereurs romains est bâti de grands quartiers de marbre que le célèbre Scipion Maffei fit rétablir dans leur assiette antique. On croit que l'amphithéâtre de Vérone fut construit sous le règne de Domitien ou de Trajan, c'est-à-dire vers la fin du premier siècle.

EDIFICES. — Près de cet amphithéâtre est le *théâtre* moderne, d'une belle construction, à cinq rangs de loges. L'entrée est un superbe portique ou péristyle de Palladio, orné d'inscriptions étrusques et de bas-reliefs antiques, grecs et romains, rassemblés en cet endroit par les soins du marquis Maffei, auteur de l'ouvrage intitulé : *Verona illustrata*. Outre les monuments publics, on voit chez les particuliers des galeries de tableaux et des cabinets curieux d'antiquités. Le *palais Bevilacqua*, que Maffei attribue à San-Micheli, renferme plusieurs morceaux de sculpture antique. On voit chez les *Rotari* une nombreuse collection de tableaux, chez M. *Gazzola*, un cabinet curieux. Le *Musée lapidaire*, commencé par Maffei, est surtout digne d'attention. Sur la *place de Signori* est le palais du Conseil, édifice magnifique de *Sansovino*, et dont la façade est ornée de plusieurs statues de bronze et de marbre, parmi lesquelles les meilleures sont de *Jérôme Campagna*. La salle du conseil et le portique qui la soutient sont de Frà Giocondo, commentateur de Vitruve, et qui répara l'arche du pont dit *della Pietra*, attribuée au même Vitruve. Les peintures de cette salle, représentant les faits de l'histoire de Vérone, sont de *Paul Véronèse* et de *Brusasorci*: les *mausolées de Scaligeri* sont des monuments curieux d'un mauvais goût ancien. Outre les ouvrages de *San-Micheli*, les *palais Canossa*, *Verz* et *Pellegrini* sont aussi de ce fameux architecte, dont les ouvrages rivalisent avec ceux de Palladio.

MONUMENTS RELIGIEUX.— La *Cathédrale* est du gothique le plus ancien; on y admire un tableau de l'*Assomption* du Titien, un des meilleurs de cet artiste. On voit sur la porte du chœur un crucifix en bronze de *San-Micheli*, et un *Crucifiement* de Bellino dans la chapelle Saint-Nicolas. Le chapitre possède une bibliothèque riche en manuscrits : celle des écoles publiques mérite d'être vue. L'*église de St-Zeno*, décorée d'anciens ornements gothiques, renferme le tombeau de Pepin. A *St-Bernardin*, on remarque la chapelle Varesca, un des plus beaux ouvrages de San-Micheli; à *Ste-Anastasie*, diverses bonnes peintures, entre autres la *Sainte* du Torelli, Véronais ; Jésus-Christ dans le jardin de Gethsémanie, de François Bernardi; une Flagellation de Claude Ridolphi, ainsi que plusieurs tableaux dans la sacristie et le réfectoire; aux *Capucins*, un Christ mort, d'Alexandre Turchi, surnommé l'*Orbetto* ; aux *Carmes-Déchaussés*, l'Annonciation, de Balestra, et le grand autel enrichi de marbres précieux ; à *Sainte-Hélène*, cette sainte avec sa croix, la Vierge et Constantin, de Félix Brusasorci; à *Sainte-Euphémie*, David tenant sa harpe, Moïse tenant les tables de la loi, de Brusasorci, et saint Paul, de Baptiste del Moro ; à *St-Jean*, un Baptême de Jésus-Christ, de Farinati ; et à l'hôpital de la Miséricorde, la Descente de croix de l'Orbetto. On voit aussi de superbes peintures de Brusasorci à la chapelle du palais de l'évêque. L'amateur d'histoire naturelle ne doit pas négliger les fossiles du *palais Canossa*, très-riche en poissons pétrifiés du mont Bolca.

Les rues sont généralement belles; mais la plus remarquable est la *strada del Corso*; la place la plus grande est celle appelée *piazza d'Armo*, où se tiennent deux foires, l'une au printemps et l'autre en automne.

Veronetta possède des monuments antiques et modernes des beaux-arts, dignes de fixer l'attention du voyageur. On y admire surtout les restes d'un ancien édifice : quelques personnes prétendent que ce fut un Capitole à l'instar de celui de Rome; mais Bianchini croit que ce fut, selon toute vraisemblance, une *naumachie*. Chez le comte Moscardi on voit une belle collection de médailles, quelques anciennes inscriptions en marbre, et d'autres objets d'antiquité et d'histoire naturelle. Les édifices de *San-Micheli* qu'on trouve à Veronetta sont le *palais Pompei* et la coupole de *Saint-Georges* : le corps de cette église, d'une belle architecture, est de *Sansovino*. On y admire deux tableaux de *Paul Cagliari*, surnommé le *Véronèse*; la Famine de *Farinati*, la Manne de *Brusasorci*, et le Baptême de J.-C., du *Tintoret*. Dans l'*église des saints Nazaire et Celse*, on remarque une Sainte Famille, de Raphaël; à *Sainte-Marie-de-la-Victoire*, la Descente de croix, de Paul Véronèse, dans la sacristie; à *Sainte-Marie in Organis*, saint Bernard battu par les démons, de Luc Jordan; un Ange gardien, du Guerchin; dans la sacristie, un saint François, de l'Orbetto. Il faut visiter aussi le *cimetière*, l'un des plus beaux d'Italie.

Les amours de Roméo et Juliette ont eu cette ville pour scène. On montre encore dans un jardin le prétendu *sarcophage de Juliette*. Vérone possède une académie philharmonique, des restes d'antiquités romaines: *Arco di Cava, Porta di Bosari, Foro Giudiziale, Panthéon*. A trois lieues de la ville, du côté de Vicence, les eaux minérales de Caldiero sont très-estimées.

Les femmes y sont bien faites et d'un beau teint, la société honnête, instruite et agréable, et le peuple très-actif. Les gants de Vérone et les peaux qu'on y prépare sont fort estimés. L'air y est très-pur, et le terrain abondant en denrées excellentes, principalement en huile et en vin de fort bonne qualité.

Parmi les curiosités volcaniques de ce pays, *Ronca* et

Bolca méritent une attention particulière. Ce dernier endroit surtout est un misérable village que jamais aucun étranger n'aurait eu envie de visiter, si les naturalistes n'y étaient attirés par la fameuse montagne où l'on trouve des poissons et des plantes pétrifiés. Les arêtes et les coquilles des poissons sont parfaitement conservées dans une pierre calcaire. On trouve quelquefois des os d'animaux étrangers et des feuilles exotiques.

Arcole, *Rivoli* et *Ronco*, de glorieux souvenir pour la France, se trouvent dans les environs de Vérone.

De *Vérone* à *Vicence*, la route est bordée de mûriers entrelacés avec la vigne, dans une plaine fertile et agréable. On côtoie une chaîne de montagnes peu élevées et cultivées presque en totalité. A peu de distance, sur la gauche, elles vont joindre les Alpes Trentines, qui séparent l'Italie de l'Allemagne; de l'autre côté, elles s'étendent jusqu'à la mer Adriatique, entre le Padouan et la Polésine de Rovigo, en s'abaissant insensiblement. La plaine riche et cultivée s'étend ensuite jusqu'aux Apennins, au-delà de Bologne.

Les montagnes du Véronais et du Vicentin sont formées de pierres calcaires, et fournissent de beaux marbres rouges, jaunes et de diverses couleurs.

Les monts *Euganei* méritent de fixer l'attention du naturaliste curieux, qui y trouvera des pétrifications de testacés. En visitant ces montagnes, le voyageur n'oubliera pas d'aller à *Arquata* jeter quelques fleurs sur la tombe du célèbre amant de Laure.

Après avoir quitté Vérone, les localités qu'on rencontre sur cette belle route sont un peu sur la droite. *Caldiero*, village important par sa source d'eau thermale; ensuite *Montebello*, bourg de 3,000 habitants, célèbre dans les fastes militaires de la France par le fait d'armes qui mérita au général Lannes le titre de *duc de Montebello*. Bientôt après nous entrons à Vicence.

La campagne qu'on traverse de *Vicence* à *Padoue* semble redoubler de beauté et de richesse. Le voyageur manque de termes pour exprimer son enthousiasme. Dans ce trajet, qui n'est que de huit lieues, le seul village qu'on rencontre est la Slasega ou Aslesega. Lorsqu'on est à une lieue de Vicence, on passe la Tesina sur un beau pont de pierre.

VICENCE (*hôtels* : les Deux-Roues, l'Étoile-d'Or, le Chapeau-Rouge) est une ville d'environ 32,000 hab.; on croit qu'elle fut fondée par les Gaulois sénonais, 392 ans avant l'ère vulgaire. Cette ville, d'une forme assez régulière, a environ une lieue de tour; elle est environnée d'une double muraille, et traversée par deux rivières, espèce de torrents qui la désolent par leurs fréquentes inondations. Il y a six ponts, l'un desquels, appelé le pont *delle Barche*, est remarquable soit par la grandeur de la seule arche dont il se compose, soit par la beauté de ses parapets décorés d'une balustrade de marbre, ce qui fit dire à un plaisant : *Achetez une rivière, ou vendez le pont.*

ÉDIFICES. — En général, à Vicence, les édifices publics n'ont ni la beauté ni la richesse des bâtiments particuliers. Le célèbre Palladio, qui était né dans cette ville, y déploya ses talents d'une manière si brillante, qu'il inspira à ses concitoyens le goût le plus vif pour la belle architecture.

Le plus beau monument du génie et des talents de Palladio est le *théâtre olympique*, ainsi appelé du nom de l'*Académie olympique* établie à Vicence, et l'une des plus anciennes d'Italie. La forme de ce théâtre est à peu près la même que celle des théâtres anciens. Le proscenium ou l'avant-scène a 26 mètres 30 cent. de largeur et 7 mètres de profondeur. Il représente l'entrée d'une ville. On y voit un arc de triomphe à l'honneur d'Hercule. Sept espèces de rues partent du fond du théâtre et aboutissent à l'avant-scène. On aperçoit, dans différentes avenues, des maisons, des temples, des bois en relief ou en perspective. La partie de la façade du théâtre qui n'est point occupée par l'avant-scène est décorée de deux ordres de colonnes corinthiennes surmontées d'un attique avec des niches et des statues en très-grand nombre. Quatorze rangs de gradins, qui forment les places des spectateurs, sont disposés sur une demi-ellipse dont le grand axe est parallèle à la façade du théâtre. Ces gradins occupent un espace de 8 mètres de profondeur : le rang inférieur a environ 27 mètres dans le contour de son ovale, et le rang supérieur 47 mètres. Au-dessus du dernier rang est une tribune décorée qui règne tout autour, et dont les colonnes ont 5 mètres, y compris l'entablement. Le grand diamètre intérieur de la salle est de 34 mètres, et la hauteur totale de 17 mètres et demi au-dessus du pavé. Les académiciens *olympiques*, en faisant construire ce théâtre, avaient pour objet de donner une idée des spectacles des anciens. On y fait rarement des représentations, et cette magnifique salle ne sert qu'aux bals qu'on y donne dans le temps de deux foires qui sont très-fameuses. Au-dessus du proscenium, on lit l'inscription suivante :

Virtuti ac genio olympiorum Academia theatrum hoc A fundamentis erexit anno 1584 *Palladio archit.....*

A la Vertu, au Génie, l'Académie olympique a fait élever ce théâtre en 1584, sous la direction de l'architecte Palladio (1).

PALAIS. — Parmi les palais de Vicence, il faut d'abord compter les deux palais publics. Celui appelé la *Ragione*, où se rend la justice, est situé sur la place de' Signori : c'est un grand et bel édifice de *Palladio*; il est orné de deux beaux portiques l'un sur l'autre. La salle est grande, mais n'a rien de surprenant; c'est là que se rassemblent les plaideurs. Sur une des faces de la même place, et vis-à-vis le palais de Ragione, est celui qu'on appelle *Palazzo del Capitanio*, qui est d'ordre composite, aussi de Palladio. Un peu plus loin et sur la même ligne est le *Mont-de-Piété*.

La place de *l'Isola*, près de laquelle les deux rivières se réunissent, est vaste, mais ses maisons sont ordinaires. Là on remarque un beau palais des comtes *Chiericati*; il est encore de Palladio. Le premier ordre forme un péristyle de colonnes doriques; le second est décoré de colonnes ioniques. L'intérieur est immense. Les autres principaux palais de Palladio sont ceux de *Barbarano*, *Porto*, *Tiene*, *Franceschini*, etc.

MONUMENTS RELIGIEUX. — On compte encore près de 40 églises à Vicence, mais elles ne renferment que peu d'objets

---

(1) M. de Polonceau, *Voyage en Italie.*

de curiosité. La *Cathédrale* n'est remarquable que par une vaste tribune qui produit un assez bel effet. Le pavé du chœur est à compartiments; par-dessous est une chapelle souterraine : cette église est gothique. Dans *Santa-Corona* il y a une Adoration des Mages, de *Paul Véronèse* : ce tableau a beaucoup de fraîcheur ; on dirait qu'il vient d'être fait; une Descente de croix, par *le Bassan*; le Baptême de Jésus-Christ, par *Belin*; au-dessus de la porte d'entrée, Jésus-Christ couronné d'épines, par *le Tintoret*, riche composition. L'*église de Saint-Michel* possède un tableau du *Tintoret*, représentant saint Augustin qui guérit des pestiférés ; ce n'est pas un des meilleurs ouvrages de ce maître. On voit dans le réfectoire de *Notre-Dame-du-Mont* Jésus-Christ à table avec saint Grégoire, de *Paul Véronèse*; à *Saint-Barthélemi*, un Christ descendu de croix, de *Buoconsiglio*, et une Adoration des Mages, de *Marcello Figolino*; à *Saint-Blaise*, la Flagellation, du *Guerchin*; au *Corpus-Domini*, la Descente de croix de *Jean-Baptiste Zelotti*; à *Sainte-Croix*, le même sujet, par Jacques *Bassan*, et dans la sacristie, un Christ mort, de *Paul Véronèse*; à *St-Roch*, ce saint qui guérit de la peste, de *Jacques Bassan*, et la piscine d'Antoine Fasolo; à *St-Eleuthère* et à *Ste-Marie-de-Campagnano*, on voit aussi des peintures de Bassan et de Pordenone. A la *Mairie*, le voyageur trouvera de belles toiles, qui sont : un portrait par *Van-Dyck*; une Vierge, par *Paul Véronèse*; un joli tableau du même auteur; saint Joseph et sainte Catherine, l'Adoration des Mages, par *Marcello Figolino*; saint Roch guérissant des pestiférés, par *le Bassan*.

La nouvelle *Pinacothèque* renferme aussi de beaux tableaux, dont les plus remarquables sont une Sainte Famille, par *Paul Véronèse*; une Madone, du *Guide*; une demi-figure, par *Annibal Carrache*; une Madeleine, par le *Titien*; la Vierge et Jésus-Christ sur un trône, par *Jacques Bassano*; un portrait, par *Bonifacio*; un autre portrait, par *Giorgione*, etc.

La *Bibliothèque* renferme 36,000 vol., tant ouvrages anciens que modernes. Elle est ouverte tous les jours au public.

Les machines à eau pour filer et tordre la soie sont un objet qui peut intéresser le voyageur instruit. On fabrique à Vicence beaucoup de drap de soie, des fleurs artificielles, dont cette ville fait un commerce considérable avec l'Allemagne. Le Vicentin est si fertile, qu'on l'appelle avec raison le *Jardin de Venise*. Dans les environs de la ville on trouve des pétrifications étonnantes, de belles pierres et des traces de volcans éteints. Le naturaliste pourra visiter la grotte *dei Cavoli*, les eaux minérales de Recoaro, les eaux tièdes de Saint-Pancrace de Barbarano, les collines de Bretto et les montagnes du nord de la ville, qui lui offriront une quantité prodigieuse d'effets curieux de la nature.

Antiquités. — On ne voit à Vicence que peu de restes d'antiquités. Quelques ruines d'un théâtre qu'on croit avoir été bâti du temps d'Auguste, et du palais impérial qui en était proche, dans les jardins de Pigasetta ou Batistelli; une partie de l'aqueduc qui y portait les eaux, dont on aperçoit trois arcs au village de l'Obia; une statue d'Iphigénie en marbre grec, qui est aux Dominicains; un chapiteau de colonne qui sert de bénitier à Saint-Thomas; un morceau de colonne cannelée qui est sur la place Gualdi, voilà tout ce qui a échappé à la destruction (1).

Mœurs. — On reproche aux habitants de Vicence d'être un peu sauvages. Les femmes ont de jolis traits et un beau teint; les contadines ou villageoises portent ordinairement un chapeau de paille; quelques-unes tressent leurs cheveux avec des rubans et les roulent derrière la tête; les jeunes filles mettent quelquefois une rose ou un œillet à leurs cheveux, parure aussi naturelle que peu dispendieuse, et qui ne laisse pas que de leur donner un air fort galant.

Environs. — Les environs que l'on remarque sont : la rotonde ou le casino du marquis Capra, de Palladio, à un mille de la ville; l'*arc de Palladio*, à droite de la porte de la Madonna-del-Monte, et l'*église de la Madonna-del-Monte*: la vue de la rotonde et de l'église est immense, et l'une des plus belles de la Lombardie; la rotonde renferme trente-deux appartements; la maison des comtes de *Caldagno*, qui a

---

(1) Voyez *Guida per Vicenza* de M. Berti, publié à Vicence.

des peintures très-estimées; le *labyrinthe* ou la *grotte de Cavoli*; les *sette communi*, ou les sept villages (1) entre Vicence et Vérone, habités par des descendants des Cimbres et des Teutons; ils parlent encore l'ancien saxon. Les lieux les plus importants de cette curieuse contrée sont :

ASIAGO, gros bourg de 5,000 habitants; *Gallio*, *Enego* et *Marostica*. Les colonnes de basalte et autres débris de volcans, dans la *montagne du Diable*.

Si l'on sort de Vicence par la porte de la Madonna-del-Monte, on aperçoit à droite un autre *arc de Palladio*, décoré de quatre colonnes corinthiennes portant un petit attique sur leur entablement. Cet arc, qui est d'une très-belle proportion, sert de vestibule à un escalier de 290 marches qui conduit à l'*église de la Madonna-del-Monte*, où l'on arrive par une galerie en arcades qui a un mille de long. Les frais et les travaux qu'a dû coûter ce singulier ouvrage sont incalculables. L'église est moderne et ornée d'un ordre corinthien. De là on a la vue sur la ville et sur la campagne.

Costozza est un village situé à 2 lieues au midi de Vicence; on y voit une fameuse grotte creusée dans l'intérieur de la colline en forme de labyrinthe, et d'une étendue surprenante. Là, on trouve des salles, des allées, des arcs commencés, des sources, des incrustations et bien d'autres singularités : on assure que ce labyrinthe a une lieue de long. Ce n'est sans doute qu'une carrière anciennement creusée.

Chemin de fer de Vicence à Padoue.

PADOUE (2). *Hôtels:* l'Etoile-d'Or, la Croix-d'Or, l'Aigle-d'Or. Cette ville, de forme triangulaire, a deux lieues et un tiers de tour; mais elle ne compte que 54 mille habitants, aussi parait-elle presque déserte. Ses fortifications consistent

---

(1) Voyez *Memorie istoriche de sette communi*, par Augustin dal Pozzo, Vicence, 1820.

(2) Voyez *Il forestiere illuminato*, par Giov. B. Rosetti, 1786.— *Guida per la citta di Padova, all amico delle belle arti*, 1817, par G. Gennari. —*Del antechissimo tempio, scoperto in Padova, negli anni 1812-1817*, par Ant. Noale, Padoue, 1827.— Gennari : *Annali della città di Padova*, Milan, 1811. —Polcastro : *dall antico stato e cond. di Padova*, Milan, 1811.

en de bonnes murailles, de larges fossés et plusieurs bastions, dont celui appelé le bastion *Cornaro*, près de la porte de *Pontecorvo*, passe pour un des plus beaux morceaux d'architecture militaire qu'on connaisse. On pénètre dans Padoue par sept portes, qui sont en général d'une riche architecture; les plus remarquables sont : celle du *Portello*, riche et magnifique architecture de *Guillaume Bergamasco*; celles de *Savonarola* et de *Saint-Jean* dessinées par *Falconetto*, qui ressemblent à des arcs de triomphe ; et celle de *Santo-Benedetto*, élevée par *Ramusio*.

MONUMENTS RELIGIEUX.—La *Cathédrale*, vaste édifice commencé en 1123, n'a été finie qu'en 1754. On voit dans cette église, entre autres tableaux, une Vierge du célèbre *Giotto*, le restaurateur de la peinture en Europe, donnée à *François Carrara* par *Pétrarque*, qui regardait ce morceau comme un chef-d'œuvre de l'art; la Fuite en Egypte, par *le Bassan*; l'Adoration des Mages, par le même; saint Antoine, par *Sassoferrato* ; la Vierge avec l'Enfant Jésus, par *Palma* père; saint Sébastien, par le *Guerchin*; la Cavalcade du pape, par *Bensovolio*. Au-dessus du bénitier, on admire une Vierge en marbre d'un ouvrage fini. On remarque encore, dans la basse nef, six bustes, par le fils de *Canova*. Dans la sacristie, on conserve un Evangile écrit par un certain *Jean Caibona* en 1170, un livre des Epîtres daté de 1259, un missel avec de belles miniatures, imprimé sur vélin à Venise, en 1491, et un curieux vase d'argent doré, orné de figures profanes en bas-relief : on y remarque plusieurs tableaux, parmi lesquels une Vierge, du *Titien*; un saint Jérôme et un saint François, de *Jacques Palma* le jeune ; une Vierge, de *Sassoferrato*, et un portrait de *Pétrarque*. L'*église de l'Annunziata all'Arena*, construite en 1303, est ainsi appelée parce que la place qui est devant montre encore les vestiges d'une *arena*, c'est-à-dire un amphithéâtre antique : l'intérieur de cette église est couvert de fresques de *Giotto*, la plupart bien conservées. L'*église de Saint-Benoît-Vecchio* contient un beau tableau du *Tintoret*, représentant J.-C. dans les airs avec plusieurs saints, et une Adoration des Mages, du *Fiammenghino*. Celle de *St-Bovo* possède une Descente de croix attribuée au *Titien*. Celle de *St-*

Canziano est pareillement décorée de tableaux, mais elle se fait remarquer surtout par l'élégance de son architecture, que l'on attribua longtemps à *Palladio*. La *Scuola de l'église du Carme* est enrichie de fresques, parmi lesquelles on distingue un ouvrage admirable du *Titien*, représentant saint Joseph et sainte Anne, et un petit tableau à l'huile du même auteur, ou du moins de *Palma* l'aîné, qui représente Marie avec son divin Fils dans ses bras. L'*église de St. Francesco-Grande* conserve un beau tableau de *Palma*, eprésentant saint Grégoire qui prie pour les âmes du purgatoire; un tableau de *Paul Véronèse*, dont on avait enlevé quelques parties qui ont été refaites par *Damini*; plusieurs ouvrages du chevalier *Liberi*, du *Padovanino* et d'autres peintres distingués, et différents monuments en marbre qui méritent l'attention des amateurs : dans un cloître voisin, qui sert maintenant de magasin, on remarque des restes précieux de peintures en clair-obscur faites par le *Squarcione*. L'*église des Eremitani* possède, dans la sacristie, un saint Jean-Baptiste de *Guido Reni*, et un monument consacré à la mémoire du prince Frédéric d'Orange, sculpté par l'immortel *Canova*, le même qui fit le beau mausolée d'une princesse russe, qu'on voit dans un petit jardin contigu: dans l'église, la chapelle à droite du maître-autel est décorée de fresques superbes, peintes par *Mantegna*. On remarque en outre dans la même église les tombeaux d'Ubertin III et de Jacques IV, le mausolée du professeur *Mantova Benavidès*, dessiné et exécuté en 1546 par le célèbre *Barthélemi Ammanati*, et le buste de *Jacques de Forli*. Dans la première chapelle, un groupe de *Canova* frappe la vue: c'est une femme assise près de ses enfants; elle est plongée dans une profonde méditation; il y a quelque chose de divin dans son attitude. Non loin de là s'élève une pyramide en marbre, près de laquelle est la statue d'une femme tenant sur ses genoux un livre sur lequel on lit ces mots : *Ne me perdas illa die*; morceau plein de vie et de sentiment. L'*église de St-Cagétan* a été construite sur les dessins de *Scamozzi* : on y voit quelques tableaux du *Palma*, et une Vierge en demi-figure attribuée au *Titien*. L'*église de Ste-Croix* et le couvent de la *Madeleine*, qui appartient aujourd'hui aux *Fate-bene-Fratelli*, frères de *St-Jean*, contiennent aussi des peintures de grand prix. Mais les deux églises les plus remarquables de *Padoue* sont celle de *St-Antoine*, patron de la ville, et celle de *Ste-Justine*.

La première est un vaste édifice gothique de bon goût, commencé en 1255 par *Nicolas Pisano*, et achevé en 1307. Ce temple est surmonté de six coupoles, et l'intérieur est enrichi de peintures, de statues et de bas-reliefs de *Donatello* : on y remarque en outre une chapelle peinte par *Giotto*, et quatre orgues excellentes, avec une chapelle de musiciens très-bien montée. Le Martyre de *sainte Agathe*, peint par *Tiepolo*, est regardé avec raison comme un des plus beaux ornements de cette église. Parmi les objets précieux qui décorent la magnifique chapelle du saint titulaire, on distingue particulièrement un crucifix en bronze de *Donatello*, et plusieurs bas-reliefs du *Campagna* et de l'*Alejo*, entre autres un *St Antoine qui relève une jeune fille*. La chapelle de St-Félix est décorée d'un *crucifiement* peint par *Giotto*. On remarque dans cette même église, entre autres tombeaux, le superbe *mausolée* d'Alexandre Contarini, dessiné, pour ce qui regarde l'architecture, par *Sammicheli*, et orné de statues sculptées par *Cattaneo* et *Vittorina*. Les cloîtres du couvent contigu, qui contient une riche *bibliothèque* et un cabinet d'*ornithologie* appartenant à l'université, sont décorés de tombeaux, dont un surtout, qui rappelle le style de *Sammicheli*, mérite une attention particulière. Sur la place qui est devant l'église, on voit une belle statue équestre en bronze, représentant le général *Gattamelata*, ouvrage de *Donatello*. La *Scuola*, petite église située tout près du temple que nous venons de décrire, est peinte à fresque par le *Titien* et d'autres grands maîtres qui y ont représenté la vie et les miracles de *St Antoine*.

L'*église de Sainte-Justine*, bâtie, d'après les dessins de *Palladio*, par *André Reccio*, architecte padouan, est d'une grandeur peu commune, d'un style noble et sévère, et décorée avec magnificence. Elle a 157 mètres 54 centimètres de longueur, 41 mètres 89 centimètres de largeur, et 35 mètres 38 centimètres de haut. Cette église est surmontée de huit coupoles, dont la plus élevée, en y comprenant la statue de *sainte Justine*, a 75 mètres 36 centimètres en dehors, et 56 mètres 84 centimètres en dedans. Le tableau qui représente le martyre de la sainte titulaire, placé au fond du chœur, est regardé comme le chef-d'œuvre de *Paul Véronèse*. On remarque en outre dans la même église une *sainte Gertrude en extase, soutenue par des anges*, du chevalier *Liberi*; un *St Benoît qui fait accueil aux SS. Placide et Maure*, un des meilleurs ouvrages du *Palma*; *St Côme et St Damien sauvés du naufrage*, tableau plein de feu d'*Antoine Balestra*; le *Martyre de St Placide et de ses compagnons*, composition magnifique de *Luc Giordano*; enfin les belles sculptures qui ornent le devant de l'autel où repose le corps de *St Prosdocime*. Nous invitons le voyageur à visiter aussi le monastère contigu, qui sert maintenant aux soldats invalides.

En creusant les fondements de l'hôpital des Enfants trouvés, on découvrit, en 1274, des ossements, une épée et beaucoup de médailles d'or et d'argent, renfermés dans un cercueil de bois de cyprès recouvert par un second cercueil de plomb : tout cela fut placé près de l'église de *St-Laurent* dans un ancien tombeau élevé sur quatre colonnes, et c'est ce qu'on regarde à *Padoue* comme la dépouille mortelle d'*Anténor*, compagnon d'*Enée* et fondateur de la ville. Un autre cercueil semblable à celui dont nous venons de parler, ayant été trouvé, 139 ans plus tard dans un des jardins de *Sainte-Justine*, on n'hésita pas un instant à déclarer que c'était le tombeau du célèbre historien *Tite-Live*, qui, comme tout le monde sait, naquit à *Padoue*. Les précieux restes de l'historien du *Latium* furent mis dans un coffre de bois, qu'on couvrit de branches de laurier et qu'on porta en triomphe à l'église de *Sainte-Justine*. En 1447, ce cercueil fut déposé au *Palais de Justice*, où l'on éleva le monument qu'on y voit encore aujourd'hui.

PALAIS DE JUSTICE, commencé en 1172 par *P. Cozzo*, et achevé en 1306. On admire particulièrement la salle d'audience, *il salone*, bâtiment le plus singulier et, dans son genre, le plus grand qu'il y ait peut-être au monde : cette salle a 97 mètres 45 centimètres de longueur, sur 32 mètres 48 centimètres de large et autant de haut, sans autre soutien que les murs, dans lesquels sont placés 90 gros pilastres. Les peintures de *Giotto*, dont elle est décorée, représentent les signes du zodiaque, les constellations, les planètes, les mois, les saisons, les douze apôtres, les mystères de la religion, etc.; mais ces peintures furent plusieurs fois restaurées par *Zannoni* en 1762. C'est dans cette même salle qu'est placé le monument élevé en l'honneur de *Tite-Live*, avec six vers latins gravés sur bronze : la tête antique qu'on croit représenter les traits de l'historien de Rome fut donnée à la ville par *Alexandre Bassano*, célèbre antiquaire. Près du monument sont deux statues égyptiennes de la plus haute antiquité, dont *Belzoni* de *Padoue*, célèbre voyageur, fit présent à sa patrie quelques années avant sa mort.

Le *palazzo del Capitanio*, situé sur la place des *Signori*, était la maison des Carrara, anciens seigneurs de *Padoue*; la belle porte qui donne entrée au palais a été construite sur les dessins de *Falconetto*, et la superbe cour intérieure avec deux ordres de pilastres l'un sur l'autre est attribuée au même architecte : la tour qui est au-dessus de la porte renferme une ancienne horloge qui marque le cours du soleil, les jours du mois et les phases de la lune. La *Bibliothèque* publique, remarquable par la qualité des bons livres qu'elle possède, au nombre de 50,000 vol., donne sur une cour de ce palais : la salle de la bibliothèque est ornée de fresques de *Dominique Campagnola*, de *Gualtieri*, d'*Etienne dall' Arzere* et du *Titien*; ces fresques représentent des figures d'empereurs et de héros plus grandes que nature, ce qui a fait donner à cet endroit le nom de Salle des Géants. Dans une chambre voisine on voit plusieurs objets d'antiquité fort intéressants, qui appartenaient la plupart au musée Bénavidès. La *Loggia*, ou salle du conseil de ville, est un bâtiment situé sur la même place des *Signori* : sa façade se compose de neuf arcs soutenus par six colonnes et quatre pilastres de marbre d'ordre corinthien, et réunit l'élégance à la simplicité.

Parmi les monuments d'art et d'antiquité qui décorent la ville, nous citerons encore : *la place de l'Arena*, où se donnent les fêtes publiques; l'*Archevêché*, décoré de peintures à fresque du *Mattegna*, et, par les soins de monseigneur

Dondi dell' Onelogio, enrichi d'une belle galerie de tableaux, et d'une bibliothèque précieuse, sur la porte de laquelle on voit un portrait de *Pétrarque*; le *Conservatoire des orphelins et des mendiants*, établi dans le couvent de l'ancienne église des *Grâces*; le *Mont-de-Piété*, qui possède un superbe bas-relief à l'honneur de l'évêque *Giustiniani*, sculpté par le célèbre *Canova*; le nouvel *Hôpital*, édifice non moins imposant par son immensité que bien distribué; le *palais du Podestat*, ou *Municipalité*, sur la place des *Herbes*, magnifique bâtiment élevé par l'architecte *Falconetto*, et qui contient entre autres tableaux un des plus beaux ouvrages de *Dominique Campagnola*, représentant le préteur *Cavalli* à genoux devant le *saint Sauveur* et quatre saints protecteurs de la ville, la *Femme adultère* du *Padovanino*, et une *Cène* du *Tintoret*; la place de l'*Uva*, du Raisin; le pont de *Saint-Laurent*, ancien ouvrage romain; l'*Observatoire*, sur la place du Château, construit au-dessus d'une tour où le tyran *Ezzelino* faisait enfermer ses victimes; l'*Académie* des beaux-arts; le bel arc *Valaresso*; trois colonnes antiques, l'une auprès des écoles publiques, l'autre dans le jardin des comtes *Pappafava*, et la troisième auprès de la vente du tabac, trouvées en 1787 et 1812; enfin la grande place appelée *Prato della Valle*. Cette place, qui est devant l'église de *Sainte-Justine*, est regardée comme un lieu consacré par le martyre d'une multitude de chrétiens. C'est sur cette place, l'une des plus vastes qu'on puisse voir, que se tiennent les grandes foires de *Padoue* dans les mois de juin et d'octobre. On y voit une île environnée d'un canal avec quatre ponts, au milieu de laquelle est un *amphithéâtre* orné d'un péristyle. Cette place est en outre décorée de statues colossales qui représentent des personnages distingués par leur rang ou par leur savoir : il y en a deux de *Canova*; leur nombre est de 82.

Nous invitons les curieux à visiter le *palais Pappafava*, où ils remarqueront plusieurs belles fresques de *Denin*, peintre vivant, et un groupe en marbre de soixante figures, représentant la chute des anges rebelles, ouvrage de *Fasolato*, sculpteur padouan, qui y employa douze années d'un travail non interrompu. Le *palais Zarabella* et plusieurs autres contiennent de superbes peintures, et de riches collections d'objets rares et précieux.

L'UNIVERSITÉ est ce qu'il y a de plus célèbre à *Padoue*. Le bâtiment actuel fut commencé en 1493 et achevé en 1552 : on l'appela aussi *il Bò*, le Bœuf, du nom d'une auberge qui y existait autrefois. La façade est ornée de quatre colonnes d'ordre dorique cannelées, et un grand portique à deux étages environne la cour, qu'on croit être du *Sansovino*. Cette *Université* est une des plus anciennes d'Italie ; elle subsistait déjà en 1223. On y trouve un beau *théâtre anatomique*, disposé, à ce qu'on croit, d'après le plan du célèbre *Sarpi*, une salle de *physique expérimentale*, etc. Les *écoles* publiques sont réunies à cet établissement. Le *jardin botanique* est aussi une dépendance de l'*Université*, quoiqu'il soit dans un endroit éloigné : il est planté de bosquets d'arbres étrangers et de toute sorte d'arbustes. Les amateurs ne doivent pas manquer non plus de visiter le laboratoire de chimie fondé par M. le comte *Marc Carburi*, professeur à l'Université ; le cabinet de préparations anatomiques du docteur *Caldani ;* la collection de pétrifications trouvées dans les montagnes du Vicentin et du Véronais, de M. *Vandelli ;* le cabinet de productions volcaniques du marquis *Dondi-Orologio ;* la belle collection de mollusques du professeur *Renier ;* et enfin le *Séminaire*, superbe édifice qui possède quelques bons tableaux.

Le *Séminaire*, avec sa belle bibliothèque, est un fort bel édifice : le *nouvel Hôpital*, construit en 1799 ; l'*hôtel des Invalides ;* la *Boucherie publique* et le *café Pedrochi*, établissements grandioses, sont dignes de l'attention du voyageur.

Il y a à *Padoue* une salle de *théâtre* assez jolie, où l'on arrive par de beaux escaliers de pierre : sa forme est celle d'un ovale qui s'élargit un peu vers les extrémités, et l'on y compte cinq rangs de loges ; l'architecte y a en outre ménagé une de ces grandes salles de jeu que les Italiens nomment *Ridotto*. Ce théâtre est appelé le théâtre *Nuovo*, pour le distinguer d'un autre surnommé *Novissimo*, qui appartient aux ducs de Modène.

Parmi les hommes célèbres qui illustrèrent *Padoue* dans

les sciences, les belles-lettres et les arts, on compte *Tite-Live*, *Dondi-Orologio*, *Pierre d'Abano*, *Albert Mussato*, *Orsati*, plusieurs historiens et un grand nombre de jurisconsultes et de médecins. Cette ville se fait gloire en outre d'avoir possédé dans ses murs le chantre de Laure, qui fut chanoine de la cathédrale, et le grand *Galilée*, qui fut jusqu'en 1610 lecteur à l'Université.

Dans les environs de *Padoue* il y a de fort beaux jardins et des maisons de plaisance qui méritent de fixer l'attention du voyageur. Tels sont les bains d'*Abano*, célèbres du temps même de *Tibère*; la *Chartreuse*, qui appartient maintenant à la famille *Zigno*; *Arqua*, village à la distance de quatre lieues du côté d'*Este*, où est la maison et le tombeau de *Pétrarque*, qui y mourut en 1374; le palais *Obizzo*, qui appartient actuellement à la maison d'*Este*, et le superbe jardin du chevalier *Rigodarzere*, dessiné, disposé et formé par l'ingénieur *Japelli*. La plupart de ces maisons de délices sont situées au milieu des collines *Euganéennes*. La campagne d'alentour produit abondamment toutes sortes de denrées, surtout du vin blanc fort estimé. *Café* Pedrochi, la merveille de Padoue.

De Padoue à Venise, la nature se présente dans toute sa beauté; le paysage est délicieux et le terrain d'une fertilité étonnante. On croit être, dit un voyageur, dans les faubourgs d'Antioche et de Daphné; et tous ceux qui ont écrit sur l'Italie font la même peinture de ce pays. Les yeux se promènent sur une plaine immense variée par une infinité de villages, de chapelles et de maisons de plaisance ornées de terrasses et de jardins. Bientôt on arrive à Fusine, où l'on s'embarque. La rivière et le canal sont couverts de gondoles et de barques qui montent et descendent, et partout on voit une population nombreuse et active. Le trajet de *Fusine* à Venise est de 5 milles par eau, et coûte 3 zwanzi. (2 fr. 61 cent.). — Mais beaucoup de voyageurs prennent maintenant le *chemin de fer* de *Mantoue* à *Mestro*, trajet 45 minutes, et de *Mestro* aux bateaux, par le chemin de fer, en 10 minutes : Prix pour Venise, 1re classe, 4 zwanzi. 50 c. (3 fr. 91 c.); 2e classe, 3 zwanzi. 50 c. (3 fr. 5 c.); et pour *Mestro* seulement : 1re classe, 3 zwanzi. 50 c. (3 fr.

5 c.); 2ᵉ classe, 2 zwanzi. 75 c. (2 fr. 1 c.) — De grandes gondoles appartenant au chemin de fer attendent les convois, et prennent les voyageurs selon l'ordre de leur place; elles contiennent dix-huit personnes et sont conduites par quatre rameurs ayant un uniforme vert avec des revers rouges. — Quelquefois trente de ces joyeuses gondoles se suivent et présentent un coup d'œil charmant. Il est d'usage de donner quelques sous à ces gondeliers à titre de pourboire. En débarquant à Venise, on dépose son passe-port contre un reçu de la police. Comme Venise est un port libre, les douaniers ne font point attention à votre bagage; à peine a-t-on mis pied à terre, que des omnibus et des gondoles attendent les voyageurs pour les conduire, avec leurs bagages, à leur destination. Le prix est 1 zwanzi. (87 centimes.)

En parcourant le canal depuis les premières écluses, appelées *Porte del Moranzano*, jusqu'à Padoue, on rencontre quatre principaux bourgs, savoir : *Mira, Dolo, Stra, Noventa*. Non-seulement les maisons de ces bourgs répondent, par leur élégante construction, à l'aspect riant de la campagne, mais il semble encore que le génie de l'architecture avec tous ses prestiges se soit réfugié sur les bords magnifiques de la Brenta : on y voit en effet plusieurs palais non moins remarquables par les jardins délicieux et les belles statues qui en sont les accessoires, que par la noblesse et l'ensemble de leurs bâtiments.

Chemin de fer de Padoue à Venise.

VENISE.

Hôtels. Les principaux sont en général sur un très-grand ton; beaucoup ressemblent à de riches palais. Voici les plus renommés : l'*Hôtel Royal* ou *Daniel*, proche la place Saint-Marc; table d'hôte à 6 heures dans l'été, et 4 heures dans l'hiver; — de l'*Europe*, sur le grand canal, avec 117 chambres à coucher; table d'hôte à 4 h., 3 fr.; — du *Lion-Blanc* (Léon-Bianco), sur le grand canal, proche la poste; — de la *Grande-Bretagne*, — *Luna*, etc. Ces derniers sont des hôtels de second ordre.

VENISE présente au voyageur qui la voit pour la première fois le spectacle le plus singulier et le plus étonnant : aussi dit-on qu'il faut la connaître et l'avoir habitée pour pouvoir s'en faire une idée. Elle est entièrement bâtie sur pilotis, dans des lagunes qui sont une espèce de lac séparé de la mer par des bancs de sable, et se compose de 150 îles très-rapprochées les unes des autres, divisées par des canaux, et réunies par plus de 300 ponts dont quelques-uns sont assez beaux.

Venise est une des villes les plus merveilleuses de l'Italie. Nous la décrirons le plus exactement qu'il nous sera possible. Nous partagerons notre promenade en 8 JOURNÉES, qu'il sera loisible à chaque voyageur d'abréger et de réduire à 4, s'il le veut. Huit jours, quoique insuffisants pour connaître une cité semblable, peuvent à la rigueur donner au voyageur pressé une idée de Venise (1).

PREMIÈRE JOURNÉE (sans gondole).

EGLISE SAINT-MARC. Cette église est construite sur une place décorée tout à l'entour de magnifiques édifices, monuments historiques de la renaissance, des progrès, de la perfection et de la décadence des beaux-arts, depuis le dixième siècle jusqu'à présent. Elle peut rivaliser avec les plus belles places de l'Europe, non par ses dimensions, puisque sa longueur n'est que de 80 mètres environ, et sa largeur 34 mètres, mais bien par ses décorations et le coup d'œil magnifique qu'elle offre vue de la mer. Un prolongement latéral de la grande place vers le sud porte le nom de *Petite Place* (Piazetta). L'*église de Saint-Marc* est un temple imposant et majestueux, de forme grecque, enrichi d'une immense profusion des plus beaux marbres orientaux, de bas-reliefs et autres sculptures de bronze, dorures et mosaïques exécutées depuis le Xe jusqu'au XVIIIe siècle. On y compte

---

(1) *Huit jours à Venise*, par Antoine Quadri, chez Andreola. — *Quattro giorni a Venezia*, Milano. *Il canale grande di Venezia*. — *La Piazza di Venezia* 1831. A Paris, chez Amiot, rue de la Paix, n. 6. — *Venise*, par Jules Lecomte, 1 vol. in-8°, Paris, chez H. Souverain, 1815.

500 colonnes de vert antique, de porphyre, de serpentine, de marbres veinés et d'autres également précieux. Les côtés extérieurs, la façade, les murs intérieurs, les voûtes, les plafonds et le pavé sont incrustés de ces riches matériaux; enfin tout ce qui n'est pas d'or, de bronze ou en mosaïque, est revêtu de marbre oriental. La façade offre dans ses voûtes une collection très-nombreuse de colonnes aussi précieuses par la qualité et la variété des marbres que par le travail grec. Cinq grandes mosaïques dans les voûtes de l'ordre inférieur : les deux premières (à droite de l'observateur) représentent : *l'Enlèvement du corps de St Marc des tombeaux d'Alexandrie*, de *Pierre Vecchia*, 1650; celle du milieu représente *le Jugement dernier*, de *Pierre Spagna*; dans la voûte suivante, on voit *les Magistrats vénitiens rendant des honneurs au corps de St Marc*, de *Sébastien Rizzi*, exécuté avec beaucoup de soin par *Léopold del Pozzo*; dans la dernière voûte, il y a une ancienne mosaïque qui représente *l'église de S. Marc*, ouvrage du xvie siècle. Quatre grandes mosaïques dans les voûtes de l'ordre supérieur : *la Descente de croix*, *l'Apparition de J.-C. aux Limbes*, *la Résurrection*, *l'Ascension. Louis Gaetano* a exécuté ces quatre mosaïques sur les dessins de *Maffeo Verona*, vers l'an 1617. Cinq portes de bronze, et sur celle à gauche en entrant par la grande, l'épigraphe suivante, qui en désigne l'époque et l'artiste : MCCC. *Bertucius Aurifex Venetus me fecit.*

Quatre chevaux de bronze qui conservent encore les traces de leur ancienne dorure; le poids de chacun est d'environ 800 kilogrammes. Ils ornent la face principale. Ce sont ces mêmes chevaux qui, après avoir été fondus à *Corinthe*, transportés à *Athènes*, avoir orné les arcs de triomphe de *Néron* et de *Trajan* à Rome, avoir accompagné *Constantin* à *Byzance*, de *Constantinople* avoir été transportés dans le xiiie siècle à *Venise*, et de cette cité être venus à Paris sous le règne impérial pour servir d'ornement à l'arc de triomphe du Carrousel, retournèrent, en 1815, occuper à Venise la place où on les voit maintenant.

Vestibule. En y entrant par la grande porte, on observe au-dessus de la principale porte d'entrée de l'église, *St Marc en habits pontificaux*, ouvrage de *François* et *Valère Zuccato*, dessin de *Titien*, en 1545.

Au-dessous de St Marc, *sept petites mosaïques* du 11e siècle, la demi-lune en face, représentent le *Crucifiement* et le *Sépulcre de J.-C.*, ouvrages des mêmes artistes, l'an 1549. Sur deux demi-lunes, dans la partie supérieure à droite et à gauche de la grande porte d'entrée, on voit d'un côté la *Résurrection de Lazare*, de l'autre l'*Inhumation de la Vierge Marie*, ouvrages des *Zuccato*. Sur les angles latéraux inférieurs, *les quatre Évangélistes*; sur les supérieurs, *les huit Prophètes*; sur la frise, des *Anges* et les *Docteurs*, par les mêmes artistes. A droite, dans le même vestibule, chapelle Zeno : l'autel, que l'on considère comme un chef-d'œuvre, est enrichi d'une profusion de bronzes et de marbres. On y distingue les quatre grandes *colonnes* de bronze, ouvrage de la plus grande délicatesse. Il y a au milieu *trois statues* également de bronze, savoir : *Notre-Dame avec l'Enfant Jésus*, *St Jean-Baptiste* et *St Pierre*. Au centre de la chapelle, le monument élevé à la mémoire du *cardinal Jean-Baptiste Zeno*, avec *sa statue* couchée sur le cercueil, le tout en bronze.

Dans l'église, au-dessus de la porte du milieu, une des plus antiques mosaïques de ce temple, représentant *J.-C. assis entre la Vierge et saint Marc* : on la juge du xie siècle. *Grand arc de la nef.* Cet arc est incrusté de mosaïques en cinq compartiments qui représentent des *faits tirés de l'Apocalypse*. Il y a au milieu *N.-S. entre sept candélabres*, ouvrage de *François Zuccato*, l'an 1570. La voûte du vestibule de l'église, qui suit immédiatement cet arc, et qui se prolonge jusqu'à la grande fenêtre de la façade extérieure, est également incrustée en mosaïques en cinq longs compartiments.

Après avoir observé du milieu de l'église les mosaïques dont on vient de parler, et en continuant l'examen des objets à droite en entrant par la grande porte, on trouve un *bénitier* de porphyre, dont la base est un autel antique de *sculpture grecque*, avec des dauphins et des tridents, surmonté d'un autre bas-relief représentant de petits enfants; ouvrage du xve siècle. A la droite du bénitier, *chapelle des fonts baptismaux*, ornée de marbres, de bas-reliefs et autres sculptures, et de mosaïques exécutées pour la plupart vers l'an 1350. La mosaïque représentant *le baptême de J.-C.*, qui couvre le mur vis-à-vis la porte d'issue sur la petite place, est remarquable par son antiquité et par la chaleur de sa composition. On la croit faite dans le XIe ou le XIIe siècle. Sur l'autel, *la sainte Vierge et deux anges* en marbre; derrière la sainte Vierge, *un siége en marbre* que l'on croit avoir été sculpté à Alexandrie; derrière l'autel, *J.-C. baptisé par St Jean-Baptiste*, bas-relief antique; deux bas-reliefs latéraux avec *St Théodore et St Georges*. Au milieu de la chapelle, un grand *bassin* de marbre avec un *couvercle* en bronze orné de bas-reliefs, exécuté par *Titien Minio* de Padoue et *Desiderio de Florence*, élèves de *Sansovino*, l'an 1545. Sur le couvercle, la statue en bronze de *St Jean-Baptiste*, ouvrage de *François Segalla* de Padoue, l'an 1565. A côté de ce bassin il y a, adossé au mur, le monument du célèbre doge *André Dandolo*, mort en 1354.

En entrant dans l'église, près d'un pilastre, vers le bras gauche de la croix de l'église, l'*oratoire de la Croix*, formé par une petite tribune soutenue par six riches colonnes, dont la plus proche de l'autel du côté de l'épître est la plus belle de toutes les colonnes qui décorent ce temple. Elle est de porphyre noir et blanc (*morceau très-rare*). La grande muraille qui s'élève à la gauche de celui qui observe cet oratoire est incrustée de marbres très-fins, au-dessus desquels il y a en mosaïque le Paradis, ouvrage qu'on attribue à *Louis Gaetano*, sur le dessin de *Pillotti*.

Aile à gauche (en entrant par la grande porte), chapelle de N.-D. des Mâles (*de' Mascoli*), autel en marbre de très-belle sculpture dont on ignore l'époque et les auteurs. On l'attribue à l'*école de Pise*, du XIIIe au XIVe siècle. Les très-belles mosaïques de cette chapelle représentent l'histoire de la Vierge Marie, ouvrages estimés de *Michel Ciambono*, l'an 1430. Par la porte voisine à l'entrée de cette chapelle, on passe dans la *chapelle de St-Isidore*; elle est recouverte de mosaïques du XIVe siècle, qui représentent la vie de ce saint. L'autel, décoré de beaucoup de sculptures, appartient à la même époque. Le mur au-dessus de la porte de la chapelle de St-Isidore mérite une attention particulière. Il faut y observer l'Arbre généalogique de la Vierge Marie, exécuté par *Vincent Bianchini*, sur les cartons de *Salviati*, l'an 1542. Sur le parapet de marbre qui sépare l'église du chœur, on voit quatôrze statues de marbre, représentant la sainte Vierge et les Apôtres, sculptées par les frères *Jacobello* et *Pietro-Paolo dalle Massegne* de Venise, l'an 1394, élèves de l'école de Pise. Sur les deux côtés de l'entrée du chœur il y a deux chaires de marbre précieux, soutenues par des colonnes d'un grand prix ; à côté de ces chaires, deux petits autels en marbre d'une sculpture très-délicate : on les attribue à *Pierre Lombardino*, l'an 1470.

Dans le chœur, des siéges ornés d'ouvrages très-fins en marqueterie, l'an 1536 ; au-dessus de ces siéges, deux tribunes, l'une à droite, l'autre à gauche ; sur chacun de leurs parapets sont fixés trois bas-reliefs en bronze, représentant la vie de St Marc, tous les trois moulés par *J. Sansovino*. Sur les balustrades intérieures, à côté du *maître-autel*, huit figures de bronze, c'est-à-dire quatre Évangélistes par *Sansovino*, et quatre *Docteurs* qu'on croit jetés par *Jérôme Calliari* ou *Paliari* d'Udine, l'an 1614. *Maître-autel*. La Confession, qui renferme le *maître-autel*, est soutenue par quatre colonnes de marbre grec, sur lesquelles sont sculptés en relief quelques faits de l'histoire sacrée. Cet autel a *deux tableaux* ou *icones*, dont l'un sert de couverture à l'autre. *Le premier* est dans le goût grec, peint à l'huile sur planche, en quatorze compartiments ; ouvrage de *maître Paul et de ses fils Luc et Jean de Venise*, l'an 1344. Le *second* s'appelle la Pala d'Oro, ou Icone byzantine ; elle est peinte en émail sur lame d'argent et d'or ornée de ciselures, guillochis, perles, camées et autres pierres précieuses. Derrière le maître-autel, *un autre autel* avec des bas-reliefs en marbre et en bronze doré, tous exécutés par *Sansovino*.

Porte de la sacristie : les ornements en marbre et la *porte en bronze* sont des ouvrages parfaits de *J. Sansovino*, auxquels il a employé 20 ans de travail. *Sacristie* : elle est richement ornée de mosaïques et d'ouvrages en marqueterie de plusieurs auteurs et d'un grand mérite, exécutés de 1520 à 1530.

Trésor de St-Marc. Il est placé dans une chapelle fermée vis-à-vis celle de N.-D. des Mâles (*de' Mascoli*). Ce trésor est le plus riche reliquaire qu'on connaisse; on y voit de nombreux morceaux de la *vraie Croix*, le *clou*, l'*éponge* et le *roseau*, instruments de la passion de Jésus-Christ; le *couteau* qui lui servit à la Cène, l'*humérus* de saint Jean-Baptiste, d'innombrables *reliques* de saint Marc, et divers trophées enlevés lors de la prise de Constantinople (1).

PALAIS DUCAL. La partie principale de ce grand édifice, qui s'élève d'un côté sur le *quai*, et de l'autre sur la *petite place*, frappe de surprise et d'admiration par la singularité, la hardiesse et la magnificence de sa structure et de son architecture.

Dans la cour, au milieu, deux citernes en bronze, ouvrages estimés, l'un de *Nicolas de Marc de Conti*, Vénitien, l'an 1556; l'autre d'*Alphonse Alberghetti* de Ferrare, l'an 1559. Façade où est l'horloge, élevée de 1607 à 1615, décorée de huit belles statues grecques. Arcade vis-à-vis l'escalier des Géants; on y reconnaît le style de *maître Bartholommeo*; qui probablement l'aura construite lorsqu'il fit *la porte della Carta.* Petite façade à gauche en montant l'escalier des Géants, c'est-à-dire dans la cour des Sénateurs, très-estimée par son élégance; on l'attribue à l'architecte *Guillaume Bergamasco*, vers l'an 1520.

Escalier des Géants, magnifique ouvrage, construit vers la fin du XVe siècle, par *Antoine Bregno*, avec des marbres précieux très-délicatement travaillés par *Dominique* et *Bernardin de Mantoue*. Il est orné de deux statues colossales, sculptées par *J. Sansovino* en 1550, qui représentent Mars et Neptune; mais avant celles-ci, au pied de l'escalier se trouvent Adam et Ève, beaux morceaux, mais moins grandioses : c'était sur le palier de cet escalier qu'anciennement le doge était couronné.

L'Escalier d'or, construit en 1558, sous le doge *André Gritti*, achevé en 1577, sous le doge *Sébastien Vénier*:

---

(1) *Voyages en Italie*, par Valéry.

ses magnifiques décorations ont été dirigées par *Sansovino*; l'Hercule et l'Atlas qui en ornent l'entrée sont du ciseau de *Titien Aspetti*; *Vittoria* a fait les ornements de stuc, dont les fonds ont été peints par *Franco*. Il serait trop long d'indiquer ici toutes les peintures du palais ducal. Il suffira d'ailleurs de donner le catalogue des tableaux les plus remarquables et les plus précieux.

SALLE DU GRAND CONSEIL ou *Bibliothèque royale de Saint-Marc.*—Les murs et le plafond sont entièrement couverts de peintures précieuses qui représentent les fastes de la république de Venise, et un grand nombre d'événements très-intéressants des nations d'Europe sur lesquelles elle eut une grande influence. A droite en entrant, un grand tableau représentant la Gloire du Paradis, par *Jacques Tintoretto*: cette toile a 10 mètres de haut et 25 de long; le Pape Alexandre III au couvent de la Charité, par *Paul Véronèse*; — Prise d'armes du doge contre Barberousse, par le *Tintoret*; — Grande bataille des Vénitiens contre Barberousse, par le même; — Othon présenté par le doge au pape Alexandre III, par *Palma* le jeune; — Alexandre III bénissant une flotte, par *Palma* père; — Frédéric Barberousse à genoux devant le pape Innocent III, par *Frederico Zaccari*; — le Pape sur son trône reçoit les adieux du doge, par *Jules Delmori*; — Première bataille des Vénitiens contre les Turcs, par le *Tintoret*; — Une autre bataille, par le même; — une Procession du doge, du même; — Prise de Zara par les Vénitiens, par *Palma* le jeune; — Dandolo refusant la couronne d'empereur, par le même; — les Femmes de Zara demandant grâce pour leurs maris, par *Blanc*; — l'Apothéose de Venise, par *Paul Véronèse*; — Venise au milieu des divinités, par le *Tintoret*; — le Jugement universel, par *Palma* le jeune, grande toile; — le Christ mort, par *Giovanni Bellini*; — Une figure de saint Christophe, par le *Titien*; — Foi du doge Marin Grimani, toile magnifique, par le même; — Bataille contre les Génois, par *Visentini*, et huit autres sujets analogues du même auteur; — Deux tableaux de Vérone, par le *Tintoret*; — Mars chassé par Pallas, par le même; — Prise de Bergame, par *Alienze*; — Prise de Brescia, par le même; — le Retour d'André Contarini après sa victoire sur les Génois, par *Paul Véronèse*; — la Défense de Scutari, — la Prise de Smyrne, par le même. Dans la *salle des Dix* on trouve deux plafonds de ce maître; celui peint en grisaille passe pour un des plus beaux d'Italie. — Le doge Grimani à genoux devant la Vierge et St Marc, par *Contarini*; — l'Enlèvement d'Europe, toile magnifique de *Paul Véronèse*; — Bataille des Vénitiens contre les princes Scaligeri, par *Contarini*; — Ariane couronnée par Vénus, par le *Tintoret*; — Jacob de retour en Egypte, par *Bassan*; — les Forges de Vulcain, — Mercure et les Grâces, par le *Tintoret* (fresques); — le Congrès de Bologne, où Charles V et Clément VII signent la paix, par *Marco Vecelli*, neveu du *Titien*; — la Seconde Conquête de Constantinople, — une Victoire navale, deux toiles de *Domenico Robusti*; — Venise personnifiée et le doge Cicogna donnant audience à des ambassadeurs; — deux tableaux de *Carletto Caliari*, fils de *Paul Véronèse*; — la Première Conquête de Constantinople, par *Palma* le jeune; — la Ligue de Cambrai, par le même; — un Combat naval dans les eaux du Pô, par le même; — le Christ chassant les marchands du temple, par *Bonifazio*; — l'Arrivée d'Othon fils à Venise, par le *Bassan*; — le Retour du doge Sebastiano Zani, par le même; — la Victoire des Dardanelles, par *Pietro Liberi*; — Réception de Henri III au Lido, par le *Vicento*, composition curieuse; — les six allégories qui ornent le monument élevé à la mémoire du doge Morosini sont aussi de jolies peintures. — Au milieu de ces richesses artistiques, l'amateur trouvera près d'une douzaine de grandes compositions par *Paul Véronèse*. Nous terminerons cette notice en indiquant la collection des portraits de tous les doges de Venise, dont plusieurs sont dus au pinceau du *Tintoret*, de *Bassan* et des deux *Palma*. Le nombre de ces portraits est de cent quatorze; à la place où devait être celui de *Marino Faliero*, on voit un ovale noir, avec ces mots : *Locus Marini Falieri decapitati* : place de Marino Faliero décapité.

Cette bibliothèque date du temps de *Pétrarque* et du cardinal *Bassarion*, qui firent présent de leurs collections de livres à la république; elle est très-riche en manuscrits et en livres anciens et modernes : on y compte environ 70,000 volumes, parmi lesquels plus de *cinq mille manuscrits*; on y conserve la célèbre *mappemonde de Fra Mauro*, dessinée l'an 1460; elle montre toute la surface du globe. Dans cette même bibliothèque il y a encore une riche collection de *médailles*, de *statues*, de *bustes* et de *bas-reliefs* en marbre et en bronze ; on y distingue le Jupiter Egiocus (Giove Egioco), camée grec très-estimé, trouvé à Ephèse l'an 1793 (rapporté de Paris); l'Enlèvement de Ganimède, deux Muses, le groupe d'un Faune et de Bacchus ; les quatre statues, Ulysse, l'Amour, l'Abondance et Diane ; le Soldat mort, le bas-relief appelé Niobiade, deux bas-reliefs représentant de petits enfants, tous ouvrages des beaux temps de la Grèce. On visite ensuite la salle du scrutin, la galerie, où on admire de belles peintures de l'école vénitienne.

CLOCHER DE ST-MARC, élevé jusqu'à la hauteur de l'enceinte des cloches, vers l'an 1150 ; en 1178 environ, on construisit la flèche sur un modèle antique; en 1510 *maître Buono* reconstruisit cette flèche telle qu'on la voit aujourd'hui, et l'orna de marbres grecs et orientaux.

LOGE (par *Sansovino*), petit édifice très-élégant, revêtu de beaux marbres, et richement orné de sculptures et de bronzes ; les quatre statues, Pallas, Apollon, Mercure, la Paix, bronzes très-estimés, par *J. Sansovino* ; on distingue parmi les bas-reliefs en marbre les trois principaux sur l'attique, et ceux qui sont au-dessous des deux statues en bronze.

L'ANCIENNE BIBLIOTHÈQUE. Elle s'élève sur la petite place ; la *bibliothèque de Saint-Marc* y fut placée jusqu'en 1812, époque à laquelle on la transporta au *Palais Ducal*; la façade est composée de 21 arcades; les deux côtés, l'un vers le quai, l'autre derrière la Tour, comprennent chacun trois arcades. Ce monument fut commencé par *Sansovino* l'an 1539, et dirigé par lui jusqu'à la 16ᵉ arcade (en commençant par l'angle du côté de la Tour); après sa mort, il fut terminé par *Scamozzi*. Pierre Arétin a dit de cet édifice *qu'il est au-dessus de l'envie*. Escalier magnifique divisé en deux branches, avec des ornements en stuc par *Vittoria*, et des peintures par *Baptiste Semolei* et *Bap-*

tiste del Moro; la première salle où conduit cet escalier fut décorée par *Scamozzi*, et destinée au *Muséum de statues*, lequel a été ensuite transporté au palais ducal avec la bibliothèque; le plafond, la grande salle sont ornés de beaux tableaux du *Titien*, de *Salviati*, etc.

NOUVELLES GALERIES (Procuratie nuove). Elles forment la suite de la première partie dont nous venons de parler; elles occupent toute la longueur de la *grande place* : on y a presque entièrement suivi le dessin de *Sansovino* dans les deux premiers ordres.

NOUVELLE GALERIE (Nuova Fabbrica), bâtie depuis peu, et elle n'est pas exempte de blâme; on donne cependant des éloges au *vestibule* et au *grand escalier*. Ces trois parties, composées de 78 arcades, forment le grand édifice appelé Palais-Royal, résidence du souverain, des princes du sang, et du gouvernement impérial et royal; on trouve dans plusieurs chambres des peintures dignes de remarque, entre autres un Ecce Homo d'*Albert Dürer*; dans la chapelle on admire une Descente du Christ aux Limbes, par *Giorgione*; — l'Adoration des Mages, par le *Tintoret*; — St Joachim chassé du temple, par le même; — le Passage de la mer Rouge, par le *Titien* ; — la Sagesse couronnée, du même; —Saint Marc sauvant un musulman du naufrage, par le *Tintoret*; — l'Enlèvement du corps de St Marc par deux marchands de Venise, par le même; —Venise au milieu d'Hercule, de Cérès et d'autres divinités, par *Paul Véronèse*; — un Christ au jardin des Olives, du même; — un Christ mort sur les genoux du Père éternel, par *Carletto Cagliari*, fils de *Paul Véronèse*; — l'Institution du rosaire, par *Paul Véronèse*; — Adam et Ève pénitents, du même; — un Christ mort, pleuré par deux personnes, par *Paris Bordone*; etc. Derrière le Palais-Royal il y a un délicieux jardin baigné au sud par le grand canal, où la nature et l'art se sont unis pour présenter un coup d'œil aussi beau que surprenant, et peut-être unique dans son genre.

HÔTEL DE LA MONNAIE (de *Sansovino*), magnifique édifice de la plus grande solidité et du meilleur goût, atelier fameux pour la fabrication des monnaies d'or, d'argent, de cuivre, et des médailles du plus beau travail.

PRISON. Edifice qui réunit à l'élégance la plus grande solidité ; il peut contenir environ 400 individus. M. Howard le considère comme très-sain et comme le plus solide qu'il ait vu.

DEUXIÈME JOURNÉE (en gondole ou à pied).

S.-ZACHARIE, 1457. La construction intérieure de ce temple, son *abside* ou *chœur*, et les *autels*, frappent d'admiration par la singularité et l'élégance du style, et par la richesse des marbres. Trois autels en bois, ornés de sculptures dorées, avec plusieurs peintures rares et précieuses, de *Jean* et *Antoine Muranesi*, l'an 1445. La voûte au-dessus du plus grand de ces autels est embellie de bonnes peintures à fresque. Le chœur : il a quatre *autels* disposés en demi-cercle; le troisième, en partant du chœur des religieuses, est orné d'un petit tableau précieux qui représente la Circoncision de J.-C., ouvrage de *Jean Bellini*, et une Madone entourée de quatre saints, par le même; la Naissance de saint Jean-Baptiste, du *Tintoret*; saint Zacharie, par *Palma*; une Madone, etc., du même. Près de la sacristie, le *monument d'Alexandre Vittoria*, avec son buste; ce bel ouvrage est un des plus remarquables de *Jean Bellini*, l'an 1505. De la *place de Saint-Zacharie*, en prenant à droite, il faut traverser celle de *Saint-Provolo*, ensuite le quai de *l'Osmarino*, et, en traversant les deux ponts à son extrémité, on se trouvera sur le quai des *Grecs*, où s'élève l'église grecque de

SAINT-GEORGES (*Sansovino*, 1550), édifice très-solide, très-élégant et très-orné, analogue au *rite grec*. L'intérieur et l'extérieur de ce temple sont ornés de quelques bonnes *mosaïques* d'époques différentes. En revenant sur ses pas, il faut repasser le premier pont, et, tournant à droite, suivre le quai où il conduit; ensuite, traversant le dernier pont à droite, on se trouvera à l'entrée de l'église de

ST-LAURENT (*Sorella*). Le maître-autel est richement orné de marbres, de bronzes et de statues, avec six grandes colonnes de *Porto-Venere*, ouvrage magnifique de *Cam-*

pagna. Retournez par le même chemin, et, remontant le *Pont des Grecs*, suivez la rue en face jusqu'au pont de *S.-Antonino*, au delà duquel se trouve l'église de

S.-ANTONINO; chapelle à gauche décorée de peintures, par *J. Palma*. Suivez le quai voisin, au bout duquel vous trouverez la confrérie de

ST-GEORGE-DES-ESCLAVONS. L'oratoire, au rez-de-chaussée, est décoré de bonnes peintures par *Carpaccio*, ouvrages de 1502 à 1511. Parcourez toute la *rue des Furlani*, tournez ensuite à gauche, et continuez jusqu'au pont qui conduit à l'église de

ST-FRANÇOIS-DE-LA-VIGNA, temple vaste et d'une belle forme. Il renferme 17 chapelles avec autant d'autels.

1re chapelle. On voit sur le mur à droite un tableau représentant la Vierge au moment de l'Annonciation, ouvrage de *Pennacchi*, dans le style de Jean Bellini.—2e chapelle. Tableau de la Résurrection, par *Paul Véronèse*.—Aile à droite, 3e chapelle. Autel avec un ancien tableau qui représente la Vierge Marie qui adore l'Enfant Jésus, ouvrage très-soigné de *frère Antoine de Négrepont*.—Grande chapelle. Deux magnifiques monuments de même forme, en marbre, couvrent les murs des deux côtés; on les présume de *Scamozzi*. Celui à droite, érigé à *Triadano Gritti*, mort en 1474; l'autre, à gauche, au doge *André Gritti*, neveu du premier, mort en 1538. Aile à gauche, chapelle Giustiniani, placée à côté de la grande, entièrement couverte de bonnes sculptures en marbre. En revenant dans l'église, et continuant le tour, on trouve à droite la chaire, au-dessus de laquelle un tableau avec le Sauveur et le Père éternel, peint par *Jérôme Santa-Croce*.—A gauche, 1re chapelle. Le tableau de l'autel représente N.-D. et quelques saints, ouvrage distingué de *Paul Véronèse*. De cette église on se rendra à *Castello*; mais, le chemin étant difficile, il faut souvent avoir recours aux passants pour se le faire indiquer.

ST-PIERRE, temple vaste et ancien. A droite en entrant, après le 2e autel, une chaire très-antique en marbre, en forme de siége, que le vulgaire croit avoir servi à saint Pierre à Antioche. Grande chapelle. A droite, un tableau de saint Laurent Giustiniani qui délivre Venise de la peste, peint par *Antoine Bellucci*. A gauche, un autre tableau représentant le même saint qui distribue des aumônes. C'est le plus bel ouvrage de *Grégoire Lazzarini*, l'an 1691. Saint Pierre et saint Paul, par *Paul Véronèse* ; le Martyre de saint Jean, par *Padovanino* ; la Vierge et les anges du Purgatoire, par *Luca Giordano* ; une belle mosaïque par *Arminio Zuccati*, etc. Clocher magnifique attenant à l'église, reconstruit l'an 1474. En allant ensuite vers le *jardin public*, on trouve l'église de

St-Joseph. Derrière le maître-autel, un autel dont le tableau représente la Nativité de J.-C., peint par *P. Véronèse*. Le magnifique *mausolée du doge Marino Grimani et de son épouse*, architecte *Scamozzi*, décoré de bronzes, de statues et d'autres sculptures par *Campagna*.

Jardin public, charmante promenade qui s'avance en forme de presqu'île au milieu de la lagune ; elle présente des points de vue agréables et pittoresques. En se dirigeant vers le *quai des Esclavons (riva degli Schiavoni)*, on arrive à la *place de St-Blaise*, où est l'église de la marine royale, dans laquelle on a récemment transporté *le tombeau du grand amiral Angelo Emo*, sculpté par *Joseph Ferrari-Torelli*, l'an 1792. En tournant ensuite à droite, on aperçoit l'*Arsenal royal*.

Arsenal royal. Porte principale de terre, ouvrage magnifique d'ordre corinthien, sur quatre colonnes de marbre grec, construite l'an 1460. Aux côtés de la balustrade de l'entrée, quatre lions de marbre du *mont Hymette* (près d'Athènes), transportés de la Grèce par *François Morosini le Péloponésien* l'an 1687. En sortant de l'arsenal (deux heures de visite), prenez à droite, et après quelques pas vous trouverez l'église de

Saint-Martin. Chapelle près du chœur à droite de l'observateur. Le tableau de l'autel représente la Résurrection de J.-C. par *Santa-Croce*. Dans l'*église*, un beau mausolée en marbre en l'honneur du doge *François Erizzo*. En sortant de l'église tournez à gauche, et par le quai qui se présente entrez dans la *Calle della Pegola*, puis à droite dans celle des *Forni*, d'où l'on aboutit sur le quai des Esclavons (*riva degli Schiavoni*). Lorsqu'on a pris le quai, tournez à droite, passez le premier pont, en descendant duquel, et appuyant sur la droite, il y a, au n° 3833,

Maison Craglietta. Cabinet de tableaux de quelques célèbres artistes des écoles vénitienne et flamande, savoir : *Vivarini*, *Bellini*, *Pordenone*, *Titien*, *Paul Véronèse*, *Canaletto*, *Rubens*, *Albert Dürer*, etc. En quittant cette maison, continuez le chemin du quai vers St-Marc jusqu'à la quatrième rue qu'on trouve à droite, c'est la *Calle del Dose*; entrez dans celle-ci, et suivez-la jusqu'à la place de *St-Jean de Bragora*.

Saint-Jean de Bragora. Derrière le maître-autel il y a un grand tableau qui représente le Baptême de J.-C., bel ouvrage de *Cima*. En sortant de cette église, revenez sur vos pas, prenez la *riva degli Schiavoni*, suivez le quai vers St-Marc, passez le premier pont, après lequel s'élève l'église de

Sainte-Marie de la Piété, église élégante de forme ovale. De cette église, tournez à droite; en sortant, après avoir traversé deux ponts, on trouve le

Grand Hôtel royal. C'est le palais *Bernardo*, d'une bonne architecture du moyen-âge.

TROISIÈME JOURNÉE (en gondole).

Saint-Georges-Majeur (*Palladio*), temple magnifique en forme de croix latine, avec onze autels. La grande porte, ornée intérieurement de deux colonnes de très-beau marbre grec veiné, placées sur les deux côtés avec beaucoup d'art et d'élégance. Au-dessus de la porte, le monument du doge *Léonard Donat*, mort en 1612; à droite en entrant, monument du général et procurateur *Laurent Vénier*, l'an 1667. Premier autel : le tableau représente la Nativité de J.-C., par *J. Bassano*. Maître autel : il est composé de marbres très-fins et de bronzes; le dessin est de l'*Aliense*, exécuté par *Jérôme Campagna*; les deux anges sur les côtés sont de *Roselli*. Dans le chœur, les *stalles* en bois, d'un parfait travail, représentent la vie de St-Benoît, ouvrage d'*Albert de Brule*, Flamand. On admire dans cette belle église six belles toiles du *Tintoret*, qui sont : la Cène, la Résurrection, le Martyre de St Etienne, la Manne, le Couronnement de la Vierge, et un Martyre. *Couvent attenant :* le premier *cloître* est un magnifique carré d'élégante architecture *ionique*; le *réfectoire* et les vastes *celliers* sont des ouvrages estimés de *A. Palladio*. Escalier, ouvrage magnifique par *Longhéna*.

Sainte-Marie-de-la-Salute. On y compte 125 statues; on y admire la *coupole*, qui est très-élevée. Maître-autel, riche, mais d'un mauvais goût, décoré de statues; un grand *candélabre* en bronze de 2 mètres 25 cent. de hauteur, ouvrage d'*André-Alexandre Bresciano*; six autres *candélabres* également en bronze ornent la sainte table; ils paraissent être du même artiste. *Chœur : plafond* orné de trois grands ouvrages qui représentent Élie, la Manne et Abachuc, peints par *Joseph Salviati*. Sacristie : *plafond*, la Mort d'Abel, le Sacrifice d'Abraham, David vainqueur de Goliath, saint Marc entre quatre saints, les quatre Évangélistes, la Descente du Saint-Esprit, les quatre Docteurs, ouvrages sublimes du *Titien*, dans son meilleur temps; les Noces de Cana, par *Tintoret*; la Naissance, la Présentation et l'Assomption de la Vierge, par *Luca Giordano*. Le magnifique *couvent* attenant à cette église est aujourd'hui occupé par le séminaire patriarcal. On conserve dans l'oratoire les *cendres de J. Sansovino*, et son buste sculpté par *Vittoria*.

Académie des beaux-arts. Très-nombreuse et très-riche collection des meilleurs tableaux des plus célèbres peintres de toutes les écoles, dont le nombre se monte à 275. La collection des modèles de sculpture; tableaux, chefs-d'œuvre du *Titien*. St François qui reçoit les stigmates, et au bas, d'autres saints, par *François Becarucci* de *Conegliano*. *A la fenêtre :* la Vocation de saint Pierre et de saint André, par *Marc Bosaiti*; la Présentation de l'Enfant Jésus au vieux Siméon, ouvrage célèbre de *Victor Carpaccio*; la Vierge sur un trône au milieu de quelques saints, par *J. Baptiste Cima* de *Conegliano*; la Résurrection de Lazare, par *Léandre Bassano* (rapporté de Paris); St Laurent Giustiniani au milieu de quelques saints, chef-d'œuvre d'*Antoine*

Licinio, surnommé *le Pordenone* (également rapporté de Paris); la Ste Vierge sur un trône avec l'Enfant Jésus et quelques saints qui l'entourent, par *Jean Bellino*. — *Façade où est l'escalier* : le Miracle de St Marc pour délivrer un esclave, ouvrage classique de *J. Tintoretto* (rapporté de Paris); les Noces de Cana, c'est le plus beau tableau de *Pudovanino*; la Vierge sur un trône avec l'Enfant Jésus, St Joseph et d'autres saints, par *Paul Véronèse* (rapporté de Paris); la Visitation de Ste Elisabeth, jolie petite production du *Titien*; une Déposition de croix, belle toile commencée par le *Titien* et finie par *Palma le vieux*; la Présentation de la Vierge au temple et son Assomption : ces deux compositions du Titien montrent tout le génie de ce grand maître; Saint Jean-Baptiste dans le désert, par le même; la Vierge dans la gloire, adorée par St Côme et St Damien, toile admirable du *Tintoret*. Les autres productions de ce grand peintre sont : le Christ sortant du tombeau, la Vierge et l'Enfant Jésus, le Meurtre d'Abel, une Assomption, Adam et Ève mangeant la pomme, le Christ en croix, et plusieurs portraits. On remarque aussi dans cette académie une sainte Christine battue de verges, de *Véronèse*. Bien que resserrés dans notre cadre, nous ne pouvons nous empêcher de citer encore de ce grand maître : Ste Christine dans le lac de Bolsena, les quatre Évangélistes, Ste Christine poussée à l'adoration des idoles; la Foi, la Charité, Ezéchiel et Isaïe, grisailles. Le Pêcheur présentant au doge l'anneau de St Marc, grande composition par *Pâris Bordone*; le Riche Épulon au milieu de ses courtisanes, belle peinture de *Bonifacio*; le Massacre des Innocents, l'Adoration des Mages, la Femme adultère et le Christ glorieux, par le même; une belle Assomption non terminée, de *Palma le vieux*; huit ou dix toiles de *Palma le jeune*, dont la plus remarquable est le Cheval de la mort; une dernière Cène du Sauveur, le Christ devant Pilate, par *Benedetto*; le Christ portant sa croix, par *Carletto Cagliari*; des Anges portant les instruments de la Passion, par *le même*; la Résurrection de Lazare, belle toile de *Leandro Bassan*; St Thomas touchant les plaies, par *Battista Cima*; une Vierge glorieuse, du même; les Noces de Cana, par le *Padovanino*; une Descente du Saint-Esprit, par *le même*; une Vierge glorieuse et un St Diacre priant, *du même*; St Laurent Giustiniani, par *Antonio Licinio*; Consécration du mont Cassin, par *Luca Giordano*; une Descente de croix, par *le même*; un Homère, du *Caravage*; le Martyre de St Barthélemi, par *Calabresse*; une Madone, du *Guide*; une autre de *Pinturicchio*; des Joueurs d'échecs, de *Caravage*; le Repos en Égypte, de *Baroccio*; Jésus parmi les Docteurs, par *Giovanni d'Udine*; Daniel dans la fosse aux lions, par *Pierre de Cortone*; une Sainte Famille, de *Ciro Ferri*; un Repos en Égypte, par *Poussin*; une Madeleine, par *Lebrun*; un Mariage de Ste Catherine, par *Lucas de Leyde*; un portrait, par *Van-Dyck*, et beaucoup d'autres toiles de moindre importance. *Sculpture*. La nombreuse collection destinée à l'étude de cet art est composée de modèles en plâtre qui représentent ce qu'il y a de plus remarquable dans les musées de Rome, de Naples, de Florence et de Londres. On y remarque entre autres la *collection britannique* des marbres d'*Elgin*, ainsi que celle des marbres d'*Egine* du muséum de *S. M. le roi de Bavière*. *Salle des séances de l'Académie*. Première salle : la bordure de la corniche qui l'entoure est ornée de plusieurs morceaux exquis peints par *Titien*, lesquels représentent des *emblèmes*, des *têtes*, etc. *Bronzes* : une petite porte de tabernacle avec de *petits enfants* qui soutiennent la croix, et d'autres ouvrages très-finis, en bas-relief, que l'on attribue à *Donatello*; quatre morceaux également en bas-relief qui représentent l'histoire de l'Invention de la Croix, par *André Riccio* de Padoue. Seconde salle : elle est décorée par la fameuse *collection du chevalier Rossi*, composée d'un grand nombre de dessins des plus célèbres artistes, parmi lesquels un très-grand nombre de *Léonard*, de *Raphaël*, et plusieurs de *Michel-Ange*. Nouveau salon : on y voit le grand tableau de *la Cène de J.-C. dans la maison de Lévi*, production célèbre de *Paul Véronèse*; on y voit aussi le célèbre tableau de *Gentile Bellino* (récemment restauré) qui représente la place de St-Marc, et une procession dont les personnages portent le costume de ce temps-là ; ouvrage de 1496.

PALAIS GIUSTINIANI LOLIN. Le célèbre docteur *Aglietti*, conseiller impérial et royal du gouvernement, qui habite ce palais, y a formé une très-précieuse collection de gravures des plus célèbres artistes, ainsi que de quelques bons tableaux, et une bibliothèque choisie.

Palais Foscari. Majestueux édifice, très-estimé, et loué aussi, par *Sansovino*.

Palais Mocenigo. On y conserve de bons tableaux, parmi lesquels on distingue le modèle du fameux Paradis, peint par *J. Tintoretto*, qu'on a vu dans la salle de la Bibliothèque royale de St-Marc.

Palais Pisani. On y voit le très-précieux tableau de *Paul Véronèse* qui représente la famille de Darius aux pieds d'Alexandre. On conserve dans le palais Barbarigo le groupe de *Dédale et Icare*, une des premières productions du génie de *Canova*.

Église de St-Luc. Maître-autel. Le tableau représente St Luc qui écrit l'Évangile, par *Paul Véronèse*.

Palais Grimani. Chef-d'œuvre de magnificence, de richesse et d'élégance.

Pont de Rialto. Il est très-estimé, surtout pour sa solidité. La superficie présente trois passages parallèles, dont celui du centre est orné de deux files de boutiques.

Douane royale. On y compte 200 chambres. Elle a 170 mètres de circonférence.

Palais Micheli. Trois chambres ornées de magnifiques *tapisseries de haute lisse*, tissues d'après les dessins de Raphaël.

Palais Manfrin. Galerie très-riche en tableaux de peintres étrangers et italiens, et entre autres de l'école vénitienne (à visiter). Il y a dans chaque salon le catalogue des tableaux qu'il contient. C'est là qu'on admire la Descente de croix du *Titien*, et la Lucrèce de *Guido Reni*; les trois portraits, par *Giovanni*, célébrés par lord Byron; le Sacrifice d'Iphigénie, par *Leandro Bassan*; Moïse frappant le rocher, par *Pordenone*; la Fuite en Égypte et un Ecce Homo, par *Augustin Carrache*; Cérès et Bacchus, de *Rubens*; un petit Berger, de *Murillo*, etc.

Palais Calvagna. On y remarque entre autres plus de vingt des meilleures pièces d'*André Schiavone*, dont deux sont d'une très-grande composition.

Les Scalzi, temple richement orné de sculptures, de peintures et de dorures. Chapelle : autel magnifique dessiné par *Joseph Pozzo*. La statue de Ste Thérèse a été sculptée par *Baldi*. Derrière le maître-autel, la Vierge Marie et l'Enfant Jésus, par *Jean Bellino*.

Ste-Lucie (*Palladio*). On donne de grands éloges à l'architecture élégante de l'intérieur de cette église.

St-André. On y admire St Jérôme dans le désert. C'est le plus beau *nu de Paul Véronèse*.

Après avoir parcouru le *Grand Canal*, on peut, dans l'espace d'une demi-heure, revenir sur ses pas jusqu'à la *Douane de Mer* mentionnée plus haut, où, en tournant à droite dans le *Canal de la Giudecca*, on trouve les objets réservés pour la IVe journée qui suit.

QUATRIÈME JOURNÉE (en gondole).

Église du Rédempteur, temple magnifique et du meilleur goût, chef-d'œuvre de *Palladio*.

Sacristie. Tableau précieux qui représente la Vierge Marie avec l'Enfant Jésus et deux anges, ouvrage très-célèbre de *Jean Bellino*.

Dans une chapelle du couvent attenant, on conserve encore un des plus célèbres ouvrages de *Jean Bellino*; il représente la Vierge Marie et l'Enfant Jésus entre deux saints.

Hôpital des Incurables; bâti sous la direction d'*Antoine da Ponte*, qui a donné le dessin de la porte principale.

Église. Sa forme est elliptique.

Plafond : la Parabole des Vierges prudentes, ouvrage d'un grand mérite, par *Padovanino*.

N.-D.-du-Rosaire (*Masari*). Maître-autel. Il est décoré d'un très-beau et très-riche *tabernacle*, avec des colonnes précieuses de *lapis-lazuli* d'une grande dimension.

St-Gervais et St-Protais. Sur le devant du 4e autel sont des bas-reliefs en marbre d'un travail très-fini; ouvrage fort estimé du XVe siècle, d'auteur inconnu. Maître-autel riche et majestueux. Le tableau représente les saints titulaires dans une gloire, peint par *Grégoire Lazzarini*. La chapelle du St-Sacrement : autel riche et élégant, orné de belles sculptures dans le style des *Lombardi*.

St-Sébastien. 2e chapelle. Sur l'autel : statue de la Vierge Marie avec l'Enfant Jésus et St Jean-Baptiste, très-bel ouvrage sculpté, par *Thomas Lombardo*, élève de Sansovino.

Le mausolée de *Livius Podacataro*, archevêque de Chypre, mort l'an 1555, ouvrage de *J. Sansovino*.

Grande chapelle. Maître-autel : le tableau représente le premier martyre du saint titulaire, peint par *Paul Véronèse* l'an 1560. Sur les parois des côtés, à droite, le second martyre de St Sébastien ; à gauche, les SS. martyrs Marc et Marcellin encouragés par St Sébastien, tous les deux ouvrages d'un grand mérite, de *Paul Véronèse*, l'an 1565 ; le Châtiment des serpents, du *Tintoret* ; un saint Nicolas par le *Titien*, âgé alors de 86 ans.

St-Nicolas. 3e chapelle. Autel élégant, avec quatre colonnes très-estimées d'un marbre stalactite nommé *coccia di Corfu*. Six colonnes de très-beau marbre grec, d'un poli très-luisant, placées d'une manière toute particulière, séparent l'église du chœur.

Chapelle à côté de la grande, à gauche de l'observateur. Un autel de marbre très-fin, sur lequel une sculpture tient la place du tableau, ouvrage estimé, dans le style des Lombardi.

N.-D.-des-Carmes. Autel : tableau de la Présentation de l'Enfant Jésus au vieux Siméon, ouvrage précieux de *J. Tintoretto*, peint à la manière de *Schiavone*.

Un grand tableau représentant St Libéral qui fait délivrer deux hommes condamnés à mort, ouvrage d'un grand mérite, par *A. Varottari*, surnommé le *Padovanino*, l'an 1637.

CINQUIÈME JOURNÉE.

Quoique la *gondole* ne soit pas absolument nécessaire pour la tournée de ce jour-ci, il sera cependant très-commode de s'en servir. Si l'observateur veut aller à pied, il doit (s'il se trouve dans le voisinage de St-Marc) se transporter à St-Étienne (*St-Stefano*), d'où il ira au *Traghetto de Cà Garzoni* ; là il traversera le grand canal, et débarquera à St-Thomas (*S.-Tomà*), d'où, en suivant le chemin à gauche, il arrivera à l'église dédiée à ce saint.

St-Thomas. Traversez la place, entrez dans *Calle del Cristo*, et, appuyant sur la gauche, passez le pont de *Donna Onesta*, ensuite la *Calle della Speziale*, qui vous conduira sur la place de *Saint-Pantaleone*, où s'élève l'église de

St-Pantaléon. Le maître-autel est orné d'un tabernacle magnifique, sculpté par *Joseph Sardi*. L'Histoire sacrée (derrière l'autel) et le plafond ont été peints par *J. A. Fumiani*. Chapelle de N.-D.-de-Lorette. L'autel en marbre est un bon ouvrage du milieu du xve siècle. Traversez le pont de *St-Pantaléon*, entrez dans la petite place *delle Mosche*, suivez à gauche le quai *Minotto*, à l'extrémité duquel, en tournant à droite, vous trouverez le quai des *Tolentini*, qui conduit à l'église du même nom.

Église des Tolentini. La coupole, entre les deux bras de la croix de l'église, est peinte à fresque par *Zampini* et par *Algeri*. Les ornements sont de *Jérôme Mingozzi Colonna*. En continuant le tour de l'église, on trouve sur la droite, en venant du chœur, un confessionnal au-dessus duquel il y a un tableau représentant St. Laurent Giustiniani distribuant aux pauvres les effets précieux de l'église, bel ouvrage du prêtre *Génovèse*. En sortant de cette église, suivez le quai à droite, qui vous conduira au quai voisin appelé *della Croce* : vers le milieu de celui-ci, vous trouverez à droite le *Sottoportico del Tagliapietra*, et en le traversant vous arriverez sur la place *della Pana*. Traversez cette place, ainsi que la cour de *Cà Canal*, et vous vous trouverez au quai de *Rio Marin* ; passez le pont de *Garzotti*, et suivez le quai à gauche, entrez dans la première rue à droite, appelée *della Croce*, elle vous conduira dans la *Calle Larga*, où, appuyant à droite, vous trouverez la place des *Tedeschi* ; et ensuite, à gauche, vous passerez dans la *Rugabella*, traverserez le pont de *Rugabella*, d'où vous descendrez sur la place de *Saint-Jacques-da-l'Orio*.

St-Jacques-da-l'Orio. Tableau : J.-C. soutenu par un ange, bel ouvrage de *J. Palma*. Près de la première porte latérale, plafond en cinq compartiments : sur celui du milieu, les Vertus théologales, et sur les autres les quatre Docteurs, par *Paul Véronèse*. Près de la porte de la sacristie, un tableau de St Sébastien, St Roch et St Laurent, ouvrage estimé de *J. Buonconsigli*. Sortez par la porte de la sacristie qui donne sur la rue, et, appuyant à droite, entrez dans la rue dite *la Salizzada del Meggio*, qui est presque en face de cette issue; puis prenez par la première rue à droite (c'est la *Calle del Colombo*); traversez le pont *del Colombo*, tournez à gauche, puis entrez dans la première rue à droite nommée la *Calle della Rioda*; passez le pont *della Rioda*, puis l'autre pont que vous trouverez de suite, après lequel il y a, à droite, l'église suivante.

Ste-Marie-Mater-Domini. Dans le bras de la croix de l'église, tableau de l'Invention de la Croix, bel ouvrage de *J. Tintoretto*. Sortez de cette église par la grande porte, tournez à droite, entrez dans la *Calle Longa*, passez le pont, puis tournez à droite, ensuite appuyez à gauche, où vous déboucherez dans la rue nommée *Rio-Terra*; suivez cette rue, traversez la place de *Saint-Augustin*, passez le pont *Dond*, et en suivant la calle dite *della Speziale*, vous entrerez dans la place de *St-Stin*. A gauche de cette place, traversez le pont de *St-Stin*, ensuite l'autre pont qui se présente à votre droite, et vous descendrez par là sur la place des Frari.

Ste-Marie-des-Frari. En commençant le tour de l'église par la droite en entrant, on trouve une urne élégante qui renferme les cendres d'*Alvise Pasqualigo*. 1er autel, magnifique et riche en marbres, dessiné par *Sardi* ou par *Longhena*, avec des sculptures par *Giusto de Curt*. 2e autel, orné de sculptures du même artiste. Près de cet autel, du côté de l'épître, reposent les dépouilles mortelles du célèbre *Titien Vecellio*. 4e autel, statue de saint Jérôme, ouvrage hardi et très-fini d'*Alexandre Vittoria*. Deux figures en stuc du même sculpteur. Vient ensuite l'urne sépulcrale de *Jacques Barbaro*, mort en 1511. 5e autel : le tableau représente le Martyre de Ste Catherine, ouvrage distingué de *J. Palma*. Dans l'aile à droite, une urne élégante dans le style des *Lombardi*, qui renferme les cendres de *Jacques Marcello*, mort l'an 1484. Aux côtés de la porte de la sacristie, à droite de l'observateur, une urne du goût gothique, du bienheureux *Pacifico*, mort l'an 1437. Au-dessous de l'urne, tableau en trois compartiments, représentant la Vierge Marie et quelques saints, ouvrage de *B. Vivarini*, l'an 1482. Porte de la sacristie : le magnifique mausolée érigé au général *Benoît Pesaro* forme les ornements de cette porte. Cet ouvrage, très-remarquable, date de 1503. On l'attribue à l'école des *Bregni*, qui florissaient à cette époque. Il y a sur le milieu de ce monument la statue du héros, du ciseau de *Laurent Bregno*. A sa gauche (ou bien à la droite de l'observateur), il y a la statue de Mars, ouvrage distingué de *Baccio da Montelupo*, Toscan. Sacristie, autel : le tableau, en trois compartiments, représente la Ste Vierge et quatre saints, ouvrage distingué de *Jean Bellino*, l'an 1488. Grande chapelle, deux monuments magnifiques. A droite, celui du doge François Foscari, mort l'an 1457, ouvrage très-estimé d'Antoine et de Paul Bregno. A gauche, celui du doge Nicolas Tron, mort l'an 1472, ouvrage très-remarquable de l'école des Bregni. Il est divisé en quatre ordres au-dessus du soubassement, avec 19 grandes statues. Celle du doge et quelques autres sont du ciseau d'*Antoine Bregno*. Maître-autel richement et élégamment décoré en marbre, l'an 1516. Le tableau représente l'Ascension, peint par *Salviati*. 6e chapelle. A droite, le monument élevé à *Melchior Trevisano*, général de la république, mort en 1500, ouvrage aussi simple que digne de remarque. On l'attribue à *Antoine Dentone*, Vénitien. Près du mur du bras de la croix, le monument *Orsini*, ouvrage d'auteur inconnu. On le croit érigé sur la fin du xve siècle. Son élégante simplicité et la beauté du travail sont dignes de remarque. En parcourant l'église du même côté, et en tournant à droite, on trouve un riche monument en marbre érigé à la mémoire de *Jérôme Vénier*, ouvrage du xviie siècle. On entre ensuite dans la chapelle de Saint-Pierre ; l'autel est richement orné de statues et de sculptures, ouvrage du commencement du xve siècle. En sortant de cette chapelle, et rentrant dans l'église, on trouve à droite un élégant tombeau richement orné de marbres, érigé à *Jacques Pesaro*, évêque et général, mort l'an 1547. Vient ensuite un autel orné d'un tableau de la Vierge, de saint Pierre et d'autres saints, avec des personnages de la famille Pesaro, ouvrage distingué de la manière de *Titien Vecellio*. Se présente ensuite le grand mausolée du doge *Jean Pesaro*, architecte *Balthazar Longhena*, sculpté par *Marchio Barthel*. A côté de celui-ci, le monument érigé à Canova, l'an 1827, ouvrage exécuté par *Zendomeneghi*, *Ferrari*, *Bosa*, *Fabris*, *Martini*, *Rinaldi* et *Fadiga*, célèbres artistes vénitiens.

Vient ensuite l'autel élégant de bois doré que l'on attribue à des artistes florentins. La statue du milieu représente St Jean-Baptiste, sculpté par *Donatello*. Entre cet autel et la grande porte en haut, un monument riche et élégant en marbre, érigé à la mémoire de *Pierre Bernardo*, mort l'an 1558. Au-dessus de la porte, magnifique monument de *Jérôme Varzoni*. Au milieu de l'église, chœur magnifique avec 150 stalles en bois, superbe travail de marqueterie et de sculpture, ouvrage de *Marc, fils de Jean-Pierre de Vicence* (que l'on croit appartenir à la famille *Canozzi*), l'an 1408. Une riche *enceinte* en marbre, avec des statues et des bas-reliefs, forme la clôture de ce chœur, ouvrage de 1475. En sortant par une issue qui existe à gauche, on se trouve près de l'église de

SAINT-ROCH. Un grand tableau de la *Probatique*, un saint Roch devant le pape, autre saint Roch dans le désert, tous de *J. Tintoretto*; l'Annonciation, le Christ traîné par un bourreau, du *Titien*. Maître-autel, très-riche et très-élégant, ouvrage attribué à *maître B. Buono*, exécuté par *Venturino*, au commencement du XVIe siècle; le devant de cet autel est incrusté de pierres précieuses et de jolies gravures sur marbre.

St-Roch, édifice très-remarquable par sa magnificence, sa richesse et sa solidité; toutes les peintures qu'on voit sur les murs sont du pinceau de *J. Tintoretto*. Escalier, ouvrage magnifique, perfectionné par *Scarpagnino*; sur les parois du palier, au milieu de l'escalier, deux tableaux, d'un de l'Annonciation de la Vierge, ouvrage célèbre de *Titien Vecellio*: au bout de cet escalier, on doit remarquer les belles sculptures des piédestaux des colonnes, qui représentent quelques faits de l'histoire sacrée. Salle supérieure: des sculptures en bois qui représentent la vie de St Roch, par *Jean Marchiori*; la salle est décorée tout autour de jolies colonnes en marbre, et, dans la partie inférieure, de lambris en bois ornés de sculptures par *François Pianta*; parmi ces ouvrages en bois on doit remarquer ceux qui décorent la paroi en face de l'autel: ils sont de *Michel-Ange de Florence*. Plafond, chef-d'œuvre de hardiesse et de force d'imagination. Salle appelée l'Auberge (chancellerie), porte magnifique décorée de belles sculptures en marbre, l'an 1547; au-dessus de cette porte, extérieurement, le portrait de *Jacques Tintoretto*, peint par lui-même, l'an 1572; intérieurement, sur le mur en face de la porte, grand tableau du Crucifiement, chef-d'œuvre de *J. Tintoretto*, aussi précieux par l'invention que par l'exécution, l'an 1565. Après avoir vu cet édifice, revenez au *cloître des Frari*, et, après l'avoir traversé, entrez à gauche dans la rue de *St-Jean-l'Evangéliste*; revenez sur la place des *Frari*, repassez le pont qui est vis-à-vis l'église, tournez à droite, ensuite à gauche, et puis de nouveau à droite; entrez dans la *salle des Savoneri*, qui vous conduit, en appuyant à gauche, au pont de *Saint-Paul*, par lequel on descend vers la place de *Saint-Paul*.

SAINT-PIERRE ET SAINT-PAUL. Le clocher, deux lions en marbre placés sur sa base, du côté de la porte, méritent d'être observés; autour de l'un on voit un serpent qui semble vouloir l'étouffer; l'autre tient entre ses pattes une tête qui paraît avoir été tranchée d'un buste humain: on croit que ces *lions* font allusion au *général Carmagnola*, que la république de Venise fit décapiter comme prévenu de trahison. A peu de distance de cette église, et précisément au bout de la place de *Saint-Paul*, on trouve le

PALAIS CORNERMOCENIGO. De ce palais il faut se diriger vers *Rialto* en passant par la *Calle della Madonetta*; puis, en traversant les ponts *della Madonetta* et *des Meloni*, on arrivera au pied du pont *dell'Oglio*, où, en suivant le quai à droite, on trouve l'église de *Saint-Sylvestre*.

SAINT-SYLVESTRE. Grande chapelle : sur les parois des côtés à droite, grand tableau de la Cène de J.-C., par *Palma le vieux*. En sortant de cette église, tournez à droite, passez le pont, tournez à gauche et revenez dans la rue qui conduit à Rialto, appelée *Ruga-Vecchia*, où, à côté d'une haute tour, vous trouverez l'église de St-Jean-l'Aumônier. En sortant de l'église tournez à droite, et allez vers le pont de *Rialto*, près duquel vous trouverez, à gauche, l'église de St-Jacques de Rialto.

SIXIÈME JOURNÉE.

Le tour de cette journée peut se faire par *terre* ou en *gondole*, au gré de l'observateur.

SAINTS-APÔTRES. Chapelle Cornaro : c'est un reste de l'ancienne église, architecture très-élégante, enrichie de marbre et de très-belles sculptures ; sur les parois des côtés, *deux magnifiques mausolées* très-élégants, élevés à la mémoire de deux personnages de la famille *Cornaro*; chapelle à côté de la grande, à droite de l'observateur, autel magnifique en *pierre de touche*. En sortant de cette église, passez le pont qui est sur la gauche, ensuite prenez le chemin vers *Rialto*, et, après avoir traversé un autre pont, vous arriverez à l'église de St-Jean-Chrysostôme ; après avoir observé cette église, il faut continuer son chemin vers *Rialto*, traverser la place de *Saint-Barthélemi*, d'où l'on arrivera à la *Mercerie*, où la première église qui s'offre aux yeux est celle de *Saint-Sauveur*.

SAINT-SAUVEUR, temple élégant et magnifique : le mausolée d'André Dolfin et de son épouse, on l'attribue à *Jules dal Moro*. 2ᵉ autel, beau et magnifique morceau, que l'on attribue à *J. Campagna*. Vient ensuite le monument du *doge François Vénier*, mort l'an 1556, ouvrage d'un mérite distingué, par *J. Sansovino*, qui a aussi sculpté les deux statues qu'on voit aux côtés de l'urne. 3ᵉ autel, ouvrage de *J. Sansovino* : le tableau représente l'Annonciation ; il fut peint par *Titien Vecellio*, dans sa vieillesse. Dans l'aile à droite, grand et riche mausolée de *Catherine Cornaro, reine de Chypre*, par l'architecte *Bernardin*

Contina; maître-autel richement et élégamment orné de belles colonnes de vert antique, ouvrage de *Guillaume Bergamasco*. Chapelle à côté de la grande, à gauche de l'observateur : sur le mur à gauche, tableau représentant la Cène de J.-C. à Emmaüs, chef-d'œuvre de *Jean Bellino*. L'orgue : la base de la tribune fut construite en 1530, sur le dessin de *J. Sansovino*; les volets sont peints par *François Vecellio*, frère du *Titien*. 2e autel, ouvrage très-élégant de *Guillaume Bergamasco* ; la statue de St Jérôme, qui tient place de tableau, du ciseau de *Thomas Lombardo*. Après cet autel, grand monument érigé aux doges *Laurent* et *Jérôme Priuli*, présumé ouvrage de *César Franco*. En continuant, après avoir vu l'église *Saint-Sauveur*, le tour de la *Mercerie*, il faut traverser le pont des Baratteri, après lequel on trouvera, au premier passage à gauche, l'église de Saint-Julien. Continuez votre chemin jusqu'à la place de *St-Marc*, au bout de laquelle, traversant le passage à gauche du grand escalier du Palais-Royal, vous arriverez à l'église de St-Moïse ; sortez de cette église par la grande porte, traversez le pont qui est en face, et, après avoir fait quelques pas, vous trouverez à gauche la maison Coletti ; traversez la place de St-Fantin, et vous arriverez au beau théâtre de la *Fenice*.

FENICE. On considère ce *théâtre* comme un des plus beaux de l'Italie par sa grandeur, son élégance, sa richesse et sa solidité ; il peut contenir environ 3,000 spectateurs.

SAINT-FANTIN. Grande chapelle : sur le mur à droite deux monuments de beaux marbres, dont l'un renferme les cendres de *Bernardin Martini*, mort en 1518, l'autre celles de *Vinciguerra Dandolo*, mort en 1517. Au-dessus de la porte de la sacristie, petit tableau de la Vierge Marie avec l'Enfant Jésus, par *J. Bellino*. Sortez par cette porte, et vous verrez vis-à-vis l'*Athénée*, où sont de bons tableaux. En sortant de l'Athénée, suivez la rue à droite, traversez le pont de la *Verona*, entrez dans la première rue à gauche (*Calle della Madonna*), au commencement de laquelle il y a, au n° 3356, le logement de *madame Angeli*, née *Pascoli*. Cette dame, peintre, très-connue par ses travaux, a eu le talent de copier en miniature plusieurs chefs-d'œuvre des plus célèbres auteurs de l'école vénitienne. En quittant la maison de *madame Angeli*, continuez le chemin que vous aviez pris après avoir traversé le pont de la *Verona*; ensuite traversez aussi la place *S.-Angelo*, qui vous conduit au *cloître St-Étienne*, dont la belle architecture, par *Frère Gabriel de Venise*, est digne de remarque, ouvrage de 1532. Du *cloître* on passe dans l'*église* de

SAINT-ÉTIENNE. Grande chapelle : *deux candélabres* de bronze doré; le meilleur (à droite) porte la date de 1577; l'autre est de 1617. Maître-autel, ouvrage magnifique; on le croit de *J. Campagna*. Derrière le maître-autel, *les stalles* du chœur, en bois, sont sculptées d'après le style des *Ganozzi*. Tombeau magnifique de *François Morosini le Péloponésien*, l'an 1694. Au-dessus de la grande porte, monument élevé à *Dominique* et à *Angelo Contarini* (oncle et neveu); le premier, général, mort en 1560; le second, célèbre magistrat, mort l'an 1657 : ouvrage du XVIIe siècle. A côté de la grande porte à gauche en entrant, un mausolée du meilleur goût et de la plus belle exécution, qui renferme les cendres de *Jacques Suriani*, fameux médecin, ouvrage du XVIe siècle. Ensuite un bas-relief en bronze qui représente la Vierge avec l'Enfant Jésus et quelques figures, bel ouvrage d'artiste inconnu. Sortez de cette église, et parcourez dans sa longueur la place de St-Étienne (*campo S. Stefano*), où l'on voit les édifices suivants : les palais Loredan, Pisani, très-beaux. Allez place *St-Étienne*, entrez dans la rue à droite vers le milieu de cette place, à l'angle où est la pharmacie *Galvani*; traversez le pont voisin, qui conduit à la place de *St-Maurice*, où s'élève l'église de St-Maurice, dont les sculptures sont de *Dominique Fadiga*, artiste vivant. En sortant de cette église, entrez dans la rue vis-à-vis la grande porte; c'est la *Calle du Doge*, dans laquelle, à la seconde issue à gauche, on trouve la *cour du Tagliapietra*, où il y a, au n° 2209, la maison Barbini, où se trouve un beau cabinet. Après avoir vu la maison *Barbini*, revenez sur la place de *St-Maurice*, appuyez à droite, traversez deux ponts, après lesquels s'élève l'*église de Ste-Marie-du-Lis*, près celle de Ste-Marie-de-Zobenigo. Sur la gauche de cette église il y a une petite rue au bout de laquelle, en tournant à droite, on trouve, au n° 2090, la *maison Biaggi*. Madame *Biaggi*, née comtesse *Balbi*, très-distinguée par ses qualités, ne l'est pas moins par ses peintures. En revenant sur ses pas, et en quittant l'église de *Ste-Marie-Zobenigo*, il faut continuer le chemin vers la place de *St-Marc*, passer le pont *delle Ostriche*, après lequel on trouvera sur la gauche la cour *Micheli*, où il y a, au n° 2040, la maison *Theotocchi-Albrizzi*, où on admire une tête d'Hélène, de *Canova*. Madame la comtesse *Isabelle Theotocchi-Albrizzi*, qui a reçu de son auteur ce précieux gage d'estime, est connue par ses productions littéraires. De la maison *Theotocchi-Albrizzi*, en s'approchant davantage vers la place de *St-Marc*, on trouve à gauche un débouché dit la *Piscina de St-Moïse*, où demeure le comte *Cicognara*, dans la maison n° 3218. On y voit le buste de la Béatrice de Dante, le buste gigantesque du chevalier Cicognara, tous deux du ciseau de *Canova*, qui en fit présent à M. *Cicognara*, son intime ami, comme monuments de son estime et de son attachement; le buste gigantesque de Canova, travail de son élève *Rinaldi*, copié sur l'original, sculpté par Canova lui-même. De la maison *Cicognara* il faut se transporter dans la *Calle Lunga*, et de celle-ci, appuyant à droite et puis à gauche, on arrivera dans la cour *Barozzi*, où, au n° 1256, s'élève le palais

Emo, où on verra Hector et Ajax, statues colossales en marbre, chefs-d'œuvre de *Canova*. Traversez le pont *Barozzi*, allez tout droit jusqu'à la seconde rue qu'on trouve à gauche, là tournez à gauche, puis à droite, et suivez le chemin jusqu'à la *place St-Marc*.

Maison Comello. Bas-relief en marbre, représentant Socrate qui prend congé de sa famille avant de boire la ciguë; ouvrage de *Canova*.

SEPTIÈME JOURNÉE (à pied ou en gondole).

Ste-Marie-Formose. A droite en entrant, 1er autel. Le tableau en six compartiments; sur celui du milieu, sainte Barbe, et dans les autres différentes figures; chef-d'œuvre de *Palma le vieux*. Sortez de cette église par la porte de l'aile à droite, tournez à gauche, et vous verrez d'abord le *palais Malipiero*, qui s'élève sur le canal en face. Passez le pont près de l'angle de ce palais, entrez dans la *Calle Ruga-Giuffa*, où, après quelques pas, en appuyant à gauche, vous trouverez le

PALAIS GRIMANI. Cour décorée d'une riche collection d'anciennes statues, de petits temples, d'urnes, de bas-reliefs, d'inscriptions et d'autres ouvrages semblables, grecs et romains. On y remarque, à gauche en entrant, une statue colossale de *Marc Agrippa*, tirée du vestibule du Panthéon de Rome; morceau grec précieux, sculpté par *Ero*. Au premier étage, une galerie très-intéressante *d'anciennes sculptures*, *d'inscriptions*, *de bronzes*, *de médailles*, *de vases*, *etc.*, et, en outre, de *peintures* de célèbres artistes. Parmi les tableaux qui décorent les divers appartements de ce palais, on distingue l'Institution du Rosaire, tableau rempli de personnages, entre lesquels on remarque le portrait d'Albert Dürer et celui de son épouse, ouvrage de Dürer lui-même. Cinq morceaux représentant l'histoire de Psyché: le plus grand est un chef-d'œuvre de *François Salviati* de Florence. En revenant sur la place de *Ste-Marie-Formose*, on voit, vis-à-vis le pont de *Ruga-Giuffa*, le palais *Priuli*. Suivez la rue à côté de ce palais, et, après avoir passé deux ponts, vous arriverez sur la place de *Sainte-Marine*. Là, tournez à droite, traversez le pont, ensuite vous trouverez à gauche *la Calle de' Miracoli*, près de laquelle, en appuyant à droite, on trouve la place où s'élève l'église

STE-MARIE-DES-MIRACLES, édifice très-riche et très-élégant, de style grec. Grande chapelle, ouvrage très-célèbre: l'escalier, la balustrade, l'autel et les ornements, le tout en marbre du meilleur goût et de la plus belle exécution. En sortant de cette église, faites-en le tour; passez le pont qui s'offre à vos yeux, tournez à droite, puis allez tout droit jusqu'à ce que vous ayez passé trois ponts successifs, dont le dernier vous conduira sur la *place de*

ST-JEAN ET ST-PAUL. Temple vaste et magnifique; à droite en entrant, monument du doge Pierre Mocenigo, mort l'an 1476, sculpté par *Pierre Lombardo* père et ses fils *Antoine* et *Tullius*. Monument de *Jérôme Canal*, ouvrage du 16ᵉ siècle. 1ᵉʳ autel : le tableau de la Vierge avec l'Enfant Jésus et quelques saints. C'était un des plus beaux ouvrages de *Jean Bellino*, en détrempe ; il a été restauré, mais il a beaucoup perdu. Monument de *Melchior Lancia*, sculpté par *Barthel* l'an 1674. On y remarque l'expression d'une femme éplorée. 2ᵉ autel, riche et élégant : le tableau, en neuf compartiments, représente le Christ mort, l'Annonciation, saint Christophe, etc., ouvrage célèbre de *Barthélemi* ou de *Louis Vivarini*. Troisième autel : chapelle enrichie de marbres, de sculptures en bois et de peintures. Vient ensuite le grand mausolée de *Valier*, monument magnifique et majestueux, mais de mauvais goût. Grande fenêtre en vitres de couleurs, qui forment par leur ingénieuse disposition quelques belles figures ; ouvrage de *Jérôme Mocetto*, dans le 16ᵉ siècle, que l'on croit exécuté d'après le dessin de *B. Vivarini*. 8ᵉ autel : le tableau représente le Sauveur au milieu des Apôtres, bel ouvrage de *Roch Marconi*. Grande chapelle : sur le mur à droite, monument du doge *Michel Morosini*, mort l'an 1382, décoré de nombreuses sculptures et de quelques mosaïques, ouvrage du 14ᵉ siècle. Mausolée magnifique du doge *Léonard Lorédan*, mort l'an 1519 ; architecte *Jérôme Grapiglia*, l'an 1572. En face de ce monument, le grand mausolée du doge *André Vendramin*, mort l'an 1479. C'est le plus beau, le plus riche et le plus élégant monument en ce genre, qui se trouve à Venise. Maître-autel, magnifique ouvrage de *Mathieu Carmero*, l'an 1619. Derrière l'autel, tableau de l'*Annonciation*, peint par *Laurent Corona*, d'après le modèle de *Vittoria*. Les parois autour de cet autel sont ornées de *bas-reliefs en marbre* qui représentent la *vie de Jésus-Christ*, ouvrage de plusieurs artistes, depuis l'an 1600 jusqu'en 1732, savoir : de *Bonazza*, *Tagliapiatra*, *Torretto*, maître de Canova, *Morlaiter*, etc. Belles sculptures en bois ; la délicatesse du travail excite l'admiration (on n'a jamais parlé des sculptures en bois de cette chapelle). A gauche en regardant la porte de la sacristie, on voit le monument du doge *Pascal Malipiero*, mort l'an 1461. Au-dessous, tableau du *Couronnement de la Vierge Marie* ; on l'attribue à *Carpaccio*. Continuation des monuments sur la ligne supérieure : celui du général *Pompée Giustiniani*, mort sur le champ de bataille, l'an 1616. La statue équestre est du ciseau de *François Terilli*, de Feltre. Celui du doge *Thomas Mocenigo*, ouvrage de *Pierre de Nicolas* de *Florence*, et de *Jean de Martin* de *Fiesole*, l'an 1423. Celui du doge *Nicolas Marcello*, mort l'an 1474, ouvrage du meilleur goût et de la plus belle exécution. On le suppose de la fin du 15e siècle; on en ignore l'auteur. Vient ensuite un magnifique autel, c'est le second à gauche en entrant par la grande porte, dont le tableau représente *S. Pierre martyr*, chef-d'œuvre de *Titien* (rapporté de Paris). A gauche en entrant dans l'église, le mausolée du doge *Jean Mocenigo*, mort l'an 1485, ouvrage parfait et majestueux de *Tullius Lombardo*. Au-dessus de la grande porte, monument magnifique élevé aux doges *Alvise Mocenigo* et *Jean Bembo*, dessin de *Crapiglia*. Au-dessous de ce monument, à gauche en entrant, urne élégante de *Barthélemi Bragadino*, mort l'an 1507.

Monument Colleoni, érigé à la mémoire de *Barthélemi Colleoni* de Bergame, célèbre général de la république de Venise; c'est un des premiers qui aient fait usage du canon. On admire beaucoup l'élégance du piédestal (*d'ordre corinthien*), et la richesse de ses ornements, le tout en marbre sculpté avec la plus grande délicatesse. Allez jusqu'à l'extrémité du quai *des Mendicanti*, tournez à gauche, traversez deux ponts, entrez dans la première rue à gauche, appelée *des Buranelli*, suivez ensuite la *Calle Stella*, qui vous conduira à l'entrée du palais *Corniani*; en sortant du palais *Corniani*, il faut revenir sur le quai appelé *Fondamente Nuove*, où, après avoir passé un pont, on trouve sur la gauche l'église

Des Jésuites, temple moderne très-riche, revêtu de beaux marbres et orné de nombreuses sculptures : maître-autel, ouvrage magnifique, revêtu de beaux marbres, riche d'ornements; dessin de *Fra Joseph Pozzo*, sculpture de *Torretto* et de *Fattoretto*; tabernacle enrichi de lapis-lazuli. Chapelle près de la grande à gauche de l'observateur, adossé au mur à gauche, il y a un beau monument élevé au doge *Pascal*

Cicogna, mort l'an 1595, ouvrage de *J. Campagna*. Voyez le Martyre de saint Laurent, grande et sublime toile du *Titien*; une Circoncision et une Assomption du *Tintoret*; la Prédication de saint François-Xavier, par *Liberi*; une Vierge glorieuse, par *Palma le vieux*. En sortant de cette église, tournez à gauche, et suivez le quai qu'on appelle de *Ste-Catherine*, qui vous conduira à l'église dédiée à cette sainte; du quai de cette église, en traversant le canal voisin (*al Traghetto di S. Catherina*), on va débarquer au quai de l'Abbaye (*all' Abbazia*). En sortant de cette église, suivez le quai, passez le pont *des Muti*, parcourez le quai *des Mori*; au bout de celui-ci, tournez à droite, ensuite traversez le pont appelé *della Madonna dell' Orto*, d'où vous descendez sur la place où il y a l'église du même nom.

STE-MARIE-DE-L'ORTO, temple vaste et ancien. Dix colonnes en marbre grec veiné soutiennent la nef du milieu; à droite en entrant, 1er autel, tableau représentant saint Jean-Baptiste et d'autres saints, ouvrage très-remarquable de *Jean-Baptiste Cima* de *Conegliano*; au-dessus de l'autel, tableau de la Présentation de la Vierge Marie au temple, chef-d'œuvre de *J. Tintoretto*; au-dessous de la tribune, petit autel, dont le tableau représente la Vierge Marie avec l'Enfant Jésus, ouvrage précieux de *Jean Bellino*. Grande chapelle : sur les parois des côtés à droite, grand tableau représentant les prodiges qui précéderont le Jugement dernier; à gauche, l'Adoration du Veau d'Or, avec le mont Sinaï, où Moïse reçoit les Tables de la Loi, de *Tintoret*. A gauche, 4e chapelle : le tableau de l'autel représente sainte Agnès, ouvrage très-remarquable de *J. Tintoretto* (rapporté de Paris). Deux riches monuments en marbre couvrent les flancs de cette chapelle; on y voit six bustes d'autant de personnages de la famille *Contarini*. Passez le pont dit *della Madonna dell' Orto*, ensuite celui *des Mori*; suivez le quai à gauche jusqu'au pont de *S.-Marciliano*, traversez ce pont, et vous trouverez d'abord l'église de

SAINT-MARTIAL. En se reportant vers la grande porte, on trouve à gauche en entrant le 1er autel : le tableau représente Tobie guidé par l'Ange, ouvrage du célèbre *Titien*. Repassez le même pont par lequel vous êtes venu, ensuite tournez à droite, suivez le quai, à l'extrémité duquel on voit sur la gauche la confrérie *della Misericordia.*

Passez le pont *della Misericordia*, ensuite tournez à droite, suivez le quai, au bout duquel il y a l'église de *St-Félix.*

HUITIÈME JOURNÉE.

LES ILES (en gondole).

SAINT-MICHEL DE MURANO. Au-dessus de la grande porte, monument du cardinal *Jean Doffino*, mort l'an 1622. Le chevalier *Bernini* a sculpté une partie des ornements. Le chœur, bâti sur un plan élevé, à peu de distance de l'entrée principale, est revêtu de très-beaux marbres sculptés avec autant d'élégance que de délicatesse. Par une issue à gauche en entrant par la grande porte, on passe à la chapelle appelée *Emiliana* : c'est un petit temple très-élégant, richement orné de marqueterie en beaux marbres, et de sculptures très-délicates.

SAINT-PIERRE ET SAINT-PAUL. Après le deuxième autel, tableau de l'Annonciation, bel ouvrage de *Pordenone*. Chapelle près de la grande, à gauche de l'observateur, adossé au mur à droite : tableau de la Vierge sur un trône avec l'Enfant Jésus et quelques saints, ouvrage digne de remarque, des *Vivarini*; en face de ce tableau, grand tableau représentant la Vierge avec deux anges, le doge Augustin Barbarigo à genoux, et d'autres personnages, ouvrage célèbre de *Jean Bellino*, l'an 1488. Après avoir visité cette église, passez le pont de bois, puis tournez à gauche, et, longeant le quai, vous arriverez à l'église

DES ANGES. Sacristie décorée de *tapisserie de haute lisse*, faite d'après des cartons de l'école vénitienne, du XVIe siècle. Revenez sur vos pas jusqu'au pont de bois; de là, au lieu de passer le pont, suivez toujours le long du quai, au bout duquel, appuyant à gauche, vous arriverez à l'église

SAINT-DONAT. La nef du milieu est soutenue par dix belles

colonnes en marbre grec; le pavé est incrusté d'élégantes mosaïques de l'an 1140. La Vierge Marie, ouvrage presque aussi ancien que le temple; quelques restes d'anciennes peintures à fresque représentant les Évangélistes. En descendant de la grande chapelle, on voit à droite un autel magnifique. Il faut se rembarquer, et se diriger vers l'*île de Burano*, où l'on fabrique des dentelles. De *Burano*, après un court trajet, on arrive à l'*île de Torcello*.

Le Dôme de Torcello. Dix-huit colonnes de marbre grec avec des bases et des chapiteaux d'ancien goût soutiennent la nef du milieu : le pavé est tout incrusté en mosaïques; à droite en entrant, le *bénitier* paraît avoir été anciennement un autel des païens; vers le milieu de l'église, une enceinte de marbres très-fins, avec de belles sculptures, forme le *sanctuaire*, où, selon l'ancien rite, il n'était permis qu'aux prêtres de pénétrer. Chœur : derrière le maître-autel, *six hauts degrés* en forme demi-circulaire, au milieu desquels s'élève une *chaire épiscopale*, le tout en marbre : il était consacré à l'usage du clergé, selon le rite du moyen-âge; la voûte au-dessus de ces degrés est ornée de mosaïques; les fenêtres de ce temple ont des volets de marbre sur des gonds en fer, selon l'usage oriental. De cette église, allez au petit temple voisin, dédié à

Saint-Fosca. Il est décoré de colonnes, de bases et de chapiteaux de marbre grec, travaillés avec le meilleur goût. *Uggeri* et *d'Agincourt* font beaucoup d'éloges de ce monument, par lequel, au milieu de la barbarie des temps, on a su nous donner en quelque sorte un modèle du goût *grec-romain*. En quittant l'*île de Torcello*, la gondole vous conduira vers le *port du Lido*, à l'embouchure duquel s'élève le *château de Saint-André*; puis aux *Arméniens*, couvent où l'on trouve une nombreuse *bibliothèque* riche en manuscrits orientaux et en ouvrages intéressants.—Extrait de M. Guadri.

Dépense. On vit à bon compte à Venise : aux premiers hôtels, on a une jolie chambre pour 2 fr. au plus par jour; on dîne à 3 fr. par tête avec bon vin. Aux hôtels du second ordre, un tiers de moins. Un appartement de trois chambres et d'une cuisine sur le Grand Canal coûte 10 zwanzi. (8 fr.

70 c.) par jour ; dans les autres quartiers, le prix est moins cher, 5 zwanzi. (4 fr. 35 c.) Les meilleurs cafés ainsi que les restaurants sont sur la place Saint-Marc et sur le Grand Canal. — *Gondoles*, par jour, avec une seule rame, 5 zwanzi. (4 fr. 35 c.) ; avec deux rames, 8 zwanzi. (8 fr. 70 c.) ; par heure, 1 zwanzi. (87 c.) ; la seconde heure, un demi-zwanzi. (43 c.) — *Poste* : elle est ouverte depuis 10 heures et demie du matin jusqu'à 6 heures du soir.

MOYENS DE LOCOMOTION. *Malles-postes* pour *Milan*, en 36 heures ; prix, 46 fr. — Pour *Ferrare*, mercredi et samedi, à 8 heures du soir, correspondant avec les diligences pour *Florence et Rome* ; prix, pour *Florence*, 20 fr. 25 cent. — Pour *Vienne*, tous les jours à 5 h. du matin, en 72 h.; prix, 95 fr. — Pour *Trieste*, diligences tous les soirs à 8 h., en 24 h.; prix, 30 fr. Il part aussi de l'*hôtel Luna* des voitures pour diverses directions, qui sont moins chères que les malles-postes.

Bateaux à vapeur pour Trieste, les mardi, mercredi, vendredi et samedi ; durée du trajet, de 6 à 8 h. ; prix : première cabine, 7 florins (18 fr. 13 c.); deuxième cabine, 5 florins (10 fr. 36 c.) La nourriture se paye par jour et par personne : première cabine, 6 fr.; deuxième cabine, 4 fr.

Ouvrages en coquillages. C'est à Venise qu'on les travaille avec le plus de succès ; on les trouve à fort bon compte dans les beaux magasins de la place Saint-Marc. — *Marchandises anglaises.* Venise étant un port franc, on fera bien d'y acheter une foule d'objets qu'on y trouve à meilleur marché que dans les autres villes d'Italie, comme foulards, manteaux, etc., à 30 p. 100 de diminution. C'est encore sous les galeries qu'on pourra se procurer les ouvrages français-italiens ; là sont de beaux magasins de librairie.

Passe-port. Bureau proche l'église de *Saint-Laurent* (Lorenzo), ouvert de 9 h. du matin jusqu'à 4 h. après midi. On peut rester à Venise plusieurs jours sans retirer son passeport. Le gouvernement protége l'étranger.

La diligence de Venise pour Milan part tous les jours. — A Brescia, aux Trois-Rois, on paye pour dîner 3 l. aut.; à Vérone, aux Deux-Tours, pour souper et coucher, 5 l. aut.;

à Venise, à la Lune, pour coucher et souper, 4 l. 50 aut.; à Udine, à la Reine-d'Angleterre, pour coucher et souper, 3 l. 50. (*Tarif officiel.*)

ROUTE XLII.

DE **MILAN** A **VENISE**,

Par Crémone et Mantoue, 26 p., 51 l.

De MILAN à Marignano,	2 p. 1/2	Mantoue,	1
Lodi,	1 1/4	Nogara,	1 3/4
Casal-Pusterlengo,	1 1/2	Legnago,	1 1/2
Pizzighettone,	1	Montagnana,	1 1/4
Crémone,	2	Ospedaletto d'Este,	1 1/4
Cicognolo,	1	Monselice,	1
Piadena,	1 1/4	Padoue,	1 1/2
Bozzolo,	3/4	Dolo,	1 1/2
Castellaccio,	1 1/2	Fusine (par eau),	1 1/2
		Venise,	1

COMMUNICATIONS.

De Lodi à Plaisance,	4 p. 1/2	Mantoue à Vérone,	3
Pizzighettone à Plaisance,	4	Mantoue à Guastalla,	3
Crémone à Plaisance,	3	Legnano à Vérone,	3 1/2
Bozzolo à Casalmaggiore,	1 1/2	Monselice à Rovigo,	1 1/2
		Padoue à Vicence,	2 1/4

MARIGNANO (*Marinianum*), sur le Lambro, est célèbre par la victoire que François Ier y remporta sur les Suisses en 1515. Dans un pays aussi bien cultivé, on cherche en vain les traces des retranchements pour fixer le lieu où s'engagea cette action mémorable.

2 milles au delà de Marignano, 3 kil. 1/2, l'on voit un aqueduc magnifique, construit aux frais de quelques citoyens milanais. Cet aqueduc parcourt environ 35 milles,

63 kil., et traverse le fleuve Lambro septentrional entre *Cerro* et *Ceregallo*, et le Lambro méridional entre *Marzano* et *Torre d'Arese*, et s'étend de la province de Lodi vers celle de Pavie.

Il y a deux Lodi : l'un à droite, sur le Sillaro, appelé le *vieux Lodi*, gros village, où l'on voit les ruines de quelques vieux édifices. En s'avançant de là vers le nouveau Lodi, on trouve des tombeaux antiques.

De l'autre côté, sur une hauteur près de l'Adda, est située la ville moderne de

Lodi (*Laus Pompeia*), (*hôtels :* le Soleil, l'Europe), petite ville, mais bien bâtie, entourée de murailles et renfermant 16,000 habitants. On y voit de beaux et vastes palais, entre autres celui des *Merlini*, celui de *Barni*, qui n'est pas encore achevé, et celui de l'évêque, qui est de même imparfait. Lodi a une jolie place ornée de portiques. Le grand hôpital est aussi digne de remarque ; on y voit, dans une petite cour attenant à l'établissement pharmaceutique, quelques inscriptions anciennes. Hors de la porte de l'Adda, il y a une fabrique considérable de faïence, à l'instar de celle de *Faenza*. Dans le dôme, on vénère le corps de saint Bassan. L'église la plus remarquable est celle de l'*Incoronata*, octogone, architecture de Bramante, et peinte, partie à fresque et partie à l'huile, par Callixte Piazza, élève du Titien. Le voyageur visitera aussi le *beau pont* sur l'Adda, fameux par la bataille de ce nom qu'y livra Napoléon aux Autrichiens en 1796. La célèbre *Marianna Starke* est morte à Lodi, mais a été enterrée à Milan. Lodi a vu naître dans ses murs *Maphée Vegio* et le poëte *Lemène*.

En quittant Lodi, nous passons par *Crema*, petite ville de 9,000 hab., sur le *Serio* ; puis à

Casal-Pusterlengo, ville de 4,000 hab. La route se bifurque ; une branche conduit à Plaisance, et l'autre à Vérone. Bientôt nous arrivons à

Codogno, petite ville de 8,000 hab., riche et commerçante, possédant plusieurs belles églises et un joli *théâtre*. La route traverse encore le joli village de *Maleo* et celui de *Gera*, pour arriver à

Pissighettone, place forte entre *Lodi* et *Crémone*, située au confluent de l'Adda et du *Serio*, est célèbre par ses fortifications et par les siéges qu'elle a soutenus. François Ier a été gardé quelque temps dans cette ville après la bataille de Pavie, jusqu'à ce que Charles V le fit emmener en Espagne.

CRÉMONE (*hôtels :* Royal, du Chapeau), ville ancienne, entourée de murailles et de fossés avec des boulevards, est située dans une plaine arrosée par le Pô. Elle offre un coup d'œil agréable; ses rues sont droites et larges, et ses maisons sont en apparence assez belles. Il y a de beaux palais. Un canal, qui communique avec l'Oglio, traverse la ville et remplit d'eau les fossés. Crémone a près de 5 milles de circuit, et renferme environ 26,000 habitants. On y voit quelques palais très-vastes, dans le genre gothique. La *grande Tour* est une des plus hautes de l'Italie, et sert d'ornement à la place qu'on nomme du Chapitre; pour arriver jusqu'aux cloches, il faut monter 498 marches. Les églises les plus remarquables sont : la *Cathédrale*, belle et vaste, où l'on admire un Crucifiement peint par *Pordenone*, plusieurs belles toiles de *Boccacino*, de *Bernard Gatti*, des *frères Campi*, et de belles fresques de *Diotti*, etc. ; *Saint-Pierre, Saint-Dominique*, l'église jadis des *Augustins*, et *Saint-Sigismond*, hors de la ville, où l'on voit des fresques superbes de quelques grands maîtres. En 1702, le prince Eugène surprit dans cette ville et y fit prisonnier le maréchal de Villeroy. Les violons et autres instruments de musique de ce pays sont estimés, et on en fait un assez grand commerce. On y fait aussi un débit considérable de lin très-estimé, de toiles et d'autres étoffes. Il faut voir aussi le *Palais Municipal*, les *Casernes*, la *Bibliothèque*, le *Gymnase* (1).

De *Crémone* on va à *Bozzolo* par un chemin de poste, en passant par *Cicognolo* et *Saint-Laurent*; à *Bozzolo* on laisse à droite *Canneto*, qui est un fort sur l'Oglio, dans le Mantouan.

BOZZOLO (*Bozzulum*), ville de 4,500 habitants, bien

---

(1) Il serait trop long d'indiquer les belles peintures que renferme Crémone. L'amateur consultera le *Nuova Guida di Cremona*, de M. Giuseppe Picenardi.

située. Non loin de cette petite localité on traverse l'*Oglio*, et une belle route conduit à

MANTOUE. (*Hôtels* : le Phénix, le Lion-d'Or, l'Aigle-d'Or, la Croix-Verte.) Ses rues sont larges et alignées, ses places grandes et régulières, ses fortifications et la citadelle en bon état. Elle a été beaucoup plus considérable qu'elle ne l'est aujourd'hui; vers la fin du XVIIe sièle, on y comptait 50 mille habitants; aujourd'hui sa population ne dépasse pas 26,000 habitants. Cette ville est séparée de la terre par 400 mètres de lac du côté de Crémone, et par 160 du côté de Vérone; elle est tellement engagée dans les marais, qu'on ne peut l'aborder que par des chaussées.

Édifices. Parmi les édifices publics dont Mantoue est ornée, le plus remarquable est la *Cathédrale,* construite sur les dessins de Jules Romain. L'architecture de cette église participe et de l'antique et du moderne. L'intérieur présente sept nefs en colonnades d'ordre corinthien, cannelées, supportant un second ordre de pilastres composites, dont les entre-deux forment les fenêtres et les niches. Cet édifice aurait quelque chose d'imposant, si on ne l'avait défiguré par le travail qu'on y a fait pour le restaurer, et par les ornements dont on l'a surchargé. Ce temple renferme les restes de *St Anselme*, patron de Mantoue. On voit à *Saint-André* des peintures à fresque de Jules Romain, ainsi que les tombeaux du *Mantouan*, poëte et général de l'ordre des Carmes, et d'*André Montegna*, maître du Corrége. On a gâté cette église en lui donnant un air moderne. Les autres églises de Mantoue possèdent des morceaux précieux; on ne doit pas oublier celle de *Saint-Égide*, où reposent les os du Tasse, le père du grand poëte. Dans l'*église S.-Barbara* on admire le Miracle des cinq pains et des poissons, par *Costa*, et les Noces de Cana, par *Alberti*.

PALAIS.—Le *Palais Ducal* fut mis au pillage lors de la prise de Mantoue, en 1630; il y avait des curiosités d'un prix infini, mais tout fut dévasté.

Le *palais du Té*, ainsi nommé parce qu'il a la forme de la lettre T, est le plus bel édifice de Mantoue. Il est situé dans une île, et environné de jolies promenades. L'architecture, les peintures à fresque et les ornements sont de Jules Romain, qui, pendant le séjour qu'il fit à Mantoue, enrichit ce palais des chefs-d'œuvre de son pinceau. On y admire la Victoire de Jupiter sur les Géants, la Chute de Phaéton, les Noces de Psyché, Acis fuyant avec Galatée à l'aspect de Polyphême. Jules Romain, auteur de ces divers ouvrages, mourut à Mantoue en 1546, et fut enterré dans l'église de Saint-Barnaba. Près de cette église on voit la petite maison qu'il occupait; elle est décorée d'une architecture rustique de très-bon goût. Il y a sur la porte une statue de Mercure, que le peuple appelle un *saint Jean-Baptiste*.

A Mantoue on trouve peu de monuments qui rappellent au voyageur la mémoire du plus grand poëte du Latium; cependant les Mantouans modernes lui ont consacré une statue qu'on voit dans une salle du *palais de justice*, et un buste qu'ils ont placé sur l'une des huit portes de la ville.

Mantoue a produit plusieurs hommes célèbres, parmi lesquels on distingue surtout Virgile. A deux milles est une maison de campagne nommée *Virgiliana*; on prétend que Virgile y allait cultiver les muses dans une grotte qui n'existe plus.

En sortant de Mantoue, on passe par *Saint-Georges*, un des faubourgs fortifiés de cette ville. La route est souvent coupée par des rivières et des canaux.

Entre *Sanguineto* et *Bevilacqua* on voit *Legnano*, bonne forteresse sur l'Adige. A *Bourg-Saint-Marc* on trouve la route de poste qui conduit à *Brescia*.

Este, château assez considérable, a donné naissance à la branche des ducs de Modène et de Ferrare, qui en portent le nom. La cathédrale, de forme ronde, est d'une belle architecture.

D'Este à *Padoue* la route côtoie un canal navigable, de l'autre côté duquel est une autre route également belle, qui conduit aussi à Padoue, en passant un autre canal sous le village de *Cattuglia*; près de ce village et tout le long du canal on trouve des sources d'eaux thermales. Sur ces deux routes, et surtout sur les bords de la Brenta, on voit un grand nombre de superbes maisons de plaisance qui appartiennent pour la plupart à des familles vénitiennes : la fertilité de ce pays présente un spectacle agréable. On trouve digne de remarque la Catajo, autrefois du marquis Obizzo, à présent du duc de Modène.

Padoue. *Voyez de Milan à Venise*, route 41.

De Padoue à Venise on peut partir tous les jours à huit heures du soir dans une barque dite *Corriera*, et de Venise revenir à Padoue avec le même moyen de transport; 2 fr. 50 c.

Venise. *Voyez* route 41, p. 375.

ROUTE XLIII.

De MILAN à BERNE, par DOMO-d'OSSOLA.

En milles allemands, 44 $^3/_4$.

De *Milan* à *Tourtemagne*, voyez route 5, page 151.

Leuch,	1	$^1/_2$	Thun,	2
Schwarenbach,	2		Munsingen,	2
Kandersteg,	2		Berne,	2
Mullinen,	2	$^1/_2$		

Depuis *Tourtemagne* jusqu'à *Berne*, voyez *Guide du voyageur en Suisse*, chez L. Maison, 3, rue Christine, Paris.

ROUTE XLIV.

DE MILAN A VIENNE (AUTRICHE), PAR LE STELVIO ET INNSPRUCK.

Postes italiennes, 29 $^1/_2$. — Milles allemands, 66 $^3/_4$.

De MILAN à Monza,	1 p. $^1/_4$	Varina,	1 $^1/_2$
Carsaniga,	1	Colico,	1 $^1/_4$
Lecco,	1 $^1/_2$		

Pour la description de ces localités, voyez route 34 de *Milan à Coire*.

Morbegno,	1	Nauders,	1 $^3/_4$
Sondrio,	1 $^3/_4$	Pfunds,	1
Tirano,	1 $^3/_4$	Ried,	1
Bolladore,	1 $^1/_4$	Landeck,	1
Bormio,	1 $^1/_4$	Imst,	1 $^1/_2$
S.-Maria,	1 $^1/_4$	Nassereut,	1
Frauzenshôhe,	1	N. Memningen,	1
Trafoi,	$^3/_4$	Telfs,	$^3/_4$
Pradt,	1	Zierl,	1
Mals,	1	Innspruck,	1

Pour la description de la route de *Morbegno* à *Innspruck*, voyez route d'*Innspruck à Milan*, et lisez en sens inverse.— INNSPRUCK, voyez *Guide du voyageur dans le Tyrol*, chez L. Maison 3, rue Christine, Paris.

Milles allemands.

Wolders,	2	Lambach,	3
Schwatz,	2	Wels,	2
Rattenberg,	2 $^1/_2$	Neubeu,	2
Worgl,	2	Klein-München,	2 $^1/_2$
Sœl,	2	Enns,	2
Elman,	2	Strengberg,	2 $^1/_2$
S.-Johann,	2	Amstætten,	3
Wiedring,	2	Kemelbach,	2 $^1/_2$
Unken,	2 $^1/_2$	Mœlk,	3
Reichenhall,	2 $^1/_2$	S. Pœlten,	3
Salzburg,	2	Perschling,	2
Neúmarkt,	3	Sieghartsskirchen,	2 $^1/_2$
Frankenmarkt,	3	Burkersdorf,	2
Vocklabrück,	3	Vienne,	2

Pour la description locale de cette section de la route sur le sol allemand jusqu'à VIENNE, voyez *Guide classique et pittoresque du voyageur en Allemagne*, chez L. Maison, rue Christine, Paris.

ROUTE XLV.

DE MILAN A VIENNE,

Par Brescia et Innspruck, 129 l., 64 p. $^1/_2$.

De Milan à Castelnuovo		Bolzano,	1
(*voyez* route 41),	12 p. $^1/_4$	Deutschen,	2
Volargine,	1 $^1/_2$	Kolmann,	2
Perri,	1 $^1/_2$	Brixen,	3
Ala,	1 $^1/_4$	Mittwald,	2
Roveredo,	1	Sterzingen,	2
Trente,	1 $^3/_4$	Brenner,	2
Lavis,	1	Steinach,	2
Salurn,	1	Schœnberg,	2
Neumarkt,	1	D'Innspruck à Vienne	
Brandsol,	1	(*v.* route ci-dessus),	2

Entre *Ala* ou *Halla* et *Perri* on trouve *Borghietto*, dernier village du territoire de Trente. C'était anciennement la limite entre le Tyrol et le Véronais.

Ossenigo est le premier village du Véronais où l'on arrive par un chemin peu agréable au milieu des rochers. Entre Ossenigo et le fort Guardara, qu'on laisse de côté, on voit la forêt de Vergara, qui était autrefois dangereuse. Au-delà de l'Adige, sur la droite, on voit le Monte-Baldo.

Entre *Berri* et *Volarni* on passe à côté du fort de la Chiusa, près d'un précipice dans le fond duquel coule l'Adige. On laisse Rivoli sur la droite de l'autre côté du fleuve.

A *Volarni* ou Valargine on descend dans une plaine bien cultivée, couverte de blés, de vignes et de mûriers, et qui s'étend jusqu'à *Vérone*.

Avant d'arriver à *Roveredo,* on passe par *Ala,* petite ville située sur la rive gauche de l'Adige. Pop. 3,800 hab.

Roveredo (*hôtel :* la Rose), Roboretum, petite ville qui a une population de 7,000 habitants et qui est très-commerçante. Les maisons y sont bâties en pierres. Il y règne beaucoup de luxe dans les meubles, les habillements et les équipages. C'est dans cette ville qu'en 1750, et par les soins de M*me Blanche-Laure Saibanti,* fut établie la célèbre académie des *Agiati, qui n'aiment point la gêne.* Les ateliers de teinture de cette ville sont fort estimés, de même que les filatures de soie, qui sont mises en mouvement par le moyen de l'eau. Fabriques de tabac, tanneries estimées, vins très-renommés. Cette petite ville possède deux églises, trois couvents, une bibliothèque et un gymnase. — De *Roveredo* une route conduit à *Riva,* sur le *lac de Garda ;* cette route est fort pittoresque.

Trente (*hôtels :* l'Aigle-d'Or, la Couronne, la Rose, de l'Europe) est située dans une vallée délicieuse au pied des Alpes, entre l'Italie et l'Allemagne, mais faisant partie du Tyrol italien. Elle est baignée au nord par l'Adige. Dans un mille de circuit elle renferme de beaux édifices et des églises qui méritent d'être vus. La *Cathédrale,* d'architecture gothique, est un temple magnifique composé de trois nefs, et qui possède des orgues très-renommées. Elle est célèbre par le concile de Trente, qui y acheva ses séances, s'étant précédemment réuni à *Sainte-Marie-Majeure.* Dans l'église des anciens Ermites on voit le tombeau du cardinal *Scripando,* célèbre par sa doctrine. Les palais les plus remarquables sont celui que *Bernard Closio,* évêque de cette ville, a fait réparer, et celui des *Madrucci,* qui renferme de bonnes peintures et des inscriptions anciennes. Les rues de cette ville sont larges et bien pavées. Les eaux de la rivière, détournées dans différents canaux, parviennent presque à toutes les maisons de la ville. Hors de la *porte Saint-Laurent,* est un pont magnifique sur l'Adige. Les Alpes des environs de Trente, couvertes de neige presque toute l'année, sont si hautes et si escarpées, qu'elles semblent inaccessibles et paraissent toucher aux cieux. Les campagnes adjacentes sont fertiles en grains, et les collines produisent un vin fort estimé. L'air y est très-bon; mais dans l'été, et surtout dans les jours caniculaires, on y éprouve une chaleur excessive, et dans l'hiver un froid très-rigoureux. Les habitants sont robustes, industrieux et endurcis au travail. La ville ne renferme pas plus de 10,500 h.

Course a faire dans la vallée de *Naunie* ou *Anaunie*, de *Non* et du *Soleil* : une série de châteaux du moyen-âge s'élèvent çà et là; une centaine de beaux villages ayant leurs dialectes particuliers sont répandus dans de belles plaines ; vingt torrents roulent leurs ondes turbulentes au milieu de cette nature pittoresque.

Après Trente, on arrive à *Lavis* (*Avisium*), puis à *Falerno*, 1,100 h.; à *Neumarkt* (*Endideium* en latin, *Egna* en ital.), petite ville; à *Bronzolo*, enfin à

Bolzano (ou Botzen), sur les bords de l'*Eysach*, qui est une jolie ville, très-commerçante à cause des quatre foires qu'on y tient tous les ans. Les vins qu'on récolte dans les environs sont assez estimés, mais ils ont un goût douceâtre qui, en général, déplaît aux étrangers. En entrant dans la vallée de *Bolzano*, on est tout étonné de la douce température qui y règne. Les arbres fruitiers ou de pur agrément y croissent de toutes parts : c'est un véritable printemps au milieu de l'hiver.

De *Bolzano* à *Innspruck*, voyez *Guide du voyageur dans le Tyrol*, chez L. Maison, rue Christine, 3, Paris.

ROUTE XLVI.

D'INNSPRUCK a MILAN,

Par le Col du Stelvio, 29 p. ½, 59 l.

D'Innspruck à *Mals*, voyez *Guide du voyageur dans le Tyrol*, chez L. Maison, Paris.

Mals, peu éloigné de la petite ville de *Glurenz*, dans le *Tyrol*, est peuplé d'environ 3,000 habitants, et agréablement situé sur les bords de l'*Adige*. C'est au village de *Mals* que se réunissent deux grands chemins, dont l'un va sur les bords de l'*Inn* aboutir en ligne droite à la route postale de *Coire* à *Innspruck*; et l'autre, auquel se rattache la nouvelle route, va se joindre à *Bolzano* au grand chemin de *Vérone* à *Innspruck* par *Trente*. On peut donc considérer la route du *Stelvio* comme un large chemin de traverse, qui abrége considérablement le voyage de Milan à toutes les principales villes de l'Allemagne.

C'est au pont de *Spandindig*, sur le chemin de *Mals* à *Bolzano*, ainsi que nous venons de le dire, quelques milles avant d'arriver à *Eirs*, que l'on entre sur la nouvelle route. Après avoir traversé l'*Adige* sur un superbe pont, la route se prolonge en ligne droite, au milieu d'une belle plaine arrosée par le torrent *Sulden*, jusqu'au village de *Pradt*. A *Gomogai* commence la vallée de *Drafoi* (Trafut). C'est à *Gomogai* qu'on trouve la douane.

Plus on avance, plus la vallée se resserre ; la route s'élève insensiblement, en longeant les bords du fougueux *Dafoi*. On traverse ce torrent quatre fois sur des ponts aussi hardis qu'élégants ; et bientôt, à un détour que fait la route pour gagner la hauteur, on aperçoit le joli village de *Drafoi*, placé sur la pente méridionale de la montagne, et à l'embouchure de la vallée de *Stelvio*, qui présente à cet endroit une petite plaine doucement inclinée et tapissée de gazon. Toute cette partie de la route est assez monotone. Mais cette scène romantique ne va pas tarder à changer, pour faire place à un spectacle tumultueux et terrible. Plus on avance dans la vallée, plus la végétation diminue. Passé la première *cantonnière*, maison destinée à abriter les passagers en cas de tourmente, et il y en a cinq pareilles distribuées le long de la route, on ne voit bientôt plus aucune trace de verdure. A droite, des montagnes arides minées par le temps ; à gauche, d'immenses glaciers qui descendent de l'*Ortler-Spitz*, et un torrent qui mugit avec fracas dans le fond de l'abîme : tels sont les objets qui se présentent aux regards du voyageur.

La route continue de monter tantôt en zigzag, tantôt en ligne droite, sur les bords du précipice. On traverse plusieurs torrents sur des ponts élégamment construits, et l'on ne tarde pas à atteindre la haute cime du *Stelvio*, où on laisse le territoire *tyrolien* pour entrer sur celui de la *Lombardie*.

Le col de la montagne touche pour ainsi dire à des glaciers dont les cimes, couvertes de neiges éternelles, semblent se confondre avec la voûte des cieux : elles sont cependant elles-mêmes dominées par l'*Ortler-Spitz*, qui, après le mont Blanc et le mont Rose, est la montagne la plus haute de l'Europe.

La cime du *Stelvio* est le point culminant de la route, et en même temps le passage des Alpes le plus élevé qu'on connaisse : en effet, il a 2,800 mètres d'élévation au-dessus du niveau de la mer, tandis que celui du Grand-Saint-Bernard n'en a que 2,428. La route jusqu'à ce point a parcouru une longueur de 27,717 mètres ; elle s'est élevée de 1,875 mètres au-dessus de son point de départ, et n'a présenté par conséquent, dans sa totalité, qu'une inclinaison de 6 à 7 mètres sur 100 ; sa largeur a constamment été de 7 mètres ; et partout où elle ne s'appuyait pas à la montagne, le voyageur, que le bruit des torrents et la profondeur des précipices pouvaient intimider, a été rassuré par de solides parapets en pierre et en bois. Les travaux, depuis la cime du *Stelvio* jusqu'au pont de *Spandindig*, commencés en mai 1823, ont été achevés en septembre 1825, et ont coûté 909,609 francs. Cette partie de la route cependant, quoique au moins aussi belle que tout ce qui a été fait dans le même genre en ces derniers temps, est peu de chose en comparaison de la partie qui nous reste encore à parcourir, et où la nature offrait de bien plus grands obstacles et beaucoup plus de dangers.

On descend par de longs circuits sur le flanc opposé du *Stelvio*, en traversant plusieurs torrents, et l'on ne tarde pas à arriver au mont de *Santa-Maria* : là on domine à droite la vallée de *Monastère*, qui se prolonge dans le territoire des Grisons, et l'on voit plus haut, du même côté, la montagne de *Braulio*, du sommet de laquelle se précipitent de larges cascades à plusieurs étages, dont l'écume blanchâtre fait un contraste pittoresque avec la teinte rembrunie des rochers.

C'est à l'endroit où nous sommes que le voyageur doit s'arrêter, pour contempler sur le territoire italien l'immensité et l'importance des travaux qu'exigea la route, dont il voit une grande partie se déployer à ses yeux au milieu des sinuosités d'un précipice effrayant.

Tout près de *Santa-Maria* on trouve une autre *cantonnière* et la poste. La route, construite sur la rive droite du torrent, mais à une hauteur considérable, ne tarde pas à arriver à la troisième *cantonnière* : là elle s'élance au-dessus d'un ravin par le moyen d'un pont, et, forcée ensuite de s'abaisser considérablement dans un petit espace, elle se replie plusieurs fois sur elle-même. C'est un tableau vraiment magnifique que ce large chemin en zigzag, qui offre, au milieu des scènes les plus imposantes et les plus agrestes, un des plus beaux et des plus utiles ouvrages de l'homme.

Passé une autre *cantonnière*, le vallon se rétrécit, et l'on ne tarde pas à arriver aux galeries du *Rio de Peder* : on traverse d'abord une galerie en pierre, ou *paravalange*, de 84 mètres de longueur, et, quelques pas plus loin, on entre sous la galerie ouverte dans le roc, l'aspect de cette galerie ressemble à celui d'une obscure caverne. On sort de cet antre froid et humide, pour traverser un autre *paravalange* de 66 mètres de long. Plus loin, au *Ponte di Mezzo*, on passe sous une autre galerie en pierre de 198 mètres de longueur; et bientôt après, avant d'entrer dans la *Vallée des neiges*, on en rencontre une autre de 135 mètres.

La *Vallée des neiges* est un étroit ravin où l'on n'a devant soi que l'image de l'hiver le plus rigoureux, même dans la saison où les plaines sont couvertes de tous les trésors de Flore et de Pomone. On y trouve une autre *galerie* et deux *paravalanges*, dont la continuation forme une ligne de 200 mètres. Le premier *paravalange* a 68 mètres de long, le second 67, et la galerie, qui est entre les deux, 73 : cette galerie, la plus longue qu'il y ait sur la route, n'est que faiblement éclairée ; le bruit du torrent qu'on entend mugir à une profondeur considérable, le retentissement de la voûte de cette sombre caverne, agissent vivement sur l'âme du passager.

On avance ensuite dans la vallée du *Diroccamento*, des

ruines, où l'on rencontre une autre ligne de *paravalanges* qui se prolonge de 137 mètres; le premier *paravalange* a 81 mètres de long; il est suivi par une voûte en pierre, longue de 27 mètres, appuyée au rocher; et le second *paravalange* a 29 mètres.

Passé cet endroit, les montagnes se resserrent encore davantage, et leurs cimes rapprochées laissent à peine entrevoir la voûte des cieux. La route est d'un côté bordée par des rochers escarpés et menaçants qui surplombent au-dessus d'elle; de l'autre, elle est, pour ainsi dire, suspendue sur un abîme effrayant : l'œil n'en peut mesurer la hauteur; l'oreille seule entend mugir dans le fond de ce gouffre les flots du torrent, et ceux d'une cascade qui s'élance en bouillonnant hors d'un large trou, percé par les mains de la nature dans le haut d'une montagne, à plus de 20 mètres d'élévation. Ces eaux réunies forment l'*Adda*, qui, d'abord, torrent impétueux et grossi par plusieurs ruisseaux, franchit en mugissant les rochers de la gorge de *Serra*, et pénètre dans la *Valteline*. L'endroit où nous nous trouvons est le plus exposé aux dangers des avalanges.

Encore quelques centaines de pas, et le paysage va perdre un peu de l'aspect terrible qu'il a conservé jusqu'à présent. Enfin on arrive à la dernière galerie, longue de 40 mètres, passé laquelle on traverse un magnifique pont, dont l'arche en mélèze, de 26 mètres et demi d'ouverture, repose sur des culées de 13 mètres de hauteur.

On est sorti du règne de la mort, pour rentrer comme par enchantement au milieu d'une nature riante et animée. La route, tracée le long des montagnes, et assez éloignée de la rive gauche de l'*Adda*, traverse la plaine dont nous venons de parler, et ne tarde pas à aboutir à

BORMIO, gros et ancien bourg, au bord du torrent *Fradolfo*; il est situé sur le penchant d'une montagne dont la nudité annonce le voisinage des glaciers. Popul. 1,200 habitants.

Les environs de *Bormio* sont très-pittoresques et très-intéressants pour le naturaliste. Près de la grande route, un peu au-dessus de la dernière galerie que nous avons décrite, on remarque les eaux thermales de *Saint-Martin* : ces bains sont très-fréquentés déjà par les habitants de la Valteline et du Tyrol. On voit dans l'église de *Saint-Antoine* quelques bons tableaux d'*Antoine Cenelino*, natif du pays.

Au delà de *Bormio*, la route continue d'abord au milieu de la plaine, en passant par les villages de *Tola* et de *Morignone*. Elle se rapproche ensuite de l'*Adda*, et traverse ce fleuve sur un pont à un endroit appelé la *Serra* : deux blocs de pierre d'une hauteur considérable servent de support au pont, nommé communément le pont du *Diable*. Des deux côtés du chemin, les montagnes s'élèvent en forme de pyramides.

En sortant de cette gorge étroite on aboutit à *Balladora*, où la vallée présente une espèce d'amphithéâtre. Le bassin qu'on a sous les yeux est entouré de hautes montagnes couvertes de sapins et de mélèzes, et animé par le petit village de *Sondalo*, au-dessus duquel l'église paroissiale, environnée de portiques, fait un effet charmant.

Passé *Balladora*, le vallon se rétrécit derechef, et l'*Adda*, tantôt à gauche, tantôt à droite de la route, roule en mugissant ses flots blanchis d'écume, entre les rochers qui semblent vouloir s'opposer à sa marche. Mais cette scène alpestre ne dure pas longtemps : à peine a-t-on laissé *Tiolo*, que la route, en tournant rapidement, transporte le voyageur au milieu d'une campagne fertile et bien cultivée. Une descente douce et facile conduit de *Tiolo* à *Grosio*, et l'on jouit à cet endroit d'une perspective charmante : les deux belles églises de *Grosio* et de *Grossotto*, précisément en face l'une de l'autre, et rapprochées pour ainsi dire par la route qui se prolonge de l'une à l'autre en ligne droite, le petit bois de châtaigniers qui s'étend auprès de *Grossotto*, le pont qui à mi-chemin traverse le torrent *Novasco*, les *Alpes* qui bornent l'horizon à droite et à gauche, tous ces objets se groupent de la manière la plus pittoresque, et offrent un paysage enchanteur. La population de *Grossotto* et des environs est belle et robuste ; les femmes surtout se font remarquer par leur propreté, par la fraîcheur de leur teint.

La vallée que la route parcourt jusqu'à *Tirano* est appelée *Valchiosa*.

A peu de distance de *Tirano*, on rencontre une belle église en marbre blanc, consacrée à la *Vierge*. Non loin de là, on traverse sur un pont de bois le rapide torrent de *Poschiavino*, qui descend d'un lac voisin, et, continuant à suivre les sinuosités de l'*Adda*, on arrive à *Sondrio*.

A peu près à moitié chemin, sur la droite, au milieu des vignobles qui couvrent la base des montagnes, le voyageur aperçoit le petit village de *Ponte*. L'église paroissiale de cet endroit possède une précieuse peinture de *Luini*. représentant la Vierge assise, avec l'enfant Jésus sur ses genoux, qui bénit la palme du martyre offerte à saint Maurice.

Sondrio (*Hôtel* de la Poste), petite ville d'environ 5,000 hab., chef-lieu de la *Valteline*, est délicieusement située sous un beau ciel, dans une contrée couverte de champs fertiles et de superbes prairies, au confluent de l'*Adda* et de l'impétueux *Mallero*, qui descend de la vallée de *Malenca*. La *Cathédrale* est ornée de beaux tableaux de *Pietro Legario*, natif de ce lieu. Au-dessus de la ville, on voit les ruines d'un château jadis considérable. On trouve à *Sondrio* un *Collége impérial*, des écoles gymnastiques et élémentaires pour les deux sexes : on y remarque aussi un joli *Théâtre* construit sur les dessins du chevalier *Canonica*, et un *Hôpital* élevé par la piété des habitants.

La route, en laissant *Sondrio*, traverse en droite ligne un assez long espace de terrain, et franchit sur des ponts de bois l'*Adda*, qui la coupe à trois endroits différents avant qu'elle arrive à *Morbegno*. Le long du chemin, le voyageur a constamment devant lui un paysage charmant, animé par des villages populeux, et qui lui paraît comme découpé sur le fond des montagnes qui bornent l'horizon.

Morbegno est un bourg assez considérable, situé près de l'*Adda*, sur le torrent *Bitto*, au pied du mont *Legnone*. Les amateurs y verront une belle peinture à fresque de *Gaudence Ferrari*, dans la lunette au-dessus de la porte de l'église du couvent des Dominicains actuellement supprimé ; mais on regrette que ce tableau ait souffert des injures du temps. Ceux qui achètent volontiers le plaisir de jouir d'une belle vue par le sacrifice d'un peu de fatigue, pourront se satisfaire en montant sur la cime du *Legnone*, qui a environ 2,599 mètres de hauteur perpendiculaire.

Passé *Morbegno*, la route se partage en deux bras : l'un, pliant à droite et traversant l'*Adda*, conduit à *Chiavenna* par *Verceja* et *Riva*; l'autre continue sur la rive gauche du fleuve. L'un et l'autre de ces deux bras sont, dans leur plus grande partie, tracés au milieu de campagnes fertiles.

En suivant la route qui se prolonge sur la gauche de l'*Adda*, on passe auprès du fort de *Fuentes*. On peut aller commodément en voiture de *Colico* à *Lecco* par la grande route construite sur les bords du lac, et qui se réunit à celle de *Lecco* à *Milan*.

ROUTE XLVII.

DE MILAN A VIENNE,

Par la Ponteba, 33 p. ½, 47 l. et 57 milles allem.

De Cassina de' Pecchi,	1 p. ½	Collalto,	1 ¼
Canonica,	1	Ospedaletto,	1 ¼
Bergame,	1 ¼	Resciutta,	1 ½
(*voy.* route 41.)		Ponteba (milles allemands),	2
Cavernago,	1		
Palazzuolo,	1	Tarvis,	2 m. ¼
Ospedaletto,	1 ½	Arnoldstein,	2 ¼
Brescia, (*voyez* route 41),	1	Villach,	2 ¼
		Velden,	2 ½
De Brescia à Vicence		Klagenfurth,	3
(*voy.* route 41),	9	S.-Veit,	2 ½
Citadella,	1 ¾	Friesach,	4
Castelfranco,	¾	Neümark,	2
Trévise,	1 ¾	Unsmark,	3
Spresiano,	1	Judenburg,	3
Conegliano,	1	Knittenfeld,	2
Salice,	1 ½	Kraubach,	2
Pordenone,	1	Leoben,	2 ½
Codroipo,	1 ¾	Bruck,	2
Udine,	1 ¾	Mürshoffen,	2

ROUTE 49. — DE MILAN A MUNICH.

Krieglach,	2	Neustad,	2
Mürzzuschlag,	2	Günzelsdorf,	2
Schottwien,	3	Neudorf,	2 1/4
Neukirchen,	3	Vienne,	2

COMMUNICATIONS.

De Bergame à Lecco,	3 p.	De Castelfranco à Bas-	
Brescia à Mantoue,	5	sano,	1 1/2
Vérone à Mantoue,	3	Trévise à Venise,	2 1/2
— à Legnano,	3 1/2	Conegliano à Ce-	
— à Volargne,	1 1/2	neda,	1
Vicence à Padoue,	2 1/4	Udine à Palmanuova	1 1/2
Citadella à Padoue,	2 1/2	— à Trieste,	5 1/2
— à Bassano,	1	Bruck à Gratz,	3 3/4

ROUTE XLVIII.

DE MILAN A TRENTE ET A BOLZANO,

Par Brescia, 24 p. 1/4, 48 l. 1/2.

Voyez route 45 de Milan à Vienne, par Trente.

ROUTE XLIX.

DE MILAN A MUNICH,

Par Brescia et Innspruck, 24 p. 1/4 et 39 milles 1/2, environ 88 lieues.

De Milan à Innspruck, 24 p. 1/2 et 19 milles. (*Voy.* route 45.)		Mittenvald,	21 m. 1/2
		Wallersée,	3
		Benedictenbeurn,	3
Zirl,	2 m.	Wolfrathshausen,	4
Seefeld,	2	Munich,	4

ROUTE L.

DE MILAN A MUNICH,

Par Coire, 15 p. $^1/_2$ et 36 milles $^1/_2$, 72 l.

De Milan à Coire (*voy.* route 34),	15 p. $^1/_2$	Kempten,	2 $^1/_2$
Meyenfeld,	2 m. $^1/_2$	Kaubeuern,	2
		Ober-Günzburg,	2
Balzers,	1	Kaufbeuen,	2
Feldkirch,	3	Buchloe,	2 $^1/_2$
Hohenems,	2	Landsberg,	2
Bregenz,	2 $^1/_2$	Inning,	3
Niederstauffen,	2	Plaffenhofen,	2
Rœttembach,	2	Munich,	2
Nellenbrück,	2 $^1/_2$		

Voyez, pour la description, Guide du voyageur en Allemagne, chez L. Maison, 3, rue Christine, Paris.

ROUTE LI.

DE MANTOUE A BOLOGNE.

8 p. $^1/_2$, 17 l.

San-Benedetto,	1 p. $^1/_2$	Modène,	1 $^1/_2$
Novi,	1 $^1/_2$	La Samoggia,	1 $^1/_2$
Carpi,	1	Bologne,	1 $^1/_2$

Après avoir passé le Pô, on trouve à peu de distance de cette rivière *San-Benedetto*, Saint-Benoît, village peuplé. Il y a une abbaye de bénédictins, et une église qui méritent d'être vues; l'orgue est très-estimé, et le monastère est fort vaste.

Entre *San-Benedetto* et *Novi* on trouve une route de traverse le long de la rivière Bagliata, qui mène de la *Mi-randole* à *Guastalla*, et de là par *Borgoforte* à *Man-*

toue. *Novi* est un gros bourg d'environ 2,000 habitants. De ce point, la route est belle et bordée de deux canaux jusqu'à

CARPI, petite ville de 5,000 habitants, entourée de bonnes murailles et défendue par un château situé près d'un bras de la Secchia. Ses édifices les plus remarquables sont : son ancien *Château, la Cathédrale,* sur les dessins de Bramante, un *Palais* assez beau, l'*église St-Nicolas.*

MODÈNE. *Voyez* route 38.

BOLOGNE. *Voyez* route 82.

ROUTE LII.

DE MANTOUE A BRESCIA.

12 l., 6 p.

Goito,	1 p. 1/4	Pont-Saint-Marc,	1 1/2
Castiglione,	1 3/4	Brescia,	1 1/2

La route de Mantoue à *Goito* est commode et agréable.

Goito est situé sur le Mincio, entre le lac de Mantoue et le lac de Garde, au N. d'Andes ou Pictole, qui fut la patrie de Virgile. On y voit un beau château et un jardin délicieux.

Le *Castiglione* qu'on trouve sur cette route est un bourg important d'environ 5,000 hab., différent de celui qu'on appelle *Castiglione delle Stiviere,* anciennement *Castrum Stiliconis,* pour le distinguer d'une autre localité du même nom.

De *Montechiaro* à *Brescia,* la route continue au milieu d'un pays fertile et bien peuplé. Avant d'arriver à cette ville on passe le Naviglio.

BRESCIA. *Voyez* route 41, p. 352.

ROUTE LIII.

DE MANTOUE A TRENTE.

20 l., 10 p.

Roverbella,	1 p.	Ala,	1 1/4
Vérone,	2 1/2	Roveredo,	1
Volarni,	1 1/2	Trente,	1 1/2
Pori,	1 1/4		

VÉRONE. *Voyez* route 41, p. 357.

Si l'on préfère laisser Vérone de côté pour abréger la route, on peut passer de *Roverbella* à *Castel-Nuovo*, une poste et demie; à *Volarni*, une poste, et de là suivre la route indiquée dans l'itinéraire ci-dessus. Avant d'arriver à Roverbella, on passe le Pozzolo, qui va se jeter dans le Pincio. Près de *Castel-Nuovo* on passe l'Adige, qu'on côtoie jusqu'à *Trente*.

COMMUNICATIONS.

De MANTOUE à		De Mantoue à	
Pozzolo,	1 p. 1/2	Astiglia,	4 p. 1/2
Casal-Maggiore,	3	De VÉRONE à	
Guastalla,	3	Decenzano,	3
		Vicence,	3 1/2

ROUTE LIV.

DE VÉRONE A VENISE.

18 l. 1/2, 9 p. 1/4.

Caldiero,	1 p.	Dolo,	1 p. 1/2
Montebello,	1 1/2	La Mira,	1
Vicence,	1	Fusine,	1
Aslesega,	1 1/4	Venise,	
Padoue,	1	5 milles par eau.	

COMMUNICATION.

De Trente à Vérone, par Roveredo, 7 postes, 14 l.

ROVEREDO. (*Voy.* route 45, p. 420.)
A *Volarni* on descend dans une plaine bien cultivée, couverte de blés, de vignes et de mûriers, et qui s'étend jusqu'à *Vérone.*

Voyez la description de *Vérone*, route 41, p. 357.

ROUTE LV.

DE PADOUE A TRENTE.

21 l., 10 p. 1/4.

Citadella,	2 p. 1/2	Valsugana,	2
Bassano,	1	Pergine,	1 1/2
Primolano,	1 1/2	Trente,	1

Cette route, à commencer de *Bassano,* côtoie les bords de la *Brenta,* et présente les points de vue les plus pittoresques et les plus variés.

BASSANO (*hôtel :* de la Lune), dans la province de *Vicence,* est une jolie petite ville décorée du titre de ville royale, et contenant environ dix mille âmes, y compris les hameaux voisins. Elle est située sur la *Brenta*, au pied des Alpes, et domine une plaine vaste et délicieuse. Ses *églises* sont décorées de belles peintures, exécutées la plupart par *Jacques da Ponte*, dit le *Bassano*, et par ses fils. Parmi les édifices publics de cette ville, on distingue le *Théâtre*, et le *Pont* sur la *Brenta* : ce dernier fut construit d'abord par *Palladio*, refait par *Ferracina*, et rétabli dernièrement par l'ingénieur *Casarotti*, auquel la commune de Bassano fit frapper une médaille. Les habitants de cette ville se distinguent par leur industrie ; aussi possèdent-ils nombre de manufactures de soie, de cuirs, de draps, etc.

On fabrique aussi à *Bassano* et dans les environs des chapeaux de paille qui peuvent, jusqu'à un certain point, rivaliser avec ceux de Florence. La promenade publique sur les remparts est délicieuse. A quelques milles de cette ville, près du village de *Possagno*, patrie du célèbre *Canova*, on voit un temple élevé aux frais et sur les dessins de cet artiste immortel, et décoré de statues sculptées de sa main.

TRENTE. (*Voyez* route 45, p. 420.)

A *Primolano*, sur la route que nous venons d'indiquer, on trouve un chemin de poste qui conduit à *Bellune* par *Feltre*, distance de trois postes et demie.

BELLUNE, ville royale, chef-lieu de la province du royaume Lombard-Vénitien à laquelle elle donne son nom, est située sur le sommet d'une montagne d'où elle domine un vaste et superbe horizon. Elle est décorée de beaux édifices, parmi lesquels nous remarquons : le *Palais de la ville*, le *Palais de la préture*, orné de beaux marbres et de riches sculptures, le *Palais de l'évêque*, le *beau clocher*, l'*Aqueduc*, des fontaines de marbre; et possède, entre autres établissements publics, une riche *Bibliothèque* et un bel hôpital. Cette ville contient environ dix mille habitants, et a donné le jour à plusieurs hommes distingués, entre autres à *Maure Capellari*, élu pape en 1832.

ROUTE LVI.

DE VENISE A VIENNE.

85 l., 42 p. ½.

Mestre,	1 p.	De Trévise à Vienne	
Trévise,	1 ½	(*voyez* route 47),	40 p.

ROUTE LVII.

DE VENISE A MILAN,

Par Vérone, 43 l., 23 p. 1/2 (*voyez* route 41).

ROUTE LVIII.

DE VENISE A MILAN,

Par Mantoue, 51 l., 25 p. 1/2 (*voyez* route 42).

ROUTE LIX.

DE VENISE A BELLUNE.

17 l., 8 p. 1/2.

De Venise à Mestre,	1 p.	Feltre,	2
Trévise,	1 1/2	Bellune,	2
Cornada,	2		

FELTRE, *Feltria* : une jolie place, une belle église dédiée à sainte Catherine, un beau palais public. Cette ville est très-ancienne, mais bien bâtie, avec des rues larges et propres. Pop. 500 hab.

BELLUNE. (*Voyez* p. 434.)

ROUTE LX.

DE VENISE A TRENTE,

Par Bassano, 12 p. ³/₄, 25 l. ¹/₂.

Mestre,	1 p.	Borgo di Valsugana,	2
Trévise,	1 ¹/₂	Bergine,	1 ¹/₂
Castelfranco,	1 ³/₄	Trente,	1 ¹/₂
Bassano,	1 ¹/₂	Une poste par eau de 5	
Primolano,	2	milles.	

Le trajet de Venise à *Mestre* est d'une poste, 5 à 6 milles, et se fait en gondole. Poste à *Mestre*.

TRÉVISE (*hôtels* : la Poste, l'Hôtel-Royal), ville ancienne et peuplée, située sur la Sile, donne son nom à la *Marche Trévisane*. On y voit de beaux palais, des églises qui méritent d'être remarquées, une place et un fort beau théâtre. Parmi les édifices religieux nous remarquons la *Cathédrale*, noble construction qui date du temps des Lombards; l'intérieur renferme de belles peintures du *Titien*, de *Paul Véronèse*, et de *Pâris Bordonne*. En face de cette église se trouve le *Palais du tribunal*, et tout près les *Prisons neuves*, jolies constructions ; le *Palais des archives des notaires*; le *Mont-de-Piété*, où se trouve une toile de *Giorgione*; l'*Hôpital civil*, nouvellement réparé, et la belle *église St-Nicolas*, avec de belles peintures, surtout un *tableau de Sébastien Piombo*. On trouve à Trévise un *Athénée des sciences et des lettres*, des *Écoles publiques*, un *Jardin des plantes*, et une *Bibliothèque* riche de 30,000 vol. Les habitants font un commerce considérable de laine, de soie et de draps. La campagne produit du blé et des fruits en abondance, et est couverte de bestiaux. Pop. 16,000 h.

A *Castelfranco*, on peut observer en passant le palais, le théâtre neuf et une belle place. Dans la grande église, on voit un beau tableau de Giorgione, natif de ce bourg.

Nous invitons le voyageur à faire de *Bassano* une excursion à *Possagno*, patrie de Canova, qui y a fait édifier une belle église et a peint le tableau du maître-autel.

Après *Cismone*, on passe la rivière du même nom ; on arrive à Primolano, ensuite on passe la Brenta. Les hautes montagnes de *Primolano* forment les limites naturelles de l'Italie et de l'Allemagne. En suivant toujours la vallée étroite de *Valsugana*, qui a près de 18 milles de long sur deux de large, on arrive à *Pergine*.

TRENTE. (*V.* route 45, p. 420.)

ROUTE LXI.

DE VENISE A RIMINI.

17 p., 34 l.

Chiozza, par eau,	2 p.	Primaro,	2
Fornace,	2	Ravenne,	1
La Mesola,	2	Savio,	1
Bomposa,	2	Cesenatico,	1
Magnavaca,	2	Rimini,	2

De Venise, on va par un bateau à

CHIOZZA ou CHIOGGIA, ville avec un bon port formé par les eaux des lagunes et par les deux branches de la Brenta, qui y ont leur embouchure. Cette ville est célèbre par les divers combats qui se donnèrent entre les flottes vénitiennes et génoises dans les parages qu'elle domine. Elle est bien bâtie; ses rues sont larges et ornées de portiques fort commodes. La cathédrale est un bel édifice. Du côté de l'est, on voit une digue formée par la nature, qui, dans les gros temps, sert d'abri contre les vagues de la mer.

De Chiozza jusqu'à *Ravenne*, distance d'environ 20 lieues, on est obligé de passer dans des barques les diverses branches de trois fleuves dont les eaux se réunissent lorsqu'ils viennent à déborder, savoir : la *Brenta*, l'*Adige* et le *Pô*, ainsi qu'une multitude de rivières qui se jettent dans l'Adriatique, ce qui rend la route très-incommode et souvent impraticable. Les différents bourgs ou petites villes qu'on rencontre sont : *Fornace*, *Mesola*, *Volano*, *Magnavacca* et *Primaro*. Après *Volano*, on voit sur la droite les vallées de *Comacchio*, pays que les vases et atterrissements de divers bras du Pô ont rendu très-marécageux. L'air y est fort humide, et le terrain presque inculte et inhabité.

Jusqu'à *Primaro*, petit bourg où commence le nouveau canal de Faenza, la route côtoie la mer. Le port de Primaro est formé par un bras du Pô. De *Primaro* à *Ravenne* on compte environ 4 lieues.

ROUTE LXII.

De **VENISE A TRIESTE**,

Par Palma-Nuova, 15 p. $^1/_4$, 30 l. $^1/_2$.

Mestre, par eau, 3 m. 1 p.		Codroipo,	1 $^3/_4$
Trévise,	1 $^1/_2$	Palma-Nuova,	2 $^1/_4$
Spresiano,	1	Romans,	1
Conegliano,	1	Montefalcone,	1
Sacile,	1 $^1/_2$	Santa-Croce,	1
Pordenone,	1	Trieste,	1 $^1/_4$

Livre de poste français, 17 p. $^1/_4$.

Mestre,	1 p. $^1/_2$	Codroipo,	1
Trévise,	1	Udine,	1 $^3/_4$
Spreziano,	1	Romans,	2 $^1/_4$
Conegliano,	1	Montefalcone,	1 $^1/_4$
Sacile,	1 $^3/_4$	Santa-Croce,	1 $^1/_2$
Pordenone,	1	Trieste,	1
Valvasone,	1 $^1/_2$		

On préfère généralement le voyage par eau. On s'embarque le soir à Venise, et le lendemain au matin on est à Trieste. Il y a de bons bateaux à vapeur entre ces deux villes.

TRÉVISE. (*V*. route 60, p. 436.)

Avant d'arriver à *Conegliano*, on passe la Piave.

CONEGLIANO, bâti sur le bord du Montegno, qui va se jeter dans la Livenza, se trouve dans une situation riante entre cette rivière et la Piave. De l'ancienne forteresse, sur le sommet de la colline, on a une superbe vue sur tous les environs. C'est de là sans doute que le peintre Jean-Baptiste Cima, dit le Conegliano, prit les points de vue de ses charmants paysages. L'*église de Saint-Léonard* mérite d'être remarquée.

A Sacile on passe la Livenza.

PORDENONE (*Portus Naonis*) tire son nom du Naone, dont il est baigné.

A *Valvasone*, avant de passer le *Tagliamento*, on trouve la route de la *Ponteba*, frontière des États de la Lombardie et de Venise, qu'on laisse à gauche; à *Codroipo* on laisse pareillement sur la gauche la route d'*Udine*, qui conduit à *Goritz*.

PALMA-NUOVA, autrefois frontière de l'État vénitien, est une forteresse moderne dont il faut voir les fortifications, surtout le canal creusé près de la ville, qui est d'une grande utilité pour le commerce.

En continuant le voyage, on passe l'*Isonzo*, qui n'est pas bien éloigné de Palma-Nuova; ensuite on arrive à *Gradisca*, frontière des États de *Lombardie* et de *Venise*, qui n'a rien de remarquable, si ce n'est son château.

Goritz est une ville de quelque importance, habitée par un grand nombre de familles nobles et anciennes. Lorsque le patriarcat d'Aquilée fut aboli, cette ville fut érigée en siége épiscopal. Dans la *Cathédrale* on conserve plusieurs reliques précieuses. Le *collége des Jésuites* est fort beau; l'*église des Carmes*, hors la ville, est aussi un bel édifice. Goritz possède une société d'agriculture, deux théâtres, des raffineries de sucre, des fabriques d'étoffes de soie et de papier. Pop. 13,000 hab.

TRIESTE (*hôtels* : Metternich, Grand-Hôtel, l'Hôtel-Nouveau, l'Aigle-Noir, le Pèlerin), située sur une montagne au bord de la mer et près de l'ancienne *Tergestum*, dont elle conserve encore quelques monuments, est une ville moderne, petite, avec des édifices d'un beau dessin, et qui présente un coup d'œil agréable. Les monuments les plus remarquables de Trieste sont : la *Cathédrale*, d'une haute antiquité ; l'*église Saint-Antoine*, édifice grandiose (moderne), avec un buffet d'orgues magnifique, et une belle fresque de *Santo* ; l'*église Ste-Marie-Majeure*, architecture riche. Parmi ses sept places on remarque celle de la *Bourse*. La population est nombreuse, et les habitants, très-industrieux, sont adonnés au commerce et à la marine. Le port a de la magnificence, mais il n'est pas un des plus sûrs de la côte de l'Adriatique, parce qu'il est exposé au vent du nord-est, que dans le pays on appelle *bora*, et qui en rend le séjour incommode pendant la plus grande partie de l'année. Les vignobles des environs produisent un vin très-agréable, connu sous le nom de *piccolito*. Ses rues sont belles. Sur la grande place s'élève une fontaine remarquable. On visitera la *Bourse*, le *Théâtre*, l'*Amphithéâtre*, la *Bibliothèque*, le *Lazaret*, le monument élevé à *Winkelman*. Pop. 60,000 hab.

ROUTE LXIII.

DE VENISE A INNSPRUCK.

23 p., 46 l.

Mestre,	1 p.	Landro,	1 ¼
Trévise,	1 ½	Niedendorf,	1
Spresiano,	1	Brunecken,	1 ½
Conegliano,	1	Wintel,	1 ½
Serravalle,	1	Mittewald,	1 ¼
Santa-Croce,	1	Sterzing,	1
Longarone,	1 ½	Brenner,	1
Perarolo,	1	Steinach,	1
Vinas,	1	Schœnberg,	1
Ampezzo,	1 ½	Innspruck,	1

ROUTE LXIV.

DE TRIESTE A VENISE,

Par Udine, 31 l., 15 p. 1/2.

Sainte-Croix,	1 p.	Sacile,	1 1/2
Goritz,	2	Conegliano,	1 1/2
Gradisca,	1	Trévise,	1 1/2
Nogaredo,	1	Mestre,	1 1/2
Udine,	1	Venise. Il y a 5 milles	
Codroipo,	1 1/2	qui se font par eau.	
Pordenone,	2		

Pendant tout ce voyage, on loge presque partout à la poste.

Sur les bords du Tagliamento et de l'Isonzo, au milieu d'une vaste plaine, est située

UDINE (*hôtels* : l'Étoile, l'Europe), ville ancienne, qui a cinq milles de circuit. Son climat tempéré, l'étendue de son territoire, l'abondance du vin, des fruits et du grain qu'il produit, en rendent le séjour agréable, bien que bâtie dans une plaine qui s'élève à plus de cent mètres au-dessus du niveau de la mer. Ses monuments les plus remarquables sont : la *Cathédrale* ou *Dôme*, l'*église Saint-Pierre*, l'*église des Dominicains*, le nouveau *Séminaire*, le *Palais épiscopal*, le *Cimetière*, le *Mont-de-piété*, l'*Hôpital*, la *Bibliothèque*, riche en bons ouvrages. Udine, capitale du Frioul italien, est bien fortifiée, avec une population de 20,000 hab.; elle fait un commerce de soie considérable. Après la suppression, en 1751, du patriarche d'Aquilée, dont on voit encore le palais sur une colline au centre de la ville, occupé aujourd'hui par le tribunal criminel, cette ville fut érigée en archevêché.

Pour la deuxième route de *Trieste* à *Venise*, voyez de *Venise* à *Trieste*, route 62, et lisez en sens inverse.

ROUTE LXV.

DE PONTEBA A VENISE.

23 l. ½, 11 p. ¾ (1).

Chiuza,	1 p.¼	Spresiano,	1
Venzone,	1	Conegliano,	1
L'Ospitaletto,	1	Trévise,	1
Spilimberg,	1	Mestre,	1 ½
Saint-Vogrado,	1	Venise,	1
Sacile,	1	5 milles par eau.	

PONTEBA était jadis le dernier village dans le Frioul, près des frontières des États autrichiens. Il est de ce côté comme l'entrée de la Carinthie en Italie, marquée par un pont construit sur la Fella. Cette route est la plus commode et en même temps la plus fréquentée pour le passage des Alpes. Le bourg de Ponteba est bien peuplé et très-commerçant : c'est l'entrepôt de toutes les marchandises entre l'Italie et l'Allemagne.

LA CHIUZA est un fort considérable, situé aussi sur la Fella. Dans les dernières guerres, il a été un des points les plus importants pour la défense des Etats vénitiens.

Entre Ponteba et Venzone sont plusieurs cascades. On parcourt un pays fertile et agréable : les plaines, les collines mêlées de bois, de campagnes et de vignobles, annoncent qu'on entre dans le jardin de l'Europe.

VENZONE est bien peuplé et commerçant, entouré de montagnes élevées, arrosé par le *Tagliamento* et la *Venzonesca*. — *Spilimburg*, jolie petite ville dans une contrée riche et fertile ; bientôt nous atteignons la route de Trieste à Venise. (*Voyez* route 64.)

---

(1) C'est à Ponteba qu'on a à subir la visite extrêmement sévère des douaniers, lorsqu'on veut entrer dans la Carinthie.

ROUTE LXVI.

DE **TRIESTE** A **VIENNE**,

Par Lubiana, 72 l. ¼, 35 p. ou 72 milles allemands.

Sesana,	2 l. ⅓	Lebring,	2
Prewald,	3	Kalsdorf,	2
Adelberg (*Postoina Adulis*),	2	Gratz (*Græcium*),	3
		Peggau,	2
Planina,	2	Rettelstein,	2 ½
Lohitsch,	2	Bruck,	2 ½
Ober-Laiback,	3	Murzhofen,	2
Laibach ou Lubiana,	3	Krieglach,	2
Podpetsch,	2	Mürzauslagh,	2
St-Oswald,	2	Schottwien,	3
Franz,	2	Neunkirchen (*Quadrata*),	3
St-Peter,	2		
Cilli,	3	Neustadt (*Neostodium*)	2
Gonowitz,	2	Gunzelsdorf,	2
Windisch,	3	Neudorf,	2 ¼
Mahrburg (*Martena*),	3	Vienne,	2
Ehrenhausen,	2		

Après *Schottwien*, se trouve *Glocknitz*, station du chemin de fer pour Vienne. (*Voy. Guide du voyageur en Allemagne*, chez L. Maison, Paris.)

ROUTE LXVII.

DE **TRIESTE** A **VIENNE**,

Par Lubiana et Klagenfurt, 65 l., 32 p. ½.

Sesana,	2 l. ½	Krainburg,	3 ½
Prewald,	3	Neumarkt,	2
Adelsberg,	2	Kirschentheur,	4
Lokitsch,	2	Klagenfurth,	2
Ober-Laibach,	2	De Klagenfurth à Vienne,	41
Lubiana,	3		

ROUTE LXVIII.

DE TRIESTE A SALISBURG.

66 l., 33 p.

De Trieste à Krainburg, comme au précédent voyage (v. p. 443),	18 l.	Renweg,	2
		St-Michael,	3
		Tweng,	3
Safraz,	4	Radstadt,	2
Asling,	2	Tavern,	4
Wurzen,	3	Muttau,	2
Willach,	5	Werfen,	3
Paternion,	3	Golling,	3
Spital,	3	Hallein,	2
Gmund,	3	Salisburg,	2

COMMUNICATIONS.

De Fusine à Mestre,	1 p.	De Citadella à Vicence.	1 $3/4$
De Padoue à Vicence,	2 $1/4$	à Trévise,	3
à Rovigo,	3	De Primolano à Bellune,	3 $1/2$

Après avoir visité *Turin*, *Milan* et tous les lieux remarquables des États sardes et de la Lombardie, et avant de poursuivre notre voyage pour arriver à *Rome*, nous croyons devoir indiquer au touriste qui n'aurait ni le temps ni la volonté de nous suivre, deux voies plus courtes et plus directes pour se rendre de Paris dans la capitale du monde chrétien. La première, celle de mer par les steamers, est la plus suivie maintenant, parce qu'elle est la plus prompte et la plus économique; la seconde est la voie de terre, plus longue dans le temps du parcours, plus coûteuse, mais aussi plus intéressante et plus pittoresque.

ROUTE LXIX.

DE **PARIS** A **ROME**,

Par Marseille, Gênes, Livourne et Civitta-Vecchia.

1re route de Paris à Marseille (*voyez* route 4, p. 102).

De Marseille à Civitta-Vecchia, par la vapeur, *voyez* page 54 et suivantes.

Pour la durée du voyage et les prix, de Marseille à Gênes, *voyez* route 7, page 193.

En quittant la belle rade de Gênes, le steamer se dirige vers le sud-est; le voyageur a toujours à sa droite les côtes pittoresques de la Ligurie. A 32 kilomètres de Gênes on passe devant

CHIAVARI, petite ville de 7,000 habitants, avec de bonnes pêcheries d'anchois. Les montagnes qui bordent le littoral semblent se rapprocher du rivage, et, après une belle navigation d'environ 48 kilomètres, nous passons devant

SPEZIA, petite ville de 4,000 habitants, et dont le golfe est un des plus beaux de la Méditerranée; Napoléon le destinait à une grande station navale. La vue dont nous jouissons est toujours belle, mais l'aspect du rivage est moins alpestre. Nous apercevons bientôt l'embouchure de l'Arno, et à 11 kil. s'élève PISE, dont les flots de la mer baignaient autrefois les murailles. A peine avons-nous eu le temps de penser à sa fameuse *Tour penchée*, à son université célèbre et à ses 21,000 habitants, qu'elle est déjà loin de nous. Enfin, après une navigation d'environ 120 kilomètres, on débarque à

LIVOURNE. (*Hôtels* : des Étrangers, d'Étrurie, l'Aigle-Noir, le Globe). Pour la description, *voyez* route 80. Le temps de relâche des bâtiments de l'État, dans cette ville, est de six heures, que le voyageur pourra employer à visiter une grande partie de la ville.

À peine le steamer a-t-il quitté Livourne, qu'on aperçoit sur le rivage le joli village de *Montenero*, situé sur le sommet d'une colline magnifique, et couronné par l'*église Notre-Dame*, édifice fort riche et très-vénéré. Ensuite, nous éloignant du rivage, nous laissons à gauche la petite *île de Capréja*; puis l'*île d'Elbe*, célèbre par le premier exil de Napoléon, en 1814. Sa capitale, *Porto-Ferrajo*, ses mines d'une grande richesse, ses carrières de marbre et ses 18,000 hab., sont bientôt loin de nous. Dix-sept heures après avoir quitté Livourne, nous arrivons au terme de notre course nautique; nous sommes à

Civitta-Vecchia. Prix du débarquement : du steamer à terre, 1 paul (51 cent.) par personne; pour porter le bagage à la douane, 1 paul; pour les malles, 1 paul et demi. Bien que port libre, les formalités à remplir près de l'administration sont très-fatigantes, tant pour le passe-port que pour les douanes, et occasionnent ordinairement une perte de temps assez considérable.

CIVITTA-VECCHIA (*Centum Celle*), *hôtels* : de l'Europe, des Iles-Britanniques, nouvelle maison. — C'est à l'empereur *Trajan* que cette ville, autrefois pauvre village, doit son agrandissement. Il y fit creuser un port dont le bassin est un chef-d'œuvre; il y multiplia les habitations et les rues, qui ne sont pas larges, il est vrai, mais qui du moins sont droites. Cette ville, ainsi que presque toutes les autres, fut soumise à toutes les vicissitudes qu'entraîna après elle l'irruption des Barbares en Italie. *Totila* fut le premier qui s'en empara, et on sait de quelle manière ce prince traitait les vaincus ; *Narsète* la reprit ensuite et ne fut pas plus humain que *Totila*. Le pape *Urbain VII* l'entoura de fortifications que tous les gens de l'art s'accordent à considérer comme faibles, et *Benoît XIV* lui accorda la franchise du port. A partir de cette époque, *Civitta-Vecchia* acquit quelque importance, et devint l'entrepôt de toutes les marchandises de *Rome*. Ses exportations consistent en soufre brut, alun, soude, huile, laines, anis, bois de menuiserie, anchois, etc. On y importe des vins de France, des draps, des toiles des dentelles, des soies, des salaisons, des morues, etc. Elle possède quelques manufactures de toiles, des filatures de laines et des tanneries. *Civitta-Vecchia* contient une église, plusieurs couvents, un théâtre, un arsenal, des chantiers de construction, et un bagne vaste et superbe, dans lequel travaillent les forçats. Son port, considéré avec raison comme le plus sûr de tous ceux des États de l'Eglise, renferme les galères du pape. L'air y est peu salubre et l'eau de mauvaise qualité, ce qui contribue beaucoup à empêcher l'accroissement de la population, qui s'élève à peine à 8,000 âmes. A peu de distance de *Civitta-Vecchia* on trouve les bains de *Palazzi*, que *Pline* nomme *Acquæ Tauri*. En 1761, *Antigone Frangipani* a publié une Histoire de *Civitta-Vecchia*, dans laquelle on trouve des détails fort intéressants.

Diligences pour *Rome* régulièrement trois fois par semaine, à midi, et une *malle-poste* tous les soirs à 8 heures, excepté les mardis et samedis. Prix des *diligences*, 20 pauls (10 fr. 68 c.); et par la malle-poste, 24 pauls (12 fr. 12 c.). Le voyageur trouvera beaucoup de *vetturini* qui feront le même trajet, tous les jours et à toute heure, pour le même prix.

ROUTE LXX.

DE CIVITTA-VECCHIA A ROME.

7 p. 14 l.

De Civitta-Vecchia à St-Severo,	2 p.	Castelguido,	1 p. 1/2
Palo,	1 1/2	Rome,	2

En quittant Civitta-Vecchia, la route traverse une plaine peu fertile, sans arbres, et d'un aspect triste; mais elle est en bon état. Les auberges y sont pitoyables. Plus on avance, plus le pays s'anime; on remarque quelques jolis points de vue vers la mer. Bientôt nous passons *Monterone*, *Stattia*, *l'Albergo di Melgarotta*, puis nous traversons la rivière *Arrone*, qui s'échappe du *lac de Bracciano*. Peu de temps après, nous atteignons une éminence du sommet de laquelle on distingue le dôme imposant du plus beau temple de la chrétienté, celui de *Saint-Pierre de Rome!* Puis une pente douce nous conduit en peu de temps aux portes de

Rome. (*Voyez* route 85.)

ROUTE LXXI.

DE **PARIS** A **ROME**,

Par Milan, Bologne et Florence, 2ᵉ route, 44 myr. 4 kil. et 103 postes 1/2 italiennes.

De *Paris à Milan*, 45 myr. 4 kilom. et 52 postes 3/4. (*Voy.* route 6.)
De *Milan à Bologne*, 18 postes 1/2. (*Voy.* route 38.)
De *Bologne à Florence*, 9 postes. (*Voy.* route 79.)
De *Florence à Rome*, 23 postes 1/4. (*Voy.* route 85.)

TROISIÈME PARTIE.

ITALIE CENTRALE.

ROUTE LXXII.

DE VENISE A RIMINI.

34 l., 17 p.

Voyez pour la description des localités qui se trouvent sur cette voie, route 61.

CHIOZZA OU CHIOGGIA. (*Voyez* route 61, p. 437.)

RAVENNE (*hôtel* : la Spada, l'Épée), ville très-ancienne, située près du Ronco et du Montone réunis, était autrefois capitale sous l'empire de Théodoric, et très-florissante sous le gouvernement des Exarques, avant de passer sous la domination des Vénitiens et des Lombards. Sa population aujourd'hui ne dépasse pas 16,000 habitants. Elle renferme des monuments précieux d'antiquité : ses mosaïques, ses marbres orientaux et ses sarcophages méritent d'être remarqués. On y voit de beaux édifices modernes ornés de fresques et de tableaux estimés, principalement de l'école bolonaise, qui cependant souffrent de l'humidité.

MONUMENTS RELIGIEUX. — La *Cathédrale* est un édifice magnifique qui a été réparé dans le goût moderne. Les colonnes qui soutiennent la nef sont d'un beau marbre. Les deux chapelles sont peintes à fresque par le *Guide*, dont on voit aussi un superbe tableau représentant Moïse qui fait pleuvoir la manne. L'ancienne chaire ou jubé, un siége d'ivoire et le calendrier pascal, sont trois objets d'antiquité chrétienne qui méritent d'être remarqués. Les antiquaires verront avec plaisir un grand nombre de pierres sépulcrales trouvées dans les fouilles qu'on a faites pour réparer ce temple, maintenant rangées avec ordre dans une cour. Les fonts baptismaux sont encore dans leur état primitif, de forme octogone, avec huit grandes arcades, et sur le devant un grand bassin de marbre blanc grec. L'ancienne *église de Saint-Vital* est un bel octogone soutenu par des colonnes en marbre grec, et orné de porphyre, de mosaïques et de bas-reliefs superbes, débris de l'ancienne magnificence de Ravenne. On voit dans la sacristie le Martyre de saint Vital, peint par le *Baroche*; on remarque en outre la bibliothèque et l'infirmerie du monastère, et dans le jardin le tombeau de *Galla Placidia*. L'*église de Saint-Jean-Baptiste*, construite par Placidia, a été réparée dans le goût moderne. On y voit 24 colonnes antiques, des morceaux de porphyre, de vert antique, et l'ancien pavé d'une chapelle en mosaïque du quatrième ou cinquième siècle. L'*église de Saint-Apollinaire* est soutenue par 24 colonnes de marbre grec apportées de Constantinople; l'autel est enrichi de porphyre, de vert antique et d'albâtre oriental. La tribune, soutenue par 4 belles colonnes de marbre noir et blanc, est ornée des plus précieuses mosaïques. A *Saint-Romuald* est une Annonciation du *Guide*, un saint Nicolas du *Cignani*, un saint avec un ange qui chasse le diable, du *Guerchin*, et dans le réfectoire le Tombeau du Christ, par *Vasari*. A *Sainte-Marie-du-Port* on remarque le Martyre de saint Marc, peint par *Palma le vieux*. Dans une des rues de cette ville on voit le *tombeau du Dante*, que le cardinal-légat Valenti Gonzaga a fait décorer à ses frais. Dans les *palais Rasponi* et *Spreti* sont différents tableaux du *Guide*, du *Baroche* et du *Guerchin*. La place principale est ornée de deux colonnes de granit fort hautes, d'une belle statue de *Clément XII* en marbre blanc, et d'une autre d'*Alexan-*

dre *VII* en bronze, mais d'un mauvais travail. Vis-à-vis du baptistère est une pyramide élevée en mémoire de *Clément VII*, hors de la ville, vers l'ancien port. A *Sainte-Marie-de-la-Rotonde* on voit le mausolée élevée à *Théodoric*: cet édifice était autrefois sur le bord de la mer, qui aujourd'hui en est éloignée de 4 milles. La belle urne de porphyre qui était placée sur le sommet de cette rotonde se trouve aujourd'hui dans la ville, à côté d'un bâtiment, dans une belle et très-large rue. La *Bibliothèque*, riche de 40,000 volumes et de 700 manuscrits, ainsi que le *Musée d'antiquités*, sont dignes de l'attention du voyageur (1). Dans le voisinage de Ravenne est la fameuse forêt de pins, qui a près de 12 milles, 21 kil. 1|2 de long, et environ 4 milles, 7 kil. 1|4 de large, illustrée par Ginanni. Quoiqu'on trouve quelques marais dans le territoire de Ravenne, il n'en est pas moins fertile et agréable, et produit des vins en abondance.

C'est dans les environs de Ravenne qu'en 1512, l'armée française gagna, sur les Espagnols et les troupes papales réunis, la bataille de ce nom ; mais le jeune Gaston de Foix, qui commandait les Français, y perdit la vie.

On passe l'auberge du Savio, et ensuite près de l'ancienne ville de *Cervia* : l'air n'y est pas trop sain, et à quelque distance il y a des salines qui fournissent une quantité immense de sel marin.

Plus loin, on trouve sur la route le bourg de *Cesenatico*, situé près la côte de la mer, avec un canal et un port. On y exploite de grandes carrières de soufre.

Rimini (*hôtels* : la Poste ; les Trois-Rois (il Tre-Re), est une ville très-ancienne, grande et peuplée de 15,000 âmes, située sur la Marecchia, autrefois *Ariminum*, qui la traverse près de la mer, avec un petit port à son embouchure qui ne sert maintenant qu'à des bateaux pêcheurs. La mer s'étant retirée, on y voit à peine quelques traces de l'ancien

---

(1) Voyez *Metropolitana di Ravenna, co' disegni dell' antica Basilica, del Museo Arcivescovile e della Rotonda fuori delle mura della città*, ouvrage de *Gian Francesco Buonamici*, imprimé dans le dernier siècle à Bologne, 9 vol. in-fol. *Descrizione della chiesa di S. Vitale di Giuseppe Alvisio Barozzi*, Bologne 1782.

port. On entre à Rimini par la porte de *Saint-Julien*; on voit un pont magnifique et bien orné, construit en beau marbre, sous les empereurs Auguste et Tibère, dans le lieu même où se réunissent les deux routes consulaires Flaminienne et Émilienne. En sortant de la ville, on passe par la *Porte Romaine* sous un bel arc de triomphe élevé en l'honneur d'Auguste (1). On voit dans cette ville plusieurs édifices élevés pour la plupart aux dépens des Malatesta. La cathédrale, sous l'invocation de *St François*, fut construite dans le xve siècle, d'après les dessins de Léon-Baptiste Albérti, architecte de Florence, sur les restes de l'ancienne, qui elle-même avait été élevée sur les débris du *temple de Castor et Pollux*; elle renferme de superbes tombeaux, des statues et des bas-reliefs de beaucoup de prix. A l'*église jadis des Capucins* on voit les ruines de l'amphithéâtre de Publius Sempronius, jugées par quelques antiquaires celles d'un bâtiment des siècles passés; et à la *place du Marché*, où est encore le portique de la Poissonnerie, on remarque un piédestal qu'on dit être la tribune de Jules César, d'où il harangua son armée avant le passage du Rubicon. Sur la place, devant le *Palais du Magistrat*, on voit une belle fontaine en marbre, et la statue de Paul V en bronze. Dans l'*église de Saint-Julien* on remarque le Martyre de ce saint, peint par *Paul Véronèse*. Les *églises de Saint-Augustin* et de *Saint-Xavier*, avec des portiques et des fontaines, sur le plan de *Buonamici*, annexées au collège autrefois des Jésuites, méritent d'être remarquées. On admire l'ordre parfait de la bibliothèque du comte *Gambalunga*, à présent publique, riche de 30,000 volumes, autant que l'élégance de l'édifice. La collection d'inscriptions et d'autres objets d'antiquités, formée par les soins du docteur Jean Bianchi, mérite de fixer l'attention des antiquaires.

On peut aller à *Urbin* par une route secondaire; c'est la patrie de *Raphaël* et du *Bramante*.

A 12 milles environ de Rimini, sur la droite, est située la république de *Saint-Marin*; le chemin qui y conduit est escarpé, et on ne peut le faire qu'à cheval. Une montagne

---

(1) Voyez Temanza, *Antichità di Rimini*.

et quelques éminences aux environs forment toute l'étendue de son territoire. On y compte 3 châteaux, 5 églises, et environ 5,000 h. L'hiver y est très-rigoureux, et la neige y demeure pendant six mois de l'année.

De *Rimini* à *Fano* on traverse un pays plat, à la réserve d'une montagne près de *Pesaro*. La route côtoie la mer Adriatique. Avant d'arriver à la *Cattolica*, on passe la *Conca* sur un pont : lorsque cette rivière grossit, le passage devient dangereux.

ROUTE LXXIII.

DE BOLOGNE A FANO.

28 l., 11 p. 1/2.

Saint-Nicolas,	1 p. 1/4	Savignano,	1
Imola,	1 1/4	Rimini,	1
Faenza,	1	La Cattolica.	1 1/2
Forli,	1	Pesaro,	1
Césène,	1 1/4	Fano,	1

Ce voyage se fait sur la voie Emilienne jusqu'à *Rimini*, et de Rimini à *Fano* sur la voie Flaminienne. On rencontre plusieurs rivières, qu'on passe pour la plupart sur de beaux ponts. La route de *Bologne* à *Imola* est droite, plate et commode, quoiqu'elle soit entrecoupée par cinq rivières, et par un canal qu'on passe près de cette dernière ville.

IMOLA (*hôtel* : la Poste), bâtie sur les ruines de *Forum Cornelii*, est située sur une branche du Santerno, entre le Bolonais et la Romagne, à l'entrée de la belle et longue plaine de la Lombardie. Les environs de cette ville sont agréables et couverts de plantations de peupliers. Les rues y sont bien entretenues ; on y voit quelques palais et quelques églises qui méritent d'être remarqués. La *Cathédrale*, où reposent les corps de saint Pierre-Chrysologue et de saint Cassien, a été à demi réparée d'après le dessin de *Morelli*, architecte d'Imola. On voit aux anciens Jacobins un beau tableau de *Louis Carrache*, et un autre à la confrérie de Saint-Charles. L'*Hôpital* est aussi fort beau, ainsi que le théâtre. Le commerce d'Imola consiste en vins et crème de tartre. Pop. 10,000 hab.

Après *Imola* on passe le Santerno ; à *Faenza* on laisse à droite la route de la Toscane à la Romagne.

FAENZA (*Faventia*) (*hôtel* : la Poste), ville assez grande et assez bien bâtie, située sur l'Amon, qui en baigne les murs ; on peut la regarder comme la Florence de la Romagne. Faenza a la forme d'un carré régulier ; elle est entourée de murailles de la longueur d'une lieue à peu près, et coupée par quatre chemins principaux qui aboutissent à la place publique, entourée de portiques qui lui donnent la figure d'un amphithéâtre. Le *Palais* public et le *Théâtre* nouveau d'un côté, la *Tour de l'Horloge*, la *Fontaine* et le *Dôme* d'un autre, ornent toute la place. Les amateurs de peinture verront avec plaisir la *galerie du Lycée*; aux anciens *Servites*, un tableau de *Charles Cignani*, représentant saint Philippe Benezzi, et dans le couvent quelques fresques de l'*Ottaviano* et du *Pace*, écolier de Giotto. Dans la façade de l'église il y a des bas-reliefs du *Barillotto* ; à la porte de l'*église de Saint-Bernard* il y en a aussi du même auteur. Un tableau de *Giorgione* se trouve dans l'*église* jadis des religieux de San-Maglorio, et dans celle de *Sainte-Catherine* une Adoration des Rois du *Pinturicchio* ; à *Sainte-Lucie*, une Vierge dans un petit tableau de *Pierre Perruyino* ; dans l'*Annonciade*, une semblable de *Jaccopone Faentino*, écolier de *Raphaël* ; dans celle des anciens *Observantins*, une Conception de l'école flamande. Quelques particuliers possèdent aussi des tableaux, et particulièrement les familles Laderchi, Corelli, Milzetti ; chez M. Ginnasi il y a une belle Crucifixion de *Rubens*. L'*Hôpital* des malades et des fous, dit des *Projetti*, le *Conservatoire* pour les femmes et celui des orphelins, sont dignes d'être observés entre les principaux édifices publics. Faenza contient 20,000 habitants, y compris le faubourg. Le comte Zanelli a fait creuser un petit port et ouvrir un canal navigable qui communique à Saint-Albert avec le Pô de Primaro, et qui facilite beaucoup le commerce. Faenza a la gloire d'être la patrie du célèbre mathématicien *Torricelli*. La campagne est fertile en grain, en vin, en lin et en chanvre. Varron et Columelle vantent les vins de Faenza. Les naturalistes observeront les *eaux thermales* de *Saint-Christophe*, à quatre milles de la ville, et quelques sources d'eau salée d'où l'on tire beaucoup de sel marin, et dans l'Amon un tuf cendré qui donne du sel très-blanc. Cette ville est la première d'Italie où l'on ait fabriqué de la faïence, et elle a donné son nom à cette espèce de poterie.

Après avoir quitté Faenza, on traverse le *Lamone*, puis un peu plus loin le *Montone*, qui nous conduit à

Forli (*hôtel* : la Poste), anciennement *Forum Livii*, ville considérable, bâtie par Livius Salinator, après la défaite d'Asdrubal, sur le Métaure. Il y a une place fort vaste et qui est une des plus belles de l'Italie. On y voit de beaux édifices, entre autres le *palais des Magistrats*, le *Mont-de-piété*, et les trois palais *Albicini*, *Merenda* et *Piazza*. On dit que la salle du conseil a été peinte par *Raphaël*. On remarque dans la *Cathédrale* la coupole de la Vierge du feu, peinte par *Charles Cignani*, qui y travailla vingt années. L'*église de Saint-Philippe-Néri* renferme aussi de beaux tableaux du *Cignani*, de *Charles Maratte* et du *Guerchin*; on voit un autre bon tableau à la *Madonna del Popolo*. Aux *Observantins* on voit une Conception de *Guido Reni*. L'*église de Saint-Mercurial*, des anciens Vallombrosains, mérite aussi d'être remarquée. Les habitants de Forli sont d'un caractère gai et d'une société agréable, et adonnés à l'industrie; la campagne aux environs offre de charmantes promenades. Pop. 16,000 hab.

Forlimpopoli (*Forum Pompilii*) est un des quatre forum situés sur la voie Émilienne dont parle Pline. On ne voit plus que les ruines de l'ancien Forlimpopoli. Il n'y a maintenant que quelques maisons et un château, construit peut-être dans le temps de César Borgia. Le lin et les blés sont les principales productions de ce pays. Pop. 4,000 hab.

Avant d'arriver à *Césène* on passe le Savio sur un pont magnifique.

Césène (*hôtel* : la Poste), jolie ville située au pied d'une colline, et baignée par le Savio, renferme tout au plus huit mille âmes. Elle a toujours été célèbre par ses vins et par le chanvre qu'on y recueille. On trouve dans ses environs beaucoup de mines de soufre. Cette ville a quelques portiques, mais on ne voit pas une grande magnificence dans les édifices publics, ni dans les églises, parmi lesquelles les plus remarquables sont : la *Cathédrale*, *St-Dominique* et *St-Philippe*. Le *Palais public* est un édifice d'assez belle architecture ; la *place* sur laquelle il est situé est ornée d'une belle fontaine. Sur la façade du *Casino* des nobles on a placé une *statue colossale de Pie VI*, qui y naquit, ainsi que *Pie VII*. On remarque aux *anciens Capucins* un beau tableau du *Guerchin*. A un mille de la ville, au sommet d'une colline, est située la magnifique *église de Ste-Marie-du-Mont*; les antiquaires y trouveront des tombeaux anciens.

A 4 milles (7 kil. 1/4), on traverse le fameux *Rubicon*, qui n'est plus maintenant qu'une petite rivière sans importance nommée *Pisciatello*.

De *Césène* à *Rimini*, le chemin est commode : *Savignano*, beau village qui se trouve sur cette route, est la *Compita* des anciens.

RIMINI. (*Voyez* route 72, p. 451.)

La route, au sortir de Rimini, longe le rivage de l'Adriatique jusqu'à

La Cattolica, ainsi appelée pour avoir donné asile aux prélats orthodoxes qui, pendant le concile de Rimini, se séparèrent des évêques ariens. Ici on laisse la Romagne, et l'on entre dans le duché d'Urbin, par où l'on sort en entrant dans le territoire de Fano, et l'on revient en allant à *Sinigaglia*, pour atteindre ensuite la Marche d'Ancône. De *la Cattolica* à *Pesaro* on côtoie la mer lorsqu'elle est calme; dans le cas contraire, on suit le chemin supérieur, appelé *Pantalona*.

PESARO, *Pisaurus* (hôtels : la Poste, la Ville-de-Parme, les Trois-Rois), ancienne ville de l'Urbinate, située entre la mer et les collines, près de laquelle coule la petite rivière du Foglio, offre un coup d'œil agréable et riant. On y voit de beaux édifices, et dans les églises on conserve des tableaux et des fresques très-estimés. On admire, entre autres, plusieurs tableaux excellents du *Barroche*, qu'on peut regarder comme le maître de la peinture dans la Romagne. Il y a dans la *Cathédrale* une Circoncision de cet artiste, et un saint Jérôme du *Guide*; dans l'*église du Nom-de-Jésus*, un saint Augustin du *Palma*. La *Place* est ornée d'une fontaine et d'une statue en marbre d'Urbain VIII. Il faut aussi visiter le *Port*, les ruines d'un ancien *Pont* construit sous l'empire d'Auguste ou de Trajan, la collection d'inscriptions et d'autres antiquités de MM. Amati et Olivieri, et le *Musée Passeri*. Le terrain des environs, du côté de la mer, est fertile en olives et en figues très-estimées. L'air est très-sain depuis le desséchement des marais voisins. Pesaro est la patrie de Rossini. Pop. 18,000 hab.

Dans le voisinage se trouve la *villa* de la princesse de Galles, depuis reine d'Angleterre, maintenant la propriété de la famille Bergame. On voit dans le jardin deux monuments élevés par la princesse, l'un à sa fille (première femme du roi des Belges), l'autre à son frère, prince de Brunswick, tué à Waterloo.

Nous avons toujours la mer à notre gauche jusqu'à

FANO (*hôtels*: le Maure, les Trois-Rois), autrefois *Fanum Fortunæ* (déesse dont on voit sur une fontaine une très-belle statue). Cette ville est située sur la mer, près du Métauro, fleuve célèbre à cause de la défaite d'Asdrubal par le consul Livius Salinator et Claude Néron. Cette ville conserve les ruines d'un *Arc de triomphe* élevé en l'honneur d'Auguste, ou, selon d'autres, en l'honneur de Constantin; on y voit aussi d'autres monuments d'antiquité, tels que différents marbres et inscriptions. La *Cathédrale*, ornée de fresques du *Dominiquin*, *St-Paternien* et *Saint-Pierre*, sont les églises les plus remarquables; elles renferment de bonnes peintures. Le *Théâtre* est un des plus remarquables de l'Italie par sa grandeur, par la quantité et la belle distribution des loges, autant que par la perspective et les décorations. La *Bibliothèque* mérite aussi l'attention du voyageur instruit. Sur les bords de la mer, près de Fano, on trouve une espèce de poisson qu'on nomme improprement *cheval marin*. Le petit port a été formé artificiellement par un canal dérivé du Métauro, qui ne passe pas bien loin. Pop. 18,000 hab.

Nocera, à peu de distance de *Fano*, est renommée par ses bains. — *Gabbio* (*Iguvium*) est une ville épiscopale de 4,000 hab.

On va à Ancône par *Marotta*, 2 l.; *Sinigaglia*, 2; *Case-Bruciate*, 2; *Ancône*, 2 1/2, en suivant toujours le littoral; l'autre route tourne vers le sud, et conduit à *Rome* par Foligno.

ROUTE LXXIV.

DE PARME A LA SPEZIA,

Par Pontremoli, 12 p. 1/4, 24 l. 1/2.

Forno,	2 p.	Terra-Rossa,	2
Berceto,	3	Sarzana,	2 1/4
Pontremoli,	1	Spezia,	2

La route que suit le voyageur en quittant Parme est bien entretenue et belle, mais dans un pays de plaine, sans aucun point de vue jusqu'à

Forno, relais de poste sans importance. Quelques habitations assez agréables se trouvent sur votre chemin jusqu'à

Berceto (*Barcetum*), village sur la hauteur d'une colline. On arrive à *Pontremoli* (*Pons Remuli*) *Aprea*, cité épiscopale passablement fortifiée, dans une belle vallée au pied de l'*Apennin*, près du fleuve de *Maga* (*Macra*). Population, 2,500 habitants. On traverse *Villafranca*, puis *Terra-Rossa*. Autrefois on passait par *Aulla* (*Tegulia*) pour aller à *Sarzane* et à la *Spezia*: la route nouvelle est plus commode. Pour la description, voyez route 9, pag. 224-225.

ROUTE LXXV.

DE PARME A MANTOUE,

Par Guastalla, 6 p., 12 l.

Brescello,	2 p.	Borgoforte,	2
Guastalla,	1	Mantoue,	1

On traverse *Brescello*, *Boretto*, *Gaultieri*, et on arrive à *Guastalla*. (*Voyez* route 40, p. 348.)

ROUTE LXXVI.

DE MODÈNE A MANTOUE,

Par Carpi, 5 p. $^1/_4$, 10 l. $^1/_2$.

Carpi,	1 p.$^1/_4$	S.-Benedetto,	1	$^1/_2$
Novi,	1	Mantoue,	1	$^1/_2$

ROUTE LXXVII.

DE BOLOGNE A RAVENNE,

5 p. $^1/_2$, 11 l.

Saint-Nicolas,	1 p.$^1/_4$	Ravenne,	3
Imola,	1 $^1/_4$		

Au sud de *Bologne*, on continue la *voie Emilia* : on traverse sur de beaux ponts les fleuves *Savena* (*Sapina*), *Gena*, *Idice* (*Idex*), *Centaurana* et *Quaderna* (*Claternum*).

On arrive au village de *Saint-Nicolas*, puis au bourg de *Castel-San-Pietro*, et à la ville d'*Imola*. On laisse la grande route qui conduit à Rimini, puis, prenant à gauche, nous atteignons bientôt

Lugo, gros bourg très-commerçant en grains, riz et chanvre. A notre gauche se trouve *Fusignano*, où naquit Monti; on dépasse *Bagnacavello* (*Tiberiacum*), et on arrive à *Ravenne* (*V.* route 72, p. 449.)

ROUTE LXXVIII.

DE BOLOGNE A FLORENCE,

Par Modène, 16 p. 3/4, 33 l. 1/2 (1).

La Samoggia,	1 p. 1/2	Piève de Pelago,	1
Modène,	1 1/2	Boscolungo,	1
Formiginie,	3/4	Piano Asinatico,	3/4
Saint-Vénance,	3/4	Saint-Marcel,	1
La Serra,	1	Piastre,	1
Paule,	3/4	Pistoie,	1
Montecenere,	3/4	Prato,	1 1/2
Barigazzo,	1	Florence,	1 1/2

Cette route, à portir de *Modène*, n'est pas montée; le voyageur suit maintenant la route de poste qui se dirige au sud de *Bologne*, passe par *Lojano* et *Florence*; trajet, 9 postes. (*Voy.* route 79.)

La route de *Bologne* à *Modène* est toujours dans une plaine, et tracée sur l'ancienne *Via Emilia*. A peu de distance de Bologne on laisse à droite la route de *Mantoue* par *San-Benedetto*, puis on passe sur un beau pont.

Tout près de Samoggia on rencontre un village du même nom, qui partage le chemin de Bologne à Modène en deux

---

(1) Il y a une autre route indiquée après l'article FLORENCE, de *Florence à Bologne*, suivre en sens inverse.

parties presque égales. A droite de *Castelfranco*, à peu de distance de la route, on voyait le Fort-Urbain, autrefois forteresse, qui a été démolie entièrement. Entre la Samoggia et Modène on passe le Tanaro sur un beau pont.

Modène. (*V.* route 38, p. 343.)

Pistoie. (*V.* route 81.)

FLORENCE.

Hôtels : Schneiderff, d'York, Mad. Augier, de l'Europe, d'Italie, du Nord, de la Grande-Bretagne, de la Ville-de-Londres, de l'Arno, des Quatre-Nations, de Toscane; la Pension Suisse. Prix ordinaires dans ces différents hôtels, qui sont les principaux de Florence : dîner à table d'hôte, 5 pauls (2 fr. 80 c.); déjeuner, 3 pauls (1 fr. 60 c.), avec le vin; une chambre avec un seul lit, 5 pauls. Le voyageur trouve aussi de très-bonnes pensions pour 30 francescone (1) par mois.

Florence, en italien *Firenze*, ce qui signifie en langue étrusque un lis rouge (qui effectivement figure les armoiries de la ville), a acquis à juste titre le surnom de *la Bella* : elle est située dans une plaine étendue, riche et belle, entourée par les Apennins, et quelques auteurs disent que c'est une ancienne ville de l'Etrurie, habitée ensuite par les Phéniciens; mais d'autres supposent qu'elle a été fondée par les soldats de Sylla, ou par le peuple de Fiesole. Ce qui paraît certain, c'est que l'élite de l'armée de César fut envoyée comme dans une colonie à Florence (appelée alors *Florentia*) environ 60 ans avant la naissance de notre Sauveur, et que, sous la domination des empereurs romains, elle devint une des plus considérables villes de l'Etrurie, et fut embellie par un hippodrome, un champ de Mars, un capitole et une route appelée *via Cassia*. Ses murs ont six milles (10 kil. 3/4) de circonférence, et renferment plus de 100,000 habitants, 17 *places*, 170 *statues* exposées en public, 6 *colonnes* monumentales, 2 *obélisques*, 20 *fontaines*, 36 *paroisses*, et environ 8,000 maisons. L'Arno (ancienne-

(1) Le francescone ou écu vaut 5 fr. 60 c. de France.

ment l'*Arnus*), qui la traverse, est orné de quatre beaux ponts. Ses places et carrefours sont spacieux et nombreux; ses rues, comme celles de toutes les grandes villes de Toscane, sont propres et parfaitement pavées avec des pierres plates; et, si les façades de toutes ses églises étaient achevées, rien ne surpasserait l'élégance de cette Athènes de l'Italie.

Tant de changements ont eu lieu dans ces derniers temps à Florence, pour ce qui est des travaux d'art, etc., que je pense qu'il ne me sera pas reproché de présomption de donner un détail circonstancié des objets les plus dignes de l'attention du voyageur (1).

Le *Palazzo Vecchio*, place du Grand-Duc, orné d'une tour si élevée qu'elle est considérée comme un chef-d'œuvre d'architecture, a été bâti par Arnolfo, élève de Cimabué; devant l'entrée de ce palais on voit une statue en marbre de David, que l'on suppose au moment où il tue Goliath : c'est l'ouvrage de *Buonarotti*. Il s'y trouve aussi un groupe en marbre, ouvrage de *Bandinelli*, qui représente Hercule tuant Cacus. Au plafond, et sur les murs de la pièce principale, on voit des fresques représentant les actions les plus célèbres de la république de Florence et de la maison de Médicis; tout est de *Vasari*, excepté quatre peintures à l'huile, l'une représentant le Couronnement de Côme Ier, par *Ligozzi*; une autre représentant les douze Florentins dans le même temps ambassadeurs de différents Etats près de Boniface VIII, par *Ligozzi*; une troisième, l'Election de Côme Ier, par *Cigoli*; et une quatrième représentant l'Institution de l'ordre de Saint-Etienne, par *Passignano*. Dans cette même pièce se trouve encore un groupe de la Victoire, avec un prisonnier à ses pieds, par *Buonarotti*, et un autre groupe de la Vertu triomphant du Vice, par *Jean de Bologne*. Les exploits de Furius Camillus sont peints *in tempera*, par *Salviati*, dans la vieille salle des audiences (*salla dell' udienz vecchia*).

Le *Loggia* du *Palazzo Vecchio*, en face, a été bâti d'a-

---

(1) Nous devons cette description à Mme Marianna Starke. Nous croyons qu'il n'en existe pas de plus exacte.

près le dessin d'*Andrea Arcagna*, et est orné d'un groupe en bronze, Judith et Holopherne, par *Donatello*; de Persée, avec la tête de Méduse, en bronze, par *Cellini* (le bas-relief du piédestal qui soutient ce groupe est fort admiré!); d'un groupe en marbre représentant un jeune guerrier romain emportant une vierge sabine, et son père prosterné à ses pieds, avec l'Enlèvement des Sabines en bas-relief sur le piédestal, par *Jean de Bologne*; deux lions en marbre tirés de la villa Médici à Rome ; six statues antiques représentant des prêtresses sabines.

De l'autre côté de la *piazza del Gran Duca* se trouve une fontaine d'un style noble, érigée par Côme Ier, d'après le dessin d'*Ammanati*; et une statue équestre de Côme Ier, en bronze, par *Jean de Bologne*, auquel on attribue également les nymphes marines et les tritons qui entourent la fontaine.

La *Fabrica degli Ufizi*, qui renferme la *Galerie royale*, a été construite par *Vasari*; l'intérieur de l'édifice est orné de colonnes d'ordre dorique qui forment deux magnifiques portiques, réunis à l'une des extrémités par une arche qui soutient les appartements occupés par les cours de justice, et sur cette arche est une statue de Côme Ier, par *Jean de Bologne*; et de plus des figures de l'Equité et de la Justice, par *Vincent Danti*.

La bibliothèque *Magliabechiana*, riche en manuscrits et en livres imprimés du xve siècle (c'est le lieu de réunion de l'Académie de Florence), est placée sous le même toit que la Galerie royale; cette dernière est ordinairement ouverte au public depuis neuf heures du matin jusqu'à trois heures de l'après-midi, les jours fériés exceptés.

Escalier conduisant à la GALERIE ROYALE. Entre les croisées est la statue de Bacchus, en marbre; et à l'opposé de celle-ci, une statue d'enfant.

Premier vestibule. Une statue de Mars et une autre de Silène, avec un Bacchus enfant, toutes deux en marbre.— Dix bustes des princes de la maison de Médicis, au nombre desquels est celui du grand Laurent.— Quatre bas-reliefs.

Deuxième vestibule. Un cheval en marbre, que l'on suppose avoir originairement fait partie du groupe de Niobé et ses enfants. — Deux colonnes quadrangulaires qui semblent représenter les victoires par mer et par terre de la personne à laquelle elles ont été dédiées ; sur l'une de ces colonnes repose une tête de Cybèle, et sur l'autre un beau buste de Jupiter. — Un sanglier, qu'on dit être de sculpture grecque. — Les statues colossales de Trajan, d'Auguste, et d'un roi de Barbarie. — Deux chiens-loups. — Un buste de Léopold.

Premier corridor. Le plafond de cette immense galerie est orné d'arabesques ; tout à l'entour des murs, dans le voisinage du plafond, se trouve la collection des portraits des personnages les plus distingués de l'antiquité, en généraux, hommes d'Etat, princes et littérateurs. Sur le mur à gauche, au-dessous des portraits, il y a des tableaux de l'école de Florence, depuis le premier temps de la peinture, remarquables surtout sous ce rapport. Il se trouve également ici une riche collection de bustes des empereurs romains, et de plusieurs membres de leurs familles, qui est placée et s'étend tout à l'entour des trois corridors. Le premier corridor renferme plusieurs sarcophages curieux ; l'un desquels, dans le centre de cet appartement, près de la porte d'entrée, est particulièrement admiré. Sur la gauche sont les statues d'un lutteur, de Mercure et d'Apollon, toutes très-dignes d'attention ; — les statues d'Apollon, d'Uranie et de Pan, avec le jeune Olinte, sur la droite, en sont également dignes, ainsi que les deux figures assises de matrones romaines (1), et le groupe d'Hercule tuant le centaure Nessus, placé à l'extrémité.

Deuxième corridor. De chaque côté, près du plafond, se voit une continuation des portraits des personnages les plus renommés de l'antiquité. Il se trouve également ici des peintures qui représentent l'histoire de sainte Marie-Madeleine, ainsi que divers morceaux de sculpture, tels que Cupidon, Bacchus et Ampélos, une Bacchante, Mercure, Léda, Vénus sortant du bain, Minerve ou Pallas ; — un *autel* circulaire, que l'on suppose être l'œuvre de Cléomène, un trépied dédié à Mars, un Faune, Ganymède avec l'aigle ; un torse de Faune, etc.

(1) On croit que l'une d'elles représente Agrippine, mère de Néron.

Troisième corridor. Le plafond de cette immense galerie est orné de peintures représentant la *Renaissance des arts et des sciences*, ainsi que d'autres sujets historiques, dans lesquels on a introduit des portraits de tous les personnages les plus éminents parmi les Florentins. Des deux côtés, dans le voisinage du plafond, est une continuation des portraits des personnages les plus renommés de l'antiquité, et sur la gauche, au-dessous des portraits, sont des tableaux de l'école napolitaine et autres. Il y a encore ici un grand nombre de statues, parmi lesquelles on distingue : Marsyas-Bacchus, par *Buonarotti*. — Saint Jean, par *Donatello*, — et une copie du Laocoon, par *Bandinelli*. — Une statue antique couchée, en marbre noir, que l'on suppose représenter Morphée. — David, par *Donatello*. — Bacchus, par *Sansovino*. — Apollon assis. — Un soldat blessé. — Un Discobole attribué à Myron, et une Thétis sur un cheval marin. Cet appartement contient aussi un beau tableau de saint Pierre guérissant le boiteux à la porte du temple, par *Cosimo Gambernici* ; un autre de la Transfiguration, par *Luca Giordano*, et un autre de la Vierge, notre Sauveur et saint Jean, copié à Empoli d'après une fresque célèbre, peint par *André del Sarto*, et qui n'existe plus aujourd'hui. Parmi les bustes les plus frappants dans le corridor, sont ceux de Néron, Othon, Titus, Vespasien et le pieux Antonin. On compte en tout, dans la collection des empereurs romains que renferme cette riche galerie, 79 bustes, depuis Pompée jusqu'à Quintillus.

Cabinet des bronzes modernes. Mercure porté dans les airs, par *Jean de Bologne*. — Buste de Côme de Médicis, par *Cellini*. — Bas-reliefs représentant saint François-Xavier, saint Joseph et sainte Thérèse, par *Soldani*. — Une statue couchée, par *Vecchietta* de Sienne. — Une statue anatomique, par *Cigolo*. — Un Enfant avec des ailes, attribué à *Donatello*. — David, également attribué à Donatello. — Une copie du Taureau de Farnèse. — Le sacrifice d'Abraham, par *Ghiberti*. — Une petite copie du Laocoon.

Cabinet des bronzes antiques enfermés dans quatorze cases vitrées, dont la première contient Apis, Jupiter, Neptune, Pluton, et une tête remarquable de Saturne, *Junon* avec des caractères étrusques sur sa hanche. — Un *buste* grec de Minerve, etc.

Deuxième case. Vénus avec ses attributs. — Une Vénus céleste. — Une Vénus triomphante. — Un Hermaphrodite. — Une Amazone. — Mars armé, etc.

Troisième case. Hercule, Bacchus et des Bacchantes. — Un Faune jouant de la flûte dorique. — Les Travaux d'Hercule représentés par une multitude de petites statues. — Un Génie donnant de l'ambroisie à Bacchus.

Quatrième case. La Victoire, la Fortune, des Génies, des Divinités égyptiennes, parmi lesquelles un beau Sérapis, et Isis couronnée avec un disque, tenant Horus sur ses genoux.

Cinquième case. Divinités étrusques, très-belle collection.

Sixième case. Portraits d'hommes et de femmes ; fragments de statues exécutées de la manière la plus belle, et un petit squelette.

Septième case. Animaux de plusieurs espèces qui ont servi pour des sacrifices et des offrandes ; symboles et insignes militaires ; un hippogriffe, une chimère, un taureau avec tête d'homme ; une aigle romaine qui a appartenu à la vingt-quatrième légion ; et une main ouverte, appelée par les Romains *Manipulus*.

Huitième case. Instruments pour les sacrifices, autels et trépieds, un sistre curieux, une couronne murale, etc.

Neuvième case. Candélabres et lampes.

Dixième case. Casques, éperons, mors, etc., pour les chevaux ; anneaux, bracelets, boucles d'oreilles, tous en or ; miroirs de métal blanc, et aiguilles faites avec des poils.

Onzième case. Anciennes inscriptions gravées sur bronze. — Un manuscrit sur cire presque entièrement effacé. — *Poids* romains et *balances*, etc.

Douzième et treizième cases. Ustensiles de cuisine. — Un disque en argent, sur lequel est représenté Flavius Ardaburius, qui fut consul de Rome en 312.

Quatorzième case. Serrures, clefs, et quelques monuments des chrétiens primitifs, parmi lesquels est une lampe en forme de bateau, avec une figure de saint Pierre à la poupe.

Milieu du cabinet. La tête d'un cheval.   Un orateur, avec des caractères étrusques gravés sur sa robe. Cette belle statue a été trouvée près du lac de Pérouse. — Une Chimère, avec des caractères étrusques gravés sur une des jambes; elle a été trouvée près d'Arezzo. — Une statue étrusque représentant un Génie, ou peut-être un Bacchus, trouvée à Pesaro. — Une Minerve endommagée par le feu, mais très-belle; sur le casque est un dragon, symbole de la vigilance et de la prudence. Cette statue a été trouvée près d'Arrezzo, et l'un des bras a été restauré. Derrière la Chimère est un torse, et devant elle un trépied que l'on suppose avoir appartenu à un temple d'Apollon. Ce cabinet contient aussi quatre bustes trouvés dans la mer, près de Livourne; ils paraissent être de sculpture grecque, et l'un d'eux ressemble à Homère.

SALLE DE NIOBÉ. A l'extrémité supérieure de ce magnifique appartement, est le célèbre groupe de Niobé et de son plus jeune enfant, que l'on suppose avoir été fait par *Scopas*, et qui est généralement considéré comme l'effort le plus intéressant du ciseau grec dont l'Italie puisse se vanter; il n'est cependant pas dans son intégrité, car l'une des mains de la mère et l'un des pieds de l'enfant ont été restaurés. A l'entour de l'appartement sont des statues des autres enfants de Niobé, qui semblent être l'ouvrage de divers artistes. La fille, qui vient immédiatement après Niobé, sur la gauche, est une statue admirablement exécutée; la statue opposée a beaucoup de mérite; le fils mort est admirable; mais, en considérant la fable, il paraît extraordinaire que le sculpteur l'ait placé sur un coussin. Deux filles de chaque côté de Pædagogus, et la troisième statue, à gauche de la porte d'entrée, ont beaucoup de mérite. Il est extrêmement à regretter que ces chefs-d'œuvre de l'art ne soient pas disposés de manière à s'accorder avec le sujet.

La seconde statue à gauche de la porte d'entrée est une Psyché, et n'a rien à faire avec le sujet tragique de Niobé: elle n'a été admise ici uniquement que pour orner l'appartement, ainsi que l'a été la statue d'un adolescent agenouillé et en apparence blessé. — Il y a dans cette salle une Chasse de *Snyders*, *deux Rubens*, Bataille d'Ivry et Entrée de Henri IV à Paris, et trois tableaux de *Hunthorst*, un Souper de nuit, une Bohémienne disant la bonne aventure, qui sont admirables!

SALLE DU BARROCCIO. On y trouve les peintures suivantes : portrait d'une princesse qui ressemble à Marie, reine d'Écosse, par *Van-Dyck*. — Une Bohémienne disant la bonne aventure à une jeune femme, et l'Adoration de l'Enfant Jésus, tous deux par *Gherardo delle Notti*.—Une Bacchante, par *Rubens*. — Un épisode tiré de l'Arioste, par *Guido*. — Un homme avec un singe, par *Annibal Carrache*. — La Vierge, notre Sauveur, saint Jean, etc., par *Fra Bartholomeo della Porta!* — Un portrait de Laurent de Médicis, duc de Nemours, par *Alessandro Allori*. — La Dispute dans le temple, par *M.-A. Caravage*. — Mars armé, par *Guercino*. — Sainte Marie-Madeleine, par *Carlo Dolci!* — La Vierge priant Notre-Seigneur de bénir les charitables, appelée la Madonna del popolo, par *Baroccio!* — Un portrait du sculpteur Francavilla, par *Porbus*. — Une Vierge, par *Sassoferato*.—Une tête de saint Pierre en pleurs, par *Lanfranc*. — Le Martyre de saint Etienne, par *Cigoli!* —Saint Clovis, des Cordeliers, par *Carlo Dolci*. — Elisabeth, duchesse de Mantoue, par *Andrea Mantegna*. — L'Enfant Jésus avec des anges, par *Albano*. — Et la Vierge, Notre-Seigneur, etc., que l'on suppose avoir été dessiné par *Léonard de Vinci*, et peint par *Bernardino Luini*.

Cabinet des inscriptions grecques et latines, des monuments égyptiens, etc. Ici l'on voit deux divinités égyptiennes en basalte. — Des monuments sépulcraux. — Brutus!! par *Buonarotti*, seulement commencé, et au-dessus le premier ouvrage de cet artiste (une tête de satyre), exécuté quand il n'avait encore que quinze ans, et qui lui valut l'entrée à l'Académie platonique.—Des bustes d'Euripide,—de Démosthènes, — d'Aratus, — de Pythagore, — de Sapho, — d'Alcibiade, — de Sophocle, — d'Aristophane, — de Platon,—d'Homère, de Sénèque,—d'Ovide,—de Solon, — d'Anacréon,—d'Hippocrate, etc.

Cabinet renfermant des portraits de peintres, en majeure partie faits par eux-mêmes. Au centre de cet appartement est le célèbre vase de la villa Médicis, orné de bas-reliefs représentant le sacrifice d'Iphigénie! Le plafond a été peint par *Pietro Dandini*; sur les murs à l'entour sont les portraits de Raphaël, Léonard de Vinci, Buonarotti, Titien, la famille des Carrache, Dominichino, Albano, Guercino, Guido, Van-Dick, Vélasquez, Rembrandt, Charles Le Brun, Vander Werf jeune, tous faits par les peintres dont ils offrent les traits; celui de Léonard de Vinci est surtout remarquable: on en compte près de 400. L'appartement qui communique avec celui-ci contient aussi des portraits de peintres. Le plafond a été peint par *Binbacci*, et au centre de l'appartement est une table magnifique en mosaïque florentine (1). Sur les murs, à l'entour, sont les portraits de Mengs, Batoni, Reynolds, Angélique Kaufmann, et madame Le Brun; il y a encore un buste en marbre de madame Damers, fait par elle-même.

Cabinet contenant des peintures de l'école vénitienne, deux salles. Portrait d'un homme avec la main placée sur un crâne, par *Titien*.—Portrait de Sansovino, par le même. — Portrait d'un vieillard, par *Monroë*. — Notre Sauveur mort, par *Giovanni Bellino*.—Une figure habillée à l'espagnole, par *Monroë*. — La Vierge, notre Sauveur, saint Jean, etc., par *Titien*. — Vénus avec sa suite et Adonis mort, par *Bonvicino*. — Portraits de François, duc d'Urbin, et de la duchesse, par *Titien*. — Quatre têtes, par *Paul Véronèse*, *Pâris Bordone*, *Tiberio Tinelli* et *Campagnola*. — Deux chiens, par *Bassano*. — Portrait de Giovanni de Médici, père de Côme Ier, par *Titien*. — Les Noces de Cana en Galilée, par *Tintoretto*. — Portrait d'un homme vêtu de noir, avec des cheveux rouges, par *Bordone*. — La Vierge, notre Sauveur, et sainte Catherine qui lui offre une pomme-grenade, par *Titien*, et le portrait d'une femme avec des fleurs, ordinairement appelé *la Flora*, par le même maître. — La Crucifixion, par *Paul*

---

(1) La mosaïque de Florence, appelée *opera di commesso*, consiste en brillants de gemme et en petits morceaux du plus beau marbre, placés de manière à imiter des fleurs, des insectes et des peintures de toute espèce.

Véronèse. — Portrait de Sansovino dans sa vieillesse, par *Tintoretto.* — Portrait d'un chevalier de Malte, par *Giorgione.* — Portrait d'un géomètre, par *Palma Vecchio.*

Corridor de la sculpture moderne, près de l'école vénitienne. On y admire des reliefs de *Luc de la Robbia*, étonnants de vérité, du *Donatello*, de *Rosellino*, une madone de *Michel-Ange.*

Cabinet des pierres précieuses, etc. Cet appartement est orné de belles colonnes d'albâtre oriental et de vert antique; il contient une collection très-précieuse de médailles, de pierres fines, etc., avec une table de mosaïque de Florence, qui a été exécutée dans l'enfance de cette espèce de travail, et qui représente l'ancien port de Livourne.

Cabinet contenant des peintures de l'école française. Les plafonds de cet appartement et de ceux qui y communiquent ont été peints par l'école de *Poccetti.* Peintures sur les murs : Thésée soulevant la pierre énorme sous laquelle son père avait caché l'épée qu'il devait porter à Athènes, par *N. Poussin.* — Vénus et Adonis, par le même maître.

Cabinet contenant des peintures de l'école flamande. Buste d'un homme couvert de fourrures, avec un bonnet sur la tête, par *Denner.* — Un paysage, par *Paul Brill.* — Un autre, par *Claude Lorrain.* — L'intérieur d'une église, par *Peter Neff*; — et l'intérieur d'une prison, où l'on a représenté la mort de Sénèque, également par Peter Neff.

Cabinet contenant des peintures de l'école hollandaise. Un maître d'école apprenant à lire à un enfant, par *Gérard Dow.* — Neuf tableaux par *Francis Miéris*, savoir : un charlatan faisant des tours; — un vieux amoureux avec sa maîtresse; — un homme assis à table avec une bouteille de bière, et près de lui une femme et un homme endormis; — le portrait du fils de Miéris; — son propre portrait; — le même dans une autre attitude; — une femme endormie et deux autres figures; — la famille du peintre, — et un paysan coupant du pain, tandis que sa femme boit de la bière. — Le Jugement de Salomon, par *Vander-Werf*, et le Sauveur dans la crèche, par le même artiste.

Cabinet contenant des peintures de l'école italienne. La

tête de Méduse, par *M.-A. Caravage*. — Le buste de la Vierge pressant Notre-Seigneur sur son sein, par *Carlo Cignani*. — L'Enlèvement d'Europe, par *Albano*. — Le Massacre des Innocents, par *Dosso-Dossi*. — La Vierge, le Seigneur et saint Jean, avec Joseph dans le fond, par *Schidone*. — La Vierge, le Sauveur et saint Jean, par *Vasari*. — Le même sujet, par *Guido*. — La fracture du pain, par *Palma Vecchio*. — Un paysage, par *Salvator Rosa*, et une Annonciation, par *Garofalo*.

LA TRIBUNE. — On a choisi cet endroit de préférence pour y réunir les objets les plus précieux de la galerie, à cause de la hauteur de la pièce, qui s'élève en forme de coupole, et de la disposition des jours que donnent des fenêtres par le moyen des rideaux, autant qu'il en faut pour voir chaque morceau. Cette salle est de forme octogone, ayant environ 7 mètres de diamètre, bâtie suivant le dessin de *Bernard Buontalenti*; le dôme a été orné en nacre de perles par *Poccetti*. Le pavé de marbre est d'un grand prix, mais d'un goût qui n'est pas analogue à cet endroit.

La VÉNUS de MÉDICIS mériterait que pour elle seule on vînt voir Florence, comme jadis on n'allait au temple de Gnide que pour y admirer la Vénus de Praxitèle.

Cette belle figure a été sculptée par Cléomène, fils d'Apollodore d'Athènes.

La hauteur de la Vénus est de 1 m. 60 c. mesure de Paris, et d'Angleterre, 4 pieds 11 pouces 4 lignes; mesure de Florence, 2 bras 11 sous 8 deniers. La plinthe n'est pas comprise dans cette mesure.

Le petit APOLLON, connu sous le nom d'*Apollino*. *Mengs* (t. II, pag. 47) dit que celui du Belvédère offre l'idée du style sublime, et que celui de Florence, de même que la Vénus (dont il est voisin), donne l'idée du beau et du gracieux. Ce qui lui ressemble le plus, c'est le petit Apollon en bronze d'Albani, qui est de Praxitèle, ou du sculpteur des Grâces. Celui-ci est peut-être le modèle le plus accompli du style gracieux : sa hauteur est de 1 mètre 40 centimètres, mesure de Paris, et d'Angleterre, 4 pieds 6 pouces; mesure de Florence, 2 bras et 7 sous; le tout sans la plinthe.

Le ROTATEUR, le Rémouleur (l'*Arrotino*), ou l'Espion,

sont les noms sous lesquels a été connue cette statue célèbre, qui fut trouvée à Rome dans le 16ᵉ siècle. Il tient de la main droite un couteau posé sur une pierre, et appuyé par deux doigts de la main gauche. Il est entièrement nu, dans une attitude gênée, le corps un peu penché en avant, parce qu'il a son point d'appui sur la main gauche. On a prétendu lui trouver un air occupé de tout autre chose que du soin d'aiguiser son couteau. Effectivement il a la tête tournée, et ne regarde ni la pierre ni le couteau : son air d'attention ne marque point de finesse, et tous les traits indiquent un esprit épais; la tête est traitée de la meilleure manière, et on peut la regarder comme le plus grand monument pour l'expression; la chevelure est courte, négligée et rude, mais faite avec la vérité de la nature même.

Les LUTTEURS (*la Lotta*), groupe fameux, pensé avec un génie supérieur; bien des amateurs le mettent au-dessus de beaucoup de statues du premier ordre; on y voit surtout la force, la tension des muscles, le gonflement des veines, comme dans le Laocoon. La tête du vaincu est antique; pour l'autre, les sentiments des connaisseurs sont partagés; elle paraît au moins retouchée.

Le FAUNE, pièce du meilleur siècle de la sculpture antique. Il est entièrement nu; tous les membres sont de l'harmonie la plus belle et la plus animée, et savamment contrastés : l'opinion commune l'attribue à Praxitèle. La tête et les bras ont été restaurés par *Michel-Ange*; mais c'est avec tant de goût, le style en est si semblable, qu'il semble impossible que toute la statue ne soit pas du même artiste. *Maffei* l'estime comme une des plus belles statues de l'antiquité.

TABLEAUX.

Les peintures de la tribune sont presque toutes d'une sublimité qui les rend dignes d'être placées près des chefs-d'œuvre de la sculpture.

Albert Dürer. Une Epiphanie, avec des têtes d'une grandeur de style étonnante.

Dominique de Paris Alfani, écolier de Perugino. La

Sainte Vierge assise avec l'Enfant Jésus entre ses bras; Ste Elisabeth lui présente saint Jean enfant.

Du *Guerchin*, que l'on a appelé le magicien de la peinture italienne. Un Endymion endormi.

Michel-Ange. La Vierge à genoux qui donne, par-dessus son épaule, l'Enfant Jésus à saint Joseph; on voit dans le lointain des figures nues qui semblent sortir du bain. Ce tableau est rond, et fut fait pour un gentilhomme florentin (*Agnolo Doni*).

Dominiquin. Le portrait du cardinal Agucchia, plus que demi-figure : la tête a une expression surprenante.

De *Titien.* Deux Vénus. Celle qu'on appelle improprement la femme du Titien est peinte nue, un peu plus grande que nature, avec un Amour derrière elle. Le pinceau en est vigoureux, et la manière dont elle est dessinée a plus de ce qu'on appelle beau idéal, mais moins de vérité et de finesse que l'on en trouve dans la seconde.

L'autre Vénus est placée presque vis-à-vis de celle-ci, et est regardée par *Algarotti* comme la rivale de la Vénus de Médicis; on la met au nombre des ouvrages les plus remarquables de la plus belle manière de Titien. On prétend que c'est le portrait de la maîtresse d'un des Médicis, ou d'un duc d'Urbin. La figure est éclairée. Elle représente une jeune personne nue qui tient des fleurs de la main droite. Son regard est voluptueux; l'air de la tête, les mains, la carnation, sont d'une pureté de dessin, d'une beauté de pinceau inexprimables.

Au-dessous de ce tableau il y a un magnifique portrait du prélat *Beccadelli*, Bolonais, avec un bref de Jules III dans les mains, peint par le même *Titien*, en 1551, avec une vigueur et une fraîcheur de coloris admirables.

Le *Parmesan* vient à la suite de Corrège par son style gracieux; mais, en voulant le surpasser, il est devenu quelquefois maniéré et mignard. Il y a ici une Sainte Famille, avec la Madeleine et le prophète Isaïe vu de profil.

Le *Mantegne.* Trois tableaux : la Circoncision, l'Adoration des Rois, et la Résurrection, en petites figures travaillées avec une grande correction de dessin et une patience extrême. La gravure a été inventée de son temps, il a été des premiers qui l'aient pratiquée.

André del Sarto. Son nom était *André Vanucchi*; il fut écolier de *Pierre de Cosimo.* Notre-Dame sur un piédestal, St François et St Jean l'Évangéliste debout. Cet ouvrage est placé par les connaisseurs parmi les plus beaux tableaux de ce grand peintre : la couleur en est vigoureuse ; l'harmonie de la composition répond parfaitement à l'harmonie de la couleur, à la légèreté du pinceau, et à la grâce dont sont particulièrement animées les têtes de l'Enfant Jésus et de la Vierge.

De *Guide.* Une Vierge en contemplation ; demi-figure.

Daniel de Volterre. Le Massacre des Innocents : ce tableau fut acheté par le grand-duc Pierre Léopold en 1782. Il y a plus de 70 figures.

Du *Guerchin.* La Sibylle Samie. Cet ouvrage est infiniment supérieur au précédent tableau, représentant Endymion. Le clair-obscur de *Guerchin* donne un si grand relief à ses ouvrages, que l'on croirait saisir les corps qu'il représente.

Paul Véronèse (au-dessus de la porte). Notre-Dame avec l'Enfant Jésus sur ses genoux : St Jean est dans l'attitude de lui baiser le pied ; on voit St Joseph à gauche, et à droite Ste Catherine avec une branche de palmier, à mi-corps : ouvrage du premier ordre.

Annibal Carache (à côté du précédent). Une Bacchante vue par le dos ; le dieu Pan lui présente des fruits sur une coupe ; d'autres petits Satyres qui badinent, et un Amour derrière elle. La figure est de grandeur naturelle, nue jusqu'aux genoux. Ce tableau est admirablement peint.

Lanfranc. Saint Pierre auprès de la croix ; demi-figure pleine d'expression, de repentir et d'amour.

Joseph Ribera, surnommé *l'Espagnoletto.* Saint Jérôme tourné vers une trompette qui paraît dans les airs, se frappant la poitrine, et tenant un crucifix de la main droite.

Pierre Vannucci, nommé *Pierre Pérugin.* Notre-Dame avec l'Enfant Jésus sur ses genoux : saint Jean-Baptiste debout d'un côté, saint Sébastien de l'autre.

Raphaël. De sa première manière il y a, à côté du tableau de Dominiquin, le portrait de Madeleine Doni, dame florentine, demi-figure, assise, avec des bagues aux doigts, et une croix attachée au cou avec un ruban.

La Vierge tenant un livre ouvert de la main gauche, et l'Enfant Jésus se tournant vers saint Jean-Baptiste qui a un chardonneret dans les mains.

L'autre Ste Famille est un tableau plus étudié, plus vif, mais, sous quelques rapports, moins gracieux que le précédent. La Vierge y est assise ; l'Enfant Jésus l'embrasse, et saint Jean-Baptiste est aux pieds de l'Enfant. Tous les deux sont sur bois, et ont pour fond des paysages ; dans le dernier, la plus belle partie consiste dans les têtes, où l'on voit, surtout dans le saint Jean et dans l'Enfant Jésus, toute la finesse, l'expression, la grâce et la vérité que l'on peut souhaiter en pareil sujet.

Le quatrième tableau est un tableau célèbre de la troisième manière, peint sur toile, qui représente saint Jean dans le désert, assis et vu de face : le coloris en est beaucoup plus parfait. Ce tableau et les deux suivants du même Raphaël, c'est-à-dire le portrait du pape Jules II de la Rovère, et de la *Fornarina*, femme célèbre par l'attachement que Raphaël eut pour elle, sont trois chefs-d'œuvre.

Van-Dyck. Un superbe portrait qu'on dit être de Jean de Montfort. A quelque distance, un autre tableau magnifique de Van-Dyck : c'est le portrait de Charles V à cheval, armé de tout point ; un aigle tient du bec une couronne de laurier. La couleur en est belle, l'attitude très-animée.

Clovis Carache (au-dessus de la porte). Eliézer, économe d'Abraham, chargé par lui d'aller en Mésopotamie pour choisir une femme pour son fils Isaac.

De *Baroche.* Le duc François Ier d'Urbin, armé de toutes pièces ; ouvrage achevé.

Fra Bartolommeo della Porta. Les prophètes Job et Isaïe ; le second est surtout d'une grande beauté, quoiqu'il n'égale pas le saint Marc qui est au palais Pitti, et qui est, parmi les figures du *Frate*, ce que Moïse de Rome est parmi les statues de Michel-Ange.

Du *Corrège.* Il y a ici quatre tableaux de ce grand artiste, savoir : 1. la Vierge adorant l'Enfant Jésus, qui est couché devant elle : la draperie qui couvre le corps de la Vierge est singulièrement jetée ; une partie lui sert de coiffure, et descend de là jusqu'à terre. C'est sur le bout de cette draperie que l'Enfant est couché, de sorte que la Vierge ne peut faire le moindre mouvement sans renverser l'Enfant. Ce tableau est d'une fraîcheur admirable. 2. La sainte Vierge en Egypte, habillée de blanc, l'Enfant Jésus entre ses bras ; tableau excellent pour la couleur. 3. La tête coupée de St Jean dans un bassin. 4. Une tête d'un enfant presque colossale : c'est une étude peinte sur papier.

Léonard de Vinci. Hérodiade et sa servante recevant la tête de saint Jean-Baptiste de la main du bourreau qui la lui a coupée ; demi-figures. Les têtes, surtout celle d'Hérodiade et celle du bourreau, sont d'une expression inconcevable. La finesse de la touche, l'amour avec lequel tout est soigné, ont acquis à ce tableau une grande réputation. Avec tous ces mérites, et quoique les têtes, surtout celle d'Hérodiade, soient tout à fait dans le style de Léonard, il y a des connaisseurs qui en attribuent l'exécution à Bernardino Luini.

Jules Romain. Notre-Dame avec son fils.

Luc de Hollande. Christ couronné d'épines, plus que demi-figure.

Du *Schidone*. La sainte Vierge et l'Enfant Jésus, et saint Joseph derrière eux ; saint Jean debout et deux anges.

Pierre-Paul Rubens (au-dessus de la porte). Hercule entre le Vice et la Vertu (personnifiés par Vénus et Minerve), sujet allégorique.

Ce tableau est parfaitement bien composé, et groupé avec ce génie poétique qui était si familier à Rubens ; il y a un bel effet de lumière, une belle couleur, et beaucoup d'harmonie.

Cabinet contenant des peintures de l'école toscane. Jésus dormant sur sa croix, par *Cristophano Allori.* — La tête de Méduse, avec les cheveux changés en serpents, par *Léonard de Vinci.* — Notre Sauveur mort dans les bras de la Vierge, par *Angelo Allori.* — Notre Sauveur, les Apôtres, les Marie, etc., par *Carlo Dolci.* — Un Ange jouant de la guitare, par *Rosso.* — Un petit portrait du Dante. — *Idem* de Pétrarque. — Portrait d'Andrea del Sarto, par lui-même. — Un Enfant tenant un oiseau, par *Angelo Allori*. — Une esquisse, par *Léonard de Vinci*.

Deuxième cabinet de l'école toscane. La Visitation de sainte Élisabeth, par *Mariotto Albertinelli*. — Un Miracle de saint Zenobio, évêque de Florence, par *Ridolpho Ghirlandajo*. — Le corps du saint porté à la cathédrale, par le même. — La Vierge, notre Sauveur, saint Zenobio et autres saints, par *Domenico Ghirlandajo*.

Cabinet de l'Hermaphrodite. Un buste colossal de Junon. — Une tête colossale de Neptune. — Un Hermaphrodite, sculpture grecque, et un Satyre de sculpture moderne. — Un groupe de deux enfants qui jouent. — Un buste de Cicéron. — Un buste de Marcus-Antonius, très-remarquable. — Ganymède, restauré par *Cellini*. — Une statue appelée *Genio della morte*. — Un groupe de l'Amour et Psyché, trouvé sur le mont Celius à Rome. — Un buste d'Antinoüs. — Un Hercule enfant. — Un buste colossal de Jupiter. — Un buste de Bérénice, femme de Titus, et reine d'une partie de la Judée. — Un buste d'Alexandre le Grand. — Un Amour endormi. — Une statue d'Hermaphrodite couchée.

PALAIS PITTI. — Ce palais n'a point de galerie proprement dite; les 497 tableaux qu'il renferme (dont le catalogue suit) sont répartis dans 14 salons faisant partie de l'habitation du grand-duc, qui veut bien les ouvrir tous les jours au public. A droite en entrant au palais, est le grand escalier par où on monte à tous les quartiers de ce vaste édifice. Après en avoir monté les quatre premières rampes, on trouve un vestibule orné de statues. La première à main droite est une Vénus antique; la seconde, un Hercule restauré en plusieurs endroits; la troisième, un autre Hercule également antique, tous deux provenant de la *Villa Medicis* de Rome; la quatrième, une statue allégorique de la Dissimulation, sculptée par *François Susini*. Vis-à-vis de l'escalier est un second vestibule contigu au premier, et où l'on voit: 1. un Faune antique restauré; 2. un Bacchus, ouvrage médiocre, de *Baccio Bandinelli*; 3. un Mercure qui tue Argus, sculpté par *Francavilla*; 4. un autre Faune presque semblable au premier.

On passe de là dans une salle nommée *il Salotto della Guardia*, parce qu'elle est occupée par les gardes du corps à l'occasion des fonctions publiques ou d'étiquette qui se font dans le salon contigu. On y remarque les statues suivantes, qui y furent placées en 1791 : 1. un Mercure antique; 2. un Faune antique avec un petit Satyre ; 3. un autre Faune presque semblable; 4. un Mercure antique; 5. Hygie avec le serpent d'Esculape, dont la tête offre des restaurations modernes; 6. Pallas antique avec la tête moderne; 7. un Gladiateur antique restauré en plusieurs endroits; 8. un autre Gladiateur semblable au précédent, mais mieux conservé et dont la tête est antique; 9. un Esculape antique d'un caractère singulier et assez estimé; 10. une Vénus antique. Les portes de cette salle sont surmontées de quatre bustes des souverains de la Toscane : 1. Pierre-Léopold, de *Spinazzi*; 2. Ferdinand III, de *Joseph Belli*; 3. Côme I, en bronze; 4. Ferdinand II, en marbre.

De la salle des Gardes on passe dans la salle dite *delle Nicchie* à cause des niches pratiquées dans le mur, où sont placées six statues antiques d'un beau travail : 1. Vénus, qui est la moins parfaite; 2. statue inconnue; 3. Flore; 4. Vénus céleste; 5. une Muse; 6. Apollon Musagète. On y voit aussi 12 bustes antiques d'empereurs romains, d'un très-grand mérite : 1. Antonin; 2. Puppienus; 3. copie moderne d'une antique statue inconnue; 4. Lucius Verus, dont la tête seule est antique et fort estimée; 5. un buste antique inconnu; 6. Marc-Aurèle, dont le buste est moderne; 7. tête de Commode; 8. Lucile; 9. tête inconnue sur un buste moderne; 10. Gallien; 11. figure inconnue; 12. supposée Antonin. Les décorations peintes à fresque sont de Terreni et Castagnoli, et consistent en quadratures et ornements.

Du salon *delle Nicchie*, qui divise le premier étage en deux parties, où sont les appartements nobles de la cour, on passe à main gauche dans la pièce nommée *della Guardia*, où *Luca Giordano* a peint sur toile le tableau qui occupe l'enfoncement de la voûte.

Dans la chambre dite *dei Ciambellani*, à côté de la précédente, le même peintre a fait les ornements ajoutés à la peinture du plafond, qui est de Paul Sarti.

ROUTE 78. — DE BOLOGNE A FLORENCE.

Vient ensuite un magnifique appartement qui est à l'usage de la cour, laquelle y tient société sous le nom d'*appartamenti*, cercles. Dans la chambre intérieure de ce cabinet est un très-bel ornement de stucs dorés ; travail exécuté, quant au dessin, par M. le comte Digny Cambray, et, pour ce qui est de la dorure, par M. Bianchi, doreur. Au centre de ce majestueux appartement est un cabinet rond, élégamment orné de stucs dorés et de peintures par *Gherardini*, au milieu duquel est placée la Vénus de *Canova*, qui naguère décorait la tribune de la galerie de Florence, lorsque la Vénus de Médicis était encore dans la possession des Français. Parmi les meubles précieux et élégants de cet appartement, on admire la superbe vaisselle en porcelaine de différentes fabriques, et surtout celle de France, embellie d'excellentes miniatures. En hiver on étend sur les parquets de riches tapis fabriqués à Florence par ordre du grand-duc *Pietro Leopoldo*.

SALON DE VÉNUS. — On voit au centre de la voûte de cette première pièce de l'appartement, Minerve enlevant à Vénus un jeune garçon, emblème de Côme Ier ; elle le conduit à Hercule : signifiant la raison qui détourne la jeunesse de l'incontinence, et la dirige vers l'activité et la vertu, représentées par Hercule.

Dans les huit lunettes qui sont sous la voûte on a représenté en peinture les illustres personnages suivants : Crispus, Antiochus, Alexandre, Seleucus, Masinissa, Scipion, Cyrus et Auguste.

1re PAROI. 1. *Luca Cranak*, c'est le nom du peintre. Ève est le sujet du tableau.
2. *Salvator Rosa*. Figure allégorique du Mensonge tenant en main un masque.
3. *Tintoretto*. L'Amour né de Vénus et de Vulcain, et dans le lointain Mars.
4. *Salvator Rosa*. Marine.
5. *Benvenuto Garofalo*. Saint Jacques.
6. *Manfredi*. Demi-figures qui disent la bonne aventure.
7. *Porbus*. Portrait d'homme.

GUIDE EN ITALIE.

Guercino. Apollon et Marsyas.
Paysage.
Narcisse à la fontaine.
Francesco Bassano. Le Martyre de Ste Catherine.
Epousailles.
Rosselli. Le Triomphe de David.
Paysage.

15. *Salvator Rosa.* Marine.
16. *Rembrandt.* Portrait d'un vieillard.
17. *Tiziano.* Epousailles de sainte Catherine.
18. *Tiziano.* Portrait d'une femme que l'on croit être sa maîtresse.
19. *Spagnoletto Ribera.* Martyre de saint Barthélemi.
20. *Luca Cranak.* Adam.
21. *Pietro da Cortona.* Une sainte en prière.

4e PAROI. 22. *Bilivert.* Supplice de Marsyas donné par Apollon.
23. *Rustichino.* Mort de sainte Marie-Madeleine.
24. *Guido.* Demi-figure d'un vieillard avec un bâton à la main.
25. *Simon da Pesaro.* St Isidore, demi-figure avec la barbe blanche et un bâton à la main.
26. *Feti.* Parabole évangélique de la vigne de J.-C.
27. *Cigoli.* St Pierre marchant sur les ondes marines.
28. *École d'André.* Portrait de femme, demi-figure.
29. *Guercino.* St Joseph, demi-figure.
30. *Feti.* Parabole évangélique de la perle perdue.
31. *Vannini.* Ecce Homo, demi-figure.
32. *Vanni.* Mariage de Ste Catherine de Sienne.
33. *Anonyme flamand.* Portrait d'homme.
34. *Ecole de Van-Dyck.* Portrait de femme.

Il y a dans cette chambre deux grandes tables d'un marbre qu'on dit de Porto-Venere, et une troisième également grande, avec un fond en marbre statuaire, marqueté au milieu d'un ovale d'émeraude d'Espagne.

SALON D'APOLLON. — La seconde pièce est appelée la stanza d'Apollo, de ce que Pierre de Cortone peignit au milieu de la voûte enrichie de stucs dorés ce dieu tutélaire des beaux-arts, accueillant Côme I*er*, qui est conduit par la Gloire appuyée sur son bras.

1re PAROI. 35. *Manière du Morone*. Portrait de l'évêque Jérôme Argentino, demi-figure.

36. *Girolamin de' Carpi*. Portrait de l'archevêque Bartoloni Salimbeni.
37. *Paolo Veronese*. Portrait de sa femme.
38. *Palma Vecchio*. La Cène à Emmaüs.
39. *Murillo*. La Ste Vierge avec le St Enfant.
40. *Andrea del Sarto*. La Sainte Famille.
41. *Cristofano Allori*. Hospitalité de St Julien.
42. *Perugino*. Ste Marie-Madeleine, demi-fig.
43. *Franciabigio*. Portrait d'homme.
44. *Giacomo Francia*. Portrait d'homme.
45. *Ventura Salimbeni*. La Sainte Famille.
46. *Cigoli*. St François en méditation.

2e PAROI. 47. *Guido*. Bacchus, demi-fig.
48. *Simone da Pesaro*. St André, demi-fig.
49. *Tiberio Titi*. Portrait enfantin du prince Léopold de Médicis, qui fut ensuite cardinal.
50. *Guercino*. Miracle de St Pierre qui ressuscite le fils de la Veuve.
51. *Cigoli*. Descente de Croix.
52. *Pordenone*. La Ste Conversation.
53. *Carlin Dolci*. Diogène avec sa lanterne, demi-fig.
54. *Tiziano*. Portrait de Pierre Arétin.
55. *Baroccio*. Portrait enfantin du prince Frédéric d'Urbin.

3e PAROI. 56. *Guercino*. St Sébastien.
57. Copie de *Giulio Romano*, d'après l'original de Raphaël, la Ste Vierge dite du lézard.
58. *Andrea del Sarto*. Descente de croix.
59. *Raffaello*. Portrait de Maddalena Doni.
60. *Rembrandt*. Demi-fig. de son propre portrait.
61. *Raffaello*. Portrait d'Angiolo Doni.
62. *Murillo*. La Ste Vierge avec l'Enfant Jésus.
63. *Andrea del Sarto*. La Sainte Famille.
64. *Frate*. Déposition de croix.

65. *Tintoretto*. Portrait d'homme.
66. *Andrea del Sarto*. Son propre portrait.
67. *Tiziano*. Demi-fig. de Ste Madeleine.

4ᵉ PAROI. 68. *Inconnu*. Portrait d'un sculpteur.
69. *Schiavone*. Portrait d'homme.
70. *Schiavone*. Portrait d'homme.
71. *Carlo Maratta*. St Philippe Néri.
72. *Allori Cristofano*. Portrait d'homme.
73. *Vanni*. St François.
74. *Schiavone*. Portrait d'homme.

Cette chambre contient deux tables de porphyre ayant en marqueterie deux vases d'*officina* antique posés à terre, et exécutés avec des pierres dures coloriées selon le sujet.

SALON DE MARS. — La troisième chambre tire son nom du dieu Mars, principal sujet représenté dans la peinture de la voûte, divisée en quatre compartiments, dont trois ont rapport au triomphe de la maison des Médicis, laquelle est représentée par les grandes armoiries chargées de trophées qui ornent le centre de la voûte.

1ʳᵉ PAROI. 75. *Guido Cagnacci*. Ste Marie-Madeleine.
76. *Vander-Werff*. Portrait du duc Jean de Marlborough, demi-fig.
77. *Niccolo Soggi*. La Sainte Famille.
78. *Cigoli*. Ecce Homo.
79. *Raffaello*. La Ste Vierge de la Chaise.
80. *Tiziano*. Portrait d'André Vesalio, célèbre médecin.
81. *Raffaello*. Pape Léon X avec deux cardinaux, Médicis et de Rossi.
82. *Van-Dyck*. Portrait du cardinal Guide Bentivoglio, fig. entière.
83. *Tiziano*. Portrait d'homme.

2ᵉ PAROI. 84. *Guido*. St Pierre pleurant.
85. *Andrea del Sarto*. Traits de la vie de Joseph l'Hébreu.
86. *Rubens*. Le Départ de Mars pour la guerre.
87. *Palma Vecchio*. La Sainte Famille.
88. *Paris Bordone*. Repos de la sainte Vierge en Egypte.

89. *Cristofano Allori.* Sacrifice d'Abraham.
90. *Andrea del Sarto.* Traits de la vie de Joseph l'Hébreu.

3e PAROI. 91. *Carlin Dolci.* St Pierre pleurant.
92. *Tiziano.* Portrait d'homme.
93. *Rubens.* St François.
94. *Raffaello.* Sainte Famille, qu'on dit de l'Impannata.
95. *Rubens.* Le peintre Rubens avec son frère, et les deux philosophes Juste Lipsius et Grotius.
96. *Cristofano Allori.* Judith.
97. *Andrea del Sarto.* Annonciation, avec deux saints.
98. *Cigoli.* Sainte Marie-Madeleine.
99. *Angiolo Bronzino.* Sainte Famille.

4e PAROI. 100. *Guido.* Rébecca au puits.
101. *Baroccio.* Le Sauveur, demi-fig.
102. *Luini.* La Madeleine, demi-fig.
103. *Guercino.* Moïse, demi-fig.
104. *Luca Giordano.* La Conception.
105. *Volterrano.* Amour vénal, demi-fig. à fresque.
106. *Ecole de Sustermans.* Portrait de Galilée avec le télescope, demi-fig.
107. *Volterrano.* Amour endormi, demi-fig. à fresque.

On voit dans ce salon deux tables avec un fond de lapis-lazuli de Perse, entourées de marbre blanc et jaune antique.

SALON DE JUPITER. — La voûte de cette chambre, peinte à fresque, offre la vue d'Hercule et de la Fortune qui présentent à Jupiter le jeune homme déjà devenu guerrier, pour recevoir la couronne de l'immortalité. Un Génie, qui est celui de la Guerre, porte à la Victoire la cuirasse du héros, percée de javelots. Celui-ci grave en attendant sur un bouclier un M, lettre initiale de la famille de Côme Ier.

1re PAROI. 108. *Paolo Veronese.* Portrait d'homme.
109. *Pâris Bordone.* Portrait de femme, demi-fig.
110. *Tiziano.* Bacchanale.
111. *Salvator Rosa.* Conjuration de Catilina.
112. *Borgognone.* Une grande bataille.

113. *Michel-Angiolo.* Les Parques.
114. *Lelio da Novellara.* La Nativité de Notre-Seigneur Jésus-Christ.
115. *Girolamin de' Carpi.* Jésus mort.
116. *Sustermans.* Portrait de Victoire de la Rovère, femme du grand-duc Ferdinand II de Médicis, sous la forme de *Tuccia* vestale.
117. *Spagnoletto.* Portrait de Simon Paganucci.
118. *Andrea del Sarto.* Des portraits de lui-même et de sa femme.

2e PAROI. 119. *Manière de Sebastiano del Piombo.* Ecce Homo, demi-fig.
120. *Anonyme.* Portrait d'un militaire.
121. *Manière du Morone.* Portrait d'homme.
122. *Morone.* Même sujet.
123. *Andrea del Sarto.* La sainte Vierge, et quatre saints au bas du tableau.
124. *Le même.* L'Annonciation de la sainte Vierge.
125. *Frate.* St. Marc.
126. *Manière du Guercino.* St Pierre, demi-fig.
127. *Champagne.* Portrait d'homme.
128. *Manière du Morone.* Portrait d'homme.
129. *Morone.* Portrait de femme.

3e PAROI. 130. *Jacopo Bassano.* Portrait de femme.
131. *Tintoretto.* Portrait de Vincent Zeno, demi-fig.
132. *Crespi.* Sainte Famille.
133. *Salvator Rosa.* Une grande bataille.
134. *Paolo Veronese.* Les Marie visitant le St Sépulcre.
135. *Salvator Rosa.* Bataille.
136. *Paolo Veronese.* Jésus-Christ prend congé de sa mère avant la Passion.
137. *Gio da S. Giovanni.* Réunion de chasseurs revenant de la chasse.
138. *Federigo Zuccheri.* Portrait d'homme avec deux chiens.
139. *Rubens.* Sainte Famille.
140. *Leonardo da Vinci.* Portrait de femme.

4e PAROI. 141. *Rubens.* Bacchanale.

142. *Artemisia Gentileschi.* Sainte Marie-Madeleine.
143. *Gennari.* David.
144. *Battista Franco.* La Bataille de Montemurlo.

Ce salon contient deux grandes tables avec un fond en porphyre égyptien, et incrustées de coquillages en corail et de perles de Chalcédoine, avec une bordure à la grecque *lapis-lazuli.*

SALON DE SATURNE. — D'ici, en passant dans le cinquième salon, nommé *stanza di Saturno*, on voit dans l'enfoncement de la voûte ce dieu souverain du ciel, qui accueille un homme d'un certain âge conduit par Mars et par la Prudence, pour être couronné par la Gloire et par l'Eternité.

1re PAROI. 145. *Puligo.* Sainte Famille.
146. *Le même.* Même sujet.
147. *Giorgione.* Nymphe poursuivie par un satyre.
148. *Dossi.* Bambochade.
149. *Pontormo.* Portrait d'Hippolyte de Médicis, demi-figure.
150. *Van-Dyck.* Portrait de Charles Ier, roi d'Angleterre, et de Henriette de France.
151. *Raffaello.* Portrait du pape Jules II.
152. *Schiavone.* Caïn qui tue Abel.
153. *Coreggio.* Tête d'un jeune garçon.
154. *Carlin Dolci.* Le Sommeil de l'enfant St Jean.
155. *Le même.* Tête de Ste Rose.
156. *Guercino.* La sainte Vierge avec le divin Enfant, et un ange.
157. *Leandro Bassano.* Scène pastorale.
158. *Domenichino.* Sainte Marie-Madeleine.

2e PAROI. 159. *Frate.* Jésus-Christ ressuscité au milieu des évangélistes.
160. *Van-Dyck.* Tête de la Ste Vierge.
161. *Giorgione.* Moïse trouvé dans le Nil.
162. *Baroccio.* Tête de François-Marie de la Rovère, duc d'Urbin.
163. *Andrea del Sarto.* Annonciation de la Vierge.

164. *Perugino.* Descente de Jésus-Christ de la croix.
165. *Raffaello.* La Vierge sur un trône, dite *del Baldacchino.*
166. *Annibale Caracci.* Tête virile ébauchée.
167. *Giulio Romano.* La Danse d'Apollon avec les Muses.
168. *Guercino.* Tête de St Pierre.

   3ᵉ PAROI. 169. *Puligo.* Sainte Famille.
170. *Campagnola.* Adam et Ève.
171. *Raffaello.* Thomas Fedra Inghirami.
172. *Andrea del Sarto.* Dispute entre quatre saints docteurs sur la Trinité.
173. *Albano.* Apparition de Jésus-Christ à la Ste Vierge.
174. *Raffaello.* La Vision d'Ezéchiel.
175. *Albano.* Sainte Famille.
176. *Guido.* Cléopâtre.
177. *Lorenzo Lotto.* Trois demi-figures de différents âges.
178. *Raffaello.* Portrait du cardinal Bernard Dovizi de Bibbiena.
179. *Sebastiano del Piombo.* Le Martyre de Ste Agathe.
180. *Michele di Ridolfo.* Sainte Famille.
181. *Salvator Rosa.* Un poëte.
182. *Pontormo.* Le Martyre de 40 saints couronnés.

   4ᵉ PAROI. Cette paroi, dépourvue de tableaux, est ornée de deux grands miroirs, au-dessous desquels, sur deux tables de brocatelle d'Espagne, contournées de pierres dures incrustées, sont deux bustes en marbre des grands-ducs Ferdinand III et Léopold II, sculpture de *Giannozi.*

   SALON DE L'ILIADE. — Le sixième salon, appelé jusqu'à nos jours *dei Novissimi,* prend actuellement son nom de la peinture du plafond, exécutée par M. *Sabatelli* et tirée de l'Iliade, aussi bien que des huit lunettes et des quatre couloirs. Dans l'enfoncement du milieu on a représenté Jupiter qui vient de rassembler tous les dieux dans l'Olympe, et leur ordonne en plein conseil de ne point prendre part aux événements futurs de la guerre de Troie.

   1ʳᵉ PAROI. 183. *Carravaggio.* L'Amour endormi.
184. *Andrea del Sarto.* Son portrait.

185. *Giorgione.* Un Concert en musique de trois personnes.
186. *Paolo Veronese.* Le Baptême de Jésus-Christ.
187. *Scipion Gaetano.* Portrait de femme.
188. *Salvator Rosa.* Son portrait.
189. *Ecole des Caracci.* Portrait d'homme.
190. *Sustermans.* Portrait d'un jeune prince habillé en cuirasse.
191. *Andrea del Sarto.* L'Assomption de la sainte Vierge.
192. *Scipione Gaetano.* Portrait de Marie de Médicis, reine de France.
193. *Ecole des Caracci.* Portrait d'homme.
194. *Pâris Bordone.* Portrait d'un jeune guerrier.
195. *Jacopo Francia.* Portrait d'homme.
196. *Paolo Veronese.* Saint Benoît avec d'autres figures.
197. *Guido.* La Charité.
198. *Velasquez.* Portrait d'homme, demi-figure.
199. *Granacci.* Sainte Famille.

2º PAROI. 200. *Manière du Morone.* Portrait de Philippe II, roi d'Espagne.
201. *Tiziano.* Portrait du cardinal Hippolyte de Médicis habillé à la hongroise.
202. *Bilivert.* L'Ange refuse les dons de Tobie.
203. *Cristofano Allori.* Portrait d'homme.
204. *Angiolo Bronzino.* Portrait de femme.
205. *Scipione Gaetano.* Portrait d'une princesse.
206. *Angiolo Bronzino.* Portrait de François Iᵉʳ de Médicis.
207. *Leonardo da Vinci.* Portrait d'homme.
208. *Frate.* La sainte Vierge sous le trône avec d'autres saints.
209. *Cristofano Allori.* Portrait d'homme.
210. *Scipione Gaetano.* Portrait d'une princesse.
211. *Le même.* Même sujet.
212. *Angiolo Bronzino.* Portrait du grand-duc Côme Iᵉʳ de Médicis.
213. *Carlin Dolci.* Tête de Moïse.
214. *Baroccio.* Copie de la sainte Vierge et du saint Jérôme du Correggio.

215. *Tiziano*. Portrait anonyme.
216. *Paolo Veronese*. Portrait de Daniel Barbaro.

3e PAROI. 217. *Carlin Dolci*. St Jean Evangéliste, demi-fig.
218. *Salvator Rosa*. Guerrier, demi-fig.
219. *Perugino*. L'Enfant Jésus adoré par la sainte Vierge et par le petit saint Jean.
220. *Annibal Caracci*. La Gloire de J.-C. entouré de plusieurs saints.
221. *Ecole de Tiziano*. Portrait d'une femme, *Bentivoglio*, date de l'année 1520.
222. *Manière de Tiziano*. Portrait d'une femme.
223. *Holbein*. Portrait d'homme, demi-fig.
224. *Rubens*. Portrait du duc de Buckingham.
225. *Andrea del Sarto*. Assomption de la Vierge.
226. *Tinelli*. Portrait d'homme.
227. *Carlin Dolci*. Ste Marthe, demi-fig.
228. *Tiziano*. Le Sauveur, demi-fig.
229. *Anonyme*. Portrait de femme.
230. *Parmigianino*. La Vierge avec des anges, dite *del collo lungo*.
231. *Giusto Sustermans*. Victoire *della Rovere*, grande-duchesse de Toscane, avec son fils, depuis grand-duc Côme III, demi-fig.
232. *Ecole bolonaise*. St Sébastien.
233. *Manière de Pietro Perugino*. La Vierge avec l'Enfant Jésus et deux saints.

4e PAROI. 234. *Lanfranco*. L'Assomption.
235. *Guercino*. La chaste Suzanne.
236. *Francesco Bassano*. Le Sauveur chez Marthe.
237. *Rosso Fiorentino*. La Vierge sur son trône avec plusieurs saints.

On y admire aussi deux tables en albâtre cotognino de l'Orient, et tout autour une bande incrustée de *lapis-lazuli*, encadrées joliment de nifriside d'Egypte ; une troisième table en porphyre très-grande, et une quatrième encore en jaspe de Barga. Des vases de noir antique, ornés de bronze doré et d'argent, sont placés sur lesdites tables.

SALON DIT DELLA STUFA. — Tandis que Pierre *da Cortona* peignait les salles ci-dessus, il orna de *fresques* les quatre parois de ce salon, en y représentant les quatre âges de l'homme, avec des allégories sur les quatre âges du monde, suggérées par Michel-Ange le jeune.

Matteo Rosselli peignit la voûte en 1622, y représentant quatre Vertus avec la Renommée dans le centre, et huit Monarchies principales renfermées aux lunettes du tour.

Ce qui est vraiment digne d'admiration, c'est une colonne de porphyre vert précieux, sur laquelle est un vase de porcelaine avec le portrait de Napoléon. Une demi-colonne de breccia orientale soutenant un vase de porphyre, ainsi que d'autres vases de ce même marbre précieux, se trouvent sur quatre tables de brocatelle d'Espagne.

SALON DE L'ÉDUCATION DE JUPITER.—Peint par *M. Catani.*

1re PAROI. 238. *Anonyme.* Portrait d'homme.
239. *Carlo Caliari.* La Vierge avec l'Enfant Jésus.
240. *Luca Penni.* Sainte Famille.
241. *Clovio.* La Descente de croix, en miniature.
242. *Puligo.* Sainte Famille.
243. *Frate.* Sainte Famille.
244. *Porbus.* Portrait d'un jeune homme.
245. *Anonyme.* Portrait d'une femme voilée, demi-figure.
246. *Anonyme.* Une Bohémienne, demi-figure.
247. *Ecole de Raffaello.* Sainte Famille.
248. *Tintoretto.* La Descente de croix.
249. *Pontormo.* Profil d'un portrait d'homme.
250. *Francesco Bassano.* Portrait d'un jeune homme.
251. *Baroccio.* Tête d'un ange.
252. *Manière d'Holbein.* Portrait de Claude de Lorraine, duc de Guise.
253. *Paggi.* Le Repos en Egypte.

2e PAROI. 254. *Palma Vecchio.* La Sainte Famille.
255. *Van-der-Helst.* Portrait d'homme, demi-fig.
256. *Pietro da Cortona.* Sainte Marie Egyptienne.
257. *Paris Bordone.* La Sibylle montrant à Auguste le mystère de l'Incarnation.

258. *Tinelli.* Portrait d'homme.

3e PAROI. 259. *Dal Correggio.* Tête du Sauveur.
260. *Manière de Porbus.* Portrait de femme.
261. *Baroccio.* Tête de l'Annonciation.
262. *Manière d'Holbein.* Portrait d'homme.
263. *Ecole du Bronzino.* Jésus-Christ sur la croix.
264. *Tintoretto.* Résurrection de Jésus-Christ.
265. *Andrea del Sarto.* St Jean-Baptiste, demi-figure.
266. *Andrea del Sarto.* La Vierge avec l'Enfant Jésus.
267. *Paolo Veronese.* Portrait d'un enfant.
268. *Paolo Veronese.* Portrait semblable.
269. *Dit.* Présentation de la Ste Vierge au temple.
270. *Carlin Dolci.* St André devant la croix.
271. *Anonyme.* St Sébastien, demi-figure.
272. *Sustermans.* Portrait du prince Mathias de Médicis.
273. *Anonyme.* Portrait de femme.
274. *Anonyme.* Portrait d'homme.

4e PAROI. 275. *Carlin Dolci.* St Charles Borromée, demi-figure.
276. *Dit.* St Louis, roi de France.
277. *Angiolo Bronzino.* Portrait de la princesse Lucrèce de Médicis, fille du grand-duc Côme Ier.
278. *Giovanni Miel.* Bambochade.
279. *Angiolo Bronzino.* Portrait de l'enfance du prince Garcias de Médicis.
280. *Carlin Dolci.* St Roch, demi-figure.
281. *Dit.* St Nicolas de Tolentino, demi-figure.
282. *Florentin du XVe siècle.* Sujet allégorique.
283. *Anonyme.* Portrait d'une petite fille.
284. *Giovanni Van-Ahen.* Ste Famille.

Ce salon est décoré par une petite table de pierres dures rapportées sur la pierre de touche, et par deux autres tables de pierres dures incrustées d'une vue des bains de *Montecatini*, et d'une autre des *Cascine* de Florence.

SALON D'ULYSSE RETOURNANT EN ITHAQUE. — Peint par M. le pr. Martellini.

1re PAROI. 285. *Gregorio Pagani.* Portrait d'homme.

286. *Curado*. Ste Catherine.
287. *Santi di Tito*. Portrait d'homme.
288. *Carlin Dolci*. Jésus-Christ en prière.
289. *Ligozzi*. La Vierge et l'Enfant Jésus apparaissant à St François.
290. *Cigoli*. St François.
291. *Alessandro Allori*. La Prêche de St Jean-Baptiste.
292. *École d'André*. L'Ange avec Tobie.
293. *École Florentine*. Portrait de femme.
294. *École d'André*. Ste Famille.
295. *École de Carlin Dolci*. Tête de Ste Lucie.
296. *Anonyme*. Portrait d'homme.
297. *Pâris Bordone*. Le pape Paul III.
298. *École florentine*. Portrait de femme.
299. *École lombarde*. Ste Famille.
300. *Salvator Rosa*. Tête d'un Vieillard.
301. *Cigoli*. Portrait d'homme.
302. *Carlin Dolci*. La Vierge et l'Enfant Jésus.
303. *Cristofano Allori*. La Cène à Emmaüs, ébauche.
304. *Schidone*. Ste Famille.

2ᵉ PAROI. 305. *Cristofano Allori*. St Jean dans le désert.
306. *Salvator Rosa*. Paysage avec un pont.
307. *Andrea del Sarto*. La Vierge avec plusieurs saints.
308. *Giuseppe Crespi*. Tête d'un vieillard.
309. *Manière de Schidone*. Ste Famille.
310. *Anonyme*. Tête d'homme.
311. *Federigo Zuccheri*. St Pierre en prison.
312. *Salvator Rosa*. Paysage avec une marine.

3ᵉ PAROI. 313. *Tintoretto*. La Vierge avec l'Enfant Jésus.
314. *Andrea del Sarto*. St Jean, demi-figure.
315. *Cristofano dell' Altissimo*. Portrait d'une femme de la famille *Ruina*, de Bologne.
316. *Carlin Dolci*. L'Annonciation.
317. *Anonyme flamand*. Deux petits paysages en détrempe.
318. *Lanfranco*. Admiration de Ste Marguerite de *Cortona* en voyant apparaître le Sauveur.
319. *Procaccini*. Une Crèche.

320. *Agostino Caracci.* Paysage avec des figures en détrempe.
321. *Carlin Dolci.* Ecce Homo.
322. *Velasquez.* Portrait d'homme.
323. *Sustermans.* Portrait de femme.
324. *Carlin Dolci.* L'Ange de l'Annonciation.
325. *Poelembourg.* Deux petits paysages.
326. *Rubens.* Ste Famille.
327. *Dell'Altissimo.* Portrait de Clarice Ridolfi Altoviti.
328. *École du Bronzino.* Portrait de femme.
329. *Sustermans.* Portrait de Ferdinand II de Médicis, habillé à l'orientale.
330. *Costoli.* Son portrait.

4e PAROI. 331. *Manière de Van-Dyck.* Portrait de Henriette de France, femme de Charles Ier d'Angleterre.
332. *Gennari.* La Vierge avec l'Enfant Jésus.

La table que l'on aperçoit ici est en marbre connu sous le nom de *giallo di Siena*. Il y a aussi une armoire ancienne d'ébène noire incrustée de bois orientaux et d'ivoire; elle est ornée de bronzes dorés.

SALON DE PROMÉTHÉE. — Peint par M. le pr. Calignon.

1re PAROI. 333. *Schidone.* St Paul.
334. *Manière allemande.* Portrait d'homme.
335. *Jacobo Bassano.* Portrait d'homme.
336. *Van-der-Goes.* Portrait de Folco Portinari, demi-fig.
337. *Scipion Gaetano.* Portrait de Ferdinand Ier de Médicis.
338. *Fra Filippo Lippi.* La Vierge avec l'Enfant Jésus, et dans l'éloignement plusieurs figures entourent une accouchée.
339. *Tintoretto.* Portrait d'homme, demi-figure.
340. *Ecole vénitienne.* Portrait de la Vieillesse.
341. *Pinturicchio.* L'Épiphanie.
342. *Anonyme florentin* du xve siècle. La Vierge avec Jésus, St Jean et deux anges.
343. *École de Gian-Bellino.* La Vierge avec Jésus, saint Jacques et Ste Catherine.
344. *Sustermans.* Un enfant debout, ébauche.

345. *Anonyme.* Portrait d'homme.
346. *Zuccheri.* Ste Marie-Madeleine transportée au ciel.
347. *Filippino Lippi.* Ste Famille avec des anges.

2ᵉ PAROI. 348. *Botticelli.* Ste Famille avec des anges.
349. *Girolamo Genga.* Ste Famille.
350. *Annibal Caracci.* Repos en Egypte.
351. *Palma Vecchio.* Portrait d'homme.
352. *Aurelio Luini.* Portrait de femme, demi-fig.
353. *Garofolo.* La Sibylle montrant à Auguste le Mystère de l'Incarnation.
354. *Lorenzo di Credi.* Ste Famille.
355. *Luca Signorelli.* Ste Famille.
356. *Vanni.* St François ravi par une céleste harmonie.
357. *Cecchin Salviati.* Figure de femme allégorique.
358. *Domenico Ghirlandajo.* L'Epiphanie.
359. *Beccafumi.* Ste Famille.
360. *Schidone.* La Vierge avec l'Enfant Jésus.
361. *Ecole de Leonardo da Vinci.* Sainte Catherine, demi-figure.
362. *Schiavone.* Portrait d'une femme avec un enfant.
363. *Mazzolino.* La Femme adultère.
364. *Anonyme florentin* du quinzième siècle. Sainte Famille.
365. *Lorenzo di Credi.* Ste Famille.
366. *Anonyme.* La Prêche de St Jean-Baptiste.

3ᵉ PAROI. 367. *Andrea del Minga.* La Création d'Ève, avec le dessin de *Baccio Bandinelli.*
368. *Giacinto Gimignani.* Rébecca au puits.
369. *Dell'Altissimo.* Portrait de Pierre de Médicis, dit le Goutteux.
370. *Anonyme.* Ste Famille.
371. *Soddoma.* Ecce Homo.
372. *Garofolo.* Ste Famille.
373. *Anonyme.* Ste Marie-Madeleine.
374. *Dell'Altissimo.* Un poëte.
375. *Anonyme.* Tête d'un homme avec un bonnet rouge.
376. *Anonyme.* Portrait de femme.
377. *Botticelli.* Portrait de la belle Simonetta.

378. *Andrea del Minga.* Adam et Ève chassés du paradis, avec le dessin de *Baccio Bandinelli.*
379. *Beccafumi.* La Continence de Scipion.
380. *Schiavone.* Portrait d'homme, demi-fig.
381. *Angiolo Bronzino.* Portrait de Pierre de Médicis, dit le Goutteux.
382. *Baldassare Peruzzi.* Ste Famille.

4ᵉ PAROI. 383. *Francesco Bassano.* Scène pastorale.
384. *Sandro Botticelli.* Ste Famille.
385. *Girolamin de Carpi.* J.-C. en oraison dans le jardin des Olives.
386. *Francesco Bassano.* Scène rustique.
387. *Cavalori.* Tête de St Jean portée à Hérode pendant le festin.
388. *Filippino.* La Mort de Lucrèce.

Les deux tables que l'on voit dans ce salon sont en marbre dit Porta-Santa. Au milieu est placé un vase de porcelaine de France orné de bronzes dorés.

CORRIDOR DES COLONNES. — On aperçoit ici deux colonnes en albâtre oriental, l'une simple et l'autre cannelée, très-remarquables surtout par leur blancheur. On y trouve aussi quelques précieux tableaux en pierres dures rapportées, exécutés dans la manufacture royale de pierres dures établie aux frais de la Cour royale à Florence. Tous les autres ouvrages de ce genre qu'on voit dans ce palais ont été exécutés par la susdite manufacture.

SALON DE LA JUSTICE.—Peint par M. Fedi.

1ʳᵉ PAROI. 389. *Tintoretto.* Portrait d'un sculpteur.
390. *Guido.* Tête de Ste Elisabeth, en ovale.
391. *Pietro Lely.* Portrait de Cromwell.
392. *Carlin Dolci.* Saint Louis, roi de France, demi-figure.
393. *Vasari.* Tentation de St Jérôme.
394. *Scarsellino.* Naissance d'une noble infante.
395. *Tintoretto.* Portrait d'homme, ovale.
396. *Porbus.* Portrait de l'enfance de la princesse Eléonore de Mantoue, depuis femme de l'empereur Ferdinand II.

397. *Carlin Dolci.* St Jean-Evangéliste, demi-figure.

2ᵉ PAROI. 398. *Artemisia Gentileschi.* Judith.

399. *Van-Aelst.* Fruits et autres objets inanimés.
400. *Melchior Hondekoeter.* Volaille.
401. *Sustermans.* Portrait du chanoine *Pandolfo Ricasoli.*

3ᵉ PAROI. 402. *Cristofano Allori.* Portrait d'un jeune homme.

403. *Batoni.* Hercule à la bivoie.
404. *Carlin Dolci.* Victoire *della Rovere*, en ovale.
405. *Sabatelli.* Ajax se sauvant de la tempête.
406. *Carlin Dolci.* Saint Dominique priant dans une grotte.
407. *Inconnu.* Portrait d'homme.
408. *Batoni.* Hercule enfant qui étrangle les serpents.
409. *Sebastiano del Piombo.* Portrait d'homme, demi-figure.
410. *Tintoretto.* Portrait d'homme, demi-figure.

4ᵉ PAROI. 411. *Both.* Paysage.
412. *Swanefeld.* Paysage.

Il y a aussi deux tables en pierre spéculaire (*scagliola*), et une de brocatelle d'Espagne.

SALON DE FLORE. — Peint par M. Marini, avec les ornements de M. Landi.

1ʳᵉ PAROI. 413. *Vasari.* Ste Famille.
414. *Palma Vecchio.* Portrait de femme.
415. *Sustermans.* Portrait de Ferdinand II de Médicis étant jeune.
416. *Gaspero Pussino.* Paysage.
417. *Calvart.* St Jérôme.
418. *Ruthart.* Animaux en repos.
419. *Sustermans.* Portrait de la Vieillesse, demi-figure.
420. *Anonyme.* Ste Agnès, demi-figure.
421. *Gaspero Pussino.* Paysage.

2ᵉ PAROI. 422. *Orazio Riminaldi.* L'Amour au travail.
423. *Agostino Tassi.* Paysage avec St Jean qui prêche.
424. *Manière d'Holbein.* Portrait d'homme.

425. *Annibale Caracci*. Ste Famille.
426. *Furino*. Adam et Ève dans le jardin d'Eden.
427. *Francia Bigio*. La Calomnie d'*Apelle*.
428. *Gio da S. Giovanni*. La Vierge avec l'Enfant Jésus, demi-figure.
429. *Carlin Dolci*. St Jean-Évangéliste à Pathmos.
430. *Cigoli*. La Vierge avec l'Enfant Jésus.
431. *Francesco Bassano*. Jésus-Christ en oraison.
432. *Lavinia Fontana*. Portrait de femme.
433. *Ecole vénitienne*. Tête d'homme.

3ᵉ PAROI. 434. *Angiolo Bronzino*. Portrait d'un ingénieur, demi-figure.
435. *Gio da S. Giovanni*. Portrait d'un cuisinier, demi-figure.
436. *Gaspero Pussino*. Paysage.
437. *Van-Dyck*. Repos en Egypte.
438. *Ruthart*. Combat d'animaux féroces.
439. *Ecole vénitienne*. Portrait de femme, demi-figure.
440. *Douwen*. Portrait de femme, demi-figure.
441. *Gaspero Pussino*. Paysage.
442. *Allessandro Allori*. La Vierge avec l'Enfant Jésus.

4ᵉ PAROI. 443. *Anonyme*. Vue de la place de St-Pierre à Rome.
444. *Artemisia Gentileschi*. Judith, demi-figure.
445. *Francesco Franck*. Le Voyage de Jésus au Calvaire.
446. *Leandro Bassano*. La dernière Cène.
447. *Anonyme*. Portrait du sculpteur Vincent *Danti*.
448. *Callot*. Jésus-Christ montré au peuple.

Une superbe statue de Vénus, sculptée par l'immortel *Canova*, se trouve au milieu de ce salon.

SALON DIT DES ENFANTS. — Peint par M. Marini, avec les ornements de M. Rabbujati.

1ʳᵉ PAROI. 449. *Brill*. Paysage.
450. *Van-Aelst*. Buffet avec des fruits et de la vaisselle.
451. *Leandro Bassano*. Scène pastorale.
452. *Salvator Rosa*. Paysage avec la Paix qui met le feu aux armes.

453. *Van-Aelst.* Objet de cuisine.
454. *Rachele Ruysh.* Fleurs.

2e PAROI. 455. *Chialli.* Des Capucins au chœur.
456. *Dubbels.* Marine.
457. *Domenichino.* Paysage avec Diane au bain.
458. *Poelembourg.* Paysage avec des figures, ovale.
459. *Douwen.* Anne-Marie de Médicis en habit de chasse.
460. *Domenichino.* Paysage avec Vénus, l'Amour et des Satyres.
461. *Van-Huysum.* Fleurs.
462. *Swanefeld.* Paysage.
463. *Anonyme.* Paysage.
464. *Carlin Dolci.* La Vierge et l'Enfant Jésus, deux petits tableaux en un cadre.
465. *Ruysdael.* Paysage.
466. *Poelembourg.* Ruines de Rome.
467. *Douwen.* Anne-Marie de Médicis, figure entière.
468. *Annibale Caracci.* Nymphe avec un Satyre.
469. *Douwen.* Mascarade de Jean Guillaume, électeur palatin du Rhin, et sa femme Anne-Marie de Médicis.
470. *Chialli.* Funérailles d'un capucin.
471. *Bakuisen.* Marine avec une tempête.
472. *Poelembourg.* Paysage avec des baigneurs.

3e PAROI. 473. *Van-Aelst.* Gibier.
474. *Rachele Ruysh.* Fruits.
475. *Anonyme.* Tableau allégorique.
476. *Mathilde Malenchini.* Intérieur d'une cuisine de religieuses.
477. *Salvator Rosa.* Paysage, avec Diogène jetant son écuelle.
478. *Brill.* Paysage.

4e PAROI. 479. *Ecole de Matteo Rosselli.* L'Adoration des bergers.
480. *Brughel.* Guirlande de fleurs, au milieu de laquelle est la Ste Famille avec des anges, peinte à l'école de Rubens.

GALERIE DE POCCETTI. — Peinte par lui-même, avec des allégories.

1re PAROI. 481. *Ecole de Sustermans.* Tête d'homme.
482. *Anonyme.* St François stigmatisé.
483. *Anonyme flamand.* La Vierge en adoration.
484. *Marco di Tiziano.* La Vierge de la Miséricorde.
485. *Ecole de Sustermans.* Portrait d'homme.
486. *Puligo.* Ste Famille.
487. *Dosso Dossi.* Repos en Egypte.

2e PAROI. 488. *Alessandro Tiarini.* Adam et Ève pleurant sur le corps mort d'Abel.
489. *Orazio Riminaldi.* Le Martyre de Ste Cécile.
490. *Guercino.* St Sébastien.

3e PAROI. 491. *Ecole d'Andrea.* Portrait d'*Andrea del Sarto.*
492. *Scipion Gaetano.* Portrait du cardinal Ferdinand de Médicis.
493. *Ecole vénitienne.* Portrait d'homme, demi-fig.
494. *Tiziano.* Portrait d'homme, demi-fig.
495. *Incognito.* Portrait d'homme.
496. *P. Pozzi.* Portrait d'un jésuite.
497. *Crespi.* St Jérôme, demi-fig.

Ici se trouve une table en marbre appelée *giallo di Siena.*

SALON DE LA MUSIQUE. — Peint par M. Ademollo.

Ce salon, sans tableaux, est peint sur la voûte en clair-obscur : il y est représenté le célèbre événement de la délivrance de Vienne. C'est une allusion poétique et profane à la protection accordée par le ciel à l'auguste maison impériale d'Autriche. Les génies protecteurs éloignent les trames impies, les trahisons, l'envie, et tous les monstres ennemis de cette famille impériale.

Le palais Pitti peut ordinairement être vu depuis onze heures du matin jusqu'à midi, et depuis trois heures jusqu'à cinq de l'après-midi. Le gardien, placé au premier, attend de quatre à six pauls, suivant le nombre des visiteurs qu'il accompagne, et le domestique du rez-de-chaussée compte sur deux ou trois pauls. — On peut ne rien donner aujourd'hui.

Le GIARDINO DI BOBOLI, ouvert au public les dimanches et jeudis, est très-vaste et renferme plusieurs morceaux de sculpture, dont les plus remarquables sont deux prisonniers daces, en porphyre oriental, à l'entrée; une Cérès colossale; la fontaine à l'extrémité de l'allée principale, décorée d'un Hercule colossal placé sur un bassin de granit de 7 mètres environ de diamètre, avec le Gange, le Nil et l'Euphrate au-dessous, le tout par Giovanni di Bologna; Neptune, en bronze, entouré de monstres marins, par Lorenzi; et quatre statues non terminées, par Buonarotti.

LE MUSEO D'ISTORIA NATURALE, formé par le grand-duc Léopold, est, dit-on, le plus beau muséum qui existe, sous le rapport des pièces anatomiques en cire et en bois, des pétrifications et des minéraux; et les plantes grasses, lactescentes et spongieuses, que l'on ne peut conserver par les procédés ordinaires, sont merveilleusement représentées en cire, pour compléter la partie botanique de cette belle collection. Toutes les préparations anatomiques en cire et en bois ont été exécutées sous les ordres du chevalier F. Fontana, à l'exception de la fameuse représentation de la Peste, qui a été faite par l'abbé Lumbo, du temps des Médicis, et qui est si douloureusement belle, que peu de personnes en peuvent soutenir l'examen. Cette pièce capitale doit la place qu'elle occupe actuellement au chevalier Giovani Fabbroni, qui n'a pas seulement essentiellement contribué au perfectionnement du muséum, mais à celui des arts et des sciences en général. Au rez-de-chaussée est un laboratoire. Au premier étage sont deux chambres remplies de grands quadrupèdes, de poissons, etc. — Une bibliothèque. — Des salles destinées à la mécanique, à l'hydraulique, à l'électricité et aux mathématiques, avec un jardin botanique. Au second étage se trouvent vingt chambres contenant la représentation de la Peste et des préparations anatomiques : toutes peuvent être évitées par les personnes qui ne veulent pas les voir. Dans une autre suite d'appartements, au même étage, sont des oiseaux, des poissons, des reptiles, des insectes, des coquilles, des fossiles, des minéraux, des plantes en cire, etc.

L'Observatoire fait partie du Muséum, qui est ordinairement ouvert au public tous les jours, les fêtes exceptées, depuis huit heures du matin jusqu'à midi; et de nouveau, dans l'après-midi, depuis trois jusqu'à cinq. Du haut de l'Observatoire on plane sur Florence et ses édifices; on se rappelle alors les vers de l'Arioste :

> A veder pien di tante ville i colli,
> Par che il terren verle germogli, come
> Vermene germogliar suole e rampolli;
> Se dentro a un mur sotto un medesmo nome
> Fusser raccolti i tuoi palaggi sparsi,
> Con te sarian da pareggiar due Rome.

MONUMENTS RELIGIEUX. — *Santa Maria del Fiore*, ou le *Duomo* (la cathédrale), a été commencée vers l'année 1294 par Arnolfo, et finie vers l'année 1445 par Brunellesco; sa longueur est de 426 pieds (142 mètres), et sa largeur de 363 (121 mètres). La coupole a été achevée par ce dernier architecte, qui s'est acquis par cet ouvrage un honneur immortel. La lanterne, dessinée par Brunellesco, est en marbre solide et bien sculpté. Les marbres extérieurs de cette vaste église sont incrustés en marbre noir et blanc poli; le pavé est en marbre, et les balustrades et les colonnes qui entourent la tribune ont été dessinées par Buonarotti, et ornées de bas-reliefs par Bandinelli et Giovanni del Opera. Vers la *via de' Servi*, au-dessus d'une porte d'un travail précieux, est une *Annonciation* en mosaïque, appelée par les anciens *Lithostratum*, et exécutée par Ghirlandajo : un autre échantillon du même genre est placé en dedans de l'église, au-dessus de la grande porte. Au-dessus de la porte du sud est un groupe de la *Vierge* et de notre *Sauveur entre deux anges*, par *Giovanni Pisano*. A l'extrémité supérieure du chœur est un Crucifiement, par *Benedetto da Masano*; derrière le maître-autel, une *Pietà* en marbre, qu'on dit avoir été le dernier ouvrage de *Buonarotti*, que la mort l'a empêché d'achever; et sur l'autel sont trois statues, par Bandinelli, représentant Dieu le Père, notre Sauveur et un ange. Cet édifice contient des statues, des portraits et des monuments des personnages célèbres de la république florentine. A droite, près de la grande porte, est un buste de Brunellesco; immédiatement après celui-ci, un buste de Giotto; plus loin se trouvent Pietro Farnèse, général des Florentins, et Marsilio Ficini, le restaurateur de la philosophie platonique, homme autant remarquable par son instruction que par la petitesse de sa stature. Près de la porte qui conduit à la *via de' Servi* est un antique *portrait du Dante*, le père de la poésie italienne, dont cependant la tombe est à Ravenne, où il mourut en exil. Ce portrait a été fait par Andrea Organa; et les Florentins vénèrent tant la mémoire du Dante, que la place où il s'asseyait souvent dans la *Piazza del Duomo* est soigneusement marquée par une pierre blanche. Près de ce grand poëte est un portrait de Giovanni Acuto, le général pisan, et un autre de Nicolo da Tolentino. Au-dessus du premier de ces portraits se trouve une inscription qui porte qu'Acuto était un chevalier anglais. Dans la chapelle de Saint-Zenobio est un ciboire en bronze, par Ghiberti; et la porte de la sacristie a été exécutée par *Luca della Robbia* (1).

Le Campanile (le clocher), tour quadrangulaire de marbre noir, blanc et rouge, d'après le dessin du *Giotto*, et commencé en 1334, a 82 mètres de hauteur, et c'est le plus bel édifice de cette espèce qu'il y ait dans toute l'Italie. Les quatre statues sur le côté le plus rapproché du Baptistère sont de *Donatello*, et l'une d'elles (appelée par son auteur sa *Zuccone*, ou tête chaude) était préférée par lui à tous ses ouvrages, en partie à cause de la beauté de la sculpture, et en partie parce qu'elle ressemblait à un de ses amis. Les autres statues sont de *Nicolo Aretino*, *Andrea Pisano Giottino* et *Luca della Robbia*.

S.-Giovanni, ou le Baptistère, situé sur la même place que la cathédrale, que l'on suppose avoir été dans l'origine un temple de Mars, est de forme octangulaire, avec un toit qui ressemble un peu à celui du Panthéon. Les murs extérieurs sont incrustés de marbre poli, et les deux portes en bronze, faites par *Ghiberti* sur les dessins d'*Arnolfo*, et qui étaient

---

(1) Le méridien de cette église est, dit-on, le plus grand instrument astronomique qu'il y ait en Europe.

anciennement dorées, sont d'une beauté si remarquable, que *Buonarotti* avait coutume de dire qu'elles étaient dignes d'être les portes du paradis. L'autre porte a été exécutée par *Andrea Pisano*, d'après les dessins du *Giotto*. Les bordures et festons qui entourent les deux premières portes sont du fils de *Ghiberti Bonacorsa*; les bas-reliefs représentent des histoires de l'Écriture sainte. A l'extérieur du Baptistère est un groupe célèbre en bronze, par *F. Rustici*, qui représente saint *Jean-Baptiste* avec un scribe et un pharisien. Les deux colonnes de porphyre, sur les côtés de l'entrée principale, furent offertes par les Pisans aux Florentins, par reconnaissance de ce que ces derniers avaient gardé Pise pendant que ses habitants étaient occupés de réduire Majorque et Minorque; et les chaînes suspendues qu'on voit ici et dans d'autres parties de la ville sont des trophées acquis par les Florentins quand ils firent la conquête de l'ancien Porto Pisano. L'intérieur du Baptistère est orné de seize immenses colonnes de granit qui soutiennent une galerie : entre ces colonnes sont des statues représentant les douze Apôtres, la Loi de nature et la Loi écrite, le tout par *Ammanati*, à l'exception de saint Simon, dont la statue, ayant été brisée, a été refaite par *Spinnazi*. Le maître-autel est orné d'une statue de saint *Jean-Baptiste* porté au ciel par des anges; ce groupe et les ornements de la chaire sont de *Ticciati*. Au plafond il y a des mosaïques, par *Appollonius* (artiste grec), *Andrea Teffi*, *Gaddo Gaddi*, etc. Le pavé est en majeure partie en mosaïque ancienne, et dans une de ses parties il représente le Soleil avec les douze signes du Zodiaque. En mosaïque ancienne aussi, on voit l'inscription suivante, qui peut être lue également d'avant en arrière, ou d'arrière en avant :

En giro torte sol ciclos et rotor igné.

La Chiesa di San-Marco, appartenant aux pères dominicains, est un bel édifice orné de bonnes sculptures et de peintures précieuses. A la droite de la grande porte sont: une *Crucifixion*, par *Santi di Tito*; — la *Vierge*, notre *Sauveur*, et des *Saints*, par Fra Bartolommeo! — et une ancienne mosaïque représentant la *Vierge*, etc. La coupole de la tribune a été peinte par *Alessandro Ghirardini*; et derrière le maître-autel est un tableau de la Cène, par *Sacconi*. A droite de la tribune est la *chapelle Serragli*, dont le plafond a été peint par *Poccetti!* On trouve également ici un tableau de la Cène, par *Santi di Tito*, et le Souper d'Emmaüs, par le chevalier *Curradi*. Plus loin est la chapelle Salviati, complétement incrustée en marbre, et qui renferme un tableau, par *Alessandro Allori*, représentant le retour de notre Sauveur venant des Limbes; une statue de saint Jean-Baptiste, exécutée d'après le dessin de *Giovanni di Bologna*, par Francavilla; des bas-reliefs en bronze, exécutés d'après le dessin de Giovanni di Bologna, par Portigiani; une coupole peinte par Alessando Allori; deux peintures représentant l'exposition et la translation de saint Antoine, par Passignano; et, sous la voûte de la chapelle, saint Antoine, en marbre, par Giovanni di Bologna. En descendant vers la grande porte de l'église, est un tableau, par Cigoli, représentant l'empereur Héraclius en habit de pénitent et portant la croix; une belle copie, faite par *Gabbiani*, de la célèbre peinture de la Vierge; notre Sauveur et sainte Catherine, de *Fra Bartolommeo*; saint Vincenzio Ferreri prêchant le peuple, et la Transfiguration, par *Paggi*. Le plafond de la nef a été peint par *Pucci*, et la ceinture de l'orgue par *Gherardini*. C'est dans cette église que sont enterrés deux hommes célèbres, *Angelo Poliziano* et *Giovanni Pico della Mirandola*, tous deux fameux pour leur science : le dernier n'était pas seulement appelé « le Phénix des sciences ; » Scaliger dit que c'est « un prodige, un homme sans défaut! » Tous deux moururent en 1494. La sacristie de Saint-Marc contient une statue de notre Sauveur par *Antonio Novelli*, deux bas-reliefs par *Conti*, et au-dessus de la porte, en dedans, un tableau par *Beato Giovanni Angelico*. La *Bibliothèque* est riche en manuscrits; les cloîtres sont ornés de fresques par B.-G. *Angelico Poccetti*, *Fra-Bartolommeo*, *Carlo Dolci*, etc. Près du jardin est une chapelle peinte par *Poccetti*, et qui est actuellement la Spezieria, où les meilleures essences de Florence se fabriquent.

L'ÉGLISE DELLA S. S. ANNONZIATA contient une fresque de l'Annonciation, peinte par un certain *Bartolommeo*, qui, dit-on, étant embarrassé pour donner à la Vierge une figure convenablement séraphique, s'endormit en pensant à son sujet, et, à son réveil, le trouva exécuté dans un style auquel il n'aurait pu atteindre. Il s'écria aussitôt : Miracle! miracle! et ses compatriotes étaient trop avides de miracles pour ne pas l'en croire sur sa parole, encore bien que la face de la Vierge ne soit assurément pas assez bien peinte pour qu'on pût l'attribuer à un artiste céleste. Le *vestibule ouvert* qui conduit à l'église est orné de plusieurs fresques, savoir : une Nativité, par *Baldovinetti*; St Filippo Benizzi conduit à embrasser la vie monastique en conséquence d'une vision qu'il a eue, par *Rosselli*; saint Filippo couvrant un lépreux nu avec sa propre chemise, par *Andrea del Sarto*; saint Filippo sur sa route vers Modène, se trouvant insulté par des jeunes gens assis sous un arbre, la foudre éclate sur l'arbre, et deux des jeunes gens sont tués : ce tableau est d'*Andrea del Sarto*, ainsi que ceux de saint Filippo délivrant une jeune personne du malin esprit; un enfant mort rendu à la vie en touchant au linceul qui couvrait le corps du saint; des femmes et des enfants agenouillés autour d'un moine qui porte pour reliques les habits de saint Filippo, et sept lunettes de l'autre côté du vestibule. Le Mariage de la Vierge est par *Francabigio*; la Visite de Marie chez Élisabeth, par *Pontormo*, et l'Assomption, par *Rossi*. Ce corridor contient un buste d'Andrea del Sarto. L'église de l'Annonciade est chargée d'ornements : il y a au centre du plafond une Assomption, par *Volterrano*, qui a peint aussi la coupole de la tribune! Dans la chapelle qui renferme la peinture miraculeuse est un autel avec bas-reliefs en argent; deux candélabres en argent d'environ six pieds de haut; deux grandes statues d'anges en argent; un ciboire artistement travaillé et orné d'une tête du Sauveur, par *Andrea del Sarto*; une corniche en argent d'où pend un rideau du même métal, et un nombre immense de lis en argent et de lampes qui entourent l'autel. Le pavé de cette chapelle est de porphyre et de granit égyptien, et dans l'oratoire qui y est contigu, et dont les murs sont incrustés d'agathe, de jaspe et d'autres pierres précieuses, il y a un crucifix par *Antonio da San-Gallo*. A la gauche de la grande porte, est un tableau du Jugement dernier, par *Aless. Allori*, et un autre de la Crucifixion, par *Stradano*; le plafond et les lunettes de la chapelle de ce côté sont peints à fresque par *Volterrano*; il se trouve sur l'autel une ancienne figure très-curieuse de saint Zenobio, et autres figures. En face du maître-autel (qui est orné d'un magnifique ciboire en argent) il y a des statues couchées, l'une par *Francesco da San-Gallo*, l'autre par *Giovanni Batista Foggini*; et derrière l'autel est une chapelle décorée d'après les dessins et aux dépens de *Giovanni di Bologna*, qui y a été enterré, et dont la tombe est ornée d'un crucifix et de bas-reliefs en bronze, exécutés par lui-même, pour le grand-duc, qui leur a donné généreusement et judicieusement cette appropriation. La chapelle contient un tableau de la Résurrection, par *Ligozzi*; une *Pietà*, par *Passignano*; une Nativité, par *Paggi*, et une petite coupole, par *Poccetti!* En descendant du maître-autel vers la grande porte, du côté opposé à celui décrit ci-dessous, est une chapelle peinte par *Vincenzio Meucci*, et près de celle-ci est la chapelle de Bandinelli, contenant en marbre un Christ mort soutenu par Nicodème : ce dernier personnage est un portrait de *Bandinelli*, par qui le groupe a été exécuté. Le rideau de l'orgue, représentant la canonisation de S. Giuliana, est par *Romei*. Dans un corridor à gauche de l'église est la célèbre fresque appelée la Madonna del Sacco, réputée le chef-d'œuvre d'*Andrea del Sarto*, et sur laquelle on dit que Buonarotti et le Titien avaient constamment les yeux. On rapporte que l'auteur de ce bel ouvrage l'exécuta au prix d'un sac de blé dans un temps de famine. Il y a ici d'autres tableaux peints par des artistes éminents ; ceux du corridor qui contient la Madonna del Sacco ont été faits par *Poccetti*, qui a représenté les actions les plus mémorables des six fondateurs du monastère. Un autre corridor contient Manetto prêchant devant saint Louis, roi de France, et Innocent IV faisant son neveu protecteur de l'ordre des Servites, tous deux par *Rosselli*, et la Vierge dans un char, par *Salimbeni*. Un autre corridor laisse voir Alexandre IV donnant à la Religion le pouvoir d'ériger des monastères par tout l'univers, par *Rosselli*; Buonfigliulo renonçant au gouvernement de l'Eglise, par *Poccetti*; trois autres peintures par *Salimbeni*; et, sur le plafond, de petits portraits des illustres Servites. Le réfectoire est orné d'une fresque, par *Santi di Tito*; et au haut de l'escalier qui conduit au noviciat est une Pietà par *Andrea del Sarto*, qui est regardée comme un de ses meilleurs ouvrages : ce grand peintre a été enterré dans le vestibule ouvert en avant de l'église.

La Chiesa di S.-Maria-Maddalena dei Pazzi est digne d'attention, à cause de la chapelle de Néri, située sur la gauche du passage qui conduit à l'église. Le tableau d'autel de cette chapelle est de *Passignano*, et sa coupole contient le chef-d'œuvre de *Poccetti*, représentant le séjour des bienheureux. Dans l'église est une magnifique *capella maggiore* incrustée de marbres rares et de grand prix, et ornée de douze colonnes de jaspe de Sicile, dont les chapiteaux et les bases sont de bronze doré. Ici reposent les restes de *santa Maddalena dei Pazzi*, entourés de bas-reliefs en bronze doré (qui expriment les faits les plus mémorables de sa vie), et de quatre statues en marbre représentant ses vertus les plus saillantes, savoir : la Piété, la Douceur, la Pénitence et la Religion. La Douceur, avec l'agneau et la colombe, et la Religion avec un voile, sont particulièrement dignes d'attention; spécialement cette dernière, les traits vus sous le voile étant bien exprimés. La coupole est de *Pietro Dandini*, et les autres peintures de *Giro Ferri* et *Luca Giordano*. A droite du maître-autel est une chapelle ornée de fresques, par *Sorbolini*, artiste encore vivant; et sur la gauche, une autre chapelle, également peinte à fresque, par *Catani*, artiste vivant. Cette église contient aussi un beau crucifix en bois par *Buontalenti*; le rideau de l'orgue, peint par *G.-B. Cipriani*, qui n'a laissé aucun autre ouvrage à Florence, représente sainte Marie-Madeleine recevant la communion des mains de notre Sauveur. La première chapelle, à droite, près de la grande porte, contient le Martyre de saint Romolo, par *Carlo Portelli*, que l'on dit être le seul tableau qu'il ait jamais peint; et sur le côté opposé de l'église sont la Visitation, par *Ghirlandajo*; le Christ au jardin des Oliviers, par *Santi di Tito*, et le Couronnement de la Vierge, par *Angelico da Fiesole*. La salle du chapitre et le réfectoire du monastère auquel cette église appartient sont embellis par les œuvres de *Perugino*, *Raffaellino del Garbo*, et autres artistes célèbres.

La Chiesa di Santa-Croce, bâtie vers l'année 1294 par Arnolfo, et réparée depuis par *Vasari*, est un vaste édifice, mieux disposé pour favoriser la contemplation religieuse qu'aucune autre église de Florence. Au-dessus de la porte du milieu de la façade est une statue en bronze par *Donatello*; et à l'entrée de l'église, sur la droite, est le tombeau de *Buonarotti*, qui naquit à *Chiusi*, près d'*Arezzo*, en 1474, et mourut à Rome en 1563; mais le grand-duc de Toscane, jaloux de ce que Rome eût l'honneur de donner un tombeau à ce grand homme, ordonna que son corps fût transporté et enterré dans l'église de Santa-Croce. La Sculpture, la Peinture et l'Architecture sont représentées dans l'attitude du deuil, assises au-dessous de la tombe de leur favori, dont le buste repose sur un sarcophage, et une petite peinture exécutée par *Buonarotti* a été introduite parmi les ornements du sommet du monument. La statue de la Sculpture, par *Cioli*, est mal faite; l'Architecture, par *Giovanni dell'Opera*, est plus heureusement exécutée; et la Peinture, par *G. Batista del Cavaliere*, l'est encore mieux; le buste de Buonarotti est de ce dernier artiste (1). Le second tombeau, de ce côté, est celui de *Filippo Buonarotti l'antiquaire*; — le troisième, celui de *Pietro Michelli*, appelé par Linnée « le Lynx de la botanique; » — le quatrième, celui de *Vittorio Alfieri*, par *Canova*, qui a représenté l'Italie en deuil sur le sarcophage du poëte : le tombeau est orné de masques, de lyres, de couronnes de laurier, et d'une tête d'Alfieri en bas-relief. Les Florentins n'aiment pas la forme de ce monument; la manière dont la figure de l'Italie est drapée ne leur plaît pas non plus; et cette dernière circonstance, jointe aux dernières

---

(1) En 1830 on plaça dans cette église le tombeau de Dante, par Ricci, statuaire vivant, lequel est assez estimé. M. Ricci a dans le imetière de Pise, le Campo-Santo, un petit *deposito* fort bien fait.

révolutions publiques, a donné naissance à ce *jeu d'esprit* :

> Canova questa volta l'ha sbagliata :
> Fe l'Italia *vestita* ed è spogliata.

Le cinquième monument, de ce côté, est celui de *Machiavel*, érigé 266 ans après sa mort, aux dépens de l'Académie des Litterati. Le sixième monument est celui de *Lanzi*, près duquel est une Annonciation en marbre par *Donatello*. Le huitième monument est celui de *Leonardo Bruni Aretino*, historien, et qui porte une inscription latine dont le sens est : « Depuis que Léonardo est mort, l'histoire est en deuil, l'éloquence est muette, et l'on dit que ni les Muses grecques ni les Muses latines ne peuvent sécher leurs pleurs. » Le neuvième monument est celui de *Nardini*, musicien fameux; et le dixième celui d'un architecte également fameux, *Pio Fantoni* de *Fiesole*. La chapelle Castellani contient un tableau de la Cène, par *Vasari*; un monument à la mémoire du *chevalier Vanni*, et un autre à celle de M. B. *Skotnicki*, représentant le Chagrin sous la forme d'une figure de femme couchée, voilée, et portée sur un sarcophage où l'on voit une palette, des pinceaux et une lyre sans cordes. Ce monument est par *Ricci*, qui est aujourd'hui un artiste distingué, mais qui, il n'y a pas longtemps encore, n'était qu'un paysan au service du marquis de Corsi, près de Florence. La chapelle de *Baroncelli* contient des peintures sur les murs, par *Taddeo Gaddi*, et au-dessus de l'autel un tableau du Couronnement de la Vierge, etc., par *Giotto*. La chapelle des Riccardi contient de bonnes peintures par *Passignano*, *Rosselli* et *Giovanno di San-Giovanni*. Derrière le maître-autel il y a des peintures par *Agnolo Gaddi*, représentant l'Invention de la Croix. La chapelle Niccolini, bâtie d'après les dessins d'*Antonio Dosio*, et richement incrustée de marbres rares, contient de belles peintures par *Aless. Allori*, des statues de Moïse et d'Aaron par *Francavilla*, et une coupole peinte à fresque par *Volterrano*, où les quatre Sibylles des angles sont des chefs-d'œuvre. Cette partie de l'église contient aussi un célèbre crucifix par *Donatello*, ainsi que des peintures du Martyre de saint Laurent, par *Ligozzi*; la

Trinité, par *Cigoli*, et la Descente du Saint-Esprit, par *Vasari*. En allant vers la grande porte, et à l'opposé des monuments ci-dessus décrits, sont les suivants : — d'abord le tombeau de Cocchio; — le second, celui de Carlo Mazzopini; — le troisième, celui de Carlo Mazzoppini Aretino, bien exécuté par *Desiderio da Settignano*; — le quatrième, celui de Lami, par *Foggini*; — le cinquième, celui de Pompeo Signorinio, par *Ricci*, qui a orné ce sarcophage d'une belle figure couchée de la Philosophie, dont la contenance exprime un profond chagrin. Près de cette tombe est un tableau de la Résurrection par *Santi di Tito*, ainsi que le monument du grand Galilée, si cruellement traité : ce monument a été érigé par ordre de *Viviani*, son élève. Le buste de Galilée est par *Foggini*. L'histoire nous apprend que Galilée fut d'abord enterré dans la piazza Santa-Croce (qui n'est pas un terrain consacré), parce qu'il était suspecté d'hérésie à cause de ses découvertes philosophiques : il y a plus, on assure que la famille des Nelli (exécuteurs testamentaires de Viviani) éprouva quelque difficulté à obtenir la permission de faire transporter ses os dans l'église, près d'un siècle après sa mort. Au delà de cette tombe est celle de *Filicaja*. Au fond de l'église est une peinture de la Résurrection par *Aless. Allori*; la chaire est digne d'attention, parce qu'elle a été exécutée par *Benedetto da Majano*. La sacristie contient de curieuses peintures à fresque par *Taddeo Gaddi*; dans le monastère de Santa-Croce il y a des peintures par *Cimabue* et *Giotto*.

La Chiesa di S.-Lorenzo, bâtie aux frais d'une dame nommée Juliana qui vivait sous le règne de l'empereur Théodose, consacrée en 392, et rebâtie en 1425 par Brunellesco, contient un maître-autel en belle mosaïque de Florence, fait par ordre du grand-duc Léopold, et qui était destiné pour la chapelle des Médicis. Au-dessus de cet autel sont un crucifix par *Giovanni di Bologna*, une Madonna par *Buonarotti*, et saint Jean par un de ses écoliers. L'église contient aussi le tombeau de Côme, *Pater Patriæ*; deux chaires ornées de bas-reliefs en bronze par *Donatello*!! et un ciboire en marbre, ainsi qu'un Enfant Jésus, par *Desiderio de Settignano*.

La nouvelle Sacristie, ou *Cappella de' Principi*, dessinée par *Buonarotti*, contient le tombeau de *Giuliano de Médicis, duc de Nemours* et frère de Léon X, orné d'une statue du duc; une figure du Jour couchée, et une autre de la Nuit : le tout par *Buonarotti*. — Le tombeau de Laurent de Médicis, duc d'Urbin, orné d'une statue de ce prince, le Pensiero, avec une figure couchée du Crépuscule et une autre du Point du jour! le tout par *Buonarotti*. Il y a encore ici de ce grand maître un groupe de la Vierge et l'Enfant Jésus, qui, s'il eût été terminé, aurait pu être le plus beau de tous ses ouvrages.

L'ancienne Sacristie, bâtie par Brunellesco, contient un tombeau en porphyre, avec des ornements en bronze, fait pour renfermer les restes de *Pietro* et *Giovanni*, fils de Côme, *Pater Patriæ*, par *Verrocchio*.

La Cappella de' Medici, contiguë à l'église de San-Lorenzo, commencée en 1604 par Ferdinand Ier, d'après ses propres dessins. Trois cents ouvriers furent, pendant un temps considérable, employés à cet édifice; mais plus tard le nombre en fut diminué, et nous avons déjà vu la famille ducale des Médicis s'éteindre, que dis-je? nous verrons peut-être le duché lui-même s'anéantir avant que la dernière main soit mise à ce magnifique mausolée de ses princes. L'édifice est octangulaire, et les murs en sont richement incrustés de marbres précieux de presque toutes les espèces. Six côtés de l'octogone sont embellis par des sarcophages de granit égyptien et oriental, faits d'après les dessins de *Buonarotti*, et deux d'entre eux sont enrichis par des coussins de jaspe rouge qui portent des couronnes royales de grande valeur. Il y a encore ici deux statues en bronze, dont l'une est de *Giovanni di Bologna*, et l'autre de *Pietro Tacca*. Les sarcophages ne servent que d'ornement, les princes étant placés perpendiculairement au-dessous dans un dépôt souterrain.

La Cappella de' Medici peut se voir tous les jours, depuis dix heures du matin jusqu'à quatre heures de l'après-midi.

La Bibliothèque Mediceo-Laurenziana, l'un des plus élégants édifices qu'il y ait en Europe, a été bâtie sous la direction de *Buonarotti*, par lequel les dessins pour le pavé ont aussi été exécutés. Les croisées sont élégamment ornées d'arabesques par les élèves de *Raphaël* : les manuscrits qui composent cette bibliothèque sont bien classés, de grande valeur, et plusieurs d'entre eux richement enluminés. Il y a ici un *Virgile* du troisième siècle, écrit en lettres capitales. — Un ancien *Testament* du xii⁰ siècle. — Les célèbres *Pandectes* pisanes, du vi⁰ siècle. — Les *Psaumes* de David, du xi⁰ siècle. — Un *livre de prières*, parfaitement enluminé. — Un *missel peint* par l'école de Pietro Perugino. — Une *copie* des poëmes de *Dante*, écrite vingt-deux ans seulement après sa mort. — Un *Tite-Live*, du xv⁰ siècle, richement enluminé. — La *Géographie de Ptolémée* (du xv⁰ siècle). — Le *Décaméron* de Boccace, écrit deux ans avant sa mort. — Un *Homère*, du xv⁰ siècle. — Un *Horace* où il y a de l'écriture de la main de Pétrarque. — Un célèbre *manuscrit syriaque*. — La Vie de *Laurent de Médicis*, etc., etc.

Cette bibliothèque est ordinairement ouverte au public, excepté pendant les vacances et les jours de fête. Le sous-bibliothécaire compte sur une légère récompense du soin qu'il prend de conduire les voyageurs.

La Chiesa di Santa-Maria-Novella, commencée en 1279 par deux moines dominicains, était tellement admirée par *Buonarotti*, qu'il avait coutume de l'appeler sa *sposa*. Au-dessus de la porte du milieu, à l'intérieur, il y a un crucifix par *Giotto*, et à la droite se trouvent les peintures suivantes : une Annonciation, par *Santi di Tito*; — Nativité, par *Naldini*, — et la Résurrection de Lazare, par *Santi di Tito*. — Il y a ici le tombeau de Villana dei Botti, par *Settignano*, et une peinture de la Vierge, par *Cimabue*, que l'on croit être le premier ouvrage qu'il ait fait à Florence (1); et près de cette peinture est le Martyre de sainte Catherine, par Giuliano Bugiardini : plusieurs des figures de ce tableau ont été dessinées par *Buonarotti*. Cette partie de l'église contient aussi une Madonna en marbre par *Benedetto da Majano*. Dans le chœur, derrière le maître-autel, sont des peintures représentant les vies de la Vierge et de

---

(1) Elle est dans une chapelle où l'on arrive par quelques arches.

saint Jean-Baptiste, toutes par *Ghirlandajo*; elles comprennent des portraits du peintre lui-même et de plusieurs de ses contemporains les plus illustres, parmi lesquels sont *Pietro, Giovanni* et *Laurenzo de' Medici*. Le maître-autel a été érigé en 1804, et le tableau d'autel est de *Sabatelli*. La chapelle adjacente contient un crucifix, fait par *Brunellesco* pour la fameuse comtesse qui vivait avec *Donatello*. Dans la chapelle qui suit est un tableau du Christ ressuscitant un mort, par *Agnolo Bronzino*, et un plafond par le même artiste. Les tombeaux et les bas-reliefs de cette chapelle sont de *Giovanni dell' Opera*. Une chapelle au haut de quelques marches, et immédiatement à l'opposite de celle où la Madonna de Cimabue est placée, contient des peintures par *Andrea* et *Bernardo Orcagna*, qui ont représenté l'enfer dans une partie, et le ciel dans une autre. Cette église contient aussi, sur l'une de ses colonnes, le Martyre de saint Pierre, par *Cigoli*, et une belle peinture de la bonne Samaritaine, par *Aless. Allori*. Les peintures au-dessus de la porte du campanile sont de *Buffalmacco*; le monastère contigu contient plusieurs fresques de prix, par d'anciens maîtres, au nombre desquelles on dit qu'il y a un portrait de Laure (1).

La Chiesa d'Orsanmichele est estimée pour son architecture, et fut bâtie par *Giotto* et *Taddeo Gaddi*, pour servir de halle aux grains. A l'extérieur il se trouve plusieurs morceaux de sculpture, savoir : saint Mathieu, saint Etienne et saint Jean-Baptiste, par *Ghiberti*; saint Jean l'Evangéliste, par *Baccio* da Montelupo; saint Pierre, saint Marc et saint Georges, par *Donatello* (le dernier est regardé comme particulièrement beau); saint Philippe l'apôtre, saint Eligio, et quatre autres saints en un groupe, par *Nanni d'Antonio*; saint Thomas, par *Andrea Verrocchio*; saint Luc, en bronze, par Jean de Bologne, et une autre statue de cet apôtre par Mino da Fiesole. L'intérieur de cette église contient des sculptures par les restaurateurs de l'art. — Le maître-autel est admirable.

(1) La Spezieria de Santa-Maria-Novella est célèbre pour les parfums, les médecines, etc.

La Chiesa di San-Spirito, bâtie par Brunellesco, est, sous le rapport de l'architecture, la plus belle église de Florence. A droite de la porte d'entrée est une copie, faite par *Nanni da Baccio*, de la Pietà de Buonarotti, qui se trouve à St-Pierre de Rome. Le tableau de notre Sauveur chassant les vendeurs du temple est par *Stradano*. — La Lapidation de saint Etienne, par *Passignano*, — et le groupe en marbre de l'archange Raphaël et Tobie, par *Giovanni Baratta*. Le second tableau, à la droite de ce groupe, est de *Filippo Lippi*. — Le tableau de la Vierge, notre Sauveur et sainte Catherine, par le même auteur ; — et la Vierge apparaissant à saint Bernard est une belle copie d'un ouvrage de *Perugino*. Le tableau représentant plusieurs martyrs est d'*Aless. Allori*; — celui représentant la femme adultère est du même auteur ; — et la Chiara de Montefalcone recevant la communion de notre Sauveur est de *Vignali*. L'autel du Saint-Sacrement offre de belles sculptures par *Andrea Contucci*, da Monte San-Sovino ! Auprès de cet autel est un tableau, par *Ghirlandajo*, de notre Sauveur portant sa croix ! et la Transfiguration, par *Pietro di Cosimo*. En revenant vers la nef, dans la première chapelle, est un tableau, par *Agnolo Bronzino*, du Christ apparaissant à la Madeleine ; et immédiatement après celui-ci, est la Vierge, saint Sébastien, etc., par *Petrucci*, copié d'après Rosso. Au delà de l'orgue est sainte Anne, la Vierge et d'autres saints, par *Ghirlandajo*; et près de là est une statue de notre Sauveur portant sa croix, par *Taddeo Landini*, d'après le tableau original de Buonarotti à Rome. La Capella-Maggiore, par *Michelozzi*, est belle d'architecture, richement incrustée de marbres précieux, et ornée des statues de saint Pierre et de saint Jean. Le toit du vestibule jusqu'à la sacristie est d'un seul bloc de pierre. La sacristie contient un tableau d'autel, par *Filippo Lippi*, représentant la Vierge, notre Sauveur, des anges et des saints ! et une peinture de *Poccetti*, au-dessus de la porte, représentant saint Augustin et un ange sous forme d'un enfant ! L'architecture de la sacristie est particulièrement belle, et celle du campanile fort admirée.

La Chiesa del Carmine, commencée en 1268, fut presque

entièrement consumée par le feu, et il n'y a pas longtemps qu'elle a été réparée. Le plafond et la coupole ont été peints par *Stagi* et *Romei*. Sujets des peintures : les personnages les plus renommés de l'Ancien et du Nouveau Testament ; — le prophète Elie dans un char enflammé ; — la Vierge mettant le voile sur santa Maria-Maddalena dei Pazzi ; — le bienheureux Angelo Mazzinghi dans une gloire ; — l'Ascension de notre Sauveur. A droite de la porte d'entrée, il y a un tableau de notre Sauveur sur la croix, avec la Vierge et Madeleine, par *Vasari*. — Une Pietà par *Antonio Guidotti*, et un portrait de saint Jacques par *Lorenzo Lippi*. La Chapelle della S. S. Vergine del Carmine a été peinte par *Masolino da Panicale* et *Masaccio*, son élève, le premier qui ait atteint à la perfection lors de la restauration de l'art ; mais, comme il mourut jeune, son ouvrage a été terminé par *Filippo Lippi*, le fils de Fra Filippo. On croit que Léonard de Vinci, Fra Bartolommeo, Andrea del Sarto, Buonarotti et Raphaël, ont dû la plus grande partie de leur talent à l'étude de ces excellentes peintures, qui représentent la vie de saint Pierre. Il y a dans le chœur un tombeau par *Benedetto da Rovezzano*. Le rideau de l'orgue (qui est un des meilleurs instruments de Florence) représente la Vierge donnant l'habit sacré à Simon Stock, par *Romei*. Mais ce qu'il y a ici de plus remarquable, c'est la chapelle Corsini, magnifiquement incrustée de marbres rares, et qui contient le sarcophage de saint Andrea Corsini, orné de bas-reliefs en argent. Au-dessus de l'autel il y a un alto-rilievo représentant saint Andrea Corsini (qui de simple moine qu'il était devint évêque de Fiesole) montant au ciel : cet ouvrage est de *C. B. Foggini* ; et au-dessus est Dieu le père dans une gloire, par *Marcellini*. Sur les côtés de la chapelle il y a deux alti-rilievi en marbre, par *Foggini*, l'un représentant le saint disant sa première messe, et la Vierge apparaissant et lui disant : « Tu es mon serviteur ; je t'ai choisi et je serai glorifiée en toi ; » l'autre la montrant descendant du ciel pour secourir les Florentins à la bataille d'Anghiari ! La coupole a été peinte par *Luca Giordano*. A droite de cette chapelle est une Descente de croix, par *G. D. Feretti*, sous une coupole peinte par *Romei*; et sur le côté de la nef qui n'a pas encore été décrit est un tableau de santa Maria-Maddalena dei Pazzi recevant le voile des mains de la Vierge, par *Fabbrini*; — une Nativité, par *Gambacciani*; — une Annonciation, par *Poccetti*; et l'Adoration des mages, copie faite par *Viligiardi* du célèbre tableau de Gregorio Pagani. Le monastère auquel cette église appartient contient des fresques par *Vasari*, *Poccetti*, etc.

LA CHIESA DI SANTA-TRINITA contient une Nativité, par *Ghirlandajo*; — une Pietà, par *Angelico*; — une chapelle appartenant à la famille Sassetti, représentant, à fresque, la vie de saint François d'Assise, par *Ghirlandajo*. — Deux tableaux dans la chapelle degli Usimbardi, l'un représentant saint Pierre mourant, par *Christofano Allori*; — l'autre, saint Pierre recevant les clefs du paradis, par *Empoli*, — avec des fresques au-dessus, par *Giovanni da San-Giovanni*; — une peinture moderne représentant saint Giovanni Gualberto, au moment où il pardonne à un ennemi, par *Francesco Corsi*; — le Sermon sur la montagne, par *Rosselli*, — et une Annonciation, par *Empoli*: elle est placée sous une petite coupole peinte par *Poccetti*. La statue de sainte Maria-Maddalena, placée entre les portes d'entrée, a été commencée par *Sellignano*, et finie par *Benedetto da Masano*. Le réfectoire a été peint par *Giovanni da San Giovanni* et par *Ferrucci*.

LA CHIESA DI S.-AMBROGIO contient une chapelle ornée de sculptures, par *Mino da Fiesole*, et des peintures représentant le Miracle de la croix, par *Cosimo Rosselli*. Le tableau qui est dans la chapelle du Rosaire est de *Passignano*, et la petite fresque représentant la Vierge, notre Sauveur et sainte Anne, est de *Masaccio*!

LA CHIESA DI S.-GAETANO contient le meilleur orgue qu'il y ait à Florence, et quelques bonnes peintures; l'*église des Ognissanti* contient aussi de bonnes peintures, et le *Conservatorio di Ripoli*, dans la via della Scala, mérite l'attention des voyageurs qui ont du temps à eux.

L'ACADÉMIE ROYALE DELLE BELLE ARTI, fondée par le grand-duc Léopold, est ouverte au public aux mêmes heures que la galerie, et elle est digne d'attention non-seulement à cause de la libéralité de l'institution, qui donne tous les encouragements possibles au génie naissant, mais encore parce qu'on y voit d'excellents modèles des portes de baptistère, et de la plupart des belles statues découvertes jusqu'ici en Italie. Il y a ici un magnifique appartement rempli de dessins, etc., à l'usage des jeunes peintres; d'autres beaux appartements contenant tout ce qui peut être utile à ceux qui sont plus avancés. Une galerie contenant des peintures et des esquisses par les maîtres célèbres, entre autres un tableau précieux par *Angelico*; un autre par *Giovanni* da *San-Giovanni*, représentant la Fuite en Égypte, et une très-belle tête de notre Sauveur par *Carlo Dolci*. Cette académie comprend aussi des écoles d'architecture, de mécanique pratique; on y fait la mosaïque de Florence en *pierre dure*, appelée *opera di commesso*.

Non loin d'ici se trouvent des cloîtres qui anciennement appartenaient au couvent supprimé de *San-Giovanni-Batista*, et qui sont aujourd'hui sous la garde de l'Académie, où la clef reste constamment déposée : ces cloîtres, communément appelés l'*Oratorio dello Scalzo*, contiennent des peintures à fresque de la vie de saint Jean-Baptiste, toutes par *Andrea del Sarto*, excepté deux qui ont été faites par *Francabigio*. A l'entrée de la cour sont des figures représentant la Foi et l'Espérance, et sur les côtés de la porte opposée la Charité et la Justice, toutes par *Andrea del Sarto*. L'histoire de saint Jean commence au moment où Zacharie devient muet à cause de son incrédulité. Le second tableau est Marie visitant Élisabeth;— troisième, Élisabeth en couches;—quatrième, Zacharie bénissant St Jean qui part pour le désert (celui-ci est de *Francabigio*);—cinquième, St Jean rencontrant notre Sauveur qui revient d'Égypte (également par *Francabigio*);— sixième, le Baptême de notre Sauveur par saint Jean;— septième, saint Jean prêchant dans le désert;— huitième, les Juifs convertis recevant le baptême;— neuvième, saint Jean amené devant Hérode;— dixième, le Souper et la Danse d'Hérodiade;—onzième, la Décollation de saint Jean;— douzième, la fille d'Hérode avec la tête de saint Jean. On rapporte qu'Andrea del Sarto ne reçut pour chacune de ses fresques que 20 liv. (15 shillings)

(18 fr.), quoique plusieurs d'entre elles soient parfaitement belles. Elles ne tarderont cependant pas à être effacées, à cause de l'humidité, à moins qu'on ne les restaure par le procédé actuellement mis en usage à Rome (1).

BIBLIOTHÈQUES.—Peu de villes possèdent de plus belles et de plus riches bibliothèques que Florence; nous en avons déjà indiqué plusieurs sans énumérer leurs richesses littéraires et scientifiques, ce que nous allons faire ici.

La *bibliothèque du palais ducal* ou *Pitti* possède 70,000 vol. d'ouvrages précieux et d'éditions rares, ainsi qu'une collection de cartes géographiques l'une des plus belles qu'on connaisse.

Bibliothèque Laurentine, 9,000 manuscrits curieux.

Bibliothèque Riccardi, maintenant de la ville, 23,000 vol. et 3,500 manuscrits.

Bibliothèque Marucelli, 45,000 vol.

Bibliothèque Magliabecchiana, renferme 150,000 vol. et 12,000 manuscrits.

PALAIS.—*Le palazzo* (palais) *Gherini* est orné de peintures précieuses, quoique la plus belle partie de cette collection ait été vendue dernièrement. Parmi ce qu'il en reste il y a : première salle, la Charité, par *Cignani*, et Agar dans le désert, par *Rosselli*. Deuxième salle, tête de jeune femme, par *Corregio*. Troisième salle, quatre têtes par *Nogari*, et deux portraits par *Bassano*. Quatrième salle, un paysage par *Both*, un autre par *Swanevelt*, et un autre par *Paul Brill*. Cinquième salle, Prométhée, par *Salvator Rosa!* Sixième salle, tête de notre Sauveur, par *Stradano!* tête de femme, par *Carlo Dolci!* Septième salle, deux paysages par *Both*; saint Sébastien, par *Guercino*, et l'Assomption, par *Carlo Maratti*. Huitième salle, notre Sauveur dans le sépulcre, par *Triuni*; une religieuse morte, par *Vanni*; un petit portrait, par *Rubens*; la

---

(1) La personne chargée d'ouvrir la porte de l'Oratorio dello Scalzo compte sur une récompense de deux pauls; et celle qui accompagne les voyageurs dans l'Académie royale attend également deux ou trois pauls, suivant le nombre des individus qui composent la compagnie.

Vierge, notre Sauveur et saint Jean, par l'un des *Carrache*, deux petits portraits par *Peter Neff*, et deux petits paysages par *Vernel*; la Vierge, notre Sauveur et d'autres figures, par *Fra Bartolommeo*; un portrait de Salvator Rosa, par lui-même; un Paysan jouant d'un instrument à vent, par *Murillo*; une Sainte Famille, par *Raphaël*; portrait d'une femme voilée, par *Santi di Tito*, et un Vieillard avec un enfant dans ses bras, par *Guido*.

Le palazzo Riccardi, qui jadis a appartenu à la famille Médicis, est un bel édifice. La galerie a un plafond très-bien peint par *Luca Giordano*; le plafond de la bibliothèque est du même maître, et la collection de manuscrits et de livres imprimés est d'un grand prix.

Le palazzo Corsini est orné de quelques bonnes peintures.

Le palazzo Mozzi, près le *Ponte alle Grazie*, contient de belles peintures par *Salvator Rosa*.

Le palais Buonarotti, dans la *via Ghibellina*, est intéressant parce qu'il a été la résidence d'un aussi grand homme, et parce qu'il renferme quelques restes de ses ouvrages.

Le palazzo Strozzi est un beau morceau de l'architecture toscane. *Le palazzo Borghesi* a été rebâti nouvellement.

Le palazzo Uguccioni, bâti d'après le dessin du *Buonarotti*, renferme une peinture du Passage de la mer Rouge par les Israélites, ouvrage de *Perino del Vaga*.

ÉTABLISSEMENTS DE BIENFAISANCE. — *La Casa* (maison) *dei Poveri*, dans *la via dei Malcontenti*, dont l'établissement est dû à l'empereur Napoléon, est un édifice immense pouvant loger 3,000 individus, qui vivent du produit de la fabrication des bonnets phrygiens destinés aux marins de la Méditerranée, de celle des rubans, du drap, des tapis, etc. Il y a dans la maison des ateliers de travail de presque toutes les espèces, et le grand-duc de Toscane actuel, on doit le dire à son honneur, soutient par ses secours cette bienfaisante et utile institution, qui a complétement débarrassé Florence de l'innombrable troupe de mendiants qui l'infestait.

Lo Spedale (hôpital) *di Bonifazio*, ou grand Hôpital, près de la porte San-Gallo, reçoit les fous et les personnes atteintes d'affections chroniques; il est spacieux, propre et bien aéré. Les malades paraissent être commodément logés et bien soignés; mais les fonds de cet établissement ne suffisent pas pour donner aux convalescents une nourriture convenable. A l'écart du reste des appartements, il y en a de très-bons pour les fous : il paraît cependant qu'on prend un peu moins de soins de ces infortunés que des autres malades.

Lo Spedale di Santa-Maria-Nuova contient plus de mille lits, et les malades y sont extrêmement bien soignés; il faut voir l'intérieur de la pharmacie.

Lo Spedale degl' Innocenti contient ordinairement 3,000 enfants, qui néanmoins n'ont pas un nombre suffisant de nourrices; et la coutume d'emmaillotter les nouveau-nés occasionne fréquemment la distorsion de leurs membres, et même quelquefois la mort des enfants.

OBJETS D'ART. — *La colonne de marbre de Saravezza*, dans *la via Romana*, a été érigée par Côme Ier, en commémoration de la bataille de Marciano.— *La colonne de granit*, près du *ponte Santa-Trinità*, a été tirée du bain d'Antonin à Rome, et érigée à Florence par Côme Ier, en mémoire de la conquête de Sienne. Au sommet, il y a une figure de la Justice qui a donné naissance au proverbe suivant : « La justice, à Florence, est placée trop haut pour qu'on puisse y atteindre. »— *La colonne près du Baptistère*, dans *la Piazza del Duomo*, a été érigée en témoignage d'un miracle relatif au corps de S. Zenobio.

Le Sanglier en bronze, dans le Mercato-Nuovo, est une copie faite par *Pietro Tacca* du fameux antique de la galerie de Médicis. Le piédestal, orné de bas-reliefs en marbre, qui se trouve à l'entrée de l'église de San-Lorenzo, a été fait par *Bandinelli*, et représente Giovanni de Médicis, père de Côme Ier, avec des prisonniers et des dépouilles. Le groupe d'Hercule tuant le centaure Nessus, qui est placé près du Ponte-Vecchio, est de *Giovanni di Bologna*. — *La Piazza dell' Annunziata* contient une statue équestre de Ferdinand Ier. — Au-dessus de la porte San-Gallo est une peinture à fresque, par *Ghirlandajo*; et un peu au delà de la porte, un magnifique arc de triomphe érigé en l'honneur de l'empereur François Ier, alors grand-duc de Toscane. Sur le mur extérieur d'une maison près la Porta Romana, est une fresque, par *Giovanni*, représentant la ville de Florence, sous l'emblème d'une femme vêtue d'habits royaux, et les autres villes de Toscane, sous ceux de femmes rendant hommage à leur reine.

PONTS. — On compte à Florence quatre ponts jetés sur l'Arno. Tous sont en général très-beaux; ce sont ceux de *Carrajà*, *Santa-Trinità*, *Vecchio*. *Le ponte Santa-Trinità*, construit par Ammanati, est d'une élégance remarquable.

THÉATRES. — Cette noble cité renferme huit théâtres, dont le plus remarquable est la *Pergola* ou l'Opéra, bel édifice, bien à l'abri de l'incendie, et bâti dans l'origine d'après le dessin de Pietro Tacca. — *Le Cocomero*, plus petit que la Pergola. — *Le Teatro Nuovo*, — *Teatro Goldoni*, — *Teatro Alfieri*, — *l'Arena*. Les autres sont destinés aux petits spectacles.

MOSAÏQUES. — ALBATRE. — La mosaïque florentine et la sculpture en albâtre des frères Pisani, dans le Prato, et celle de Bartolini, dans la via della Scala, sont fort admirées. Ce pays est aussi fort renommé pour une espèce de marbre qui se débite presque comme l'ardoise; quand on le polit, le jeu varié de ses veines jaunes et brunes représente des arbres, des paysages, des ruines de vieux murs et de vieux châteaux. On trouve aussi dans le voisinage plusieurs sortes de pétrifications.

On croit qu'un long séjour à Florence est nuisible à la vue, ce qui provient peut-être de la lumière éclatante réfléchie par les maisons blanches que frappent les rayons du soleil; et peut-être aussi des brouillards, qui sont fréquents en hiver.

Cette ville se vante d'avoir fait l'éducation de Dante, de Pétrarque, de Boccace, de Corilla, la célèbre improvisatrice couronnée à Rome, d'Améric Vespuce (auquel ses voyages et ses découvertes dans le Nouveau-Monde ont valu l'honneur de voir imposer son nom à l'Amérique), de Machiavel, Galilée, Buonarotti, et enfin d'un nombre plus considérable d'artistes distingués qu'aucun autre lieu de l'Europe.

L'Académie della Crusca, qui depuis longues années a été fondée à Florence, est trop connue pour qu'il soit nécessaire de la décrire. Cette académie est aujourd'hui réunie, sous le nom de *Reale Accademia Fiorentina*, à deux autres, savoir : la *Fiorentina* et les *Apatisti*.

Il y a plusieurs *bons hôtels* à Florence ; et les marchés y sont constamment approvisionnés d'excellents comestibles, à l'exception du poisson, que l'on n'a jamais frais que le vendredi et le samedi. Le vin de Florence est bon et salubre ; il en est tout autrement de l'eau, à l'exception de celle qui vient de Fiesole, et qui fournit aux fontaines de la Piazza Santa-Croce et du Palazzo Pitti. Il est cependant remarquable que toutes les eaux de Florence paraissent à l'analyse devoir être salubres ; il semblerait donc que les qualités nuisibles dont on se plaint viennent probablement des vases en cuivre dans lesquels on tire l'eau, et où l'on a pour habitude de la laisser séjourner, tandis qu'on pourrait facilement se procurer pour cet usage de grandes bouteilles de verre, garanties par une garniture de roseaux en forme d'étui.

Le climat de Florence est froid en hiver, très-chaud en été, mais délicieux dans l'automne et le printemps (1). Les docteurs Harding et Playfair, médecins anglais, résident en cette ville.

REVUE RÉTROSPECTIVE *des objets les plus remarquables de Florence.*

Duomo, — Campanile, — Battisterio di S.-Giovanni, — Pallazzo Riccardi, — Chiesa di S.-Marco, — Reale Accademia — l'Oratorio dello Scalzo, — Spedale di Bonifazio. — Porta

---

(1) Si l'on veut conserver sa santé en Toscane, il faut éviter soigneusement de rien manger de sucré qui soit assaisonné avec de l'*eau de fleurs d'oranger*, ainsi faussement appelée, et qui, dans ce pays, n'est que le produit de la distillation du laurier d'Italie (*prunus cerasus*), qui est un poison.

S.-Gallo, — Arco Triomphale, — Statua di Ferdinando Ier, — Piazza dell' Annunziata, — Chiesa di S.-Maria-Maddalena dei Pazzi,— Casa dei Poveri, — Chiesa di Santa-Croce, Chiesa di S.-Ambrogio, — Palazzo Buonarotti, — Chiesa di Santa-Maria-Nuova, — Lo Spedale, —Chiesa di S.-Lorenzo, — Libreria Mediceo-Laurenziana, — Capella Reale, — Basso di S.-Laurenzo, — Chiesa di Santa-Maria-Novella, — Palazzo Corsini, — Palazzo Strozzi, — Colonna di granito alla Piazza della Trinità, — Chiesa della Trinità, — Ponte della Trinità,— Palazzo Gherini,— Galeria Ducale,— Palazzo Vecchio, — Loggia, — Fontana, — Statua di Cosmo Ier,— Palazzo Uguccioni, — Chiesa d'Orsanmichele,— l'Ercole et Nessus di Giovanni da Bologna, — Palazzo Mozzi, Palazzo Pitti,— Giardino di Boboli, — Chiesa di S.-Spirito, — Chiesa del Carmine,— Porta Romana.

LOGEMENTS.— Palazzo S.-Clemente, via S.-Bastiano : deux suites d'appartements, 30 sequins (1) par mois, avec jardin. Palazzo Strozzi, via della Scala: joli hôtel et beau jardin, 60 sequins par mois. Palazzo Corsi, via Ghibellina : deux suites d'appartements, chacune de 30 sequins par mois. Palazzo Quaratesi, via d'Ogni-Santi : appartements, 45 sequins par mois. Casa Pucci, vis-à-vis du théâtre Goldoni : beau logement. Palazzo Acciajoli, le long de l'Arno : appartements divers. Casa Riccasoli, le long de l'Arno, joli hôtel pour une famille. Piazza S.-Maria-Novella, jolis appartements.

Le prix pour le déjeuner au café est d'un paul par tête ; pour diner chez un restaurateur ou à table d'hôte, de 3 à 5 pauls, le vin compris.

RESTAURATEURS.— Les meilleurs sont : l'*Aquila-d'Oro*, borgo St.-Apostoli ; — *la Stella*, via-Calzajuoli ; — *la Luna*. Le voyageur peut diner à la carte depuis 2 pauls jusqu'à 2 francesconi (2).

CAFÉS.— *Bottegone*, piazza del Duomo ; *Leone-Etrusco*, via Calzajuoli; *Doney*, piazza Trinità, très-fréquenté : café avec pain et beurre, 1 paul ; café noir, 2 grazie (15 cent.)

BAINS.—Les meilleurs sont dans le borgo St.-Apostoli.

(1) Le sequin de Florence vaut 12 francs.
(2) Francescone, 8 fr. 60 c.

prix pour un bain avec le linge, 2 pauls (1 fr. 12 cent.).

La Poste aux lettres, située dans la Piazza del gran Duca, est ouverte tous les jours depuis 9 heures du matin jusqu'à 4 heures après midi. Les lettres arrivent et partent tous les jours pour la France, l'Angleterre, le Piémont, la Savoie, la haute Italie, etc.

FIACRES. — A Florence, l'autorité n'a fixé aucun prix pour la course d'une voiture publique; tout dépend du temps ou du caprice du cocher; mais, en général, le prix ordinaire est de 3 pauls pour la première heure, et 2 pauls pour les heures suivantes, en dedans des murailles. — Les voitures fournies par le maître de l'hôtel coûtent environ 25 pauls par jour, et 15 pauls pour une demi-journée; un cheval de selle se paye 10 pauls par jour (5 fr. 60 c.), 5 pauls pour une demi-journée, et 3 pauls pour une heure.

DILIGENCES. — Départ du bureau de l'administration, sur l'Arno : pour ROME par *Sienne*, les mardi et samedi, en 42 heures; prix, 75 fr. — Pour BOLOGNE, les lundi, mercredi et samedi dans la soirée; prix, 23 fr. — Pour MILAN, les mêmes jours; prix, 63 fr. — Pour PISE, tous les soirs à 6 heures, excepté le dimanche; prix, 9 fr. — Pour LIVOURNE, tous les soirs à 6 heures, excepté le dimanche; prix, 12 fr.

COMPAGNIE FRANÇAISE. Bureaux, Piazza Trinità, d'où part tous les jours une diligence à 7 heures du soir, pour *Livourne* par *Pise*; trajet, 12 heures. — VETTURINI pour ROME par *Sienne*, en 5 jours, prenant quatre personnes; prix, tout compris, 30 scudi (1); pour *Venise*, même prix.

MAISONS DE CAMPAGNE AUX ENVIRONS DE FLORENCE.

HORS LA PORTE ROMANA, chemin qui conduit au *Palais Impérial*, superbe villa qui appartient au grand-duc. Hors la porte al Prato, à 10 milles de Florence, la villa *del Poggio a Cajano*, la villa *Bartolommei* ou d'Arrimino. Hors la porte San-Gallo, un grand nombre de villas : *Strozzi*, Mezzeri, Riccardi, Milady-Cowper, de St-Leu, Louis-Bonaparte, Lenzonni, Alammani, *Gerini*, *Guicciardini*. —

---

(1) Le *scudo* vaut 8 fr. 60 c.

Sur *le chemin de Bologne*, la magnifique villa *Capponi*; après avoir traversé le village de la *Pietra*, à droite, la villa *Corsi*, qui appartient à M. *Robert Ladbrooch*; à droite de la *Loggia* qui appartint à Mᵐᵉ *Catalani*, le palais Demidoff.

N. B. Il faut employer 8 jours à visiter ces *villas*, et ne pas oublier une course à la *Vallombreuse*, qui réalise ce qu'a chanté le poëte :

> Monti superbi, la cui fronte Alpina
> Fa di sè contro i venti argine e sponda !...
> Valli beate, per cui d'onda in onda
> L'Arno con passo signor il cammina !

A *Fiesole*, une heure de chemin : c'est une ville antique où l'on a des points de vue admirables.

RENSEIGNEMENTS.—Quand on entre à Florence, on remet son passe-port à la porte de la ville, et on est obligé d'aller le reprendre dans *les 3 jours*. On obtient alors un permis de séjour. Lorsqu'on a le passe-port du départ, on est obligé de quitter la ville dans les 3 jours : ceci est de rigueur.— Un bon *hôtel* est celui de madame Hombert : 2 fr. 50 c. le dîner, 1 fr. 50 c. la chambre. Mêmes prix à la Pension Suisse, bon hôtel encore. Madame Hombert possède une *villa* superbe à Candeli, 3 milles de Florence. *Restaurant* à l'hôtel Saint-Louis, où on dîne fort bien pour 2 fr., et même pour 1 fr. 20 c. ; 3 plats, dessert, une bouteille de vin. On peut loger à cet hôtel. *Café* Doney ; les glaces y sont bonnes. — Le *jardin Boboli* est ouvert les jeudi et dimanche. — *Cabinet littéraire* : à la piazza di Santa-Trinita. — *Libraires* : Piatti, près de la place du Grand-Duc ; Ricci, Riccordi, Malvesi. — *Bateaux à vapeur* : voir les affiches placardées sur la place du Grand-Duc, à côté de la poste. — A Florence, les employés du gouvernement ne peuvent rien recevoir de l'étranger. — *Orfévrerie* : c'est sur le pont Vecchio que sont placées les boutiques les mieux fournies en bijoux. *Albâtre:* on sait qu'à Florence on travaille avec beaucoup de goût l'albâtre, dont on fait des pendules, des vases, etc. Sur le quai de l'Arno, à partir du pont où aboutit la place de Santa-Trinita, on trouve des magasins fort bien assortis en albâtre. Sur ce quai sont encore des tailleurs renommés, des marchands de gravures abondamment fournis. — L'*élixir* de lo spedale di Sta-Maria-Nuova jouit depuis longtemps d'une grande réputation ; il coûte 1 fr. 50 c. la bouteille. A cet hospice, on se procurera des *sachets* pour le linge, qu'on vante à juste titre. Si on aime les gravures de Morghen et des grands maîtres de l'Italie, on aura de quoi se satisfaire dans les magasins de M. Riccordi, près de la cathédrale. M. Riccordi a une collection des meilleurs ouvrages anglais. — *Vetturini*. Promenez-vous sur la place de Santa-Trinità, vous en trouverez à chaque pas : faites votre prix d'avance, exigez un contrat en règle. Le *cabriolet*, la meilleure place, est le moins estimé en Italie.

LIVRES A CONSULTER. — *Guide de la ville de Florence*, chez Ricci, in-12 ; prix, 20 pauls. — *Lettere su Firenze*, par Dandolo, Milan, 1827. — *La Metropolitana fiorentina illustrata*, Florence, in-4°. — *Descrizione dell' J. R. Palazzo de' Pitti*, par François Inghirami. — *Notizie storische dei Reali Palazzi di Toscana*, par Anguillesi. — *La Piazza del Gran-Duca di Firenze co' suoi monumenti disegnati*, par Lafinio. — *Catalogus Codicum seculo XV impressorum, qui publicâ biblioth. Magliabechianâ adservantur*, publié par Prospero Ferdin. Fossi, 3 vol. in-fol.

ENVIRONS DE FLORENCE.—*Villa del Poggio Imperiale*. Ce château, agréablement situé sur le penchant d'une colline fertile, a été agrandi, restauré et embelli à diverses époques. Tout y respire la grandeur, le luxe et l'élégance, et parmi les travaux exécutés sous la direction de M. l'architecte *Cacialli*, on doit spécialement remarquer la façade, le péristyle, les portiques latéraux, et les statues qui en décorent l'avenue et l'enceinte de la place. On y voit une voûte peinte par *Mathieu Rosselli*.

Au-dessus du *Poggio Imperiale* est la colline d'*Arcetri*, parsemée de maisons de campagne, entre lesquelles se trouve celle où fut relégué pendant dix ans l'immortel Galilée, pour avoir découvert de grandes et utiles vérités qui n'étaient pas à la portée des inquisiteurs de son temps.

A main gauche, en sortant de Florence par la *porta al Prato*, se présente le chemin qui conduit aux *Cascine* (*laiteries*, *ferme où sont des laiteries*), vaste et délicieuse promenade sur la rive droite de l'Arno, où l'on trouve réunis tous les objets champêtres qui peuvent charmer la vue. Presqu'au milieu des *Cascine* est un petit palais qui appartient au souverain, et une maison occupée par un restaurateur.

Lorsqu'on est rentré à Florence par la *porta al Prato*, si on prend le chemin qui est à gauche le long des murailles de la ville, on arrive à la *forteresse da Basso*, construite par ordre du pape Clément VII pour tenir asservis les Florentins, puis à la *porte S.-Gallo*, dont nous avons parlé. De cette dernière porte, dirigeant ses pas le long du torrent *Mugnone* vers la montagne sur laquelle était bâtie l'ancienne ville de *Fiesole*, on rencontre une maison de campagne du grand-duc, appelée la *Querce*; un peu plus loin on découvre la *villa Palmieri, de' tre visi*, où s'arrêta l'aimable société des conteurs avec lesquels *Boccace*, en 1348, fuyait la peste qui désolait Florence; la *villa Guadagni*, où *Barthélemi Scala* écrivit son Histoire de Florence; le couvent supprimé de *S.-Dominique*.

MAISON DE CAMPAGNE DE M. ANATOLE DE DEMIDOFF. Le 29 janvier 1828, fut posée la première pierre de l'édifice de cette magnifique *villa* et de ses dépendances, par ordre de S. E. M. le commandeur Nicolas de Demidoff. Cette *villa* avec ses dépendances s'élève non loin de Florence; elle est placée précisément au midi dans la plaine dite de *S.-Donato-Quinto*, entre le pont *alle Mosse* sur le fleuve *Mugnone*, et intermédiaire à la rue Royale de Pistoie et à celle communale de *S.-Donato*. A peine se trouve-t-on sur ce pont, que l'on découvre toute la *villa* et la campagne de Demidoff, ainsi que les bâtiments qui sont rangés sur la rue Royale. Ces fabriques, réunies par des grilles de fer, des colonnes et des statues, présentent un coup d'œil ravissant, et forment un amphithéâtre d'édifices selon le goût moderne, et varié suivant leurs attributions respectives.

On trouve dans l'intérieur de cette *villa*, outre toutes les commodités nécessaires à la vie, huit appartements pour maîtres, une riche chapelle, deux galeries, différentes salles, et une vaste cour du côté du nord. Tous les appartements sont peints et richement meublés.

POGGIO A CAJANO. Cette immense impériale et royale

villa, qui est située près du *Poggio di Bonistallo*, a pris peut-être ce nom de l'endroit où elle a été bâtie; car là était, dans les anciens temps, une propriété appartenant à un certain *Cajo*, de famille romaine, à l'époque où les colonies étaient envoyées de Rome en Toscane.

Les souverains qui succédèrent aux Médicis dans le gouvernement de la Toscane ne se sont pas bornés à laisser subsister tout ce qui avait contribué précédemment à l'ornement de cette *villa*; mais ils l'augmentèrent aussi de beaucoup d'autres commodités essentielles pour la demeure d'une cour souveraine. Près de là est un parc qui est destiné à la chasse de la cour, et où l'on trouve un grand nombre d'animaux. Cette *villa* est entourée partout de champs bien cultivés.

La Badia (l'abbaye) *di S.-Bartolommeo*, bâtie par *Brunellesco* aux dépens de Côme, Père de la patrie, sur l'emplacement de l'ancienne cathédrale de Fiesole, et où on voit dans le réfectoire une superbe fresque de *Giovanni da S.-Giovanni*; *le pont alla Badia*, sur le *Mugnone*; l'ancienne et délicieuse *villa Vitelli*, *S.-Ansano*, qui fut jadis une église paroissiale de Fiesole; la *villa* des *Mozzi del Garbo*, que Jean, fils de Côme de Médicis, fit construire par *Michelozzi*, où Laurent le Magnifique réunissait souvent sa docte conversation, et le *couvent de St-Jérôme*, transformé en une habitation champêtre par la famille *Ricasoli*, après lequel on continue à monter encore un peu avant de parvenir à *Fiesole*.

ROUTE LXXIX.

DE BOLOGNE A FLORENCE,

Par Lojano, 9 p., 18 l.

De Bologne à Pianora,	1 p.½	Monte Carelli,	1
Lojano,	1 ½	Caffaggiolo,	1
Filligare,	1	Fontebuona,	1
Cavigliajo,	1	FLORENCE,	1

A partir de Bologne, la route prend une direction sud jusqu'à

Pianora, belle situation. De là on pénètre dans une profonde et pittoresque vallée, à l'extrémité de laquelle le sol devient ondulé; on monte jusqu'à un plateau d'où l'œil peut s'étendre sur une des ramifications des *Alpes*, des *Apennins*, et sur la magnifique *plaine de la Lombardie* jusqu'à Padoue, quelquefois sur la *vallée de Comacchio, les bouches du Pô*, l'*Adriatique*, et même jusqu'à *Udine*. Ce panorama est admirable. Redescendant, nous sommes bientôt à

FILIGARE, relais de poste, bureau de douane et de police pour les passe-ports. Non loin de là nous trouvons

PIETRA-MALA, où l'on remarque un phénomène qui n'est pas sans intérêt pour le géologue. C'est un feu qui se dégage d'un terrain très-fertile quoique pierreux; les habitants appellent ce feu *fuoco di legno* (feu de bois). L'étendue du terrain sur lequel la flamme se développe n'a pas plus de cinq ou six mètres carrés; on n'y aperçoit aucune crevasse. La couleur de la flamme est parfois semblable à celle de l'esprit de vin, et quelquefois elle est rouge. Quelques géologues prétendent que c'est un volcan qui s'éteint; d'autres, que c'est un volcan qui commence.

A 2 kil. de ce lieu on rencontre un puits d'eau froide qui s'enflamme aussitôt qu'elle est en contact avec une lumière. La route que le voyageur continue de suivre est toujours riante et pittoresque; elle franchit le *Giogo*, sommet le plus élevé de ce point des Apennins ; ensuite une descente assez longue conduit aux villages de *Cafaggiolo*, *Tagliaferro*, *Fontebuona*, où se trouve un palais de plaisance du grand-duc. Le pays continue d'être accidenté jusqu'à FLORENCE.

ROUTE LXXX.

DE FLORENCE A LIVOURNE.

8 p. 1/2, 17 l.

La Lastra,	1 p.	Fornacette,	1 1/2
L'Ambrogiana,	1	Pise,	1
La Scala,	1	Livourne,	2
Castel del Bosco,	1		

De *Pise à Livourne*, *chemin de fer*, cinq départs par jour.— Trajet, 1/2 heure. Prix : 3 pauls, 2 pauls, et 1 paul (1).

En sortant de Florence, on voit sur une hauteur, à gauche de la route, l'église et le monastère jadis des *Olivétains*, nommé *Monte-Oliveto*. La route continue le long de la plaine sur le bord de l'Arno jusqu'à *Pise*, au milieu de riches campagnes et de collines fertiles.

A cinq milles à peu près de distance, et pareillement à gauche, on voit *Castel Pucci*, et deux milles plus loin, vers l'Arno, l'abbaye du *Saint-Sauveur à Settimo*, où l'on voit de beaux tableaux : c'est là que saint *Pierre Igné* soutint l'épreuve du feu.

---

(1) *Prix des chevaux de poste en Toscane* : 10 pauls pour 2 chevaux de trait par poste, excepté au sortir de Florence, où le prix de chaque cheval est de 6 pauls ; un troisième cheval, 4 pauls ; un cheval de selle, 8 pauls ; pour le postillon, 2 pauls ; au valet d'écurie, à chaque poste, 1/2 paul ; pour une calèche, 2 pauls ; pour une voiture à 4 places, 6 pauls.

Madame *Mariana Starke*.

Sur les deux coteaux de Signa, on voit une continuation de maisons de plaisance magnifiques. Celle des Pucci, dite *Bellosguardo*, jouit d'une vue superbe sur la campagne. A *Signa* on passe l'Arno, et l'on entre dans la route de *Pistoja*. Les habitants de ce pays, et surtout les femmes, travaillent dans la perfection les chapeaux de paille.

A *Montelupo*, et dans les autres villages qu'on trouve le long de la route, on voit des fabriques de vases de terre cuite. On y fait des urnes de différentes formes, avec des ornements en relief, pour servir à la décoration des jardins. A l'*Ambrogiana*, on voit du côté de l'Arno une maison royale.

Empoli est un bourg riche et peuplé, où l'on trouve tout ce qu'on peut souhaiter dans une ville. Il est situé au milieu d'une plaine fertile; ses habitants sont industrieux. Il y a différentes fabriques de faïence, et une fabrique très-renommée de chapeaux à poil. Un peu plus loin, et précisément à l'Osteria Bianca, en tournant à gauche, on trouve la route de traverse romaine qui côtoie la rivière d'Elsa et conduit à *Sienne* par *Poggibonzi*.

Près de la poste de la Scala, on voit à gauche, à peu de distance, *San-Miniato-Tedesco*, ville médiocrement peuplée. Au delà de l'Arno, on voit les marais de Fucecchio, et les bourgs de *Fucecchio*, de *Sainte-Croix* et de *Castelfranco* dessous, sur une route qui côtoie la rivière et conduit également à Pise.

A *Saint-Romain* on voit l'église et le couvent supprimé des *Mineurs Observantins* de Saint-François ; un peu plus loin, du côté de l'Arno, est la campagne Gazzezi, jadis Capponi ; de l'autre côté, le château de *Monopoli*, ancienne frontière des Florentins, vis-à-vis de celui de *Marti*, ancienne frontière des Pisans.

Pontadera est un village bien peuplé, riche par son commerce et par l'industrie de ses habitants.

De *Fornacette*, en quittant la route de Pise, on va directement à *Livourne* par le chemin d'Arnaccio ; mais il n'est praticable que pendant l'été.

Cascina est une ville ancienne, entourée de murailles, mais peu peuplée.

PISE (*hôtels* : les Trois-Donzelles, Vittoria, l'Ussaro (Hussard) est dans une position très-favorable. Ses édifices, construits dans le temps le plus brillant de la république, sont de la plus grande beauté ; il n'y a guère de villes en Italie où l'on ait rassemblé une si grande quantité de marbres étrangers. Pendant leurs courses de mer, les Pisans eurent occasion de se procurer ce que les ruines de la Grèce offraient de plus précieux dans ce genre.

ÉDIFICES. — L'*Arno*, qui divise la ville en deux parties égales, baigne les quais magnifiques qui règnent dans toute sa longueur. Ces quais sont décorés d'édifices de la plus belle architecture. Les rues sont larges, droites et pavées de grandes dalles; mais elles paraissent désertes, et leur magnificence même afflige l'œil du voyageur, habitué à voir une grande population là où l'architecture étale ses prestiges. Trois grands ponts servent de communication aux deux parties de la ville séparées par le fleuve, et forment avec les quais, auxquels ils se joignent, la perspective la plus agréable. Celui du milieu est en marbre, et le plus beau de tous; c'est sur ce pont que tous les ans, au mois de juin, des jeunes gens, pris de l'une et de l'autre partie de la ville, se livrent une espèce de combat dont on fait remonter l'origine aux jeux olympiques établis à Pise par ses fondateurs. Malgré la décadence de cette ville, les sciences n'ont pas cessé d'y être cultivées ; son université a toujours joui d'une grande célébrité : Accurse, Barthole, Alciat et plusieurs autres savants l'ont illustrée. Il y a plusieurs colléges qui dépendent de cette université. Enfin, si la population de Pise était plus considérable, tout y respirerait encore cette ancienne splendeur des Romains.

MONUMENTS RELIGIEUX. — La *Cathédrale*, dédiée à l'Assomption de la Vierge, et bâtie dans le XIe siècle, est un superbe édifice. On y voit trois portes de bronze de *Jean de Bologne*, si belles qu'on les a prises pour celles du temple de Jérusalem. L'église a cinq nefs soutenues par 54 colonnes, dont quelques-unes sont de marbre vert antique ou de porphyre : la plupart de ces colonnes paraissent avoir fait partie d'anciens édifices. Les sculptures les plus remarquables de cette église sont les statues d'Adam et d'Ève, de Pietra-

Santa, une chasse de Méléagre, en bas-relief, et un rhinocéros très-bien modelé. On y admire aussi des tableaux de prix, parmi lesquels quelques-uns sont d'*André del Sarto*, de *Jean de Pise*, de *Tribolo*, de *Tempesta*, de *Rosselli de Florence* et de *Pierre de Cortone*. La chaire est de marbre et revêtue d'anciennes sculptures et d'ornements en bronze; le pavé est aussi de marbre et à compartiments, et la voûte dorée et ornée de très-belles peintures (1).

Le *Clocher* (Campanile Torto) est un édifice curieux par sa singularité même; c'est une tour qui a la forme d'un cylindre avec sept ordres ou rangs de colonnes posés les uns sur les autres. Sa hauteur est de 63 mètres; on y monte par un escalier de 193 marches, très-aisé et bien éclairé. Du haut de cette tour on jouit d'une superbe vue; mais si l'on regarde en bas, et que l'on fasse descendre perpendiculairement un plomb par le moyen d'une ficelle, on est tout étonné de voir ce plomb s'éloigner de 5 mètres des fondements de la tour. On a fort disputé sur la cause d'une inclinaison si considérable, pour savoir s'il faut l'attribuer ou à quelque bizarre conception de l'architecte, ou à l'affaissement du terrain qui sert de fondement.

Le *Baptistère* est en face du grand portail de la cathédrale; c'est une rotonde toute de marbre. L'intérieur est orné de deux ordres de colonnes de granit posés l'un sur l'autre, et qui soutiennent une coupole elliptique. Au milieu est une grande cuve de marbre de forme octogone, avec des rosettes sculptées sur les faces : c'était le réservoir de l'eau qui servait à baptiser dans le temps qu'on donnait le baptême par immersion. *St-Nicolas* est une des églises les plus riches de Pise en beaux marbres; sa *chaire*, où l'on monte pour lire l'épître et l'évangile, est d'un marbre presque transparent, et soutenue par des colonnes de granit oriental qui reposent sur des lions. La voûte est si sonore, qu'au moindre bruit qu'on fait elle retentit comme une cloche; il y a un écho qui répète très-distinctement les mots, et, quelque bas qu'on parle d'un côté près de la muraille, on entend à l'extrémité opposée tout ce qui a été dit.

---

(1) Voyez *Theatrum Basilicæ Pisanæ*, Rome, 1700.

Le *Campo-Santo* est une vaste enceinte avec un portique pavé de marbre, et orné de peintures dont quelques-unes sont du *Giotto*. On y voit des inscriptions et des tombeaux fort anciens dont le nombre se monte à près de 600; des sculptures de *Canova*, de *Michel-Ange*, de *Ricci de Florence*; la *Vergogna*, figure peinte à fresque, est admirable. Le cimetière, qui est au centre, présente une superficie de 3,033 mètres carrés sur une épaisseur de 3 mètres de terre qu'on dit avoir été apportée de Jérusalem en 1228, et à laquelle on attribuait la propriété de consumer les cadavres dans vingt-quatre heures, propriété qu'elle a perdue aujourd'hui, et qui résultait sans doute d'une grande quantité de chaux mêlée avec cette terre (1).

La principale église après la cathédrale est *Saint-Etienne*, ou la *Chiesa de' Cavalieri*; l'architecture de l'autel et les figures de la chaire sont d'un goût mâle et vigoureux : on trouve dans cette église de belles peintures d'*Empoli*, de *Cigoli*, de *Vasari*, de *Bronzino*, etc. *Saint-Matteo* est encore une très-belle église; dans la peinture de la voûte, la perspective est si bien observée, qu'on croit voir s'élever un second ordre au-dessus de la corniche.

Parmi les édifices publics, on remarque : le *Palais du Gouvernement*, la *Douane*, construction magnifique; le *palais Toscanelli* (dessin attribué à Michel-Ange); le *palais Lanfranchi*, qu'occupa pendant quelque temps lord Byron; le *Palais du grand-duc*, etc.

L'*Observatoire*, le *Jardin des Plantes*, et le *Cabinet d'histoire naturelle*, méritent aussi de fixer l'attention des curieux. La *Loge des Marchands* est un grand édifice à arcades couvertes, soutenu par des pilastres groupés, d'ordre dorique, d'une très-belle architecture. La *Maison des Nobles*, ou Casino de' Nobili, est plus fréquentée, quoique ce ne soit qu'une petite salle de jeu où s'assemblent les nobles. On voit à Pise quantité de beaux palais qui ont de grandes tours; c'était autrefois une marque de distinction.

L'*Université* de Pise est une des plus anciennes et des plus célèbres d'Italie; elle possède une riche bibliothèque.

(1) Voyez les *Pitture del Campo Santo di Pisa*, par Rosini, 1816.

L'Observatoire et le Jardin des Plantes dépendent de l'université.

Le climat de Pise est si doux, qu'à peine s'y aperçoit-on de l'hiver; cependant l'air y est malsain dans les grandes chaleurs, surtout pour les étrangers. Alors on se retire à Florence ou dans les montagnes. Les promenades les plus fréquentées sont les quais. On vante beaucoup les bains de San-Giuliano.

Voitures pour Florence, depuis 5 jusqu'à 10 francs; on reste 8 heures en route. Les voitures stationnent au bas du pont du milieu. Marchandez avec les vetturini. — Pour *Lucques* à chaque instant, 2 francs.

De Pise à *Livourne* il y a environ 10 milles qu'on fait sur une belle route. Le pays est plat et coupé de quelques marais formés ou par les eaux de la mer ou par les débordements de l'Arno. On traverse une forêt de liéges ou chênes-verts, dans laquelle on voit par intervalles des fourrés très-épais de grands myrtes domestiques qui répandent une odeur fort agréable, et servent de retraite aux bêtes fauves réservées pour les plaisirs du grand-duc. L'espace qui est entre cette forêt et Livourne est presque entièrement occupé par des jardins potagers.

Mais, comme nous l'avons dit plus haut, cette route se fait maintenant sur le chemin de fer qui lie ces deux cités. 30 minutes suffisent pour franchir cette distance.

LIVOURNE (*Castrum Liburni*), (*hôtels :* Thomson, Fisher, l'Aigle-Noir, la Grande-Bretagne), ville maritime de la Toscane, et le siége principal du commerce de cet Etat. La république de Pise, autrefois très-puissante, avait son principal port entre l'embouchure de l'Arno et Livourne.

Livourne a environ 800 mètres de longueur et autant de largeur; elle est trop petite pour le nombre de ses habitants, aussi le prix des loyers y est-il excessif. Cette ville, du côté de la terre, avait des fortifications qui ont été démolies. Les maisons, bâties de briques, ont les encoignures et les croisées en pierres de taille. Les rues sont droites et bien pavées. Il y a vers le centre de la ville une grande place d'où l'on voit les deux portes opposées, savoir : la porte Colonella, qui regarde la mer, et la porte de Pise, qui est du côté du continent, et à laquelle aboutit une rue fort large qu'on appelle *Via Grande*. Les seuls édifices considérables dont cette place est décorée sont : l'église principale, *il Duomo*, et le *Palais Ducal*, Palazzo *del Principe*, où loge le grand-duc lorsqu'il va à Livourne. Sur cette même place on voit une *Fontaine* dont l'eau n'est pas fort bonne; cependant le peuple en boit. En général, on se sert de l'eau des citernes ; ceux à qui leurs facultés le permettent en font venir de Pise pour leur boisson. Cette rareté d'eau potable à Livourne a engagé le gouvernement à y faire conduire, par le moyen d'un aqueduc, une source d'eau très-bonne, éloignée de 12 milles, et provenant des montagnes de Collognole.

Une des principales commodités de Livourne est un canal dérivé de l'Arno, et par lequel on va à Pise pour une très-modique somme.

En se dirigeant vers le *Port*, la première chose qu'on remarque est une statue de marbre que *Côme II* érigea à Ferdinand Ier, son père : ce prince est représenté debout, ayant une main appuyée sur le côté, et tenant de l'autre un bâton de commandement; il y a quatre esclaves en bronze enchaînés aux angles du piédestal.

Port. — Le port a environ 600 mèt. de long, et 12 mèt. d'eau dans les endroits les plus profonds; il est sujet à des atterrissements, auxquels on remédie par le moyen de pontons qui servent à en retirer le sable et les immondices. Ce port est défendu par un môle qui s'étend à plus d'un mille dans la mer; il est d'ailleurs très-bien fortifié : on y voit des bâtiments de toutes les nations. La Darse, ou Darsina, est comme un second port, ou la partie du port qui est la plus avancée dans la ville; c'est ce qu'on appelle *bassin* dans les ports de l'Océan. L'entrée de cette darse est fermée par une chaîne attachée d'un côté à la vieille forteresse, et de l'autre à l'extrémité du môle intérieur. Près de là sont les bureaux de la santé et de la douane, ainsi qu'un corps-de-garde soutenu d'une double batterie de canons.

Non loin de la ville, et du côté du nord, est une tour bâtie sur des rochers que la mer environne; c'est sous le canon de cette tour qu'on fait faire la quarantaine aux vaisseaux qui viennent du Levant. Du côté du couchant est une autre tour qui s'avance aussi dans la mer : c'est celle du fanal. Sa forme est assez singulière; elle ressemble à deux tours qu'on aurait bâties l'une sur l'autre. Enfin on voit une troisième tour située à 5 milles du grand port, et dans une petite île appelée *Meloria*, qui n'a que 18 ou 20 mètres de diamètre, et est presque à fleur d'eau : cette tour est carrée, et sa grande blancheur la fait apercevoir de fort loin; elle sert à avertir les marins qui dirigent leur route vers le port d'éviter les écueils dont la petite île est environnée, et surtout un banc de sable qui est du côté du nord.

LAZARETS : il y en a trois. — Le lazaret se compose de plusieurs grands corps de bâtiments baignés de toutes parts des eaux de la mer : on y séquestre avec grand soin et l'on y fait faire la quarantaine aux personnes qui viennent du Levant; pendant ce temps-là les marchandises sont exposées sous des hangars.

La *Maison de force* est un grand bâtiment dont les murs sont fort élevés; c'est là que le soir on renferme les forçats après qu'ils ont travaillé sur le port aux ouvrages publics, ou qu'ils ont été en journée pour leur compte : car l'on n'interdit point à ceux qui savent des métiers la faculté d'aller dans la ville; c'est aux soldats, qui sont payés sur le gain des forçats, et qui les conduisent, à répondre de ces criminels.

Le *Magasin des huiles* est vraiment un objet de curiosité : le bâtiment est vaste, mais les voûtes en sont un peu trop basses; en les construisant, on a moins songé à la décoration qu'à l'utilité. On a pratiqué, dans toute l'étendue, de petites caves carrées de maçonnerie, doublées d'ardoises, que l'on ferme à clef; c'est là que les marchands, moyennant une petite rétribution, peuvent déposer leurs huiles et les conserver jusqu'à ce qu'ils en fassent la vente.

MONUMENTS RELIGIEUX. — Les principales églises de Livourne sont la *Cathédrale (il Duomo)* : la voûte en est fort belle; l'*église des Grecs*, dont la construction est fort simple : on y voit deux tableaux du Sauveur et de la Vierge, peints sur un fond d'or dans l'ancien goût des Grecs; l'*église des Dominicains*, et celles des *Trinitaires*, de

Saint-Jean, et *della Maria Vergine*, remarquable par la richesse des marbres; celle *de Montenero*.

Les luthériens, qui ne sont pas en assez grand nombre à Livourne pour y avoir un temple, font baptiser leurs enfants et célèbrent leurs mariages sur le premier vaisseau anglais, hollandais ou danois qui se trouve dans le port. Toutes les autres sectes ont des *cimetières*. Celui des Anglais est une vaste enceinte entourée d'un mur de 1 mètre de hauteur, en marbre de Carrare, sur lequel sont élevés d'espace en espace des piliers qui soutiennent des grilles de fer. *Le Cimetière hollandais* offre un contraste bien frappant de modestie et de simplicité; c'est un jardin de botanique où l'on voit des allées d'épitaphes.

On compte à Livourne 15,000 juifs; leur *Synagogue* est une des plus belles et des plus riches de l'Europe : c'est un carré dont les deux côtés et l'une des extrémités sont entourés d'un portique au-dessus duquel est une tribune grillée où les femmes juives viennent assister aux cérémonies de leur religion. Les hommes sont en bas, sous le portique ou dans le reste du temple; ils sont assis comme dans les églises catholiques et protestantes, et ont le chapeau sur la tête. Au milieu de la nef est une tribune bâtie de marbres choisis, avec des pupitres de même. Au fond de la nef est une espèce de sanctuaire dans lequel sont enfermés les livres de l'Ecriture sainte, enveloppés des plus riches étoffes, et couverts de couronnes d'argent et autres ornements. Les juifs ont des écoles qui sont dirigées par des rabbins; ils sont presque tous riches, possèdent la plupart des maisons dont ils tirent un gros revenu, et ont hors de la ville des maisons de campagne charmantes. Les femmes, parmi lesquelles il y en a de fort jolies, sont aussi surveillées qu'en Espagne.

Les Arméniens et les Grecs schismatiques sont très-nombreux à Livourne; ils y ont aussi des *églises*. Celle des Arméniens est très-belle et décorée avec goût; celle des *Grecs schismatiques* n'a rien de remarquable. L'habillement des femmes grecques est très-agréable; le corps ne monte pas plus haut que le dessus de la gorge, qu'elles couvrent d'un voile; elles portent des culottes fort larges qui descendent jusqu'au dessous du mollet et se joignent au corps.

Le Théâtre nouveau de Livourne est fort bien ; la troupe en est très-bonne.

Livourne est le premier port franc qu'il y ait sur la Méditerranée, et cet établissement fut un des plus beaux traits de la politique des Médicis. Le principal commerce de Livourne est un commerce d'entrepôt ; les Juifs et les Arméniens y sont les courtiers de presque toutes les nations ; la France y apporte des étoffes de soie de Lyon, des modes, des quincailleries, des tabacs, des vins, des eaux-de-vie ; mais ce commerce d'entrepôt n'est plus si actif, depuis que les étrangers se sont avisés d'établir des relations directes avec les nations elles-mêmes qui fournissaient les objets d'échange. Pop. 80,000 habitants. — *Pour la navigation à vapeur*, voyez pages 54 et suiv. On s'arrête ordinairement assez de temps pour visiter la ville. Dans la strada Ferdinanda sont de beaux magasins de nouveautés où on se procure des marchandises anglaises et des Indes à bon marché. *Voitures* pour Florence à chaque instant ; les *vetturini* se promènent sur la place du Dôme : 6, 8, 10 fr. pour Florence.

Café de la Minerve. — *Restaurant* du Jardin.

De *Florence* à *Pise*. (*Voyez* de *Florence* à *Livourne*, route 80.)

Consuls résidants, *et prix du visa des passe-ports.*

Consul anglais,	5 pauls	» grazies.
— américain,	12	»
— français,	5	2
— romain,	6	»
— napolitain,	11	»
— russe,	5	»
— sarde,	7	1
— autrichien,	5	»
— suisse,	2	»

Observation. — Si l'on ne veut pas être rançonné en débarquant à Livourne, il faut exiger que le batelier montre le tarif ; et en cas de discussion on doit en appeler au commissaire placé à l'entrée de la douane. — En se rembarquant on n'oubliera pas de faire son prix d'avance avec le batelier. Même remarque pour le port de Civita-Vecchia.

ROUTE LXXXI.

DE LIVOURNE A FLORENCE,

Par Lucques, Peschia, Pistoja, 10 p., 20 l.

Pise,	2 p.	Pistoja,	1 1/2
Lucques,	2	Prato,	1 1/2
Bourg-Buggiano,	1 1/2	Florence,	1 1/2

PISE. *Voyez* route précédente.

De *Pise* à *Lucques* on parcourt une partie de la route des bains, assez étroite au commencement, ouverte ensuite à travers une plaine avec des champs environnés de peupliers et de vignes, et longue d'environ 11 milles, et offrant dans tout son parcours un aspect charmant.

LUCQUES (*hôtels* : Orlandi, de l'Europe, de la Croix-de-Malte), ancienne ville située dans une plaine agréable, est baignée par le *Secchio*, qui va se jeter à peu de distance dans la mer Méditerranée, et par l'*Ozzora*, qui n'est qu'une branche de cette rivière. Cette ville est environnée par des collines fertiles. Dans trois milles à peu près de circuit elle renferme plus de 30,000 âmes. Ses édifices, sans être somptueux, sont très-commodes, et ses rues sont pavées de grandes pierres. Ses fortifications, régulières et bien conservées, servent de promenades, de sorte que, sur les boulevards plantés d'arbres, on peut faire en moins d'une heure le tour de la ville. La *Cathédrale*, d'architecture gothique du 11e siècle, est incrustée de marbre ; on y remarque des peintures de *Coli* et de *San-Casciani*, tous les deux Lucquois; un tableau de *Zuccheri*, un autre du *Tintoret*, et les quatre Evangélistes sculptés par *Fancelli*. Cette église est fameuse par le crucifix dit *le Volto santo*. Il y a encore quelques bons tableaux dans les autres églises, principalement à *Sainte-Marie*, appelée l'église de l'*Humilité*, où l'on remarque un tableau du *Titien*, et à *Saint-Pontien*, où l'on conserve deux tableaux de *Pierre Lombard*. Le *palais du Public*, qui est l'édifice le plus remarquable, dessiné en partie par *Ammanato*, et en partie par *Philippe Juvara*, renferme dans ses appartements des peintures de très-grand prix de *Luc Jordan*, d'*Albert Dürer* et du *Guerchin*. Au nombre des belles peintures que renferme ce noble édifice, on remarque : une Notre-Dame, par *Raphaël*; — saint Jean-Baptiste, par le *Corrège*; — la Vierge et l'Enfant Jésus, par *Léonard de Vinci*; — la Vierge, l'Enfant Jésus et plusieurs saints, par *Francia*; — Jésus-Christ crucifié, par *Michel-Ange*; — Sainte Cécile, par le *Guide*; — une Gloire et trois saints, par le *Dominiquin*; — Jésus ressuscité et la Madeleine, par *Barrocci*; — Jésus et la Chananéenne, par *Annibal Carrache*, etc. Le *Théâtre* est élégant, mais petit. On voit à Lucques les débris d'un ancien amphithéâtre.

La *Bibliothèque royale*, précieux dépôt qui renferme 25,000 vol. et manuscrits.

Les Lucquois ont du talent et de l'industrie : l'agriculture parmi eux est si florissante, qu'ils ont su rendre fertiles les montagnes les plus stériles, qu'on voit maintenant couvertes de châtaigniers, de vignes et d'oliviers. Leur commerce consiste en huile et en objets de leurs manufactures, principalement de soie. A la distance d'environ 10 milles de la ville, on voit les BAINS DE LUCQUES, célèbres dans toute l'Italie à cause de la salubrité de leurs eaux thermales. Bel établissement à visiter! On trouve dans cette localité trois beaux *hôtels* appartenant à M. *Pagnini*, tous bien tenus (1).

En sortant de Lucques on paye double poste jusqu'au bourg *Buggiano*, et on compte environ 13 milles. Avant le bourg Buggiano, on traverse *Peschia*, petite ville épiscopale qui a des églises dont les fresques sont admirables.

A peu de distance dudit bourg et du grand chemin, on trouve les bains de *Montecatini*, célèbres par leurs vertus

---

(1) Voyez *Guida del forestiere*, imprimé à Lucques.

médicinales. Les anciens moines du Mont-Cassin de l'abbaye de Florence y avaient dépensé de fortes sommes pour en augmenter la commodité et la magnificence. Ce qu'il y a de moderne dans ces édifices est de bon goût, et a été dessiné par l'architecte *Nicolas-Gaspard Paoletti*, Florentin.

En approchant de Pistoja, on jouit d'un coup d'œil agréable sur les campagnes les plus fertiles, et l'on se croit sans cesse au milieu de jardins délicieux.

On peut aller de *Pise* à *Pistoja* sans traverser le territoire de Lucques, en prenant le chemin qui passe par *Monte* et *Calcinaja*, par la nouvelle route de traverse de *Valdinievole*, qui joint celle de Lucques au bourg *Buggiano*.

Pistoja (*Pistorium*) (*hôtels :* de Londres, de la Poste), riche et belle ville, est située dans une plaine fertile, au pied de l'Apennin, près du fleuve Ombrone; il y a peu de villes en Italie où les rues soient si droites et si larges qu'à Pistoja. Ses *Palais* donnent une idée de grandeur et de magnificence, mais sa population est peu nombreuse. La *Cathédrale* est un bel édifice, et le trésor des reliques qu'elle possède est fort estimé. On voit dans cette église un bas-relief de *Donatello*, les tombeaux du célèbre *Cino Singiboldi*, professeur de législation, et du cardinal *Fortiguerri*. L'église du *St-Esprit* est bâtie d'après un beau plan, et possède des orgues excellentes. La meilleure église par sa structure est celle de l'*Humilité*, d'architecture très-élégante, dont la coupole est de *Vasari*. Dans les *églises de St-François* et de *St-Dominique*, on voit des peintures à fresque de *Puccio Capanna*. Le *Palais public* est magnifique, ainsi que l'édifice de la *Sapienza*, où il y a la *Bibliothèque publique*. On remarque aux *Philippins* une autre bibliothèque riche en beaux manuscrits; c'est un legs du cardinal Fabroni. Il ne faut pas négliger de voir le vaste édifice du *Collége ou Séminaire*, parfaitement distribué pour l'objet auquel il est destiné. On fabrique à Pistoja d'excellentes orgues, et la manufacture de fer contribue à la subsistance d'une grande partie du bas peuple. On y fait de bons canons de fusil. Sa population monte à 10,000 hab.

On peut aller de *Pistoja* à *Florence* en prenant à droite le chemin de *Poggio à Cajano*, maison royale située sur une petite éminence au bord de l'Ombrone, qui domine une belle plaine à quelque distance des collines d'*Artimino* et de *Carmignano*, célèbres par la bonté des vins qu'elles produisent. Indépendamment des environs délicieux de cette maison de campagne, elle mérite l'attention des voyageurs par les peintures excellentes qu'on y conserve, et principalement par celles d'*André del Sarto*.

PRATO (*hôtel* : la Poste), bâtie sur les bords du *Bisenzio*, qui en baigne les murailles, dans un terrain bas mais fertile. Ses habitants, dont le nombre monte environ à 11,000, sont très-industrieux. On y travaille différents ustensiles en cuivre, et on y voit plusieurs fabriques de draps de laine, surtout à l'usage des gens de la campagne. La *Cathédrale* est une belle église, on y conserve avec une grande vénération la ceinture de la *sainte Vierge*. *L'église des Prisons* est d'une bonne architecture de Brunelleschi, et celle de *Saint-Vincent* a de beaux travaux en stuc de très-bon goût. La *place du Marché* est assez vaste, mais dénuée d'ornements; celle du *Dôme* est petite, mais passablement ornée de bâtiments. Le *collége Cicognini*, un des plus accrédités de la Toscane, est un édifice commode et bien distribué. On trouve aussi à *Prato* un bel *Hôpital*, un *Mont-de-piété* et une bibliothèque publique. Le pain qu'on fait dans cette ville est excellent et le meilleur de la Toscane.

A peu de distance de Prato, au nord, on voit une colline très-stérile, appelée *Monteferrato*, que plusieurs naturalistes ont souvent visitée.

On peut aller de *Prato* à *Florence* par la route de *Sesto*, qui est bordée d'habitations et de maisons de campagne magnifiques, et qui conduit à la campagne royale de *Castello*.

FLORENCE. *Voyez* route 78, p. 461.

ROUTE LXXXII.

DE FLORENCE A BOLOGNE.

19 l., 9 p. 1/2.

Fonte-Buona,	1 p.	Filigare,	1 1/2
Cafaggiolo,	1	Lojano,	1
Montecarelli,	1	Pianoro,	1 1/2
Covigliajo,	1	Bologne,	1 1/2

Les livres de poste comptent 18 l.; les vetturini, 60 milles ou 20 l. de France (1).

Il est à remarquer que de la station de *Lojano* jusqu'à *Covigliajo* on attache un troisième cheval aux petites voitures, et deux autres chevaux aux plus grandes. D'après la construction de la nouvelle route sur la montagne nommée *Monte-di-Fò*, le chemin est plus long d'un demi-mille, en sorte qu'il faut employer deux heures et quinze minutes pour aller à Covigliajo.

Jusqu'à la seconde poste, la route est délicieuse, au milieu de collines couvertes de vignes et d'oliviers. A la distance de trois milles de Florence, dans un endroit appelé *Trespiano*, on rencontre le nouveau cimetière public à l'usage de cette ville.

A six milles, on voit à droite *Pratolino*, maison royale magnifique, architecture de *Bernard Buontalenti*, célèbre par les embellissements ajoutés par les *Médicis*, et principalement par le grand-duc François Ier. On y voit la statue de l'Apennin, haute de 20 mètres. Cette campagne est ornée de plusieurs fontaines et de jets d'eau très-ingénieusement ménagés, et de grotesques d'un travail surprenant, qui servirent ensuite de modèle pour les jardins et les travaux hydrauliques de Versailles.

En continuant le voyage, on aperçoit au nord, sur une éminence, le couvent de *Monte-Senario*, jadis des Servites, où habitèrent les fondateurs de cet ordre régulier.

(1) *Observation générale*. En Italie, 3 milles équivalent à 1 lieue de France, ou 4 kilomètres.

Après avoir passé *Taglioferro*, on voit à droite l'ancienne route de *Bologne*, qui passait par le village de la Scarperia (où l'on fabrique des couteaux et autres armes tranchantes), et de là on passe le *Giogo* à *Firenzuola*, château baigné par le *Santerno*, dans une vallée fertile par laquelle on arrive directement à Pietramala.

De *Cafaggiolo* à *Cavigliajo*, on va presque toujours en montant. Aux *Masques*, près de la maison de campagne Gerini, on jouit d'une très-belle vue. En s'arrêtant à cette auberge, on partage le voyage en deux parties, et on va se reposer à *Pietramala*, aux confins de la Toscane, entre les *Filigare* et *Covigliajo*.

Sur le *Giogo*, montagne la plus haute de l'Apennin, entre *Montecarelli* (*Mons Carelli*) et *Covigliajo*, on remarque des éboulements de terre considérables; et, entre *Pietramala* et *Scaricalasino*, on voit un amas de pierres et autres matières qui annoncent une roche tombée en ruine. Le naturaliste pourra examiner de près si cela est l'effet d'anciennes éruptions volcaniques.

A un demi-mille de Pietramala, sur la droite, dans un terrain stérile et pierreux appelé *Monte-di-Fò*, on voit un petit volcan toujours allumé, qu'on appelle vulgairement le *Fuoco del Legno*. Lorsque le temps est pluvieux ou disposé à l'orage, la flamme devient plus vive. Les montagnes des alentours sont stériles, et elles ne produisent que des arbres rabougris en petit nombre. Au nord du même volcan, et dans la partie la plus élevée, on voit une autre montagne escarpée, dite *Canida*.

On remarque à une demi-lieue de Pietramala une source d'eau froide dite l'*Aqua Buja*, qui s'enflamme à l'approche d'une lumière. C'est une émanation de gaz hydrogène.

Des *Filigare* à *Lojano*, on va toujours en descendant. On peut, si l'on veut, s'arrêter à Lojano; mais l'auberge n'est pas bien commode. De Lojano à *Pianoro*, on jouit d'une vue très-étendue de la chaîne des Apennins, des vallées d'alentour, et de la plaine qui de Bologne s'étend jusqu'au Pô. De Pianoro à *Bologne*, le chemin est uni et presque toujours dans le fond d'une vallée.

BOLOGNE (1) (*hôtels*: San-Marco, le Pèlerin, la Pension-Suisse) est située au pied de l'Apennin, et à une petite distance du Reno. Polybe, Pline, Tite-Live, Strabon, Tacite, Cicéron et Dion-Cassius ont parlé de cette ville, et la regardaient comme l'une des plus anciennes et des plus considérables d'Italie. D'après les diverses révolutions qu'elle a éprouvées, il n'est pas surprenant qu'elle n'ait conservé que très-peu de vestiges de sa première splendeur. On y voit cependant quelques restes des *bains de Marius*, et l'on croit que l'*église de Saint-Étienne* a été un ancien temple d'Isis.

La population de Bologne est de 70 mille habitants. Cette ville a une demi-lieue de diamètre, et est partagée par un canal qui n'est navigable qu'au dehors; on y entre par douze portes qui aboutissent à autant de rues très-belles; les maisons sont bâties ou revêtues de pierres de taille, avec des portiques à arcades élevés au-dessus du niveau de la rue, en sorte qu'on peut parcourir cette ville à l'abri des injures du temps, à pied sec, et sans recevoir aucune incommodité des voitures. Les portiques, assez communs en Italie, furent imaginés avant l'invention des carrosses. Maintenant ils sont regardés comme superflus et de mauvais goût.

Bologne n'a qu'une simple muraille de briques, sans fossé ni fortification; ce fut une des conditions qu'elle exigea en se donnant au pape. Dans une petite place qu'on rencontre vers le milieu de la grande rue, sont deux tours bâties de briques; l'une, appelée la tour des *Asinelli*, a 102 mètres de hauteur; l'autre, qu'on nomme *Garizenda*, en a 115. Ces deux tours penchent hors de leur aplomb, savoir: la première de 1 mètre 20 cent., et la seconde de 2 mètres 64 cent. Une inclinaison si considérable est vraiment effrayante à la vue, quelle que soit d'ailleurs la solidité de ces tours.

ÉDIFICES. — Les principaux édifices de Bologne, soit publics, soit particuliers, ont beaucoup de magnificence. Le palais de la Seigneurie, *Palazzo Publico*, où sont les diffé-

---

(1) Voyez *Guida del forestiere per la cita di Bologna*, in-18, 1825. A Bologne chez Cardinali.

rents tribunaux de justice, a son entrée principale sur la grande place. Ce palais est très-vaste ; on voit sur la porte deux statues, l'une de *Boniface VII*, et l'autre de *Grégoire XII* ; le buste de *Benoît XIV* est au-dessus du grand escalier. Les autres palais dignes de remarque sont ceux de *Magnani*, *Bentivoglio*, *Ranuzzi*, etc.

FONTAINE. — Vis-à-vis la porte d'entrée de ce même palais est la fontaine appelée du *Géant*, décorée par Jean de Bologne, l'une des plus belles d'Italie. On y voit Neptune debout, armé de son trident, et dans cette attitude où Virgile exprime si bien sa fierté, *quos ego*.... quatre enfants assis aux encoignures enlacent de leurs bras des dauphins qui jettent de l'eau ; au bas du piédestal, quatre sirènes couchées sur des dauphins pressent leurs mamelles, dont elles font sortir des jets d'eau. Toutes les figures sont en bronze ; le Neptune est de taille héroïque ; les sirènes se font remarquer par des airs de tête très-gracieux, par leurs attitudes voluptueuses, et par la délicatesse avec laquelle les chairs en sont rendues. Le seul reproche qu'on peut faire à l'ensemble, c'est un peu de confusion, parce qu'il y a trop de sculpture dans un si petit espace.

MONUMENTS RELIGIEUX. — Bologne est une des villes d'Italie les plus riches en tableaux et en statues : il y a environ 200 églises, et parmi ce nombre il n'y en a pas qui ne possèdent quelque peinture rare. Dans la *Cathédrale*, qui est d'une très-belle architecture, on voit une Annonciation à fresque de *Louis Carrache*.

L'église de *Saint-Pétrone* est aussi très-belle, et contient divers tableaux fort estimés. C'est dans la nef de cette église que le célèbre *Cassini* établit son premier méridien.

Toutes les autres églises de Bologne contiennent une prodigieuse quantité de tableaux et de statues, dont l'énumération passerait les bornes naturelles de cet ouvrage ; ce sont des chefs-d'œuvre d'*Augustin*, de *Louis* et d'*Annibal Carrache*, du *Guide*, du *Dominiquin*, du *Guerchin*, de l'*Albane* et de plusieurs autres grands maîtres : voilà pourquoi on a appelé Bologne *le cabinet des peintres d'Italie*. Ceux qui désirent des détails plus circonstanciés à l'égard des tableaux, les trouveront dans l'ouvrage intitulé *Peintures de Bologne*, par J.-P. Zanotti, ou dans les *Musées d'Italie*, par Louis Viardot, Paris 1842, ouvrage consciencieux.

Il y a à Bologne une université qui a fait époque dans l'histoire du renouvellement des sciences. Fondée en 425 par l'empereur Théodose, la protection de Charlemagne lui donna un nouveau lustre. Le bâtiment est vaste et orné de peintures à fresque; le théâtre anatomique est très-bien disposé. On y admire deux figures en bois qui représentent des écorchés, et sont regardées comme des chefs-d'œuvre.

Bologne possède encore deux *Académies*, celle des *Beaux-arts* et celle des *Jurisconsultes*; une *Bibliothèque* qui renferme 80,000 volumes et 4,000 manuscrits.

Théatres. — Les théâtres de Bologne sont vastes et d'une noble architecture. Il y en a trois : *Communal*, *del Corso*, *Contavalli*.

Le Musée (ou, comme on l'appelle aujourd'hui, *Pinacothèque*) de Bologne renferme des morceaux capitaux, au nombre de 286, disposés avec un ordre admirable. Il faut bien se garder de l'oublier. Nous ne signalerons aux artistes et aux amateurs que les toiles les plus saillantes :

Le Martyre de sainte Agnès, du *Dominiquin*; la Madonna del Rosario, du même, ses deux plus beaux ouvrages peut-être. La Transfiguration, de *Louis Carrache*; la Naissance de saint Jean-Baptiste, la Vierge et des saints, du même. C'est ici qu'il faut étudier ce peintre trop peu connu, trop peu admiré. La Communion de saint Jérôme, d'*Annibal Carrache*; la Madonna della Pietà ed i santi Protettori di Bologna, œuvre capitale de *Guido Reni*; le Massacre des Innocents, du même, admirable; la Vierge Marie *in gloria*, chef-d'œuvre du *Pérugin*; la sainte Cécile de *Raphaël*; la Vierge et les Saints, de *Fr. Francia*; un Pape qui donne la communion aux pauvres, de *Georges Vasari*; les Épousailles de sainte Catherine, de *Pellegrino Tibaldi*; même sujet, par *Alex. Tiarini*, etc. — Tous ces tableaux sont placés dans la même galerie (rotonde), où l'on arrive par un corridor dont les murs sont tapissés de tableaux des premiers temps de la peinture. (On donne, pour le visiter, 1 fr. au custode.)

La Chartreuse ou Cimetière. — On ne pourrait se flatter de connaître cette ville, si on n'avait fait une visite au cimetière public. Là sont rassemblés plusieurs milliers de tombeaux en marbre de tous les âges, de la renaissance, du XVII°, du XVIII° et du XIX° siècle, dont quelques-uns sont de véritables chefs-d'œuvre, d'admirables fresques, des inscriptions qu'on croirait du siècle d'Auguste. Il y a des galeries de plusieurs centaines de pieds, que la sculpture et la peinture se sont épuisées à embellir; enfin ce monument peut être considéré comme une des merveilles de l'Italie.

Le territoire de Bologne abonde en grains, chanvre et soie; les collines environnantes présentent le plus riant aspect, et produisent des fruits de la meilleure qualité; mais la partie de ce territoire qui s'étend vers le Pô est souvent désolée par le débordement des rivières. A une lieue de Bologne et sur la montagne de *Guardia*, est une église dédiée à la *sainte Vierge*, et où on arrive par un portique de 690 arceaux, qui commence à la porte de la ville et va jusqu'au sommet de la montagne. On attribue à saint Luc le tableau de la Vierge.

Les Bolonais sont d'un caractère franc, libre et enjoué, bons amis; mais aussi, dit-on, ennemis irréconciliables: car il a bien fallu les faire figurer dans la liste des sept péchés capitaux que les plaisants attribuent aux principales villes d'Italie, en plaçant l'orgueil à Gênes, l'avarice à Florence, la luxure à Venise, la colère à Bologne, la gourmandise à Milan, l'envie à Rome, la paresse à Naples. — Bon restaurateur à 2 fr. Café des Juifs, le meilleur de la ville. — On donne 75 cent. pour visa du passe-port. On peut le remettre au camerière ou garçon d'hôtel, auquel il est dû, lorsqu'il apporte le visa, 50 c. On doit être muni de passe-port si l'on sort de la ville. Cela est de règle, surtout dans les États du pape; sans cette précaution on peut être conduit à la police.

Moyens de locomotion. — De *Bologne*, pour *Florence* ou *Padoue*, on paye par les vetturini, qui prennent quatre personnes, 4 à 5 napoléons, nourriture et coucher compris. Ce trajet demande deux jours.

Des *diligences* partent pour ROME les lundi et mardi, à une heure après midi; prix, 14 *scudi* ou *écus* (1).

Pour *Florence*, les lundi, mercredi et vendredi, à 7 h. du matin; prix, 4 scudi.

Pour *Milan*, lundi, mercredi et vendredi, à 6 h. du matin; prix, 7 scudi et demi.

Pour *Padoue*, tous les jours à 5 h. du matin, excepté les lundi et jeudi, qu'ils partent à midi.—Pour *Ferrare*, de même que pour *Padoue*; prix, 1 scudo 23 bajocchi.

La *Poste aux lettres* est ouverte tous les jours, depuis 9 h. du matin jusqu'à 3 h. après midi; les dépêches partent pour la France, l'Angleterre, tous les jours (dimanche excepté), à 11 h. du matin.

ROUTE LXXXIII.

DE BOLOGNE A MANTOUE.

10 p. 1/2, 21 l.

Saint-Georges,	1 p. 1/2	Massa,	1
Cento,	1	Ostiglia,	1
Saint-Charles,	1	Governolo,	1
Ferrare,	1 1/2	Mantoue,	1 1/2
Palantone,	1		

AUTRE ROUTE, 10 p., 20 l., route montée.

Capo-d'Argine,	1	Sermide,	1 3/4
Malalbergo,	1	Governolo,	1 1/2
Ferrare,	1 1/2	Mantoue (2),	1 1/2
Bondeno,	1 3/4		

Ce voyage se faisait autrefois en entier par eau; mais on

(1) L'écu romain vaut 5 fr. 38 c.

(2) Voici encore une autre indication de route :—Argine, 2 l.; Malalbergo, 2 l.; Ferrare, 3 l.; Bondeno, 3 l. 1/2; Sermide, 3 l. 1/2; Ostiglia, 3 l.; Nogara, 3 l. 1/2; Castellaro, 2 l.; Mantoue, 3 l., qui est la nouvelle route. Total, 23 l. 1/2.

préfère la voie de terre. La route par *Saint-Georges* et *Cento* est la plus commode et la plus sûre, mais n'est pas montée, celle de *Bologne* à *Ferrare*, par *Capo-d'Argine* et *Malalbergo*, étant souvent dégradée et inondée.

De *Bologne* à *Ferrare* on voyage dans une plaine naturellement fertile, mais qui serait susceptible d'une plus grande culture. Hors de Bologne, on passe le *Naviglio*. Après *Saint-Georges*, on passe le *Reno* en barque; la route continue ensuite le long de cette rivière. On va maintenant à *Ferrare* sur une nouvelle et magnifique route de poste, plus courte que l'ancienne, et presque toute bien pavée, qui se dirige en ligne presque droite jusqu'à Ferrare.

CENTO (*hôtel* : la Poste), petite ville, mais célèbre pour avoir donné naissance à Jean-François Barbieri, *dit le Guerchin*. Les amateurs de peinture pourront voir plusieurs beaux ouvrages de cet artiste fameux et de quelques autres, dans les églises et même dans les maisons particulières. L'étranger pourra se procurer une description imprimée de ces peintures.

De *Saint-Charles*, *San-Carlo*, à *Ferrare*, la route est très-bonne; mais la campagne des environs de cette ville ne présente pas un coup d'œil bien riant, l'agriculture y semble totalement négligée.

FERRARE (*hôtels* : les Trois-Maures, les Trois-Couronnes), au temps de l'Arioste, était encore très-riche et très-considérable, puisque ce poëte en fait le plus brillant éloge :

> *O città bene avventurosa.......*
> *....... la gloria tua salirà tanto,*
> *Ch' avrai di tutta Italia il pregio e'l vanto.*

Mais aujourd'hui il ne reste à Ferrare que des vestiges de sa magnificence, de sa population et de son commerce. L'aspect de la ville est imposant ; ses rues sont bien aérées : celle de Saint-Benoît a près de 2,000 mètres de longueur, et est alignée jusqu'à la porte Saint-Jean. A l'égard de la longueur totale de la ville, elle est de 2,888 mètres, depuis la porte Saint-Benoît jusqu'à la porte Saint-Georges. Les édifices publics et particuliers sont beaux, les rues larges, longues quelquefois de plus d'un quart de lieue; les plus belles sont celles de *San-Benedetto*, *Giovica*; la citadelle, placée au couchant de la ville, est grande, forte et régulière: mais, depuis la fin du xvie siècle, la population, l'industrie et le commerce de Ferrare sont dans un état de décadence et de langueur; les campagnes mêmes des environs ne sont pas mieux peuplées, ce qu'on attribue à l'air malsain qui s'exhale des marais dont une grande partie du Ferrarais est couverte.

Au milieu de la ville est un *Château*, ancienne résidence des ducs; il est entouré d'eau et flanqué de grosses tours. Près de ce château est le *Palais des Nobles*, au-devant duquel on voit deux statues de bronze sur des colonnes très-élevées: ce sont deux ducs de Ferrare.

MONUMENTS RELIGIEUX. — La *Cathédrale* est vis-à-vis le palais des Nobles; elle est dédiée à saint Georges et bâtie en croix grecque: sa façade gothique est d'un assez bon goût. On y admire un saint Laurent du *Guerchin*, artiste habile qui, par ses ombres vigoureuses, donnait tant de force à ses tableaux; un Jugement dernier, copié ou du moins imité de *Michel-Ange*, et le tombeau de *Cilio Grégoire Giraldi*, que M. de Thou regarde comme un des plus savants hommes de son siècle. Rien n'égale la beauté des miniatures qu'on admire dans les livres de chant de cette église; ils sont préférables peut-être à ceux de Sienne.

L'*église de l'ancien collège* des Jésuites possède un saint Stanislas communié par les anges, et saint François-Xavier ressuscitant un mort, de *l'Espagnolet*.

Dans celle du couvent des *Bénédictins* est un tableau de *Bononi*, représentant le festin d'Hérode et d'Hérodias, sous les traits du duc Alphonse et de sa maîtresse. Cette église était encore plus célèbre par le tombeau de *l'Arioste*, qui y fut enterré, que par ses peintures: on lisait en vers italiens, sur une colonne, l'épitaphe de ce poëte, qui, par la hardiesse du dessin, la fierté mâle de ses touches et l'harmonie de ses vers, peut être mis à côté des plus grands poëtes de l'antiquité. Le *Mausolée*, qui est en marbre blanc, a été depuis transporté à la *Bibliothèque publique*, où on pourra voir des autographes de *l'Arioste*, du *Tasse*, de *Guarini*. Cette riche collection renferme près de 80,000 vol.

et 1,000 manuscrits. Dans le vestibule du réfectoire est un Paradis de *Benedetto di Garafolo*; ce peintre était l'ami de l'Arioste, et il l'a représenté entre sainte Catherine et saint Sébastien, parce que le poëte lui disait : Mettez-moi dans votre paradis, car je ne prends pas le chemin de l'autre, *Dipingete me in questo paradiso, perche nell' altro io non ci va.* — La *statue* élevée récemment à l'Arioste, par deux artistes de Ferrare, fait honneur à leur talent. Elle s'élève sur une place bien ombragée, véritable promenade, qui naguère portait le nom de place Napoléon et était ornée de sa statue. Le nouveau *Théâtre* est à visiter; il est de *Foschini*. On visitera encore les *Palais de Rondinelli* et *Bevilacqua*, où se trouvent de belles peintures.

On conserve encore à Ferrare une chaise et une écritoire de *l'Arioste*. On indique l'*hôpital Sainte-Anne* pour être le lieu où le duc Alphonse tint longtemps enfermé le Tasse sous prétexte de folie, digne récompense que ce poëte reçut d'un prince qu'il avait immortalisé dans ce beau passage de la Jérusalem délivrée : *Tu magnanimo Alphonso!....* On montre aussi aux étrangers la maison n. 1276 qui appartenait autrefois à Guarini, et dans laquelle on représenta pour la première fois le *Pastor fido*. Pop. 32,000 hab., dont un tiers se compose de juifs, relégués dans un quartier séparé qui est le plus beau de la ville.

De Ferrare à Padoue, voiturin, 10 à 12 fr.

De *Ferrare* à *Palantone*, on passe le Poetello en barque, et après Palantone, on traverse le Pô.

MANTOUE. (*Voyez* route 42, p. 415.)

ROUTE LXXXIV.

DE FLORENCE A ROME,

Par Sienne, 46 l. 1/2, 24 p. 1/4.

San-Casciano,	1 p.	Sienne,	1
Tavernelle,	1	Montaroni,	1
Poggibonzi,	1	Buonconvento,	1
Castiglioncello,	1	Torrinieri,	1

La Poderina,	1	Viterbe,	1
Ricorsi,	1	Imposta,	1
Radicofani,	1	Ronciglione,	1
Pontecentino (1),	1	Monterosi,	1
Acquapendente,	1	Baccano,	1
Lorenzo-Nuovo,	3/4	La Storta,	1
Bolzena,	1	Rome,	1 1/4
Montefiascone,	1 1/4		

Après avoir monté le chemin de Scopetti, on voit à quelque distance sur la gauche, au milieu de montagnes désertes, le sanctuaire de *Notre-Dame de l'Impruneta*, qui est en grande vénération parmi les Florentins. Sur le sommet d'une colline fertile et bien cultivée, on trouve *San-Casciano* (*ad Casas Cæsareas*), bourg considérable que l'on traverse. Eaux thermales, fleurs, chapeaux de paille.

Avant d'arriver au *pont de la Pesa*, en laissant cette rivière à droite, on trouve le chemin de la *Sambuca* ou de la Castellina du Chianti; c'est le plus court chemin qui conduit à Sienne. Du même point on peut aller à *Passignano*, abbaye autrefois des Vallombrosains, où l'on admire de bonnes peintures.

A moitié chemin de Florence à *Sienne*, après *Tavernelle*, on laisse sur la droite *Barberino de Valdelsa*, petit château. Avant d'entrer à Poggibonzi, on trouve à droite la route de traverse qui conduit directement à *Pise*.

POGGIBONZI (*Bonitum*) est un gros bourg bien peuplé, situé au pied d'une colline; ses habitants sont industrieux et manufacturiers. A trois milles environ de la route romaine, sur la droite, on trouve la ville de *Colle* sur une colline très-élevée : sa position la partage en ville haute et

---

(1) Première douane de l'État romain : il faut se précautionner d'un *lasciare passare*. Quelques itinéraires comptent à San-Casciano, 1 poste 1/2; Ricorsi, 1 poste. 1/2, Radicofani, 1. — Dépense. Par Sienne on reste un jour de moins que par Pérouse; on trouve constamment des voyageurs pour Rome, avec qui on partage les frais de route, 30 à 40 f. la nourriture et le coucher compris. — Par Pérouse, 40 à 80 fr. — On pourrait au besoin aller à Livourne, s'embarquer pour Civita-Vecchia, d'où chaque jour part une voiture pour Rome, 10 fr. environ.

basse, où sont les papeteries sur l'*Elsa* et la *Stella*. La ville haute est la plus peuplée et la mieux cultivée. *Hôtel* : le Lion-Rouge.

De Colle partent deux routes, dont l'une conduit à *Massa*, ville du Siennois, et l'autre à *Volterra*, ville très-ancienne où l'on voit plusieurs monuments qui attestent son antiquité, et surtout les murailles, qui sont de construction étrusque. Le terrain aux environs est fertile et abonde en eaux minérales. On y travaille des vases et différents morceaux de sculpture sur des modèles étrusques déterrés dans les environs, et dont le *Palais Public* ou hôtel de ville possède des collections considérables.

En suivant la route de *Poggibonzi* à *Sienne*, on laisse sur la gauche le *Chianti*, pays vaste, montueux, et renommé à cause de ses vins.

A six milles environ de Sienne, le chemin devient moins agréable, mais il offre des situations surprenantes. Vers le déclin des montagnes, les points de vue s'étendent ; il y en a de fort beaux et vraiment pittoresques. La route redescend, et on arrive à

SIENNE (*hôtels* : l'Aigle-Noir, les Armes-d'Angleterre, les Trois-Rois) (1), est située sur le penchant d'une montagne, et par conséquent sur un sol fort inégal. Les rues sont pavées, les unes de grandes pierres unies, et les autres de briques posées de champ ; la disposition de ces rues est telle, que la plupart sont dirigées vers le centre de la ville ; on monte ou l'on descend continuellement. Les tours qui s'élèvent du milieu de la ville, et qu'on aperçoit de fort loin, faisaient partie du palais des Notables. Les maisons sont en général d'une architecture gothique ; il y en a cependant quelques-unes bâties dans le goût moderne, et qui ne manquent pas d'agrément. Plusieurs de ces maisons, qui se trouvent adossées à la montagne, ont des jardins aussi élevés que les croisées, ce qui procure des points de vue très-agréables. La *Porte Romaine*, construite en 1321, est un monument vraiment majestueux. La *Citadelle*, que Côme Ier

(1) Voyez *Breve relazione delle cose più notabili della città di Sienna*, in-18.

fit élever en 1560 pour s'assurer de sa conquête, est régulière.

Monuments religieux. — La *Cathédrale, il Duomo*, est de tous les édifices publics le plus considérable; elle est bâtie sur une petite élévation, et domine une place qui l'entoure de trois côtés. On y monte par des degrés de marbre qui annoncent la grandeur et la magnificence de ce bâtiment : c'est un vaisseau vaste et majestueux, d'architecture gothique, revêtu, tant au dedans qu'au dehors, de marbres blancs et noirs symétriquement rangés par assises. Sa fondation remonte à l'an 1250. Le portail, reconstruit en 1333, a trois portes et un bel ordre de colonnes. La partie supérieure est décorée de statues, de bustes, de campaniles et d'autres ornements. On estime beaucoup les deux colonnes qui supportent le fronton. L'église a 110 mètres de long; son intérieur plairait davantage s'il était plus large. Les piliers, qui tiennent de l'ordre composite, ont beaucoup de légèreté. Les fenêtres, formées d'une multitude de petites colonnes qui avancent les unes sur les autres, ressemblent à des perspectives de théâtre. La voûte est azurée et parsemée d'étoiles d'or. La coupole repose sur des colonnes de marbre. La coupole de la *chapelle de la Vierge* est dorée, et l'autel incrusté de lapis-lazuli ; cet autel est encore orné de bas-reliefs dorés, et de colonnes de marbre vert de mer, d'ordre composite. Les sculptures en bois qu'on voit tout à l'entour du chœur sont des chefs-d'œuvre de travail et de patience. Dans la *chapelle de Saint-Jean*, entre plusieurs belles statues, on admire celle de ce saint en bronze, du *Donatello*. Le pavé de l'église est un des plus beaux ouvrages de ce genre; il représente plusieurs histoires de l'*Ancien Testament*, exécutées en marbres blancs, gris et noirs : ce sont des tableaux de clair-obscur et en mosaïque, dessinés avec des airs de tête non moins admirables que les chefs-d'œuvre de *Raphaël*. Une chose assez singulière et qu'on voit dans la cathédrale de Sienne, c'est la suite de tous les bustes des papes jusqu'à *Alexandre III*, placés sur une espèce de galerie qui règne tout autour de la nef. Il y a dans l'église une chaire avec des bas-reliefs admirables ; dans une chapelle, deux belles statues du *Bernin*, surtout la Madeleine. — Visiter attentivement la sacristie, libreria corale, dont les murs ont été peints à fresque par le *Pinturrichio*, sur les dessins de *Raphaël*. Il y a une fresque de ce maître divin. — C'est là qu'est le groupe antique des *trois Grâces*. — *Missels* avec miniatures !

L'église St-Giovanni est aussi un édifice remarquable du style gothique, renfermant de belles peintures de *Faentini*, d'André *Bresciano*, de *Beccafumi*, de *Martelli* ; les fonts baptismaux sont un chef-d'œuvre de sculpture.

La chapelle Sainte-Catherine mérite aussi l'attention du voyageur (appelée *Casa di Santa Catharina*) : c'est dans cette maison que naquit cette sainte, dont le père était teinturier.

Sienne possède encore beaucoup d'églises dignes d'être visitées.

Places. — La place del Campo, ou de l'Hôtel-de-Ville, qui a 353 mètres de tour, est ovale, pavée avec des briques de champ et des pierres en compartiments, bordée de boutiques et de bâtiments anciens avec de petits portiques dans le genre gothique, et dans un tel enfoncement qu'on la prendrait pour un bassin destiné à des naumachies. Onze rues y aboutissent ; on y donne toutes les années des fêtes et des jeux qui attirent beaucoup de monde. Sur cette place est une belle *Fontaine* de marbre avec des bas-reliefs qui représentent les vertus *théologales*, la *création* d'*Adam* et d'*Ève*, et leur expulsion du paradis terrestre. Près de cette même place on voit une *Colonne* de granit sur laquelle est une *louve* qui allaite *Rémus* et *Romulus*, groupe en bronze doré : on croit que cette colonne appartenait à un temple de Diane. A quelques pas de là est une *chapelle de la Vierge*, en marbre, ouverte en forme de portique : elle fut fondée à l'occasion de la peste, en 1348. La grande tour à laquelle cette chapelle est adossée passe pour avoir 90 mètres d'élévation. Du haut de cette tour on découvre non-seulement la ville et ses environs, mais encore la chaîne des Alpes, qui parait comme un nuage dans le lointain.

La fontaine appelée *Fonte Blanda* est très-utile par la quantité et la bonté de son eau : c'est de cette fontaine que parle le Dante dans le troisième chant de son Enfer. *Se io ve-*

dessi, etc. Elle est dans la rue de l'Oca, laquelle tire son nom d'un capucin apostat appelé *Bernardino Occhino*, qui a composé un ouvrage très-singulier, intitulé *Les Labyrinthes de la liberté*.

Le *Palais Public*, ou l'*Hôtel de ville, palazzo degli Eccelsi*, ou *de' Signori*, est un grand édifice, isolé de tous côtés, bâti partie en pierres de taille et partie en briques. Il est orné de portiques où l'on peut se promener. L'intérieur se compose de plusieurs salles décorées d'une prodigieuse quantité de peintures relatives à l'histoire de Sienne. L'ancienne salle du conseil, devenue inutile lorsque la république prit fin, fut convertie en salle de spectacle: ce théâtre brûla en 1751; on le fit reconstruire. La *nouvelle salle*, de forme ovale, est belle et commode; elle a quatre rangs de loges, mais les peintures de ces loges sont très-communes. Sienne possède une *Université*, une des plus anciennes de l'Europe; un *Séminaire*, un *Institut des sourds-muets*, une *École des beaux-arts*, et une riche *Bibliothèque* composée de 50,000 vol. et de 5 à 6,000 manuscrits. Cet établissement occupe l'ancienne grande salle de la célèbre Académie des *Intronati*.

Sienne a produit plusieurs hommes célèbres; elle compte sept papes et un grand nombre de saints, entre autres sainte Catherine, dont on va voir la *Casa*. C'est la patrie de *Gratien*, de *Mathiole* et des trois Socin, l'un desquels fut le principal chef de la secte des Sociniens.

Le commerce de Sienne était autrefois très-considérable. Cette ville a quelques manufactures de laine; on y fabrique des rubans qui se portent à la foire de Sinigaglia, des cuirs, des chapeaux et des cordes d'instruments: le marbre de ses carrières, appelé *brocatelle*, est très-recherché.

MŒURS — Les Siennois sont spirituels, affables, obligeants, mais d'une si grande délicatesse sur le point d'honneur, qu'il est très-facile de les blesser. Leur prononciation est douce et harmonieuse, et ils parlent la langue très-correctement. C'est là qu'on trouve véritablement *lingua toscana in bocca romana*, c'est-à-dire la pureté de la diction de Florence réunie à la douceur de la prononciation des Romains. Les femmes y sont généralement belles; la blancheur de leur teint est relevée par les plus vives couleurs. Pop. 18,000 hab.

De Sienne, en prenant la route au levant, on passe dans la *Valdichiana*, et de l'autre côté on voit une route qui conduit à *Grosseto* vers la mer. En continuant le voyage vers l'Etat de l'Eglise, on arrive à *Buonconvento*, village situé au pied de la montagne, à 15 milles de Sienne, dans un endroit riant mais malsain, sur l'Ombrone.

Jusqu'à *Saint-Quirico* le chemin est un peu incommode; on monte et on descend continuellement, et l'on jouit de plusieurs points de vue un peu sauvages, mais intéressants.

De *Torrenieri* on peut aller voir *Montalcino*, petite ville située à la droite du chemin, sur une montagne. Son climat est froid, mais fort sain : le pays est bien cultivé, et produit un vin muscat très-limpide.

SAINT-QUIRICO est un gros village d'où part un chemin qui conduit à *Pienza* et à *Montepulciano*. La première de ces villes, qui s'appelait autrefois Cortignan, et qui fut la patrie de Pie II, est peu peuplée et éloignée de 30 milles de Sienne; l'autre, également petite, est située sur une montagne fertile et célèbre par son vin, dont *Redi* a dit dans son beau dithyrambe :

Montepulcian che d'ogni vino è il re.

De *Saint-Quirico* à *Radicofani* le pays est inculte et mal peuplé, et le voyage tout à fait désagréable. Dans les petits torrents qu'on rencontre en grand nombre dans cette partie de la route, on trouve des pierres de toute grosseur et de différentes couleurs, même quelques-unes agatisées, qui peuvent servir au travail en mosaïque.

RADICOFANI (*Junias*) (*hôtel :* la Poste) est un gros bourg entouré de vieilles murailles, et défendu par un château près de la frontière, à gauche du chemin, vers les confins de l'Etat romain, sur une montagne escarpée très-difficile à franchir du côté de l'ouest. Sous les fortifications on voit un grand amas de pierres noires, et l'on prétend qu'il y a eu autrefois un volcan. Ce pays a souvent éprouvé des tremblements de terre. Le bourg de Radicofani est un peu au-dessous du sommet de la montagne, et ses environs abondent en sources d'eau très-fraîche.

De Radicofani à *Pontecentino (Sentina)*, on paye une poste et demie ; avant d'arriver à cette dernière poste, on sort de la Toscane. On arrive à Pontecentino par un chemin escarpé, du haut duquel il paraît situé dans une espèce d'abîme.

Après avoir passé le beau pont sur la Paglia, on trouve une route assez bonne qui conduit à

ACQUAPENDENTE (*Aquula*), anciennement bourg, et maintenant ville de peu d'importance. Les meilleures habitations sont modernes ; le peuple est grossier et paresseux. On voit une assez jolie cascade à la porte du côté de la Toscane, d'où la ville a tiré son nom. *Auberge* : la Poste.

Ceux qui aiment les curiosités de la nature, en voyageant d'Acquapendente jusqu'à Rome, pourront s'apercevoir aisément que le sol est en grande partie volcanique.

En sortant d'Acquapendente la route est tracée dans une plaine fertile et élevée. Sur les collines de tuf qui sont près de Saint-Laurent-aux-Grottes, on remarque de distance en distance des cavernes naturelles dans les rochers, et des grottes artificielles (1).

On voit les ruines de l'ancienne ville appelée aujourd'hui *Saint-Laurent-Ruiné* ; elle a été démolie à cause de sa situation malsaine au pied de la colline, sur le sommet de laquelle on a bâti la nouvelle ville appelée *Saint-Laurent-Neuf*. On passe ensuite à *Bolsena*, bâtie sur les ruines de l'ancienne *Volsinium*, autrefois une des principales villes de l'Étrurie et capitale des Volsques, aujourd'hui ville assez misérable, où il n'y a de remarquable qu'un sarcophage antique sur la *place de l'église*. On côtoie ensuite le beau *lac de Bolsena*, qui a près de 30 milles de circuit, où l'on voit deux petites îles habitées. Ce lac était peut-être le cratère de quelque volcan. Il y a peu de contrées en Italie qui offrent des

---

(1) On attache un troisième cheval de *Bolsena* à *Saint-Laurent*, de *Bolsena* à *Montefiascone*, de *Viterbe* à *Montefiascone*, de *Ronciglione* à *l'Imposta*.

points de vue plus beaux et plus délicieux que les environs de Bolsena.

Vis-à-vis du lac et près de la route, on voit la colline remarquable dont parle *Kircher*; elle est formée de colonnes ou prismes réguliers de basalte, qui sont pour la plupart penchés, et d'une longueur assez considérable; hors de la terre, ils sont presque tous de figure hexagone, et plats aux deux extrémités.

ORVIETTE, à peu de distance de Bolsena, est une ville bâtie sur le tuf : quoiqu'elle soit d'un accès difficile, elle mérite cependant qu'on y fasse une course à cheval pour y voir les raretés qu'elle renferme. La *Cathédrale* est un bel édifice gothique; sa façade est remarquable, enrichie de sculptures et de mosaïques. *Nicolas Pisan* y a travaillé comme sculpteur. Dans l'intérieur on remarque aussi des sculptures et de bons tableaux. La *Chapelle*, peinte par *Signorelli*, mérite toute l'attention des amateurs; le divin *Michel-Ange* en faisait son étude ordinaire. La chapelle du *Saint-Miracle du Corporal* est fort riche. Il faut voir aussi dans cette ville le profond puits creusé dans le tuf, d'une telle grandeur qu'on peut y descendre à cheval par un escalier ou une rampe à cordon de 150 marches, éclairée par 100 petites fenêtres, et remonter par un autre semblable, pratiqué du côté opposé. Le *Palais Public* et le *collége des Jésuites* méritent aussi d'être visités. Le vin d'Orviette est excellent. Pop. 7,000 hab.

A travers un bois épais, et qu'on ne coupe jamais à cause de sa rare antiquité, passe la route qui conduit à

MONTEFIASCONE. Cette ville, située sur une colline, n'est ni belle, ni peuplée, ni commode pour les habitants; mais elle domine une immense étendue de pays, ce qui de loin lui donne l'air d'une métropole, comme en effet elle était autrefois. Elle est maintenant renommée par ses vins, surtout par le muscat. Dans l'*église de Saint-Flavien*, on lit l'épitaphe attribuée à un prélat allemand qui y mourut ivre en voyageant : *Est, est, est, et propter nimium est..........mortuus est.* Un domestique du prélat avait ordre d'écrire sur chaque auberge le mot *est*, si l'aubergiste servait de bon vin : il écrivit à Montefiascone, en gros caractères, et par trois fois, le mot; le prélat s'y arrêta; il but tant, qu'il mourut. Le serviteur fit alors l'épitaphe, etc.

En reprenant le voyage de Montefiascone à Viterbe, la route est belle, et traverse des campagnes cultivées, à la vérité, mais qui offrent un coup d'œil triste. Le temps n'a pas encore amélioré et couvert avec la masse des végétaux putréfiés la terre volcanique du pays. Avant d'arriver à Viterbe, on voit sur la droite un petit étang d'eau chaude qui exhale une odeur sulfureuse, qu'on appelle le *Bulicame*.

Viterbe (*Viterbium*) (hôtels : l'Aigle-Noir, l'Ange), ville d'une médiocre grandeur, et qui renferme une population d'environ 13,000 âmes, est située au pied du *mont Cimino*, entourée de murailles et flanquée de tours qui de loin forment un beau coup d'œil. Elle est environnée de jardins, ornée de fontaines, et renferme des maisons bâties avec élégance, et des églises dont les façades sont d'une très-bonne architecture. Ses rues sont pavées en entier de grands morceaux de lave de quatre à huit pieds de long. Le voyageur doit remarquer particulièrement la *Place*, qui est régulière, ornée de portiques et de plusieurs édifices qui annoncent de la magnificence; le *Palais Public*, peint par *Balthazar Croce*; entre les églises, la *Cathédrale*, où se trouvent les tombeaux des papes *Jean XXI*, *Alexandre IV*, *Adrien V* et *Clément IV*, et qui renferme de belles peintures; hors de la porte Romaine, *Sainte-Rose* et le couvent autrefois des *Dominicains*, qu'habitait le P. *Annius de Viterbe*, célèbre par ses impostures littéraires; et *Saint-François*, où l'on admire un Christ mort, peint par *Sébastien del Piombo*, d'après un dessin de *Michel-Ange*.

En sortant de Viterbe, l'ancienne route gravissait la montagne appelée *Mons Cyminus*, qui est très-élevée et communique du côté du nord avec d'autres montagnes qui sont pourtant séparées de la chaîne de l'Apennin; la nouvelle route, construite dans une autre direction, est superbe; de chaque côté on voit naître spontanément des fleurs et des herbes odoriférantes. La montagne est formée de différentes matières volcaniques amoncelées dans le plus grand désordre.

En descendant la montagne pour arriver à *Ronciglione*,

on côtoie le lac de *Vico* (*Cyminius*), entouré de collines couvertes de bois : ce lac forme un beau bassin d'environ trois milles de circuit.

On laisse à gauche *Caprarola*, situé sur la montagne qui domine Ronciglione; il n'y a de remarquable dans cet endroit que le *palais Caprarola* des Farnesi, pentagone ingénieusement construit en forme de citadelle par Vignola; les peintures sont de *Pierre Orbista*.

Par un beau chemin terminé par un arc de triomphe on arrive à *Ronciglione*, bourg assez riche et bien peuplé, situé près du lac de Vico. Les édifices sont construits en tuf, et le *Château* offre un coup d'œil imposant. Une vallée voisine, belle et profonde, présente des points de vue pittoresques. On trouve dans les environs des cavernes creusées dans le tuf. Les campagnes ont un air triste et aride; l'agriculture y est mal soignée. Ronciglione contient quelques fabriques de papier et des forges. Pop. 3,500 h.

Avant d'arriver à *Monterosi* (*Mons Erosus*, ou plutôt *Roxolum*), on voit un torrent de lave : à Monterosi (*hôtel* : la Poste), la route de Pérouse rejoint celle de Rome. Sur le sommet des collines où est le château de Monterosi, on a trouvé dans les fouilles des chambres souterraines et plusieurs monuments étrusques. De cet endroit jusqu'à *Baccano* on voit une continuation de collines de tuf volcanique.

En descendant de *Monterosi* à la *Storta*, on voyage pendant plusieurs milles sur l'ancienne *Voie Cassienne*, qui était en grande partie mal entretenue, mais qu'on a réparée.

De *Baccano*, qui est situé près d'un petit lac, on aperçoit le globe de la croix de Saint-Pierre, et l'on commence à découvrir la ville de Rome. Dans les environs de Baccano, l'air est, pour ainsi dire, infecté par les eaux stagnantes du lac et des étangs des environs.

On continue le voyage toujours en descendant, et l'on traverse une campagne, la plus négligée peut-être qu'il y ait en Europe. Entre la *Storta* et *Ponte-Molle*, sur le Tibre, on voit à gauche le tombeau de Néron, et à *Ponte-Molle* on rencontre les routes de *Foligno* et de *Pérouse*. En avançant vers Ponte-Molle, le pays présente des coups d'œil agréables; le sol est naturellement bon, mais toujours négligé.

De *Ponte-Molle* à Rome, la route traverse une vallée entre les monts *Pincio* et *Mario*. Le pont anciennement appelé *Pons Æmilius*, et depuis *Milvio*, est à un mille de la porte du Peuple, sur la voie Flaminienne. Tout près on rencontre la rotonde de Saint-André, le plus bel édifice moderne des environs de Rome, qui s'élève majestueusement au milieu d'une vaste étendue de ruines. On arrive à la porte du *Peuple*.

ROME. *Voy.* page 573.

ROUTE LXXXV.

DE FLORENCE A ROME,

Par Pérouse, 55 l., 27 p. $^1/_2$.

Pontasieve,	1 p.$^1/_2$	Le Vene,	1
Incisa,	1	Spolette,	1 $^1/_2$
San-Giovanni,	1	La Strettura,	1
Levane,	1	Terni,	1
Ponticino,	1	Narni,	1
Arezzo,	1	Otricoli,	1
Rigutino,	1	Borghetto,	$^3/_4$
Camuscia,	1	Civita-Castellana,	$^3/_4$
Case del Piano,	1 $^1/_2$	Neppi,	1
La Magione,	1	Monterosi,	$^3/_4$
Pérouse,	1 $^1/_2$	Baccano,	1
Aux Anges,	1	La Storta,	1
Foligno,	1	Rome,	1 $^1/_4$

De l'*Incisa* à *Levane*, on côtoie presque toujours l'Arno dans une plaine fertile et agréable qui, tirant son nom de la rivière qui l'arrose, s'appelle *Val d'Arno* supérieur ou de dessus.

Dans ces endroits on trouve des os d'éléphants. C'est ici peut-être que s'arrêta quelque temps l'armée d'Annibal, avant de s'avancer pour mettre en déroute l'armée romaine placée sur le Trasimène, et commandée par le consul Flaminius.

Cependant Annibal, à ce que disent les historiens, ne sortit des défilés de l'Apennin qu'avec un seul éléphant.

Figline est un beau village peuplé et entouré de murailles. A cinq milles on trouve *Saint-Jean*, autre village de la vallée d'Arno, et plus loin *Montevarchi*, bourg assez grand, riche et bien peuplé, situé dans une plaine très-fertile. L'industrie et le commerce y fleurissent également.

A *Malafresca*, en tournant vers l'Arno, on trouve un chemin de traverse qui était autrefois la route postale et qui conduit également à Arezzo (*Aretium*). On passe l'Arno au pont *Romito*, et, après *Laterina* et *Monsolio*, on le repasse au pont Buriano.

A *Prato Antico* on passe la *Chiana* (*Clanis*), qui arrose une vallée très-fertile à laquelle elle donne son nom, et qui est le grenier de la Toscane. Avant d'arriver à ce pont, dans un endroit appelé le *Cerro*, il y a une route de traverse qui conduit par le plus court chemin au *Bastardo* et à la vallée de *Chiana*.

Au delà de l'Arno il y a trois sanctuaires qui méritent d'être vus. Le premier est le monastère de *Vallombreuse*, à 20 milles environ de Florence, et qui a été le berceau de l'ordre des moines Vallombrosains. Le bois touffu de sapins, nommé *Abetelli*, qui l'environne, est très-beau.

A une hauteur considérable au-dessus du monastère, est un ermitage dit le *Petit-Paradis*, d'où l'on jouit d'une superbe vue qui s'étend jusqu'à la Méditerranée.

Au milieu d'une vaste solitude, à 25 milles nord-est de Vallombreuse, vers la source de l'Arno, dans le Casentin, existe l'autre sanctuaire de *Camaldules* (belles fresques), où *saint Romuald*, après sa fameuse vision, fonda l'ordre des Camaldules. Au-dessus du monastère, en montant presque au sommet de l'Apennin, sur la montagne appelée *Poggio agli Scali*, on trouve une retraite monastique appelée le *Saint-Ermitage*, où l'on jouit d'une très-belle vue. Dans les environs de ce monastère, la chaîne des Apennins est si élevée, que du sommet de plusieurs montagnes on découvre les deux mers qui entourent l'Italie.

A 30 milles est des Camaldules et à 30 milles d'Arezzo,

on trouve l'*Alvernia*. C'est le troisième sanctuaire qui servit de retraite à saint François, occupé jadis par les franciscains réformés. Dans l'*Église*, située sur le sommet de la montagne, on admire des bas-reliefs excellents de *Luc de la Robbia*. L'*Orgue* est un des plus célèbres de l'Italie. On montre aux étrangers une *Chapelle* où l'on dit que saint François reçut les stigmates sacrés.

On trouve sur les lieux mêmes la description de ces trois sanctuaires. On loge près de l'*Alvernia*, à l'auberge de la Breccia.

Arezzo (*hôtels* : la Poste, les Armes-d'Angleterre), ville remarquable par son antiquité, bien bâtie et dans une situation agréable, au pied d'une colline. Elle a donné naissance à plusieurs hommes illustres, entre autres à François Pétrarque, qu'on croit originaire de l'Incisa. Les rues sont commodes et pavées de pierres. On voit sur la place un superbe édifice, appelé les *Loges*, élevé sur le dessin de Vasari. Il comprend la douane, le théâtre et un portique avec des arcades de 133 mètres de long. Les églises ont de fort bons tableaux, et l'on admire entre autres, à l'*Abbaye* supprimée des moines du mont Cassin, un Repas d'Assuérus, superbe ouvrage de *Vasari*, et un gonfalon peint par le même, représentant d'un côté saint Roch et de l'autre les ravages de la peste. C'est dans cette église qu'on voit la fameuse coupole en perspective, peinte avec une parfaite illusion par le jésuite *del Pozzo*. Dans la *Cathédrale*, qui est un vaste temple gothique élevé dans l'année 1300, sur le dessin de Margaritone, on admire le grand autel; le tombeau de l'évêque Guide *Tarlati de Pietramalala*, dessiné par *Jean de Pise*; la statue du grand-duc Ferdinand II, par *Francavilla*; les vitraux des fenêtres; parmi les peintures, on remarque des toiles de *Poccetti*, *Santini*, et le Martyre de saint Dominique, par *Benvenuti*. Aux *Olivétains*, supprimés, on voit les ruines d'un amphithéâtre du temps des Romains, illustré par le chevalier Laurent Guazzesi. *La Pieve, église cathédrale*, ressemble aux ruines d'un ancien temple, peut-être du temps des païens. Dans une chapelle est une Judith de *Benvenuti*, une Abigaïl de *Sabatelli*, peintres vivants. La porte d'entrée n'est pas au milieu de la façade, et les fenêtres n'ont ni ordre ni symétrie.

Dans l'année 1800, les Français s'emparèrent de cette ville, et la ravagèrent. La manufacture de laine et la nouvelle fabrique d'épingles servent à alimenter une partie du bas peuple. Popul. 9,000 hab.

D'*Arezzo* à *Camuccia*, on voyage dans une plaine fertile et riante de la vallée de Chiana ; elle a environ 16 milles de longueur.

A *Camuccia* (*hôtel* : la Poste), frontière de la Toscane, on trouve à droite un chemin qui conduit par *Montepulciano* à *Chianciano* et à *Chiusi*. *Chianciano*, célèbre par ses bains, est situé sur la pente d'une montagne à 3 milles de Montepulciano, et à 7 de Chiusi, autrefois *Clusium*, ville d'Etrurie et résidence du roi Porsenna.

Du même endroit on peut aller voir, à peu de distance, la ville de *Cortone*, qui est à la gauche hors du grand chemin.

CORTONE, anciennement *Corytum*, située sur une colline assez élevée et couverte de vignes et d'arbres fruitiers, fut une des 12 premières villes de l'Etrurie. Ses murailles sont bâties de gros morceaux de pierre entassés sans chaux, et en quelques endroits assez bien conservés. La plaine, formant un demi-cercle qu'on découvre de la ville, présente un très-beau coup d'œil. On voit à Cortone les ruines d'un ancien *temple de Bacchus*, des bains antiques ornés de mosaïques, et différents autres monuments curieux d'antiquité. Cette ville est célèbre par l'Académie étrusque, établie en 1726, qui possède une belle *bibliothèque* et un *musée* riche d'antiquités, de gravures, de médailles, d'objets d'histoire naturelle, d'idoles et de pierres précieuses. On admire dans les églises des peintures excellentes de *Pierre Berettini de Cortone*, du *Bronzino*, de *Barocci*, du *Perugino*, d'*André del Sarto* et d'autres bons maîtres. Dans la *Cathédrale*, outre une Nativité de *Pierre de Cortone*, on montre un ancien tombeau qu'on dit être celui du *consul Flaminius*. Dans l'*église des Observantins*, on vénère le corps de sainte Marguerite. De cette église la vue se promène sur toute la vallée de Chiana, qui ressemble à un jardin immense. Pop. 13,600 hab.

Les environs de cette ville sont couverts de vignes et d'oliviers; on y trouve aussi des carrières d'un très-beau marbre.

De *Camuccia*, en traversant la montagne de la Spelonca, on arrive près du lac de *Pérouse*, autrefois *Trasimène*, que l'on côtoie en le laissant sur la droite. Cet endroit est fameux par la victoire qu'Annibal y remporta sur le consul Flaminius. Entre Camuccia et Torricella on voit le champ de bataille : c'est une petite plaine entre *Tauro* et la *Collina*, dans un endroit qu'on appelle *Sanguinetti*. Quelques personnes prétendent que la défaite eut lieu près d'un village nommé *Orzaja* (plus véritablement Orsaja (1), de l'Ours, armoiries des Vagnucci), où l'on dit qu'on a enterré 10,000 Romains qui périrent dans cette bataille.

Le général carthaginois ayant occupé les hauteurs sur le flanc du consul, lui coupa la retraite, et lui opposa tête à tête un corps d'armée au passage étroit de *Passignano*. Polybe a très-bien détaillé ce célèbre combat.

Pérouse (*hôtels* : l'Europe, la Grande-Bretagne) (*Perusia Augusta*), qui est à 3 l. du lac *Trasimène*, occupe une éminence au pied de laquelle passe le *Tibre*. Cette ville est entourée de grandes murailles; ses larges rues sont bordées d'antiques palais; ses vastes basiliques élèvent leurs dômes à des hauteurs immenses. *Pérouse* est très-riche en peintures.

Monuments religieux. — La *Cathédrale*, bâtie dans le style gothique, et consacrée à *St Laurent* : on y admire des ouvrages du maître de *Raphaël*, Pierre *Vanucci*, surnommé le *Perrugino*, de *Vicar*, de *Luc Signorelli*, et du *Scaramuccia*; l'église de *St-Pierre* possède trois tableaux de *Vasari*, et un Jésus-Christ porté au tombeau, belle copie faite par *Sassoferrato* d'après un original de *Raphaël* : les sièges du chœur de cette église sont sculptés en bois, aussi d'après les dessins de *Raphaël*, et méritent d'être examinés. Dans l'*église de Sainte-Marie de'Fossi* se trouve

---

(1) Sur une maison de l'endroit on lit cette inscription :

Nomen habet locus hic Orsaja, ab ossibus illis
Quæ dolus Annibalis fudit et hasta simul.

le précieux tableau de *Perugino*, représentant la Vierge et sainte Anne assises avec saint Joseph, saint Joachim, les deux Marie, et leurs enfants autour d'elles. L'*église de St-Augustin* compte, parmi les belles peintures qui la décorent, des ouvrages du *Perugino* et d'*Antoine Viviani*. On admire dans celle de *Ste-Marie di Monte-Luce* le fameux tableau du Couronnement de la Vierge, qu'on attribue communément à *Raphaël*, mais dont ce célèbre artiste n'a fait que le dessin, le reste étant du *Fattore* et de *Jules Romain*, ses élèves. Le tableau de l'Adoration des Mages, dans l'*église de St-Antoine*, est un bel ouvrage du *Perrugino*, et dans celle de *St-Sévère* on remarque une chapelle enrichie de fresques exécutées par *Raphaël* encore jeune. L'*église de Ste-Marie-Nuova* possède un tableau magnifique d'*André Sacchi*, représentant la Purification de la Vierge et une Assomption du *Guide*. Les autres églises de Pérouse, telles que celles des *Dominicains*, de *St-Philippe*, de *St-Herculien*, de *St-Jérôme*, etc., offrent toutes des objets dignes de l'attention des connaisseurs. Plusieurs particuliers possèdent aussi des tableaux de grand prix. On voit dans l'*Hôtel de ville* un beau tableau de *Perugino*. Les peintures qui embellissent le *Collége du Change*, ainsi que la chapelle contiguë, sont du même pinceau, et l'on distingue parmi un des chefs-d'œuvre de cet artiste, dont quelques parties furent exécutées par *Raphaël*. Pérouse conserve encore quelques monuments qui attestent sa haute antiquité : on remarque sur la place *Grimani* une porte que l'on prétend être un reste de l'arc élevé en l'honneur d'*Auguste*; et dans l'*église de St-Ange*, bâtie sur les ruines d'un temple païen, on lit une inscription fort ancienne qui a rapport au temple même. Parmi les monuments modernes de cette ville, on distingue surtout la place qui est devant la cathédrale, et qui est décorée de belles fontaines et statues.

Pérouse possède une bonne *Université*, une des plus distinguées d'Italie ; elle fut fondée en 1320 ; son *Jardin botanique* renferme plus de 2,000 espèces de plantes ; le *Cabinet de minéralogie* est également curieux, mais le *Musée d'archéologie* est surtout remarquable par les antiquités étrusques qu'il renferme ; une *Académie des beaux-arts*, avec une galerie disposée avec beaucoup d'ordre; la *Bibliothèque* contient 30,000 vol. et des manuscrits précieux; un *Théâtre*, des *Hôpitaux*, divers autres établissements utiles. Pop. environ 18,000 hab., et, d'après M. Valery, 14,000.

La campagne de Pérouse est fertile et riante. A peu de distance de cette ville, on passe le *Tibre* sur le *pont Saint-Jean*. La vallée de Pérouse offre un coup d'œil agréable; c'est une des plus belles et des plus riches d'Italie, surtout du côté de Foligno.

Près de *Notre-Dame-des-Anges* est *Assise*. La situation de cette ville, bâtie sur le penchant d'une colline, est agréable et pittoresque. Les habitants sont pauvres, et leur nombre est d'environ 5,000. Les églises méritent d'être vues par les belles peintures qu'elles renferment, et surtout celles du saint couvent, où l'on conserve, dit-on, la dépouille mortelle de saint François; la *nouvelle Église*, jadis des réformés, celle des *Clarisses*, et celle de *Saint-Antoine*, desservie autrefois par les pères du tiers ordre. On voit aussi dans cette ville un beau portique de l'ancien *temple de Diane*.

La poste de *Notre-Dame-des-Anges* est ainsi appelée à cause du temple voisin dédié à la Vierge, vaste temple d'architecture de Vignola : c'est là qu'est la Porziuncula, célèbre indulgence accordée par le pape Honoré. On voit un vaste couvent attenant à l'église.

FOLIGNO (*hôtels* : la Poste, le Grand-Hôtel), ville marchande, est située dans une vallée délicieuse, appelée *vallée de Spolette* à cause du voisinage de cette ville, dont le terrain fertile et les gras pâturages sont arrosés par l'ancien *Clitumno*. Le Lopino et la Maroggia baignent ses environs. Ses rues sont bien alignées, et dans plusieurs maisons il règne un bon goût d'architecture. On remarque entre autres le *palais Barbo* et le *palais Public*, qui renferme une collection précieuse de pierres antiques. Après la *Cathédrale*, qui est d'une belle architecture, il faut voir les *églises des Franciscains* et des *Augustins*, et le couvent des *Comtesses*. Foligno est une ville commerçante, et l'on y tient une foire considérable. Pop. 8,000 hab.

La vallée de Foligno est arrosée par le Clitumne, dont les

bords nourissaient autrefois les victimes choisies (*grandes victimæ*), qui étaient d'une extrême blancheur.

Entre Foligno et les *Vene* on voit un bourg appelé *Trevi*, bâti en forme d'amphithéâtre sur le penchant d'une montagne, et qui présente un beau coup d'œil. Avant d'arriver à la poste de les *Vene*, on voit un petit temple ancien, construit près de la source du Clitumne. Quoique les chrétiens l'aient consacré au service divin, il a cependant gardé le nom de temple de Clitumne.

SPOLETTE(*Spoletum*),(*hôtel* : de la Poste), ville assez grande, mais peu peuplée, située sur un terrain inégal, conserve plusieurs restes de son ancienne magnificence. On y voit les ruines d'un *théâtre*, le *temple de la Concorde* à l'église du Crucifix, dont trois portes paraissent avoir été fort belles, ainsi que les colonnes qui y ont été transportées d'ailleurs et placées en cet endroit par hasard ; les ruines d'un *temple de Jupiter* au *couvent de Saint-André* ; celles du *temple de Mars* à l'église de Saint-Julien, et un *palais* construit par *Théodoric*, détruit ensuite par les Goths, et rétabli enfin par Narsès. L'*Aqueduc* haut de 166 mètres, hors de la ville, qui passe pour un ouvrage des Romains, a été évidemment construit dans les siècles postérieurs ; les arcades sont gothiques ou à cintres en ogive, sans aucune proportion. On voit aussi sur pied un *Arc de triomphe*, appelé la *porte d'Annibal*, de ce que ce général, après avoir défait l'armée romaine au Trasimène, vint mettre le siége devant cette ville, mais inutilement, et fut obligé de se retirer. Les églises les plus remarquables de Spolette sont : la *Cathédrale*, où l'on voit le tombeau du peintre *Lippi*, avec son épitaphe par *Politien*, et un tableau d'*Annibal Carrache* ; et l'*église des Philippins*, construite sur le modèle de Saint-André-de-la-Vallée à Rome, où l'on trouve quelques bons tableaux. On voit dans cette ville de beaux palais : dans celui de la famille *Ancajani* on conserve un tableau de *Raphaël*. La manufacture la plus considérable de Spolette est la fabrique de chapeaux. Pop. 7,000 hab.

En sortant de Spolette on voit, à un tiers de mille à peu près, sur la gauche, un pont construit sur un vallon : il est très-haut, soutenu par deux arches, et il conduit à une montagne voisine habitée par des ermites. Les montagnes des environs méritent l'attention du naturaliste ; elles abondent en truffes excellentes. Cette ville paraît bâtie sur le cratère éteint d'un volcan.

A deux ou trois milles à peu près de Spolette, on commence à monter la *Somma*, qui est la montagne la plus élevée de cette partie des Apennins. On dit qu'elle prend son nom d'un ancien temple qui y avait été élevé anciennement à Jupiter Summamus.

TERNI (*hôtel* : de l'Europe), située dans une charmante vallée entre deux bras de la Néra, est l'*Interramna* des Latins. On y trouve quelques beaux édifices, des ruines et des monuments. Dans le *jardin de l'Évêché* on voit les restes d'un ancien amphithéâtre avec des souterrains ; dans l'*église de Saint-Salvador*, les ruines d'un temple du Soleil, et dans la villa de la famille Spada, celles de quelques bains anciens. La population de Terni est d'environ 4,000 habitants.

On monte à cheval ou en calèche pour aller voir la fameuse *Cascata delle Marmore*, ou cascade des marbres, formée par le *Velino*, qui se précipite dans la *Nera* d'une hauteur très-considérable, par un canal creusé dans le roc vers l'an de Rome 840, pour donner, à ce qu'on dit, un écoulement aux eaux du *lac de Luco*, que le Velino traverse, et qui souvent inondait la vallée de Rieti. Cette cascade est une des plus belles de l'Europe ; elle offre un coup d'œil surprenant et pittoresque, surtout lorsqu'on l'observe d'en bas ; la plupart des voyageurs cependant vont la voir de la hauteur, le chemin étant plus commode. Le bruit des eaux l'annonce à une grande distance : elle n'est pas composée de plusieurs chutes d'eau, comme celle de Staubbach dans la vallée de Lauterbrunn, mais de trois chutes consécutives ; la première tombe de 100 m. de haut, et les eaux tombent sur les rochers avec une telle force, qu'une grande partie, réduite presque en vapeur, remonte au sommet de la cascade ; le reste forme une seconde cascade, ensuite une troisième ; enfin, en se réunissant à la Nera, ces eaux roulent en tourbillons, et blanchissent d'écume tout le long de cette profonde vallée. L'eau du Velino est tartreuse, et en tombant elle forme un dépôt non-seulement sur les rochers, mais même dans le lit de la Nera.

Dans le lac que le Velino traverse, on trouve à une certaine profondeur les racines des arbres pétrifiés, qui, sans changer de forme, prennent seulement la couleur gris-jaune du sable, ce qui ne porte aucun changement dans la forme et la structure du bois.

La *vallée de Terni*, arrosée par les eaux très-limpides du Nar ou de la Nera, est très-agréable et couverte de plantations de vignes, d'oliviers, d'arbres fruitiers, etc. Les anciens eux-mêmes l'estimaient à cause de la fertilité du terrain. Pline dit que le foin s'y fauchait quatre fois par an. Deux aqueducs, pratiqués par les anciens pour arroser le territoire, y servent encore au même usage.

NARNI (*Narnia*), petite ville, a été ravagée par les Vénitiens lorsqu'ils allèrent se joindre à l'armée impériale qui assiégeait le château Saint-Ange à Rome. On y remarque un *aqueduc* de quinze milles de long, qui fournit aux fontaines de la ville des eaux amenées des montagnes. La *Cathédrale* mérite aussi d'être vue, ainsi que les restes d'un *Pont* magnifique qu'on dit avoir été construit sous le règne d'Auguste. Lalande, qui, en 1763, en a mesuré l'arche du milieu, l'a trouvée de 28 mètres.

De Narni une route secondaire porte à *Pérouse* par *Todi*, petite ville presque ruinée, située près du Tibre, et, par une autre route qui côtoie ce fleuve, on peut de là passer dans l'Abruzze.

En poursuivant le voyage, on quitte les Apennins et on descend jusqu'à OTRICOLI, endroit situé sur une colline, et qui renferme quelques beaux édifices. Les ruines de l'ancien *Ocriculum* se trouvent sur les bords du Tibre, à un mille de la route; mais elles n'offrent rien de remarquable. La vue des environs est pittoresque; la croupe des montagnes et des collines est couverte de cabanes et de maisons de campagne.

On sort de l'*Ombrie*, et l'on entre dans la *Sabine* en passant le Tibre sur un beau pont à trois arches, construit sous le pontificat de Sixte V; à la distance de 7 ou 8 milles, vers le nord, on trouve un autre pont construit sous le règne d'Auguste.

Près de *Borghetto*, on laisse sur la gauche, à quelque distance de la route, la ville de *Magliano* (*Masso-Manliana*), située sur une montagne près du Tibre. Le terrain des environs est fertile, et abonde en blés et en vin. Jusqu'à Rome le pays est couvert d'anciens volcans éteints.

Civita-Castellana (*hôtel* : la Poste), qui, suivant quelques conjectures, est l'ancienne ville de *Veïes*, se trouve dans une situation très-avantageuse. Du haut de la tour de la citadelle on découvre le *château de Serra-Caprarola*, *Magliano*, et le *mont Soracte*, aujourd'hui *Saint-Oreste*. La *Cathédrale* est belle, et offre au dehors quelques monuments d'antiquité. On remarque que la colline sur laquelle cette ville est située est composée de brèches ou de pierres de forme ronde jointes ensemble, et recouvertes d'une couche de tuf volcanique.

A Civita-Castellana les voyageurs quittent pour la plupart l'ancienne voie Flaminienne, et prennent la nouvelle route qui passe par *Nepi*, et ensuite par *Ronciglione, Monterosi, Baccano* et *la Storta*. (*V.* le Voyage de Florence à Rome, par Acquapendente, p. 552.) — *Auberges* : sur cette route, les meilleures sont à la poste.

En suivant la voie Flaminienne, à deux milles de Rome, on passe de nouveau le Tibre à *Pont-Molle* (autrefois *Pons Milvius*), endroit célèbre par la victoire que Constantin y remporta sur le tyran Maxence.

ROME.

> Rome ! toi qui fus et qui es encore
> la reine du monde, je te salue !...
> Byron.

Hôtels de premier ordre : de Londres, d'Europe, place d'Espagne; des Iles-Britanniques, place du Peuple; de Russie, rue Babuino.

Hôtels de second ordre : de la Minerve, place de ce nom; d'Allemagne, rue des Condotti; Cesari, près de la douane.

Tous ces hôtels sont excellents; mais le voyageur en trouvera beaucoup d'autres que notre cadre ne nous permet pas d'indiquer, où les prix seront moins élevés, et qui cependant sont bien tenus et très-confortables.

Dans les meilleurs hôtels de Rome, le déjeuner avec des œufs coûte 5 pauls; à la fourchette, 6 pauls; le dîner à table d'hôte, 6 à 8 pauls; dîner dans son appartement, 12 à 15 pauls (1).

Les logements garnis se louent au mois; une chambre pendant l'hiver coûte de 30 à 50 fr.; un petit appartement, de 50 à 100 fr.; et sur la place d'Espagne, de 100 à 300 fr.

Aperçu géographique. — Rome, la ville éternelle, Rome, le siége des deux plus grands empires connus, celui des Césars et celui de la papauté, est située au milieu d'une vaste plaine qu'arrose le Tibre. Son origine est tellement ancienne, qu'elle se perd dans la nuit des temps. Néanmoins sa fondation est généralement attribuée à Romulus, l'an du monde 3252, 750 ans avant Jésus-Christ.

Rome est située dans la partie méridionale de l'Italie, non loin de la Méditerranée, avec laquelle elle communique au moyen du *Tibre*, fleuve qui, après avoir baigné ses murs, va se perdre dans la mer près du petit port d'*Ostie*. Elle est située sous le 41° 53' de latitude nord, et sous le 10° 9' de longitude est du méridien de Paris; il est donc midi à Rome quand il n'est encore que 11 heures 20 minutes du matin à Paris. Cette ville se trouve dans le sixième climat astronomique; ses jours les plus longs ne sont donc que de 15 heures, et les plus courts de 9 heures; sa hauteur au-dessus du niveau de la mer est (au Capitole) de 46 mètres.

---

(1) MONNAIE ROMAINE.

Le *scudo*, ou écu romain, vaut 5 fr. 38 c.; il se divise en dix *pauls*, et le *paul* en dix *bajocchi*. — Ainsi une pièce de 5 fr. passe à Rome pour 92 bajocchi ou 9 pauls 2 bajocchi. — Or une pièce d'un 1/2 franc ne vaut pas tout à fait 1 paul, et un de nos sous est un peu moins qu'un bajocco; un napoléon d'or vaut 3 écus 7 pauls et 4 bajocco romains.

Aspect. — Cette immense cité, qui pourrait contenir facilement trois fois plus d'habitants qu'elle n'en renferme, est d'un aspect généralement triste ; ses vastes places sont désertes et silencieuses, ses rues larges sont sans mouvement et sans vie ; les ruines majestueuses que l'on rencontre à chaque pas présentent l'image du calme et de la solitude. Mais à l'époque du carnaval, la scène change ; Rome n'est plus la même ville ; ces rues si désertes naguère ne peuvent plus contenir la foule qui s'y presse ; tous les rangs sont confondus dans ces jours de folie, à laquelle prend part la population tout entière, les uns comme acteurs, les autres comme spectateurs. Le spectacle de ces fêtes, uniques dans leur genre, est des plus curieux pour l'étranger.

L'enceinte de Rome peut avoir 15 milles de circuit ; le Tibre la traverse du nord au sud vers son extrémité ouest ; quatre ponts joignent les deux rives du fleuve, dont le plus remarquable est le pont *Saint-Ange*, qui fait face au *mausolée d'Adrien* et au *château Saint-Ange*. Ce pont peut avoir 100 mètres de long. — Vers le sud, se trouvent les ponts *Sisto, Quatre Capi* et *St-Barthélemy*. Toute la ville est divisée en quatorze quartiers qu'on appelle *rioni* ; l'étranger y pénètre par quinze portes, dont la plus belle, que nous visiterons bientôt, est appelée *Porta del Popolo*. — Parmi les 46 places qui ornent la ville de Romulus, 6 ou 7 méritent une attention particulière ; celle du *Peuple*, près de la porte de ce nom, est ornée d'un superbe obélisque égyptien, transporté d'Héliopolis à Rome par Auguste. — En 1833 on y a encore érigé une belle statue représentant le Génie des beaux-arts, due au ciseau de M. Guacco.

La *place St-Jean de Latran* n'est remarquable que par le bel obélisque et la belle façade de *l'église de St-Jean de Latran* ; sur la place du *Panthéon* se trouve aussi un obélisque, mais de dimensions plus petites. La *place Navone* est décorée d'une magnifique fontaine ; la *place d'Espagne* est embellie par le palais de la cour d'Espagne, par le magnifique escalier qui conduit à *l'église de la Trinité*, et par la *fontaine Barcaccia*.

ROME renferme plus de 360 églises que nous visiterons en partie, et en tête desquelles il faut placer *St-Pierre*, le temple le plus magnifique, non-seulement de Rome, mais de toute la chrétienté.

ÉTABLISSEMENTS PHILANTHROPIQUES. — Rome renferme 22 *Hôpitaux*, 25 *Institutions* pour les enfants trouvés, les orphelins, les vieillards, les filles repentantes et les veuves ; 26 *Établissements* et confréries de charité, et 372 *Écoles primaires*, qui comptent de 14 à 15,000 élèves.

L'*Université della Sapienza* est très-renommée ; viennent ensuite le *Collége Romain*, celui de la *Propagande*, et 16 autres moins importants ; 2 séminaires, un grand nombre d'écoles élémentaires, un institut de sourds-muets, 5 écoles des beaux-arts, un riche observatoire, de nombreuses bibliothèques, de belles collections d'arts et scientifiques, et 8 ou 9 sociétés savantes ou littéraires.

Les principaux théâtres de Rome sont : celui d'*Apollon*, bel édifice, où l'on ne joue que pendant le carnaval ; le *théâtre de Torre-Argentina* ; *Valle*, nouvelle construction ; *Métastase*, près du palais Borghèse. — *Aliberti*, rue Babuino, et le *Mausolée d'Auguste*, dont on a fait un amphithéâtre pour des représentations équestres.

MONUMENTS ANTIQUES. — Le plus remarquable est, sans contredit, le *Panthéon*, le plus beau et le mieux conservé de tous les monuments de l'ancienne Rome ; il fut élevé par Agrippa en l'honneur de tous les dieux. Viennent ensuite l'*Amphithéâtre de Flavien* ou *Colysée* ; l'*arc de Septime-Sévère*, celui de *Titus*, tout en marbre ; le *Forum Romanum* ; le *Forum Trajanum*, au milieu duquel s'élève la majestueuse *Colonne Trajane*, surmontée de la statue de saint Pierre en bronze, et couverte sur son pourtour de 2,500 figures sculptées ; la *Colonne d'Antonin*, sur la place Colonna ; la *Basilique de Constantin*, ruine immense ; l'*Arc de Constantin*, la *Colonne de Phocas*, aux nobles proportions ; la *Cloaca Maxima*, magnifique aqueduc souterrain construit par Tarquin, etc.

Les neuf collines de l'ancienne Rome jouent un trop grand rôle dans l'histoire pour que nous ne les citions pas ici : le *mont Capitolin* ; le *mont Palatin* ; le *mont Quirinal* ; le *mont Aventin* ; le *mont Cœlius* ; le *mont Esquilin* ; le *mont Viminal* ; le *mont Vatican*, et le *mont Sacré*.

Enfin nous ne devons point passer sous silence les célèbres *Catacombes,* refuge et tombeau des premiers chrétiens (1).

GALERIES. — Parmi les riches collections particulières, qui sont à Rome presque aussi nombreuses que les palais, nous citerons les suivantes : *Borghèse, Campana,* les deux plus belles de Rome ; *Doria,* Corso, n° 304 ; *Sciarra,* Corso, n° 239 ; *Corsini,* via Longara ; *Colonna,* place de ce nom ; *Rospigliosi,* Corso ; *Farnese,* place de ce nom ; del conte *Cabral,* via degli Otto Cantoni, 4 ; *Spada, Barberini.*

Ces galeries sont ouvertes tous les jours ; il est d'usage de donner au *custode* 2 pauls.

Il nous reste encore à indiquer les musées du *Vatican,* du *Capitole,* et de Saint-Jean de *Latran,* ouverts également plusieurs fois la semaine (2).

ROME VUE EN HUIT JOURS (3).

Première Journée.

Du pont Molle au Capitole.

PONT MOLLE. En venant de Rome par la route de Vi-

---

(1) Ouvrages à consulter sur les catacombes de Rome : *Voyages dans les catacombes de Rome,* par M. le chevalier *Artaut de Montor,* 1 vol. in-8°. Paris, 1810 ; *Tableau des catacombes de Rome,* par M. *Raoul Rochette,* 1 vol. in-12, grav., Paris.

(2) Pour de plus amples détails sur Rome, consulter *Rome vue en huit jours,* Paris, L. Maison, éditeur, rue Christine, 3.

(3) Cette notice sur Rome renferme, jour par jour, tout ce que doit visiter le voyageur, et dans l'ordre même des monuments. Nous sommes sûrs de ne rien avoir oublié d'essentiel. Seulement on ne doit pas attendre d'un itinéraire si rapide la mention de tous les tableaux que renferment les églises, les palais, les collections particulières. —(Extrait de *Rome vue en huit jours,* 1 vol. in-18 avec plan, prix 2 fr., à Paris chez l'éditeur du Guide.)

terbe (*Fanum Voltumnæ*), qui correspond à l'ancienne voie Cassienne, ou par celle d'Otricoli (*Oriculum*), qui correspond à la voie Flaminienne, on doit passer le Tibre à deux milles de la ville, sur le pont qu'on appelle aujourd'hui *Molle*, et qui fut appelé jadis *Milvius* ou *Mulvius*, d'où dérive le nom moderne. M. Æmilius Scaurus le construisit vers la moitié du VIIe siècle de Rome. Une partie de ce pont est ancienne ; le reste a été restauré plusieurs fois. — Visiter l'*église St-André*, architecture de *Vignole* ; la jolie *cassine* du pape Jules ; l'*arc Oscuro*. On arrive à la

PORTE DU PEUPLE. Les statues de saint Pierre et saint Paul, qui sont dans l'entre-colonnement, furent faites par *Mochi*. Alexandre VII fit orner la façade intérieure, d'après les dessins du *Bernin*, en 1657, à l'occasion de l'arrivée à Rome de Christine, reine de Suède. On se trouve sur la

PLACE DU PEUPLE. Deux immenses hémicycles ornés de fontaines et de statues, bornés par quatre bâtiments uniformes et deux églises magnifiques, la cernent : au centre s'élève un grand *Obélisque égyptien*. L'architecture nouvelle de cette place est du chevalier *Valadier*. L'hémicycle à gauche est couronné par le jardin public du mont Pincius : la *statue colossale de Rome*, entre l'Anio et le Tibre, qu'on y voit, est l'ouvrage de *Ceccarini*, de même que l'autre vis-à-vis, représentant Neptune entre des Tritons ; celles du Printemps et de l'Eté, qu'on a placées aux deux extrémités de ce demi-cercle, ont été faites par *Guaccarini* et *Laboureur* ; celles de l'Automne et de l'Hiver, qui sont vis-à-vis, ont été sculptées par *Stocchi* et *Baïni*. L'obélisque est couvert d'hiéroglyphes, et a environ 25 mètres de hauteur, sans compter le piédestal : il fut érigé originairement par le roi Ramsès à Héliopolis, ville de la basse Egypte, pour orner le temple du Soleil, et fut transporté à Rome par Auguste.

EGLISE DE SAINTE-MARIE-DU-PEUPLE. Le pape Pascal II fonda cette église vers l'année 1099, pour délivrer le peuple des fantômes nocturnes qu'on attribuait au corps de Néron. L'intérieur est divisé en trois nefs : dans la première chapelle, à droite en entrant, les peintures de *Pinturicchio*. La troisième chapelle, dédiée à la Vierge et à d'autres saints, érigée par Sixte IV, a été peinte par Pinturicchio : la balustrade est fort élégante. L'ancienne image de la Vierge, sur le maître-autel, est une de celles que l'on dit peintes par *St Luc*. Les peintures de la voûte du chœur sont de Pinturicchio, et les deux beaux tombeaux ornés de statues d'*André Contucci*, dit *le Sansovino*. Dans la chapelle qui est à droite du maître-autel il y a un beau tableau d'*Annibal Carrache*, représentant l'Assomption. Le Crucifiement de saint Pierre, et la Conversion de saint Paul ; les peintures latérales sont de *Michel-Ange de Caravage*. Près de la chapelle Chigi est le tombeau de la princesse Odescalchi Chigi, fait sur les dessins de *Paul Posi* ; il serait à désirer que le goût égalât la magnificence de ce monument. Trois grandes rues commencent à la place du Peuple. Celle à droite s'appelle *de Ripetta*; l'autre à gauche se nomme *du Babouin*; elle passe par la place d'Espagne. La troisième, qui est entre les deux précédentes, est la

Rue du Cours. Cette rue, tracée sur l'alignement de la voie Flaminienne, tire son nom des courses de chevaux qu'on y donna dès le règne de Paul II ; elle est la plus belle et la plus fréquentée de Rome : l'entrée est décorée par deux églises d'architecture presque uniforme ; celle à gauche s'appelle

L'église de Sainte-Marie-de-Monte-Santo, commencée vers l'année 1662, par ordre d'Alexandre VII, d'après les dessins de *Raïnaldi*. — Quelques tableaux, quelques fresques. De l'autre côté du Cours est

L'église de Sainte-Marie-des-Miracles. Dessins de *Raïnaldi*, par *Charles Fontana*. Le tableau de saint Antoine, à droite en entrant, est de *Guarscard*. Les quatre anges qui soutiennent l'image de la Vierge dans le maître-autel ont été faits par *Raggi*. — Statues de Raggi et de Lucenti. En sortant de cette église, et prenant la rue du Cours, on trouve un peu après, à droite, le *palais Capranica*. Ensuite à gauche

L'église de Jésus et Marie, bâtie sur les dessins de *Charles*, Milanais, et achevée par *Raïnaldi*, qui fit la façade et décora l'intérieur de beaux marbres et de stucs dorés qui la rendent une des églises les plus magnifiques de Rome. Elle renferme plusieurs tombeaux de la famille Bolognetti. Le tableau du maître-autel et les peintures de la voûte sont de *Hyacinthe Brandi*. Le tableau que l'on voit sur l'autel de la sacristie, et les trois fresques de la voûte, sont de *Lanfranc*. Presque vis-à-vis on voit

L'ÉGLISE DE ST-JACQUES-DEGL'INCURABILI. Dans la seconde chapelle à droite est un beau bas-relief de *Le Gros*, statuaire qui n'est pas assez connu. Il représente saint François de Paule qui demande à la Vierge la guérison de plusieurs malades. Dans la rue, à côté de cette église, on trouvait l'atelier de *Canova*. En retournant à la droite du Cours, on trouve à droite

L'ÉGLISE DE ST-CHARLES, une des plus magnifiques de Rome. Elle a trois nefs divisées par des pilastres d'ordre corinthien, et est ornée de peintures et de stucs dorés. La chapelle la plus remarquable est celle de la croisée à droite : elle est décorée de beaux marbres, de bronzes dorés et de sculptures, et a été faite sur les dessins du chevalier *Paul Posi*. Le tableau du maître-autel, qui représente St Charles présenté par la Vierge à Jésus-Christ, est un des meilleurs ouvrages de *Lebrun*, peintre, et son plus grand tableau. Après l'église de Saint-Charles, le

PALAIS RUSPOLI. Le plan de ce magnifique palais a été fait par *Barthélemi Ammanati*, pour la famille Ruccellaï. L'escalier est formé de 115 marches, toutes d'un seul bloc de marbre blanc. Au rez-de-chaussée est le plus beau café qui soit à Rome; les salles dont il est composé ont été peintes tout récemment. A droite, la place qui tire son nom de

L'ÉGLISE DE ST-LAURENT-IN-LUCINA. L'architecture du maître-autel est de *Raïnaldi*; on y admire le tableau célèbre du *Guide*, représentant le Crucifix, magnifique de pose, de coloris et d'expression. C'est M. de Châteaubriand qui fit élever au Poussin le monument modeste qu'on trouve à droite en entrant, sur la muraille. Dans la rue à gauche on trouve

L'ÉGLISE DE ST-SYLVESTRE-IN-CAPITE. Cette église, dont on fait remonter l'origine à l'année 261, existait déjà dans le VIIe siècle. Rien de curieux. On arrive au

Palais Chigi. Commencé d'après les dessins de *Jacques de la Porte*, et continué par *Charles Maderne*. On y admire deux statues du *Bernin*, quelques antiques; la Flagellation, du *Guerchin*; la Ste Cécile, du *Guide*; des *Baroches*, *Salvator Rosa*. A visiter! — Dans le second étage on voit un cabinet décoré de dessins originaux placés sous des verres, appartenant à *Jules Romain*, *Sacchi*, *Bernin*, etc. Une des façades du palais est tournée vers la

Place Colonne, qui occupe une partie du Forum d'Antonin le Pieux, et tire son nom de la grande colonne que le sénat éleva en l'honneur de Marc-Aurèle Antonin, pour les victoires qu'il remporta en Allemagne sur les Marcomans. Les bas-reliefs qui entourent le fût de la colonne sont relatifs aux exploits de l'empereur Marc-Aurèle en Allemagne. On y remarque surtout la figure de Jupiter Pluvieux. Cette colonne dorique, composée de 28 blocs de marbre blanc, placés horizontalement les uns sur les autres, a 3 mètres 86 cent. de diamètre et 50 mètres de hauteur. Aux quatre côtés de cette belle place on voit le *palais Chigi*, dont on visite la galerie; celui du prince de *Piombino*, qui est sur la rue du Cours; le *palais Niccolini*, vis-à-vis le palais Chigi, et le bureau général de la *poste aux lettres* et de la contrôlerie du gouvernement. La rue à gauche de la poste aux lettres conduit à la place de

Monte-Citorio. Au milieu est l'*Obélisque solaire*, érigé à Héliopolis par Psammeticus Ier, roi d'Égypte, comme on lit dans les cartouches hiéroglyphiques, et que Pline attribua par méprise à Sésostris. Il est de granit rouge, et a 22 mètres 66 cent. de hauteur, sans le piédestal moderne, qui est de la même pierre, et qui a 4 mètres 33 cent. de haut. L'édifice principal qui décore cette place est la

Curia Innocentiana. Ce magnifique palais, commencé en 1600, sur les dessins du chevalier *Bernin*, par le pape Innocent X, fût achevé sous Innocent XII par *Charles Fontana*, qui le destina aux tribunaux; c'est pourquoi il fut appelé *Curia Innocentiana*. A droite de ce palais est l'église des prêtres de la Mission. Non loin de là est la place dite *di Pietra*, sur laquelle on voit des ruines du

Temple dit d'Antonin. Pour avoir une idée de ce monument colossal, il faut entrer dans l'intérieur de la cour de la *Douane.* Il ne reste de ce temple que onze colonnes très-majestueuses, qui soutenaient un entablement magnifique de marbre. Vers la fin du XVII° siècle, cet édifice fut réduit à servir de façade à la douane des marchandises qu'on apporte par terre à Rome ; c'est pourquoi on l'appelle la *Dogana di Terra.* La rue qui est à côté de ce temple conduit à.

L'ÉGLISE DE ST-IGNACE. Le célèbre *Dominiquin* en fit deux dessins différents ; le P. *Grassi*, jésuite, prit une partie de chacun de ces dessins, et forma celui qui a été suivi. L'intérieur est divisé en trois nefs par de gros pilastres corinthiens. Les peintures de la grande voûte, celles de la tribune, et le tableau du premier autel à droite, sont du P. *Pozzi*, jésuite. Les plus belles chapelles de cette église sont celles de la croisée, faites sur les dessins du même P. Pozzi, qui peignit aussi la voûte de la grande nef, dont la perspective est admirable. Chapelles d'architecture uniforme, ornées de beaux marbres, de bronzes dorés, et de quatre colonnes torses plaquées en vert antique. Dans la chapelle à droite, qui appartient aux Lancelotti, on remarque sur l'autel un bas-relief bien exécuté par *Le Gros*, représentant saint Louis de Gonzague. Sous l'autel est une urne plaquée en lapis, qui renferme le corps du saint. Près de la porte latérale on voit le magnifique tombeau de Grégoire XV, ouvrage aussi de *Le Gros*. Cette église est attenante au *Collége Romain*, immense bâtiment érigé en 1582, par Grégoire XIII, sur les dessins de *Barthélemi Ammanato.* En sortant de l'église de St-Ignace, on rentre à droite dans la rue du Cours, où l'on voit le

PALAIS SCIARRA. La belle architecture de ce palais est de *Flamine Pontius.* Il y a une belle collection de tableaux, parmi lesquels nous citerons la Madeleine du *Guide* ; la Vanité et la Modestie, de *Léonard de Vinci* ; les Joueurs, de *Michel-Ange Caravage* ; des Breughel ; un Joueur de violon, par *Raphaël*, etc. Toutes ces toiles sont magnifiques. Vis-à-vis ce palais est

L'ÉGLISE DE ST-MARCEL. Les peintures les plus remarquables sont celles de la quatrième chapelle à droite, consacrée au Crucifix, où l'on voit représentée sur la voûte la création d'Ève, ouvrage fort beau de *Périn del Vaga*, qui peignit aussi le St Marc et le St Jean ; tombe de Gonzalvi. Cette église est à côté du

PALAIS DORIA, jadis Pamphili, un des plus grands de Rome, et qui a été fait à plusieurs reprises. La collection est fort belle, fort nombreuse. Nous signalerons deux *Albert Durer* d'une expression naïve ; la Jeanne de Naples, de *Léonard de Vinci*, figure céleste ; les portraits réunis de Barthole et Baldus, de *Raphaël* ; une Piété, d'*Annibal Carrache*; un *Claude Lorrain* tel qu'on n'en trouverait pas en France, son chef-d'œuvre ; les Avares, têtes sublimes de l'*école flamande* ; un beau *Téniers*, un *Murillo*, un petit cadre de *Michel-Ange*, Jésus-Christ en croix, sublime de sentiment ! un *Vélasquez* de la plus belle couleur ; deux *Rubens*; les *van Dyck* ne sont pas de la première beauté. Le palais vis-à-vis le palais Doria, sur le Cours, a été bâti d'après les dessins de *Charles Raïnaldi*, pour l'Académie des beaux-arts établie par Louis XIV à Rome ; c'est pourquoi on l'appelle l'*Académie de France*. En entrant dans la place de Venise, on trouve à droite, au coin de la rue du Cours, le beau *palais Rinuccini*, bâti sur les dessins de *Jean-Mathieu de Rossi* : il a appartenu à madame Lætitia Bonaparte, mère de Napoléon. Plus avant, on remarque sur la place de Venise le

PALAIS DE VENISE. Ce magnifique palais porte ce nom parce qu'il appartenait autrefois à la république de Venise, qui a donné aussi la même dénomination à la place qui est au bout de la rue du Cours, sur laquelle il est situé. Il fut bâti en 1468, par Paul II, d'après l'architecture de *Julien de Majano*, qui se servit des pierres du Colysée. Attenant à ce palais est

L'ÉGLISE DE SAINT-MARC. Le tableau de l'autel, dans la première chapelle à droite, est de *Palma* ; ceux aux deux côtés, de même que les peintures de la voûte, sont du *Tintoret*. Le saint Marc de la chapelle qui est au fond de cette nef est l'ouvrage de *Pierre Pérugin* : les tableaux des deux côtés sont de *Bourguignon*. En sortant de cette église par la grande porte, on trouve à gauche la petite place de *Macel de' Corvi*, où, au commencement de la montée dite la *Salita di Marforio*, on voit les beaux restes du

Tombeau de C. Publicus Bibulus. On ignore la date précise de l'édilité plébéienne de C. Publicus Bibulus, mais, d'après le style du monument et l'orthographe de l'inscription, on peut croire que sa mort fut contemporaine à César. Revenant au Cours, on voit sur la place de Venise le

Palais Torlonia, construit par *Charles Fontana* pour la maison Bolognetti. Jean Torlonia, duc de Bracciane, l'enrichit de tableaux, de peintures des meilleurs peintres vivants, tels que *Camuccini*, *Landi* et *Palagi*, et dans un beau cabinet construit exprès plaça le fameux groupe colossal de *Canova*, représentant Hercule furieux qui jette Lycas dans la mer. Son fils Alexandre y a fait un escalier magnifique, et l'a tellement orné que, par la richesse des meubles, la somptuosité des appartements et le goût le plus fin qui y règne partout, ce palais mérite d'être compté parmi les plus intéressants de Rome. Ce palais est vis-à-vis de

L'église de Jésus, magnifique temple desservi par les jésuites, un des plus grands et des plus riches de Rome, commencé en 1575 par le cardinal Alexandre Farnèse, sur les dessins de *Vignole*. La chapelle de Saint-Ignace, à gauche de la croisée, fut faite d'après les dessins du *père Pozzi*, et est une des plus magnifiques et des plus riches de Rome. Elle est ornée de quatre superbes colonnes revêtues de lapis et rayées de bronze doré. Cette chapelle est décorée de bas-reliefs en bronze doré et en marbre, de même que de deux beaux groupes de figures en marbre, l'un de *Jean Teudon*, et l'autre la Religion qui, armée de la croix, terrasse et foudroie l'Hérésie, de *Le Gros*.

Deuxième Journée.

Du Latran au Capitole.

Mont Capitolin. Mesquin abord : rien de large, point d'avenue.

Capitole moderne. Au lieu de présenter, comme autrefois, une majesté imposante et formidable, le Capitole aujourd'hui n'offre plus que des objets d'art qui le rendent un des endroits les plus intéressants de Rome. On doit l'embellissement moderne à Paul III, qui y érigea les deux édifices latéraux uniformes sur les dessins de *Michel-Ange*. Au bas des balustrades de la rampe sont deux beaux lions égyptiens en granit noir. Au haut de l'escalier, sur la balustrade, sont deux statues colossales, en marbre pentélique, de Castor et Pollux, placées à côté de leurs chevaux, et qui furent trouvées sous Pie IV, près de la synagogue des juifs. A côté de ces statues, on voit deux beaux trophées en marbre, connus sous le nom de trophées de Marius. On voit aussi sur la même balustrade deux statues, une de Constantin Auguste et l'autre de Constantin César, trouvées sur le mont Quirinal, dans les thermes de Constantin. Enfin, des deux colonnes qu'on y remarque, celle placée à droite en montant est l'ancienne colonne milliaire qui marquait le premier mille de la voie Appienne, où elle a été trouvée en 1584 : la boule de bronze n'existait pas ; l'autre colonne, située du côté opposé, a été faite pour servir de pendant à celle-ci : la boule qu'elle soutient est ancienne. La place du Capitole, qui est carrée, est décorée au milieu de la statue équestre de Marc-Aurèle Antonin en bronze doré, véritable chef-d'œuvre. Des trois édifices qui décorent le Capitole, celui qui se présente en face est le

PALAIS SÉNATORIAL. Sur le devant est une grande fontaine construite par ordre de Sixte V, et ornée de trois statues antiques : celle du milieu, qui est en marbre blanc, drapée de porphyre, représente Minerve assise : elle fut trouvée à Cora ; les deux autres, qui sont colossales et en marbre de Paros, représentent le Nil et le Tibre ; elles sont de bonne sculpture du temps des Antonins, et viennent du temple de Sérapis qui était sur le Quirinal. Après avoir monté l'escalier, on entre dans une salle vaste et magnifique qui sert au sénateur et aux juges de son tribunal.

MUSÉE DU CAPITOLE. Le pontife Clément XII commença ce superbe musée. Au fond de la *cour*, est la statue colossale de l'Océan, connue sous le nom de Marforio, qui existait jadis près de l'arc de Septime Sévère. A droite sur le mur sont plusieurs inscriptions mortuaires des soldats prétoriens, trouvées à *la vigna* del Cinque, hors de la porte *Salaria*. A gauche et à droite de l'Océan, sont deux Satyres restaurés en forme de Télamons. Dans le *portique* on voit, à gauche de la porte d'entrée, un torse colossal jadis existant à Bevague, une Minerve colossale, quatre faisceaux consulaires en bas-relief, une province romaine en bas-relief sur un grand piédestal, une tête colossale de Cybèle, trouvée dans la *villa* d'Adrien à Tivoli, etc. A droite de la porte d'entrée est une statue de Diane, remarquable par sa belle draperie, une Isis en granit rouge, une statue colossale de Diane, un Jupiter, le Cyclope Polyphème, et une statue d'Adrien en habit de sacrificateur. On passe ensuite dans la chambre du *Canope*, qui porte ce nom parce qu'on y a rassemblé toutes les statues égyptiennes trouvées au Canope (édifice de la *villa* d'Adrien à Tivoli), de même que d'autres sculptures égyptiennes. Au milieu de cette chambre est le bel hermès double en noir antique d'Isis et d'Apis, sculpture du siècle d'Adrien, dans le style égyptien. De la chambre du Canope, on entre dans la salle des *Inscriptions* : on a rangé tout autour des murs 122 inscriptions impériales ou consulaires, qui offrent une série chronologique depuis Tibère jusqu'à Théodose. Des sculptures qui sont dans cette salle, la plus remarquable est l'autel carré sur lequel sont représentés les travaux d'Hercule : cet autel est du style grec ancien. On passe ensuite dans la salle de l'*Urne* : un grand sarcophage en marbre blanc attire l'attention des amateurs, et donne le nom à cette salle dont il est l'ornement principal. En retournant au portique, vis-à-vis la statue colossale de Mars, on trouve le grand escalier où on a encadré dans les murs les fameux fragments de l'ancien plan de Rome, qui ont été trouvés dans les ruines du temple de Rémus, sur la voie Sacrée. On monte à un long corridor qu'on appelle la *Galerie*, tout rempli d'anciens monuments; avant de la parcourir on entre à droite dans la *salle du Vase* : au milieu est un grand vase de marbre blanc orné de feuillages et trouvé près du tombeau de Cécilia Métella. Ce vase est posé sur un ancien autel rond, où on voit sculptées tout autour les douze divinités avec leurs attributs : il fut trouvé à Neptune près d'*Antium*. Outre ce vase, il y en a un autre en bronze trouvé au port d'*Antium* dans la mer, et qui avait été donné par le roi

Mithridate Eupator au gymnase des Eupatoristes. Il faut remarquer le petit groupe d'Hécate en bronze, le petit bas-relief connu sous le nom de *Table Iliaque*, un tripode, une Romaine en bronze, deux statues de Diane d'Ephèse et deux mosaïques. De cette salle on entre dans la *Galerie* : vis-à-vis le grand escalier sont les bustes de Marc-Aurèle et de Septime Sévère, d'une conservation étonnante. Les murs sont plaqués d'inscriptions trouvées dans la chambre sépulcrale ou colombaire des serfs et des affranchis de Livia, en 1726, sur la voie Appienne. Statues. — Ebriété de Caton, sarcophage, un Discobole, tête colossale de Junon, buste de Jupiter, Nil, bel hermès d'Ammon. On passe à la *salle des Empereurs* : sur les murs sont enchâssés plusieurs bas-reliefs, dont les plus intéressants sont : la Chasse du sanglier de Calydon par Méléagre; Persée qui délivre Andromède, et Endymion qui dort; Hylas enlevé par les Nymphes. Au milieu de la salle est la statue assise connue sous le nom d'Agrippine, femme de Germanicus. On passe à la *salle des Philosophes*, où on a rassemblé une collection de portraits de gens de lettres et de philosophes anciens, de Diogène, de Démosthènes, d'Euripide, quatre bustes d'Homère, deux de Sophocle, dont un porte le nom de Pindare. Dans le *Salon* sont plusieurs statues, savoir : un Jupiter et un Esculape en noir antique, trouvés à Antium; deux Centaures en noir antique aussi, dits de Furietti, trouvés à la villa d'Adrien par le cardinal de ce nom, et des sculptures d'Aristeas et Papias d'Aphrodisium, et un Hercule enfant en basalte, trouvé sur l'Aventin. Les statues les plus remarquables autour du salon sont : deux Amazones, une statue d'Isis, dans le style du siècle d'Adrien, dont la draperie est très-élégante; la statue d'un Gymnasiarque, trouvée à la villa d'Adrien à Tivoli; une Vieille fort animée, qu'on croit être Hécube! un buste colossal d'Antonin le Pieux. On passe de ce salon à la *salle du Faune*, en rouge antique, trouvé à la villa d'Adrien à Tivoli. On remarque encore dans cette chambre une tête de Tydée en haut relief, un sarcophage avec la représentation de la fable de Diane et d'Endymion; un bel autel consacré à Isis; un Enfant qui joue avec un masque de Silène, qu'on peut regarder comme le plus beau morceau de la sculpture ancienne représentant un enfant ; un autre qui joue avec une colombe ; un Amour cassant son arc ; un Enfant qui joue avec un cygne, et un grand sarcophage d'une conservation admirable. Dans la *salle du Gladiateur*, on voit au milieu la célèbre statue d'un homme blessé à mort, qu'on appelle vulgairement le Gladiateur mourant, qui donne le nom à la salle. Statues : le Faune, connu sous le nom de Praxitèle; Antinoüs, d'une exécution admirable ; Flora, statue bien drapée ; la belle Vénus, connue sous le nom de Vénus du Capitole ; à côté d'elle est le buste de M. Brutus ; suit la Junon, dite aussi du Capitole (1). En sortant de ce palais on monte à gauche à

L'ÉGLISE DE SAINTE-MARIE D'ARA CŒLI, divisée en trois nefs par 12 grosses colonnes, toutes de granit d'Egypte, à l'exception de deux qui sont en marbre de Proconèse. Dans le chœur on admire un beau tableau de l'école de *Raphaël*,

---

(1) GALERIE DE TABLEAUX. Cette collection est plus nombreuse que celle du Vatican, mais elle est moins riche ; nous citerons seulement la Sainte Pétronille, vaste et belle composition du *Guerchin* ; — le Saint-Jérôme, du *Dominiquin* ; — le Magicien de la peinture, du *Guerchin* ; — Cléopâtre devant Auguste, riche toile du même ; — la Sibylle persique, figure admirable, du même ; — une Annonciation, toile charmante ; — Sainte Lucie, une Vierge dans la gloire, compositions admirables de *Garofalo* ; — une Sainte-Famille, de *Mantegna* ; — la Présentation du Christ au temple, par *Fra-Bartolommeo* ; — l'Enlèvement des Sabines, le Sacrifice d'Iphigénie ; — la Bataille d'Arbelle, de *Pierre de Cortone* ; — un Portrait de Michel-Ange, du même ; — le Mariage de Sainte Catherine, par *Garofalo* ; — la Femme Adultère, la Vérité, le Baptême du Christ, la Fortune, belles compositions du *Guide* ; — le Saint Nicolas, par *Bellini* le vieux, avec son portrait ; — l'Enlèvement d'Europe, de *Paul Véronèse* ; — une Sainte-Famille, par *Giorgion* ; — Bethsabé, par *Palma* le vieux ; — une Madeleine, du *Tintoret* ; — une Communion de saint Jérôme, par *Augustin Carrache* ; — la Sibylle de Cumes, du *Dominiquin* ; — la Charité, d'*Annibal Carrache* ; — Sainte Cécile, de *Louis Carrache* ; — le Saint-Esprit, Saint Sébastien, Polyphème, par le *Guide* ; — la Naissance de la Vierge, et une Madeleine, vaste composition, par *Albane* ; — une Sainte Barbe, — un Christ enfant devant les docteurs, par *Valentin* ; — le Triomphe de Flore, du *Poussin* ; — Romulus et Remus de *Rubens*, et une infinité d'autres compositions que notre cadre ne nous permet pas de citer.

et très-probablement de *Jules Romain*, qu'on a mal à propos confondu avec la Madonna de Foligno, où est représentée la Vierge avec saint Jean-Baptiste et sainte Elisabeth. A gauche on remarque un fort beau tombeau de *Jean-Baptiste Savelli*, dans le style de *Sansovino*. Vis-à-vis le palais du Musée est le

PALAIS DES CONSERVATEURS. Sous le portique de la cour de ce palais, à droite, une statue de Jules César qu'on regarde comme le seul portrait reconnu qui existe à Rome : à gauche, on voit celle d'Auguste, qui a à ses pieds un rostre faisant allusion à la victoire d'Actium. Autour de la cour, plusieurs fragments anciens, dont quelques-uns sont d'une dimension très-forte; à gauche, tête colossale de Domitien. Après avoir examiné les monuments qui sont au fond de la cour, tournant à gauche, on voit le groupe d'un lion qui attaque un cheval, morceau fort beau qui a été trouvé dans l'Almon. A gauche est la

PROTOMOTHÈQUE. Le pape Pie VII fit transporter dans ces salles les portraits des hommes illustres dans les sciences, les lettres et les arts, qu'on avait placés dans les deux siècles passés au Panthéon, laissant aussi des places pour ceux qui se rendraient dignes de cet honneur à l'avenir. On appela cette collection Protomothèque, du mot grec *Prothomé*, correspondant à buste. De tous les bustes que l'on voit ici rassemblés, le plus beau est celui du pape Pie VII, par *Canova*.

ESCALIER DU PALAIS DES CONSERVATEURS. En face de la première rampe, avant de monter, on voit à gauche un fragment de l'inscription honoraire de Caïus Duilius, qui remporta la première victoire navale sur les Carthaginois, l'an 492 de Rome. Sur le premier palier de l'escalier on trouve, dans deux niches, les statues restaurées d'Uranie et de Thalie; et sur les murs de la cour, qui est en forme de terrasse, sont quatre superbes bas-reliefs. On entre ensuite dans les

SALLES DES CONSERVATEURS. Sur le palier est la porte qui conduit dans le salon appelé *du chevalier d'Arpin*, parce qu'il y a représenté les premiers traits de l'histoire romaine. Dans cette salle on voit la statue de Léon X, celle d'Urbain VIII, ouvrage *du Bernin*, et celle d'Innocent X par *Algardi*. On passe ensuite dans la première antichambre, où *Thomas Lauretti* a peint d'autres sujets de l'histoire romaine. La seconde antichambre est ornée d'une belle frise, peinte à fresque par *Daniel de Volterre*, qui a représenté le Triomphe de Marius après la défaite des Cimbres. Dans le milieu de cette salle est la fameuse louve en bronze qui allaite Romulus et Rémus. Il faut remarquer un des plus beaux morceaux du style étrusque, ou ancien romain; les enfants qu'elle allaite sont modernes. Belle statue en bronze d'un enfant qui soigne ses pieds, et qu'on appelle le berger Martius; superbe buste de Junius Brutus. On voit aussi dans cette chambre un beau tableau de *Romanelli*, représentant sainte Françoise, Romaine; et une Descente de Croix du père *Côme Piazza*. Dans la troisième antichambre on voit dans le mur plusieurs fragments de marbre, sur lesquels sont écrits les célèbres fastes consulaires, connus sous le nom de *Fasti Capitolini*, qui vont jusqu'au temps d'Auguste. Dans la chambre suivante, dite d'audience, portrait de *Buonarotti*, sculpté par lui-même: la tête est en bronze, et le buste en marbre noir, et il est très-ressemblant; un autre de Tibère, et deux canards en bronze; tête de Méduse, sculpture *du Bernin*; beau tableau de *Jules Romain*, une Sainte Famille. Dans la chambre du trône la frise a été peinte par *Annibal Carrache*, qui y a représenté les exploits de Scipion l'Africain. Dans la dernière salle, les peintures à fresque sont de *Pierre Pérugin*. Suit la chapelle, qui est ornée de peintures. Le tableau de l'autel, représentant la Vierge, est peint sur l'ardoise par *Nucci*! Il y a une Vierge par *Pinturicchio*; saint Eustache, sainte Cécile, saint Alexis et la B. Louise Albertoni, par *Romanelli*; les Evangélistes, par *Caravage*, admirables.

PRISON MAMERTINE. Le nom de cette prison dérive d'Ancus Marcius, quatrième roi de Rome, qui la construisit dans une ancienne carrière au pied du Capitole, vers l'est. La chambre qui existe encore est en partie revêtue de dalles rectangulaires de la pierre volcanique du Capitole; elle a 8 mètres de longueur, 6 de largeur, et 4 mètres 33 cent. de hauteur. Au-dessus de cette prison est

L'ÉGLISE DE SAINT-JOSEPH. Cette église appartient à la confrérie des menuisiers, qui la bâtirent en 1598, d'après les dessins de Jean-Baptiste Montani. Les trois colonnes qu'on voit en sortant, dans la petite porte de cette église, appartiennent au

TEMPLE DE JUPITER TONNANT. Il fut érigé par Auguste après son retour d'Espagne, où, voyageant de nuit, un de ses domestiques qui l'éclairait fut frappé d'un coup de foudre. Il ne reste plus de ce monument que trois colonnes du portique et qui soutiennent un morceau considérable d'entablement. Le vieux pavé en blocs polygones de lave basaltique qu'on voit dans ce temple est celui de l'ancienne rue, ou *clivus Capitolinus*, sur le bord duquel est le

TEMPLE DE LA FORTUNE. Jusqu'à présent on a cru généralement que le portique de huit colonnes qu'on voit près du temple de Jupiter Tonnant était un reste célèbre du temple de la Concorde bâti par Camille, et refait par Tibère, où le sénat tenait quelquefois ses assemblées ; mais il faut avouer que le style et la situation de ces restes ne s'accordaient pas avec cette dénomination. A droite du temple de Jupiter Tonnant on voit les restes du

TEMPLE DE LA CONCORDE. Il est tourné vers le *Forum*; il est près des prisons, entre le Capitole et le *Forum*, comme nous l'apprennent Plutarque, Dion et Festus. Maintenant on ne voit que les vestiges de la *cella*, qui conserve encore quelques restes des marbres précieux dont elle était plaquée, c'est-à-dire de jaune antique, de marbre violet et de marbre africain.

FORUM ROMAIN. Le Forum fut établi dès l'époque de la paix entre Romulus et Tatius, pour servir de place publique et de marché à Rome. Il était entre le Capitole et le Palatin ; sa forme était un carré oblong dont la largeur avait un tiers de moins de la longueur. On peut établir comme limites de cette place l'arc de *Septime Sévère*, l'église de la *Consolazione*, celle de *Saint-Théodore*, et l'angle formé par une ligne tirée de cette église vers les arbres de l'allée publique, et de ces arbres vers l'arc de Septime Sévère. Ainsi le temple d'Antonin et Faustine était au dehors. Dans les temps modernes il a servi de marché aux bœufs, d'où est dérivé son nom vulgaire de *Campo Vaccino*, qui cependant commence à disparaître. Le Forum était environné d'un portique tout autour, à deux étages, qui en rendait la forme régulière. Sous ce portique, dans le premier étage, étaient des boutiques (*tabernæ*); dans le second étage étaient des chambres pour la réception des impôts. Le premier édifice ancien du Forum, existant près de la *prison Mamertine*, est

L'ARC DE SEPTIME SÉVÈRE. Vers l'an 205 de l'ère chrétienne, le sénat et le peuple romain élevèrent cet arc de triomphe en l'honneur de Septime Sévère et d'Antonin Caracalla et Géta, ses fils, pour les victoires remportées sur les Parthes et autres nations barbares de l'Orient. Cet arc est de petite dimension; il est en marbre blanc, d'une forme carrée, et n'ayant qu'une seule ouverture. A gauche de l'arc de Septime Sévère est

L'ÉGLISE DE SAINT-LUC. Cette église est une des plus anciennes de Rome. Alexandre IV la fit restaurer et la dédia à sainte Martine. Sixte V l'ayant donnée en 1588 à l'Académie des peintres, ceux-ci la reconstruisirent, sous Urbain VIII, d'après les dessins de *Pierre de Cortone*, et la dédièrent à saint Luc l'évangéliste, leur patron. Le souterrain de l'église mérite d'être vu, tant à cause de sa voûte plate que par la riche chapelle que Pierre de Cortone y a fait construire. Cette église est bâtie dans l'emplacement du *Secretarium Senatus*, où le sénat jugeait les causes criminelles que l'empereur lui renvoyait. La maison attenante à cette église est la résidence de l'*Académie des beaux-arts*, dite *Saint-Luc*, érigée sous Sixte V. On y voit un grand nombre de portraits des plus célèbres peintres, et des tableaux faits par les académiciens. Parmi les tableaux est celui de saint Luc qui peint la Vierge, ouvrage de l'immortel *Raphaël*, dans lequel il a même inséré son portrait; deux petits paysages de *Gaspard Poussin*; Sisara, par *Charles Maratte*; trois tableaux de *Salvator Rosa*; le portrait de Boni, par *Landi*, et enfin Jésus-Christ avec le Pharisien, par le *Titien*. Cette Académie vient d'être transportée à la Ripetta. — Tout près de là est la

BASILIQUE ÆMILIA, *aujourd'hui église de St-Adrien*. D'après un passage de Stace, il paraît que ce bâtiment a été érigé sur l'emplacement de la basilique Emilienne, bâtie par

Paul Emile vers la fin de la république, comme on l'apprend de Cicéron, et célèbre à cause des colonnes de marbre phrygien ou violet qui la divisaient en cinq nefs. Vis-à-vis la basilique *Æmilia* est la

COLONNE DE PHOCAS. La colonne de Phocas est en marbre, d'ordre corinthien, cannelée, et a appartenu originairement à quelque édifice du temps des Antonins, d'où Smaragde l'aura enlevée. Son diamètre est d'environ 1 mètre 33 cent., et le piédestal a 3 mètres 66 cent. de hauteur. Vis-à-vis cette colonne, vers l'arc de Titus, on voit les restes de la

GRÆCOSTASIS. Les passages des anciens écrivains et le fragment du vieux plan de Rome qui existe au Capitole déterminent ces ruines pour celles de la Græcostasis, édifice érigé pour la réception des ambassadeurs étrangers dès le temps de Pyrrhus. Au delà de ces restes, en allant vers le Vélabre, on trouve ceux de la

CURIA. Cet édifice, qui servait pour les assemblées du sénat, avait sa façade tournée vers le Capitole. On l'appelait *Curia Hostilia*, parce qu'il avait été bâti par Tullus Hostilius, troisième roi de Rome. En continuant le chemin vers le *Vélabre*, on trouve le

TEMPLE DE VESTA, *aujourd'hui église de St-Théodore*. Cet édifice, de forme ronde, a été érigé par le pape Adrien 1er, dans le VIIIe siècle, sur les ruines du fameux temple de Vesta, desservi par les vierges vestales, où l'on conservait le feu sacré et le *Palladium*. Sous le penchant du Palatin, qui domine ce temple et la *Curia*, étaient le *Lupercal*, antre consacré à Pan, et le *figuier Ruminal*, sous lequel Romulus et Rémus avaient été trouvés par Faustulus. En sortant du Forum par l'allée sous les arbres, on rejoint la direction de l'ancienne

VOIE SACRÉE. Cette voie célèbre reçut ce nom des sacrifices (*sacra*) qui accompagnèrent la paix entre Romulus et Tatius. Elle commençait devant le Colysée, côtoyait le temple de Vénus et Rome et la basilique de Constantin, passait devant les temples de Romulus et Rémus et d'Antonin et Faustine, et entrait dans le Forum par l'arc de Fabius. En remontant cette voie vers l'Amphithéâtre, on trouve d'abord le

Temple d'Antonin et Faustine. Ce temple fut érigé par décret du sénat à l'honneur de Faustine; après la mort d'Antonin, son mari, on y associa aussi le nom de celui-ci. C'est un temple prostyle exastyle, c'est-à-dire qu'il a un portique devant la *cella*, dont les colonnes de front sont au nombre de six, et trois colonnes de chaque côté; elles sont de marbre carystien qu'on appelle aujourd'hui cipollin, et on peut les regarder comme les plus grandes qu'on connaisse de ce marbre, puisqu'elles ont 15 mètres de hauteur, en y comprenant la base et le chapiteau. Tout près de là se trouve le

Temple de Romulus et Rémus. On reconnaît que ce temple a été érigé à Romulus et Rémus. La cella qui existe encore et sert de vestibule à l'église est de forme ronde. En 527, saint Félix III bâtit à côté de ce temple une église qu'il dédia aux saints Côme et Damien, et il se servit de la cella du temple pour vestibule de l'église. On descend dans l'ancienne église souterraine par un escalier commode, placé à côté de la tribune. On y aperçoit le maître-autel isolé, des chapelles et quelques peintures. De ce souterrain on descend dans un autre, où il y a une source d'eau qu'on appelle de *Saint-Félix*. Les deux colonnes en cipollin qu'on voit à côté de cette église faisaient partie du portique du temple de Rémus. Les trois grands arcs que l'on voit auprès de ces colonnes sont les restes de la

Basilique de Constantin. Depuis le xve siècle jusqu'à la moitié du siècle passé, on avait donné le nom de temple de la Paix à cette immense ruine; cette dénomination doit être placée parmi les autres dénominations apocryphes des monuments de Rome. La nef septentrionale est assez bien conservée, de même que le portique d'entrée. Près de cette basilique est

L'église de Sainte-Françoise romaine. L'origine de cette église est fort ancienne : dans la croisée on remarque le tombeau de Grégoire XI, fait par *Pierre-Paul Olivieri*, qui a représenté en bas-relief le retour du saint-siége à Rome, après avoir été 72 ans à Avignon. En sortant de cette église on admire

L'arc de Titus. Cet arc de triomphe fut élevé par le sénat et le peuple romain en l'honneur de Titus, fils de Vespasien, pour la conquête de Jérusalem. Il est de marbre pentélique et orné de superbes bas-reliefs ; sous l'arc, aux deux côtés, sont deux bas-reliefs fort beaux ; malgré le délabrement qu'ils ont souffert du temps ; à gauche on voit Titus triomphant, porté sur un char attelé de quatre chevaux de front, que Rome, sous la figure d'une femme, conduit par les rênes ; la Victoire couronne l'empereur, et une troupe de soldats le précède et le suit. A droite est représentée la partie la plus intéressante de la pompe triomphale qui précédait le char, c'est-à-dire des prisonniers, la table d'or avec les vases sacrés, les trompettes d'argent, le candélabre d'or à sept branches, que des soldats couronnés portent sur les épaules, et d'autres dépouilles du temple de Jérusalem. A côté de cet arc sont les ruines du

TEMPLE DE VÉNUS ET DE ROME. L'empereur Adrien fit les dessins de ce temple, et en dirigea lui-même la construction ; ce temple est sous le

MONT PALATIN. La tradition des anciens écrivains, sur le nom de cette colline célèbre, est qu'Evandro y fonda une ville qu'il appela Pallantium, du nom de celle de l'Arcadie d'où il venait ; ce nom fut changé en Palatium, d'où dériva celui de *mons Palatinus*. Il est couronné de six autres, ayant le mont Aventin vers l'ouest, le Cœlius au sud, l'Esquilin à l'est, le Viminal, le Quirinal et le Capitole au nord et nord-ouest. Il a la forme d'un trapèze de 2,100 mètres environ de circonférence, et de 52 mètres de hauteur sur le niveau de la mer ; l'*église de Ste-Anastasie*, le grand *Cirque*, l'*arc de Constantin* et l'*église de Ste-Marie-Libératrice* en marquent les limites et presque les angles. Sur une partie de ces restes sont les

JARDINS FARNÈSE. Paul III, de la maison Farnèse, fit construire ces jardins, qui appartiennent aujourd'hui au roi de Naples, ainsi que tous les biens de la maison Farnèse. L'entrée principale est vis-à-vis la *basilique de Constantin*, où l'on voit un portail de *Vignole*, orné de deux colonnes d'ordre dorique qui soutiennent un balcon. En continuant à monter sur le Palatin, on trouve la

VILLA PALATINA. Cette *villa*, jadis *Mattei*, et ensuite *Spada*, *Magnani* et *Colocci*, appartient aujourd'hui à

M. Charles Mills, qui l'a rendue à sa première aménité. Elle est bâtie sur les ruines de la maison d'Auguste. Dans une chambre du rez-de-chaussée de la maison, on voit un joli portique formé par quatre colonnes de granit gris, avec des fresques de *Raphaël* qui représentent des *Vénus* et des *Nymphes :* ces fresques ont été restaurées sous la direction de M. *Camuccini.* Dans cette même *villa,* on descend dans trois chambres antiques fort bien conservées. Dans le jardin contigu à cette *villa* sont les restes d'une grande cour oblongue qui servait de palestre, c'est-à-dire d'arène aux athlètes. En sortant de la villa Palatina, on retourne à l'arc de Titus, et, par la voie Sacrée, on arrive à la fontaine dite la

Meta Sudans. Cette magnifique fontaine existait déjà du temps de Sénèque : elle fut reconstruite avec plus de magnificence par Domitien, comme nous l'apprenons de Cassiodore. Quoique ruinée, elle conserve encore sa forme telle qu'on la voit sur plusieurs médailles qui représentent le Colisée, c'est-à-dire qu'elle avait été faite comme une des bornes du cirque qu'on appelait *Metœ,* et comme elle versait l'eau, elle reçut le nom de *Meta Sudans.* En face de cette fontaine on a découvert les restes du piédestal du

Colosse de Néron. Lorsque Néron construisit la maison d'Or, il fit faire à Zénodore, célèbre sculpteur de son temps, un colosse de bronze de 40 mètres de hauteur, qui avait son portrait sous les formes d'Apollon ou du Soleil, et le plaça dans le vestibule.

Colisée. L'empereur Flavius Vespasien, après son retour de la guerre contre les Juifs, fit construire cet amphithéâtre dans l'endroit où était auparavant l'étang des jardins de Néron, presque dans le milieu de Rome ancienne. L'amphithéâtre Flavien s'élève sur deux degrés : il était extérieurement environné de trois rangs d'arcades élevées les unes sur les autres, et entremêlées de demi-colonnes qui soutenaient leur entablement. Chaque rang était composé de quatre-vingts arches avec autant de demi-colonnes. Tout l'édifice était terminé par un quatrième ordre ou par un attique orné de pilastres et percé de fenêtres. Le premier des quatre ordres d'architecture qui ornent les arches est dorique ; le second ionique ; le troisième et le quatrième sont corinthiens.

Les arches du premier ordre sont marquées par des chiffres romains : ces arches étaient autant d'entrées qui, par le moyen des escaliers intérieurs, conduisaient aux portiques supérieurs et aux gradins, de manière que chacun pouvait aller sans difficulté à la place qui lui était destinée ; les jeux terminés, les spectateurs pouvaient sortir sans confusion et en très-peu de temps. La forme de ce vaste édifice est ovale : il a 547 mètres de circonférence extérieure et 200 mètres de longueur, 160 de largeur et 52 de hauteur. On a prétendu qu'il pouvait contenir 87,000 spectateurs, nombre qui est un peu élevé. Presque tous les trous que l'on voit dans ce monument comme dans plusieurs autres ont été faits, dans le moyen-âge, pour extraire les crampons de fer qui liaient les pierres ensemble.

Arc de Constantin. Ce magnifique arc de triomphe fut érigé par le sénat et le peuple romain à Constantin pour les victoires qu'il remporta sur Maxence et sur Licinius, comme on peut le remarquer par la grande inscription qu'on lit des deux côtés de ce même arc. Il est à trois arcades, ornées de huit colonnes d'ordre corinthien dont sept sont de jaune antique et une en partie de marbre blanc, et de plusieurs bas-reliefs qui ne sont pas d'un mérite égal, parce que Constantin profita des débris d'un arc de Trajan pour construire le sien. La rue qui s'ouvre sous cet arc est l'ancienne voie des Triomphes, qui mène à

L'église de St-Grégoire. Elle est à trois nefs séparées par seize colonnes, dont la plus grande partie est de granit d'Egypte. Les peintures sont de *Placide Costanzi* ; les tableaux des autels sont d'*Antoine Balestra*, de *François Mancini*, de *Pompée Battoni* et de *Jean-Baptiste Bonfreni*. Cette église est sur le penchant du

Mont Coelius. Cette colline est la plus longue et la plus irrégulière parmi les sept, puisqu'elle a 5,300 mètres de circonférence ; elle a 43 mètres de hauteur sur le niveau de la mer.

Église de St-Jean et St-Paul. Cette église est décorée d'un portique soutenu par huit colonnes ioniques de granit. Elle renferme trois nefs, divisées par 28 colonnes de différents marbres. Le pavé, qui est une espèce de mosaïque faite de plusieurs marbres, tels que le porphyre, le serpentin et le marbre blanc, offre un des plus beaux exemples de cet ouvrage qu'on appelait *opus alexandrinum*, parce que Alexandre Sévère le perfectionna. L'architecture est d'*Antoine Canevari*. En entrant dans le jardin près de cette église, on voit les restes d'un édifice fait de gros quartiers de travertin, que l'on croit une partie du *Vivarium*, c'est-à-dire du parc pour renfermer les bêtes féroces.

ARC DE DOLABELLE. Cet arc en travertin fut fait l'année X de l'ère vulgaire, par les consuls Publius Cornelius Dolabella et Caïus Junius Silanus, *flamen martialis* (prêtre de Mars), comme nous l'apprenons par l'inscription ancienne encore existante sur la façade qui regarde l'est.

ÉGLISE DE STE-MARIE-IN-DOMINICA. Cette église fut bâtie dans l'endroit où était la maison de *sainte Cyriaque*, dame romaine, d'où dérive son nom. On l'appelle aussi la Nacelle, *Navicella*, à cause d'une barque ou nacelle en marbre que Léon X fit placer devant cette église, qu'il renouvela entièrement sur le plan de *Raphaël*. Dans l'intérieur sont dix-huit superbes colonnes de granit et deux de porphyre. A côté de l'église de la *Navicella* est la *villa* jadis Mattei, et aujourd'hui du prince de la Paix. On y trouve un obélisque de granit d'Égypte, dont la partie supérieure est ancienne et chargée d'hiéroglyphes. Dans le palais on voit plusieurs beaux tableaux, principalement de l'école espagnole. En continuant le chemin vers le Latran, on entre dans

L'ÉGLISE DE ST-ÉTIENNE-LE-ROND. Cette église conserve dans son intérieur une idée de la magnificence des édifices des anciens. Son diamètre est de 44 mètres : elle est soutenue par cinquante-huit colonnes, dont la plus grande partie sont ioniques et d'autres corinthiennes, en granit et en marbre. On voit sur les murs qui ont été faits dans les entrecolonnements des peintures de *Nicolas Pomerancio* et quelques-unes d'*Antoine Tempesta*, représentant le Martyre de différents saints.

ÉGLISE DE SAINT-CLÉMENT. Dans la nef à droite, près du maître-autel, est le tombeau du cardinal *Rovarella*, ouvrage d'une très-belle exécution, fait dans le quinzième siècle. Les peintures relatives à la crucifixion de Jésus-Christ et au martyre de sainte Cathérine, qu'on voit dans la chapelle à gauche en entrant, sont de *Masaccio* et ont été plusieurs fois restaurées.

Troisième Journée.

Du Latran au Quirinal.

PLACE DE SAINT-JEAN-DE-LATRAN. Le nom de Latran que porte ce quartier de Rome dérive de Plautius Lateranus, qui y avait sa maison. Au milieu de cette vaste place on admire le plus grand obélisque de Rome. Il fut érigé d'abord à Thèbes, dans la haute Égypte, par Theutmosis II, roi d'Egypte, comme on l'apprend par les cartouches. Il est de granit rouge et chargé d'hiéroglyphes; sa hauteur est de 33 mètres sans la base et le piédestal. Devant cet obélisque est une statue de *saint Jean* l'évangéliste et une *fontaine*. Le grand palais de Latran est aussi sur cette place. Ce palais ayant été détruit par un incendie, Sixte V le fit rebâtir sur les dessins de *Dominique Fontana*. Près de là est le

BAPTISTÈRE DE CONSTANTIN. On croit que Constantin le Grand érigea ce magnifique Baptistère dans le palais de Latran, où il fonda la première église. Une urne antique de basalte sert de fonts baptismaux : elle s'élève au milieu d'une cuve entourée d'une balustrade octangulaire, et couverte d'une coupole soutenue par deux rangs de colonnes placés l'un sur l'autre : les huit premières colonnes sont de porphyre, et portent un entablement antique; les huit autres sont de marbre blanc.

BASILIQUE DE SAINT-JEAN-DE-LATRAN. Cette basilique est le premier et le principal temple de Rome et du monde catholique. Par cinq portes on entre dans un grand portique soutenu par vingt-quatre pilastres de marbre composites. Au fond de ce portique est la statue colossale de Constantin, trouvée dans ses Thermes. Cinq portes donnent l'entrée dans la basilique. La grande porte de bronze est celle de la basilique Æmilia au Forum Romanum, et a été transportée ici sous Alexandre VII. La porte murée est nommée *sainte*, parce qu'elle ne s'ouvre que l'année du Jubilé. La chapelle *Corsini* est une des plus magnifiques de Rome. Clément XII l'érigea en l'honneur de saint André Corsini, un de ses ancêtres, et *Alexandre Galilei* en fut l'architecte. Un bas-relief où saint André Corsini est représenté défendant l'armée des Florentins à la bataille d'Anghieri. La grande niche située du côté de l'évangile est décorée par deux colonnes de porphyre qui étaient auparavant dans le portique du Panthéon d'Agrippa. En sortant de cette chapelle on revient dans la grande nef, où est le tombeau en bronze de *Martin V*, de la maison Colonna, mort en 1430. Le grand arc de la même nef est soutenu par deux colonnes de granit rouge oriental, de la hauteur de 11 mètres 33 cent. Le maîtreautel, placé dans le milieu de la croisée, est orné de quatre colonnes de granit, soutenant un tabernacle gothique où l'on garde, parmi les plus insignes reliques, les têtes des saints apôtres Pierre et Paul. Au fond de la croisée est le magnifique autel du Saint-Sacrement, fait sur les dessins de *Paul Olivieri* : il est décoré d'un tabernacle formé de pierres précieuses, qui est placé au milieu de deux anges de bronze doré et de quatre colonnes de vert antique. On montre dans cette église la table où *Jésus-Christ* fit la Pâque; celle où saint Pierre et les apôtres prenaient leur repas. — On visitera le cloître contigu à l'église, ouvrage admirable par le fini, la légèreté des colonnes. Il y a là rassemblées une foule d'antiquités : — la *colonne* du temple de Jérusalem, qui se brisa à la mort du Christ; la pierre sur laquelle on joua ses vêtements. En sortant de cette basilique par la porte principale, on voit à gauche le

SAINT-ESCALIER. Le Saint-Escalier est formé de 28 marches de marbre blanc, qui étaient au palais de Pilate, à Jérusalem. On ne le monte qu'à genoux; on descend ensuite par un des quatre escaliers latéraux. Sous l'autel de la chapelle, au-dessus du Saint-Escalier, est une image très-ancienne du Sauveur, haute de 1 mètre 66 cent., qui est en grande vénération.

PORTE SAINT-JEAN. Cette porte a été substituée par le pape Grégoire XIII à l'ancienne porte *Asinaria*, aujourd'hui fermée. En rentrant à Rome on côtoie les murs de la ville, où on peut voir leur construction intérieure, exemple des fortifications du v⁰ siècle, et on arrive à la

SAINTE-CROIX-EN-JÉRUSALEM. Cette église, qui est une des sept basiliques de Rome, a été érigée par *sainte Hélène*, mère de Constantin le Grand. Elle est en trois nefs divisées par des pilastres, et par huit grosses colonnes de granit d'Egypte. Le grand autel, isolé, est décoré de quatre belles colonnes de brèche coralline qui soutiennent le baldaquin. Sous cet autel est une urne antique de basalte, ornée de quatre têtes de lion, où l'on conserve les corps de saint Césarée et de saint Anastase, martyrs. La voûte de la tribune est ornée de belles fresques, ouvrage du *Pinturicchio*.

PORTE MAJEURE. L'empereur Claude, pour décorer son aqueduc dans cette place où il traversait la *voie Labicane*, fit un monument en forme d'arc de triomphe, où l'on voit trois grandes inscriptions. Le monument de l'Eau Claudienne peut être regardé comme un des plus magnifiques et des plus beaux de Rome ancienne. En sortant de cette porte, on voit dans les murs de la ville à gauche les anciens canaux des eaux de Julie, *Tepula* et *Marcia*; et un peu plus loin, enfoncé dans le terrain, est celui de l'Anio. Trois routes sortent de la porte Majeure; celle à droite suit la direction de l'ancienne

VOIE LABICANE. Cette route porte ce nom parce que par elle on allait à Labicum, ville du Latium. En revenant à la porte Majeure, et prenant le chemin à gauche de cette porte, on rejoint la

VOIE PRÉNESTINE. Cette voie avait le nom de Gabine et Prénestine, parce qu'elle menait à Gabii et à Préneste. En rentrant dans la ville on va voir les ruines qu'on appelle

MINERVE MEDICA. On a attribué ces restes à la basilique de Caïus et Lucius, érigée par Auguste, et au temple d'Hercule Callaïcus bâti par Brutus. On l'appela depuis *Minerva Medica*, parce qu'on déterra dans ses ruines la statue de Minerve avec un serpent à ses pieds, qu'on admire aujourd'hui dans le musée du Vatican. Au bout de la même rue, on trouve à droite les ruines d'une ancienne fontaine communément appelée les *Trophées de Marius*; à gauche on visitera l'église de *Sainte-Bibiane*, dont *Bernin* a fait la statue; elle est sur le maître-autel : c'est son chef-d'œuvre. Revenant aux trophées dits de Marius, on voit l'église de *Saint-Eusèbe*, dont la voûte a été peinte par *Mengs*. A un demi-mille de la porte St-Laurent on arrive à

L'ÉGLISE DE ST-LAURENT. Constantin le Grand bâtit cette basilique vers l'an 330, dans une propriété de Cyriaque, dame romaine, et qui s'appelait *Fundus Veranus*. Elle fut successivement restaurée par plusieurs pontifes, et principalement par Honorius III, qui changea la direction de la basilique en y ajoutant la grande salle vers l'occident, et fit bâtir le portique en 1216. Les peintures qui décorent le portique sont du temps d'Honorius III; l'intérieur de l'église est à trois nefs, divisées par 22 colonnes ioniques de granit : c'est la partie que le pape Honorius III ajouta lorsqu'il changea la direction de l'église. On voit d'abord à côté de la porte principale un sarcophage antique, orné d'un bas-relief représentant un mariage romain, qui sert de tombeau au cardinal Fieschi. Dans la nef du milieu sont deux ambons de marbre qui servaient à chanter les évangiles et les épîtres. En montant à la tribune, dont le pavé est en *opus alexandrinum*, on voit au fond le vieux siége pontifical orné de différentes pierres. Derrière la tribune est un sarcophage du moyen-âge, avec des bas-reliefs représentant des Génies qui font des vendanges. En retournant dans la ville par la porte St-Laurent, on voit, presque vis-à-vis l'église de *St-Eusèbe*,

L'ARC DE GALLIEN. Suivant l'inscription qu'on lit sur l'architrave, cet arc fut dédié à l'empereur Gallien et à Salonine, sa femme, vers l'an 260, par un particulier nommé Marc-Aurèle Victor. Il est bien conservé.

STE-MARIE-MAJEURE. Cette église est placée sur le sommet du mont *Esquilin*, qu'on appelait *Cispius*, près du temple de Junon Lucine. Son origine remonte à l'an 352, sous le pontificat de Libère. L'intérieur de cette église a un air majestueux et noble : il est composé de trois nefs séparées par 36 superbes colonnes ioniques de marbre blanc, qu'on croit tirées du temple de Junon, outre les quatre de granit qui soutiennent les deux grandes arcades de la nef. En entrant on voit deux tombeaux; le premier à droite est celui de Clément IV, dont les sculptures ont été faites par *Guidi, Francelli* et *Hercule Ferrata*; l'autre, qui est celui de Nicolas IV, a été fait par *Léonard de Sarzane*. La magnifique chapelle du St-Sacrement, que Sixte V érigea sur les dessins de *Fontana*, est revêtue de beaux marbres, et décorée de pilastres corinthiens et de peintures. En rentrant on voit à droite le tombeau de ce pape, dont la statue fut sculptée par *Jean-Antoine Vasoldo* : ce tombeau est orné de quatre belles colonnes de vert antique, de divers bas-reliefs, et de deux statues, l'une de St François, sculptée par *Flamine Vacca*, et l'autre de St Antoine de Padoue, par *Pierre-Paul Olivieri*. Vis-à-vis ce tombeau est celui de saint Pie V, dont le corps se conserve dans une belle urne de vert antique, ornée de bronze doré; il est aussi décoré de colonnes, de bas-reliefs et de statues de marbre : celle de ce saint pontife est de *Léonard de Sarzane*. Au milieu de cette chapelle est l'autel du St-Sacrement ; il est décoré d'un magnifique tabernacle soutenu par quatre anges de bronze doré. Le grand autel de la basilique est isolé; il est formé par une grande urne de porphyre, couverte d'une table de marbre soutenue aux quatre angles par autant de petits anges de bronze doré. Cet autel est décoré d'un magnifique et riche baldaquin, que Benoît XIV fit faire sur les dessins de *Fuga* : il est soutenu par quatre colonnes de porphyre d'ordre corinthien, entourées de palmes dorées; en haut sont six anges de marbre sculptés par *Pierre Bracci*. On voit dans l'autre nef la somptueuse chapelle de la Vierge, érigée par Paul V Borghèse, sur les dessins de *Flaminius Ponzio* ; elle est d'ordre corinthien, revêtue de beaux marbres et ornée de belles peintures. On y remarque deux tombeaux décorés de colonnes de vert antique, de statues et de bas-reliefs. Le magnifique autel de la Vierge est décoré de quatre superbes colonnes de jaspe oriental, cannelées, avec les bases et les chapiteaux de bronze doré qui soutiennent un entablement dont la frise est d'agathe, ainsi que les piédestaux des colonnes. L'image de la Vierge, que l'on dit faite par *St Luc*, est placée sur un fond de lapis; elle est entourée de pierres précieuses, et soutenue par quatre anges de bronze doré. Sur l'entablement de cet autel est un beau bas-relief, pareillement de bronze doré, représentant le miracle de la neige, qui a donné lieu à la fondation de cette basilique. Les fresques sont au-dessus et autour de l'autel, de même que celles de l'arcade et des pendentifs de la coupole, qui sont du chevalier d'*Arpin*; celles de la coupole sont de *Louis Cigoli*, Florentin. Les peintures qui se trouvent sur les côtés des fenêtres placées au-dessus des deux tombeaux, et celles des deux arcades qui sont au-dessus de ces mêmes croisées, méritent une attention particulière, comme étant des ouvrages fort estimés de *Guide Reni*. Léon XII a fait faire un magnifique baptistère dans cette église, dans la chapelle de l'Assomption.

Église de Ste-Praxède. Le maître-autel est décoré d'un baldaquin soutenu par quatre colonnes de porphyre, et la tribune est ornée d'anciennes mosaïques. On monte à la tribune par un superbe escalier à deux rampes, dont les degrés sont en rouge antique massif. Dans une chapelle, à droite en entrant, on vénère un morceau de colonne transporté de Jérusalem, que l'on croit être celle à laquelle Jésus-Christ fut lié lorsqu'on le flagella. En sortant de cette église par la porte principale, et prenant la rue à droite, on trouve plus loin, sur l'autre sommet de l'Esquilin, qu'on appelait *Oppius*,

L'église de St-Martin. Les trois nefs sont divisées par 24 colonnes antiques de différents marbres et d'ordre corinthien. Les paysages que l'on voit sur les murs des petites nefs sont des ouvrages fort estimés de *Gaspard Poussin*. — Belle église souterraine, ancienne mosaïque de la Vierge.

Ste-Pudentienne. On croit que dans cet endroit était la maison de Pudent, sénateur romain, où logea longtemps l'apôtre saint Pierre, et qui fut le premier converti à la foi catholique par cet apôtre. La chapelle Gaetani est très-riche en marbres, en belles colonnes de *lumachella*, et en sculptures.

Église de St-Pierre-in-Vincoli. Elle fut refaite sur les dessins de *François Fontana*. Les trois nefs de cette belle église sont soutenues par 20 colonnes antiques cannelées, de marbre grec, d'ordre dorique, de 2 m. 33 c. de circonférence. On admire dans la croisée à droite une partie du fameux tombeau du pape Jules II, érigé sur les dessins de *Michel-Ange Buonarotti*. C'est lui qui a sculpté la statue de Moïse que l'on voit au milieu de ce tombeau, et qui est regardée comme un chef-d'œuvre de la sculpture moderne. Les quatre autres statues placées dans les niches de ce même tombeau sont de *Raphaël de Montelupo*, élève de Michel-Ange. La sainte Marguerite que l'on voit sur l'autel de la chapelle suivante est un des meilleurs ouvrages du *Guerchin*. Au fond de la tribune, qui est ornée de peintures de *Jacques Coppi*, Florentin, est un siége antique de marbre blanc. En sortant de cette église, la rue à gauche conduit aux

Thermes de Titus. Cet édifice est presque entièrement détruit; il n'y a que quelques restes qui peuvent seulement donner une idée de sa magnificence; mais ses souterrains sont fort bien conservés. On passe à la place dite des *Colonnacce*, à cause des restes du *Forum Palladium*. En allant par la rue qui est à droite de ces restes, on trouve le

Forum de Nerva. Le *Forum* de Domitien fut achevé par Nerva, qui l'agrandit : alors il prit le nom de Forum de Nerva. Ce forum est appuyé à un grand mur, qui n'est pas moins merveilleux par sa hauteur que par les grands blocs de pépérin dont il est composé, et qui sont assemblés sans chaux avec des crampons d'un bois fort.

Temple de Nerva. Ce temple, que Trajan fit ériger en l'honneur de Nerva, était un des plus beaux édifices de l'ancienne Rome. Il ne reste qu'un morceau de mur de la *cella* et une partie du portique latéral, consistant en trois superbes colonnes et en un pilastre, qui supportent l'architrave.

Colonne et Forum de Trajan, la plus belle colonne qui ait jamais existé, et le plus célèbre monument antique conservé dans son entier, depuis dix-sept siècles. Cette magnifique colonne est encore moins remarquable par sa hauteur que par les bas-reliefs dont elle est ornée depuis la base jusqu'au chapiteau : ils représentent la première et la seconde expédition de Trajan, et les victoires qu'il remporta sur Décébale, roi des Daces, l'an 101 de l'ère chrétienne. On y voit environ deux mille cinq cents figures d'hommes toutes différentes, outre une infinité de chevaux, d'armes, de machines de guerre, d'enseignes militaires, de trophées et d'autres choses, qui forment une si grande variété d'objets, que l'on ne peut les regarder sans surprise. La hauteur de la colonne est de 44 mètres jusqu'à l'extrémité de la statue en bronze de St Pierre; l'escalier est composé de 182 marches. On visitera en passant l'*église de Ste-Lorette*, où est une belle statue de sainte Suzanne, par *Duquesnoy*, et un tableau sur le maître-autel, du *Pérugin*; puis on ira au *palais Colonna* : Luther et Calvin, par le *Titien*; l'Ange Gardien, du *Guerchin*; la Musique, de *Paul Véronèse*. — Magnifique galerie, une des plus belles de Rome, une Assomption, de *Rubens*, un *Giorgione*, la statue de la Vénus Anadyomène !!

Eglise des Saints-Apôtres, monument sépulcral de *Jean Volpato*, fameux graveur vénitien, érigé par *Canova*. Sur la porte de la sacristie est placé le tombeau de Clément XIV, de la maison Ganganelli, mort en 1774, ouvrage célèbre de *Canova*; outre la statue du pontife, on y voit celles de la Tempérance et de la Clémence.

Quatrième Journée.

Du Quirinal au Mausolée d'Auguste.

Mont Quirinal. Le nom de Quirinal dérive probablement du temple de Quirinus : aujourd'hui on l'appelle *Monte Cavallo*, à cause des groupes d'hommes domptant des chevaux qui font l'ornement principal de la place.

Place du Quirinal. Cette place, qui est une des plus belles et des plus agréables de Rome, tire son nom de la colline sur laquelle elle se trouve : on lui donne aussi le nom de *Monte Cavallo*, à cause des deux groupes d'hommes et de chevaux qui la décorent. Ces deux groupes représentent deux hommes de figure colossale, dont la taille est de 6 mètres de hauteur, qu'on regarde comme des chefs-d'œuvre de la sculpture grecque; ils domptent deux chevaux. L'*Obé-*

lisque trouvé près du mausolée d'Auguste, auquel il servait d'ornement, est de granit rouge et de 15 mètres de haut sans le piédestal. Pie VII a fait transporter du *Forum Romanum* le grand bassin de granit oriental gris de 25 mèt. 33 cent. de circonférence, pour former une magnifique fontaine. Le principal édifice qui décore cette place est le

Palais Pontifical. Sous le pontife Pie VII, il a reçu de grands embellissements. La grande cour de ce palais a 101 m. de long sur 55 de large : trois de ses côtés sont entourés d'un portique soutenu par 44 pilastres; le quatrième côté, ou le fond de la cour, présente une façade d'ordre ionique, et se termine par une horloge où est un tableau de la Vierge en mosaïque, d'après l'original de *Charles Maratte.* On voit sur la porte de la grande chapelle, où l'on entre par la même salle, un beau bas-relief représentant Jésus lavant les pieds à ses Apôtres, ouvrage de *Thadée Landini.* Cette chapelle est de la même grandeur et de la même forme que la chapelle *Sixtine*, au Vatican. Suit un noble appartement ; dans l'une des salles de cet appartement, qui précède la chapelle, on voit plusieurs tableaux dont les plus remarquables sont : un saint Pierre et saint Paul, par *F. Barthélemi de Saint-Marc*; un saint Jérôme, par l'*Espagnolet*; la Résurrection de Jésus-Christ, par *van Dyck* ; une Vierge, par le *Guide* ; David et Saül, par le *Guerchin*, et la Dispute de Jésus-Christ, par le *Caravage*. On entre par là dans une belle chapelle peinte à fresque par le *Guide*, où ce célèbre artiste a représenté la vie de la Vierge. L'Annonciation, qui est le tableau de l'autel, est d'une beauté surprenante. Le *jardin* de ce palais a un mille de circuit ; il est décoré de statues, de fontaines, et d'autres objets d'agrément. En sortant du palais pontifical, on voit sur la même place le

Palais de la Consulta. Clément XII fit élever ce grand édifice sur les dessins du *chevalier Fuga*, pour y placer le tribunal de la Consulte. A gauche de ce palais on trouve, au fond d'une grande cour, le

Palais Rospigliosi. En entrant dans le pavillon du jardin, qui appartient, ainsi que le premier étage du palais, au prince Pallavicini, on remarque, sur la voûte du salon, la fameuse Aurore de *Guide Reni*. Dans l'une des deux chambres contiguës, on trouve un superbe buste antique de Scipion l'Africain, et deux grands tableaux, dont l'un, qui est du *Dominiquin*, représente Adam et Ève dans le Paradis terrestre, et l'autre Samson qui fait écrouler le temple, peinture de *Louis Carrache*. Dans l'autre chambre sont quatre bustes antiques et plusieurs tableaux, dont les plus distingués sont le Triomphe de David, qui est aussi du *Dominiquin*, et les Apôtres, de *Rubens*. Presque vis-à-vis ce palais est

L'ÉGLISE DE ST-SYLVESTRE. Cette église, qui fut renouvelée par les Théatins sous Grégoire XIII, appartient à présent aux prêtres de la Mission. Elle est bien décorée de peintures de bons maîtres. En avançant, on trouve à gauche la *villa Aldobrandini*, qui est décorée de plusieurs statues et autres monuments anciens. On visitera les *églises des saints Dominique* et *Sixte*, de *St-Vital*, le mont *Viminal*, au-dessus duquel s'élève l'église de *St-Laurent*; puis *Saint-André*, *St-Charles*, *St-Bernard*; on s'arrêtera devant la fontaine de l'*Eau-Felice* ou de Moïse, dont la statue est belle; et, après avoir visité les *Thermes de Dioclétien*, on arrivera à

L'ÉGLISE DE STE-MARIE-DES-ANGES, dessin de *Michel-Ange*. Lorsqu'on entre dans la grande salle, on en aperçoit toute la magnificence : d'abord on s'étonne des huit colonnes qui sont d'un seul bloc de granit, ont 5 mètres 33 centimètres de circonférence, et 15 mètres de hauteur, y compris le chapiteau et la base. La longueur de l'église, depuis l'entrée jusqu'au maître-autel, est de 112 mètres : la salle proprement dite a 102 mètres 66 centimètres de long sur 25 mètres de large, et 28 de haut. Pour orner ce grand temple d'une manière convenable, Benoît XIV y fit transporter plusieurs tableaux originaux exécutés en mosaïque dans la basilique de Saint-Pierre. Belle statue de saint Bruno, par *Houdon*. Le cloître des Chartreux a été fait sur le plan de *Buonarotti* : il est décoré d'un portique carré, soutenu par cent colonnes de travertin, sur lequel sont quatre longs corridors. En retournant à la fontaine de l'Eau-Felice, on voit

L'ÉGLISE DE STE-MARIE-DE-LA-VICTOIRE. Cette église fut érigée en 1605, par Paul V, en l'honneur de l'apôtre saint

Paul. L'intérieur de cette église a été décoré par *Charles Maderne* : il est revêtu de jaspe de Sicile et orné de bonnes sculptures et de peintures estimées. Le tableau de la première chapelle à droite, représentant la Madeleine, est du père *Raphaël*, capucin. Le saint François de la chapelle et les tableaux latéraux sont du *Dominiquin*. La somptueuse chapelle de Sainte-Thérèse fut érigée et ornée aux dépens du cardinal Frédéric Cornaro, sur les dessins du *Bernin*, qui sculpta le buste du cardinal et la statue de la sainte, représentée dans l'extase de l'amour divin. Dans la chapelle suivante, on voit sur l'autel une Trinité du *Guerchin* ; le crucifix placé sur l'un des côtés est de *Guide Reni*, de même que le portrait qui se trouve vis-à-vis. A l'extrémité de la rue Pie, qui est devant cette église, on voit la

Porte Pie. Cette porte a remplacé en 1564 celle qui s'appelait *Nomentana*, parce qu'elle se trouvait sur la route de ce nom, qui conduisait à *Nomentum*, ville latine dans le territoire des Sabins, à 12 milles de Rome, qui est à présent un village nommé *Lamentana*. Le nom qu'elle porte aujourd'hui vient de Pie IV, qui la fit orner dans la partie intérieure, sur les dessins de *Buonarotti*.

Église de Ste-Agnès. On descend dans l'église par un escalier en marbre de 45 degrés : sur les murs on voit plusieurs inscriptions sépulcrales. L'église est à trois nefs soutenues par 16 colonnes antiques, dont dix sont de différents marbres, quatre de portasana et deux de marbre violet ; chacune de ces dernières colonnes a 140 moulures. La tribune est ornée d'une ancienne mosaïque du temps d'Honorius Ier, sur laquelle est écrit le nom de sainte Agnès. Sur l'autel de la Vierge est une tête du Sauveur, de *Buonarotti* ; on admire dans cette même chapelle un beau candélabre ancien. Quelques pas plus loin est l'église de *Sainte-Constance*.

On trouve à un mille, sur le Teverone, autrefois l'*Anio*, l'ancien pont de *Nomentanus*, détruit par les Goths ; il fut refait par Narsès, et restauré par Nicolas V : il s'appelle aujourd'hui *Lamentano*. De l'autre côté de ce pont est le

Mont Sacré. Les plébéiens romains, opprimés par les nobles et par les riches à cause des dettes qu'ils avaient contractées, se retirèrent sur ce mont et s'y fortifièrent, l'an de Rome 261.

Porta Salaria. Lorsque Honorius refit l'enceinte de Rome, il substitua la porte *Salaria* à l'ancienne porte *Collina* de Servius. Elle fut ainsi appelée de l'ancienne voie Salaria, qui la traversait. A un quart de mille au delà on trouve la

Villa Albani. Cette célèbre villa, qui est une des plus remarquables de Rome, fut construite vers le milieu du dernier siècle par le cardinal Alexandre Albani. Il en donna lui-même le plan, et en confia l'exécution à Charles Marchionni. La collection qu'elle renferme est admirable; nous n'essaierons pas d'en donner la nomenclature, nous citerons seulement : l'Hercule Farnèse de *Glycon*, en bronze; le Repos d'Hercule, admirable relief; le bas-relief d'Antinoüs, le *Canéphore*, chef-d'œuvre de *Criton* et *Nicolaüs d'Athènes*; le Mercure, avec la double inscription grecque et latine de Ptolémée, sculpté par *Étienne*, élève de Praxitèle, etc., etc. En sortant de cette maison de campagne et suivant le grand chemin, deux milles et demi après, on trouve le

Pont Salarius. Ce pont, qui est sur l'Anio, fut détruit par Totila et rebâti par Narsès, après la victoire qu'il remporta sur les Goths. En rentrant en ville par la même porte Salaria, on trouve sur le chemin à droite la vigne Maudosi, où sont les restes des

Jardins de Salluste. Tout près de là est la

Villa Ludovisi. Le cardinal Louis Ludovisi, neveu du pape Grégoire XV, construisit cette charmante maison de campagne, qui appartient aujourd'hui au prince Piombino, de la maison Buoncompagni, lequel ne permet pas d'y entrer sans une permission signée par lui. Elle renferme trois cassines; la principale, qui est à gauche près de l'entrée, fut bâtie sur le plan du *Dominiquin*. Outre de nombreuses statues antiques, on y admire l'Aurore assise sur un char, du *Guerchin*; des fresques du *Dominiquin*, et un groupe du *Bernin*.

Place Barberini. Cette place, qui occupe en partie l'emplacement du *Cirque de Flora*, prend son nom du palais

Barberini, situé sur l'un de ses côtés. Elle est ornée au milieu d'une belle fontaine, ouvrage du *Bernin*, formée de quatre dauphins qui soutiennent une grande coquille ouverte, d'où sort un triton qui jette de l'eau à une grande hauteur. Dans le coin de la rue Félix est une autre fontaine, faite aussi d'après les dessins du *Bernin*. Sur cette même place est

L'ÉGLISE DES CAPUCINS. Elle fut bâtie par le cardinal François Barberini, capucin, et frère d'Urbain VIII, sur les dessins d'*Antoine Casoni*. Dans la première chapelle à droite, on voit le célèbre tableau de *Guide Reni*, représentant saint Michel archange : rien ne peut égaler la beauté idéale de cette figure et la délicatesse du contour.

PALAIS BARBERINI. Ce palais a été commencé sur les dessins de *Charles Maderne*, continué par *Borromini* et achevé par le *Bernin*. Sur l'escalier, un très-beau lion antique, enchâssé dans le mur du second palier, attire principalement l'attention. On passe de là dans le salon, dont la voûte a été peinte à fresque par *Pierre de Cortone* ; cet ouvrage est regardé comme le chef-d'œuvre de cet habile maître. Dans les appartements on conserve plusieurs beaux tableaux, et principalement un portrait qui passe pour celui de Béatrix Cinci, peint par le *Guide*. Près du palais Barberini sont les ateliers de *Tenerani*, artiste qui honore le siècle où nous vivons. Dans la place Barberini sont aussi les ateliers de *Finelli*, *Kaesells*, et autres sculpteurs célèbres. De la place Barberini on va à la

FONTAINE DE TREVI. L'eau de cette fontaine est l'eau vierge qu'Agrippa, gendre d'Auguste, fit conduire à Rome pour l'usage de ses thermes, qui étaient derrière le Panthéon, et qui eut le nom d'une jeune fille qui montra la source à des soldats altérés. On a donné à cette fontaine le nom de Trevi (*Trevium*), à cause de la trivoie qui était ici au 16e siècle. L'eau sort en grande quantité d'un amas de rochers, et se répand dans un vaste bassin de marbre. La grande niche du milieu est ornée de quatre colonnes et d'une statue colossale représentant l'Océan ; il est debout sur un char tiré par des chevaux marins guidés par deux Tritons : cet ouvrage est de *Pierre Bracci*. Dans les deux niches latérales sont les statues de la Salubrité et de l'Abondance, sculptées par *Phi-*

lippe *Valle*, et sur lesquelles sont deux bas-reliefs dont l'un représente Marc-Agrippa, et l'autre la jeune fille qui trouva la source de cette eau, sculptés par *André Bergondi* et *Jean Grossi*.

PLACE D'ESPAGNE. Cette place tire son nom du palais appartenant à la couronne d'Espagne qu'on y voit; elle est entourée de grandes et belles maisons qui servent d'hôtels aux étrangers, parmi lesquels on remarque ceux de l'Europe et de Londres. Vers le centre, elle est ornée d'une belle fontaine faite par *Pierre Bernin*, père du célèbre artiste de ce nom, sous Urbain VIII, et qui représente une barque; c'est par cette raison qu'on l'appelle la *Barcaccia*. Mais sa principale décoration est le grand et magnifique escalier qui conduit sur le mont Pincio à l'*église de la Trinité-du-Mont*. A cette place aboutissent plusieurs rues; celle vis-à-vis l'escalier est appelée la rue des *Condotti*, à cause des conduits de l'eau vierge qui passent dessous; celle qui va vers la place du Peuple est la rue du *Babouin*. Ces deux rues, de même que la place d'Espagne et les autres rues adjacentes, sont principalement occupées par des auberges, des magasins d'estampes, des ateliers de mosaïque, camées, etc. Le grand escalier dont on a fait mention ci-dessus conduit à la place de la *Trinité-du-Mont*, sur laquelle on voit

L'OBÉLISQUE DE LA TRINITÉ-DU-MONT. Ce fameux obélisque, qui est en granit d'Egypte, avec des hiéroglyphes, a 15 mètres de hauteur, sans le piédestal. Au bout de l'allée est le

PALAIS DE L'ACADÉMIE DE FRANCE. L'Académie de France pour les beaux-arts, fondée par Louis XIV, en 1666, a été placée dans ce beau palais dès le commencement de ce siècle. Elle se compose d'un directeur et de vingt pensionnaires choisis parmi les élèves qui ont remporté le prix à Paris, dans la peinture, la sculpture, l'architecture et la gravure. En sortant du palais de cette Académie, dans le jardin on peut suivre l'enceinte de Rome jusqu'à la porte *Pinciane*. De l'Académie de France, on rejoint par la promenade du Pincio la place et la porte du Peuple, et on trouve à droite, hors de la porte, la

VILLA BORGHÈSE. Cette villa, qui est une des plus grandes

et des plus délicieuses de Rome, a été fondée par le cardinal Scipion Borghèse, neveu du pape Paul V, d'après les dessins de *Jean Vansanzio* dit le Flamand. Vers la fin du dernier siècle, elle a été agrandie par le prince Marc-Antoine, père du prince Borghèse actuel, sous la direction de l'architecte *Antoine Asprucci*. La collection des tableaux et statues du musée de la villa Borghèse est fort riche : nous citerons comme ce qu'il y a de plus beau : 1re chambre, la statue de Cérès, un torse de Ganymède, un Mercure; 2e chambre, un grand sarcophage, illustré par *Winkelmann*; dans la 3e chambre, premiers essais du beau talent du *Bernin*. C'est une collection qu'il faut visiter avec soin, et dont le prince fait les honneurs avec une grandeur toute romaine.

Cinquième Journée.

Du Mausolée d'Auguste au mont Vélabre.

Trois rues partant de la *place du Peuple* se dirigent vers l'intérieur de la ville : parmi celles-ci, la rue à droite a le nom de *Ripetta*, dénomination qu'elle tire du port sur le Tibre, auquel elle conduit; et, en suivant cette rue, un peu avant de parvenir au port susdit, on trouve à gauche la rue des *Pontefici*. C'est dans cette même rue qu'est le *palais Coreca*, où sont les restes du

Mausolée d'Auguste. Il ne reste de ce grand monument que le massif des murs du soubassement, construits en ouvrage réticulaire de tuf : le revêtement en marbre a disparu. Le diamètre actuel des ruines du soubassement est de 70 mètres environ. Tout autour on voit encore les restes et les traces de 13 chambres sépulcrales : la quatorzième servait d'entrée à la grande salle ronde sous le monceau de terre, qui avait 43 mètres de diamètre. En retournant sur la grande rue de Ripetta, on trouve à gauche

L'Église de St-Roch. Sur l'autel de la seconde chapelle est un beau tableau de *Baciccio*, représentant la Vierge, saint Roch et saint Antoine. *L'Hôpital*, attenant à cette église, a été érigé par le cardinal Antoine-Marie Salviati, pour les femmes indigentes qui sont en couches. Presque en face de cette église est le

PORT DE RIPETTA. Clément XI fit construire ce port sur le plan d'*Alexandre Specchi*, au bord du Tibre, avec de larges degrés qui en facilitent l'accès. Vis-à-vis ce port est l'*église de Saint-Jérôme des Esclavons*.—Rien de curieux. Après avoir vu cette église, on trouve à l'extrémité du port le

PALAIS BORGHÈSE. Ce palais, qui est un des plus beaux et des plus magnifiques de Rome, fut commencé en 1690, par le cardinal Dezza, sur les dessins de Martin Lunghi l'aîné, et achevé sous Paul V par Flamine Ponzio. On entre dans une cour magnifique, entourée de portiques soutenus par 96 colonnes de granit, doriques dans le rez-de-chaussée, et corinthiennes dans l'étage supérieur. Ce palais renferme la galerie la plus nombreuse en tableaux de Rome ; il y a 12 vastes salles, contenant environ 1,700 tableaux. On y remarque les statues colossales de *Julie*, de *Sabine* et de *Cérès*. La collection du prince est très-remarquable : nous citerons la Chasse de Diane, par le *Dominiquin* ; la Déposition de la Croix, par *Raphaël* ; la Sibylle de Cumes, du *Dominiquin*, trois chefs-d'œuvre ; l'Amour divin, du *Titien* ; le portrait de la Fornarina, par *Jules Romain* ; César Borgia, par *Raphaël* ; un Cardinal, par le même ; les Trois Grâces, du *Titien* ; la Femme du Titien, par ce peintre ; les Quatre Saisons, de *l'Albane* ; le Sauveur et une Madone, de *Carlo Dolci* ; une Visitation, de *Rubens* ; le Retour de l'Enfant prodigue, du *Titien* ; de nombreux Pérugin, Andrea del Sarto, Rubens, Carrache, etc. Une Descente de croix, une Conversion de saint Paul ; une Vierge entourée de saints, par *Garofalo* ; saint Jean dans le désert, saint Antoine prêchant les poissons, de *Paul Véronèse* ; une Descente de croix, de *van Dick* ; Loth et ses filles, par *Gérard de Nuits* ; huit paysages et marines, de *Joseph Vernet*. La petite rue qui est vis-à-vis ce palais conduit à celui dit de *Florence*, parce qu'il appartient à la Toscane, et est occupé par le consul et les pensionnaires que l'Académie des beaux-arts de Florence entretient à Rome. Il a été renouvelé, vers la moitié du 16e siècle, sur les dessins du fameux *Vignole*. Le grand appartement est orné de peintures du *Primatice* et de *Prosper Fontana*, Bolonais. La rue qui est en face de ce palais conduit à la petite place de

CAMPO MARZO. L'ancien et fameux Champ-de-Mars a donné son nom à cette place et à tout le quartier : on appelait anciennement de ce nom toute la plaine qui s'ouvre entre le Capitole, le Quirinal et le Pincio jusqu'au Tibre.

EGLISE DE STE-MARIE-MADELEINE. Elle a été bâtie par *Charles Quadri*, à l'exception de la façade, qui a été faite par *Joseph Sardi*. Milizia dit que c'est le *nec plus ultrà* du mauvais goût. Cependant elle est fort riche en ornements, et contient plusieurs tableaux remarquables; celui de la chapelle de St-Nicolas de Bari est de *Baciccio*, et le tableau de l'avant-dernière chapelle est de *Luc Giordano*. En sortant de cette église par la porte latérale, on trouve la place Capranica, sur laquelle est l'église de *Ste-Marie-in-Aquiro*. En prenant une des rues à gauche et tournant à droite, on arrive à la

PLACE DU PANTHÉON. Grégoire XIII fit faire, sur les dessins d'*Honorius Lunghi*, la fontaine qui se trouve sur cette place, et sur laquelle Clément XI plaça l'obélisque qu'il fit transporter de la *place de St-Mahut*, située près de l'église de *St-Ignace*, où Paul V l'avait fait élever.

PANTHÉON. Ce magnifique temple, qu'on regarde avec justice comme le monument le plus insigne de l'antiquité qui reste à Rome, soit par son style, soit par sa conservation, a été érigé par Agrippa dans son troisième consulat, c'est-à-dire l'an 727 de Rome, correspondant à l'an 26 avant l'ère vulgaire. On lit sur la frise :

M. AGRIPPA. L. F. TERTIVM. FECIT.

Cet édifice, ayant été brûlé sous Titus et sous Trajan, fut restauré par Adrien, et ensuite par Antoine le Pieux, Septime Sévère et Caracalla. On lit sur l'architrave :

IMP. CAES. L. SEPTIMIVS. SEVERVS. PIVS. PERTINAX. ARABICVS. ADIABENICVS. PARTHICVS. MAXIMVS. PONTIF. MAX. TRIB. POTEST

X. IMP. IX. COS. III. P. P. PROCOS. ET. IMP. CAES. M. AVRE-
LIVS. ANTONINVS. PIVS. FELIX. AVG. TRIB. POTEST. V. COS. PRO-
COS. PANTHEVM. VETVSTATE. CORRVPTVM. CVM. OMNI.
CVLTV. RESTITVERVNT.

Cette restauration appartient à l'an 202 de l'ère vulgaire, lorsque Septime Sévère fut consul pour la troisième fois, et Caracalla pour la première. Ce temple était prostyle, puisqu'il n'avait qu'un portique au-devant; il était octastyle, puisque huit colonnes le formaient : on montait anciennement à ce portique par sept degrés, ce qui le rendait bien plus majestueux qu'il ne l'est aujourd'hui, où l'on n'y monte que par deux marches. Ce superbe portique a 34 mètres de long sur 20 de large : il est décoré de 16 magnifiques colonnes, toutes d'un seul bloc de granit oriental; elles ont 4 mètres $^1/_2$ de circonférence et 13 mètres de hauteur, sans y comprendre la base et le chapiteau, qui sont de marbre blanc et les plus beaux que nous ayons de l'antiquité. Les huit colonnes de la façade sont de granit gris, à l'exception de celle qui a été replacée, qui est en granit rouge; elles soutiennent un entablement et un fronton qui sont des plus belles proportions que l'architecture puisse fournir. Il y avait autrefois, au milieu de ce fronton, un bas-relief de bronze doré. Pour se faire une idée de la quantité du bronze qu'on avait employé pour ce monument, il faut remarquer que les clous pesaient eux seuls 4,687 kil., et que la totalité pesait 225,115 kil. Les murs du portique, dans l'intervalle d'un pilastre à l'autre, étaient revêtus de marbre; ils étaient interrompus par des bandes où l'on voit sculptés des ustensiles sacrés et des festons. L'intérieur du temple n'a pas moins d'élégance et de noblesse que de majesté; sa forme circulaire a fait substituer le nom de *Rotonde* à son ancienne dénomination. Son diamètre est de 45 mètres; la hauteur de l'édifice, depuis le pavé jusqu'au sommet, est égale à son diamètre. L'épaisseur du mur qui ceint le temple est de 6 mèt. 33 cent. La lumière n'entre dans le temple que par une seule ouverture circulaire, pratiquée dans le milieu de la voûte, et dont le diamètre est de 9 mètres; on y monte par un escalier de 190 marches. Dans la circonférence du temple, entre les chapelles, sont huit niches de celles que les anciens appelaient *œdiculæ;* elles sont ornées d'un fronton soutenu par deux colonnes d'ordre corinthien en jaune antique, en porphyre et en granit : les chrétiens ont transformé ces *œdiculæ* en autels, en altérant un peu leur forme primitive. Le grand *Raphaël*, en mourant, désigna la troisième de ces niches, à gauche en entrant, comme devant lui servir de tombeau, et donna la commission à ses héritiers de la restaurer et de faire sculpter en marbre par Lorenzetto, son élève, cette statue de la Vierge qu'on voit dans la niche, et qu'on appelle la *Madonna del Sasso*. Le peintre divin fut enterré dans le soubassement de la statue, derrière; et en 1833 ses os furent découverts le 14 du mois de septembre, et replacés dans le même endroit, le soir du 18 octobre, avec toute la pompe et la cérémonie nécessaires.

PLACE DE LA MINERVE. L'obélisque égyptien qu'on voit au milieu de cette place, et qui est couvert d'hiéroglyphes, a été trouvé dans le jardin ou couvent dit de la Minerve, vers l'année 1665. Alexandre VII le fit élever sur cette place par *Bernin*, qui le plaça sur le dos d'un éléphant de marbre, ouvrage d'*Hercule Ferrata*.

STE-MARIE-SUR-MINERVE. On doit remarquer le tombeau de Guillaume Durante, dont les mosaïques furent faites par Jean, fils de Cosmas. Les peintures de la voûte de la chapelle du Rosaire, où l'on a représenté les Mystères du Rosaire, sont de bons ouvrages de *Marcel Venusti*; derrière le maître-acte sont les tombeaux des papes Léon X et Clément VII, ouvrages de *Baccio Bandinelli*. Au-devant du pilastre du maître-autel on remarque la belle statue de Jésus-Christ, debout, avec la croix, sculpture du célèbre *Michel-Ange Buonarotti*. Suit la porte latérale, où sont trois magnifiques tombeaux : l'un est du cardinal Alexandrin, sculpté par *Jacques de la Porte*; l'autre vis-à-vis est du cardinal Pimentelli, ouvrage du *Bernin*; celui placé sur la porte est du cardinal Benelli, sur les dessins de *Charles Raïnaldi*. Dans le couvent qui tient à l'église est la célèbre *Bibliothèque Casanatense*, qui est la plus complète de Rome en livres imprimés, comme celle du Vatican l'est en manuscrits (1).

---

(1) Elle est ouverte tous les jours, à l'exception des fêtes et des jeudis,

Église de St-Eustache. Sous le maître-autel est une belle urne antique, où l'on conserve le corps du saint titulaire, dont le martyre est représenté dans le tableau placé dans le chœur, ouvrage de *François Fernandi*.

Université. Cet édifice fut commencé par le pape Léon X sur le plan de *Buonarotti*; il fut continué par Sixte V, et achevé par Alexandre VII. On l'appelle *la Sapienza*, à cause du verset qu'on a gravé sur la fenêtre qui est au-dessus de la porte principale : *Initium Sapientiæ timor Domini*. Dans le quatrième côté est l'entrée principale, dont l'architecture, non moins singulière que bizarre, est du *Borromin*.

Palais Madame. Ce palais fut bâti sur les dessins de *Paul Marucelli*, par ordre de madame Catherine de Médicis, qui fut ensuite reine de France, ce qui le fit appeler *palais Madame*.

Palais Giustiniani. Le marquis Vincent Giustiniani, célèbre par ses richesses et par sa magnificence, bâtit ce palais d'après les dessins de *Jean Fontana*. En sortant de ce palais on trouve la place et

L'église de St-Louis des Français. Cette église fut bâtie en 1589, par le roi de France, sur les dessins de *Jacques de la Porte*. Elle est décorée d'une magnifique façade de travertin, ornée de deux rangs de pilastres doriques et corinthiens et de quatre niches avec des statues sculptées par M. *Lestache*. Les côtés de la seconde chapelle à droite sont ornés de deux superbes fresques du *Dominiquin*, représentant la vie de sainte Cécile. Les deux tableaux des côtés de la chapelle de Saint-Mathieu sont de superbes peintures de *Michel-Ange*; la Vocation et le Martyre de saint Mathieu, du *Caravage*; une Assomption, de *Francesco Bassano*. Les peintures de la voûte, ainsi que les prophètes représentés sur les côtés, sont du chev. *d'Arpin*. Dans la dernière chapelle sont deux tombeaux de beaucoup de mérite : le premier, qui se trouve à droite en entrant, est celui du fameux cardinal de Bernis, sculpté par *Maximilien Laboureur*; l'autre vis-à-vis est de madame de Montmorin, fait par

depuis 8 heures du matin jusqu'à 11 heures, et depuis 1 heure 1/2 jusqu'à 3 heures 1/4 du soir.

M. *Marin*, ancien pensionnaire de l'Académie de France à Rome. Dans la sacristie on admire un petit tableau représentant la Vierge, ouvrage attribué au Corrège, et qui est de toute beauté.

Église de St-Augustin. Elle fut bâtie en 1483, sur les dessins de *Baccio Pintelli*, par le cardinal Guillaume d'Estouteville, ambassadeur de France à Rome. Le maître-autel est orné de belles colonnes et de quatre anges sculptés d'après les modèles du Bernin. L'image de la Vierge que l'on y voit est une de celles que les Grecs apportèrent à Rome après la prise de Constantinople, et que l'on attribue à saint Luc. Dans la chapelle suivante est une urne de vert antique, où l'on garde le corps de sainte Monique, mère de saint Augustin. Les peintures de la chapelle voisine sont de *Lanfranc*. Dans l'avant-dernière chapelle est un beau groupe en marbre, représentant la Vierge, l'Enfant Jésus et saint André, ouvrage d'*André Contucci de Sansovino*. La Vierge de Lorette du dernier autel est de *Michel-Ange de Caravage*; mais le tableau vraiment admirable de cette église est le prophète Isaïe, peint à fresque sur le troisième pilastre à gauche en entrant : il est de l'incomparable Raphaël.

Église de St-Apollinaire. En entrant dans l'église, on voit, sur un des autels, une belle statue de saint François-Xavier, de *Le Gros*. Dans le palais annexé à cette église est le *Séminaire Romain*.

Après avoir visité rapidement, rue des Coronari, *Saint-Sauveur-in-Lauro*, la maison 1245 qui appartint à *Raphaël*, le *palais Cicciaporci*, architecture de *Jules Romain*, nous arrivons à

Sainte-Marie-in-Vallicella. C'est saint Philippe Néri, aidé par Grégoire XIII et par le cardinal Cesi, qui fit ériger cette grande église, sur les dessins de *Martin Lunghi* l'aîné. Le grand autel, qui est très-riche, est décoré de quatre belles colonnes de portasanta, dont les bases et les chapiteaux sont de bronze doré, de même que le tabernacle et les anges. Trois tableaux de *Rubens* ornent la magnifique tribune. La chapelle suivante, qui est sous l'orgue, est dédiée à saint *Philippe Néri*, dont le corps repose sous l'autel. Sur l'autel suivant, placé dans la croisée, est la Présentation de la

Vierge au temple, beau tableau de *Frédéric Barroche*. La porte voisine conduit à la sacristie, où l'on voit sur l'autel une belle statue de saint Philippe, sculpture de l'*Algarde*.

STE-MARIE DE LA PAIX. L'intérieur de l'église est composé d'une nef et d'une coupole octogone d'un très-bon goût. Au-dessus de l'arc de la première chapelle à gauche, depuis la corniche de l'église jusqu'au bas, est une belle peinture à fresque du grand *Raphaël*; elle a été récemment restaurée, et représente les Sibylles cuméenne, persique, phrygienne et tiburtine. Les peintures sur l'entablement sont de *Rosso*, Florentin. Sous la coupole sont quatre beaux tableaux : celui qui représente la Visitation de sainte Élisabeth est de *Charles Maratta*; le second, où l'on voit la Présentation de la sainte Vierge au temple, est un chef-d'œuvre de *Balthazar Peruzzi*; la Naissance de la Vierge est de *Vanni*; le quatrième tableau, représentant le Trépas de la Vierge, est de *Jean-Marie Morandi*. Après avoir visité l'église de *Sainte-Marie-de-l'Ame*, qui mérite un coup d'œil, on arrive à la

PLACE NAVONE. Cette place est une des plus vastes et des plus belles de Rome. Grégoire XIII l'orna de deux fontaines, dont l'une est placée vers l'extrémité septentrionale, et l'autre vers l'extrémité opposée : celle-ci est composée de deux grands bassins de marbre; le milieu fut ensuite orné d'un triton qui tient un dauphin par la queue, sculpté par le *Bernin*; sur les bords du bassin sont des mascarons et des tritons qui jettent de l'eau, et qui ont été faits par *Flaminio Vacca*, *Léonard de Sarzanna*, *Silla*, Milanais, et *Taddée Landini*. Innocent X, de la maison Pamfili, fit ériger la belle fontaine du milieu sur les dessins du *Bernin*. Elle est formée d'un vaste bassin circulaire de marbre de 24 mètres 33 cent. de diamètre, au milieu duquel est un grand rocher percé de quatre côtés, où l'on voit dans une espèce de grotte un cheval marin d'un côté, et de l'autre un lion, sculptés par *Lazare Morelli*. Au sommet de ce rocher, dont la hauteur est d'environ 14 mètres, s'élève un obélisque de granit rouge, couvert d'hiéroglyphes, qui a 17 mètres de haut. L'un des principaux édifices de la place Navone est

L'ÉGLISE DE STE-AGNÈS. L'intérieur est incrusté de beaux marbres et orné de stucs dorés ; huit grandes colonnes en marbre de Cottanello, d'ordre corinthien, le décorent. La porte et trois magnifiques chapelles forment la croix grecque ; quatre autres autels ont été érigés au-dessous des pendentifs du dôme. La coupole est ornée de peintures de *Ciro Ferri* et de *Corbellini*, son élève : les quatre pendentifs furent peints par le *Baciccio*. Les chapelles et les autels sont ornés de bas-reliefs et de statues, ouvrage des artistes les plus célèbres de cette époque. A gauche de la chapelle de Sainte-Agnès est un escalier par où l'on descend dans les corridors qui soutenaient les gradins du cirque ; on y voit sur l'autel un bas-relief représentant la *sainte* qui semble miraculeusement couverte de ses cheveux ; c'est un des plus beaux ouvrages de l'*Algarde*.

PALAIS BRASCHI. Ce magnifique palais fut bâti, vers la fin du dernier siècle, sur les dessins de l'architecte *Morelli*, par le duc Braschi, neveu de Pie VI. Il renferme un magnifique escalier, orné de beaux marbres, avec des colonnes et des pilastres de granit rouge oriental. Dans le premier appartement, parmi d'autres monuments, on remarque une superbe statue colossale d'*Antinoüs*. L'entrée principale de ce bâtiment est près de la

PLACE DE PASQUIN. Cette place a été ainsi nommée à cause d'une ancienne statue, très-endommagée par le temps, que l'on voit placée sur un piédestal, à l'angle du palais Braschi : elle prit le nom de Pasquin d'un tailleur qui se plaisait à faire des satires et à railler ceux qui passaient devant sa boutique.

ST-ANDRÉ-DELLA-VALLE. Sa façade, qui est une des plus magnifiques de Rome, a été faite sur les dessins de *Charles Raïnaldi* ; elle est de travertin, ornée de deux rangs de colonnes d'ordre corinthien et composite, et décorée de statues sculptées par *Dominique Guidi*, *Hercule Ferrata* et *Jacques-Antoine Fancelli*. L'intérieur de cette grande église est orné de peintures remarquables. La coupole, qui a environ 18 mètres de diamètre, a été peinte par *Lanfranc*, et c'est un de ses meilleurs ouvrages. Les quatre évangélistes, qui sont sur les pendentifs de cette coupole, et les peintures de la voûte de la tribune, représentant divers traits de la vie de saint André, sont des ouvrages classiques du *Dominiquin.* Cette église est bâtie sur les ruines de la *scena* du

THÉATRE DE POMPÉE. Ce magnifique théâtre occupait tout cet espace qui est circonscrit par le *palais Pio* et par les rues dites des *Chiavari* et des *Giupponari.* Près de Saint-André-della-Valle, dans la rue du *Sudario*, est le *palais Vidoni*, où l'on conserve les Fastes sacrés, rédigés par Verrius Flaccus. Théâtre de l'Argentina. Saint-Nicolas aux Césarni. Temple d'Hercule-Gardien. On arrive au

PALAIS MATTEI. Ce palais a été bâti par le duc Asdrubal Mattei, sur les dessins de *Charles Maderne.* — Quelques antiques, des tableaux de *Brill*, un portrait par *van Dyck*, une voûte peinte à fresque par le *Dominiquin.* — En allant sur la place Mattei, on voit la belle *fontaine des Tortues*, faite sur les dessins de *Jacques de la Porte*; les figures en bronze sont de *Thadée Landini*, fameux artiste florentin. D'un côté de cette place est le

PALAIS COSTAGUTI. Ce palais est l'ouvrage de *Charles Lombardi*, et renferme des fresques qui ont été faites par les artistes les plus célèbres de la première période du XVIIe siècle : l'*Albane*, le *Dominiquin*, le *Guerchin!* On pourra visiter en passant l'église de *Ste-Catherine des Funari*; tableaux d'*Annibal Carrache*.

THÉATRE DE MARCELLUS. Octavien Auguste fit bâtir ce magnifique théâtre, et le dédia à Marcellus, fils d'Octavie, sa sœur. Ce fut le second théâtre bâti à Rome pour les spectacles publics. Son style était si parfait, que des architectes modernes l'ont pris pour modèle des ordres dorique et ionique. L'ordre supérieur est entièrement ruiné; il n'existe plus qu'une partie des ordres inférieurs, que l'on voit actuellement du côté de la place *Montanara* : ces restes consistent en deux rangs d'arcades qui environnaient le théâtre; celles du bas ont des demi-colonnes doriques, et celles du haut des demi-colonnes ioniques. Ce théâtre avait 89 mètres de diamètre; il était construit de gros blocs de travertin, et dans les parties intérieures d'ouvrage réticulaire, et pouvait contenir jusqu'à trente mille spectateurs.

Dans le moyen-âge, il fut changé en forteresse par les Pierléoni, auxquels succéda la famille Savelli, qui s'y retira lors des guerres civiles. En avançant on trouve à droite l'*église de Sta-Galla*, dite autrefois de Ste-Marie *in Porticu*, près de laquelle, sur la rue actuelle, fut la porte triomphale des murs de Servius, mentionnée par Cicéron et par Josèphe.

STE-MARIE DE LA CONSOLAZIONE. Cette église fut bâtie par *Martin Lunghi* le vieux, qui fit aussi la façade jusqu'au second ordre : celle-ci, étant restée imparfaite jusqu'aux derniers temps, a été achevée en 1825, d'après les dessins originaux, par l'architecte *Belli*. La première chapelle à droite en entrant a été peinte par *Thadée Zuccari*, à l'âge de 26 ans. La Vierge de la chapelle suivante est un ouvrage de *Livio Agresti*.

Sixième Journée.

Du Vélabre au pont Fabricius.

VÉLABRE. Entre le Palatin, l'Aventin et le Tibre, existait originairement un marais formé par les débordements de la rivière et les eaux stagnantes qui en découlant des collines s'arrêtaient dans cette espèce de conque. On l'appela Vélabre d'après les anciens grammairiens, à cause des radeaux dont il fallait faire usage pour le traverser, *à vehendis ratibus*. Dans cette contrée était le

FORUM BOARIUM. C'est ainsi qu'on appelait la place où l'on faisait le marché des bœufs au pied du Palatin, et où l'on voyait aussi la célèbre vache en bronze de Myron, qu'on avait transportée de l'île d'Egine. Parmi les bâtiments du Forum Boarium, il faut compter le

JANUS QUADRIFONS. Chaque façade présente un arc entre deux piliers avec un double rang de niches, dont quelques-unes sont seulement indiquées : de petites colonnes, dont on conserve des restes trouvés dans les dernières fouilles et laissés sur le lieu, étaient placées entre une niche et l'autre, sous le soubassement. On voit à côté de ce monument

L'ARC DE SEPTIME SÉVÈRE. Cet arc, qui est en marbre, de forme carrée et à une seule ouverture, fut érigé, suivant l'inscription qu'on y lit, par les banquiers et les marchands de bœufs du *Forum Boarium*, en l'honneur de Septime Sévère, de Julie sa femme, d'Antonin Caracalla et de Géta leurs fils. Il est décoré de bas-reliefs d'une médiocre sculpture, très-endommagés par le temps. Cet arc est attaché à

L'ÉGLISE DE ST-GEORGES. On donne à cette église le surnom *en Vélabre* à cause de la localité. Elle est très-ancienne, et remonte au moins au VIe siècle de l'ère vulgaire. Le sentier qui s'ouvre en face de l'arc de Septime Sévère conduit à la

CLOACA MAXIMA. Tarquin l'Ancien, cinquième roi de Rome, entreprit le desséchement du Vélabre et l'assainissement de la ville en creusant des canaux souterrains pour conduire les eaux dans le Tibre. Son égout sert encore au but pour lequel il fut bâti, et fait l'admiration universelle. La voûte est formée de trois assises de gros blocs de tuf, liés de distance en distance par des blocs en travertin, et toujours joints sans chaux et sans ciment. Une source d'eau très-limpide et salubre s'écoule dans le cloaque près de St-Georges : on l'appelle *eau argentine* à cause de sa clarté.

GRAND CIRQUE. Les maisons, les greniers à foin et les remises qui occupent aujourd'hui le bas-côté du mont Palatin, sont toutes construites sur les restes des corridors et des voûtes qui soutenaient les gradins : sur la rue même on voit quelques masses de briques qui ont aussi servi à soutenir les gradins de ce cirque. Ces ruines ont fait conserver à la rue son alignement ancien. En sortant du cirque on voit à gauche l'emplacement du *Septizonium* : c'était un portique à trois étages que Septime Sévère fit construire pour l'ornement de cet angle du palais impérial. Après avoir passé sur un petit pont un ruisseau qu'on appelle la *Marrana*, on trouve à droite les restes des

THERMES DE CARACALLA. Vers l'an 212 de l'ère vulgaire, l'empereur Antonin Caracalla fit bâtir ces thermes. Pour avoir une idée de la grandeur et de l'étendue de ces thermes, il faut considérer que ce monument est un carré de 350 mèt. de chaque côté, ou 733 mètres d'enceinte. Vers le milieu de cet énorme carré s'élève un bâtiment somptueux, carré oblong, qui a 230 mètres de longueur et 150 dans sa plus grande largeur. En un mot, la superficie de ces *thermes* était telle, qu'elle surpassait celle des *Invalides* de Paris d'un tiers, et 3,000 personnes pouvaient s'y baigner à la fois. Près de ces thermes est

L'ÉGLISE DE ST-NÉRÉE ET ACHILLÉE. Quatre belles colonnes de marbre africain soutiennent le baldaquin de l'autel, près duquel on voit les deux chaires de marbre dites ambones, où on lisait les épîtres et les évangiles. Dans la tribune on remarque la *chaise presbytériale* sur laquelle saint Grégoire Ier s'assit lorsqu'il récita au peuple la XXVIIIe de ses homélies, dont une partie est gravée sur le dossier de cette chaise. Cette église est dans la

VALLÉE D'ÉGÉRIE. Cette vallée, qui s'ouvre entre le *Cœlius* et une autre colline qu'on appelle *Monte d'Oro*, est la fameuse vallée d'Égérie, que les écrivains modernes, contre l'autorité des classiques anciens, ont reculée de plus de trois milles d'ici. En revenant à la *place de St-Césarée*, et prenant la rue à droite, qui est l'ancienne voie Appienne, on trouve à gauche la vigne Sassi, où est le

TOMBEAU DES SCIPIONS. Ce célèbre monument ne fut découvert qu'en 1780; auparavant on croyait que le tombeau des Scipions était celui que l'on voit hors de la porte St-Sébastien, presque en face de l'église de *Domine quò vadis*. Ce monument avait deux étages, dont le premier, qui existe encore, est un vaste souterrain creusé dans le tuf; il ne reste rien du second étage, qui devait être entouré de niches, où étaient les statues des Scipions et du poëte Ennius. Dans le même vignoble où est ce tombeau on a découvert le

COLUMBARIUM *de C. N. Pomponius Hylas et de Pomponia Vitaline.* Les Romains appelaient *Columbaria*, Colombières, des chambres destinées à recevoir les cendres de plusieurs personnes, et particulièrement celles des serfs et des affranchis, qui étaient ordinairement ensevelis dans les terres de leur maître et près des tombeaux de la famille; ils avaient la forme d'un pigeonnier, et de là dérive leur nom, puisqu'on faisait plusieurs rangs de petites niches qui contenaient les pots (*ollæ*) pour les cendres et les os brûlés qui avaient été recueillis du bûcher (*rogus*). Devant ces niches on plaçait souvent de petites inscriptions (*tituli*) contenant le nom des personnes qui y étaient enterrées, leur rang ou profession, et quelquefois des expressions affectueuses. Il fut découvert en 1830, et on le trouva presque intact. On y descend par l'ancien escalier, au-devant duquel se présente l'inscription en mosaïque de C. N. Pomponius Hylas et de Pomponia Vitaline, propriétaires du *Columbarium*. Revenant sur la voie Appienne, on trouve

L'ARC DE DRUSUS. Cet arc a été érigé par le sénat romain en l'honneur de Drusus, père de l'empereur Claude, après sa mort. Il est en travertin, excepté l'archivolte et les ornements, qui sont en marbre; mais anciennement il était entièrement revêtu de marbre. Vers le midi on voit encore deux colonnes de marbre africain, d'ordre composite, qui faisaient sa décoration. Vient ensuite la

PORTE APPIENNE OU ST-SÉBASTIEN. Cette porte est une de celles qui furent substituées à l'ancienne porte Capène, lorsqu'on agrandit l'enceinte de la ville: ayant souffert dans la guerre contre les Goths, elle fut refaite par Bélisaire ou par Narsès. On l'appelle aujourd'hui porte St-Sébastien, à cause de la basilique de ce saint qui est à deux milles de là. Un quart de mille hors de la porte, on passe le petit fleuve Almon, formé par plusieurs sources, dont la plus éloignée est à cinq ou six milles de Rome. En continuant la même route, on voit à droite, presque vis-à-vis la petite église de *Domine quó vadis*, les restes d'un tombeau que l'on croyait celui des Scipions. Après l'église de *Domine quó vadis*, la route se partage en deux: celle à droite est l'ancienne voie *Ardéatine*; l'autre est la continuation de la *voie Appienne*.

BASILIQUE DE ST-SÉBASTIEN. Cette église est fort ancienne; elle est bâtie sur le cimetière de St-Calixte. C'est une des sept basiliques de Rome. Par la porte qui est à gauche en entrant, on descend dans le cimetière de St-Calixte, communément appelé les *Catacombes*, où le terrain est creusé en forme de corridors. Ce sont des excavations d'où l'on tirait anciennement du sable, appelé aujourd'hui *pozzolana*, pour la construction. Les chrétiens les agrandirent, et, dans le temps de leurs persécutions, s'y retiraient pour suivre les exercices de la religion, et y ensevelissaient leurs morts. Ces catacombes sont les plus vastes qui existent, et forment un immense labyrinthe dont les galeries ont 5 ou 6 mètres de largeur et autant de hauteur, sur 8 kil. environ de longueur. Le luxe de la métropole a pénétré dans ces demeures souterraines, car on y trouve dans plusieurs endroits des fresques et des tombeaux remarquables. Les auteurs ecclésiastiques disent que quatorze papes et à peu près 170 mille chrétiens y ont été enterrés.

TEMPLE DE ROMULUS. Son plan est parfaitement celui d'un temple avec une enceinte sacrée; c'est une tour carrée oblongue, entourée d'un mur, ayant un portique intérieur à arcs et pilastres tout autour, au milieu de laquelle s'élève le temple, dont il ne reste aujourd'hui que le souterrain. Après le temple on va voir le

CIRQUE DE ROMULUS. Jusqu'à l'an 1825, ce cirque avait été communément dit de Caracalla. Le cirque fut consacré, l'année 311 de l'ère chrétienne, à Romulus, fils de Maxence, qui avait été consul deux fois, et qui, après sa mort, reçut les honneurs de l'apothéose. Ce cirque est le mieux conservé qui nous reste; ainsi on peut le regarder comme un des monuments les plus intéressants qu'il faut voir. Sa forme peut être réduite à un espace oblong de 520 mètres de longueur et 80 mètres de largeur, qui est circonscrit par 2 lignes droites qui ne sont pas parallèles entre elles, réunies ensemble par deux courbes. En retournant sur la voie Appienne, on voit le

TOMBEAU DE CÉCILIA MÉTELLA. Ce tombeau est le plus beau monument sépulcral et le mieux conservé que l'on trouve sur la voie Appienne. Il est de forme circulaire, et a environ 30 mètres de diamètre : il s'élève sur une construction carrée de hauteur inégale. Sur le haut de ce monument, le long de la voie Appienne, est l'inscription suivante en marbre, qui fait connaître que c'est le *tombeau de Cécilia Métella, fille de Quintus Creticus, et femme de Crassus le triumvir* :

CECILIÆ.
Q. CRETICI. F.
METELLÆ CRASSI.

Basilique de Saint-Paul. On croit que Constantin le Grand fit bâtir cette église sur les instances du pape saint Sylvestre. On avait beaucoup dépensé dans les derniers temps pour la restauration des toits et pour d'autres réparations, lorsque, dans la nuit du 15 au 16 du mois de juillet 1823, le feu prit au toit, qui en peu d'heures s'écroula, et, en tombant, la plus grande partie de la basilique, et surtout la grande nef du milieu, la nef de traverse et les portes, furent entièrement détruites par le feu ; on la rétablit aujourd'hui. La longueur totale de cet édifice est de 106 mètres ; sa largeur à la croix est de 69 mètres, et sa hauteur de 30 mètres. — 140 colonnes formaient autrefois cinq nefs ; elles étaient de granit égyptien, de marbre blanc, et d'une forme admirable. Attenant à cette basilique, est un beau cloître, orné tout autour par des arches soutenues par de petites colonnes dont la plus grande partie sont incrustées de mosaïque, ainsi que l'entablement. Ce cloître a été construit vers l'année 1215. On voit sous ce portique quelques marbres antiques et un grand nombre d'inscriptions enchâssées dans les murs. En retournant à Rome on trouve la

Porte St-Paul. Dans l'agrandissement de l'enceinte de la ville, on substitua à plusieurs portes de l'enceinte ancienne, telles que la *Trigemina*, la *Minucia*, la *Navalis* et la *Lavernalis*, celle dont nous parlons, qui s'appela alors *Ostiensis*, parce qu'elle est placée sur la route d'Ostie : elle ne tarda pas à prendre la dénomination de St-Paul, à cause de la basilique de ce nom. Encaissée dans les murs de la ville, à gauche en entrant, est la

Pyramide de Caius Cestius. Ce magnifique monument sépulcral est fait en forme de pyramide quadrangulaire, à l'imitation de celles d'Égypte ; il fut bâti en 330 jours, ainsi que l'indique l'inscription qu'on y lit, à l'honneur de Caïus Cestius, et d'après son testament. Cette grande masse est revêtue de plaques de marbre blanc de 33 centimètres d'épaisseur : la hauteur de cette pyramide est de 37 mètres, et chacune de ses façades a 23 mètres de largeur par le bas ; elle est placée sur une assise de travertin ; le massif a 8 mèt. 33 centimètres d'épaisseur en tous sens. En avançant, on trouve à gauche le

Mont Testaccio. Ce mont est ainsi nommé parce qu'il est formé de fragments de vases de terre cuite, appelés *testa* en latin : son origine est inconnue, et il n'y a pas d'autorité ancienne qui en fasse mention. Il a 53 mètres de hauteur et 150 de circonférence.

Mont Aventin. Cette colline peut être assimilée à un pentagone de 260 mètres de circonférence, sans calculer les petites irrégularités : ainsi il faut reconnaître comme exacte la mesure de 18 stades ou 3,750 mètres qu'en donne Denis d'Halicarnasse. On monte aujourd'hui sur cette colline par cinq différents chemins qui suivent la direction des anciennes rues, auxquelles se réunissent tous les autres sentiers anciens qu'on peut encore tracer. Le premier chemin est vis-à-vis la porte Testaccio, et il est dans la direction de la porte Navale ancienne ; le second conduit à Ste-Prisque ; le troisième, qui est près des *carceres* du grand cirque, correspond à l'ancien *Clivius Publicius*, auquel correspond aussi le quatrième, qui commence à la petite *église Ste-Anne*. Le cinquième, qui aboutissait à la porte *Minucia* ancienne, commence au quai de *Marmorata* ; il est aujourd'hui enclos, et mène directement à

L'église de Ste-Marie-Aventine. Cette église a aussi le surnom du Prieuré, parce qu'elle appartient à la prieurie de Malte à Rome. Elle est dans une situation fort belle, puisque de la place au-devant on a une vue magnifique de Rome et des environs. A gauche du jardin du Prieuré est

L'église de St-Alexis. Dans les environs était *Amilustrum*, où d'après Plutarque fut enterré *Tatius*, et dont le nom dérivait de l'exercice aux armes que les soldats y prenaient, et des jeux qu'ils y célébraient dans les jours établis. Au delà de cette église est celle qu'on appelle

L'église de Ste-Sabine. Cette église fut bâtie dans la maison paternelle de cette sainte, près du temple de Junon Regina, érigé par Camille après la prise de Véies. Dans la chapelle qui est au fond de la petite nef, à droite en entrant, est un beau tableau de *Sassoferrato*, représentant la *Vierge du Rosaire*, *saint Dominique* et *sainte Catherine de Sienne*. En descendant par la rue à droite et tournant à gauche, on parvient à

L'ÉGLISE DE STE-PRISQUE. On y voit vingt-quatre colonnes antiques, des fresques d'*Anastase Fontebuoni*, et un tableau sur le maître-autel de *Passignani*. Vis-à-vis de cette église, dans la vigne jadis Scultéis, était le fameux *temple de Diane*, bâti par Servius Tullius comme centre de la confédération latine. A côté de ce temple était celui de la *Minerve*, surnommée *Aventinensis* à cause du mont sur lequel elle était. Dans la vigne à gauche de cette église sont les restes de l'aqueduc et du château de l'eau Claudienne, construits par Trajan lorsqu'il porta une partie de cette eau sur le mont Aventin. En revenant au *Clivius Publicius*, on descend par ce chemin à

L'ÉGLISE DE SAINTE-MARIE IN COSMEDIN. Cette église a été bâtie sur les restes d'un ancien temple : quelques-uns ont cru que c'était celui de la *Pudicité patricienne*, et d'autres celui de la *Fortune* ou de *Matuta*. On voit sur la place qui est devant cette église une belle fontaine et le

TEMPLE DE VESTA. La magnificence de ce joli édifice se reconnaît à sa construction : le mur ancien de la *cella* circulaire est tout en marbre blanc ; ses blocs sont très-bien joints. Les dix-neuf colonnes corinthiennes de marbre blanc cannelées que l'on voit à l'extérieur s'élèvent sur plusieurs marches, et forment un portique circulaire de 52 mètres de circonférence. Près de cet édifice est le

TEMPLE DE LA FORTUNE VIRILE. C'est un carré oblong, construit avec une grande économie de matériaux, puisqu'il est entièrement en pierres du pays : il a quatre colonnes de front ; aujourd'hui les entre-colonnements sont fermés depuis que le temple a été changé en église. Vis-à-vis est la

MAISON DITE DE NICOLAS DE RIENZI. Ce bâtiment offre un amas capricieux de fragments antiques de toutes les époques, et un exemple de l'architecture romaine pendant le onzième siècle, puisqu'il a appartenu à Nicolas, fils de Crescentius, d'une famille bien puissante à Rome dans cette époque. L'inscription originaire qui est sur la porte, aujourd'hui fermée, écrite en vers à demi rimés, nous indique que Nicolas, fils de Crescentius et de Théodora, donna cette maison à David, son fils. Près de cette maison, on voit sur le Tibre les restes du pont Palatin (*Ponte-Rotto*).

Septième Journée.

Du pont Fabricius au pont Ælius.

Pour suivre l'ordre progressif de notre marche, nous passerons au *Trastevere*, c'est-à-dire de l'autre côté du Tibre, où l'on trouve des objets propres à intéresser la curiosité des étrangers.

PONT FABRICIUS. Suivant les anciennes inscriptions qui sont sur les arches de ce pont, et l'histoire de Dion, il fut construit l'an 690 de Rome, par Fabricius *Curator Viarum*. De ce pont on passe dans

L'ILE DU TIBRE. Après l'expulsion de Tarquin le Superbe, le sénat romain accorda tous les biens de ce roi au peuple, qui, pour exhaler son indignation contre ce tyran, jeta dans le Tibre les javelles de blé moissonnées dans son champ qui était le long du fleuve, lequel fut nommé depuis *le Champ de Mars*. La quantité de ces javelles était si grande, que, la force de l'eau ne pouvant pas les entraîner, elles s'entassèrent et formèrent une petite île, qui fut ensuite fortifiée par un rempart de pierre, et elle fut dès lors habitée, ainsi qu'elle l'est encore. De cette île on passe au *Trastevere* par le

PONT GRATIEN. Les deux inscriptions semblables que l'on voit sur les parapets, ainsi que celle qu'on lit sur les bandes extérieures du pont, sa construction, et le témoignage de Symmachus, préfet de la ville, montrent qu'il a été construit vers l'an 367 de l'ère chrétienne, par les empereurs Valentinien, Valens et Gratien. A quelque distance de ce pont, on trouve le côté opposé du pont Palatin, ou *Ponte-Rotto*. On trouve à une petite distance du *Ponte-Rotto*

L'ÉGLISE DE SAINTE-CÉCILE. Dans la cour on remarque à droite un grand vase en marbre, de ceux qu'on appelait *canthari*, qui décoraient le milieu de la cour devant les temples chrétiens, et servaient de fontaines pour l'ablution des fidèles. La rue qui est vis-à-vis cette église conduit au

Port de Ripa-Grande. Innocent XII, vers l'an 1692, fit construire ce port, où abordent les bâtiments qui viennent de la mer. Il y fit aussi bâtir *la Douane*, décorée d'un beau portique, sur les dessins de Matthias Rossi. De ce port on jouit d'une vue pittoresque de l'Aventin.

Hospice de Saint-Michel. Ce grand édifice fut commencé sous Innocent XII, en 1686, sur les dessins de *Matthias Rossi*, et augmenté par Clément XI et par Pie VI. En allant par la rue qui est entre cet hospice et la douane, on trouve à gauche la

Porte Portèse. Cette porte fut substituée à l'ancienne, appelée *Portuensis*, parce qu'on sortait de là pour aller au port de Rome. En prenant la rue de la ville, on trouve

L'église de St-François. Dans la chapelle de la croisée, à droite du maître-autel, est un beau tableau représentant la Vierge, l'Enfant Jésus et sainte Anne, ouvrage du *Baciccio*, et une statue de la B. Louise Albertoni, du *Bernin*. Dans la grande rue vis-à-vis, on trouve à droite *l'église des Quarante-Saints*, et plus avant est

L'église de Sainte-Marie in Trastevere. L'intérieur de cette église est magnifique, et présente trois nefs divisées par vingt-une grosses colonnes de granit, outre quatre autres qui soutiennent une grande architrave. Au milieu du plafond, qui est riche en sculptures et en dorures, on voit une Assomption, ouvrage très-beau du *Dominiquin*. En prenant la rue qui est presque vis-à-vis cette église, on trouve, après l'*hôpital de Saint-Gallican*, l'*église de Saint-Chrisogone*. En revenant sur ses pas et prenant la rue qui est vis-à-vis la porte latérale de Sainte-Marie *in Trastevere*, on trouve à gauche l'église de *Sainte-Marie della Scala*. La rue à gauche conduit sur le Janicule, aujourd'hui *Montorio*. On visitera St-Pierre *in Montorio*, où sont des peintures, première chapelle à droite, de *Sébastien del Piombo*, sur les dessins de Michel-Ange. En continuant à monter, on trouve la

Fontaine Pauline. Cette fontaine est la plus grande et la plus abondante qui soit à Rome. Paul V la fit faire en 1612, sur les dessins de *Jean Fontana* et d'*Etienne Maderne*, avec des matériaux tirés du *Forum* de Nerva. Elle est ornée de six colonnes ioniques de granit rouge, sur lesquelles est un attique, avec une inscription au milieu, et au-dessus les armes du pontife. On parvient ensuite à la

PORTE SAINT-PANCRACE. Cette porte s'appelait anciennement *Janiculensis*, du nom du Janicule, où elle est placée; cependant, dès le temps de Procope, elle avait pris le nom actuel de l'église de Saint-Pancrace, qui est à un demi-mille au dehors.

EGLISE DE SAINT-PANCRACE. Cette église est sur la route à gauche de l'entrée principale de la vigne Corsini, et qu'on croit dans la direction de l'ancienne voie Vitellienne, construite par les ancêtres de l'empereur Vitellius et mentionnée par Suétone. De cette église on peut descendre dans les catacombes, ou cimetière de Calepodius, un des plus célèbres dans l'histoire ecclésiastique et dans les actes des martyrs. Retournant vers Rome, et prenant l'autre chemin de l'autre côté de la grille de la vigne Corsini, on côtoie pendant quelque temps l'aqueduc de l'eau Trajane-Pauline à gauche, et on laisse à droite un chemin qui mène à la porte Cavalleggieri et au Vatican. On passe ensuite devant la *villa Torlonia Marescoti*, et on descend dans un endroit où l'aqueduc de Paul V traverse le grand chemin à environ un mille de la porte Saint-Pancrace. Après cet arc, on trouve à gauche la porte principale de la

VILLA PAMPHILI-DORIA. Cette *villa*, qui est la plus vaste et la plus agréable des environs de Rome, fut construite par le prince Pamphili, sous Innocent X, d'après les dessins de *Jean-Baptiste Falda* et d'*Alexandre Algardi*, qui particulièrement bâtit le palais. La cassine de cette villa est magnifique; elle est ornée de statues, de bustes et de bas-reliefs antiques : on y distingue les statues de Marsyas, d'Euterpe et d'un Hermaphrodite, d'un jeune Hercule, et le buste de madame Olympie, nièce d'Innocent X, sculpté par l'*Algarde*. De la terrasse de cette cassine on jouit du plus beau coup d'œil sur les environs jusqu'à la mer. En retournant dans la ville par la porte Saint-Pancrace, et descendant au pied du mont Janicule, on trouve à gauche la *porte Septimienne*, qu'on croit tirer son nom de Septime Sévère, et qui fut rebâtie par Alexandre VI. C'est à cette porte que commence la belle et longue rue appelée la *Lungara*, où l'on trouve, à gauche, le

Palais Corsini. Ce palais, chef-d'œuvre de Fuga, renferme des trésors d'art et de littérature. Parmi les tableaux nous citerons un sublime *Ecce Homo*, du *Guerchin* ; Luther et sa femme, par *Holbein*; le Lever du Soleil, par *Berghem*; la Présentation au temple, de *Paul Véronèse*; Vénus à sa toilette, de l'*Albane*; Jules II, par *Raphaël*; Philippe II, du *Titien*; un lapin, par *Alber Durer*; la Vie du Soldat, par *Callot*; une Annonciation, par *Michel-Ange*; l'Hérodiade, du *Guide*; le Sauveur, par *C. Dolci*; trois portraits de *van Dyck*; Innocent X, par *Vélasquez*; une Vierge de *Murillo*; Prométhée, par *Salvator Rosa*; cent chefs-d'œuvre en un mot; estampes rarissimes; belle bibliothèque. Presque vis-à-vis le palais Corsini est la

Farnésine. Ce qui rend principalement cette cassine intéressante, c'est la fable de l'Amour et de Psyché que l'on voit peinte à fresque sur la voûte du premier salon, laquelle a été exécutée sur les dessins de l'immortel *Raphaël*, par ses meilleurs élèves; de même que la Galathée, qui est de la main de ce grand maître. Ces peintures ayant beaucoup souffert, *Charles Maratta* les restaura avec le plus grand soin. La belle tête colossale dessinée au charbon, que l'on voit dans un coin de la chambre, dite de Galathée, a été faite par *Buonarotti*, non pas, suivant l'opinion trop répandue, pour reprendre Raphaël de la petitesse de ses figures, mais pour ne pas demeurer oisif dans le temps où il attendait Daniel, son élève, dont il avait été voir les ouvrages.

Église de Saint-Onuphre. On voit sous le portique à côté de cette église trois lunettes où sont représentés quelques traits de la vie de saint Jérôme, peints par le *Dominiquin*. La Vierge avec l'Enfant Jésus, sur la porte extérieure de l'église, est aussi de ce grand maître. On conserve dans cette église les cendres du célèbre poëte italien *Torquato Tasso*. Le tombeau du Tasse est à gauche de la porte en entrant : il mourut en 1595, dans le couvent attenant à cette église. Dans le couvent, on remarque une Vierge peinte à fresque par le célèbre *Léonard de Vinci*. Au bout de la rue de la Lungara, on trouve la porte *Saint-Esprit*. Revenant sur ses pas par la même rue de la Lungara, et passant par la porte Septimienne, on arrive, par la rue à gauche, au pont Sixte.

Fontaine du Pont-Sixte. Cette belle fontaine, fournie par l'eau Pauline, et placée en face de la rue Julie, a été construite sous Paul V, sur les dessins de *Jean Fontana*. En allant par la rue qui est en face du pont Sixte, on trouve

L'église de la Trinité des Pèlerins. Le seul tableau de cette église qui mérite d'être remarqué est celui du maître-autel, représentant la Trinité, que l'on regarde comme un des plus beaux ouvrages de *Guide Reni*. Vis-à-vis cette église est le *Mont-de-Piété*, établissement dont l'origine remonte jusqu'à l'an 1589. En avançant par la rue à droite, on trouve la place et

L'église de Saint-Charles-aux-Catinari. L'intérieur de cette église est d'ordre corinthien, orné de belles peintures. Les quatre Vertus cardinales, peintes dans les pendentifs du dôme, sont des ouvrages célèbres du *Dominiquin*. Le tableau placé sur l'autel de la croisée, représentant la Mort de sainte Anne, est un chef-d'œuvre d'*André Sacchi*, qui peignit aussi le saint Romuald qui est dans la galerie du Vatican. En retournant en arrière et prenant la rue des *Guibbonari*, on trouve la place de *Campo di Fiori*. Peu loin de cette place, est le

Palais de la Chancellerie. Ce beau et magnifique palais, destiné pour la résidence du cardinal vice-chancelier de la sainte Église, a été commencé par le cardinal Mezzarotta, et achevé par le cardinal Riario, neveu de Sixte IV.

Palais Farnèse. Ce palais est sans doute le plus beau et le plus majestueux de Rome, tant par sa magnificence que par sa belle architecture. Paul III, étant encore cardinal, le fit commencer sur les dessins d'*Antoine Sangallo* : le cardinal Alexandre Farnèse, neveu de ce pape, l'acheva sous la direction de *Michel-Ange Buonarotti*, et y fit faire ensuite, par *Jacques de la Porte*, la façade du côté de la rue Julie. En montant au premier étage par le grand escalier, on trouve de vastes appartements où est une galerie de 21 mètres de longueur et 6 de largeur, peinte à fresque par *Annibal Carrache* : c'est le plus bel ouvrage de ce célèbre maître ; celui qui veut connaître ce grand maître doit venir l'étudier au palais Farnèse.

PALAIS SPADA. Le cardinal Jérôme Capo dit Ferro fit bâtir ce palais sous Paul III, d'après les dessins de *Jules Mazzoni*, élève de *Daniel de Volterre*. Parmi les peintures, on remarque une Lucrèce, Judith, par le *Guide*; un portrait par le *Titien*; Paul III, par le même; le cardinal Spada, par le *Guide*; deux petits Amours, du *Corrège*; la statue antique d'Aristide.

SAINT-JEAN-L'ÉVANGÉLISTE et *St Pétronne des Bolonais*. Sur le maître-autel on voit un fameux tableau du *Dominiquin*, représentant la Vierge avec ces deux saints. A côté de cette église est le

PALAIS FALCONIERI. Ce palais a été rebâti dans le XVIIIe siècle par le *Borromini*. Outre le prince Falconieri, qui en est le propriétaire, il était naguère occupé par le cardinal Fesch, qui, en qualité d'amateur et de connaisseur en peinture, y avait rassemblé une grande collection de tableaux, distribués dans trois appartements de 24 chambres chacun. Il serait trop long de citer tout ce que la collection du cardinal renfermait de merveilleux, surtout en tableaux de l'école flamande et hollandaise ; signalons surtout plusieurs *Peter Nef* de toute beauté, les *Gérard delle Note!* un *Morgen Stern*; un essai de *Raphaël*, précieux tableau, qu'il fit à 15 ans, etc. Mais cette riche collection est dispersée depuis la mort du prélat.

ÉGLISE ST-JEAN DES FLORENTINS. Sur l'autel de la croisée est un beau tableau de *Salvator Rosa*, représentant les saints Côme et Damien sur le bûcher. Le maître-autel a été décoré de marbres sur les dessins de *Pierre de Cortone*, aux dépens de la maison Falconieri. Le groupe que l'on voit sur l'autel, représentant le Baptême de Jésus-Christ, est d'*Antoine Raggi*; celui des deux statues latérales, qui représentent la Charité, est du *Guide*. Des deux tombeaux qui sont sur les murs latéraux de cet autel, celui de monseigneur Corsini est l'ouvrage de l'*Algarde*; l'autre, qui est d'Acciajoli, a été fait par *Hercule Ferrato*.

PONT VATICAN. On ne connaît pas l'origine de ce pont, dont le nom dérivait du mont où il conduisait.

Huitième Journée.

Du pont Ælius au mont Marius.

Il ne nous reste plus que le quartier du Vatican pour achever le tour des curiosités de Rome. L'origine plus probable du nom du Vatican, qu'on a donné au mont qui se détache de la chaîne du Janicule, est tirée des *vaticinia*, c'est-à-dire des prédictions, à cause des oracles qu'on y rendait dès l'époque où il était au pouvoir des Étrusques-Veïens, à qui il fut ôté par Romulus.

Pont Ælius, aujourd'hui St-Ange. L'empereur P. Ælius Adrien construisit ce pont principalement pour passer à son magnifique mausolée, et aux jardins de Domitia, fréquentés par lui. Clément VII érigea à l'entrée du pont les statues de *saint Pierre* et de *saint Paul*, dont la première fut sculptée par *Lorenzetto*, l'autre par *Paul Romain*. Clément IX, dans le XVIIe siècle, sous la direction du *Bernin*, le réduisit dans l'état actuel en faisant faire la balustrade de travertin avec des grilles de fer, et en plaçant de nouveau des statues sur les contre-forts. Elles sont au nombre de huit, et représentent *des Anges* qui portent des instruments de la passion de Jésus-Christ; celui qui porte le titre de la croix a été sculpté par le *Bernin* lui-même. Vis-à-vis ce pont se présente le

Mausolée d'Adrien. Afin de rivaliser avec le mausolée d'Auguste, et pour faire conserver ses cendres, l'empereur Adrien construisit celui-ci, imitant probablement quelqu'un des plus magnifiques qu'il avait vus dans ses voyages. Il prit le nom de fort ou château Saint-Ange, à cause de la statue de marbre de l'archange Saint Michel, que l'on plaça d'abord au sommet, et que Benoît XIV fit faire en bronze, sur le modèle de *Pierre Wanchfeld*, Flamand. Le salon de ce fort a été peint à fresque par *Perrin del Vaga*, élève de Raphaël. Cet édifice communique au palais du Vatican par un pont couvert soutenu par des arcades, dont la longueur est de 1,000 mètres environ. La rue qui est presque vis-à-vis le fort conduit à

L'HÔPITAL DU SAINT-ESPRIT. Cet hôpital est le plus grand de Rome : les pauvres malades y sont reçus, sans aucune exception, ainsi que les enfants trouvés et les fous. En allant par la rue vis-à-vis l'hôpital du Saint-Esprit dans la rue dite du Bourg-Neuf, on va du fort Saint-Ange à la basilique de Saint-Pierre.

EGLISE DE SAINTE-MARIE IN TRANSPONTINE. Elle fut rebâtie en 1563, sur les dessins de *Paparelli* et de *Mascherino*, à l'exception de la façade, qui est de *Salluste Peruzzi*. En suivant la même rue, on trouve une place décorée d'une fontaine et du beau *palais Giraud*, bâti sur les dessins du fameux *Bramante*, et qui appartient aujourd'hui à la maison Torlonia, qui y a rassemblé un grand nombre de monuments anciens.

PLACE DE SAINT-PIERRE AU VATICAN. Cette place, qui est de forme ovale, présente à l'œil le spectacle d'un vaste et bel amphithéâtre. Au milieu s'élève un superbe obélisque égyptien, entre deux fontaines magnifiques. Le plus petit diamètre de cette place est d'environ 200 mètres; le plus grand diamètre est de 250 mètres. Le portique, qui forme deux ailes en demi-cercle de 284 grosses colonnes doriques en travertin, et de 64 pilastres formant trois galeries pareillement en demi-cercle, est surmonté de 176 statues de saints, de papes, de plus de 3 mètres de hauteur.

OBÉLISQUE DU VATICAN. Quoique cet obélisque, qui est de granit d'Egypte, ne soit pas le plus grand de Rome, et qu'il n'ait pas d'hiéroglyphes, il a cependant le mérite d'être le seul qui, n'ayant pas été renversé, s'est conservé dans toute son intégrité. La hauteur de cet obélisque est de 25 mètres, et sa plus grande largeur d'environ 3 mètres : en le mesurant de terre jusqu'au bout de la croix, on le trouve de 42 mètres. Sur le côté qui regarde la façade du temple, et sur l'autre opposé, on lit la dédicace qui en fut faite par Caligula à Auguste et à Tibère. Sur les côtés de l'obélisque sont deux fontaines magnifiques et uniformes, faites sur les dessins de *Charles Maderne* : elles jettent à la hauteur d'environ 3 mètres une grande quantité d'eau qui vient de l'aqueduc de l'eau Trajane ou Pauline, et tombe dans un bassin rond d'une seule pièce, de granit oriental, de la circonférence de 16 mètres 50 centimètres : l'eau retourne ensuite dans un autre bassin octogone de travertin, qui a une circonférence de 30 mètres. La place carrée irrégulière qui est devant la basilique est bordée de deux ailes ou grandes galeries couvertes, chacune de 120 mètres de long sur 8 de large, en commençant à la colonnade et finissant au vestibule du portique de l'église. Ces deux ailes sont ornées à l'extérieur par 22 pilastres, placés entre les fenêtres, qui supportent chacun une statue. Au milieu de cette place s'élève un magnifique escalier de marbre divisé en trois rampes.

BASILIQUE DE ST-PIERRE. Ce fut le *Bramante* qui imagina de faire une grande coupole au milieu de l'église; on y éleva aussitôt les quatre énormes piliers pour la soutenir. *Buonarotti* voulait y faire une façade dans le style de celle du Panthéon; mais la mort le prévint, et cette sublime idée resta sans exécution. On mit à sa place, sous le pontificat de Pie V, les architectes *Jacques Barozzi de Vignole* et *Pyrrhus Ligorio*, en leur imposant l'obligation de se conformer en tout aux dessins de *Buonarotti*. Vignole fit les deux belles coupoles latérales; mais ce ne fut que *Jacques de la Porte*, leur successeur, choisi par Grégoire XIII, qui acheva l'immense coupole. Enfin, Paul V fit achever ce temple par *Charles Maderne*, qui le réduisit de nouveau en croix latine, abandonnant le plan de *Buonarotti* pour suivre l'ancien dessin du *Bramante* : ce fut aussi cet architecte qui fit les dessins de la façade et ceux du portique. Suivant le compte qu'en fit Charles Fontana, en l'an 1693, la dépense montait à peu près à 251 millions 450,000 francs; il est facile de comprendre quelles sommes on y aura encore dépensées pour les dorures, pour copier presque toutes les peintures en mosaïque, et enfin pour la nouvelle sacristie, qui a coûté environ 6 millions de francs.

Façade. Cette grande façade, qui est toute de travertin, a été faite sur les dessins de *Charles Maderne*. Elle est composée de huit colonnes, de quatre pilastres corinthiens, de cinq portes, de sept balcons, de six niches, d'un entablement avec son frontispice, et d'un attique terminé par une balustrade où sont treize statues colossales d'environ 6 mètres de hauteur, représentant Jésus-Christ et les douze apôtres, et où l'on a ajouté sur le côté, sous Pie VI, *deux horloges* dont les ornements ont été faits sur les dessins du chevalier *Joseph Valadier*. On entre, par les cinq portes de la façade du temple, dans un magnifique et superbe portique qui a près de 16 mètres de largeur et environ 150 mètres de longueur, y compris les vestibules qui sont à ses extrémités, où l'on voit les statues équestres de Constantin le Grand et de Charlemagne : la première est du *Bernin*, et l'autre de *Cornacchini*.

Intérieur de la basilique. La basilique a 220 mètres de long à l'extérieur, et, depuis l'entrée jusqu'à la tribune, ou à la *chaire de Saint-Pierre*, 192 mètres; et large, dans la croisée, de 142 mètres. La nef du milieu a 60 mètres 50 cent. de largeur et 47 mètres de hauteur, y compris la voûte ; chacune des deux petites nefs latérales est de 18 mètres 50 cent. de largeur. Cette basilique est à croix latine et à trois nefs : celle du milieu est divisée par de gros pilastres qui soutiennent quatre grands arcs de chaque côté. Les deux magnifiques *bénitiers* placés au-devant des deux premiers entre-pilastres, l'un vis-à-vis de l'autre, sont de marbre jaune, faits en forme de coquille : chacun d'eux est soutenu par deux enfants en marbre blanc hauts de 2 mètres, et sculptés par *Joseph Lironi* et *François Liberati*.

Confession de Saint-Pierre. On appelle Confession de Saint-Pierre le tombeau où l'on conserve le corps de ce saint apôtre. C'est le pape Paul V qui fit décorer cette Confession, sur les dessins de *Charles Maderne*; elle est environnée d'une belle balustrade circulaire de marbre, où l'on voit 142 lampes toujours allumées, qui sont supportées par des plaques de bronze doré. On descend par un double escalier dans le vide intérieur, qui est orné de marbres précieux, de festons et d'anges de bronze doré. Dans l'année 1822, on y plaça la grande statue en marbre, ouvrage de *Canova*, représentant le pontife *Pie VI* qui prie à genoux devant l'autel de la Confession : dans cet endroit on a déposé son corps.

Maître-autel. Au-dessus de la Confession, sous un baldaquin majestueux et la grande coupole, s'élève sur sept gradins le maître-autel, qui est isolé et tourné, suivant l'ancien usage, vers l'orient. Le magnifique baldaquin qui décore cet autel est dû à Urbain VIII, qui le fit faire en 1633, sur les dessins du *Bernin* : il est tout en bronze doré, et soutenu par quatre colonnes torses, d'ordre composite, de la hauteur de 11 mètres 33 cent., et du même métal ; sur ces colonnes est un entablement aux angles duquel sont quatre anges debout, et d'où s'élèvent quatre consoles renversées qui, se réunissant dans le milieu, supportent un globe sur lequel est placée une croix. La hauteur totale de ce superbe baldaquin est de 60 mètres ; le bronze employé à sa construction pèse 93,196 kil., et la dorure a coûté 210,000 fr. En levant les yeux, on admire la

Grande Coupole. Ce dôme est certainement la partie la plus étonnante de la basilique. Cette coupole a environ 46 mètres de diamètre. Depuis le pavé de l'église jusqu'à la lanterne, elle a 150 mètres d'élévation. Sur les quatre piliers et les grands arcs qui soutiennent la coupole, est un magnifique entablement sur la frise duquel sont écrits en mosaïque les mots suivants de Jésus-Christ : *Tu es Petrus, et super hanc petram ædificabo Ecclesiam meam ; et tibi dabo claves regni cœlorum.*

Tribune et Chaire de St-Pierre. Dans la partie supérieure de la grande nef, qui se termine en rond comme les deux ailes de la croisée, on voit la magnifique tribune de la basilique, qui a été décorée sur les dessins de *Michel-Ange* ; on monte par deux degrés de porphyre au haut de la tribune, où est un autel majestueux, construit de marbre précieux, qui est 55 mètres plus loin que celui de la Confession. Au-dessus de cet autel on admire le beau monument de bronze doré appelé la *Chaire de St-Pierre*, parce que dans celle de bronze que l'on voit soutenue par quatre figures gigantesques est renfermée la chaire en bois dont saint Pierre et ses successeurs se servirent longtemps dans leurs fonctions ecclésiastiques. C'est Alexandre VII qui fit faire ce grand ouvrage par le *Bernin*. Les quatre figures qui soutiennent la chaire représentent les Docteurs de l'Eglise catholique. Sur les côtés de la tribune sont deux superbes tombeaux : celui à droite est de Paul III Farnèse, mort en 1549, ouvrage fait par *Guillaume de la Porte* sous la direction de *Michel-Ange* : la statue du pape est en bronze ; les deux autres, qui représentent la Justice et la Prudence, sont de marbre. La Justice était auparavant presque nue ; c'est pour cela qu'il fut ordonné au *Bernin* d'en draper une partie en bronze, ainsi qu'on le voit aujourd'hui. L'autre tombeau vis-à-vis est celui d'Urbain VIII Barberini, mort en 1644 : la figure de ce pape est en bronze ; les statues de la Justice et de la Charité sont de marbre : c'est un ouvrage du *Bernin*.

Partie méridionale de la basilique. En allant à droite de la tribune, le premier autel que l'on trouve est décoré de deux grosses colonnes de granit noir d'Égypte, au milieu desquelles est un tableau en mosaïque représentant saint Pierre qui guérit l'estropié, tiré de l'original de *François Mancini*. Vis-à-vis de cet autel est le tombeau d'*Alexandre VIII*, de la maison Ottoboni, mort en 1691, sculpté par *Ange Rossi*, d'après les dessins du comte Henri de Saint-Martin. Vient ensuite l'*autel de St-Léon le Grand*, sur lequel on voit, entre deux colonnes de granit rouge, un grand bas-relief de l'*Algarde*, représentant le pape saint Léon qui détourne Attila de s'approcher de Rome. L'autel suivant est orné de quatre colonnes, dont deux de granit noir et deux d'albâtre. En avançant vers la croisée, on voit à droite, sur la porte latérale de l'église, le *tombeau d'Alexandre VII* Chigi, mort en 1667 ; c'est le dernier ouvrage du *Bernin*.

Croisée méridionale. En entrant dans cette croisée l'œil se fixe sur le *tombeau de Pie VII*, ouvrage de *Thorwaldsen*, qui a représenté le pontife assis entre les statues de la Force et de la Sagesse aux deux côtés. Au fond de ce bras de la croisée sont trois autels ornés de belles colonnes, dont quatre sont de granit noir et deux de jaune antique, cannelées.

Chapelle Clémentine. Cette chapelle porte le nom de Clément VIII, qui la fit construire tout à fait semblable à la chapelle Grégorienne, située vis-à-vis. La mosaïque de l'autel est tirée du tableau d'*André Sacchi*.

Bas-côté méridional. Sur la façade du pilier de la grande coupole, qui est au fond de ce bas-côté, on trouve un autel sur lequel est une mosaïque tirée du célèbre tableau de *Raphaël* qui représente la Transfiguration de Jésus-Christ sur le mont Thabor. Sous l'arcade qui est vis-à-vis cet autel sont deux tombeaux : à droite est celui de *Léon XI*, de la maison de Médicis, qui fut pape pendant 27 jours. Cet ouvrage est de l'*Algarde*.

Chapelle du chœur. Cette magnifique chapelle est fermée par une grille de fer ornée de bronze doré ; elle est décorée d'ornements et de bas-reliefs en stuc doré, faits sur les dessins de *Jacques de la Porte* : la mosaïque de l'autel, représentant la Conception, a été tirée de l'original de *Pierre Bianchi*, qui est à Ste-Marie-des-Anges à Termini. En sortant de cette chapelle, on voit, sous l'arcade à gauche, le tombeau d'*Innocent VIII*, de la maison Cibo, mort en 1492 ; il est tout en bronze, et a été fait par *Antoine Pollajuolo*.

Chapelle de la Présentation. On voit à droite, sous l'arcade, le tombeau de *Marie-Clémentine Sobieski Stuart*, reine d'Angleterre, morte à Rome en 1755. Ce beau monument a été élevé aux dépens de la fabrique de St-Pierre : il a coûté 96 mille francs, et a été fait par *Pierre Bracci*, dessins de *Philippe Barigioni*. Vis-à-vis ce tombeau est celui de *Jacques III*, roi d'Angleterre, et de ses deux fils, dont on voit les portraits, ouvrage de *Canova*. Vient après la

Chapelle des Fonts baptismaux. Les fonts baptismaux sont formés par une superbe urne de porphyre de 4 mèt. de longueur et 2 de largeur, qui servait de couvercle au sarcophage de l'empereur Othon II, mort à Rome en 974. Cette urne est couverte d'une espèce de pyramide en bronze doré, ornée d'arabesques, avec quatre petits anges de bronze. Vis-à-vis cette chapelle on voit, dans le côté septentrional de la basilique, la

Chapelle de la Piété. Cette chapelle, qui est vis-à-vis

celle des fonts baptismaux, est appelée de la Piété parce qu'on y voit sur l'autel un groupe de marbre représentant *la Vierge avec son fils mort*, qu'elle tient sur ses genoux : ce bel ouvrage est le premier fruit du talent de *Michel-Ange*, qui le fit à l'âge de 24 ans.

Chapelle de Saint-Sébastien. En allant à la troisième chapelle, on voit sous l'arcade deux tombeaux : à droite est celui du *pape Innocent XII*, de la maison Pignatelli, mort en 1700 ; ce pontife est représenté assis, ayant à ses côtés la *Justice* et la *Charité* : cet ouvrage est de *Philippe Valle*. L'autre tombeau est celui de la *comtesse Mathilde*, morte en 1115 ; Urbain VIII l'érigea, et y fit transporter son corps du monastère de Saint-Benoît, près de Mantoue, où elle avait été enterrée. Le *Bernin* fit le dessin de ce mausolée et sculpta le portrait de la même comtesse.

Chapelle du Sacrement. Cette magnifique chapelle est fermée par une grille de fer ornée de bronze doré, faisant le pendant de celle de la chapelle du chœur, qui est vis-à-vis. On voit sur l'autel un riche tabernacle, fait d'après les dessins du *Bernin*. Le tableau de l'autel, qui représente *la Trinité*, a été peint à fresque par *Pierre de Cortone*. On trouve dans cette chapelle un autre autel où, au milieu de deux colonnes de l'ancienne Confession de St-Pierre, est un tableau représentant *saint Maurice*, peint par *Bernin*. Devant cet autel est le *tombeau de Sixte IV*, mort en 1484 ; il est en bronze, orné de bas-reliefs, ouvrage d'*Antoine Pallajuolo* : à côté de Sixte IV est enterré *Jules II*. Sous l'arcade suivante sont deux tombeaux : *Camille Rusconi* a fait celui de droite, qui appartient à *Grégoire XIII*, de la maison Buoncompagni, mort en 1685. L'autre tombeau est celui de *Grégoire XIV*, de la maison Sfrondati, mort en 1591. Au bout de ce bas-côté, on voit, sur la façade du pilier de la grande coupole, un autel sur lequel est placée une belle *mosaïque*, faite d'après le célèbre tableau du *Dominiquin*, représentant la *Communion de saint Jérôme*. Vient ensuite la

Chapelle de la Vierge. Cette chapelle se nomme aussi Grégorienne, parce que ce fut Grégoire XIII qui la fit construire par *Jacques de la Porte*, sur les dessins de *Michel-*

Ange. L'autel est très-riche en albâtre, en améthystes et autres pierres précieuses. En allant vers la croisée, on voit à droite le *tombeau de Benoît XIV*, de la maison Lambertini, mort en 1758. La statue du pontife est accompagnée de celles de *la Science* et de *la Charité*, ouvrages de *Pierre Bracci.*

Croisée septentrionale. En continuant le tour vers la tribune, on voit à gauche, sur le dernier pilier de la grande coupole, l'autel appelé *de la Nacelle*, parce que son *tableau en mosaïque*, pris de l'original de Lanfranc, représente la barque de saint Pierre près d'être submergée, et Jésus venant au secours de cet apôtre. Vis-à-vis l'autel de la Nacelle est le magnifique *tombeau de Clément XIII*, de la maison Rezzonico, mort en 1769; ouvrage de *Canova.* Ce mausolée est composé de trois grandes figures, savoir : de celle du Pape, qui est à genoux; de la Religion tenant la croix, et du Génie de la mort assis près du sarcophage : les deux lions couchés sur deux grands socles sont les plus beaux lions modernes qu'on connaisse. En passant à la dernière chapelle de ce côté, on remarque, sur l'autel à droite, qui est décoré de quatre belles colonnes, une mosaïque représentant saint Michel-Archange. Dans cette même chapelle est un autre autel, où l'on voit un tableau de *sainte Pétronille*, qui est la plus belle mosaïque de ce temple : elle a été tirée d'un des plus beaux ouvrages du *Guerchin*; la sainte est représentée au moment de son exhumation. Après l'autel de Ste-Pétronille, on trouve le *tombeau de Clément X*, de la maison Altierri, mort en 1676. Il a été fait sur les dessins de *Matthias Rossi.*

Souterrain de la Basilique. On trouve dans ce souterrain quatre petites chapelles qui correspondent aux quatre piliers de la grande coupole. Ces chapelles ont été faites sur les dessins du *Bernin*, et leurs autels sont ornés de tableaux en mosaïque, tirés des originaux d'*André Sacchi.* On trouve dans ce souterrain un grand nombre de tombeaux, parmi lesquels on distingue ceux de l'*empereur Othon II*, de *Charlotte*, reine de Jérusalem et de Chypre, d'un *grand maître de Malte*, de *Jacques III Stuart*, roi d'Angleterre, et des *papes Adrien IV, Boniface VIII, Nicolas V, Urbain VI* et *Pie II.*

Sacristie de Saint-Pierre. Ce somptueux édifice a été bâti par ordre de Pie VI, sur les dessins de *Charles Marchioni*. La chapelle est décorée de quatre colonnes de marbre rare cannelées. La sacristie des chanoines, située à droite, est garnie d'armoires faites de bois de Brésil. Il y a une chapelle où est, sur l'autel, au milieu de deux colonnes d'albâtre, un tableau du *Fattore*, élève de Raphaël, représentant la Vierge, l'Enfant Jésus, sainte Anne, saint Pierre et saint Paul. Vis-à-vis cet autel est un fameux tableau de *Jules Romain*, où l'on voit la Vierge avec l'Enfant Jésus et saint Jean. La sacristie des bénéficiers, qu'on va voir de l'autre côté, est aussi garnie d'armoires de bois de Brésil.

Partie supérieure de la basilique de St-Pierre. On ne peut vraiment juger de l'immensité de ce temple qu'en montant sur la partie supérieure. On y parvient par un escalier en limaçon de 142 degrés, dont la pente est si douce, que les chevaux pourraient y monter chargés.

PALAIS DU VATICAN. Cet immense édifice, que l'on peut appeler une réunion de plusieurs palais, a 360 mètres de long sur 240 de large. On y compte huit grands escaliers et environ deux cents petits, et un nombre infini de salles ou chambres de toutes dimensions. Quoique son architecture ne soit ni symétrique ni régulière, parce qu'il a été bâti en différents temps, on y voit cependant les productions des plus fameux architectes, tels que *Bramante*, *Raphaël*, *Pyrrhus Ligorio*, *Dominique Fontana*, *Charles Maderne* et *Bernin*.

Chapelle Sixtine.—*Michel-Ange* a peint à fresque la grande voûte en vingt mois, sans être aidé de personne; il y a représenté la Création du monde et d'autres traits de l'Ancien Testament, autour desquels sont de fort belles académies : on voit, aux angles et aux lunettes, des prophètes et des sibylles; le tout est d'une invention surprenante et d'une grande beauté de dessin. Ce grand peintre, sous le pontificat de Paul III, fit aussi l'immense fresque que l'on admire sur l'autel, représentant le Jugement dernier, où il travailla trois ans : elle est regardée comme un chef-d'œuvre. *Michel-Ange* a placé au milieu de ce grand tableau Jésus-Christ avec sa mère, environné des apôtres et d'une multitude d'autres saints. On admire encore dans cette belle chapelle l'Adoration du veau d'or, par *Rosselli*; — Jésus appelant saint Pierre et saint André, par *Ghirlandajo*; — Saint Pierre recevant les clefs de Jésus, par le *Pérugin*.

Chapelle Pauline. Elle a été érigée par Paul III, d'après les dessins d'*Antoine Sangallo*. Sur les murs latéraux sont six fresques qui ont beaucoup souffert de la fumée; quatre sont de *Frédéric Zuccari* et de *Laurent Sabatini de Bologne*; les deux autres placées au centre, représentant le Crucifiement de saint Pierre et la Conversion de saint Paul, sont les dernières peintures de *Michel-Ange*, qui avait alors 75 ans.

Loges de Raphaël. L'aile qui regarde la ville étant la seule qui ait été construite par *Raphaël*, c'est celle qui contient les peintures et les ornements qui furent faits d'après ses dessins et sous sa direction. C'est dans le second étage de ces loges que l'on admire les fameuses peintures du grand *Raphaël*; c'est pourquoi on y voit son portrait sculpté en marbre. Ce qu'il y a de plus remarquable dans ce portique, ce sont les quatre tableaux peints à fresque sur chacune des treize voûtes, qui forment en tout 52 tableaux : ils représentent les principaux traits de l'Ancien Testament, exécutés d'après les cartons de *Raphaël*, par *Jules Romain*, *Perrin del Vaga*, *Pélerin de Modène*, *Polydore* et *Mathurin de Caravage*, et par d'autres de ses élèves. Des quatre premiers tableaux, celui qui est sur la porte d'entrée, et qui représente le Père Éternel débrouillant le chaos, est entièrement de la main de *Raphaël*, ainsi que ceux de la Création du firmament, la Création de l'homme et de la femme, toiles célèbres.

Appartement Borgia. Cette partie du palais tire son nom du pape Alexandre VI, de la maison Borgia, qui l'a construite; c'est de son temps qu'on commença à la décorer de peintures qui furent achevées sous Léon X. Dernièrement on a rassemblé dans plusieurs de ces chambres quantité de morceaux antiques, de manière qu'on pourrait les regarder comme autant d'antichambres du musée. Dans la première chambre, qui a 19 mètres de long et 12 de large, la voûte a été ornée de fort jolis stucs et de peintures par *Jean d'Udine* et *Perin del Vaga*. La voûte de la seconde chambre, au milieu de laquelle sont les armes des Borgia, a été peinte par *Pinturicchio*. Les peintures de la voûte de la troisième chambre sont aussi du *Pinturicchio*, qui a représenté le Martyre de saint Sébastien ; ce qui forme l'ornement principal de cette salle est la fameuse peinture ancienne qu'on appelle les Noces Aldobrandini, parce que le sujet est un mariage, et que la maison Aldobrandini en a été originairement propriétaire. La quatrième et dernière chambre est ornée aussi de fresques du *Pinturicchio* qui sont relatives aux vertus, aux sciences et aux arts.

Corridor des Inscriptions. La réunion et l'arrangement de cette collection d'inscriptions anciennes sont dus au pontife Pie VII, qui, pour leur classification, employa un des plus illustres savants des temps modernes, M. *Cajetan Marini*. Le côté droit, en entrant, contient seulement des inscriptions païennes ; le côté gauche, à l'exception des premiers carreaux, qui contiennent aussi des inscriptions païennes, est consacré aux inscriptions chrétiennes, tirées pour la plupart des anciens cimetières chrétiens, connus sous le nom de catacombes : ces dernières sont fort intéressantes pour les symboles chrétiens qu'on voit souvent marqués, tels que le monogramme, la vigne, le poisson, l'arche de Noé, la colombe, l'ancre, la paix, le bon pasteur, etc. Avant d'entrer au musée Chiaramonti, on trouve une porte plaquée de fer qui introduit à la

Bibliothèque du Vatican. Cette bibliothèque surpasse toutes les autres bibliothèques de l'Italie par le nombre des manuscrits grecs, latins, italiens et orientaux, et par le recueil des éditions du xve siècle. La grande salle, qui est le corps principal de la bibliothèque, a 72 mètres de long sur 16 de large, et 9 mètres 33 cent. de haut, et elle est divisée en deux nefs par sept pilastres. Tout autour des pilastres et des murs sont disposées des armoires qui renferment les manuscrits. Sur ces armoires, de même que sur celles des autres galeries et des autres chambres, on a placé la grande collection des vases italo-grecs du Vatican. De cette salle immense on monte dans une autre qui est comme une continuation de la première. Sur le pilier près de la marche, on voit un calendrier russe peint sur bois. Suivent deux galeries l'une vis-à-vis de l'autre, qui forment ensemble une longueur d'environ 300 mètres. Elles renferment aussi des armoires, avec des manuscrits et les livres jadis appartenant à la *bibliothèque de l'électeur Palatin*, à celles *des ducs d'Urbin*, de la *reine Christine*, de la maison Capponi et de la maison Ottoboni, et qui successivement ont été réunies à la bibliothèque du Vatican, qui renferme 80,000 vol. et 24,000 manuscrits, savoir : 16,000 latins, 5,000 grecs, et 3,000 en diverses langues orientales. On y voit un *Virgile* dont les miniatures sont de la fin du IVe siècle, un *Térence* de la fin du VIIIe; les poésies autographes de *Pétrarque*; un rouleau en parchemin, de 11 mètres de longueur, couvert de peintures représentant l'histoire de Josué, etc. La galerie à gauche est formée par six salles : la quatrième renferme un *musée sacré*, c'est-à-dire un recueil d'ustensiles, peintures et autres objets des anciens chrétiens, trouvés dans les catacombes, et qui en grande partie formaient l'ancien musée Vettori. Suit une superbe chambre appelée des *Papyrus*, parce qu'on y conserve plusieurs chartes écrites pendant le VIe siècle sur l'écorce du papyrus. Cette chambre est incrustée de beaux marbres et ornée de fresques de Mengs. De cette chambre on entre dans une salle très-vaste, où l'on a réuni des livres imprimés de la bibliothèque dans des armoires très-élégantes. De celle-ci on passe dans le cabinet des médailles et dans plusieurs autres chambres qui aboutissent à l'appartement Borgia, et qui renferment des livres imprimés. En sortant de cette bibliothèque par la porte où nous sommes entrés, on trouve à gauche une grille de fer, par où l'on entre dans le

Musée Chiaramonti : corridor Chiaramonti, première partie, deuxième partie, etc. Il serait trop long de vouloir donner un catalogue détaillé des objets existants dans ces longues galeries, dont le coup d'œil est très-frappant. On y trouve de nombreuses statues, des sarcophages, des bustes antiques d'un beau travail.

Hémicycle du Belvédère, ou *Musée égyptien et attique*. Ce fut aussi le pape Pie VII qui réunit dans ces chambres quantité de bustes, un nombre assez considérable de monuments égyptiens, et les plâtres du Parthénon, qui furent envoyés en présent par le roi d'Angleterre Georges IV. Parmi les monuments des premières cinq chambres, on ne doit pas négliger les têtes nos 788, 789, 791, existant dans la seconde chambre : elles portent écrit leur nom ancien, c'est-à-dire *Manilie Hellas*, *Lucius Manilius Primus* et *Manilius Faustus :* ces bustes furent trouvés ensemble dans les ruines d'un tombeau, sur la voie Appienne, avant de sortir de la porte St-Sébastien. Dans la dernière chambre on voit le portrait de *Georges IV*, roi d'Angleterre, peint par *Laurence*. Revenant à l'escalier, on entre dans le

Musée Pie-Clémentin. Les papes Clément XIII, Clément XIV et Pie VI ont formé cette immense collection; c'est pourquoi on la nomme musée Pie-Clémentin. Nous allons commencer le tour par le

Vestibule Carré. Les arabesques qui décorent ce vestibule ont été peintes par *Daniel de Volterre*. Au milieu on voit le superbe torse de marbre blanc trouvé aux thermes de Caracalla, et qu'on appelle le *Torse du Belvédère*. Ce torse est un fragment d'une statue d'Hercule en repos, sculpté par Apollonius, fils de Nestor l'Athénien, comme l'annonce l'inscription grecque qu'on lit sur sa base. De ce vestibule on passe dans le

Vestibule Rond. Au milieu de cette salle est placé un grand bassin de marbre de fort bon goût. Tout autour on voit, à droite, un fragment de statue d'homme drapée, avec les sandales à la grecque, et un autre fragment de statue bien drapée. A gauche on remarque deux autres fragments, dont celui d'une femme assise est d'une draperie fort belle. Suit la

Chambre du Méléagre. Cette chambre tire son nom de la célèbre statue de *Méléagre*, qui en forme la décoration principale. A droite, parmi d'autres morceaux, on voit enchâssé dans le mur un bas-relief représentant l'*Apothéose d'Homère* par les Muses.

Portique de la cour. Ce portique, qui renferme les plus célèbres morceaux de l'art ancien, entoure une cour octangulaire; il est soutenu par seize colonnes de granit et par plusieurs pilastres. En commençant le tour du côté droit, on voit d'abord un sarcophage orné d'un bas-relief qui représente des Faunes et des Bacchantes : il fut trouvé en faisant les fondements de la sacristie de St-Pierre. Suit le sarcophage avec une inscription grecque et latine, qui marque qu'il appartenait à *Sextus Varius Marcellus*. Vis-à-vis ces sarcophages est une superbe *baignoire de basalte* noir trouvée près des thermes de Caracalla. En entrant dans le premier cabinet à droite, on voit dans la grande niche le *célèbre Persée*, et aux deux côtés les deux *Lutteurs*, ouvrages de *Canova*. Dans les deux niches des côtés de l'arc sont les statues de *Mercure* et de *Pallas*. De ce premier cabinet on passe dans une autre pièce ouverte du portique. Le premier sarcophage à droite est orné d'un bas-relief représentant *Bacchus* qui va voir *Ariane* dans l'île de Naxos : suit un autre sarcophage où l'on voit des prisonniers qui implorent la clémence du vainqueur. Dans la grande niche suivante est placée une statue plus grande que nature, représentant *Sallustie Barbie Orbiane*, femme de l'empereur Alexandre Sévère, sous la forme de Vénus avec Cupidon. Suit un grand sarcophage où l'on voit Achille qui vient de tuer Penthésilée, reine des Amazones. On entre de là dans le second cabinet, dont le principal ornement est formé par le célèbre *Mercure du Belvédère*, connu sous le nom d'Antinoüs. On passe ensuite dans une autre pièce ouverte du portique, où on remarque sur un sarcophage les *Génies des Saisons*. Suit un autre sarcophage où l'on voit des *Néréides* portant les armes d'*Achille*. Le cabinet suivant renferme dans la niche principale le célèbre groupe de *Laocoon*, prêtre de Neptune, avec ses deux fils, trouvé du temps de Jules II dans les environs des sept salles. Pline dit qu'il était placé dans le palais de Titus, et fait de ce groupe les éloges qu'il mérite : c'est de lui que nous savons que trois sculpteurs rhodiens, *Agésandre*, *Polydore* et *Athénodore*, travaillèrent à cet ouvrage. En sortant de ce cabinet, on passe dans la dernière pièce ouverte du portique, où, parmi d'autres marbres, on remarque, sur le mur à droite, *Hercule* et *Bacchus* en bas-relief avec leurs attributs : au bas est un sarcophage où sont représentés des Génies portant des armes; suit une baignoire en granit d'une grandeur étonnante ; dans le haut on voit, dans le mur, *Auguste* qui va sacrifier ; excellent bas-relief. On entre par là dans le dernier cabinet, qui renferme le célèbre *Apollon du Belvédère*, qui fit longtemps l'ornement du musée de Paris, statue trouvée à Antium au commencement du xixe siècle. En revenant à la première pièce ouverte du portique, on voit de ce côté deux sarcophages : au milieu du premier est *Ganymède*, et au milieu de l'autre est représenté *Bacchus* entre un Faune et une Bacchante.

Salle des Animaux. Cette salle est divisée en deux parties par un vestibule décoré de quatre colonnes et de quatre pilastres de granit. Il y a sur le pavé, près de l'entrée de ce vestibule, une autre mosaïque antique, représentant une louve ; on voit au milieu une autre mosaïque trouvée à Palestrine, en carreaux blancs. Cette grande salle contient une riche et rare collection d'animaux, placés sur des tables de pierre et sur des consoles antiques, parmi lesquels on distingue à gauche un groupe représentant un Centaure marin et une Néréide ; Hercule qui emporte Cerbère enchaîné ; un cheval ; une statue colossale inconnue, dans une niche ornée de deux colonnes de granit ; un groupe d'Hercule qui tue Géryon et lui enlève ses bœufs ; et un beau groupe représentant un lion qui déchire un cheval. Au milieu est une superbe tasse de vert de Corse et une table en vert antique. Passant dans l'autre partie de cette grande salle, on remarque un groupe mithriaque. Vient ensuite un beau cerf en albâtre fleuri ; un petit lion de brèche dont les dents et la langue sont d'autre marbre ; Hercule qui vient de tuer le lion ; un beau groupe représentant Hercule qui tue Diomède et ses chevaux ; un Centaure ; Commode à cheval.

Galerie des statues. Parmi le grand nombre de statues qu'on trouve dans cette galerie, les plus remarquables, en commençant à droite, sont : une statue cuirassée de Clodius Albin, et une demi-figure de l'Amour, de sculpture grecque ; une statue nue héroïque, inconnue ; un Caligula ; une Muse ; une belle statue d'Amazone et une Junon. Après cela on distingue, de l'autre côté de la galerie, une figure d'Apollon assis, avec la lire ; une statue nue de Septime Sévère ;

une statue de Neptune; un Adonis blessé; un Bacchus couché; un joli groupe d'Esculape et d'Hygie; une statue couchée de Fænia Nicopolis.

Salle des bustes. Sur deux rangs de tables de marbre sont placés un grand nombre de bustes, de têtes, dont les plus remarquables sont celles de Domitien, de Galba, de Mammée, de Lysimaque, d'Ariane, de Ménélas, de Valérien, d'Héliogabale, de Pertinax et de Marc Agrippa, un buste de Caracalla, une tête de Julie Mammée, un buste de Sérapis en basalte, et un buste d'Antinoüs.

Cabinet. Pie VI fit faire ce cabinet sous la direction de *Michel-Ange Simonetti*, et il en fit peindre la voûte par *Dominique de Angelis*, qui dans le tableau du milieu a représenté les Noces d'Ariane et de Bacchus, et dans les quatre tableaux qui sont autour, Pâris qui donne la pomme à Vénus; Diane avec Endymion; Vénus et Adonis, et Pallas avec Pâris. Ce cabinet est décoré de huit colonnes et d'autant de pilastres d'albâtre. On y admire un Faune, un jeune Pâris, une Minerve, un Adonis, de beaux bas-reliefs. Traversant de nouveau la chambre des animaux jusqu'au vestibule que nous avons déjà décrit, nous passerons par la droite à la

Chambre des Muses. Cette chambre si grande et si belle est soutenue par 16 colonnes de marbre de Carrare, qui ont des chapiteaux antiques de la villa Adrienne. Pie VI la fit construire par le même architecte Simonetti. On y trouve un hermès de Cléobule, un hermès de Sophocle, un d'Epicure, les statues des Muses, un hermès de Démosthènes, de Solon, une tête d'Alcibiade. Sur le pavé de cette chambre, qui est de beaux marbres, sont enchâssées différentes figures d'acteurs comiques et tragiques en mosaïque, trouvées à l'ancien *Lorium*.

Salle ronde. C'est aussi à la magnificence de Pie VI que nous devons la construction de cette grande salle ronde, qui est supportée par dix grands pilastres de marbre de Carrare, ayant des chapiteaux travaillés avec la dernière finesse, par *Franzoni*; elle a dix fenêtres, et reçoit aussi le jour par une ouverture circulaire qui est au milieu : le tout est de l'architecte *Michel-Ange Simonetti*. Des bustes et des statues colossales couronnent cette superbe salle.

Chambre à croix grecque. Le pontife Pie VI fit aussi construire par Michel-Ange Simonetti cette superbe chambre, dont la grande porte est assurément la plus magnifique et la plus belle que l'on puisse imaginer. Les jambages sont de granit rouge d'Égypte, et de ce même marbre sont les deux blocs de colonnes au-dessus desquels s'élèvent deux singulières statues colossales de style égyptien en granit rouge : elles ont été trouvées dans la villa Adrienne, et l'on dit qu'elles étaient placées à l'une des portes. C'est devant la fenêtre qu'on a placé la grande urne sépulcrale de porphyre qui servit de tombeau à sainte Constance, et qui fut trouvée dans son église, appelée vulgairement le temple de Bacchus : elle est ornée de bas-reliefs représentant des enfants qui font la vendange.

Escalier principal du Musée. Ce magnifique escalier, de marbre de Carrare, est divisé en trois rampes, dont deux conduisent aux galeries supérieures, et l'autre conduit à la bibliothèque et au jardin. Il est décoré de vingt colonnes de granit, de balustrades de bronze et d'entablements sculptés en marbre. Le premier palier est orné de deux statues de fleuves, l'une en marbre blanc; l'autre, qui est en marbre gris, représente le Nil. On va de là dans la

Chambre de la Bigue. Cette jolie chambre, de forme ronde, est ornée de quatre niches entre huit colonnes cannelées de marbre blanc. Dans le milieu de cette chambre est placée une ancienne bigue de marbre, bien sculptée et bien restaurée.

Galerie des Candélabres. On va par une grille de fer à cette longue et magnifique galerie, faite par ordre de Pie VI, sous la direction de Michel-Ange Simonetti. Elle est divisée en six parties. On y trouve une grande quantité de monuments égyptiens, plusieurs statues, coupes, colonnes, candélabres, vases et autres marbres anciens. De cette galerie on passe dans celle qu'on appelle la

Galerie des Tableaux. En entrant dans cette galerie, on voit d'abord le portrait d'un doge de Venise, peint par le *Titien.* Le tableau qui suit, représentant le Miracle de saint Grégoire le Grand, a été peint par *André Sacchi.* La Descente de la croix, ou plutôt l'Ensevelissement de Jésus-

Christ, est un ouvrage célèbre du *Caravage*; la Vision de saint Romuald, à côté de ce tableau, est un autre chef-d'œuvre d'*André Sacchi*; le tableau suivant, le chef-d'œuvre du *Dominiquin*, est connu sous le nom de la Communion de St Jérôme : suit le grand tableau de Nicolas Poussin, représentant le Martyre de St Erasme. Le grand tableau représentant la Vierge, St Thomas et St Jérôme, est du *Guide*. Enfin l'Ensevelissement de Jésus-Christ, qu'on voit après, est du *Mantegna*. Après avoir dépassé le premier arceau, on admire le tableau représentant la Madeleine, ouvrage du *Guerchin*. Suit le saint Thomas du même peintre; le Martyre de saint Pierre est du *Guide*. Le Couronnement de la Vierge, un des plus grands ouvrages du *Pinturicchio*; la Résurrection de Jésus-Christ, de *Pierre Pérugin*. A côté de celui-ci, on s'extasie devant le premier tableau du monde, le chef-d'œuvre de la peinture moderne, la Transfiguration, du divin *Raphaël*. Suit le beau tableau du *Pérugin*, représentant la Naissance de Jésus-Christ, auquel *Raphaël* lui-même travailla. Le tableau suivant, représentant le Couronnement de la Vierge après son assomption, est un ouvrage de *Raphaël* de sa seconde manière. Même tableau dessiné par *Raphaël*, et exécuté après sa mort par *Jules Romain* et le *Fatore*; il fut peint pour Pérouse; le Sauveur dans la gloire, du *Corrège*. Suit le grand tableau du *Titien*, représentant la Vierge, St Sébastien, St François d'Assise, St Antoine de Padoue, St Pierre, St Ambroise et Ste Christine, où on lit le nom du peintre. En entrant dans la troisième section de cette galerie, on voit d'abord le tableau du *Baroche*, représentant la B. Micheline de Pésare. La Ste Hélène, près de celui-ci, est de *Paul Véronèse*. Au-dessous, on voit les trois Mystères peints par *Raphaël*, d'après son maître le *Pérugin*. Le joli tableau représentant la Vierge, St Joseph, l'Enfant Jésus et Ste Catherine, est du *Garofalo*. Les trois demi-figures qui représentent les portraits de St Benoît, Ste Constance et St Placide, sont du *Pérugin*. Suit le célèbre tableau de *Raphaël*, représentant la Vierge avec plusieurs Saints, et qu'on connaît sous le nom de la *Madonna di Foligno*. Les trois Vertus théologales, en clair-obscur, sont de ce même artiste. Le paysage avec des vaches est de *Potter*. Le tableau représentant la Vierge, St Laurent, St Louis, St Herculien et Ste Constance, est du *Pérugin* ; les Miracles de St Nicolas de Bari ont été peints par le *B. Ange de Fiésole*. Enfin on voit l'Annonciation de la Vierge, du *Barroche*. Vis-à-vis la *Madonna di Foligno*, on trouve une fresque jadis peinte sur le mur de la vieille bibliothèque du Vatican, où l'on voit le pape Sixte IV qui donne audience à plusieurs personnes; ouvrage qu'on attribue à *Meloce de Forli*. De cette galerie on passe dans l'autre galerie très-magnifique, qu'on appelle des Cartes géographiques, parce que sur les murs, de côté et d'autre, on a peint les cartes des différentes provinces de l'Italie. Cette galerie est aussi décorée de plusieurs hermès qui sont fort bien disposés. De là on passe dans un autre appartement, où l'on voit les célèbres tapisseries du Vatican faites sur les cartons de *Raphaël*.

Chambres de Raphaël. Ces chambres, où tous les amateurs des beaux-arts accourent en foule, ont été peintes par l'immortel Raphaël d'Urbin et ses meilleurs élèves.

Chambre de l'Incendie du bourg. Le meilleur tableau de cette chambre est *l'Incendie du bourg St-Esprit*, l'an 847, du temps de saint Léon IV. Dans cette merveilleuse peinture, il semble que le grand Raphaël ait imaginé poétiquement l'incendie de Troie, en y représentant, entre plusieurs épisodes, un groupe de figures qu'on pourrait bien prendre pour Énée, qui porte Anchise sur ses épaules, suivi de Créuse, sa femme. Ce superbe groupe a été peint par *Jules Romain* : tout le reste est du grand Raphaël. Les peintures de la voûte de cette chambre sont de *Pierre Pérugin*, que *Raphaël*, comme par respect pour son maître, ne voulut pas effacer. Le soubassement de cette chambre est peint en clair-obscur par *Polydore de Caravage*. De cette chambre on passe dans la

Chambre de l'École d'Athènes. L'École d'Athènes, ou celle des anciens philosophes, est assurément un des chefs-d'œuvre de l'immortel Raphaël. Le lieu de la scène est un beau portique décoré d'une architecture magnifique. En haut et au milieu des quatre grandes marches, sont placés Platon et Aristote, qu'on reconnaît facilement à leur air grave et majestueux. Le tableau qui est vis-à-vis l'École d'Athènes représente la *Dispute sur le St-Sacrement*; c'est la première fresque que Raphaël a faite dans ces chambres, et un des plus beaux tableaux de ce grand maître par sa belle composition, l'exactitude du dessin et le coloris. Le troisième tableau à droite, sur la fenêtre, est aussi de Raphaël, qui y a représenté le *mont Parnasse*, où l'on voit, en plusieurs groupes, les *neuf Muses*; *Apollon* est dans le milieu. Le quatrième tableau, placé sur la fenêtre, est aussi de Raphaël : il représente la *Jurisprudence*, exprimée par les trois vertus compagnes de la Justice, savoir : la Prudence, la Tempérance et la Force. La voûte de cette chambre a été aussi peinte par Raphaël; elle est répartie en neuf tableaux divisés par un ornement en clair-obscur sur un fond d'or.

Chambre d'Héliodore. On voit représenté, dans le premier tableau de cette chambre, Héliodore, préfet de Séleucus Philopator, roi de Syrie, qui, 176 ans avant l'ère chrétienne, fut envoyé par ce prince pour piller le temple de Jérusalem. Le dessin de ce tableau est de Raphaël, qui peignit le premier groupe ; l'autre, où sont différentes femmes, est une peinture de Pierre de Crémone, élève du Corrége ; tout le reste est l'ouvrage de Jules Romain. Dans l'autre tableau vis-à-vis, est représenté le pape St Léon Ier, allant au-devant d'Attila, roi des Huns, qui allait saccager Rome, et qui, frappé de terreur en voyant dans l'air les apôtres saint Pierre et saint Paul, l'épée nue à la main, se hâte de fuir et de retourner sur ses pas. Le troisième tableau de cette chambre représente le miracle arrivé à Bolsena : un prêtre qui doutait de la présence réelle de Jésus-Christ dans l'Eucharistie, étant sur le point de consacrer, vit du sang se répandre sur le corporal. Dans le tableau vis-à-vis celui-ci, on voit saint Pierre en prison, lorsque l'ange le délivre de ses chaînes et qu'il le conduit hors de la prison. C'est la plus singulière production de Raphaël; on ne peut la voir qu'avec étonnement. La voûte de cette chambre est peinte en clair-obscur par Raphaël. Les caryatides que l'on voit dans le soubassement des tableaux sont de Polydore de Caravage. De là on passe dans la

Salle de Constantin. Raphaël, après avoir fait les dessins des tableaux de cette salle, fit enduire d'huile le mur où l'on voit représentée la Victoire de Constantin sur Maxence, près du pont Molle. D'abord il commença ce tableau ; mais, ayant été prévenu par la mort, il n'y fit que les deux figures latérales, l'une de la Justice et l'autre de la Charité. Jules Romain, le meilleur élève de Raphaël, après avoir ôté tout l'appareil déjà fait pour le peindre à l'huile, exécuta cet ouvrage à fresque, par ordre de Clément VII, en laissant les deux vertus peintes par Raphaël.

Jardins du Vatican. Le beau vestibule par lequel on entre dans ces jardins répond à la salle de la *Bigue* du Musée. Il a été fait par l'architecte Simonetti du temps de Pie VI. En prenant le chemin à droite, on entre dans le jardin dit de la *Pigna*. Nicolas V le fit construire, et Jules II l'augmenta sous la direction de *Bramante-Lazzari*, qui ordonna les dessins des quatre colonnes.

Cérémonies religieuses. — *Semaine sainte*. — Les cérémonies de l'Église, et surtout celles de la semaine sainte, sont magnifiques à Rome, et fort imposantes ; elles attirent à Rome une affluence considérable d'étrangers. Il ne faut pas manquer de voir celles où assiste et officie le souverain pontife (1).

RENSEIGNEMENTS UTILES. — Dans les hôtels de premier ordre, tels que ceux de Londres, de l'Europe, d'Angleterre, d'Allemagne, de la Minerve, de Russie, etc., les prix sont à peu près ainsi fixés : déjeuner avec des œufs, 5 pauls ; à la fourchette, 6 pauls ; thé, 3 pauls ; dîner servi dans les appartements, 10 pauls, 15 pauls, 2 et 3 scudi. Le prix d'une chambre est de 4 ou 5 pauls par jour, sans compter la bougie, qui est généralement fort chère, mais qu'on peut se dispenser d'employer. Les domestiques des voyageurs sont logés et nourris pour 7 pauls par jour. Dans les hôtels de second ordre, les prix sont de moitié moins élevés. Le nombre des appartements garnis est assez considérable, et les

---

(1) Pour la description des cérémonies de la semaine sainte, consulter *Rome vue en huit jours*, 1 vol. in-18, avec plan, chez L. Maison, éditeur, 3, rue Christine, Paris.

prix très-variés. Une personne seule et qui ne tient point à tel quartier de la ville peut trouver une chambre confortable pour 60 pauls par mois. Dans la piazza *di Spagna*, un appartement complet coûtera de 15 à 20 napoléons par mois; dans la *piazza del Popolo*, de 20 à 25; dans le *Corso*, de 15 à 20, et dans les autres quartiers moins fréquentés, de 10 à 12. Dans les environs de la *via delle Convertite*, l'artiste et le savant trouveront un logement convenable dans le prix de 1 paul ½ par jour; pour les repas, ils pourront les prendre chez un traiteur italien, principalement à l'enseigne *del Falcone*, près de la *place de la Minerve*; les prix y sont très-modérés et la société grave et bien composée. On dîne à Rome à deux heures.

Valets de place. — Un valet de place coûte ordinairement 10 pauls par jour; mais, si vous le prenez pour un certain temps, il ne coûtera que 7 ou 8 pauls. Le voyageur fera bien de se défier des conseils toujours intéressés du valet qu'il aura choisi, surtout s'il s'agit d'achat d'objets d'art ou de curiosités.

Restaurateurs. — Les meilleurs sont: *Bertini*, sur le Corso, servi à la française: on y dîne pour quatre pauls; *Lepri*, via Condotti, rendez-vous des artistes: dîner de 2 à 3 pauls; *Spilmann*, bonne table à 5 pauls. *Cafés: Ruspoli*, sur le Corso; Nazarri, place d'Espagne; de Venise, place Sciarra; Grec, du Mont-Citorio, où vont les professeurs et les savants; de la Fontaine-Trevi, fréquenté par les antiquaires; de Rome, peu fréquenté maintenant. Le verre de chocolat ou de café au lait coûte 3 bayoques; petit pain, 1 bayoque; demi-tasse de café noir, 2 bayoques.

Les premiers objets de consommation, tels que le pain, la viande de boucherie, le gibier, la volaille, le poisson, le beurre, le sucre, les pâtes, les légumes, les fruits, etc., etc., sont abondants, d'excellente qualité et à bon compte. Les vins sont assez médiocres; ceux de Velletri, Genzano, Marino, Albano, etc., etc., vins d'ordinaire, coûtent 3 à 5 bayoques la *foglietta* (demi-litre environ).

Fiacres. Les principales stations sont: place d'Espagne, place de Venise, et en face de la Poste. Le prix de la première heure est ordinairement de 4 pauls, et de 3 pauls pour les heures suivantes ; mais les jours de fête il faut faire son prix d'avance, car il n'y a pas de tarif officiel. On trouve des *voitures* de remise ainsi que des *chevaux de selle* chez Barfoot, nº 151, via Babuino ; Brown, nº 78, Une voiture, par jour, 3 scudi ; au mois, 70 scudi ; mais quelquefois, selon les époques et le plus ou moins d'affluence d'étrangers, ce prix augmente d'un tiers.

Diligence.—Tous les jours pour *Tivoli*, prix 60 bajoques ; pour *Frascati* ou *Albano*, 50 bayoques. De *Rome* à *Naples*, bonne diligence faisant alternativement la route d'en bas par *Terracine*, et celle d'en haut par *San-Germano*. Prix, pour la première, 11 scudi 35 bayoques ; pour la seconde, 10 scudi 75 bayoques. Trajet, 36 heures ; départs, 5 fois par semaine.—Pour *Bologne*, deux fois par semaine ; pour *Civita-Vecchia*, tous les jours dans un commode omnibus, en 8 heures ; prix, 2 scudi. Par la *malle-poste*, 2 scudi 40 bayoques.

Passe-ports.— Prix du visa : à l'ambassade de France, 5 pauls ; d'Angleterre, 5 pauls ; napolitaine, 5 pauls ; de Toscane, gratis ; de Sardaigne, 8 pauls ; Suisse, 5 pauls ; police, 6 pauls, etc. Les bureaux de la police sont *palais du Gouvernement*, proche le Panthéon et l'église Saint-Louis des Français.

Théâtres.—D'*Apollon*, ouvert pendant le carnaval seulement : on y joue le grand opéra. Les loges se louent par abonnement ; le parterre coûte de 3 à 5 pauls.—*Argentina*, *Metastasio* et *Aliberti*, pour la tragédie et la comédie ; parterre, 1 paul $^1/_2$.—*Théâtre Diurne*, au Mausolée d'Auguste, ouvert dans l'été pour la tragédie, la comédie et les exercices équestres ; parterre, 7 bayoques $^1/_2$.—*Théâtre* de la place San-Lorenzo ; loges, 1 paul ; parterre, $^1/_2$ paul.

Libraires.— *Merle,* pour les nouveautés françaises, surtout les Guides du voyageur de Richard et autres, les cartes routières, place Colonne. Cette librairie est le rendez-vous général des étrangers de distinction, et est fréquentée par l'élite de la société romaine. — *Monaldini*, ouvrages anglais et cabinet de lecture, place d'Espagne, nº 79. — De *Romanis*, classiques latins et grecs.— *Petrucci*, Corso, ancienne librairie. — *Archini*, Corso ; ventes à l'encan. — *Gallarini*, place du Monte-Citorio, librairie, estampes, cartes géographiques, itinéraires, fournitures de bureau.

Peintres : MM. Owerbeck, Fabris, Podesti, Carlo, Pistrucci, Visconti, *miniaturistes* ; M. Renazzi, Gibson, etc.

Sculpteurs : MM. Tenerani, Finelli.

Mosaïques : M. Michel-Ange Barberi, strada Bassella.

Magasins d'antiquités : MM. François Capranesi, au Corso ; *Ignace Viscovali*, place d'Espagne (1).

Poste aux lettres, place Colonne ; elle est fermée les mercredis, les dimanches et jours de fête.

Livres a consulter. Il serait difficile d'indiquer ici les ouvrages nombreux écrits sur Rome. Nous indiquerons seulement Nibby, description du Forum antique ; l'Itinéraire instructif de Rome, 2 vol. in-12.

ENVIRONS DE ROME (2).

Tivoli. Le chemin par lequel on va aujourd'hui à Tivoli répond en plusieurs endroits à l'ancienne voie Tiburtine, dont on trouve çà et là des restes bien conservés, comme nous le verrons dans la suite. On sort de Rome par la porte Saint-Laurent. A moins d'un mille de distance, on trouve à droite la basilique de Saint-Laurent. A environ quatre milles de Rome, on passe sur un pont l'*Anio*, aujourd'hui le *Teverone*. Après le dizième mille, on passe de temps en temps sur l'ancien pavé de la voie Tiburtine, construite, comme les autres grands chemins des Romains, en gros blocs polygones d'une lave basaltique noirâtre qu'on trouve près de Rome, et bordée par deux trottoirs. A un demi-mille au delà de *Martello*, ferme qu'on trouve presque à douze milles de Rome, on voit à gauche, à peu de distance

---

(1) Pour plus amples renseignements, nous renvoyons encore à *Rome vue en huit jours*, 1 vol in-18, chez L. Maison, 3, rue Christine, Paris, 1846.

(2) Nous croyons devoir, pour l'utilité de ceux qui font à Rome un séjour prolongé, donner une description succincte des environs de la ville éternelle.

du grand chemin, le *lac des Tartres*. En rentrant sur le grand chemin, il faut remarquer que l'ancienne voie se partageait ici en deux branches, l'une qui, en s'éloignant toujours sur la gauche, passait l'Anio au pont dit à présent de l'*Aquaria*, et allait à Tivoli ; l'autre, en traversant l'Anio au pont Lucano, allait à la villa d'Adrien et à Tivoli. C'est à peu près celle-ci qu'on suit à présent pour aller à Tivoli, jusqu'au

PONT DE LA SOLFATARA. Les eaux qui passent sous ce pont sont d'une couleur bleuâtre, et exhalent une odeur de soufre fort désagréable, ce qui lui a fait donner le nom de *Solfatara*. En suivant la route, à gauche, le long de ce même canal, on trouve, à environ un mille de chemin, le

LAC DE LA SOLFATARA, dit *Iles flottantes*. Du temps du père Kircher, ce lac avait environ un mille de circuit, environ 1,600 mètres ; mais sa circonférence a beaucoup diminué, de manière que son plus grand diamètre n'a aujourd'hui qu'environ 200 mètres, et le plus petit 150 ; sa plus grande profondeur est de 58 mètres. Les matières crasses et bitumineuses que ce lac exhale continuellement, se réunissant à la poussière et aux herbes transportées par le vent, se condensent, et par la force du soufre forment sur la surface des eaux différents corps qui ressemblent à de petites îles, et qui par leur légèreté y surnagent et flottent au gré des vents, ce qui leur a fait donner le nom d'*Iles flottantes*. On prétend que c'est en ce lieu qu'était l'oracle de Faune consulté par Latinus, comme nous l'apprend Virgile. Près de ce lac étaient les thermes de Marc-Agrippa, que fréquentait aussi l'empereur Auguste. A peu de distance du pont de la Solfatara, on voit, à gauche du chemin, les restes d'un tombeau qu'on appelle tombeau de *M. Plautius Lucanus*. C'est de ce personnage que tire son nom le pont *Lucano*, sur l'*Anio*, qu'on passe à deux milles au delà. Ce pont offre un aspect des plus pittoresques, et le célèbre Poussin en a donné une belle vue dans un paysage qui se trouve au palais Doria. Tout près de ce pont est le

TOMBEAU DE LA FAMILLE PLAUTIA. Ce magnifique monument sépulcral a été élevé par la famille Plautia, qui était renommée du temps de la république romaine et des empereurs. Il est construit de pierre de Tivoli, appelée travertin, et fait en forme de tour ronde, avec son entablement au milieu, et a de la ressemblance avec le tombeau de Cécile Metella. A deux milles de ce tombeau, se trouve la

VILLA ADRIENNE. L'empereur Adrien, après avoir parcouru les provinces de son empire, voulut rassembler dans cette maison de campagne tout ce qui l'avait le plus frappé dans ses voyages. Il n'existe plus que des ruines de cette villa, dont on reconnaît aisément la destination.

Théâtre grec. On reconnaît par sa forme que ce théâtre est un théâtre grec. C'est un des trois théâtres qui jadis décoraient cette villa, et le plus conservé. On reconnaît encore le corridor sous les gradins, la place des gradins mêmes, et une partie de la scène.

Pœcile. Pausanias nous apprend que le *Pœcile* d'Athènes était un portique décoré de peintures relatives aux exploits des Athéniens. A l'imitation de celui-ci, Adrien fit bâtir un portique dans sa villa, qu'il appela aussi Pœcile. Ce portique était un carré oblong qui renfermait au milieu une grande cour. On voit dans son entier un mur, lequel était entre un double rang de pilastres : ce mur était probablement décoré de peintures comme celui d'Athènes. Du Pœcile, en suivant le mur vers le sud, on arrive à ce qu'on appelle le *Temple des Stoïciens.* C'est une fausse dénomination qu'on a donnée à un hémicycle décoré de niches. Peu après on trouve un édifice rond, dont le centre est occupé par des bâtiments. Le pavé était décoré d'une mosaïque qui représentait des monstres marins : c'est par cette raison qu'on l'a appelé *Théâtre maritime.* On passe de là au

Palais impérial. C'est à cause de sa situation plus élevée qu'on appelle cette partie le Palais impérial ; c'est un grand bâtiment à double étage. Dans l'étage inférieur on remarque encore des restes de peintures. En traversant la cour du Pœcile, on voit les

Casernes des Gardes. Le grand nombre de chambres à deux et à trois étages qu'on voit ici les a fait nommer *Cento-Camerelle.* On arrive après cela au

Canope. Cet édifice tire son nom de la ville de Canope, située à 15 milles d'Alexandrie, en Egypte, où était un temple de Sérapis, bâti à l'imitation de celui qui existait dans cette ville. La plaine qui est devant était remplie d'eau : on voit encore au dedans les chambres des prêtres et une galerie peinte. A droite du Canope sont les restes de l'Académie et d'un autre théâtre. En continuant le chemin, on descend à la vallée de Tempé, qui est arrosée par le Pénée. On revient ensuite à la maison moderne, qui est entre le Pœcile et le théâtre grec, et de là, en revenant sur le grand chemin, après deux milles, on trouve la

VILLE DE TIVOLI. Cette ville, dont la fondation est attribuée à Tibur, Corax et Catillus, Argiens, fut construite vers l'année 462 avant la fondation de Rome, après l'expulsion des Sicules, qui retenaient le pays. Les personnes qui partent de Rome entrent ordinairement à Tivoli par la porte Sainte-Croix, d'où on jouit d'une vue superbe sur la campagne de Rome. Cette porte se trouve dans les environs de la villa de Salluste. L'édifice ancien qui mérite principalement d'être vu dans la ville est le

Temple de Vesta. On reconnaît, à la belle architecture de cet antique édifice, que c'est un ouvrage des meilleurs temps. Ce superbe temple est de figure circulaire, de 4 mètres 16 cent. de diamètre ; il est environné de 18 colonnes, mais on n'en voit plus que 10, qui sont en travertin revêtu de stuc, d'ordre corinthien, cannelées, et de 6 mètres de haut, sans le chapiteau, qui est à feuilles d'acanthe : leur entablement est orné de festons et de têtes de bœuf : ces colonnes forment un très-joli portique, qui augmente beaucoup la magnificence et la beauté de cet édifice. La *cella* est en petits polygones de tuf et de travertin, et a deux fenêtres comme le temple de Vesta à Rome. Mais ce qui contribue beaucoup à la beauté et à l'effet pittoresque de ce temple, c'est sa situation au sommet d'un rocher, sur le bord d'une vaste vallée, et vis-à-vis de la grande *cascade de l'Anio.* Les eaux de cette rivière tombent dans un gouffre d'environ 24 mètres de profondeur, et forment ainsi une chute aussi magnifique que pittoresque. Le meilleur endroit pour jouir de ce grand spectacle de la nature est au-dessous du temple. A gauche de ce joli temple est placé celui que l'on croit communément de la sibylle Tiburtine. Il est en travertin, et de la forme d'un carré long, orné de quatre colonnes de front d'ordre ionique. Ce temple a été réduit en église de *Saint-Georges*. On va ensuite à la

Grotte de Neptune. On descend dans cette grotte par un sentier très-commode. Les eaux de l'Anio, après avoir formé la grande cascade, vont se précipiter aussitôt sous les rochers, par un sentier étroit, dans cet horrible gouffre, appelé la *Grotte de Neptune*, où elles ont formé des arcades et des cavernes. Le contraste agréable que présentent, dans cet endroit, les différents accidents de la lumière, à travers des arcades et des écueils, est encore plus frappant par la grande quantité des eaux qui tombent avec fureur sur des pointes de rochers où elles se brisent, et baignent de leur poussière les spectateurs étonnés à la vue de ce merveilleux spectacle de la nature. En revenant en haut, et descendant par un escalier étroit pratiqué dans le travertin, on trouve la

Grotte des Sirènes. Il y a peu de temps que l'on a découvert le chemin qui conduit dans cette imposante mais délicieuse grotte, d'où pour la troisième fois on voit tomber les eaux de l'Anio. Elle n'est pas moins curieuse et pittoresque que celle de Neptune, tant par la variété des accidents que produisent les eaux, que par la quantité des rochers qui s'y trouvent. En remontant de la grotte des Sirènes, et en prenant le sentier à droite, on va voir les

Cascatelles de Tivoli. Les eaux de l'Anio, après avoir servi pour les fabriques de cuivre, de fer et d'autres usages, viennent former ces petites cascades, qui ne sont ni moins intéressantes ni moins pittoresques que la grande. La première, qui est la plus grande, est formée par deux cascatelles; l'autre cascade a trois cascatelles qui sortent de la maison de plaisance de Mécène, et qui tombent de plus de 35 mètres de haut. La vue de ces cascades, qui ressemblent à des nappes d'argent, est admirable. En faisant le tour des cascatelles, on montre à droite la situation de la *villa de Catulle*, qui cependant était bien plus près de Rome. On trouve ensuite l'église de *Saint-Antoine*, où l'on montre les ruines d'une maison de campagne qu'on aime à appeler la *maison d'Horace*; et, après cela, celle de la *Vierge de*

Quintiliolo : elle est bâtie dans l'emplacement de la maison de plaisance de Quintilius Varus. On traverse, un demi-mille au delà, un ruisseau qu'on appelle l'*Aquoria* (eau d'or), sur un pont ancien très-bien conservé, et après on passe l'Anio sur un pont de bois. Le chemin qu'on prend ensuite pour retourner à Tivoli est l'ancienne voie Tiburtine, dont on voit des restes. Après avoir marché environ un demi-mille, on trouve les ruines d'un édifice très-vaste, qu'on appelle la

Villa de Mécène. Cette *villa* était très-vaste et très-magnifique, comme on le voit par ses restes. Elle coupait l'ancien chemin, de manière qu'on avait dû faire un grand pont ou un grand corridor sous lequel la voie Tiburtine passait. Ce corridor existe encore en grande partie; il reçoit la lumière d'en haut, et la voûte en est étonnante. Les murs de cette *villa* sont d'ouvrage incertain, *opus incertum*. Il reste encore un grand édifice carré ayant des demi-colonnes doriques et des arcades; les arcades forment l'entrée d'un portique, dans l'un des bouts duquel est une petite cascade qui en fait une retraite fort pittoresque. En entrant à Tivoli par la porte Romaine, on trouve la

Villa d'Este. La cassine est ornée de fresques de *Zuccari*, *Mutien*, et d'autres artistes de leur époque; ces fresques sont relatives à l'histoire de Tivoli, et ont beaucoup souffert. A dix milles au-dessus de Tivoli, sur la voie *Valérienne*, est Vicovare, jadis *Varia*, où l'on voit les restes d'un ancien pont sous lequel passait l'eau Claudienne. De là, après trois milles de chemin, on parvient à *Licenza*, village appelé anciennement *Digentia* : c'est dans ces environs qu'était la célèbre maison de campagne d'*Horace*, que ce grand poëte a chantée si souvent dans ses ouvrages, et dont on montre encore des restes de pavés en mosaïque. A 12 milles de Tivoli, et à 24 milles de Rome, est située la

VILLE DE PALESTRINE. C'est l'ancienne Préneste, ville fort célèbre dans l'histoire romaine, dont l'origine est antérieure à la guerre de Troie. A huit milles de Palestrine, est un petit village appelé *Colonna*, près duquel on trouve la source de l'eau Félix. Au bas de la Colonna est un petit lac qu'on croit le *Regillus* des anciens, où eut lieu la fameuse bataille entre les Romains et les Latins, par laquelle les Tarquins perdirent toute espérance d'être rétablis. A quelques milles au delà, vers Rome, dans la ferme de Pentano, on voit le lac de *Castiglione*, jadis *Gabinus*, près duquel était l'ancienne ville de *Gabbi*. A 6 milles de la Colonna, et à 12 milles de Rome, est la

VILLE DE FRASCATI. En entrant par la porte principale de Frascati, se présente d'abord une belle place, sur laquelle est la grande église cathédrale de *Saint-Pierre*, et une fontaine de trois jets d'eau qui jouent dans trois niches. Parmi les maisons de plaisance, la plus magnifique est la *villa Aldobrandini*, nommée *Belvédère*, à cause de sa délicieuse situation qui est au-dessus de Frascati. Elle appartient à la maison Borghèse, et fut construite sous Clément VIII, par le cardinal Aldobrandini, son neveu, sur les dessins de *Jacques de la Porte*. On arrive par de belles avenues à une grande fontaine : de là on monte à la terrasse où est placée la *cassine*, qui est remarquable par la beauté des marbres dont elle est ornée, et par des peintures du chevalier d'*Arpin*. En montant vers la hauteur où était placé l'ancien Tusculum, on trouve, après l'église des *Capucins*, la *Ruffinella*, maison de campagne fort délicieuse, tant par sa superbe situation que par ses ornements. De la cassine, on jouit de la vue de plusieurs villages jusqu'à Rome et à la mer. Elle a appartenu d'abord aux jésuites, ensuite à Lucien Bonaparte, et aujourd'hui elle appartient au roi de Piémont, qui vient d'y faire des fouilles fort intéressantes. Cicéron avait sur ce mont sa maison de campagne, dont les restes sont appelés les *Grottes de Cicéron*.

La *villa Mondragone*, qui appartient aussi à la maison Borghèse, est remarquable par les terrasses, les allées, les jardins et les fontaines. La *cassine*, faite sur les dessins de *Flamine Ponzio*, est de la plus grande magnificence. Par la *villa Mondragone* on passe, sans interruption, à la *villa Taverna*, construite par le cardinal Scipion Borghèse, qui n'épargna rien de tout ce qui pouvait la rendre agréable et magnifique. En sortant de Frascati, on trouve d'abord la *villa Conti*, où l'on voit de vastes jardins et des jets d'eau.

La cascade est aussi très-belle; l'exposition de la cassine, qui est vers le sud-ouest, la rend encore agréable. Suit la *villa Bracciano*, dont la cassine est décorée de peintures de *Jean-Paul Pannini* et des élèves du *Dominiquin*. A deux milles de Frascati, est la

Grotta Ferrata. C'est un petit village où est l'église de *Sainte-Marie*, qui appartient aux religieux grecs de l'ordre de Saint-Basile. Le tableau le plus remarquable de cette chapelle est celui où l'on voit un exorcisme : c'est un enfant en convulsion que le saint guérit en lui mettant dans la bouche une goutte d'huile de la lampe qui est devant un petit tableau de la Vierge; il est du *Dominiquin*. A environ deux milles de Grotta Ferrata, on trouve

Marino. On a prétendu que cette jolie ville a pris son nom de Marius, ou de Lucius Murena, qui y avaient leurs maisons de plaisance : la ville vue de loin produit un bel effet, puisqu'elle présente une grande file de maisons sur le haut d'une colline. A cause de sa délicieuse situation et de la salubrité de l'air, les habitants de Rome y vont passer la belle saison. On voit dans l'église de *Saint-Barnabé*, sur l'autel de la croisée, du côté de la sacristie, un beau tableau représentant le Martyre de saint Barthélemi, ouvrage de la première manière du *Guerchin*. A trois milles de Marino, est

Castel-Gandolfo. Ce petit village est si agréable et si riant par la bonté de l'air, que les papes y ont fait bâtir un grand palais et un jardin pour y passer une partie de l'automne. A l'entrée du même village, on voit la *villa Barberini*, qui renferme des restes considérables de la maison de campagne de l'empereur Domitien. L'église principale de ce village, qu'on trouve sur la place, a été bâtie d'après les dessins du chevalier *Bernin*. Le lac environné de monts qui est sous Castel-Gandolfo, et qui a été le cratère d'un volcan, présente une très-belle vue pittoresque : il a cinq à six milles de circuit et 160 mètres de profondeur. Le canal de ce lac est un des plus anciens et un des plus singuliers ouvrages des Romains; c'est un déchargement appelé *émissaire*, par lequel les eaux du lac vont se rendre dans la plaine qui est au delà du mont, lorsqu'elles sont trop hautes. Il fut fait 394 ans avant l'ère chrétienne. On va de Castel-Gandolfo, par un agréable chemin bordé d'arbres, et de la longueur d'un mille, à la *villa d'Albano*.

ROUTE LXXXVI.

DE PESARO A ROME,

Par Foligno, 48 l., 24 p.

Fano,	1 l.	Scheggia,	1
Calcinelli,	1	Sigillo,	1
Fossombrone,	1	Gualdo,	1
Furlo,	1	Nocera,	1
Acqualunga,	1	Ponte-Centesimo,	1
Cagli,	3/4	De Foligno à Rome	
Cantiano,	3/4	(*v.* route 88),	12 1/2

Jusqu'à Rome, on voyage sur la voie Flaminienne : de *Fano* à *Saint-Canziano* ou Cantiano la route côtoie le Métaure.

FOSSOMBRONE (*hôtel :* la Poste), petite ville située à peu près au même endroit que l'ancien *Forum Sempronii*, n'a de remarquable que le *beau Pont* moderne, très-grand et d'une seule arche, sur le *Métaure*, et quelques traces d'antiquités. On y voit les *ruines d'un Théâtre*, un beau pavé en mosaïque dans la maison Passionei, et, dans la *Cathédrale*, de bonnes peintures et diverses inscriptions. On y travaille très-bien la soie.

A Fossombrone on trouve une route secondaire qui conduit à *Urbin*, qui en est éloigné d'environ 10 milles, et d'Urbin, par une autre route pareille, on peut aller à *Pesaro*, à 20 milles environ de cette ville.

En poursuivant la route par le Furlo, après avoir passé un bras du *Métaure*, on trouve la montagne dite d'*Asdrubal* : dans cet endroit ce général carthaginois fut défait par les Romains. On y voit avec étonnement la *voie Flaminienne*;

creusée à force de ciseau, pendant l'espace d'un demi-mille, 800 mètres, dans le cœur même d'une montagne fort élevée. Cette ouverture prodigieuse est ce qu'on appelle proprement le Furlo; c'est aussi la *Pietra pertusa* de Victor, qui, d'après l'inscription, paraît avoir été au moins réparée dans les premiers siècles de l'empire romain.

On laisse sur la droite *Urbin*, autrefois capitale d'un duché, et situé sur une montagne. On y voit des maisons bien bâties, et un *beau Palais*, résidence des anciens ducs, et dernièrement appartenant à la maison de la Rovère. Urbin est renommé pour avoir donné naissance à des hommes célèbres, tels que *Raphaël Sanzio*, *Bramante*, *Timothée Viti*, *Zabaglia*, *Viviani*, et le peintre *Barocci*, dont on admire de beaux tableaux dans la cathédrale et dans l'église des Capucins. Pop. 14,000 hab.

CAGLI est une petite ville bâtie par les Romains au pied du *mont Pretano*: ici on voit le *Passo delle Scalette* ou Pas des Échelles.

Avant d'arriver à *Cantiano* ou *Canziano*, on passe le Métaure sur un pont d'une grandeur prodigieuse, appelé *Ponte Grosso*; c'est l'ouvrage le plus digne des anciens Romains qu'on trouve sur la voie Flaminienne. Cantiano est un château bâti sur les ruines de la ville de Luceola, qui fut détruite par Narsès. *Sigillo* est un autre château construit par les Lombards; *Gualdo de Nocera* (*Validum*) est aussi un château bâti par les Lombards, après la destruction de la ville de Tablino.

NOCERA, ville ancienne située au pied de l'Apennin (*Nucera Capellana*), n'est point la même que la Nocera des païens, qui se trouve dans le royaume de Naples, et que les anciens appelaient *Alfaterna*. Pline loue les vases de bois qu'on y fabriquait. Aujourd'hui elle est connue par ses bains et par une source d'eau légère célèbre par ses qualités médicinales et doucement purgatives.

FOLIGNO. *V.* route 85, page 569.

ROUTE LXXXVII.

DE FANO A ANCONE.

8 l. ½, 4 p. ¼.

De Fano à la Moretta,	1 p.	Case Bruciate,	1 ¼
Sinigaglia,	1	Ancône,	1

C'est à Fano que la route de *Rimini* à *Rome* se divise en deux branches qui se rejoignent à *Foligno*. Nous avons décrit la première.

Deuxième branche de la route de Fano à Rome. De *Fano à Ancône* la route est assez agréable, quoique la plaine qu'elle traverse soit fort resserrée à cause du peu de distance qu'il y a entre les bords de l'Adriatique et les montagnes voisines qu'on est obligé de côtoyer.

Sinigaglia (*Senogallia*), (*hôtel :* de la Fourmi), qu'on trouve à quatre lieues de Fano, est une petite ville située sur le bord de la mer, très-commerçante et bien peuplée. Cette ville, qui fut fondée par les anciens Gaulois Sénonais, est aujourd'hui célèbre par la foire qui s'y tient tous les ans, et qui y attire un grand concours d'étrangers. Elle a un petit port formé par la *Misa* à son embouchure dans la mer. Pendant la tenue de la foire dont nous venons de parler, Sinigaglia offre un spectacle vraiment curieux : c'est un mouvement perpétuel d'une foule de gens de toutes nations, occupés à se chercher, ou empressés à faire transporter les marchandises du port à la ville, et de la ville au port. Les rues sont entièrement couvertes de tentes suspendues que l'on humecte de temps en temps, et le sol est garni de planches pour la commodité des transports. Les palais, les maisons, les quais, les moindres espaces, sont convertis en magasins. On imagine aisément quels flots de sueur l'ardeur de la canicule fait couler dans un tel mouvement et au milieu d'une telle presse. Les fossés, les glacis et les dehors de la ville sont couverts de baraques, de cuisines et de chevaux au piquet. La plus petite chaumière rassemble plusieurs ménages. Le beau monde se réfugie dans les cafés. Les îles et tous les bords de l'Adriatique, la Sicile et une partie de l'Archipel, forment le fond de cette foire. Visitez la *Cathédrale*, les *églises St-Martin* et *Ste-Croix*, et le nouveau *Théâtre*. Pop. 8,000 hab.

Au sortir de cette ville, on se rapproche du rivage de la mer, qu'on côtoie jusqu'à *Case Bruciate* : là on passe la rivière d'*Esino*, et, tournant du côté des terres, on arrive à Ancône par une route nouvellement construite et beaucoup plus commode que l'ancienne route.

ANCÔNE (*hôtels :* Royal, la Paix, la Grande-Bretagne) est une ancienne ville bâtie sur le penchant d'une colline qui s'avance dans la mer. Son port, de forme circulaire, défendu par deux môles, est un des plus beaux et des plus fréquentés de l'Italie. Trajan le fit considérablement agrandir, et ce fut pour marquer leur reconnaissance à cet empereur que les habitants d'Ancône érigèrent en son honneur un *arc de triomphe* qu'on voit encore sur la jetée du port ou à l'entrée du môle, monument qui est un des mieux conservés de ce genre. Cet arc de triomphe est bâti en marbre de Paros, et joint si exactement, qu'il semble ne faire qu'une seule pièce. Il est décoré de colonnes corinthiennes posées sur des piédestaux. Il y a un attique au-dessus, avec une inscription que le temps n'a point effacée; la solidité de cet ouvrage a beaucoup contribué à sa conservation; mais la main des barbares l'a dépouillé d'un grand nombre de statues de bronze, de trophées et d'autres ornements accessoires. Du côté de la mer, entre les colonnes, on lit les deux inscriptions suivantes, l'une se rapportant à la femme, l'autre à la sœur de Trajan :

Plotinæ.	Divæ.
Aug.	Marcianæ.
Conjug. Aug.	Aug.
	Sorori. Aug.

Assez près est un autre *Arc de triomphe* moderne, élevé en l'honneur du pape Clément XII, qui avait commencé le môle et le lazaret. Ce second arc, d'ordre dorique, est assez

ROUTE 87. — DE FANO A ANCONE.

estimé. La *Citadelle*, qui fut bâtie après qu'Ancône eut été soumise entièrement au saint-siége, commande la ville et le port.

Ancône, vue du côté de la mer, présente le plus beau coup d'œil; mais l'intérieur de cette ville n'offre rien d'agréable : ses rues sont étroites et ses maisons peu considérables. On y tolère, en faveur du commerce, toutes les religions, ce qui contribue beaucoup à augmenter la population, qu'on fait monter à 36,000 habitants, en y comprenant les faubourgs, et 5,000 juifs, qui s'occupent d'un commerce très-actif, et qui habitent un quartier séparé.

MONUMENTS RELIGIEUX. — La *Cathédrale*, dédiée à saint Cyriaque, est située sur la pointe du cap, où était autrefois le temple de Vénus ; elle est ornée de jolies peintures. Les autres *églises* renferment quelques tableaux de prix, dont quelques-uns sont du *Guerchin*, du *Titien*, etc. Le nouveau *Théâtre* est fort beau, ainsi que la *Promenade* de la porte Pie. L'*église Saint-Augustin* est ornée extérieurement d'un bas-relief en marbre et de statues de Mocrio, bon sculpteur, qui a également enrichi la porte extérieure de l'église *Saint-François delle Scale*.

ÉDIFICES PUBLICS. — Le *palais du Gouvernement*, résidence du légat du pape, dans une belle situation ; le château sur un promontoire; la *Loggia dei Mercanti*, riche édifice couvert de marbre; le *grand Lazaret*, la *place S. Nicolas*, les *palais Ferretti*, *Benincasa*, *Manciporte*, sont dignes d'attention.

En général, les femmes d'Ancône et des autres villes situées sur cette côte de l'Adriatique ont la réputation d'être beaucoup plus jolies que dans le reste de l'Italie.

COMMUNICATION.

D'*Ancône à Bologne*, 31 l. $^1/_2$, 15 p. $^3/_4$.

Case Bruciate,	1 p. $^1/_4$	Savignano,	1
Sinigaglia,	1	Cesène,	1
C. Marotta,	1	Forli,	1 $^1/_2$
Fano,	1	Faenza,	1
Pesaro,	1	Imola,	1
Catolica,	1 $^1/_2$	St-Nicolas,	1 $^1/_4$
Rimini,	1	Bologne,	1 $^1/_4$

ROUTE LXXXVIII.

D'ANCONE A ROME,

Par Lorette et Foligno, 48 l., 24 p.

Osimo,	1 p.¹/₂	Spolette,	1
Lorette,	1	La Stretura,	1
Recanati,	³/₄	Terni,	1
Sambucheto,	1 ³/₄	Narni,	1
Macerata,	1	Otricoli,	1
Tolentino,	1 ¹/₂	Borghetto,	³/₄
Valcimara,	1	Civita-Castellana,	³/₄
Pont della Trave,	1	Nepi,	1
Serravalle,	1	Monterosi,	³/₄
Case-Nuove,	1	Baccano,	1
Foligno (1),	1	La Storta,	1
Le Vene,	1	Rome (poste royale),	1 ¹/₄

D'Ancône à *Lorette* il y a six lieues. La route est peu commode, parce qu'on ne fait que monter et descendre. Cependant la campagne est belle et bien cultivée, et assez peuplée. Sur notre route nous trouvons

Osimo, petite ville que l'archéologue visite toujours avec intérêt, à cause du grand nombre d'antiquités, de statues, de pierres sépulcrales soigneusement conservées à l'*Hôtel de ville.*

Lorette (*Lauretum*), (*hôtels* : la Cloche, la Poste), est une ville moderne d'environ 8,000 habitants, sur le sommet d'une colline et à trois kilomètres de la mer. Ses édifices n'ont rien de remarquable, et sa rue principale n'est composée que de boutiques où l'on vend des chapelets, des médailles, des rubans, des fleurs artificielles et autres petits

---

(1) De Rome à Foligno et Lorette, *vice versâ*, on doit atteler un troisième cheval dans les stations suivantes : de Stretturn à Spoletto, de Case-Nuove à Serravalle, de Sambucheto à Recanati, de Recanati à Lorette, et *vice versâ*.

objets de dévotion ; commerce qui a rapporté par année jusqu'à cent quatre-vingt mille livres. La ville est fortifiée par une bonne muraille, à laquelle Sixte V fit ajouter plusieurs bastions pour mettre la place à couvert de toute surprise de la part des corsaires turcs, qui, sous Mahomet II et Sélim, son neveu, attirés par l'espoir du butin, avaient fait des descentes sur ces côtes.

La SANTA CASA. Ce qu'il y a de plus curieux à voir dans cette ville est la Santa Casa, ou la Maison de la Vierge ; on en trouve sur les lieux une description imprimée et très-détaillée ; il nous suffira donc de rapporter ici ce que Lorette offre de plus digne de fixer l'attention des voyageurs.

La Santa Casa ou la Maisonnette de la Vierge, qui fut, dit-on, dans le treizième siècle, miraculeusement transportée de Nazareth en Dalmatie, et de Dalmatie au lieu qu'elle occupe enfin aujourd'hui, après avoir plusieurs fois changé de station dans la forêt qui environnait Lorette, est au milieu d'un riche et magnifique église qui a été réparée dans le goût moderne. A l'entrée de cette église, on voit une statue en bronze de Sixte V, et sur la façade la statue de la Vierge, avec des bas-reliefs et des portes en bronze. Les chapelles sont décorées de superbes mosaïques, et la coupole de très-belles peintures. La Santa Casa, située sous cette coupole, a 10 mèt. 60 cent. de long, 4 mèt. 36 cent. de large, et 6 mèt. 21 cent. de haut ; elle est bâtie en briques : on y remarque quelques restes de peintures noircies par la fumée des lampes et des cierges. Les chambranles des portes et des fenêtres sont revêtus d'épaisses lames d'argent ; le pavé est formé de carreaux de marbre blanc et rouge : on prétend que les anges, en transportant cette maison, laissèrent à Nazareth l'ancien pavé, ainsi que les fondations. Au-dessus de la cheminée, qui est au fond, du côté de l'orient, est une niche dans laquelle on a mis une statue de la Vierge, qu'on dit être de bois de cèdre et avoir été sculptée par saint Luc, quoique cet évangéliste ne fût point sculpteur. Cette figure est couverte d'or et de pierreries. L'intérieur de la Santa Casa renferme des richesses dont l'œil ne peut soutenir l'éclat, et que l'imagination aurait de la peine à évaluer. On y admire un tableau du *Baraccio*; l'Annonciation et la

Cène, par *Voyet*. Les peuples de la chrétienté ont une si grande dévotion pour ce sanctuaire, que Lorette est devenue le plus fameux pèlerinage qu'il y ait au monde. Les pèlerins se rassemblent en grandes compagnies, et forment plusieurs caravanes qui ont chacune leur bannière, leur gouverneur et leurs prêtres. Les pèlerins ne s'en retournent jamais qu'ils n'aient laissé leur présent, suivant leurs facultés, ce qui grossit considérablement le trésor de Lorette. Le pape Pie VI dépouilla en grande partie ce trésor, pour payer aux Français la somme convenue par le traité de Tolentino de 1797. Cette paix ayant été de courte durée, les Français prirent Lorette en 1798, et transportèrent la statue de la Vierge en France, qu'ils rendirent cependant dans la suite, en sorte que le sanctuaire est à présent dans son premier état, du moins pour la partie religieuse.

A Lorette, outre la superbe église de la *Madona*, on admire la place qui est en face de cette église, décorée de deux beaux portiques, et d'une fontaine dont le bassin est de marbre avec des ornements de bronze. Il faut voir encore le *Palais épiscopal* et la *Pharmacie*, édifice souterrain où sont 300 vases peints d'après les dessins de *Raphaël* et de *Jules Romain*. La route, qui conduit en pente douce de Lorette à la mer, est bordée de maisons de campagne très-agréables et de jardins bien entretenus, en sorte que cet espace forme un amphithéâtre dont le coup d'œil est charmant.

Pour aller de *Lorette* à *Foligno*, il faut traverser les montagnes de l'Apennin, ce qui annonce une route assez inégale et peu commode. On rencontre d'abord *Recanati*, qui n'a de remarquable qu'un monument en bronze, élevé sur le palais public en l'honneur de *Notre-Dame*, et quelques maisons assez bien bâties. Entre *Recanati* et *Macerata* la campagne est si fertile, qu'elle ressemble à un lieu de plaisance qui appartiendrait au même maître.

MACERATA (*hôtel* : la Poste) est une ville d'environ 12,000 habitants, située sur le sommet d'une montagne d'où l'on découvre la mer Adriatique; elle est assez bien bâtie, mais peu commerçante. La *porte Pie* est un arc de triomphe érigé par le cardinal de ce nom, avec son buste en bronze par dessus. Il y a quelques églises qui méritent d'être vues, telles que la *Cathédrale*, dédiée à saint Julien; l'église des *Jésuites*, celle des *Barnabites*, et une *Chapelle* des confrères de la Miséricorde, qui est toute revêtue de marbres. Le *Théâtre*, situé sur la grande place, est un bel édifice. La plaine qu'on traverse en allant de *Macerata* à *Tolentino* est assez bien cultivée, mais il s'en faut bien qu'elle soit aussi productive que celle qu'on vient de quitter.

TOLENTINO (*hôtel* : le Poste) est une petite ville bâtie sur la Chienta, et qui n'offre rien de remarquable. En sortant de cette ville on entre dans les Apennins, au milieu desquels on voyage jusqu'aux approches de Foligno.

En remontant le cours de la *Chienta*, on gagne *Valcimara*, village situé dans une vallée couverte de superbes chênes. Ici la plaine cesse, et l'on monte continuellement jusqu'au passage étroit de *Serravalle*. Au pont de la Trave, qu'on trouve entre *Valcimara* et *Serravalle*, on laisse à peu de distance sur la droite la petite ville de *Camerino*, située sur une montagne, dont les habitants, connus dans l'histoire, fournirent à Scipion, suivant Tite-Live, 600 hommes pour passer en Afrique. Elle possède une *Université* et plusieurs manufactures d'étoffes. Pop. 6,000 hab.

SERRAVALLE est un gros bourg qui sépare la Marche d'Ancône de l'Ombrie; il est resserré par deux montagnes qui sont à peine éloignées l'une de l'autre de 300 mètres. On y voit les ruines des murailles et des portes d'un *château* bâti par les Goths. A *Col Fiorito*, qu'on trouve bientôt après avoir dépassé Serravalle, le chemin est creusé dans le rocher, et forme un demi-cercle d'environ deux milles d'étendue. Si deux voitures se rencontrent dans cet endroit, on est obligé de faire rétrograder l'une des deux, en attachant les chevaux par derrière. Ce passage est surtout périlleux dans le temps des neiges. Vient ensuite le village de

CASE-NUOVE, situé dans un terrain stérile, et dont les habitants n'ont presque d'autre ressource que la charité des passants. La montée et la descente de Case-Nuove à Foligno sont très-difficiles : dans un endroit appelé *Carriere di Foligno*, le chemin est très-étroit et sans parapet; il côtoie un précipice effrayant et célèbre par des événements funestes. Cependant, malgré l'espèce d'horreur dont on est saisi en parcourant les *montagnes de l'Apennin*, on y trouve des arbustes, des plantes, des fleurs de toute espèce, et autres curiosités que la nature offre à ceux qui s'occupent de botanique ou de minéralogie. Avant d'arriver à Foligno, et à peu de distance de cette ville, on découvre une vallée délicieuse. La fertilité du sol, des prés toujours verts, l'aspect des montagnes et des collines couvertes d'arbres, tout charme le voyageur fatigué de la vue du pays aride qu'il vient de parcourir.

C'est au milieu de ce beau bassin qu'est assise Foligno, petite ville, mais très-intéressante.

SPOLETTE. *V*. route 85.

QUATRIÈME PARTIE.

BASSE ITALIE OU ITALIE MÉRIDIONALE.

ROUTE LXXXIX.

DE ROME A CIVITA-VECCHIA.

7 p., 14 l.

Voyez route 70 et lisez en sens contraire.

CIVITA-VECCHIA. *Voyez* route 69, page 446.

ROUTE XC.

DE **ROME** A **NAPLES**,

Par Terracine.

De Rome à la Torre di Mezzavia,	1p. $\frac{1}{2}$	Report.	9 $\frac{3}{4}$
Albano	1	Terracine,	1 $\frac{1}{2}$
(un 3e cheval sans réciprocité)		Fondi (un 3e cheval, avec réciprocité).	
Genzano	$\frac{3}{4}$	Itri,	1
(un 3e cheval de Velletri à Genzano, sans réciprocité).		Mola di Gaeta,	1
		Carigliano,	1
		(un 3e cheval, avec et sans réciprocité).	
Velletri,	1	Ste-Agata,	1
Cisterna,	1		
Torre de' Tre-Ponti,	1 $\frac{1}{2}$	Sparanisi,	1
Bocca di Fiume,	1	Capoue,	1
Mesa,	1	Aversa,	1
ponte Maggiore,	1	Naples,	1
Postes,	9 $\frac{3}{4}$	Postes,	20 $\frac{1}{4}$

De *Capoue*, le voyageur pourra prendre le *chemin de fer* jusqu'à *Naples*, passant par *Caserta* et *Accera*. (*Voy.* excursion aux environs de Naples.)

Dépenses du voyage.

	Paoli	Baj.	Fr.	C.
Pour deux chevaux de poste de Rome à Terracine,	109	5	60	30
Pourboire aux postillons,	64	5	36	12
Aux garçons d'écurie,	4	»	1	12
Total,	176	10	97	44

	Carlini	Gr.	Fr.	C.
Pour deux chevaux de poste de Terracine à Naples,	130	»	56	»
Pourboire aux postillons,	75	»	32	30
Aux garçons d'écurie,	4	5	1	94
Total,	209	5	90	24

COMMUNICATIONS.

De Rome à Frascati, 1 p.
De Frascati à Albano, 1

De Capoue à Naples par Caserta, 2 p. ³/₄

Nous sortons de *Rome* par la porte *St-Jean*, appelée autrefois porte *Celimontana*, et nous entrons sur la *voie Appienne*, route aujourd'hui triste et solitaire, sur laquelle on rencontre cependant de nombreuses ruines de plusieurs genres, et plus particulièrement des débris d'aqueducs et de monuments funéraires; ce qui au reste n'égaye point le chemin. A une poste et demie de distance, on entre à

Torre di Mezzavia, ainsi nommé parce que cet endroit se trouve en effet au milieu de la route qui est entre *Rome* et *Albano*. Là, laissant à gauche le Chateau-Gandolphe, endroit où les papes ont coutume de séjourner pendant la belle saison, nous nous approchons du lieu où s'éleva jadis *Alba-Longa*; nous donnons un coup d'œil à un monument antique appelé le *tombeau d'Ascagne*, et nous entrons immédiatement dans

Albano, petite ville de 5,000 hab., qui tire son nom du joli lac voisin. Cette station n'offrant rien de remarquable, nous nous transporterons à

Genzano (*Cintiana*), village situé à côté du lac de Némi (*Aricinum, Lacus Triviæ, Speculum Dianæ*). En nous écartant un peu de la route, nous pouvons visiter

Civita Lavinia (vulgairement appelée *Civita della Vigna*), petit château sur l'emplacement duquel s'éleva jadis la ville de Lanurio, patrie d'*Antonin le Pieux*, et de ce *Milon* qui tua *Claudius*. La station suivante nous introduit à

Velletri (*Velitræ*), (*hôtel :* la Poste), autrefois capitale des Volsques, et patrie de l'empereur *Octavien Auguste*. Cette petite ville fut le séjour favori des empereurs *Tibère*, *Nerva*, *Caligula* et *Othon*, qui y possédaient de magnifiques maisons de plaisance. Quoique *Velletri* ne renferme rien d'intéressant, et que même elle soit mal bâtie, elle se présente néanmoins au voyageur sous un aspect assez pittoresque à cause de sa position sur le haut d'une colline. Les rues en sont étroites et tortueuses, comme il arrive dans presque toutes les villes très-anciennes ; mais on y voit quelques fontaines publiques d'une assez belle construction. Le *Palais public* mérite une attention particulière, ainsi que le palais *Lancellotti*, qui, placé sur le sommet de la montagne, domine la ville et se distingue par son bel escalier, par l'élégante distribution du jardin, et par les belles vues dont on y jouit. C'est là qu'était ce célèbre *Musée Borgiano* qui fait maintenant partie du *Musée Bourbonien* de *Naples*. La *Pallas Villiterna*, l'une des plus belles statues du musée de Paris, fut trouvée à la distance de deux milles de cette ville. On rencontre en outre, çà et là dans les environs, des traces de monuments anciens. Le vieux théâtre et la colonne du pape *Urbain VIII*, située sur la place du Marché, sont dignes d'attention. La population s'élève à environ 12,000 âmes.

Dans les environs, vers les monts Sabins, à une distance de neuf milles, on peut visiter CORA, ville des Volsques, pour y voir les *Murs cyclopéens*, et les restes des temples d'*Hercule* et de *Castor* et *Pollux*. L'aire du temple d'Hercule est occupée par le baptistère de l'église voisine.

Reprenons la grande route, traversons la rivière d'ASTURA (*Austra*), et CISTERNA, station de poste, pour arriver à TORRE DE' TRE-PONTI, où on commence à apercevoir les MARAIS PONTINS, dont la longueur est de vingt-quatre milles, et la largeur de six. Sur ces marais on a établi la *Linea-Pia*, c'est-à-dire la nouvelle route qui rend beaucoup plus commode et plus court le voyage de *Rome* à *Terracine*. Elle les traverse dans toute leur longueur, et côtoie à diverses reprises le même canal sur lequel *Horace* s'embarqua pour aller à *Brindisi*, et qu'on nomme aujourd'hui *Naviglio Grande*. Le dessèchement d'une grande partie de ces marais est dû à l'immortel pontife *Pie VI*. Lorsque *Rome* était sous la domination française, *Napoléon* avait chargé un de ses ingénieurs, dont le nom nous échappe, de continuer cet immense travail, qui eut un commencement d'exécution. On assure que tous les plans furent envoyés plus tard au pape par *Louis XVIII*. Cependant, malgré les travaux exécutés par les ordres de *pie VI*, l'air n'en est pas plus salubre, et cette grande étendue de campagne n'en est pas moins un misérable désert dans lequel on ne rencontre que quelques maisons magnifiques et vides tout à la fois, où on se hâte de changer de chevaux pour s'éloigner au plus vite d'un lieu où s'élevaient jadis les maisons de plaisance d'*Auguste*, de *Pomponius Atticus*, etc. Au commencement des Marais Pontins on rencontre

SEZZE (*Suessia Pometia*), ville que traversa *St Paul* pour aller à *Rome*. On y voit quelques restes du temple consacré à Saturne fugitif, et un beau tableau de *Lanfranc* qu'on conserve dans l'église des Franciscains.

Pour aller de *Torre de' Tre-Ponti* à BOCCA DI FIUME, on traverse le canal sus-mentionné sur un beau pont de marbre, et on arrive ensuite en très-peu de temps à *Terracine*.

TERRACINE (*Anxur* chez les anciens), (*hôtel:* Royal), a été fondée par les Volsques. Elle est située sur une élévation, et se voit d'assez loin. *Terracine* se ressent beaucoup de la funeste influence des marais voisins. *Théodoric* y eut un palais dont on montre encore quelques restes. Sur l'emplacement occupé actuellement par la *Cathédrale*, s'élevait jadis le temple de Jupiter que Virgile désigne sous le nom de *Jupiter Anxurus*. Il y a un portique soutenu par de fort belles colonnes, et au-dessous on remarque un grand vase de marbre blanc orné de très-beaux-bas reliefs. Dans l'église on conserve aussi un précieux fragment d'une antique mosaïque. Le nouveau *Palais* que *Pie VI* y a fait construire est digne d'attention par sa belle architecture et par les heureuses dispositions de l'intérieur. De l'ancien port de *Terracine*, il ne reste plus que les anneaux auxquels on amarrait les navires. La population de cette ville monte à peine à 9,000 âmes.

A l'extrémité occidentale des *Marais Pontins*, près de la TOUR D'ASTURA, qui tire son nom du fleuve qui en cet endroit se jette dans la mer, était autrefois le petit port où *Cicéron* s'embarqua pour aller à *Formio*, sa maison de campagne, le même jour qu'il fut assassiné. Là aussi fut arrêté le jeune et infortuné *Conradin*, trahi par *Frangipani*, seigneur d'*Astura*, auprès duquel il s'était réfugié.

Six milles plus loin, en remontant vers *Rome*, on trouve le long du rivage la ville de

Nettuno (*Neptune*), qui tire son nom d'un temple que les Volsques élevèrent en cet endroit au dieu de la mer, afin de se le rendre favorable dans leurs navigations. Cette ville était aussi célèbre par les temples de la *Fortune*, de *Vénus*, d'*Esculape*, et par le palais rural qu'y possédaient les empereurs romains. Ce fut là que les statues d'*Apollon* et du *Gladiateur mourant* furent trouvées. L'ancien port qui existait à *Nettuno* fut détruit par *Numicius*, l'an de Rome 284. Cependant il y avait à peu de distance de là le port d'Anzio, que *Néron* fit agrandir à force de dépenses, et qui fut plus tard abandonné. Le pape *Innocent XII* en fit construire un autre, mais il était plus petit et peu sûr. Les voyageurs ne devront pas manquer de visiter les maisons de campagne *Albani*, *Doria* et *Orsini*, qu'on voit dans les environs. Le poëte *Tassoni* s'exprime ainsi sur le compte de *Nettuno* dans une de ses strophes :

> Le donne di Nettun vede sul lito
> In gonna rossa col turbante in testa.
> Rade il porto di Astura, ove t.adito
> Fu Corradino nella fuga mesta ;
> Or l'esempio crudele ha Dio punito
> Chè la terra distrutta e inulta resta ;
> Quindi monte Circello orrido appare
> Col capo in cielo e con le plante in mare.
>
> (Chant X, strophe 24.)

Nous ne quitterons pas ces parages sans avoir aussi visité, sur la frontière orientale des *Marais Pontins*, cette péninsule formée par un haut promontoire, appelé aujourd'hui Monte Circello ou Circfo, sur le sommet duquel s'élève la petite ville de S.-Felice. Là existaient, selon les poëtes, la maison de *Circé* et les tristes prisons où furent enfermés les compagnons d'*Ulysse* après leur métamorphose. Le célèbre naturaliste *Brocchi* a donné sur ce lieu des détails trèssavants qu'on peut lire dans les livraisons de la *Bibliothèque Italienne* de l'année 1817.

La route qu'il nous reste à parcourir, à partir de ce point, est aussi belle que riante.

TORRE DE' CONFINI, qu'on rencontre un peu au delà de *Terracine*, est le dernier village du territoire de l'Eglise. Près de là est le PORTELLO, premier endroit appartenant au royaume de *Naples*. Dans ce village est la douane de frontière. Laissant à gauche MONTICELLO, village de 4,400 habitants, on trouve avant d'arriver à FONDI la grotte dans laquelle *Séjan* sauva la vie à *Tibère*, selon *Tacite*. A peu de distance de là, s'étend sur la droite le lac de FONDI (*Lacus Fundanus*). Sur les bords de ce lac, du côté de la mer, fleurit jadis la ville d'*Amycla*; mais aujourd'hui on ne pourrait même désigner la véritable place qu'elle a occupée sur ces rives.

Nous voici entrés dans l'agréable *Campania*, *Terra di Lavoro* ou *Terre de travail*.

FONDI (*Fundi*) est une petite ville de 4,700 habitants qui appartint jadis aux *Arunci*. Au XVIe siècle, *Ferdinand*, roi d'Aragon, en fit présent à *Prosper Colonna*. *Julie Gonzague*, l'une des plus belles femmes de l'Italie, étant demeurée veuve de *Vespasien Colonna*, y vivait au milieu des larmes et de la solitude, lorsque le célèbre corsaire *Barberousse* tenta de l'enlever en débarquant à l'improviste et de nuit sur la plage voisine. L'infortunée *Julie* eut à peine le temps de se mettre en lieu de sûreté. Le féroce Musulman exhala sa colère sur la ville, qu'il mit à feu et à sang; la cathédrale fut renversée, et la plupart des habitants conduits en esclavage. En 1594, elle fut saccagée une seconde fois par les Turcs. Le comté de *Fondi* passa plus tard, à titre de fief, dans la famille *Sangro*. On prétend que la partie inférieure des murs de cette ville est antérieure à la fondation de *Rome*. Les voyageurs y visiteront avec plaisir la chambre dans laquelle étudiait *S. Thomas d'Aquin*, et un beau tableau représentant le saccagement de *Barberousse*. Les vins des monts *Cæcubi* (tel était le nom que les Romains donnaient aux montagnes des environs de *Fondi*) avaient chez les anciens une réputation qu'ils conservent encore aujourd'hui.

De *Fondi* on s'arrête à ITRI, village d'environ 500 habitants, situé sur une roche entourée d'agréables collines. Là exista jadis MAMURRA, ville latine citée par *Horace*; on y voit encore les restes de murs cyclopéens, débris d'un temple antique et d'un mausolée. A une petite distance de là s'élève, à main droite, une tour qui passe généralement pour le tombeau de *Cicéron*, à qui il fut élevé par ses affranchis. A un mille avant d'arriver à

MOLA, on aperçoit le golfe et la ville de *Gaëte*, et les îles qui sont en face de *Naples*.

MOLA DI GAETA. C'est un bourg de 2,000 habitants qui fut autrefois *Formia*, ville latine célébrée par *Horace*, qui compare ses vins à ceux de *Falerne*. Le village voisin, CASTELLONE, est considéré comme le *Formianum* de *Cicéron*, qui fut assassiné dans ces environs par les sicaires d'*Antoine* (1). Dans la maison de campagne du prince *Camposole*, transformée aujourd'hui en une fort belle auberge, on voit un assez grand nombre d'anciens monuments déterrés dans ces campagnes; on en découvrirait beaucoup d'autres sans doute, si elles n'étaient couvertes par les eaux. En partant de *Mola*, on trouve les restes d'un aqueduc et d'autres ruines qui appartiennent probablement aux faubourgs de l'ancienne *Minturne*, auprès de laquelle *Marius* alla se cacher pour se dérober aux poursuites des soldats de *Sylla*. Quoique la ville voisine soit hors de notre route, nous en dirons quelques mots en passant.

GAETE. Cette ville fut fondée par *Énée*, en l'honneur de *Cajeta*, sa nourrice. C'est aujourd'hui une forteresse importante. La ville est bien bâtie, bien peuplée, et contient environ 10,000 âmes de population. Sur le sommet du *Corce* s'élève la tour appelée *Tour de Roland*, qui est l'ancien tombeau de *Lucius Munatius Plancus*. Il y a aussi une colonne à douze faces, sur lesquelles sont gravés les noms des douze vents en grec et en latin. On y voit en outre une autre tour qu'on croit avoir été jadis un temple de Mercure; elle se nomme tour *Latratina*. En 1440, *Gaëte* fut fortifiée par les ordres d'*Alphonse*, roi d'Aragon, et plus tard *Charles V* l'agrandit considérablement. Cette ville a été

(1) V. les Antichità Ciceroniane ed Iscrizioni esistenti nella villa Formina in Castiglione di Gaeta. Napoli, 1827.

théâtre de nombreux faits d'armes ; en 1702 elle fut assiégée par les Autrichiens, en 1734 par les Français, les Espagnols et les Sardes, en 1806 par les Français, et en 1815 par les Autrichiens. Dans le château il faut visiter le tombeau du célèbre *connétable de Bourbon*, tué en 1528 à la prise de Rome. La cathédrale de *Gaëte*, dédiée à *St Érasme*, possède dans son baptistère un monument antique et singulier tant par sa forme que par les bas-reliefs dont il est orné. On y remarque en outre un beau tableau de *Paul Véronèse*, et l'étendard offert par *Pie V* à *Don Juan d'Autriche*, généralissime des armées chrétiennes contre les Turcs, qui furent défaits à *Lépante*. Le port est encore aujourd'hui tel qu'il était anciennement.

On donne le nom de *Golfe de Gaëte* à cette portion de la mer Tyrrhénienne qu'il domine. Auprès de la ville il y a une église dite la *Trinité*, qui renferme une chapelle dont la situation est admirable.

En sortant de *Mola*, et au delà des ruines que nous avons indiquées, s'étend le fleuve GARIGLIANO (*Liris*), qui sépare le *Latium* de la *Campanie*. On traverse ce fleuve sur un magnifique pont de fer de construction récente, le seul de cette matière et de ce style qu'il y ait jusqu'à présent en Italie, à l'exception de celui de *Padoue*. Là on quitte la *voie Appienne*, qui se prolonge sur le rivage de la mer jusqu'à l'embouchure du VOLTURNO (*Vulturnus*). En s'avançant vers ST-AGATA, on remarque à gauche la ville de SESSA (*Suessa Arunca*), la plaine de CARINOLA (*Calinium*), et le mont MASSICO, célèbre par ses vins si vantés par *Horace*.

S.-AGATA est un village dans lequel on voit les restes d'un magnifique amphithéâtre qui appartenait à *Minturne*. Avant d'arriver à la station suivante, on passe le *Volturno* sur un superbe pont.

Au pied du mont ST-NICOLAS, appartenant à la chaîne des monts *Tiphates*, et dans le voisinage des fleuves CLANIO (*Petria*) et *Volturno*, fut construite, dans le ixe siècle, la ville de

CAPUA (*Capoue*), distante d'un mille environ de la célèbre *Capoue*, où *Annibal* alla chercher un funeste repos après la mémorable bataille de *Cannes*. L'ancienne *Capoue* est transformée aujourd'hui en un village appelé SAINTE-MARIE-MAJEURE. Là aussi on remarque les restes d'un amphithéâtre qui a dû être magnifique. La moderne *Capoue* renferme aussi plusieurs anciens monuments qui ont été décrits par *Alexis Symmaque Mazzochi*. Les littérateurs *Rinaldi*, *Granata* et *Pratilli* ont donné une relation des vicissitudes civiles et politiques de cette ville. Elle contient aujourd'hui plus de 7,000 habitants. La *Cathédrale* est soutenue par des colonnes de granit tirées d'anciens édifices, de sorte qu'elles sont inégales entre elles et de forme et de grosseur; cette église est ornée de bons tableaux de *Solimène* et d'une magnifique sculpture du *Bernin*. Les fortifications modernes ont été dessinées et construites par le célèbre *Vauban*.

Plusieurs villages des environs de *Capoue* tirent leur nom de leurs anciens temples, comme BELLONA, GIANO, ERCOLE, CASAPULLA ou CASOLLA (*Casæ Apollonis*), etc.

CASERTA (*Casa irta*) est une petite ville voisine de là, mais en dehors de la grande route. Elle est bâtie sur une colline fort agréable. Sur une autre appelée TORRE, le roi *Charles III* éleva un château royal de plaisance, d'après les dessins de *Vanvitelli*; ce palais passe pour un des plus beaux qu'il y ait en Europe. Nous n'en donnerons point la description, afin de laisser au voyageur le plaisir de la surprise; nous dirons seulement que la population de *Caserta* s'élève à peine à 600 hab., tandis que celle de la *Torre* monte presque à 5,000.

A une égale distance de *Capoue* et de *Naples*, on trouve la petite ville de AVERSA (*Adversa*), fondée en 1030 par le Normand *Rainulfo* (1). L'église de l'*Annonciade* et celle de *Sainte-Marie-des-Anges* renferment chacune un beau tableau de *Solimène*. Mais ce qui donne de la réputation à cette petite ville, c'est son établissement appelé la *Casa de' Pazzi* (*maison des fous*), qui est devenu avec justice l'objet de l'admiration universelle et le modèle de

(1) Voyez l'histoire écrite par Ferdinand Fabozzi, imprimée en 1770.

semblables institutions (1). L'abbé *Linguetti* a mérité par la fondation de cet hospice la reconnaissance de tous les peuples.

Deux milles plus loin, on trouve le gros bourg de St-Elpidio, qui fut autrefois une ville très-ancienne de la Campanie, et qui se nommait *Atella*. Elle était habitée par les Osques, et avait quelque célébrité à cause de ses comédies, dites *Atellane*, qui se faisaient remarquer par leurs traits mordants et par leur licence. Pop. 3,400 hab.

St-Julien est aussi un village considérable de ces environs.

Une route neuve et vaste nous conduit ensuite au bourg populeux de Capo di Chino (*Caput Clivii*), et de là à *Naples*, dont nous donnerons plus tard la description.

ROUTE XCI.

De ROME a NAPLES,

Par Piperno, 18 p. 3/4.

De Rome à Torre di Mezzavia,	1 p. 1/2	Casenuove,	1
		Piperno,	3/4
Marino,	1	Marusti,	1
Fajola,	1	Terracine,	1
Velletri,	1	De Terracine à Naples	
Sermoneta,	1	(*v.* route précédente),	9 1/2

Entre ce voyage et celui que nous venons de décrire, il y a très-peu de différence; cependant il est bon d'informer le voyageur que sur cette route il n'y a point de postes. On sort de *Rome* par la porte *St-Jean*, et, au lieu de prendre le chemin de *Torre di Mezzavia*, nous suivrons celui qu'on trouve à gauche en sortant de la porte, qui nous conduira à

---

(1) Consultez à cet égard l'ouvrage de Galaud publié à Bologne, en 1824.

Frascati. Une route assez commode nous mènerait d'*Albano* à *Velletri*; mais nous donnerons la préférence à une autre, qui est inégale, il est vrai, mais qui a l'avantage d'être neuve, montagneuse, et par conséquent plus pittoresque. Le premier lieu que nous rencontrerons sur cette route se nomme MARINO-VALMONTONE, gros bourg élevé dans une jolie situation, et dans le voisinage duquel on voit beaucoup de jolies maisons de campagne. En poursuivant notre route au milieu des montagnes, nous arriverons à MONTE-FORTINO, autre bourg de la province de PALESTRINI (*Prænesti*), ville épiscopale, jadis capitale des *Eques*, et qui est à deux lieues de distance sur notre gauche ; et où depuis environ douze ans il s'est formé un petit lac de 130 pieds de circonférence sur 27 de profondeur.

Un peu plus loin, le chemin se divise en deux branches; nous prendrons celui de gauche, qui nous introduira dans BASCIANO, village de quelque importance ; puis, donnant un coup d'œil en passant à la villa SERMONETA, nous arriverons à la petite ville de SEZZE, que nous avons déjà citée, et nous monterons immédiatement à PIPERNO (*Pryvernum*), ville véritablement sauvage, que nous nous hâterons d'abandonner pour descendre dans les riantes plaines adjacentes. Cette même route nous conduira jusqu'à PONTE-MAGGIORE, lieu où finissent les *Marais Pontins*, et à *Terracine*, d'où nous reprendrons la route que nous avons décrite dans le voyage précédent.

ROUTE XCII.

DE ROME A NAPLES,

Par Civita-Vecchia.

De *Rome* à *Civita-Vecchia*, par omnibus, prix : 2 scudi; trajet, 8 heures. — *Civita-Vecchia* à *Naples*, par la vapeur; prix, 55 fr. et 35 fr.; trajet, environ 24 heures. Cette voie est celle que suivent maintenant presque tous les touristes, évitant par là l'ennui de traverser les Marais Pontins.

Pour la navigation, voyez Introduction, page 54.

Civita-Vecchia, voyez page 446.

ROUTE XCIII.

DE FERMO ET D'AQUILA A SULMONA.

DE FERMO A SULMONA.		
De Fermo à Ascoli,	4 p.	1/2
(Les postes ne sont pas établies entre ces deux endroits.)		
Teramo,	2	
Civita di Penne,	2	1/2
Popoli,	3	
Sulmona,	1	
Postes,	13	

D'AQUILA A SULMONA.	
D'Aquila à Poggio Picenza,	1 p.
Navalli,	1
Popoli,	1
Sulmona,	1
Postes,	4

ROUTE XCIV.

DE SULMONA A NAPLES.

13 postes.

De Sulmona à Rocca Valloscuro,	1 p.
Rocca Raso,	1
Castel di Sangro,	1
Vandria,	1 1/2
Isernia,	1
Menafri,	1 1/2
Pagliarone,	1 1/2
Torricella,	1
Capoue,	1 1/2
Aversa,	1
Naples,	1
Postes,	13

COMMUNICATIONS.

De Popoli à Chietti,	3 p.	di Sangro,	6
De Chietti à Pescara,	1	D'Isernia à Campo-Basso,	3 1/2
— à Civita di Penne,	1 1/2	De Calvi à S.-Germano,	4 1/2
— à Lanciano,	4	De Capoue à Naples par Caserta,	2 3/4
De Lanciano à Castel			

FERMO (*Firmium*) est une ville antique située sur le sommet d'une colline. C'est un chef-lieu de province qui compte environ 14,000 habitants. Elle fut d'abord colonie romaine, et subit plus tard le sort de l'Italie, lorsque cette belle contrée fut inondée par les barbares. *Fermo* eut aussi ses tyrans et ses malheurs. Le célèbre *Lattanzio* est surnommé *Firmiano*, parce qu'il a vu le jour dans cette ville. La *Cathédrale* est assez remarquable, ainsi que le *Théâtre*, qui a été récemment construit. La vue dont on jouit du haut de la colline qu'on nomme *Gerone* (1) est admirable.

Au sortir de *Fermo*, nous laissons sur la gauche les plages de l'Adriatique; nous traversons les rivières LETO MORTO (*Læta*) et ASONA (*Aso*), et nous avançons dans les montagnes pour aller nous reposer à

RIPA TRANSONE (*Cupra Montana*), ville épiscopale de 2,200 habitants (2). Au delà de cette florissante ville, nous rencontrerons les châteaux ruinés de CASSIGNANO et d'AFFIDA, après avoir traversé la rivière JOSINO; un peu plus avant, nous traverserons une autre petite rivière appelée CASTELLANO, qui se décharge dans le TRONTO (*Trenutum*), dans le voisinage

D'ASCOLI (*Asculum Picenum*), ville fort ancienne, patrie de l'orateur *Bettucius Barrus*, fort estimé et loué par *Cicéron*; de *Ventidius Bassus*, célèbre capitaine; du pape

---

(1) Adami et Gontieri ont écrit chacun une histoire de Fermo. Il en existe une troisième très-estimée, écrite par Michel Catalini.

(2) Paciaudi a publié un ouvrage sur les antiquités de Ripa Transone.

Nicolas IV, et d'autres hommes illustres. Pendant le xive siècle, les *Falzetta* et les *Miglianitti* se disputèrent vivement la possession de cette petite ville, qui eut beaucoup à souffrir de cette rivalité. Les antiquités qu'elle renferme ont été décrites par *Cimolia* (1). Pop., 13,000 hab.

Ici nous avons à parcourir un trait de route fort incommode. Le premier endroit qu'on trouve sur ce chemin peu agréable est

Teramo (*Interramnia*), ville de 6,000 âmes, située entre les deux rivières Jordino (*Batinus* et aussi *Juvantius*) et Oiciola, à peu de distance du Vomano (*Vomanus*).

Civita di Penne (*Pinna*) s'élève entre le Tavo et le Salino (*Tifernus*). Cette petite ville renferme de beaux édifices et plus de 7,000 habitants.

Popoli, autre petite ville située sur les bords de Pescara (*Aternus*), fut longtemps gouvernée par les *Contelmi*.

Sulmona (*Sulmo*) est la patrie d'*Ovide*, qui prétend qu'elle fut fondée par le Phrygien *Solemus* (2). Cette jolie petite ville, de 8,000 habitants, est placée sur les bords de la rivière Sore, et possède une jolie *Cathédrale*; elle est la patrie des papes Célestin V et Innocent VII. Indépendamment des *Mémoires historiques* de cette petite ville, imprimés en 1804, il y a encore une histoire savante de *Popoli* et de son territoire, publiée en 1812 par M. *Torgia*.

A *Popoli* on trouve deux routes de poste, dont l'une conduit à *Chieti* et l'autre à *Aquila*. Il nous paraît convenable que le voyageur les connaisse toutes deux.

A quatre milles de *Popoli*, le long de *Pescara*, on trouve la grosse terre de Tocco, où se fabriquent les meilleures huiles des *Abruzzes*, et un peu plus loin les *villes* de Saint-Valentino, de Torri et de Valva. Auprès de cette dernière on gravit la colline sur laquelle s'élève Chieti (*Teate Marrucinorum*), jadis capitale des peuples Marruciniens, et aujourd'hui chef-lieu de l'Abruzze Citérienne. Cette petite ville est le siége d'une cour criminelle et d'un

---

(1) Description des peintures, sculptures, etc., de la ville d'Ascoli, par Balthazar Orsini.

(2) Voyez les Fastes d'Ovide, liv. IV.

tribunal civil ; elle est considérée comme place forte de quatrième ordre, et se fait remarquer par les jolis édifices qu'elle renferme. Sa *Cathédrale* est d'une architecture fort estimée. Elle possède en outre quatre autres *Églises*, plusieurs *Couvents*, un vaste *Séminaire*, un *Lycée*, une *Société d'agriculture*, d'arts et de commerce, un grand *Hôpital*, des *Hospices*, un *Mont-de-Piété*, un beau *Théâtre* et plusieurs fabriques. Il s'y fait commerce de draps, de vins, d'avoines et d'huiles. C'est la patrie de *Pollion*, rival de *M. Tullius*, des historiens *Toppi* et *Jérôme Nicolini*, du peintre *Antoine Solaro*, etc. La population de *Chieti* s'élève à 15,000 âmes. L'origine de cette ville se perd dans la nuit des temps : après avoir été soumise aux Grecs pendant le cours de plusieurs siècles, elle tomba sous la domination des Romains, qui l'appelèrent *Teate Marrucinorum*. A la chute de l'empire romain, elle tomba au pouvoir des Goths et des Lombards. Ces derniers ayant été défaits par *Charlemagne*, *Pepin* l'assiégea et la mit à feu et à sang. Les Normands la rééditièrent plus tard, et ce fut dès lors qu'elle acquit un état florissant. *Clément VII* l'érigea en archevêché. On assure que l'ordre des *Théatins*, fondé par *saint Gajetan*, a tiré sa dénomination du nom latin de *Chieti* (*Teate*). La mer Adriatique n'est qu'à dix milles de distance de *Chieti*.

Non loin de là on rencontre LANCIANO (*Auxanum*), petite ville à laquelle ses vins muscats et ses fréquentes foires ont acquis quelque célébrité. Pop. 13,000 hab.

Les étapes de NAVALLI, de POGGIO PICENZA conduisent de *Popoli* à *Aquila*.

AQUILA (*Aquila*, *Avella* ou *Avia*) est une ville belle et assez considérable, chef-lieu de la province de l'*Abruzze ultérieure seconde*. On assure qu'elle a été fondée et agrandie par l'empereur *Frédéric II*, qui se servit à cet effet des ruines des antiques cités d'*Amiternum* et de *Furconium*. Il est certain que l'évêché de cette dernière fut transféré à *Aquila* par le pape *Alexandre IV*, et qu'en 956 l'empereur *Othon I*er conféra à l'évêque le comté de *Furconium*. Cette ville fut considérablement endommagée par les tremblements de terre de 1688 et de 1706, mais plus encore par

ROUTE 94. — DE SULMONA A NAPLES.

celui de 1703, qui fit plus de mille victimes. Ayant été reconstruite entièrement, elle n'a conservé de toutes ses fortifications qu'un seul fort. L'historien romain *Salluste* était natif d'*Amiterne*, dont on voit les restes dans le voisinage d'*Aquila*.

Aquila est située sur une colline au pied de laquelle coule le *Pescara*. C'est une des quatre grandes cours du royaume de *Naples*, et le siége d'un évêché qui relève immédiatement du saint-siége. Indépendamment de la *Cathédrale*, il y a 25 *églises paroissiales* et divers couvents, un *Lycée royal* fondé par *Ferdinand IV*, un *Séminaire*, un *Hôpital*, deux *Hospices* et un *beau Théâtre*. Elle possède des papeteries, des fabriques de toile et de cire; on y fait un grand commerce de fruits secs, de laines, et surtout d'excellent safran que produisent les environs. Cette ville compte environ 8,000 hab.

Revenons maintenant à *Sulmona*. La chaîne des *Apennins*, que nous voyons à droite, nous invite à visiter le LAC DE CELANO (*Lacus Fucinus*), situé sur le territoire des anciens *Marses*; mais cette digression nous éloignerait trop de notre route. Le premier bourg qu'on rencontre est PETTORANO, bourg considérable, et même ville seigneuriale. ROCCA VALOSCURO, ROCCA RASO, CASTEL DI SANGLO, situé sur le fleuve du même nom (l'ancien *Sarus*), RIONERO et VANDRIA, sont des lieux escarpés et d'un abord difficile, malgré les bonnes routes qu'on y a pratiquées et qu'on y entretient avec soin : ils ne valent pas la peine de nous y arrêter; aussi nous hâterons-nous d'aller nous reposer à

ISERNIA (*Æsernia*), ville épiscopale de la province de *Molise*, et qui renferme environ 5,000 habitants; elle est passablement fortifiée, et possède plusieurs monuments antiques fort intéressants qu'on regarde généralement comme des restes de *Telesta*. En remontant les hauteurs à gauche, on peut se rendre à

CAMPO BASSO (peut-être le *Corfinium* des anciens), ville bien fortifiée, et qui contient aussi 8,000 âmes de population; mais nous gravirons les hauteurs qu'on trouve à droite pour arriver à *Venafri*, dans laquelle on entre après avoir traversé le VOLTURNO (*Vulturnus*).

VENAFRI (*Venafrum*), ville de la province de *Terra di Lavoro*, est située au pied d'une montagne, dans un territoire sain et fertile. Son origine est si ancienne, qu'elle est inconnue. Elle appartint aux Samnites, puis aux Romains, dont elle fut une colonie. On voit hors de son enceinte des restes qu'on suppose être les débris de son amphithéâtre. Les anciens historiens disent que les principaux citoyens de *Rome* y avaient des maisons de plaisance. Il est certain qu'on a trouvé dans la ville et sur son territoire une assez grande quantité de monuments antiques, de vases, d'inscriptions, de médailles, de débris d'anciens édifices, etc. La ville actuelle était le siége d'un évêché suffragant de *Capoue*, et honoré du titre de principauté; mais aujourd'hui elle a perdu ces deux titres, et elle dépend pour le spirituel du diocèse d'*Isernia*. Elle renferme une belle cathédrale et six églises paroissiales, six couvents, un vaste hôpital, un séminaire, deux écoles et un mont-de-piété. La population est de 4,000 âmes environ.

En quittant *Venafri*, on traverse les terres de MIGNONE et de PAGLINRONE.

En ce dernier endroit, la route se divise en deux branches, dont l'une, se dirigeant vers l'est, conduit à ST-GERMANO, et l'autre, s'étendant vers le sud, mène à TORRICELLA, où nous relayerons. Ce dernier village est situé entre *Teano* et *Calvi*.

TEANO (*Teanum Sedicinum*) est une ville de 3,000 habitants, qui a quelque réputation à cause des eaux minérales qui jaillissent sur son territoire.

CALVI (*Cales* et *Calenum*) est une petite ville, mais triste et insalubre; elle est sujette aux tremblements de terre, qui l'ont tellement endommagée, qu'elle n'est plus que l'ombre d'elle-même. Malgré cela, *Calvi* et SPARANISI, autre ville qui n'est ni plus importante ni plus agréable, ont eu leur historien.

De *Torricella* à CAPOUE il n'y a qu'une poste, ainsi que de *Capoue* à *Caserta*, mais on prend maintenant le *chemin de fer* jusqu'à *Naples*, en laissant *Maddaloni* à gauche en passant par *Acerra*. Nous avons fait connaissance avec ces divers endroits dans le voyage précédent, et nous y renvoyons le lecteur pour plus de brièveté. De *Caserta* à *Naples*, on peut cependant prendre une autre route en allongeant le chemin d'une poste. Cette contrée ne renfermant aucun lieu qui n'ait son côté intéressant, nous conduirons aussi le voyageur par cette direction.

Après avoir passé devant quelques petites maisons de campagne, on entre dans

MADDALONI (*Magdalum*), ville très-bien située au pied du mont TIFATA; elle est florissante, fait un commerce très-actif, et compte près de 11,000 habitants. ARIENZE et FRESSOLA, qui font suite à *Maddaloni*, sont des maisons de campagne renommées pour l'excellence des pêches et des cerises qu'elles produisent. Le canal de RICFLLO mérite aussi une attention particulière ; ses eaux forment une des sources de la rivière CLANIO ou PETRIA, et ont la propriété de pétrifier les corps qu'on y plonge, sans toutefois en dénaturer la forme. Au delà de ces *villa* dont nous venons de parler, s'élève

ACERBA, ville épiscopale à laquelle *Silius* donne l'épithète de *semper contempta*, épithète qu'elle mérite encore aujourd'hui par l'insalubrité de l'air qu'on y respire. Elle est environnée de marais infects auxquels on n'a pas encore cherché à donner un écoulement. Cependant elle compte environ 6,000 âmes de population. Sa *Cathédrale*, obscure et gothique, renferme un bon tableau de *Solimène*.

En continuant la route, on passe par le village de CASOLIA (*Casa Aurea*), dont l'*église* renferme un tableau assez remarquable de *Pierre di Martino*, peintre natif du lieu, et élève de *Giordan*. A peu de distance de là on entre enfin dans *Naples*.

NAPLES.

HÔTELS : le *Crocelle*, faisant face à la baie ; — la *Victoria*, ayant d'un côté la baie et de l'autre la Villa Reale (jardin royal); c'est un vaste établissement où l'on trouve une belle collection de peintures anciennes;—de la *Grande-Bretagne*, en face la Villa Reale ;— des *Étrangers* ; belle vue sur la baie; — de *Belle-Vue*; de *New-York*; — de *Rome*, de *Russie*, du *Commerce*, de *Genève*; — la *Speranza, la Croix-de-Malte*, dans l'Argo del Castello, etc. (place du Château). On paye dans les hôtels de premier ordre, déjeuner au thé ou au café, avec pain et beurre, 3 pauls; avec des œufs, 5 pauls; à la fourchette, 8 pauls. — Dans les grands hôtels il n'y a pas de table d'hôte; un dîner dans son appartement coûtera de 10 à 12 pauls.

Notions historiques.—L'origine de *Naples* est si ancienne qu'elle se perd dans la nuit des temps, et qu'elle est enveloppée dans les fables de l'antiquité la plus reculée. On s'accorde cependant à en attribuer la fondation à quelques Grecs fugitifs. Ce qu'il y a de certain, c'est que les habitants de *Cumes*, jaloux de sa prospérité croissante, la ruinèrent de fond en comble, et qu'avant de porter le nom de *Néapolis*, elle avait celui de *Parthénope* qu'elle tenait, selon Strabon, de la sibylle *Parthénope*, et, selon d'autres, du nom de la fille d'un roi de Thessalie qui y conduisit une colonie. Elle fut reconstruite par les mêmes habitants de *Cumes*, et lorsque *Annibal* s'en approcha, elle n'était point la sujette des Romains, mais leur alliée; car elle ne devint colonie romaine que sous les empereurs. Elle ne continua pas moins à être une ville grecque par sa religion, ses mœurs, ses coutumes et son langage. L'empereur *Adrien* la fit agrandir en l'an 130, et *Constantin* en 308. Elle devint ensuite un lieu de repos et de délices pour les plus riches habitants de *Rome*. Ce fut dans un de ses châteaux que se retira le jeune *Augustulus*, après avoir été renversé de son trône par *Odoacre*, roi des Hérules, en 476. *Bélisaire*, général de *Justinien*, la prit d'assaut en 536, la saccagea, et fit passer les habitants au fil de l'épée sans distinction d'âge ni de sexe; mais, quatre ans après, ce même général fut le premier à prendre toutes les mesures nécessaires pour son prompt rétablissement, parce qu'il se trouvait dans la nécessité de soutenir un siège contre *Totila*, auquel il fut obligé de se rendre en 542. Par la suite *Naples* fut tour à tour assujettie aux Normands, aux empereurs d'Allemagne, à la France et à l'Espagne. Sous la domination des Normands et des Souabes, *Naples* ne présente qu'une suite de guerres intestines. C'est à partir de la dynastie angevine que son histoire devient plus intéressante, soit parce que les faits étant plus rapprochés de notre siècle, nous sont parvenus avec plus de détails, soit parce que nous sommes naturellement enclins à repousser comme apocryphes des événements qui, n'étant plus dans nos mœurs, trouvent avec peine du crédit dans notre esprit. Nous transporterons tout d'un coup le lecteur à l'époque de la mort de *Conradin*, arrivée en 1280, époque où la couronne des Deux-Siciles échut à *Charles d'Anjou*.

DYNASTIE ANGEVINE.— La tyrannie et les odieuses exactions de *Guy de Montfort*, que ce prince avait envoyé à *Palerme* en qualité de vice-roi, provoquèrent les trop célèbres *Vêpres Siciliennes*, ainsi nommées, comme chacun sait, parce que cet horrible massacre eut lieu à l'heure des vêpres, en 1282. Bientôt la Sicile fut séparée du royaume de *Naples*. *Charles Ier* et *Charles II*, son successeur, consumèrent leur règne en guerres acharnées, dans le but de réunir par la conquête ce qui avait été séparé par elle. Enfin *Robert* monte sur le trône en 1309. Ce prince savant et philosophe fut pour le royaume de *Naples* ce que furent les *Médicis* pour la Toscane, *Louis XIV* pour la France, et *Auguste* pour *Rome*. On assure que ce fut pour sa fille *Marie* que *Boccace* composa *Filocopo* et *Fiametta*. *Robert* mourut sans héritier mâle; car le duc de Calabre, son fils, après avoir traîné une existence languissante, s'éteignit dans la fleur de l'âge. La mort de *Robert*, arrivée en 1343, laissa le royaume dans une situation incertaine. L'aînée des filles du duc de Calabre, *Jeanne*, fut fiancée à *Andrea*, fils du roi de Hongrie, et la femme du défunt fut nommée régente. Ce règne fut un des plus sanglants de l'histoire du monde. On connaît l'ambition démesurée de la reine *Jeanne*, qui a fait planer sur sa tête le soupçon d'assassinat sur la personne de son mari. Le roi de Hongrie, voulant venger la mort d'*Andrea*, descendit en Italie avec des troupes; *Jeanne*, dépourvue de troupes, d'argent et de généraux, quitta *Naples*, se retira en *Provence*, et épousa le duc de Tarente. Lorsque le roi de Hongrie eut quitté *Naples*, *Jeanne* y revint avec son mari, et, après plusieurs années de combats, elle signa en 1351 une trêve à la suite de laquelle le duc de Tarente fut couronné roi de *Naples*. *Jeanne* était une femme très-remarquable; elle avait une beauté masculine et une bravoure à toute épreuve; mais elle était stérile, car elle ne put avoir de postérité, quoiqu'elle eût épousé quatre maris. *Charles Durazzo*, son neveu par alliance, la détrôna, la fit enfermer dans un château, où elle fut étranglée par son ordre. Son cadavre fut transporté à *Naples* et exposé pendant huit jours dans l'église *Ste-Claire*, puis on le jeta dans une sépulture si ignoble, que ses restes n'ont jamais pu être retrouvés. *Charles Durazzo* se fit reconnaître et sacrer roi de *Naples*. Il fut assassiné lorsqu'il marchait à la conquête de la Hongrie. *Ladislas* son fils lui succéda. Ce prince, brave, cruel, ambitieux et passionné pour le sexe, tomba malade par suite de ses excès, et vint mourir à *Naples* en 1414. Sa sœur *Jeanne*, nommée par les historiens *Jeannette*, le remplaça sur le trône. Son règne fut celui des favoris. Elle épousa le comte de la Marche, qui lui ôta son pouvoir et la tint renfermée rigoureusement, jusqu'au moment où *Jeannette* le fit enfermer à son tour et ressaisit la couronne. Le comte, après une captivité de trois ans, se sauva en France, où il se retira dans un couvent et mourut moine. *Jeanne II*, étant devenue vieille et presque stupide, mourut en 1433, en laissant deux successeurs qui devaient déchirer le royaume. Là finit la dynastie angevine.

DYNASTIE ARAGONAISE. — *René d'Anjou* et *Alphonse d'Aragon* se disputèrent vivement le trône; mais *Alphonse* l'emporta, et ceignit la couronne sous le nom d'*Alphonse I*er. Bientôt le royaume tomba sous la domination espagnole, et devint la victime de la cupidité la plus basse. Ce fut alors qu'éclata cette célèbre insurrection dont le simple pécheur d'*Amalfi*, *Masaniello*, fut le chef. Nous ne nous étendrons point sur ce fait si connu, et nous dirons seulement que dans l'espace de quinze jours *Masaniello* fut pêcheur, rebelle, général en chef, duc, roi, fou, et tué. Le duc de *Guise* ne tarda pas à monter sur le trône; mais la trahison l'en précipita au bout de sept mois. *Philippe IV* mourut peu de temps après, et laissa à son fils *Charles II* sa couronne chancelante. Celui-ci mourut sans héritiers, et donna naissance à cette longue guerre si connue pour la succession d'Espagne. *Philippe V* et *Charles III* étant aussi descendus dans la tombe, *Ferdinand*, fils de ce dernier, lui succéda. Ce règne fut signalé par de grands désastres financiers. Ces malheurs s'aggravèrent encore par la fuite de la cour en Sicile. En 1799, les Français s'emparèrent de *Naples*, qu'ils durent abandonner peu de temps après. Alors commença une sanglante réaction. Enfin *Caroline* et *Ferdinand*, ayant été rétablis sur le trône, eurent quelques démêlés avec *Napoléon*, dont les troupes s'emparèrent de *Naples*. *Joseph Bonaparte* prit les rênes du gouvernement; mais ayant été appelé au trône d'Espagne, *Joachim Murat* fut désigné par *Napoléon* comme le successeur de son frère. Les événements qui suivirent l'intronisation de *Murat* sont trop connus pour que nous en parlions ici. Après sa fin déplorable, *Ferdinand I*er remonta sur son trône, où il s'occupa activement du bonheur de ses sujets. Ce monarque fit son entrée solennelle dans *Naples* le 17 juin 1815; il mourut en 1830. Son fils *Ferdinand II* lui succéda, ayant épousé en 1832 *Marie-Christine*, fille du roi de Sardaigne *Victor-Emmanuel*.

Géographie et Statistique. — NAPLES (*Parthénope*, ensuite *Neapolis*), capitale du royaume des Deux-Siciles et du royaume de *Naples*, chef-lieu de province, de district et de canton, est située à 43 lieues S.-E. de *Rome*, à 490 lieues S.-E. de *Paris*, à 3 lieues O.-N.-O. du *Vésuve*, sous le 40° 51' de latitude nord, et sous le 11° 57' de longitude orientale du méridien de Paris. — Ses jours les plus longs sont de 15 heures, et quand il est midi à *Naples* il n'est encore que 11 heures 13 minutes du matin à *Paris*. *Naples* est, après *Londres* et *Paris*, la ville la plus grande et la plus peuplée de l'Europe; elle a 20 milles de circonférence et contient près de 360,000 habitants. Elle est divisée en 12 quartiers, *S.-Ferdinand*, *Chiaïa*, *Monte-Calvario*, *Avvocata*, *Stella*, *S.-Carlo all' Arena*, *Vicaria*, *S.-Lorenzo*, *S.-Giuseppe*, *Maggiora*, *Porto-Pendino* et *Mercato*. C'est la résidence du roi, le siège d'un archevêché, d'une cour suprême de justice, d'une cour civile d'appel, dont dépendent les provinces de *Naples*, de *Terra di La-*

voro, de *Principato-Citeriore*, de *Principato-Ulteriore*, etc. Elle possède aussi une cour criminelle, un tribunal civil et de commerce. Cette ville est particulièrement remarquable par la beauté incomparable de sa situation. Rien de plus magnifique et de plus enchanteur que l'aspect de cette ville lorsqu'on y arrive par mer. Alors on voit *Naples* s'abaissant en amphithéâtre sur le penchant d'une montagne, à l'extrémité d'une baie large et profonde dont la forme est celle d'un croissant. Ce bassin est embelli à l'est par les délicieux villages de *Portici*, *Torre del Greco*, et d'*Annunziata*, par de magnifiques maisons de plaisance et par des collines couvertes de bosquets et de vignobles. Le *Vésuve*, qui s'élève auprès, complète admirablement cette étonnante perspective. Lorsqu'on arrive du côté de *Rome*, on n'aperçoit *Naples* que lorsqu'on y est entré; dans cette partie de la route, le terrain est très-bas et borne la vue, de sorte qu'en arrivant on éprouve une sensation peu agréable qui est bientôt détruite pour faire place à un sentiment d'admiration à l'aspect d'une foule d'édifices, et surtout à la vue du spectacle imposant que présente le golfe. La ville proprement dite n'a guère que 4 kil. d'étendue du N. au S., et 2 kil. de l'E. à l'O., et environ 12 kil. de circonférence; mais elle en a plus de 24 en y comprenant les faubourgs. Quoique *Naples* soit considérée comme place forte de première classe, elle n'a cependant ni portes, ni bastions; elle n'est véritablement défendue que par quelques forts.

Les rues de *Naples* sont généralement étroites, mais régulières, et pavées avec d'énormes dalles de lave du Vésuve ou de pierres volcaniques; elles sont aussi très-bien éclairées. Les rues de *Tolède* et de *Chiaïa* sont les deux plus importantes de *Naples*; la première surtout, qui a près de 2 kil. de longueur, est droite, large, bien pavée et flanquée de superbes édifices. C'est ce qu'on nomme le *Corso* (le *Cours*). A l'époque du carnaval, *Toledo* présente aux étrangers un spectacle extraordinaire et insolite : c'est le 17 janvier, à la St-Antoine, qu'il commence. Une double file de voitures élégantes parcourent *Toledo*, en partant de *Ste-Lucie*, et vont quelquefois jusqu'à la route du *Camp* : tous les balcons sont peuplés de monde, et on serait tenté de croire que tous les habitants sont venus se concentrer dans la même rue. Si les voitures sont nombreuses, la foule des piétons n'en est pas moins considérable. Pendant les derniers jours du carnaval, et surtout le lundi gras, la foule des gens à pied et des voitures est encore plus grande. Alors les piétons, les gens en voiture et les spectateurs placés aux balcons, se déclarent entre eux une guerre acharnée dans laquelle les dragées, les fleurs et les oranges servent de projectiles. Une cuiller en baleine, armée d'un long manche, sert à lancer ces projectiles sucrés jusqu'au quatrième étage, et il est curieux de voir avec quelle adresse les Napolitains se servent de cette arme singulière. Le même usage est en vigueur dans plusieurs villes d'Italie, et entre autres à *Milan*; mais dans cette dernière ville le règne du sucre est passé; on lui a substitué de petites balles de plâtre qui ressemblent à des anis sucrés. Du reste, la quantité de voitures, la foule des combattants, et l'acharnement des artilleurs, sont les mêmes à *Milan* qu'à *Naples*.

Les voitures et les chevaux sont, à *Naples*, les principaux objets de luxe : la forme de ces voitures permet aux piétons de voir en entier les femmes élégantes qui les embellissent ; mais comme la plupart des rues de *Naples* sont étroites, les équipages ne peuvent guère circuler librement que dans les rues de *Toledo* et de *Chiaïa*, qui sont devenues les promenades favorites des Napolitains. Cette concentration des promeneurs sur un même point fait paraître les voitures plus nombreuses qu'elles ne le sont en réalité. A *Toledo*, le grand monde se promène quelquefois à pied ; mais à *Chiaïa*, l'impérieuse étiquette exige qu'on ne s'y montre qu'en voiture.

Les maisons de *Naples* ont en général quatre ou cinq étages ; elles sont bien bâties ; les toits ne sont pas inclinés comme il est d'usage ailleurs, mais plats et composés d'une sorte de stuc fait avec de la *pozzolana*. Cette composition a le privilége de se durcir par le simple contact de l'air. Presque tous les édifices ont des balcons en saillie qu'on a soin de garnir de vases de fleurs ou de caisses contenant des arbustes. Cette coutume produit, il est vrai, un effet agréable; mais, d'un autre côté, elle contribue à donner de l'obscurité aux rues, déjà trop étroites généralement, surtout dans les vieux quartiers.

PLACES (*Largo*). — Les places de *Naples* sont nombreuses, mais peu spacieuses, irrégulières, et entourées pour la plupart d'édifices peu dignes d'attention. Les places sont vulgairement appelées *Largo*.

LARGO DI CASTELLO. Cette grande place, de forme irrégulière, tire son nom du *Château-Neuf* (*Castel-Nuovo*), qui en est voisin. Elle est ornée de plusieurs fontaines avec jets d'eau, parmi lesquelles se distinguent celles appelées fontaine *Medina* et fontaine *Gusmana*. C'est sur cette place qu'a lieu la *fête du Mât de Cocagne*. Les prix réservés aux prétendants se composent ordinairement d'argent, de vivres, ou de quelques pièces d'argenterie.

LARGO STE-LUCIE. Cette place est située dans la partie la plus agréable de la ville, entre le *Pizzo-Falcone* et l'Arsenal. Elle sert de marché au poisson, et contient une fontaine dont *Dominique Auria* fut l'architecte. En laissant à gauche le *Castel-Nuovo*, on arrive par la rue de *Plutamène* à *Chiaïa*. Cette dernière n'est autre chose que la rue qui, longeant la mer, conduit à la grotte de *Pausilippe*; mais comme elle est fort large, elle peut être comptée parmi les places publiques de *Naples*. La *Villa Reale*, jardin public, fut créé en 1779; il a 2,170 palmes, environ 1,085 mèt. de longueur, sur 210 palmes, 105 mètres de largeur. Du côté qui regarde la mer, les bords sont fortifiés, et ornés d'une balustrade d'où on jouit d'une vue vraiment extraordinaire. Du côté de la terre, cette promenade est séparée de la rue par une grille à laquelle sont annexés des pilastres. A l'entrée il y a des restaurateurs et des boutiques où on vend des sorbets et des glaces. Des deux côtés du jardin, s'élèvent des statues de marbre imitées des meilleurs modèles antiques, comme le Gladiateur mourant, l'Apollon de Florence, etc.

LARGO DU MONT-OLIVETO. Cette place se trouve dans la partie la plus commerçante de la ville; elle renferme une belle fontaine avec jets d'eau, et est ornée de la statue en bronze de *Charles II*.

LARGO DELLO SPIRITO-SANTO. Cette place, l'une des plus belles de *Naples*, est située près de la rue de *Tolède*. Elle se distingue par un magnifique édifice semi-circulaire, orné de 26 statues, lequel fut construit en l'honneur de *Charles III*, dont la statue n'y a cependant pas encore été élevée. Cette place est aussi appelée le *Mercatello* (*petit marché*), parce que tous les mercredis on y vend des légumes et autres comestibles.

LARGO DEL MERCATO (*place du Marché*). Celle-ci est la plus grande de *Naples*, et tire son nom du marché qui s'y tient les lundis et vendredis. C'est là que viennent affluer tous les approvisionnements de la ville; c'est aussi là que se font les exécutions. Autrefois la potence y était en permanence; mais aujourd'hui qu'on a adopté le genre de supplice usité en France, l'instrument n'est dressé que lorsque l'occasion le requiert, en face d'une petite rue appelée le *Vico del Sospiro*, parce que c'est de là que le patient l'aperçoit. Cette place fut le théâtre du supplice de l'infortuné *Conradin* et de son cousin *Frédéric* d'Autriche. Sur le lieu même de leur exécution on bâtit une petite chapelle dans laquelle furent déposés leurs corps, qui y restèrent jusqu'à ce qu'*Élisabeth* d'Autriche, mère de *Conradin*, les eût fait transporter dans la petite église des Carmes. Cette princesse infortunée s'était mise en route pour racheter son fils et le retirer des mains de *Charles*; mais elle arriva à peine à temps pour embrasser son cadavre! Les trésors destinés à la rançon de son fils furent employés par cette princesse à l'agrandissement de l'église et à la sépulture des deux victimes, dont les restes furent placés derrière le maître-autel.

La place du Marché a été aussi le théâtre de la révolution de *Masaniello*, dont on voit encore la maison. Les grands événements qui se sont passés sur cette place ont été éternisés par les célèbres peintres *Falconi, Fracanzaro, Spartaro* et *Salvator Rosa*. Cette place, étant la plus animée de toutes celles de *Naples*, est par conséquent le lieu le plus favorable pour juger le peuple de *Naples*, et surtout pour étudier le *lazzarone*. Si l'on disait à quelqu'un : Il existe dans certaine ville un être gai, insouciant, vivant au jour le jour sans jamais penser au lendemain; un être lancé au milieu de la civilisation à laquelle il est complétement étranger, seul au milieu de la foule, parcourant les rues, l'été en simple caleçon de toile, sans bas et sans chaussure, exposé à un soleil ardent qui a cuivré sa peau; l'hiver, avec un vêtement de laine qui le défend contre le vent du nord;

un être dont la rue est la salle à manger, la pierre le lit, et le ciel le toit qui le recouvre, et qui à travers tout cela a l'art de trouver le bonheur ou une illusion qui lui ressemble; il n'est personne qui ne considérât ce portrait comme une fantaisie; et cependant cette ville, c'est *Naples*; cet être singulier, c'est le *lazzarone*. Il faut dire néanmoins qu'aujourd'hui le *lazzarone* a renoncé à sa nudité. A peine le jour commence-t-il, que le *lazzarone*, abandonnant sa dure couche, fait retentir l'air de ses chants. Toujours prêt à faire accepter ses services, il trouve sans peine le moyen de se rendre nécessaire. Si vous en avez besoin, il est là; vous est-il inutile? il est encore là. Son imagination active vous crée des besoins imaginaires, et son esprit naturel vous persuade. M. *de la Chavanne*, auquel nous sommes redevables de plusieurs traits d'observation, cite l'exemple d'un *lazzarone* qui s'était choisi un patron qu'il allait saluer tous les matins, puis à la fin de la semaine il ne manquait pas de lui réclamer le salaire des *vœux* qu'il avait faits pour lui.

Pour jouir complétement du magnifique coup d'œil que présente la ville, et le mouvement continuel de la population des rues, il faut monter sur les collines, où on peut en même temps visiter les châteaux et les citadelles.

Largo di Palazzo (*place du Palais*). Elle est située près du palais du Roi, dont elle tire son nom, et en face duquel on a construit une église, sous l'invocation de *St François de Paule*. Cet édifice est une belle imitation du Panthéon de Rome; il perdrait moins sans doute de son effet, s'il eût été élevé dans une situation mieux choisie; mais il est dominé par des édifices construits sur la colline de *Pizzo-Falcone*, qui l'écrasent et lui ôtent toute sa majesté. Néanmoins le beau portique semi-circulaire dont l'église occupe le centre décore dignement cette place, qui est en outre ornée de deux statues colossales équestres en bronze, dont l'une représente *Charles III* et l'autre *Ferdinand I*[er].

Port. Quoique la baie de *Naples* soit assez large, le port proprement dit est d'une petite dimension; sa forme est carrée et sa construction tout à fait artificielle. Il est formé par une jetée qui part de l'angle N.-E. de Castello-Nuovo, et qui, se repliant au N.-O., se termine par une lanterne que défendent quelques petits forts.

PALAIS ET ÉDIFICES PUBLICS. — Le Château ST-ELME. Il s'élève immédiatement au-dessus de la ville, et paraît destiné plutôt à dominer la ville qu'à la défendre. Ses fondements sont creusés dans les rochers, et sa forme est à peu de chose près celle d'un hexagone régulier. *Louis XII*, roi de France, fut le premier qui fortifia ce château à l'occasion de la conquête de *Naples*. Dans ce même lieu existait déjà une tour construite par les Normands, que *Charles V* transforma en citadelle régulière, garnie de fortifications auxquelles *Philippe V* fit d'autres améliorations. Mais ce qu'il y a de beaucoup plus agréable que l'aspect de cette vieille forteresse, c'est la vue surprenante dont on y jouit. Les regards s'étendent sur la ville, sur tout le golfe, et découvrent le Vésuve très-distinctement.

Au pied du château *St-Elme*, à mi-côte de la verdoyante colline au sommet de laquelle il est élevé, on remarque l'ancienne CHARTREUSE DE S.-MARTINO, aujourd'hui maison des Invalides, qui doit sa fondation à *Charles*, duc de Calabre, fils de *Robert*, et à *Jeanne* sa fille. Peu de maisons religieuses renferment autant de richesses. Les marbres les plus rares et les pierres précieuses brillent de toutes parts dans l'église, qui renferme en outre d'excellentes peintures de *Lanfranc*, du chevalier d'*Arpin*, du *Caravage* et de l'*Espagnolet* : un Christ mort exécuté par ce dernier est un véritable chef-d'œuvre. Le *Guide* y a peint une Adoration des Bergers, qui fait l'admiration de tous les connaisseurs. Le cloître du couvent est orné de colonnes doriques et se distingue par l'élégance de son architecture. La *Chartreuse de St-Martin* rivalise avec celle de *Pavie* ; mais elle a sur cette dernière un avantage immense, celui de la position, qui est sans contredit une des plus belles qu'il y ait en Italie.

De même que *Naples* est défendue, ou supposée l'être, du côté de la terre, par le château *St-Elme*, elle est garantie du côté de la mer, par

Le CHATEAU-NEUF. Cette forteresse, élevée sur le bord de la mer, et derrière la résidence actuelle du roi, fut construite en 1824 par *Charles I*er, duc d'*Anjou*, sur le même plan que la Bastille de Paris. Il servit pendant quelque temps de résidence aux rois de Naples. Ce fort est entouré de fossés profonds et flanqué de tours très-élevées. A l'entrée, on voit un arc de triomphe de marbre, avec des bas-reliefs représentant l'entrée à *Naples* d'*Alphonse I*er. Il y a dans ce château une petite église placée sous l'invocation de *Ste Barbara*, dans laquelle on remarque un beau tableau de la *Vierge* et de l'*Enfant Jésus*. L'église est de style gothique. L'arsenal et l'école d'artillerie de ce château sont dignes d'attention.

CHATEAU DE L'OEUF. Il est situé sur une pointe de rocher qui forme une île dans la mer, et tire son nom de sa forme, qui est celle d'un ovoïde allongé. Il communique avec la ville au moyen d'une jetée qui a deux cent vingt pas de longueur. Le rocher sur lequel ce château est construit était appelé anciennement *Megariso* ou *Megalia* : *Lucullus* y avait, dit-on, sa maison de campagne. Ce fut là qu'*Augustulus*, dernier empereur romain, fut relégué par *Odoacre*. Le château de l'*OEuf* commande le golfe de *Naples*, et le divise en deux parties. L'empereur *Frédéric II* fit construire les premières fortifications, et quelques rois firent leur résidence dans le lieu où on enferme aujourd'hui les prisonniers d'État.

CHATEAU CAPUANO. On le nomme aujourd'hui plus communément *Vicaria*. C'est le siège des tribunaux suprêmes, et l'ancienne résidence des rois de *Naples*, depuis *Guillaume I*er jusqu'à *Ferdinand I*er. Cet ancien édifice, construit en forme de forteresse et entouré de murailles, renferme aussi les archives de l'Etat. On voit dans la cour un lion de pierre antique.

CHATEAU OU TOUR DEL CARMINE. C'est un château ancien et fortifié qui s'élève sur la partie sud du port, et qui offre l'aspect d'un amas immense de pierres. Il est destiné à réprimer les mouvements populaires qui pourraient avoir lieu dans ce quartier. Il fut fortifié dans cette intention en 1647, immédiatement après l'insurrection de *Masaniello*.

PIZZO-FALCONE. Il est situé sur la hauteur qui est en face du Palais royal ; il est fortifié et muni d'une garnison. Jadis il existait en ce lieu un temple d'Hercule, puis le palais de *Lucullus*; cet endroit changea de nom suivant les circonstances. Le château est construit directement au-dessus du château de l'*OEuf*. Les tremblements de terre provoquèrent de fréquents changements dans sa construction; il communique avec la colline sur laquelle s'élève le *Château St-Elme*, à l'aide du pont appelé le *Pont de Chiaïa*, sous lequel passe la rue du même nom. Ce lieu est le plus favorable pour observer le mouvement animé et continu de la population de *Naples*. Ce tableau mouvant et agréable rappelle à la mémoire ce vers de *Virgile* :

> Illo Virgilium me tempore dulcis alebat
> Parthenope...........

Palais de la RÉSIDENCE ROYALE. Il est bâti à peu de distance de la mer, et à l'extrémité de la rue de *Toledo*. Cet édifice, un des plus beaux de *Naples*, fut élevé en 1600, par le vice-roi don *Fernando Ruiz de Castro*, comte de *Lémos*, d'après les dessins de l'architecte *Fontana*. Ce palais a près de 137 mètres de longueur, 21 croisées de face, et 3 portes d'égale hauteur, avec des colonnes de granit qui supportent les balcons. Trois rangs de pilastres doriques, ioniques et corinthiens, placés les uns sur les autres, et couronnés d'une balustrade garnie de pyramides et de vases, avec un clocher portant une horloge, forment la décoration de la façade. L'escalier est grand, commode, et orné de deux statues colossales qui représentent le *Tage* et l'*Èbre*. Les appartements sont en général meublés avec autant de magnificence que de goût, et décorés de très-bonnes peintures de *Raphaël*, de *Camuccini*, etc.; mais la plus belle pièce du palais est la salle des Vice-Rois, où sont les portraits de tous ceux qui ont gouverné l'État de *Naples*. Au premier étage, le long de l'aile qui regarde le midi, il y a une superbe terrasse pavée de marbre, embellie de plates-bandes et ombragée de berceaux, d'où l'on domine le *Vésuve* et une partie du golfe et des environs. On voit au rez-de-chaussée, dans les vastes bâtiments de cet édifice, d'un côté l'*Imprimerie royale* et la fabrique de *porcelaines*, qui y sont travaillées dans le meilleur goût; de l'autre côté, vers le midi, la *Fonderie* de canons, et la *Darsena*, espèce de petit port, où sont les barques du roi. En sortant de ce palais, on remarque une grande statue de marbre, appelée le *Gigante*, trouvée à *Pouzzoles* du temps du duc de *Medina* : c'est un *Jupiter* en forme de therme. La principale face du palais répond à une grande place qui est d'un bon genre de construction, et qui est embellie par l'église de *St-François de Paule*. L'église dont nous parlons est un temple de forme ronde, d'où partent deux portiques semi-circulaires soutenus par des colonnes qui embrassent un des côtés de la place : le plan de ce bel édifice est dû au chevalier *Bianchi* de Lugano, architecte, qui en a dirigé l'exécution. Deux palais élégamment décorés embellissent encore cette même place : l'un, à gauche, est destiné aux princes de la famille royale; l'autre, à droite, occupe l'emplacement de l'ancienne église du *St-Esprit*. De chaque côté s'élèvent deux belles statues équestres en bronze.

Palais de Capo di Monte. Il est situé sur une colline très-agréable des environs de *Naples*. Il fut construit à grands frais par le roi *Charles V*; mais il est rarement habité par la famille royale, parce que cet édifice, ayant été construit sur un terrain dont la base est creuse, menace de s'engloutir. Ce fut cette appréhension qui motiva le transport dans le palais *degli Studj* des objets d'art qu'il contenait. Cependant la belle position de ce palais en fait un des édifices les plus remarquables de *Naples*.

Palais Archiépiscopal. Il est à peu de distance de la Cathédrale. Les peintures à fresque que *Lanfranc* y a exécutées méritent d'être observées. Ce même palais contient deux séminaires et quelques autres communautés religieuses.

Albergo reale de' Poveri, ou Reclusorio. C'est l'édifice le plus vaste de *Naples*. Il fut construit d'après les dessins de *Fuga* en 1757, et n'est point encore entièrement terminé. Il contient quatre cours, et dans le milieu s'élève une église. Les orphelins des deux sexes y apprennent non-seulement des métiers, mais ils sont encore initiés dans les arts et dans les sciences, selon les dispositions qu'ils manilestent. Dans le voisinage de ce gigantesque bâtiment, on voit quelques restes d'anciens aqueducs qui avaient été construits par *Claudius Néron* pour conduire les eaux du *Serino* aux diverses maisons de campagne que les Romains avaient à *Pouzzoles*, à *Baja* et au *Pausilippe*. Telle est du moins l'opinion générale.

Palais du duc de GRAVINA, de la famille *Orsini*. Il est situé sur la place de *Monte Oliveto*, et se distingue par la noblesse du style. *Gabriel d'Agnolo* en est l'architecte; mais il n'est pas encore achevé.

Palais MADDALENE. Un côté de ce palais a la vue sur la rue de Toledo. Il est remarquable par son architecture.

Palais BERIO. Il s'élève sur la rue de Toledo, et possède une superbe galerie de tableaux. On y admire entre autres choses un précieux groupe en marbre, représentant Vénus et Adonis, œuvre de *Canova*.

Palais MONTELEONE. On y remarque aussi de précieuses peintures.

Palais SANGRO. Il appartient au prince de *St-Sevro*, et renferme une riche collection d'objets antiques et curieux.

Palais SALUZZO. Celui-ci est la propriété du duc de *Corigliano*, et s'élève, ainsi que le palais *Sangro*, sur la place St-Dominique-Majeur.

Le CASINO du commandeur *Macedonio*, situé à peu de distance de *Capo di Monte*, mérite d'être visité à cause des belles peintures que *Nicolini* y a exécutées.

Palais CELLAMARE. Il est bâti près du jardin de *Villa Reale*, et se fait remarquer par ses délicieux jardins.

Le palais des FINANCES, ceux des familles PIGNATELLI, DORIA, SPINELLI, STIGLIANO, CAVALCANTE, DENTICI, GARAFFA, TARSIA, et autres, méritent tous plus ou moins d'être visités par les amateurs des beaux-arts.

MONUMENTS RELIGIEUX.—*Naples* renferme plus de 200 églises, dont les plus curieuses sont :

La CATHÉDRALE ou le DÔME. Cette église est dédiée à *St Janvier*, protecteur de la ville de *Naples*, qui y fut décapité, et dont le sang, recueilli jadis par une dame, est exposé au public les 16 mai, 10 septembre et 16 décembre. Ces trois époques étant considérées comme solennités extraordinaires, *le sang s'agite et bouillonne dans le vase qui le contient, lorsqu'on l'approche de la tête du saint, qui est conservée dans un tabernacle....* On prétend que cette église avait déjà été construite par *Constantin le Grand*, sur l'emplacement où existait jadis un temple d'Apollon. Un tremblement de terre survenu en 1456 l'endommagea considérablement; c'est pourquoi *Alphonse I*ᵉʳ confia le soin de la réparer à *Pisano*. Ce temple est le plus vaste et le plus riche qu'il y ait à *Naples*; son architecture est gothique. Il est orné à l'entrée de deux colonnes de porphyre, et dans l'intérieur de 110 colonnes de granit égyptien, restes de l'ancien temple d'Apollon. On y voit un superbe vase antique de basalte sur un pied de porphyre. Dans une chapelle souterraine somptueusement décorée, on conserve le corps de *St Janvier*; elle est revêtue de marbre blanc, et soutenue par des colonnes qu'on regarde comme d'autres restes du temple d'Apollon. On remarque dans cette église la statue du cardinal *Olivier Caraffa*, qu'on croit être de *Michel-Ange*, et plusieurs tombeaux; celui de *Bernardino Caracciolo* présente un squelette couvert d'un suaire, qui montre un sablier au portrait en marbre du cardinal. Le tombeau du pape *Innocent XII* offre un groupe en marbre de plusieurs figures allégoriques; sur celui d'*Andréas de Hongrie*, mari de la reine *Jeanne I*ʳᵉ, on lit l'épitaphe de ce prince, dans laquelle sa femme est accusée de l'avoir fait étrangler :

Andreæ Neap. Joannæ uxoris dolo et laqueo necato.

L'église de STE-RESTITUE tient à la cathédrale; les colonnes qui soutiennent la nef passent pour être des restes d'un temple de Neptune. Le plafond a été peint par *Luc Giordan*. La chapelle de *St-Janvier* est décorée de 42 colonnes de brocatelle; le pavé est de marbre; la coupole est de *Lanfranc*; elle avait d'abord été peinte à fresque par le *Dominiquin*, qui mourut de chagrin parce que les maçons, gagnés par les peintres napolitains, avaient mêlé de la chaux à l'enduit sur lequel il peignait, afin que la peinture fût bientôt détériorée. Le tableau de *St Janvier* sortant de la fournaise est de l'*Espagnolet*. On voit dans cette chapelle et dans la sacristie des richesses immenses ; c'est là qu'on conserve deux ampoules ou fioles de verre qui contiennent du sang de *St Janvier*.

Ste-Marie-des-Carmes. Cette église renferme une pierre sépulcrale fort simple des infortunés *Conradin* de Souabe et *Frédéric* d'Autriche, qui furent décapités sur la place du Marché, devant cette même église, le 29 octobre 1268, par ordre de *Charles d'Anjou*. Nous avons déjà dit que la princesse *Elisabeth*, n'étant pas arrivée à temps pour sauver son fils, employa les trésors qu'elle avait apportés pour sa rançon, à la construction d'une église ; or on assure que cette église fut précisément celle dont nous parlons. Cette église est grande, riche en beaux marbres, mais d'un goût très-baroque. Dans un corridor du couvent adjacent, on remarque la statue de la princesse *Elisabeth*, avec une inscription dans laquelle on lui donne le titre d'impératrice. Le clocher de cette église est le plus élevé qu'il y ait à *Naples*.

Ste-Claire. Cette église est une des plus élégantes et des plus magnifiques de *Naples*, et possède en outre un antique sarcophage orné d'un bas-relief excellent : ce monument, placé dans la chapelle de la famille *Sanfelice*, est le plus beau morceau antique qui existe à *Naples*. On remarque aussi dans la même église une petite figure de la Vierge, peinte par *Giotto*.

St-Paul-Majeur est décoré de colonnes qui faisaient partie du portique d'un temple de Castor et Pollux, élevé par *Julius de Tarse*, affranchi de *Tibère*. Ces colonnes, et un grand escalier de marbre qui conduisait au sanctuaire, furent brisés par un tremblement de terre en 1668 ; on les a réparés, mais fort mal. Dans le cloître des Augustins, dont cette église est une dépendance, il y a des vestiges du premier théâtre sur lequel *Néron* fit l'essai de ses talents pour la scène ; il voulut préluder à *Naples* avant de se produire à *Rome*.

St-François-de-Paule. Nous en avons déjà parlé précédemment.

St-Giovanni-in-Carbonara *des Augustins* : on y remarque le mausolée du roi *Ladislas*, qui s'élève jusqu'à la voûte; et dans une belle chapelle, les tombeaux de *Jean Caraccioli*, favori de *Jean II*, et ceux d'autres *Caraccioli* : cette église renferme en outre un tableau de *Vasari*.

L'INCORONATA. Elle renferme de belles fresques de *Giotto* qui sont regardées comme les mieux conservées qu'il y ait de cet artiste.

ST-FERDINAND. Elle a été fondée par *Cosimo*. Elle renferme des fresques de *Paul de Matteis*, des statues de *Vaccaro*, et une peinture de *Solimène*.

La NUNZIATELLA. Cette église s'élève sur la colline de *Pizzo Falcone*; elle est ornée de marbres précieux et de stucs dorés d'une grande richesse. La voûte a été peinte par *François de Mura* d'une manière très-distinguée.

ST-PHILIPPE NÉRI ne présente rien de très-important, quant à l'architecture extérieure; mais le dedans est décoré avec magnificence. On y admire des tableaux du *Guide*, de *Pierre de Cortone*, de *Carrache*, de *Solimène*, et surtout une fresque représentant Jésus qui chasse les marchands du temple, chef-d'œuvre de *Luc Giordan!* La sacristie de cette même église possède aussi plusieurs tableaux de grands maîtres, et le monastère contigu contient une riche bibliothèque.

STE-MARIE-DES-ANGES DES THÉATINS. Elle est située à peu de distance de la *Nunziatella*, et a été bâtie sur les ruines d'un temple de Mercure. *Massimo*, *Giordan* et *Vaccaro* l'ont embellie de leurs ouvrages. Les plafonds sont peints par *Lanfranc*.

ST-CHARLES-AUX-MONTELLE. Nous ne citons cette église que parce qu'elle renferme une magnifique peinture de *Giordan*.

STE-LUCIE. Cette petite église a donné son nom à la plus belle partie de la ville, c'est-à-dire à l'arrondissement de *Ste-Lucie*, situé dans le voisinage du *Château de l'Œuf*. Sa fondation est attribuée à une nièce de *Constantin*.

STE-MARIE DE PIÈ DI GROTTA. Elle est située à l'entrée de la *Grotte du Pausilippe*, et possède une image de la Vierge, dont on célèbre annuellement la fête le 8 septembre, avec la plus grande solennité. La cour assiste à la procession qui se fait dans cette occasion, et qui attire toujours un grand concours de monde.

Ste-Trinité-Majeure. Elle appartenait autrefois aux jésuites. C'est une des belles églises de *Naples*. On y remarque surtout la chapelle *Saint-Ignace*, qui renferme des statues de *Cosimo*, et une fresque admirable de *Solimène*.

St-Dominique-Majeur. Elle a été construite en 1284; elle est d'une vaste étendue, et de style gothique; on y voit beaucoup de tombeaux de princes : il y a un tableau du *Titien* dans la chapelle *Pinelli*. Le tableau de la Flagellation est du *Caravage*, et dans la sacristie est une Gloire peinte par *Solimène*. Dans le couvent contigu on a transformé la cellule de *St-Thomas-d'Aquin* en une chapelle richement décorée.

Ste-Marie de la Piété. Ce temple est riche d'ornements. Il contient les tombeaux de la famille *Sangro*, et des statues de *Corradini*, *Fansaga*, *Santacroce*, *Queirolo* et *Celebrano*. On y remarque plus particulièrement la statue représentant J.-C. mort; elle a été commencée par *Corradini* et terminée par *Sanmartino*. Le premier de ces deux artistes a aussi sculpté la statue de la mère du prince *Rinaldo Sangro*, qu'il a représentée sous la figure de la Pudeur, enveloppée dans un voile qui laisse apercevoir toutes les formes du corps. *Queirolo* est l'auteur de la statue du père du même prince, qu'il a représenté entouré d'un filet dont l'exécution est si parfaite, qu'il n'est adhérent au corps que dans quelques parties de la tête, quoique la statue soit d'un seul morceau de marbre. Cependant il faut convenir que ces deux ouvrages sont beaucoup plus remarquables sous le rapport de la difficulté vaincue que sous celui de la perfection de l'art. La voûte qui s'élève au-dessus du maître-autel imite si bien une coupole, que l'œil s'y trompe facilement.

Les Saints-Apôtres. Ce temple est d'une antiquité très-reculée; il fut rétabli par *Grimaldi*. C'est une des plus riches et des plus somptueuses églises de *Naples*. Les fresques dont elle est ornée sont de *Lanfranc*, de *Giordan*, de *Benasca*, de *Turin* et de *Solimène*. Le tabernacle qui s'élève sur le magnifique maître-autel construit par *Fuga* étincelle de pierres précieuses. La chapelle voisine est enrichie de mosaïques exécutées d'après les tableaux du *Guide*, et possède en outre un élégant bas-relief de *Fiammingo*. *Vivianno* et *Marc de Sienne* y ont aussi exécuté quelques belles peintures.

L'ANNUNZIATA. Un horrible incendie ayant détruit entièrement cette église, elle fut reconstruite en 1782, par *Vanvitelli*, avec plus de magnificence. Elle renferme d'assez bonnes peintures de *François de Mura* et de *Fischetti*, et le tombeau de la reine *Jeanne II*.

ST-LOUIS *du Palais* appartient aux Minimes. Ce fut *saint François de Paule* qui, lors de son passage à *Naples*, fonda ce couvent. L'église est des plus belles ; le tableau du maître-autel, ceux des côtés du chœur et de la voûte du sanctuaire, ont été peints par *Giordan*.

ST-JEAN-MAJEUR. On y voit des restes antiques qui ont fait conjecturer que cette église a été bâtie sur un temple qu'*Adrien* éleva à *Antinoüs*.

ST-SAUVEUR, construit sur le plan de Saint-Pierre de Rome, est un temple très-remarquable. Le plafond a été peint par *Lanfranc* et réparé par *Matteis*. Cette église possède des tableaux de *Solimène*, de *Luc Jordan*, du *Dominiquin*, de *Raphaël*, d'*Annibal Carrache*, et des statues d'un grand prix.

Le plafond de l'église de STE-MARIE-NEUVE a été peint par *Santafede* ; c'est un chef-d'œuvre : l'artiste a représenté l'Assomption de la Vierge ; le tableau qui représente Jésus sur la croix, avec la Ste Vierge, la Madeleine et saint Jean, est de *Marco de Sienne* ; on voit sous l'orgue deux enfants qui sont, dit-on, les premiers essais du *Giordan*, qui n'avait que huit ans lorsqu'il les peignit.

Nous citerons encore l'église de l'ASCENSION, sur la voie de *Chiaja*, où l'on admire un superbe tableau de *Paul Véronèse* ! Enfin les curieux verront avec plaisir le réfectoire du couvent de *St-Laurent*, dont l'immensité est digne d'admiration. — ST-JACQUES DES ESPAGNOLS, où l'on remarque un tableau d'*André del Sarto*, conservé sous verre ; cette église tient à un vaste palais récemment construit pour l'usage du ministère des finances et d'autres branches d'administration publique ; — celle de STE-MARIE LE MONTE OLIVETO, dans laquelle on remarque un ancien sépulcre, dont les figures sont autant de portraits de savants illustres, tels que *Pontanus*, *Sannazar*, etc.; — enfin les églises de SAINTE-MARIE-DES-ANGES, de STE-THÉRÈSE, de SAINTE-MARIE-DE-LA-VICTOIRE, de la MADONE DE LORETTO, etc., toutes plus remarquables cependant par la beauté des tableaux qu'elles contiennent que par la régularité de leur architecture.

On visitera dans les faubourgs : ST-SÉVÈRE, STE-MARIE-DE-LA-SANTA, ST-GENNARO-AL-CIMETERO, STE-MARIE-DE-LA-VITA, par où l'on descend dans les fameuses *Catacombes* avec plus de facilité que dans celles de Rome.

ST-JANVIER-DES-PAUVRES. On y voit un des plus anciens monuments de la primitive Église : ce sont des catacombes qu'on appelle le cimetière de *St-Janvier*. Ces catacombes sont fort supérieures à celles de *St-Sébastien* de *Rome*. Elles sont creusées dans le roc, et divisées en trois étages. Chaque étage a plusieurs voûtes parallèles assez étendues. On trouve en entrant une petite église entièrement creusée dans le roc, au milieu de laquelle est un autel de pierre, et derrière cet autel un hémicycle avec une chaire et des banquettes, le tout taillé dans le roc vif. C'était là que se faisaient les instructions. A côté de l'église sont des excavations qui conduisent aux sépulcres. D'espace en espace on rencontre des salles en demi-cercle où l'on aperçoit encore quelques restes de peintures à fresque, avec des inscriptions qu'on ne peut plus lire. Là étaient sans doute placés des autels. Dans l'épaisseur des pilastres qui soutiennent les voûtes, sont de petites chambres sépulcrales, ornées de peintures et de mosaïques, où l'on entrait par une petite porte carrée. Au milieu du second étage est une chapelle où l'on croit que se faisaient les ordinations. Elle a trois nefs, et aboutit à une salle très-vaste.

Établissements publics et de bienfaisance. — Outre son précieux *Musée* et son *Université*, Naples possède 5 ou 6 écoles secondaires, 55 écoles primaires, et près de 1,600 maisons publiques ; 2 écoles militaires, une académie nautique, une école vétérinaire, un observatoire, un jardin botanique, des collections d'histoire naturelle, plusieurs sociétés savantes dont la principale est l'Académie bourbonienne, et plus de 60 établissements de bienfaisance, parmi lesquels se trouvent 11 grands hôpitaux, 8 civils et 3 militaires. Le plus remarquable de tous ces établissements est sans contredit le

PALAZZO DEGLI STUDII (*Palais des Études*). Ce magnifique édifice, commencé en 1587 d'après les dessins de *Giulio Cesare Fontana*, était autrefois destiné pour les études de l'Université, que *Ferdinand Ier* transféra en 1790 dans le couvent du *Gesù Vecchio*, pour y placer un musée royal, appelé *Borbonico*. Ce palais majestueux contient à présent, outre ce musée, une bibliothèque et l'académie des beaux-arts.

Dans le MUSÉE BORBONICO (1), que l'on peut même mettre au-dessus du musée du Vatican, on a réuni tout ce que *Naples* renferme de vraiment rare, de curieux et de précieux en objets d'art et d'antiquité.

En entrant par la grande porte, on trouve au rez-de-chaussée :

La *Collection des anciennes peintures* (2) *trouvées à Herculanum, Pompéi et Stabia*, riche d'à peu près 2,000 pièces, qu'on appelle abusivement toutes des *Fresques*, et qui auparavant étaient pour la plupart à *Portici*.

La *Collection des sculptures anciennes trouvées à Rome, Herculanum, Pompéi, etc.*, riche des plus belles et intéressantes statues, telles que deux statues équestres, dont l'une représente Marcus Nonius Balbus, jun., et l'autre Marcus Nonius Balbus, sen., trouvées dans le théâtre tragique d'*Herculanum* ; Vénus et l'Amour, Ganymède et Jupiter, un Bacchus, la Flore, trouvée dans les bains de *Caracalla à Rome* ; un Apollon colossal de porphyre, un Aristide, la Vénus Callipige, un jeune homme renversé, pressé par un dauphin, etc. On y admire aussi un grand vase avec

---

(1) Voyez le Guide pour le Musée royal Bourbon, in-8, 1831.

(2) Le chanoine de Torio s'est efforcé d'en donner une explication dans un ouvrage qu'il a publié en français.

des bas-reliefs relatifs à l'éducation de Bacchus; un bassin magnifique de porphyre, et quantité d'autres objets très-intéressants.

La *Galerie du Taureau Farnèse*, où on admire le célèbre groupe du Taureau, trouvé dans les bains de *Caracalla* à *Rome*, représentant Dircé liée avec ses cheveux aux cornes d'un taureau par Amphyon et Zéthus, fils de Lycus, roi de Thèbes, et leur mère Antiopa, qui leur ordonne d'arrêter le taureau et de la délivrer. Ce chef-d'œuvre a été sculpté d'un seul bloc de marbre par les artistes rhodiens *Apollonius* et *Tauriscus*. On y voit aussi l'Hercule colossal de Glycon, aussi trouvé à *Rome* dans les bains de *Caracalla*, et enfin des inscriptions anciennes.

La *Collection des antiquités égyptiennes, étrusques et toscanes.*

La *Collection des sculptures de bronze.*

Au milieu de l'escalier on trouve à droite:

La *Collection des objets d'art du moyen-âge provenant de la Poterie commune de Pompéi*. Parmi les premiers il faut observer trois ouvrages de *Benvenuto Cellini*, et un buste du *Dante* en bronze, qui passe pour être très-ressemblant.

Au bout du même escalier, on entre dans une salle où on conserve la *Collection des Papyrus* (1), dont on trouva 1,730 rouleaux tout carbonisés à *Herculanum* en 1753. Le père *Antonio Piaggio* trouva la manière de les dérouler en les étendant lentement sur une pellicule très-fine, qu'on attache d'abord au rouleau endurci en l'humectant avec de l'eau de colle. Quatre savants s'occupent à déchiffrer les caractères peu visibles du papyrus très-noirci et souvent déchiré par le déroulement, et à en donner une traduction latine qu'on publie ensuite avec le texte original. Jusqu'à présent on a publié 8 gros volumes, qui contiennent pour la plupart des œuvres philosophiques, et particulièrement des traités de rhétorique.

(1) Voyez **Officina dei Papiri**, décrite par le chanoine Andrea di Torié.

La *Collection des verres anciens* (dans une chambre pavée d'anciennes mosaïques).

La *Collection des objets précieux* (dans un cabinet pavé avec des mosaïques anciennes), parmi lesquels on observera le célèbre camée trouvé à Rome dans le mausolée d'Adrien, et représentant d'un côté l'Apothéose du premier Ptolémée, et de l'autre une tête de Méduse ; les cendres de la femme de Marcus Arius Diomèdes, qu'on trouva à *Pompéi* avec une bourse dans la main ; quantité de couleurs, de grains, de fruits et de mets aussi trouvés à *Pompéi*, etc.

La *Collection des ustensiles et d'autres objets de bronze et de fer*, à peu près au nombre de 16,000, qui nous donnent une idée exacte du bon goût des anciens. Cette collection est disposée dans plusieurs chambres qui elles-mêmes sont pavées avec des mosaïques de *Stabia*, *Herculanum* et *Pompéi*.

La *Collection des urnes sépulcrales grecques*, improprement appelées toutes *Étrusques*, au nombre d'à peu près 1,500, arrangées dans plusieurs chambres aussi pavées avec de superbes mosaïques d'*Herculanum*, de *Pompéi*, de *Stabia*, etc.

La *Bibliothèque*, riche de 150,000 volumes, renferme aussi de précieux manuscrits dont le nombre se monte à 3,000 environ, parmi lesquels on trouve les *OEuvres de St Thomas d'Aquin*, l'*Aminta du Tasse*, la *Vie des Apôtres*, écrite dans le Xe siècle ; la *Flora*, livre de prières avec des miniatures, etc.

Le *Musée Bourbon* est ordinairement ouvert au public tous les jours, excepté les fêtes et dimanches, depuis huit heures du matin jusqu'à deux heures après midi.

N. B. A *Naples*, comme dans presque toutes les autres villes, il est d'usage de donner un pourboire aux gardiens (*custodi*), et dans ce musée cette petite rétribution se donne aux gardiens de chaque collection ou département. Ce pourboire est subordonné au nombre des visiteurs, au plus ou moins d'empressement que montrent ces gardiens, et enfin à la générosité du voyageur.

Musée Bourbon. A gauche et à droite de la porte d'entrée,

peintures à fresque trouvées à Herculanum, à Stabie, à Pompéi ; sacrifices, cérémonies, inscriptions, meubles, ustensiles de ménage, objets de toilette, la vie domestique des anciens Romains, 1560 nos (1). — Collection égyptienne : momies, statues, bas-reliefs, 257 nos. — Statues en marbre : n° 33, guerrier mourant ; 38, guerrier combattant ; 50, fille de Balbus ; 59, buste de Célius ; 65, Marcus Nonius Balbus fils, statue équestre ; 66, Balbus père ; 75, Ganymède ; 79, Eumachia ; 101, Esculape ; Bacchus indien ; 104, Vénus victorieuse et Amour, chef-d'œuvre ; 125, Minerve ; 131, Agrippine ; 156, Papien ; 186, Auguste assis ; 187, Caracalla. — *Chambre de Flore* : 129, Flore, chef-d'œuvre ; 195, torse Farnèse, célèbre ; 196, Bacchus ivre ; 197, Psyché ; 259, Méléagre. — *Chambre des Muses* : 271, cratère de Salpion ; 272, les sept divinités ; 278, Mnémosyne ; 298, Bacchus et les Grâces. — *Chambre de Vénus* : 302, Adonis ; 303, Vénus Anadyomène ; 304, vendanges ; 307, Vénus Marine ; 323, satyre hermaphrodite ; 328, Bacchus. — *Passage au Jupiter* : 341, Jupiter assis ; 345, Brutus. — *Chambre des hommes illustres* : 351, Atlas, précieux monument ; 353, chien ; 357, Périandre ; 358, Cicéron ; 361, Lycurgue ; 366, Valérius Publicola ; 370, Démosthènes ; 377, Hérodote ; 380, Euripide ; 381, Sophocle ; 388, Aristide, peut-être la plus belle statue antique qu'on connaisse. — *Chambre d'Antinoüs* : 392, Antinoüs ; 393, cratère bachique ; 395, grand candélabre ; 398, Retour de Proserpine ; 403, vestale ; 404, Aratus ; 407, Bacchus barbu ; 408, Sénèque ; 409, Juba ; 427, Lycurgue ; 444, Térence ; 451, Homère. — *Chambre de Vénus Callipyge* : 456, Vénus Callipyge ; 462, Cérès ; 489, Silène ivre. — *Dans la cour* : 434, Procession bachique ; 490, *Statues en bronze*, la plus belle collection du monde ; 3, un daim ; 5, faune ivre ; 7, Mercure assis ; 12, actrice ; 27, Bérénice ; 28, Discobole ; 43, actrice ; 46, Antinoüs ; 54, Platon ; 55, faune dormant ; 59, Apollon ; 60, faune ; 61, petit groupe ; 66, Sénèque ; 68, Ptolémée ; 74, tête colossale

---

(1) Par suite de quelques changements survenus dans l'arrangement intérieur du musée, il se pourrait que nos numéros ne se trouvassent plus à la place indiquée.

de cheval; 83, statue équestre d'Alexandre; 88, Isis; 89, Fortune; 95, amazone; 103, cochon. — *Salle des inscriptions* : 1, Hercule en repos; 2, groupe du Taureau.

GALERIE DES TABLEAUX (1). 1re chambre, école napolitaine, 31 à 42; 2e chambre, 43 à 87; 3e chambre, 88 à 137; 1er cabinet, 138 à 140; 2e cabinet, école grecque des temps anciens, auteurs ignorés, 141 à 198; 4e chambre, écoles française et génoise, 199 à 215; 201, Claude Lorrain, marine; 2e paroi, école florentine, 216 à 236; 3e paroi, 237 à 247; 4e paroi, 248 à 274; 5e chambre, écoles hollandaise et flamande, 275 à 331; 6e chambre, continuation des mêmes écoles, 332 à 371; 3e paroi, vieille école allemande, 372 à 394; Holbein, 375; Albert Dürer, 392. — Ecoles diverses. 1re chambre, école bolonaise, 1 à 4; 2e chambre, même école, 5 à 23; 3e chambre, même école, 24 à 52; 4e chambre, école lombarde, 53 à 106; 5e chambre, école vénitienne, 107 à 145; 6e chambre, même école, 146 à 181; dix Canaletti admirables, 146 à 157; 7e chambre, école romaine, 182 à 217. — Grande galerie, 1re chambre : 218 à 233. — Grande galerie, LES CHEFS-D'ŒUVRE DU MUSÉE; 234, Jean Bellino, portrait; 235, l'Espagnolet, Silène ivre; 236, Titien, sainte Marie-Madeleine; 237, Schidone, Sainte Famille; 238, Parmiggianino, portrait de sa maîtresse; 239, Claude Gelée, la nymphe Égérie; 240, le Corrège, le Mariage de sainte Catherine; 241, Titien, portrait de Paul IV; 242, le Dominiquin, l'Ame qui se réfugie sous les ailes d'un ange; 243, Andrea del Sarto, portrait du duc d'Urbin; 244, le Corrège, la Madonna del Coniglio ou la Tingarella; 245, Titien, Danaé; 246, Schidone, la Charité; 247, Titien, portrait de Philippe II; 248, Schidone, la Charité; 249, Vélasquez, portrait d'un cardinal; 250, Aug. Carrache, Renaud et Armide; 251, Annibal Carrache, Hercule entre la Vertu et le Vice; 252, Benvenuto Garofolo, Jésus déposé de la Croix; 253, Sébast. del Piombo, portrait d'Alexandre VI; 254, Ant. Solario, la Sainte Vierge sur son trône; 255, Sébast. del Piombo, Sainte Famille; 256, le Bassan, Jésus-Christ res-

---

(1) Voyez Guida per le Gallerie dei Quadri del Museo reale Borbonico. Naples, 1831, in-12.

suscitant Lazare; 257, Fra Bartolommeo da Santo-Marco, Assomption de la Vierge; 258, Marcello Venusti, le Jugement universel; 259, Raphaël, la Sainte Vierge sur son trône; 260, la Sainte Famille, du même; 261, Jules Romain, Sainte Famille connue sous le nom de la Madonna del Gatto; 262, Annib. Carrache, Vénus à demi nue; 263, Raphaël, Léon X; le même tableau est à Florence (Tribune); ce dernier est véritablement l'original; celui de Naples a une teinte vineuse qui dénote une copie; 264, Raphaël, portrait de Tibaldeo; 265, le même, portrait du cardinal Passerino; 266, Parmiggianino, Christophe Colomb; 267, le Guerchin, sainte Marie-Madeleine; 268, Ann. Carrache, une Pietà; 269, Giov. Bellino, la Transfiguration; 270, l'Espagnolet, saint Jérôme; 271, Schidone, l'Amour. A gauche de la porte d'entrée, autre chambre : 272, Louis Carrache, Jésus mort; 273, le Guerchin, saint Jean l'Évangéliste; 274, Augustin Carrache, saint Jérôme; 275, le Guerchin, saint Pierre; 276, le Guide, sainte Famille; 277, le Guerchin, sant Jérôme; 278, Lanfranc, Herminie. Jusqu'à 303, de bons maîtres, mais inférieurs aux tableaux de la grande salle.

PAPYRUS. Une des salles les plus curieuses est celle qui renferme les manuscrits trouvés à Herculanum et à Pompéi, et qu'on est parvenu à dérouler. On montre aux étrangers le moyen ingénieux à l'aide duquel on détache les feuillets légers des manuscrits.

Bibliothèque de S.-AGELO A NILO. Elle est située à peu de distance du palais *Sangro*, et contient plus de 40,000 vol.

La bibliothèque annexée à l'église des PÈRES DE L'ORATOIRE DE ST-PHILIPPE NERI est riche en ouvrages rares, et a été récemment augmentée de la collection de l'avocat *Valetta*, ce qui a produit un accroissement de plus de 150,000 volumes.

La bibliothèque du couvent supprimé du MONTOLIVETO renferme une collection de médailles et de monnaies napolitaines.

La bibliothèque *Branaccia* se recommande par le choix des ouvrages qu'elle renferme, et par quelques manuscrits précieux.

Le *Musée Caraffa*. Cette riche collection mérite une attention particulière de la part des connaisseurs.

La collection du marquis *Berio* est aussi digne d'être visitée ; elle se compose de peintures de bons maîtres et de diverses écoles.

Mais une des plus curieuses est celle de M. *Santangelo*, riche en *vases étrusques* presque tous de *Nola*; outre plusieurs objets précieux d'antiquité, on y compte jusqu'à 65,000 médailles ou monnaies ; la galerie de tableaux est peu considérable : on y voit une toile de *Van-Dyck* et une de *Rubens* très-belles; une esquisse du Jugement dernier, de *Michel-Ange*, etc. L'étranger est toujours admis gracieusement à visiter cette précieuse collection.

Institutions scientifiques et écoles publiques. — L'UNIVERSITÉ. Cet établissement, situé près de l'église du Sauveur, appartenant autrefois aux Jésuites, a été fondé en 1224 ; il est fréquenté par un grand nombre d'étudiants.

Naples possède, outre une *Académie royale des Sciences et des Arts*, divisée en plusieurs sections, et composée de 60 membres, une académie dite Pontaniana, une école polytechnique, un collège royal d'éducation pour les jeunes nobles, une société royale d'agriculture, d'arts et de manufactures, une académie royale de marine, un lycée royal, une école de médecine et de chirurgie, une maison royale dite des Miracles, destinée à l'éducation des demoiselles de famille noble; une autre institution royale dite de S.-Marcellino, pour l'éducation des demoiselles; un institut de sourds-muets, une école vétérinaire, un musée royal d'ornithologie et de zoologie, un cabinet de minéralogie et de physique, un laboratoire de chimie, un jardin botanique, un observatoire, etc.

Le *Conservatoire de musique*. Cet établissement a eu tant de célébrité dans le monde musical, et y tient encore aujourd'hui une place si distinguée, que nous croyons en devoir dire quelques mots. Sa fondation a quelque chose de vraiment extraordinaire; elle est due à un prêtre espagnol, nommé *Giovanni Tappia*, qui, étant passionné pour l'harmonie, conçut le premier cette idée. C'était d'autant plus étrange, que les moyens d'exécution manquaient totalement au pauvre prêtre. Ce qui eût été pour tout autre un obstacle insurmontable ne fut pour lui qu'un aiguillon plus puissant. Il s'arme de courage, et parcourt pendant neuf ans entiers toutes les parties de l'Europe, quêtant pour ce couvent d'un nouveau genre. En 1537, il revient à *Naples* chargé d'or, bâtit un palais, et le peuple de jeunes adeptes pour le culte de l'harmonie. Les succès obtenus par le prêtre espagnol furent si grands, que le conservatoire de *Ste-Marie di Loreto* ne fut plus suffisant pour recevoir tous les élèves qui se présentaient ; on fut obligé d'en instituer un second sous le nom de *S.-Onofrio di Cupuana*, et puis un troisième appelé *della Pietá dei Turchini*, dont les élèves étaient habillés à la turque ; ce dernier, fondé par une société, fut fondu plus tard dans l'établissement de *S.-Onofrio*, et c'est de cette fusion que naquit ce célèbre conservatoire qui a fourni à l'Europe de si grands artistes. Le nombre des élèves s'était accru d'une manière si extraordinaire, que les fonds ne purent plus suffire à leur entretien. Dans cet embarras, on imagina de tirer parti des élèves eux-mêmes en les utilisant dans les églises. Rien n'est plus curieux que la rivalité qui jadis s'éleva entre ces conservatoires. Cette rivalité occasionna même, dans plusieurs circonstances, des scènes fâcheuses dans lesquelles la force publique fut souvent obligée d'intervenir.

Rien n'est plus solennel que d'entendre, les mercredi, jeudi et vendredi saints, le sublime *Miserere* de *Zingarelli*, chanté dans l'église du Conservatoire par quatre-vingts voix sans aucun accompagnement d'instruments. La famille royale assiste à cette solennité, qui attire toujours une grande foule.

Le nombre des élèves du Conservatoire est de 100 ; ils sont instruits dans la partie vocale ou instrumentale pour laquelle ils montrent le plus de dispositions, par des maîtres distingués, sous la direction d'un musicien habile. Le célèbre *Donizetti* y enseigna la composition. Le Conservatoire pour les garçons est situé près de l'église de St-Sébastien, et celui des demoiselles dans le voisinage de l'église de la Trinité-Majeure. Dans ce dernier établissement, le nombre des élèves n'est que de 24.

Pendant le carnaval on joue l'opéra sur un beau théâtre que possède le Conservatoire. Les élèves sont à la fois acteurs et musiciens ; les plus jeunes d'entre eux exécutent les rôles de femmes : ces représentations sont toujours très-suivies.

Pergolèse, *Piccini*, *Sacchini*, *Paisiello*, *Cimarosa*, *Tritto*, *Zingarelli*, *Mercadante*, *Bellini*, enlevé si jeune à l'art musical, *Farinelli*, *Caffarelli*, *Lablache*, et une foule d'autres artistes renommés, sont sortis de cette célèbre école.

Ainsi que *Rome*, *Naples* possède un collége dont le but est le même que celui de la Propagande, que nous avons décrit en parlant de la capitale du monde chrétien. Ce collége est situé sur la colline de *Capo di Monte*; on y instruit dans les études ecclésiastiques de jeunes Chinois, qui retournent ensuite dans leur patrie pour y propager la religion chrétienne.

Théâtres. Le théâtre ST-CHARLES passe pour le plus vaste de tous les théâtres d'Europe; cependant, du tableau comparatif des dimensions de ce théâtre et de celui de la *Scala* de Milan (1), il résulte que l'avantage est du côté de la Scala. Le théâtre *St-Charles* fut construit en 1537, et consumé par un incendie en 1816; mais il fut rebâti avec plus de magnificence et avec la plus grande célérité par l'architecte *Nicolini*, car la réouverture eut lieu le 12 janvier 1817. La façade est ornée d'une belle colonnade; les escaliers sont vastes et commodes; il renferme six rangs de loges dont chacune peut contenir 12 spectateurs : le premier rang se compose de 24 loges, et les cinq autres de 26; entre chaque loge il y a une sorte de candélabre à cinq branches. Cette illumination a le double avantage de présenter par elle-même l'aspect le plus éblouissant et de permettre à l'œil de parcourir tous les détails des ornements. Ces ornements sont en or et argent, et les draperies des loges en soie de couleur bleu de ciel foncé. La loge du roi, située, comme il est d'usage en Italie, au-dessus de la porte d'entrée, est d'une grande magnificence; elle s'appuie sur deux palmiers d'or, et sa draperie est composée de feuilles de métal d'un rouge pâle. Dans ce théâtre on représente les opéras et les ballets avec la plus grande magnificence.

---

(1) Voyez pour les dimensions de ces deux édifices, *Milan*, p. 279.

Théâtre St-Ferdinand. Il s'élève sur le Ponte-Nuovo (Pont-Neuf); c'est le plus grand théâtre de *Naples* après *St-Charles*.

Théâtre del Fondo. Celui-ci est construit avec beaucoup de goût, et fait le principal ornement de la place de Castello-Nuovo (Château-Neuf). Il dépend de l'administration de *St-Charles*.

Théâtre Nuovo. Ce théâtre, situé dans le voisinage de la rue de *Toledo*, était principalement destiné pour la représentation de la comédie; mais aujourd'hui on y donne de préférence des opéras, exécutés le plus souvent par des artistes distingués.

Théâtre Fiorentino. Il tire son nom de sa position près de l'église de St-Jean-des-Florentins. Son architecture est assez remarquable : on y représente des drames lyriques.

Théâtre S.-Carlino. Sa situation auprès du grand théâtre *St-Charles* lui a fait donner le nom qu'il porte. Il est réservé pour la comédie joyeuse, dont la représentation y attire toujours de nombreux spectateurs.

Théâtre Fenice. Ce petit théâtre s'élève sur la même place que *S.-Carlino*, et est aussi très-fréquenté par les amateurs de la comédie.

Théâtre des Pulcinelli (des *Polichinelles*). Dans ce théâtre on représente, comme à *S.-Carlino*, des comédies joyeuses dans lesquelles Polichinelle joue le principal rôle. Ce personnage, de création napolitaine, est bien différent du Polichinelle de *Paris*, à la veste rouge, à la double bosse et au langage chargé : à *Naples*, c'est un personnage naturel, une espèce de paysan vêtu en pantalon de toile blanche, coiffé d'un feutre gris de forme pointue; sa figure est cachée dans la partie supérieure par un masque noir; son langage est toujours le dialecte napolitain, et son caractère est un mélange de franchise, de naïveté et de balourdise. Les étrangers se plaisent peu généralement à ce genre de divertissement, parce que les plaisanteries roulent le plus souvent sur des jeux de mots du dialecte avec lequel on ne peut se familiariser qu'après un long séjour à *Naples*.

Indépendamment des théâtres que nous venons de citer, il en existe encore quelques autres, tels que le théâtre *della*

Sorte, — celui dit *Compagnia de' Ragazzi*, dans lequel ne jouent que des enfants, comme au petit théâtre *Comte* de Paris ; sans compter les baraques de polichinelles qu'on trouve en assez grand nombre, à partir de la rue de *Toledo* jusqu'au bastion du port.

Commerce. — Les manufactures d'étoffes de soie forment une branche très-importante du commerce de *Naples* ; on y fabrique principalement ces étoffes noires si connues en Europe sous le nom de *Gros de Naples*, des taffetas moirés qui sont très-recherchés dans le Levant, et des gants. Les fabriques d'armes à feu, de porcelaine, de glaces et de tabac, occupent le second rang par leur importance. Il s'y travaille aussi des bas, des linons, des dentelles, des toiles de coton, du linge damassé, du savon, des chandelles, des rubans, des fleurs artificielles, des essences, des velours unis, des mouchoirs, des mousselines, des couvertures de coton et de laine, des pâtes de toute espèce, et entre autres les *maccheroni*, dont le peuple de *Naples* fait une immense consommation.

Il y a aussi beaucoup d'activité dans la fabrication des instruments de musique, et surtout dans celle des cordes de violon, connues en Europe sous le nom de *Cordes de Naples*. La sculpture de luxe et la fabrication des meubles en bois des îles s'y perfectionnent journellement. *Naples* possède aussi une fonderie de caractères d'imprimerie, mais la typographie y est généralement languissante. Le commerce de cette ville, quoique très-actif si on le compare à celui de tout le midi de l'Italie, est néanmoins d'une importance secondaire. A l'exception des étoffes de soie, des gants, et de quelques autres articles manufacturés, les exportations ne consistent guère qu'en productions territoriales, comme le vin, les fruits, les acides, l'huile, la manne, etc. On exporte en France et en Espagne une grande quantité de soie brute. Les vins les plus recherchés sont ceux du territoire de *Pouzzoles* et des environs du *Vésuve*.

Mœurs. — L'indolence forme le fond du caractère du peuple napolitain ; il aime la joie et le plaisir, mais il lui faut de la joie et du plaisir sans fatigue. Il passe volontiers son temps dans les rues, sur les quais et au théâtre : *Panis et circenses*, telle est sa devise. *Horace* donnait avec raison à Naples l'épithète de *Otiosa Neapolis*. La sobriété naturelle du peuple, et le bas prix des vivres de première nécessité, permettent à cette classe inférieure de parcourir les rues sans but, sans affaire et même sans le désir d'en avoir. Quelques ducats suffisent pour procurer à une famille de lazzaroni une habitation dans les caves des maisons, et quelque menue monnaie pourvoit à son entretien. Nous avons déjà parlé ci-devant du lazzarone en général.

Les passants, et surtout les étrangers, ont beaucoup de peine à se soustraire au danger d'être écrasés, ou pour le moins renversés par les rapides voitures qui circulent, et surtout par les *Calessi*, espèces de voitures à deux roues et à un seul cheval, qui traversent la ville en tous sens et à toute heure. Ce mouvement continuel et animé de *Naples* surprend beaucoup le voyageur, surtout quand il arrive de *Rome*; et la différence de mœurs, d'usages et d'habitudes des habitants de ces deux capitales, est aussi pour lui un sujet d'étonnement non moins sensible. En un mot, *Rome* laisse des souvenirs intéressants, mais graves, et *Naples* des réminiscences de joie et de bonheur.

Naples fut jadis célèbre dans les arts et dans les sciences : *Cicéron* et *Sénèque* lui donnèrent l'épithète de *Mère des études*. *Virgile*, *Sénèque*, *Horace*, *Tite-Live*, *Claudien*, *Boccace*, *le Tasse*, et autres hommes de grande renommée, y firent un séjour plus ou moins long, et la plupart d'entre eux y composèrent une partie de leurs ouvrages. *Naples* s'honore aussi d'avoir été le berceau de *Velleius Paterculus*, d'*Urbain VII*, de *Sannazzaro*, de *Salvator Rosa*, de *Luc Giordan*, de *Solimène*, du *Bernin*, de *Fuga*, de *Vanvitelli*, de *Vico*, de *Filangieri* et de tant d'autres, sans parler encore des célébrités contemporaines et vivantes.

Renseignements.—On dîne à 2 fr., 2 fr. 50 c. à l'Espéranzelle, rue de l'Espéranzelle: chambre, 1 fr. 50 c.; mêmes prix à l'hôtel du Commerce et dans divers autres hôtels; la *table d'hôte* de Martin, bien servie, ne coûte que 2 fr. 50 c. Les gens riches logent à la Chiaja, hôtel de la Victoire: dîner, 1 piastre; déjeuner, 6 carl.; chambre, 8 carl. On doit compter sur 12 fr. par jour de dépense. — *Restaurateurs*, l'Albergo Reale, place du Palais; la Ville-de-Paris, strada

Toledo ; hôtel de Rome, à Santa-Lucia : dans ces diverses maisons, bonne cuisine française.— *Café d'Italie*, rue de Tolède : tasse de café, 15 à 20 cent. ; café au lait, 40 à 50 c. granite, 40 c. ; glace, 50 c. — *Bains*, à la Villa-Reale, au Largo-Castello, 1 fr. à 1 fr. 25 c. La Villa-Reale est un magnifique jardin sur les bords de la mer. — *Théâtre* St-Charles, 60 grains au parterre ; Fondo, 40 grains.— *Pharmacie* de la légation anglaise, rue de la Villa-Reale.— *Cabinet des beaux-arts*, rue Ste-Lucie, 87, 88. — *Glaces exquises* au palais del Duco d'Amirando.— *Marchands de vins*, Freeborn, 4, largo della Vittoria. — *Libraires*, Borel, Nobile, Sturita, librairie italienne à Chiaja ; cabinet de lecture, Mme Perot, à St Jacques ; Glass, rue de Tolède, à côté du café d'Italie : *librairie* française, anglaise, italienne, gravures ; on y trouve les Guides de Richard en France, d'Ebel en Suisse, revu par Richard. — *Banquiers*, Porikofer et compagnie, Largo-Castello.— *Ministères divers*, Largo-Castello.— *Ambassades*, rivière de la Chiaja. — *Prix du visa des passeports* : à la police, 52 grains (1) ; au ministère des affaires étrangères, 120 grains ; au nonce du pape, 60 grains ; ambassade de France, 70 grains ; — Sardaigne, 96 grains ; — Toscane, 60 grains ; — et si on prend les bateaux à vapeur, à l'agent, 30 grains.

MOYENS DE LOCOMOTION.—*Omnibus*. La principale ligne va de la Villa-Reale au Sérail, par la rue de Tolède : prix, 5 grains. Les dames ne prennent guère ces voitures.

Chemin de fer de Naples à Capua par Acerra et Caserta, six fois par jour : prix, pour Capua : premières, 60 grains ; deuxièmes, 48 grains ; pour Caserta, 36 grains et 45 grains.

	Premières.	Deuxièmes.
DE NAPLES A PORTICI,	15 grains.	10 grains.
— Torre del Greco,	20 —	15
— Torre Annunciata,	40 —	25
— Castellamare,	50 —	35
— Pompei ou Scafati,	50 —	35
— Angri,	60 —	40
— Pagani ou Nocera,	75 —	50

(1) Le *grain* vaut un peu moins de 8 centimes.

Trajet pour Portici, 15 minutes ; Pompéi et Castellamare, 60 minutes ; départ toutes les heures.

Vetturini. Se louent ordinairement 8 ducats par jour, 18 carlins pour une demi-journée ; par heure, 3 carlins, et 24 grains la course.

Diligences pour Rome 5 fois par semaine, en 36 heures. Prix, 10 scudi 75 baïoques, et 11 scudi 35 baïoques.

Navigation à vapeur pour Civita-Vecchia, Livourne, Gênes, Marseille, Malte et la Sicile. Voyez Introduction, page 54.

Nous prévenons le voyageur qu'on ne tolère aucune espèce d'armes à Naples ; que ses papiers doivent être en règle, visés par l'ambassadeur de sa nation avant de quitter la ville. Il devra se tenir en garde contre les filous, qui abondent dans cette grande cité ; mener durement les *faquins* (domestiques) dont il a besoin, la force brutale étant ici un signe de supériorité ; faire toujours son prix d'avance, et, en cas de contestation, ici, comme à Rome et à Venise, menacer de la police.

ENVIRONS DE NAPLES.

Le Vésuve.—Portici.—La Grotte du Pausilippe.—Le Tombeau de Virgile.—Lac d'Agnano.—La Grotte du Chien.—Pouzzoles.—Lac Lucrin.—Lac Averne.—La Grotte de la Sibylle.—Baies.—Le cap Mysène.—Cumes.—Torre di Patria.—Bauli.—Piscina Mirabile.—Les Champs Elysées.—Herculanum.—Stabia.—Pompéi.—Torre del Greco.—Torre dell' Annunziata.—Iles principales environnantes.—Capri.—La Grotte d'Azur.—Ischia.—Procida.—Tarif des prix des voitures et barques pour les excursions aux environs de Naples.—Pour les chemins de fer, voyez ci-dessus.

En sortant de *Naples* pour se diriger vers le *Vésuve*, on ne tarde pas à perdre la vue du golfe qui vous est dérobée par cet immense édifice, appelé *Gromili*, dont la longue façade est éclairée par quatre-vingt-sept fenêtres. *Charles II* fit jadis construire ce vaste bâtiment pour servir d'entrepôt aux approvisionnements de la ville. Sa destination est aujourd'hui changée ; c'est une caserne d'infanterie. A partir de ce lieu, la route longe la mer, et présente à l'œil charmé une longue suite de maisons charmantes dans lesquelles toute la noblesse napolitaine va passer les saisons du printemps et de l'automne. La côte est en outre embellie par des bourgs riches et peuplés, tels que RESINA, PORTICI, TORRE-DEL-GRECO, etc. *Portici* est surtout fort remarquable. Bientôt on arrive à RÉSINA (*Retina*), bourg construit sur la lave qui recouvre *Retina*. En cet endroit la route elle-même est creusée dans le vif de la lave. A peine hors de *Résina*, la présence du volcan s'annonce par la lave de couleur sombre sur laquelle on marche : là commence une nature triste et morte, à qui la vue de quelques terrains échappés à la destruction ajoute plus de tristesse encore. Parmi ces terrains, il en est qui, par le long cours des siècles, ont été rendus à l'agriculture, et il est à remarquer qu'ils sont d'une fertilité extraordinaire. La lave, quand elle n'est pas destructive, est pour la terre un puissant engrais; la vigne surtout en retire une force de végétation étonnante. En effet, le vin exquis connu sous le nom de *lacryma-christi*, puise sa bonté et son parfum dans la lave elle-même. Aussi ne voit-on pas dans ces lieux un pouce de terre qui ne soit cultivé, s'il est susceptible de l'être. Il est vraiment extraordinaire de voir dans un si petit espace et dans un tel lieu une population si nombreuse.

A mesure qu'on monte, les couches de lave apparaissent plus épaisses et plus ou moins sombres, suivant leur degré d'ancienneté. Enfin on arrive au *Piano delle Ginestre*, plateau aujourd'hui silencieux, triste et désert, et qui fut jadis un séjour délicieux où croissaient en abondance les genêts et tous ces arbustes qui se plaisent sur les sites élevés. A peu de distance de là, on rencontre *S.-Salvatore*, ermitage construit sur une petite plate-forme, se composant d'une petite chapelle et de quelques chambres qui servent d'habitation à un ermite. Ce personnage, qui quelquefois est un séculier, conserve un gros livre sur lequel les voyageurs inscrivent leur nom. On passe ensuite à l'*Atrio del Cavallo*, lieu où les visiteurs avaient autrefois l'habitude de faire une halte, et on se trouve à la base de la montagne. Auprès de là s'élève un cône appelé *Cône de Gautrey*, du nom d'un Français qui, le 16 janvier, s'y précipita volontairement, et dont le *Vésuve* revomit le cadavre deux jours après. Lorsque le volcan est silencieux, rien n'est solennel comme cette solitude : l'absence de toute végétation ajoute encore à l'horreur de ces lieux, qui semblent n'avoir plus rien de commun avec la terre. A mi-côte de la montagne, on fait ordinairement une pause pour reprendre haleine. Ici la plume ne saurait trouver d'expressions assez énergiques pour peindre la magnificence du tableau qui se déroule devant le voyageur. Au sud, c'est *Pouzzoles*, le *Cap Mysène*, et cette riante côte de *Pausilippe* aux collines fleuries ; à l'est, les îles *Capri*, *Ischia*, *Procida*, et le promontoire de *Sorrente*; au delà, *Portici*, *Torre-del-Greco*, les *Camaldules*. Quelle magie dans ce tableau, et surtout quel contraste avec les horribles solitudes environnantes! Après une marche pénible, on arrive enfin au sommet de la montagne et auprès du cratère.

Il serait fort difficile de donner une description exacte du *Vésuve*; car ses formes ont toujours varié à chaque éruption nouvelle. Il suffit, pour s'en convaincre, de lire *Diodore de Sicile*, *Strabon*, *Pline* et *Sénèque*. La description que *Pline* donne à *Tacite* d'une éruption de ce célèbre volcan est très-curieuse et surtout pleine d'intérêt; nous y renvoyons le lecteur. Un siècle et demi plus tard, *Dion Cassius* écrivit aussi une description dans laquelle il mêla les contes les plus ridicules aux idées superstitieuses du peuple; il pousse l'ignorance jusqu'à avancer de bonne foi que les cendres avaient été portées par la violence de l'éruption en Syrie et même en Égypte.

Nous donnerons ici un petit tableau chronologique des éruptions connues, en faisant observer qu'elles eurent presque toutes une grande ressemblance dans leur forme et dans leurs effets, à l'exception toutefois de celle qui ensevelit *Herculanum* et *Pompéi*, en l'an 79.

Ans de Jésus-Christ.

79	1500	1737	1775	1806
203	1631	1751	1776	1810
472	1660	1754	1777	1811
512	1682	1760	1778	1813
685	1694	1766	1779	1817
993	1701	1767	1786	1820
1036	1704	1770	1790	1822
1046	1712	1771	1794	1831
1138	1717	1773	1804	1833
1139	1730	1774	1805	1834
1306				

L'éruption de juillet 1834 eut des conséquences terribles ; car la lave, qui avait une demi-lieue de largeur, s'étendit sur un espace d'environ deux lieues ; elle ensevelit près de cent maisons sous ses ondes brûlantes, et détruisit plus de 400 arpents de terrains cultivés.

La hauteur du *Vésuve*, prise du pied du pic, vis-à-vis de *Résina* et de *Naples*, est calculée à environ 433 mètres. Depuis la dernière éruption, le cratère a encore changé sa forme, qui, avant cette époque, était celle d'un vaste entonnoir. Les parois se sont écroulées dans l'intérieur, et il est à présumer que cette surabondance de matières ayant obstrué le passage de la fumée intérieure, a donné naissance à l'éruption dont nous venons de parler ; ou si elle ne l'a point provoquée, elle en a sans aucun doute accéléré la marche.

N. B. On trouve à *Résina* des ânes, des mulets, et tout ce qui peut être utile pour l'ascension du *Vésuve* ; mais il est bon que le voyageur se munisse de quelques provisions de bouche et d'un guide sûr. Nous engageons beaucoup les voyageurs à donner la préférence à la famille *Salvatori* de *Résina*, près de laquelle ils trouveront autant de zèle que de fidélité. Ils pourront aussi se procurer chez eux des collections de minéraux du *Vésuve* à des prix très-modérés.

PAUSILIPPE. Pour y arriver, on passe par la *Villa-Reale*, jardin magnifique dont nous avons déjà parlé, et on suit une fort belle rue, ou pour mieux dire un quai bordé de superbes édifices. *Pausilippe*, situé à l'O. de *Naples*, est une célèbre montagne couverte de belles maisons et de jardins toujours verts, qui offre l'aspect le plus riant. Elle est percée à sa base par un chemin souterrain qui a 960 pas de longueur, 10 mètres de largeur sur 50 de hauteur. Cette grotte immense est éclairée, autant qu'elle peut l'être, par deux soupiraux pratiqués vers ses deux extrémités. On croit qu'un ouvrage si singulier fut entrepris pour abréger le chemin de *Naples à Pouzolles*, et éviter ainsi de gravir la montagne. On ignore quel fut l'auteur de cette entreprise.

TOMBEAU DE VIRGILE. Au-dessus de l'entrée de la grotte, du côté de *Naples*, est le tombeau de *Virgile*.

Depuis longtemps il n'existe plus de laurier sur le tombeau de *Virgile*; mais il est ombragé par un chêne-vert qui a ses racines dans la partie élevée du rocher qui l'avoisine. Vers la fin de 1826, M. *Casimir Delavigne*, son frère, et M. *Édouard Gautier*, alors vice-consul à *Naples*, plantèrent un laurier sur la tombe révérée; l'arbre promettait de perpétuer le témoignage de leur admiration pour le grand poëte; mais les étrangers qui viennent visiter ce monument le dépouillent tous les jours, et il périra comme le laurier de *Pétrarque*. Heureusement la gloire de *Virgile* repose sur des bases plus durables.

Au haut de la montagne du *Pausilippe* est l'église des *Servites*, sous le titre de *Sainte-Marie del Parto*, fondée par le poëte *Sannazar*. Après sa mort, les *Servites* lui firent ériger un très-beau mausolée en marbre blanc. L'urne sépulcrale, supportée par un riche piédestal, est surmontée du buste du poëte couronné de lauriers, et au milieu de deux Génies qui tiennent des guirlandes de cyprès. Au-dessous de l'urne est un bas-relief qui représente les divinités symboliques des poésies de *Sannazar*.

Dans l'église des *Servites*, tout porte l'empreinte du caractère du fondateur. Au-dessus du tombeau de *Sannazar*, *Rossi* a peint le Parnasse, Pégase, et une Renommée qui tient une couronne sur la tête du buste.

De la montagne du *Pausilippe*, on jouit du spectacle de la mer, qui est quelquefois étincelante de lumière, phénomène occasionné par une espèce d'insectes qu'on appelle lucioles, et par l'agitation des flots : on sait que dans les pays chauds l'eau de la mer est très-phosphorique. On voit sur cette montagne les restes des bains de *Lucullus* et d'un temple de la Fortune.

En sortant de la grotte du *Pausilippe* du côté de *Pouzzoles*, on trouve un beau chemin qui conduit à cette ville; mais, si l'on se détourne à droite pour prendre l'ancienne voie, on ne tarde pas à rencontrer le *lac d'Agnano*, dont la forme circulaire a un mille de tour. Quoique ce lac paraisse bouillonner, ses eaux n'ont aucune chaleur sensible, phénomène dont il est assez difficile de rendre la raison.

Tout près de ce même lac sont les bains de vapeur de *St-Germano*, très-propres, dit-on, à guérir ou à soulager les maladies chroniques, telles que la goutte, la paralysie, les douleurs rhumatismales, etc.

GROTTE DU CHIEN. A environ cent pas de ces bains, près du lac, et sur le revers de la montagne, est la *Grotte du Chien*; sa hauteur est d'environ 3 mètres, sa largeur d'un mètre 33 cent., et sa profondeur de 3 mètres 33 cent.; elle est creusée dans un terrain sablonneux. Une vapeur légère, sensible à la vue et semblable à celle du charbon, s'élève à six pouces au-dessus du sol. On l'a appelée la *Grotte du Chien*, parce que c'est l'animal qu'on choisit presque toujours pour faire l'expérience de l'action de la vapeur sur la vie animale. Si l'on couche un chien contre terre seulement pendant quelques minutes, cet animal est agité de violentes convulsions qui ne tarderaient pas à le faire mourir; mais, mis hors de la grotte, il reprend ses forces.

Au nord, et à un demi-mille du *lac d'Agnano*, est un vallon délicieux qui a environ deux lieues de circonférence; entouré de montagnes de toutes parts, il forme une espèce d'amphithéâtre. Ce lieu s'appelle *gli Astrini*; il est peuplé de bêtes fauves qu'on y entretient pour servir aux chasses royales.

POUZZOLES (*Puteolana* et *Cumana Regna*). Cette ville, autrefois célèbre, est située à 10 kilomètres de *Naples*, sur le golfe appelé *Sinus Puteolanus*. Les arts et la nature ont concouru à l'envi pour rendre délicieuse la situation de cette petite ville. Son nom latin de *Puteolum* provient de la quantité de puits qu'y fit creuser *L. Fabius*, lorsque ce général y fut envoyé par les Romains, qui craignaient qu'elle ne tombât au pouvoir d'*Annibal*. *Pouzzoles* a eu souvent à souffrir des tremblements de terre et des inondations produites par la pluie. En 1695, la ville fut fort endommagée par des pluies extraordinaires. La cathédrale, bâtie sur l'emplacement d'un temple dédié à *Auguste*, est décorée de colonnes corinthiennes qui indiquent suffisamment sa première destination. On voit encore à *Pouzzoles* les restes d'un autre temple qui devait être de la plus grande beauté ; les uns croient qu'il était consacré à *Sérapis*, d'autres aux Nymphes : il était entièrement revêtu de beaux marbres d'Afrique et de Sicile. On y distingue quelques-unes des dix-huit chambres dont il était environné, et une salle de bains à l'usage des sacrificateurs. Le pavé, qui est de marbre blanc, le conduit destiné à l'écoulement des eaux et du sang des victimes, les anneaux auxquels on attachait les victimes, et quelques colonnes, sont assez bien conservés. Sur l'une des places de *Pouzzoles*, on remarque un piédestal de marbre blanc, orné de bas-reliefs qui représentent quatorze villes d'Asie, détruites par un tremblement de terre, et réparées par *Tibère*. Sur une autre place s'élève une statue romaine de 2 mètres de haut, très-bien conservée, dont l'inscription nous apprend qu'elle fut érigée à *Flavius-Marius-Egnatius-Julianus*, préteur et augure. Mais, de toutes les antiquités de *Pouzzoles*, l'amphithéâtre est sans contredit ce qu'elle offre de plus remarquable. On l'appelle le *Colosseo* (*Colisée*), et ses dimensions étaient égales à celui de *Rome*. L'arène, qui avait 83 mètres de long, est aujourd'hui convertie en jardin. On distingue encore les portiques qui servaient d'entrée, et les caves où étaient enfermées les bêtes féroces destinées aux combats. Le *Labyrinthe de Dédale* était un bâtiment souterrain destiné à conserver les eaux pour l'usage de la ville. Sur les bords du golfe de *Pouzzoles*, on montre encore les restes de la maison de campagne de *Cicéron*. Les flots ont couvert une grande quantité de ruines qu'ils rejettent quelquefois. C'est aussi sur ce golfe qu'on voit les restes du fameux pont de *Caligula*. Ces restes se composent de treize gros piliers et de plusieurs arches, qui étaient au nombre de 25 lorsque le pont était sur pied. Elles ont été le sujet de disputes assez vives : nous ne rapporterons ici que l'opinion de *Suétone.* On sait que *Caligula*, voulant célébrer des victoires imaginaires contre les Parthes et les Daces, donna le spectacle extravagant d'un triomphe à la manière de l'insensé Xerxès. A cet effet, il fit construire un pont qui, partant de la partie du golfe où est située *Pouzzoles*, allait jusqu'à *Baïa*; mais on conçoit qu'il était impossible de bâtir dans la mer sur un espace de 5,636 mèt. Pour obvier à cet obstacle, on réunit un grand nombre de vaisseaux, dont on forma une sorte de pont de bateaux sur lequel on établit une route bordée de parapets. La description de ce triomphe extravagant et ridicule nous entraînerait trop loin ; il nous suffira de dire qu'il dura deux jours, et que la cessation complète des transports maritimes occasionna une famine générale qui se fit sentir plus fortement encore à *Rome.*

Pouzzoles renferme une population d'environ 11,000 habitants.

En sortant de cette ville et en côtoyant le golfe, on arrive à l'endroit où était autrefois le LAC LUCRIN, si célèbre par les huîtres vertes que les Romains y faisaient nourrir.

Non me Lucrina juverint conchylia.
HOR. Ep. Od. 2.

Aujourd'hui ce lac n'existe plus ; un tremblement de terre combla son bassin, qui n'offre maintenant qu'un terrain marécageux et couvert de joncs. Le MONTE NUOVO, qui a remplacé le *lac Lucrin*, n'est qu'un amas considérable de pierres brûlées, de scories et d'écumes semblables aux laves du Vésuve.

LAC AVERNE. Autrefois le lac *Averne* communiquait avec le *lac Lucrin* à l'aide d'une tranchée qu'*Agrippa* avait fait ouvrir, ouvrage dans lequel il employa, dit-on, vingt mille esclaves. L'*Averne* est de forme ovale et présente une circonférence d'environ 6 kilom. Il est situé à un demi-mille de *Monte Nuovo*, et bordé de hautes montagnes qui jadis étaient couvertes de forêts si épaisses, qu'elles répandaient sur le lac une ombre éternelle. Les oiseaux, dit-on, n'y volaient pas impunément, et des exhalaisons méphitiques en rendaient les approches dangereuses : aussi y sacrifiait-on aux dieux infernaux. Aujourd'hui, au contraire, ses rives sont délicieuses, et on y respire l'air le plus salubre; le lac est très-poissonneux; sa profondeur est évaluée à 133 m. Il faut que de grandes convulsions de la nature aient prodigieusement changé la face de ces lieux, pour qu'ils aient pu fournir à *Virgile* la description qui commence par ces mots :

.......Tuta lacu nigro nemorumque tenebris, etc.

Sur les bords de l'*Averne*, à l'est, on voit les restes d'un temple qui fut consacré à Apollon, selon les uns, et à Pluton selon les autres. Il reste encore à peu près la moitié de l'édifice.

Sur la rive opposée, au pied d'une colline et au milieu d'arbrisseaux très-touffus, on voit l'entrée de la fameuse GROTTE DE LA SIBYLLE, qui, d'après l'opinion commune, communiquait avec la grotte dont l'entrée était à *Cumes*. L'ouverture de la première s'est beaucoup rétrécie par suite des atterrissements; on est obligé de se courber pour y entrer; mais ensuite elle s'élève et permet d'y pénétrer jusqu'à une distance de 200 pas. Cette ouverture est remplie de cailloutages, ombragée par des arbres épais, et défendue par un petit lac noir et profond; elle est à peu près telle encore que *Virgile* l'a décrite. On pénètre aujourd'hui dans l'intérieur de la caverne par une petite porte étroite, ouverte dans le roc, qui répond à un escalier également creusé dans le vif : cet escalier est taillé en spirale et conduit aux bains de la Sibylle. Pour entrer dans ces bains, il faut se faire porter par les guides. Ces bains se composent de deux pièces carrées, qui sont, à ce qu'on assure, à plus de 67 mètres au-dessous du niveau de la grotte; elles étaient anciennement ornées de stucs et pavées de mosaïques. C'est par là que *Virgile* fait descendre Enée aux enfers.

BAIES (*Baïa*). Cette ville, qui méritait la célébrité qu'elle avait chez les anciens, est située à peu de distance du LAC FUSARO, sur la partie occidentale du golfe de *Pouzzoles*.

Baïes était devenue un séjour de délices : l'abondance et l'efficacité de ses eaux médicinales en avaient fait le rendez-vous des riches. La côte est encore couverte de ruines qui témoignent de son ancienne magnificence; malheureusement la mer en envahit chaque jour quelqu'une. On sait que *Pompée*, *Sylla*, *Marius*, *César* et *Néron* y avaient de superbes palais, ainsi que les principaux Romains. Quoique des siècles aient passé sur cette ville, les outrages du temps et les tremblements de terre n'ont point altéré la douceur de son climat; mais elle a cessé d'être le temple du plaisir. L'air vicié par les exhalaisons des marécages qui l'avoisinent en a rendu le séjour dangereux, et cette ville jadis si gaie, si riche, si bruyante et si heureuse, n'est plus qu'une triste solitude, habitée par quelques paysans indolents et inertes. Ce fut à *Baïes* que se forma le célèbre triumvirat de *César*, *Lépide* et *Antoine* : ce fut aussi dans cette ville que mourut l'empereur *Adrien*.

Le golfe de *Baïes* est entouré d'un coteau qui forme une espèce d'amphithéâtre; il est ombragé d'arbustes toujours verts qui couvrent de belles ruines. Dans la partie inférieure du vallon, auprès de la mer, on voit plusieurs temples antiques dont quelques-uns sont encore bien conservés, comme les temples de *Diane Lucifère*, de *Mercure* et de *Vénus*; mais ils sont situés sur un terrain si marécageux, qu'on ne peut y aborder sans avoir recours aux épaules des mariniers. La voûte du temple de Diane s'est écroulée. Le temple de Mercure est une grande rotonde de plus de 33 mètres de diamètre, qui, comme le Panthéon de Rome, reçoit la lumière d'en haut. La coupole, les petites chambres latérales et les bains des prêtres du temple de *Vénus* existent encore presque entièrement. Dans la partie inférieure de ce monument on voit plusieurs chambres ornées de stucs et de bas-reliefs qu'on croit, avec assez de fondement, avoir été l'asile de la débauche.

La non-interruption des intéressantes ruines qu'on rencontre sur cette côte a fait présumer que l'antique *Baïa* occupait tout cet espace qui est compris entre le *Château de Baïes* et les *Bains de Tritoli*.

Le Château de Baies s'élève sur le cap; il a été fondé par

le vice-roi *Pierre de Tolède*. Du côté de la terre, ce n'est qu'une forteresse très-médiocre ; mais en revanche elle est très-favorable pour la défense du rivage.

Sur la droite de *Baïes*, on montre aux voyageurs un édifice qu'on a gratifié du nom de *Tombeau d'Agrippine*, quoiqu'il ait plus d'analogie avec un théâtre qu'avec un monument funéraire : on ne peut y pénétrer qu'avec des torches. Le touriste prend ordinairement une barque de *Baïes* pour visiter ces ruines.

Cap Mysène. Il occupe la pointe méridionale du golfe de *Pouzzoles*. *Mysène* était le lieu de station de la flotte que les Romains y entretenaient pour maintenir la sûreté des mers et des côtes, depuis le détroit de *Messine* jusqu'aux *Colonnes d'Hercule*. Sur le cap s'élevait un phare pour éclairer les navigateurs. Sous la pointe du promontoire on remarque une caverne spacieuse formée par la nature : les Romains l'agrandirent, la fortifièrent et en soutinrent la voûte par de gros piliers placés de distance en distance. Ils avaient pratiqué dans le fond de vastes réservoirs pour recevoir les eaux pluviales qui y tombent en abondance.

Le *Cap Mysène* rappelle un souvenir douloureux : ce fut en effet de là que partit *Pline* le naturaliste pour aller observer l'éruption du Vésuve, où il périt.

Du *Cap Mysène* on peut retourner à *Naples* par mer ; cette traversée, qui est fort agréable, se fait en quelques heures.

Cumes. En sortant de la grotte, on gravit une colline sur laquelle se trouve le chemin qui conduit à *Cumes*. Cette ville fût bâtie par des Grecs venus de l'île d'*Eubée*, ainsi que nous l'apprend *Virgile*.

Et tandem Euboicis Cumarum allabitur oris.
Virg. En. liv. IV.

Sa situation était autrefois propre à faire une grande résistance ; car elle était construite sur une colline entourée d'un côté par la mer et deux lacs, et enfin défendue par deux forts. Les monuments antiques qu'on y voit encore sont généralement assez bien conservés. Avant d'arriver à la ville, on trouve un arc de triomphe bâti en gros blocs de marbre, et qui a beaucoup de ressemblance avec le temple de *Janus*, à *Rome*. *Pétrarque*, dans son Itinéraire, cite le tombeau de *Tarquin le Superbe* comme un des plus anciens qu'il y eût à *Cumes*; mais aujourd'hui il n'en reste plus de traces. A une petite distance des anciens murs qui formaient l'enceinte de la ville, on remarque un édifice de 8 mèt. de long sur 10 de large, dont la voûte est encore entière. Cet édifice majestueux était appelé le *Temple du Géant*, parce qu'on y trouva le buste colossal de *Jupiter Stator*. Ce buste est aujourd'hui au musée de *Naples*.

De *Naples*, le prix d'une calèche pour *Cumes* est de trois ducats, et un bateau pris à *Pouzolles*, avec 4 rames, coûte quatre ducats.

A une lieue au N. de *Cumes*, est la TORRE DI PATRIA (jadis *Literne*), lieu où s'élève le tombeau de *Scipion l'Africain*. La statue dont il était surmonté a été renversée par une tempête; mais sur la table du sarcophage on lit encore cette inscription :

Ingrate patrie, tu n'auras pas mes os.

BAULI, aujourd'hui BACCOLA. C'est un petit village d'environ 300 âmes, situé entre *Baïes* et le *Cap Mysène*. La tradition mythologique désigne ce lieu comme celui où aborda *Hercule* revenant d'Espagne, après la défaite du tyran *Géryon*. Au bas de ce village on voit un port absolument semblable à celui que décrit *Tacite* dans son récit de la mort d'*Agrippine*, qui, après avoir échappé à la mort que lui avait préparée son barbare fils, se réfugia dans sa maison de campagne, où elle fut assassinée dans la même nuit. Le tombeau que ses domestiques lui élevèrent est une sorte d'hémicycle avec galerie circulaire, dont la voûte est divisée en compartiments de stuc. Les bas-reliefs sont assez bien conservés; mais l'entrée en est presque entièrement obstruée par des éboulements de terre. L'obscurité du lieu et la fumée des flambeaux qui a formé sur les ornements une espèce de stuc en suie rendent à peu près impossible la lecture des inscriptions qui y existent. *Bauli* est entouré d'autres monuments funéraires dont quelques-uns sont encore décorés de bas-reliefs, de peintures et même de dorures.

Auprès de *Bauli*, s'élève ce monument magnifique, appelé avec raison PISCINA MIRABILE. La construction de cet édifice remonte jusqu'à *Pison*. Il est de forme carré-long, et repose sur quarante-huit pilastres disposés en quatre files d'arcs quadruples d'une hauteur extraordinaire. Sa longueur est d'environ 39 mètres. On est effrayé quand on pense aux sommes énormes qu'a dû coûter cet ouvrage, car il sert à amener l'eau de plusieurs milles de distance, et il a fallu vaincre des obstacles immenses. Cette piscine a acquis une solidité extraordinaire par la couche de stalactites que les eaux ont déposée. Deux escaliers conduisent jusqu'au bas : la voûte est en outre percée de treize ouvertures, par lesquelles on présume que se puisait l'eau.

CHAMPS ELYSÉES. Entre les lacs *Fusaro* (l'*Achéron* des anciens) et *Mare-Morto*, s'étend une petite contrée appelée *Mercato del Sabbato*. Là existaient jadis de délicieux jardins arrosés par de belles fontaines, et embellis par des arbres toujours verts. A l'aspect de ce site enchanteur, et sous un climat si doux, on conçoit aisément que l'imagination brillante des poëtes ait conçu l'idée d'en faire le séjour des justes. La description qu'en donne *Virgile* est encore applicable de nos jours à ces bords charmants, mais il est dommage que l'air ait entièrement perdu cette pureté qui faisait ses principales délices.

MASSA, jadis célèbre, est aujourd'hui une petite ville délicieusement située. Elle s'élève sur le flanc d'une colline toute couverte d'oliviers et de vignes, et à la pointe de la Campanella. *Massa* ne conserve d'autres restes d'antiquité que quelques débris d'un aqueduc; mais on y remarque la *Cathédrale*, dans laquelle se trouve une petite peinture, la *Sainte Famille*, attribuée à *Raphaël*; le *Palais épiscopal*, et une autre jolie petite *église*. Il s'y tient une foire le 15 août qui y attire beaucoup de monde.

HERCULANUM (*Herculaneum*, *Herculanium* ou *Herculium*). On ignore l'époque précise de la fondation de cette malheureuse ville : on ne peut que conjecturer avec *Denis d'Halycarnasse* qu'elle remonte jusqu'à l'an 60 avant la guerre de *Troie*, c'est-à-dire 1342 ans avant J.-C. *Polybe*, en parlant de *Capoue* et de *Naples*, ne cite même pas *Herculanum* ; mais il est à présumer que du temps de cet écrivain, 150 ans avant J.-C., cette ville était très-peu connue. *Strabon*, qui vivait sous Auguste et Tibère, est le plus ancien auteur qui en ait parlé. *Herculanum*, arrosée par le SARNO, fut habitée tour à tour par les Osques, par les Etrusques, par les Grecs et par les Sameroles. *Denis d'Halycarnasse* raconte qu'Hercule, étant venu en Italie après avoir délivré l'Espagne des brigands qui l'infestaient, et avoir achevé plusieurs autres entreprises dans les Gaules, construisit une ville entre *Naples* et *Pompéi* pour procurer à sa flotte un port assuré, et qu'il lui donna son nom. Quoi qu'il en soit, les Romains s'y établirent 293 ans avant J.-C. Un siècle plus tard, cette ville, ayant pris part à une guerre contre les Romains, fut reprise par le proconsul *T. Vidius* : elle devint ensuite colonie romaine, et acquit de la richesse et de l'importance. *Pline* et *Horace* la mettent en effet au rang des villes les plus florissantes de la Campanie. Lorsque toute la délicieuse côte du golfe de *Naples* était embellie par les maisons de plaisance des Romains les plus distingués, *Herculanum* fut aussi choisie comme un lieu de délices. *Cicéron* nous apprend que les *Fabius* y avaient leur *villa*. L'épouvantable éruption du Vésuve, arrivée sous les premières années du règne de *Titus*, l'an 79 de l'ère chrétienne, et qui couvrit de lave *Herculanum* et plusieurs autres villes de la Campanie, est un événement assez connu. *Pline* le jeune, témoin oculaire de cette grande catastrophe, nous en a laissé une description, dans laquelle il raconte la déplorable fin de son oncle, qui se trouvait sur les lieux en qualité de commandant de la flotte romaine. *Herculanum* fut ensevelie sous les cendres et les laves du *Vésuve*, vers la partie qui se trouve entre la maison royale de *Portici* et le village de *Résina*. Son port était peu éloigné du *Vésuve*. La matière qui couvrit *Herculanum* était une cendre fine, grise, brillante ; elle coulait lentement, laissant aux habitants le temps de se retirer ; car dans les excavations on n'a trouvé qu'un très-petit nombre de cadavres et d'effets précieux : parmi ces derniers, on n'a trouvé que ce qui n'était pas d'un transport facile. Il faut croire que dans sa chute cette matière était bouillante, puisqu'on y voit encore des portes et d'autres objets en menuiserie tout à fait carbonisés, et que dans certaines maisons où la lave n'avait pas pénétré, les boiseries étaient aussi dans le même état, effet de la grande chaleur qu'elle communiquait autour d'elle. Néanmoins tous les objets, comme les livres, le pain, le blé, n'étaient pas consumés. Les cendres et la lave comblèrent hermétiquement les chambres et les appartements : plusieurs murailles furent inclinées et d'autres renversées. Le stuc formé par le mélange de cette cendre avec l'eau prit une consistance si compacte, que tous les objets qui en furent recouverts furent merveilleusement garantis de toute humidité et de toute fermentation ; c'est pour cela qu'on admire les peintures, dont les couleurs ont conservé tant d'éclat, de fraîcheur, de vivacité et de brillant, qu'elles semblent être un ouvrage récent. Au-dessus de la lave de la première éruption, on remarque une espèce de poussière blanche disposée par couches, mais avec des interruptions. On pense que cela provient des pluies de cendre successives.

Le prince d'Elbœuf, *Emmanuel de Lorena*, étant allé à *Naples* en 1706, en qualité de commandant de l'armée impériale contre *Philippe V*, y épousa en 1713 la fille du prince de *Salsa*. Désireux d'avoir une maison de plaisance dans les délicieux environs de *Naples*, ce prince en fit élever une à *Portici*. L'artiste auquel il avait confié l'exécution des stucs ne trouvait pas en assez grande quantité cette poussière de marbre fin dont il avait besoin pour confectionner ses ouvrages, lorsqu'un paysan de *Portici* en trouva plus que suffisamment en creusant le puits de la maison. Le prince acheta à ce paysan l'autorisation de faire de nouvelles fouilles dans le même lieu. Ce fut cette circonstance fortuite qui fut le prélude de la découverte d'*Herculanum*. Après quelques jours de travail, on trouva une statue d'*Hercule*, puis celle de *Cléopâtre*. Ces premières découvertes ouvrirent les yeux du prince d'Elbœuf, qui, encouragé par ces succès à de nouveaux travaux, vit bientôt ses peines couronnées par la découverte d'autres statues, d'inscriptions, de marbres précieux, d'un *temple* de forme ronde avec colonnes d'albâtre, etc. Les résultats de ces fouilles devinrent bientôt assez considérables pour fixer l'attention du gouvernement. Les travaux du prince d'Elbœuf furent donc suspendus, et on ne fit aucune autre découverte jusqu'à l'époque où *Don Carlos*, étant devenu roi de *Naples*, voulut se faire construire un château à *Portici*, c'est-à-dire en 1736. Le prince d'Elbœuf céda alors au roi sa maison et les terrains qui avaient été pour lui une si grande source de richesses. Le roi fit aussitôt exécuter des fouilles à 28 mètres de profondeur perpendiculaire, et on ne tarda pas à reconnaître l'existence d'une ville entière; on y retrouva même le lit de la rivière qui la traversait et une partie des eaux qui y coulaient. *Venuti*, célèbre antiquaire de ce temps-là, qui dirigeait les fouilles, découvrit le *temple de Jupiter*, une *statue d'or*, le *théâtre*, une foule d'inscriptions, de statues, de peintures, etc. En 1765, quand *Don Carlos* partit pour l'Espagne, il n'y avait que 50 ouvertures qui avaient néanmoins donné les plus heureux résultats, parce que les travaux avaient toujours été continués avec activité.

Les rues d'*Herculanum* sont droites, et munies de chaque côté de trottoirs pour les piétons; elles sont pavées de laves du *Vésuve*. Plusieurs maisons ont un pavé en compartiments de marbres de différentes couleurs; quelques autres se font remarquer par leurs mosaïques en pierres naturelles, mais de couleurs habilement variées. On a observé qu'autour des chambres existe une sorte de gradin de 33 centim. environ d'élévation, et on a supposé qu'il servait de siège aux esclaves. Parmi les objets qu'on a successivement découverts, il faut citer en première ligne : un *édifice public* entouré d'un portique, pavé de marbre et orné de peintures; — un *théâtre* de forme rectangulaire, avec belles façades et colonnes de marbre; — un *tombeau* avec piédestaux, etc. Le *Forum* était un carré rectangulaire de 77 mètres de longueur, entouré d'une place soutenue par 40 colonnes; l'entrée de cette place était formée par cinq arcades ornées de statues équestres; les deux plus belles, représentant *Balbi* et son fils, sont maintenant dans la salle des modèles de l'Académie à Naples; de ce portique on communiquait au moyen d'un autre portique, à deux temples dont le plus vaste pouvait avoir 50 mètres de longueur, etc. Il y a tant et de si bons ouvrages sur les antiquités trouvées à *Herculanum*, comme sur celles qu'on y trouve encore journellement, qu'il serait superflu de s'étendre plus au long sur cette matière, malgré l'intérêt puissant qu'elle excite. Nous engageons le voyageur à consulter ces belles collections de gravures et de dessins qui se vendent à *Naples*, et notamment celle qui se publie aux frais du roi. Cette dernière joint à la plus grande exactitude une magnificence d'exécution digne du prince qui préside à cette publication.

Le voyageur trouvera à l'hôtel du Commerce, à Torre delle Annunziata, de quoi se restaurer. C'est ordinairement le soir qu'on visite *Herculanum*, et aux flambeaux, puisqu'elle est située sous une lave dure de 20 mètres d'épaisseur.

STABBIA. C'est une petite ville d'importance secondaire, qui, comme *Herculanum* et *Pompéi*, fut la victime de la fatale éruption de 79. Jusqu'à présent on n'a fait que peu de recherches pour la découvrir : la découverte d'*Herculanum*, et plus encore celle de *Pompéi*, ont attiré sur elle tout l'intérêt de la curiosité.

POMPÉI (1), l'une des villes les plus importantes de la Campanie, était située sur le golfe de *Naples*, au pied du *Vésuve*, du côté du S.; elle possédait un port assez commode sur le *Sarno*. Les anciennes éruptions de son terrible voisin lui avaient fourni le pavé de ses rues. Tour à tour habitée par les *Étrusques*, les *Grecs* et les *Samnites*, elle fut enfin convertie en colonie romaine par *Sylla*. Le tremblement de terre de 63 lui causa de grands dommages. *Pipidius* en avait reconstruit le *temple* d'*Isis* avec la plus grande magnificence; il l'avait enrichi de peintures et de statues. Pendant un intervalle de quinze années, la ville entière s'était presque renou-

(1) Nous avons indiqué plus haut le *chemin de fer* comme étant la voie la plus prompte, la plus agréable et la moins chère pour se rendre à Pompéi. Par voiture ordinaire, une place de Naples, pour aller et revenir, coûte 8 carlins; une voiture et 2 chevaux, pour aller et retour, de 3 à 4 piastres. — Pour le cicerone de la première enceinte, 8 carlins; pour celui de la seconde, 6; et pour les deux cicerone d'*Herculanum*, 8 carlins.

velée, lorsque la trop fameuse éruption de 79 l'ensevelit tout à coup sous ses laves brûlantes. Comme à *Herculanum*, les victimes de ce fatal événement furent peu nombreuses, si on en juge par le petit nombre de squelettes qui ont été trouvés : ce qui confirme au reste l'opinion générale sur la lenteur de la marche de la lave. Cette horrible scène a été représentée avec le plus grand talent par l'habile peintre *Bruloff*, dans un tableau de grande dimension qui a été offert à l'admiration publique en 1833, dans les salles du musée de *Brera*, à *Milan*. Il est à présumer que les menaces terribles du *Vésuve* continuèrent encore longtemps après l'enfouissement de *Pompéi*, puisque les habitants des pays voisins n'osèrent plus s'en approcher pendant de longues années, et que si le souvenir de *Pompéi* était encore empreint dans leur mémoire, ils avaient oublié jusqu'à la véritable situation de cette malheureuse cité. La plaine sous laquelle elle était ensevelie fut pendant fort longtemps une campagne fertile où croissaient en abondance la vigne et les arbres fruitiers; mais aucun édifice ne s'élevait sur la surface. Cet état de choses dura jusqu'au moment où *Charles*, roi de *Naples*, dont nous avons déjà parlé, fit commencer ces fouilles dont le résultat fut la découverte de la ville souterraine. Depuis cette époque jusqu'à nos jours, c'est-à-dire dans un espace de 80 ans environ, on a beaucoup travaillé sans doute, mais il y a lieu de croire qu'on n'est pas même arrivé à la moitié de l'ouvrage. Cependant le voyageur peut y parcourir plus de vingt rues, larges, pavées de lave, avec des trottoirs sur les deux côtés; il peut visiter plusieurs maisons, observer toutes les parties qui les composaient; il peut se promener sur deux *forums*, visiter deux théâtres, neuf temples, un amphithéâtre, un cimetière, une caserne militaire, faire le tour des murailles, dont le développement s'étend sur deux milles, et enfin porter un dernier hommage sur la tombe des personnages illustres. Les objets principaux servant aux usages de la vie, et ceux qui étaient du domaine des beaux-arts, furent transportés au fur et à mesure dans les musées royaux de *Naples* et de *Portici*; mais un décret souverain très-récent a décidé que tous les objets qui désormais seront découverts soient laissés à leur place, afin qu'on ne puisse pas supposer que des mains profanes aient altéré la vérité et l'originalité de ces précieux monuments.

Les travaux exécutés à *Pompéi* ont coûté bien moins de fatigues que les fouilles d'*Herculanum* ; car la première était à peine recouverte de quelques pieds de lave, au-dessous desquels apparurent aussitôt les faîtes des édifices. Il est impossible de se former une idée de l'intérêt qu'inspire cette ruine vivante. En effet, *Pompéi* n'est point un amas de débris mutilés, faibles indicateurs de grands événements ; c'est une ville entière, une ville véritablement romaine dans tous ses détails, qui vous montre ses rues, ses forums, ses théâtres, et jusqu'aux plus mesquins ustensiles de la vie domestique ; tout y parle vivement à l'imagination, qui croit y voir errer les ombres de célèbres Romains.

Dans l'impossibilité où nous sommes de donner ici une description détaillée de *Pompéi*, nous renvoyons le voyageur aux ouvrages que nous lui avons indiqués pour *Herculanum*. Nous lui recommandons surtout d'une manière particulière l'ouvrage intitulé : *Real Museo Borbonico*, dont les dessins sont exécutés par les meilleurs artistes, et les descriptions écrites par les plus savants archéologues de *Naples*. La direction de cet ouvrage précieux est confiée au chevalier *Nicolini*, président de l'Académie des Beaux-Arts du royaume des Deux-Siciles. La collection se composera de soixante-quatre livraisons, dans lesquelles on donnera le résultat des fouilles de chaque année. Quarante-cinq livraisons ont déjà paru.

Nous terminerons par la reproduction de quelques inscriptions intéressantes trouvées dans divers lieux de *Pompéi*, comme les suivantes :

MAMMIA P. I. SACERDOTI PVBLICÆ LOCVS SEPVLTVRÆ DATVS
DECVRIONVM DECRETO.

A Mammia, fille de Publius, prêtresse publique. Lieu de sépulture donné par décret des décurions.

Cette inscription est tracée en gros caractères rouges sur l'un des sièges semi-circulaires qu'on remarque dans la rue des Tombeaux.

IN PRŒDILIS IVLIÆ S. P. F. FELICIS LOCANTVR BALNEVM VENERIVM
ET NONGENTVM TABERNÆ PERGVLÆ CÆNACVLA EX EDIBUS AUG.
PRIMIS IN IDVS AVG. SEXTAS ANNOS CONTINVOS QVINQVE S. Q. D.
L. E. N. C.

Julia Félix, fille de Spurius, propose à loyer du 1 au 6 des ides d'août, un appartement de bains, un venereum, neuf cents boutiques et étaux pour cinq années continues, sous condition que si on y établit un lieu de prostitution le bail sera résilié.

Cette inscription singulière est aujourd'hui au musée.

BILLET DE THÉATRE.

CAV. II.	(II Travée).
CVN. III.	(III Coin).
GRAD. VIII.	(VIII Gradin).
CASINA I PLAUT.	Casina, comédie de Plaute.

INDICATION

de tous les monuments de Pompéi, dans leur ordre de position sur le terrain.

BOURG D'AUGUSTO FELICE.

Monuments du côté droit de la rue des Tombeaux. Habitation de Marcus Arrius Diomède; — Triclinium; — Sépulcre de Cneius Vibrius; — Sépulcre de Nevolia; — Sépulcre de Caius Calvezius; — Tombe; — Sépulcre de Scaurus; — Tombe inconnue; — Maison dite de Cicéron; — Hémicycle avec siége de la première porte de la ville; — Enceinte sépulcrale de Porcius; — Tombeau de Mammia; — Tombeau de Bestiami; — Tombeau de Veïus; — Chapelle funèbre de Restitutus.

Monuments du côté gauche de ladite rue. Sépulcre de la famille Arria; — Sépulcre des enfants Gratus et Salvius; — Grand sépulcre ruiné; — Sépulcre de Caïus et de Labéon; — Sépulcre de deux Libella; — Tombeau souterrain; — Auberge de campagne : écuries publiques; — Boutiques; — Hémicycle

avec niche;— Tombe des Guirlandes; — Tombeau de Titus;
— Porte de la ville.

Cours de Pompéi.

Intérieur de la ville, première section. Salle à manger;
— Auberge publique d'Albinus; — Maison de Popidius Rufus; — Therme de Feremius Ninféroïde; —Auberge de Giulius Polybius et d'Agatus Vaïus; — Maison des Vestales; — Maison d'un chirurgien; — Poids publics; — Fabrique de savon; — Thermes; — Fontaine; — Ruelle; — Maison des danseuses; —Maison de Narcisse; — de Pupius.

Intérieur de la ville, seconde section. Four public; — Hôtellerie; — Maison de Caïus Salluste, fils de Marcus; — Maisons de Cecilius Capella, —de Modestus; — Maison dite du Sanglier; — Boutique de forgeron; — Four public; — Maison de Suettius Erennius; — Maison de Caïus Giulius Polibius, juge;—Académie de Musique;—Maison de Suettius, — de Caïus Giulius Priscus; — Pharmacie; — Auberge de Fortunata;—Maison de Marcellus, —de Suettius Popidius; — Four public;— Maison de Pansa; — Boutitique d'Epidius Sabinus; — Maison du poète dramatique;— Thermes publics; — Hôtellerie; — Peinturerie; — Maison de la Fontaine mosaïque; — Maison de Zéphire et de Flore; — Petit temple de la Fortune; — Rue de la Fortune;— Boutique de vitrier; — Maison de Bacchus;—Marchand de lait; — Ecole; — Forum civil; — Monuments du collége;— Carrefour; — Place de Marcus Tullius, fils de Marcus; — Trésor public du temple de Jupiter; —Temple de Vénus ;— Basilique;—Maison dite de Championnet; — Maison d'Adonis; — Boutique;—Ecole; — Edifice d'Eumachia; — Boutique; — Maison, derrière l'Oripe d'Eumachia; — Temple de Quirinus, dit de Mercure; — Temple d'Auguste, dit le Panthéon;—Petite île autour du temple d'Auguste;—Carrefour; — Boutique de fruits secs;—Pâtissier;—Marchand de vin; — Hôtellerie; — Maison du Questeur; — Maison de Méléagre; — Habitation inconnue; — Maison de Vénus et Mars; —Boutique de savon;—Boutique de poissons salés;— Maison de la femme du Pêcheur; — Rue des Théâtres; —

Maison des Grâces; — Rue des Douze-Dieux; — Grand portique avec atrium découvert; —Temple de Neptune; — Maison dite de Joseph II; — Tribunal ou Curie; — Temple d'Isis; — Temple d'Esculape, de Jupiter et de Junon; — Maison d'un sculpteur; — Théâtre comique; — Théâtre tragique; — Forum; — Quartier des soldats; — Amphithéâtre; — Maison de Giulia Felice; — Porte d'Isis.

A en juger par les vestiges découverts et mis à jour, la splendeur de *Pompéi* devait être grande; et cependant ce qu'on voit aujourd'hui forme à peine la cinquième partie de cette antique cité.

TORRE DEL GRECO (*Turris Octave*) est le village le plus peuplé de tout le territoire de *Naples*, et renommé pour son vin et son macaroni. L'air en est très-sain et la terre très-fertile. On y remarque un fleuve souterrain. Ce village fut considérablement endommagé par l'éruption du Vésuve de 1731. L'église paroissiale possède de bonnes peintures de *Giordan*.

TORRE DELLA NUNZIATA (*hôtel : du Commerce*). Ce village est situé, comme le précédent, sur le versant oriental du *Vésuve*; mais il est plus riche, plus industrieux et plus commerçant.

ILES

des environs de Naples.

De *Naples* pour aller à Capri, il faut se pourvoir d'un passe-port, sans quoi l'on court le risque d'être arrêté. C'est ordinairement à *Sorrente* que l'on s'embarque pour cette île, où le touriste est assuré de trouver deux bons hôtels. Les vins blancs et les jolis coquillages de Capri sont renommés. Un cicerone se paye 1/2 piastre, et un âne, pour excursions, 6 carlins.

CAPRI. Du *Cap Mysène* à l'île *Capri*, la traversée est d'environ cinq heures. Cette île se compose de deux villages, nommés CAPRI et ANACAPRI. Pour arriver à ce dernier, il faut monter un escalier ouvert, étroit, et composé de 500 marches. Si le voyageur est amateur de belles vues, il doit gravir le MONT SOLARO; il ne regrettera pas la peine qu'il aura eue, car il est impossible de donner une idée, même approximative, du coup d'œil dont on y jouit: la plupart des voyageurs s'accordent à assurer que c'est la plus belle vue qu'il y ait en Italie, ce qui n'est pas peu dire. On voit encore dans cette île le palais de Tibère, qui est situé sur une sommité.

La GROTTE D'AZUR. La découverte de cette grotte est assez singulière pour qu'elle mérite de trouver sa place ici. Deux Anglais nageaient près des côtes de *Capri*, quand l'un d'eux, voyant une excavation dans un des rochers qui bordaient le rivage, eut la hardiesse d'y pénétrer. Quelle fut sa surprise et son admiration en voyant un lac tranquille d'environ un quart de mille de circonférence, au milieu duquel tout est bleu: les rochers, l'eau, le sable, se nuancent de cette couleur, qui, loin de blesser la vue, arrive douce et tendre à l'œil émerveillé. L'eau a environ cinq mètres de profondeur; mais elle est si pure, si limpide, qu'il semble qu'il n'y ait qu'à tendre la main pour y ramasser les coquillages qu'on aperçoit dans le fond. La voûte est très-élevée; elle est formée par un rocher tout hérissé de stalactites. L'entrée de la *Grotte d'Azur* est assez difficile. On n'y pénètre qu'à l'aide d'un petit bateau très-plat, dans lequel il faut se tenir à plat ventre; puis le batelier, saisissant le moment où la vague se précipite en mugissant à l'entrée de la grotte, se laisse entraîner par elle jusque dans l'intérieur. On fait souvent des tentatives infructueuses, et il est des jours où il serait téméraire de vouloir y pénétrer. L'*île de Capri* peut contenir 12,000 habitants; la ville possède un palais pour l'archevêque de *Sorrente*.

ISCHIA. Des barques font journellement le trajet de Naples à cette île en 7 ou 8 heures, et prennent 10 grains par personne; il faut 2 jours pour bien visiter cette île. On paye les ânes, y compris le guide, 8 carlins. — *Hôtels*: la Sentinelle; la Maison de Don Tommaso, réputée pour son vin blanc et l'excellence de son pain.

ISCHIA, autrefois appelée *Pythécuse*, est la plus grande des îles du golfe de *Naples*. *Virgile* et *Homère* l'ont nommée *Inarima*. Selon *Strabon*, les premiers habitants d'*Ischia* furent des Erythréens, qui se virent forcés de l'abandonner à cause des continuelles éruptions volcaniques auxquelles elle était sujette. Elle demeura déserte jusqu'en 3540, environ 450 ans avant J.-C. Les Romains s'y établirent ensuite, et la cédèrent aux Napolitains en échange de *Capri*. Cette île suivit naturellement le sort de la métropole, et, comme elle, eut à souffrir de fréquentes vicissitudes. *Alphonse d'Aragon* en chassa tous les habitants mâles, qu'il remplaça par des Catalans et des Espagnols pris au hasard dans son armée, et auxquels il fit épouser les veuves et les filles des pauvres exilés.

Ischia offre au voyageur beaucoup d'intérêt. Quoique la superficie ne dépasse pas dix-huit milles carrés, environ 29 kil., elle contient une ville de plus de 4,000 habitants, et dix villages dont la population totale s'élève à 20,000 âmes. Le feu souterrain dont cette île est animée communique à la végétation une activité extraordinaire, et donne à ses eaux thermales de grandes vertus salutaires. L'air, l'herbe, les fruits, le lait, tout y est d'une qualité rare. Les poissons de ses côtes ont aussi une supériorité incontestable sur ceux de la mer d'alentour. Le volcan du MONT EPOMEO, aujourd'hui *St-Nicolas*, est le plus remarquable de tous ceux qu'on voit dans l'île. La ville d'*Ischia* est bâtie sur un rocher de basalte de 200 mètres de hauteur; mais elle n'offre plus que le fantôme de l'*Ischia* du moyen-âge, qui fut détruite en 1302 par l'éruption de l'*Epomée*. Cette éruption fut si terrible, qu'elle mit toute l'île en feu pendant deux mois entiers. On visitera avec intérêt ce mont *Epomée*, dont nous avons parlé ci-dessus, quoique l'ascension soit un peu difficile. Au sommet de ce pic on jouit de la plus belle vue. On peut se reposer à l'ermitage, qui se compose d'une petite habitation taillée dans le roc, et d'une chapelle dont la façade seule est en maçonnerie. Quoique de nombreux pèlerins viennent y faire leurs dévotions, ce petit sanctuaire a conservé sa première simplicité. Les autres objets dignes d'être visités sont : le champ de lave de l'*Arso*, le *Lac d'Ischia*, les *Etuves de Castiglione*, les bains renommés de *Casimie*, la fameuse fabrique de chapeaux de paille. (Voyez *Précis sur les eaux minéro-thermales et les Etuves de l'île d'Ischia*, par J.-E. Chevalley de Rivaz, à Naples, chez Gaetano Nobile, 1831.)

PROCIDA (*Prochyta*). Cette île est située entre le *Cap Mysène* et l'île d'*Ischia*; elle a une superficie de 5 milles carrés, et se fait remarquer par sa fécondité; elle est peu montueuse et abonde en perdrix et en faisans. On y voit beaucoup de restes antiques, plusieurs jolies maisons de campagne, et on y compte environ 14,000 habitants. Son château, qui jadis avait quelque importance, est aujourd'hui tout démantelé, et sert de rendez-vous de chasse. Ses tristes murailles rappellent à la mémoire le nom de ce cruel *Jean de Procida*, seigneur de l'île, et principal auteur du fameux massacre connu sous la dénomination de *Vêpres Siciliennes*. Les habitants de cette île passent pour les meilleurs marins de l'Italie.

Le golfe de *Naples* est semé d'une quantité d'autres petites îles que nous ne décrirons pas ici, afin d'éviter les longueurs. Elles offrent d'ailleurs peu d'intérêt, si on en excepte les perspectives plus ou moins remarquables qu'on y rencontre. Nous avons cru devoir nous borner à la description de celles qui ont eu quelque importance historique.

TARIF

Des prix des voitures et des barques pour les environs de Naples.

Canestra à quatre chevaux, pour une journée entière, 4 d.
Canestra à deux chevaux, pour Portici, Pouzzoles et les campagnes voisines, par jour, 2 d. 40 gr.
Corricolo, pour la journée, 1 d. 60 gr.
Barque avec quatre rameurs, pour traverser le golfe et visiter les antiquités, par jour, 2 d.
Barque avec deux rameurs, pour aller à Portici, 60 gr.
Une place dans les barques ordinaires qui vont à Castellamare, Sorrento, Capri, Ischia et à Torre del Greco, se paye 10 gr.

ROUTE XCV.

DE **NAPLES** A **BARI**,

Par Foggia, 21 p. ½.

De Naples à Marigliano (½ poste de faveur),	1 p.½	Report.	8 p.½
Cardinale (un 3e cheval avec réciprocité),	1 ½	Savigliano,	1
		Ponte di Bovino,	1 ½
Avellino (un 3e cheval avec ou sans réciprocité),	1 ½	Pozzo d'Albero,	1
		Foggia,	1 ½
		Passo d'Orta,	1
Dentecane (un 3e cheval avec ou sans réciprocité),	1 ½	Cirignola,	1
		S.-Cassano,	1
		Barletta,	1
Grottaminarda (un 3e cheval avec ou sans réciprocité),	1 ½	Biscaglie,	1
		Giovenazzo,	1
Ariano,	1	Bari,	1 ½
	8 p.½		21 p.½

Dépense du voyage.

	Carll. gr.		fr.	c.
Pour deux chevaux,	273	»	117	60
Pourboire aux postillons,	157	5	67	83
Aux garçons d'écurie,	8	5	3	88
Total.	439	»	189	31

COMMUNICATIONS.

D'Avellino à S.-Angelo de Lombardi,	2 p.	Lucera,	2
		D'Ordona à Cirignola,	1 ½
De Ponte di Bovino à Ordona,	1 ½	De Foggia à Lucera,	1 ½
		à S.-Severo,	2
De Ponte di Bovino à		à Manfredonia	2

La route qui sortant de *Naples* se dirige vers l'E. nous introduit d'abord dans

Marigliano (*Marianum*), gros bourg contenant environ 5,400 habitants ; ses rues sont tirées au cordeau, et il possède une belle église. En faisant un petit détour, nous pourrions visiter

Nola, ville très-ancienne qui a occupé une place importante dans l'histoire des Etrusques et des Romains ; elle est encore intéressante aujourd'hui par la quantité de vases étrusques qu'on retrouve sur son territoire. Nous pourrions aussi donner un coup d'œil à

Avella (*Abella*), autre ville très-ancienne et très-célèbre par ses fastes ; mais nous continuerons sans interruption la route que nous avons entreprise ; nous passerons par l'ancien *Sannius Irpinus*, et nous entrerons dans

Avellino (*Abellinum*), ville épiscopale et place forte d'environ 13,000 habitants. Elle est renommée par l'excellence de ce petit fruit ressemblant à une noisette et qu'on appelle *aveline*, du nom de la ville elle-même. La place d'*avellino* est ornée par un *Obélisque*, le *Palais de la ville*, la *Tour de l'horloge* et le *Palais de la douane*, dont la façade est décorée de statues antiques d'un mérite secondaire. Cette ville est située au bas des *Apennins*, et précisément au pied du Mont Vergine, sur lequel s'élève un sanctuaire considéré comme l'un des plus remarquables de l'Italie. A un mille de distance au-delà du fleuve Sabato (*Sabbatus*), on trouve

Trissalda ou Tripalda (*Atripalda*), petite ville sans importance, où on doit cependant visiter le souterrain de la *Collégiale* pour y admirer deux fort belles statues représentant *Ste Madeleine* et *St Michel*.

Trigento (*Aculanum*) s'élève peu loin de là. Dans le voisinage de cette petite ville s'étend la vallée d'Ansanto (*Ansanctum*), dans laquelle il y a une carrière de plâtre de diverses couleurs.

Dentecane, gros village bâti au sein des montagnes, Grotta Minarda (*Crypta Minarda*), n'offrent rien qui mérite de nous arrêter. Quelques auteurs prétendent que c'était là qu'existaient les célèbres *Fourches Caudines*, où les Samnites firent passer sous le joug les Romains commandés par *Vetturius Calvinus* et *Spurius Posthumus*. Cependant *François Daniel*, dans un opuscule publié en 1778, a prouvé victorieusement qu'elles étaient dans la vallée d'*Arpajo*, qui, au reste, est peu distante de la première.

A *Grotta Minarda*, si on prend la route qui s'offre à gauche, on rencontre

BÉNÉVENT (*Beneventum*), ville de plus de 14,000 habitants, très-célèbre dans l'histoire. La porte *Aurea*, toute construite en marbre de Paros, et les *Ponts* bâtis sur le fleuve CALORE (*Calor*), méritent une visite du voyageur curieux. Pour nous, au lieu de suivre cette direction, nous prendrons à droite, et nous entrerons dans

ARIANO (*Ara Jani*, et plus anciennement *Equus Tuticus*), ville épiscopale d'environ 12,000 habitants, située sur une triple colline très-élevée, entre les fleuves LALOU et TRIPALDO.

Il existe une histoire de cette ville, très-intéressante par le récit des malheurs auxquels elle fut soumise. Ses collines sont composées de tuf, et on y trouve seulement des testacés marins comme dans les montagnes de la *Toscane*, sur le *Bolca* de *Vérone*, etc.

TREVIRO (*Trevicus*), à laquelle *Horace* donne le titre de *fameuse*, est une petite ville de 2,500 âmes, située au milieu des montagnes, que nous laisserons derrière nous pour arriver à celles qui conduisent à

SAVIGLIANO (*Sabilianum*), bourg de 1,800 habitants. Le fleuve CERVARO (*Cerbalus*) nous accompagnera jusqu'à

PONTE DI BOVINO, autre petite ville bâtie sur les bords du fleuve, et dépendante de la petite ville forte voisine appelée BOVINO (*Bovinum*), qui s'élève sur le penchant d'une montagne, et compte environ 4,000 habitants. Là on trouve un chemin qui, passant par ASCOLI (*Asculum Satrianum*), conduit d'abord à MELFI (*Melphis*), ville de 7,500 habitants, dans laquelle on remarque une belle *Cathédrale*, puis à

VENOSA (*Venusium*), ville bâtie au pied des *Apennins*, dans une plaine délicieuse et fertile, et qui s'est acquis une célébrité par la naissance d'*Horace*, dont elle fut le berceau.

A partir du *Ponte di Bovino* jusqu'ici, nous sommes entrés dans la POUILLE (*Apulia*), et nous voici précisément dans la CAPITANATA (*Apulia Daunia*), qui en est la province.

Continuant notre route vers l'E., et laissant sur notre gauche, au delà de *Ponte di Bovino*, la petite ville de TROJA, qui n'a de remarquable que le nom, nous relayerons au village de POZZO D'ALBARO pour nous hâter d'arriver à

FOGGIA (*Tuticum*), capitale de la *Capitanata*, située sur le fleuve CERVARO. Elle est riche en grains, en vins, en laines, etc., dont elle fait un grand commerce. Sa population s'élève à plus de 17,000 âmes. Elle possède un *Séminaire*, une *Bibliothèque publique*, un *Théâtre*; commerce actif.

Avant de nous replier sur la droite pour nous approcher de cette partie de la rive adriatique appelée le *Golfe de Manfredonia*, vers lequel nous nous dirigeons, nous pourrons parcourir en droite ligne la distance d'une poste pour voir

MANFREDONIA (*Sipontum Novum*), jolie petite ville, bien bâtie et située sur un rocher du mont GAEGANO (aujourd'hui ST-ANGE). Elle renferme 6,000 habitants, et possède un château bien fortifié et un bon port. De là, faisant un détour sur la gauche, nous trouverons à une autre poste de distance

LUCERA (*Luceria*), petite ville de plus de 8,000 habitants, qui s'élève sur le sommet d'une montagne. Son intéressante histoire a été écrite par *Dominique Lombardi*.

Reprenons maintenant notre première route, et, traversant sur des ponts assez commodes les fleuves *Cervaro* et CARAPELLA, nous laisserons sur le derrière cette partie de la Pouille, appelée par les anciens *Daunia*, pour entrer dans celle qu'ils nommaient *Peucetia*; puis, traversant, sans nous y arrêter, le petit pays de PASSO D'ORTA, qui donne son nom à la ville dont il est une dépendance, nous poursuivrons notre course jusqu'à

CERIGNOLA (*Erdonia*), gros bourg, qui fait un commerce assez actif d'amandes et de coton. Nous côtoierons ensuite à une petite distance le LAC DE SALPE (*Lacus Salapina*); nous traverserons

S.- CASSANO, riche village qui renferme plusieurs boutiques de cuivre; un peu plus loin, nous passons le fleuve OFFANTO (*Aufidus*), et nous nous trouvons sur la plage de l'*Adriatique*. Peu après nous entrons enfin dans

BARLETTA (*Barulum*), ville délicieusement située, bien bâtie et bien pavée, qu'on prétend avoir été fondée après la destruction de l'ancienne CANNES, si célèbre par la victoire d'*Annibal*. Cette ville possède un beau *Théâtre*, un bon *Port*, et compte plus de 17,000 âmes de population. Son *Château* fut jadis compté parmi les trois plus importants de toute l'Italie. La place de cette ville est ornée d'une *Statue de bronze* de 3 mètres 33 centimètres de hauteur, représentant l'empereur *Héraclius*, fondateur présumé de la ville. La véritable place de la célèbre *Cannes* est à une distance de six milles (9 kil. 3/4) de *Barletta*, du côté de l'O. Ce sont deux collines très-rapprochées l'une de l'autre, sur l'une desquelles on remarque une fontaine d'eau très-pure. Les fragments qu'on y voit encore sont en petit nombre, et d'ailleurs fort endommagés par le temps. En 1503, le valeureux *Gonzalve de Cordoue*, général espagnol, avait choisi *Barletta* pour son quartier général. Ce fut alors que, dans un moment de trêve, eut lieu ce fameux défi entre treize guerriers italiens et treize français du camp ennemi. Ce défi ayant été accepté et autorisé par les commandants respectifs, la lutte eut lieu dans un endroit appelé *Quarato*, distant d'environ deux milles de *Barletta*. Plusieurs historiens assurent que le résultat fut tout à l'honneur des Italiens, et *Jérôme Vida*, contemporain de *Gonzalve*, a confirmé le fait dans de très-beaux vers latins. Ce combat a aussi été décrit avec la plus grande précision par M. le marquis *Massimo d'Azeglio*, dans son roman historique intitulé : *Ettore Fieramosca*.

A quelques milles de *Barletta* et sur la même côte, on trouve

TRANI (*Tranum*, et *Trajanopolis* pour avoir été restaurée par l'empereur *Trajan*). Cette petite ville a aussi un petit port : ses rues sont larges et bien entretenues; ses édifices sont généralement bien construits. Elle possède en outre une magnifique *Cathédrale*, un *Château* considérable, et fait un commerce important en huiles et en amandes. Sa population est d'environ 14,000 âmes. On y remarque neuf colonnes milliaires qui attirent toujours l'attention des amateurs.

COLONNA et TORRE DI PATERNO sont des maisons de plaisance auprès desquelles il faut passer pour entrer dans

BISCAGLIE (*Vigiliæ*), ville bâtie sur un rocher, renommée par l'excellence de ses vins et par ses raisins secs, qu'on y prépare avec autant de perfection que ceux du Levant. Elle contient 10,600 âmes de population.

MOLFETTA (*Melfictum*) est une ville épiscopale avec port de mer, qui renferme 11,500 habitants industrieux et très-habiles dans la fabrication des toiles, du nitre artificiel, et dans la construction navale.

GIOVENAZZO (*Juveniagium*) est une autre petite ville de 5,000 habitants, qui est défendue par un château.

Après avoir traversé quelques petits pays peu nombreux et sans intérêt, on arrive enfin à

BARI (*Barium*), ville assez importante, donnant son nom à tout le pays qui depuis *Foggia* jusqu'ici est appelé TERRA DI BARI (*Peucetia*). Jadis c'était à *Bari* que se faisait le couronnement des rois de *Naples* et des *Deux-Siciles*. Les choses les plus remarquables de cette ville sont ses *Fortifications*, son *Port*, et l'*église de St-Nicolas*, dans laquelle le pape *Urbain II* tint un concile. Les reliques de St Nicolas y sont en grande vénération. Sa population se compose de 19,000 âmes.

ROUTE XCVI.

DE NAPLES A BARI,

Par Potenza.

De Naples à Torre dell' Annunziata,	1 p. 1/2	La Duchessa,	1 1/2
Nocera (un 3e cheval, avec réciprocité),	1 1/2	Auletta,	1 1/2
Salerno,	1 1/2	Potenza,	3
Vicenza,	1	Gravina,	5 1/2
Eboli,	1	Altamura,	1
		Bari,	3
		Postes,	22

Le touriste peut prendre le *Chemin de fer* jusqu'à *Nocera*; prix, 75 grains et 50 g.

Au sortir de *Naples*, on laisse derrière soi RESINA et PORTICI, TORRE DEL GRECO, et on se dirige vers le bourg suivant de

TORRE DELL' ANNUNZIATA (*hôtels* : de la Victoire, de la Grande-Bretagne, de Belle-Vue, du Commerce), qui a tiré son nom d'une chapelle qui y fut élevée en 1319. Ce bourg étant devenu un repaire de voleurs, *Alphonse Ier* y fit construire la tour et les fortifications, circonstance qui lui fit donner le surnom de *Turris Annunciatæ de Schifato*. La *Torre* est admirablement située sur une élévation au bas de laquelle s'étend une vaste campagne. L'eau y est très-pure et très-abondante. Ce bourg possède des fabriques de poudre, d'armes, de papiers et de pâtes de toute espèce. Le BOSCO DELLE TRE-CASE, autrefois *Silva Mala*, forme avec la *Torre* une seule commune dont la population s'élève à plus de 14,000 habitants.

Quoique la route que nous suivons nous conduise à *Salerne*, nous engageons le voyageur à se détourner un peu pour visiter *Sorrento* et les villes qui l'entourent. Cette petite digression offrira de nouveaux aliments à sa curiosité.

En passant le fleuve SARNO (*Sarnus*), qu'on côtoie pendant quelque temps, on va à

CASTELLAMARE (*Castrum Maris Stabiæ*), (*hôtels* : d'Italie, Impérial, de Londres), qui a été construit sur les ruines de *Stabia*. Son église renferme des peintures remarquables de *Giordan*. On y voit aussi une maison royale de plaisance. Les eaux minérales de *Castellamare* ont de la réputation, et sont très-fréquentées dans la saison.

VICO (*Requa*), qui le suit, est une petite ville assez intéressante qui a souvent été citée dans l'histoire.

SORRENTO (*Surrentum*), (*hôtels* : le plus notable, la Sirène, etc.) est bâtie sur une colline, dans une situation délicieuse. Elle fut, dit-on, fondée par *Ulysse*; d'autres, au contraire, affirment qu'elle doit sa fondation à des aventuriers phéniciens. Quoi qu'il en soit, il est certain qu'elle fut colonisée par *Auguste*, et qu'elle avait sous le règne de ce prince et de son successeur une grande importance. Le voyageur trouvera à *Sorrento* de nombreuses antiquités; mais ce qui ne l'intéressera pas moins, c'est une petite maison délicieusement située sur le revers d'une montagne. Un simple buste en terre cuite orne la façade de cette maison; mais ce buste est celui du *Tasse*: cette maison fut son berceau et sa propriété. Cependant la chambre dans laquelle est né le malheureux poëte n'existe plus; elle s'est écroulée dans la mer. La population du territoire de *Sorrento* s'élève à près de 30,000 habitants, dont 5,000 occupent la ville et se font remarquer par une extrême propreté dans toutes leurs habitudes domestiques. *Naples* retire de cette ville une grande quantité de bœufs, de veaux, de porcs, de beurre, de poissons et de miel. La richesse du territoire de *Sorrento* est telle, que les habitants ont voulu la célébrer jusque dans leur écusson, qui se compose d'une couronne tressée avec des feuilles d'oranger. Une belle route carrossable conduit aujourd'hui de Naples à *Sorrento* en quatre heures.

MASSA (*Massa Lubrensis*) est construite sur le sommet du promontoire appelé jadis *Prenusso*, et aujourd'hui *Capo di Minerva*, à cause du temple qu'on y avait élevé à cette déesse.

Ainsi que les villes précédentes, elle fourmille de souvenirs historiques intéressants.

A la *Torre dell'Annunziata*, en reprenant le voyage que nous avons commencé, nous nous éloignerons de la rive de l'Adriatique, et, passant dans le voisinage des fouilles de *Pompéi*, nous arriverons à *Nocera*.

NOCERA (*Nuceria Alphaterna*) est une ville de 7,000 âmes et le premier endroit du territoire des anciens Picentins. On pense qu'elle a été fondée par les Pélasges Sarrastes. Elle fut colonie des Romains, et subit trois fois les horreurs d'un saccagement: le premier par *Annibal*, le second par *Teja*, et le troisième par le roi *Ruggiero*. Vers le IIIe siècle elle fut occupée par les Sarrasins, ce qui, à leur départ, lui fit donner le nom de *Nucera Paganorum*. C'est la patrie du peintre *Solimène*. La ville n'offre rien de beau ni d'intéressant. *Simon Lunadoro*, *Ellia Maraggi* et *Bernardin Rota* ont écrit chacun une histoire de *Nocera*.

La Cava (*Cava*) est une ville bâtie au milieu des agréables vallées du Mont Metelliano. C'était l'antique *Marcina*, ville des Picentins. Ses rues sont toutes ornées de portiques. Quoique le sol de ce territoire soit pierreux et stérile, les habitants le cultivent avec tant de soin et d'industrie, qu'il ressemble à un grand jardin. Nous engageons le voyageur à faire trois milles de plus pour aller visiter le *Monastère des Bénédictins*, dit la *Trinità della Casa*, dans les archives duquel on conserve plus de 75,000 parchemins originaux relatifs au moyen-âge et surtout aux Lombards. Ce fut dans cette solitude que le célèbre *Filangieri* écrivit son grand ouvrage de la *Science de la Législation*. Populat. 19,000 hab.

En descendant vers le rivage, on ne tarde pas à rencontrer

Salerne; mais *Amalfi* offre tant d'intérêt que nous engageons le voyageur à faire cette excursion.

Amalfi (*hôtels :* Locanda de Carmela, l'Ancien-Couvent-des-Capucins. Prix : une chambre et trois repas, par jour, 7 carlins (1)), jadis république riche et fameuse, est bâtie en amphithéâtre au milieu des orangers et des myrtes. *Boccace* la citait avec raison comme une des plus agréables situations de l'Italie. *Amalfi* fut anciennement l'heureuse rivale de *Venise* par l'étendue de son commerce et par sa puissance maritime. En 1020 les habitants prirent une part très-active dans les croisades, et fondèrent cet ordre religieux si connu depuis sous le nom de *Chevaliers de Malte* ; en 1135 elle fut saccagée, et à cette même époque on retrouva les Pandectes de *Justinien* ; plus tard, elle fut conquise par Roger, duc de Calabre, et pillée deux fois par les Rigans : dès lors elle perdit toute son importance, et cette ville qui avait mérité le titre de reine des mers, qui comptait une population de plus de 50,000 âmes, tomba au simple rang de cité très-secondaire. Son territoire est si stérile, qu'elle est obligée de recourir à *Salerne* pour ses approvisionnements. La *Cathédrale d'Amalfi* mérite d'être observée : elle est bâtie sur l'emplacement d'un temple païen, et renferme quelques

---

(1) Le carlin vaut environ 40 cent.

objets curieux, comme un vase antique de porphyre servant de baptistère,— deux belles colonnes de granit rouge,— un bas-relief de sculpture grecque,—une *crypte* ornée de jolies peintures, etc.

Flavio Gioja, l'inventeur de la boussole, est né à *Amalfi*, et *Mazaniello* a vu le jour dans un petit village nommé *Atrani*, qui est aux portes d'*Amalfi*, ce qui a fait donner à ce rebelle le surnom de *Pêcheur d'Amalfi*.

SALERNE (*Salernum*), (hôtel : le Soleil), ville très-célèbre, bâtie en partie sur le penchant des montagnes, donne son nom au golfe qui s'étend devant elle. Les historiens romains l'ont souvent citée, parce qu'en effet elle fut pendant fort longtemps la sujette de *Rome*. Du temps des Lombards elle fit partie de la principauté de *Bénévent*, dont le feudataire *Grimoald* fut obligé de démolir les fortifications, par suite d'un traité fait avec *Charlemagne;* mais *Grimoald* ne tarda pas à les faire reconstruire plus solides et plus fortes qu'auparavant. Vers la moitié du ixe siècle, *Salerne* devint la capitale d'une principauté indépendante, ce qui donna naissance à une foule de calamités dans toute la contrée napolitaine. Au ixe siècle, *Robert Guiscard* s'en empara, quoiqu'il fût parent allié de *Gilulfe II*, seigneur d'*Amalfi*. Les Normands allaient souvent y habiter ; mais *Henri VI* la réduisit en un amas de ruines. Peu à peu elle se releva de sa chute et s'embellit, de sorte que sous *Charles d'Anjou* le titre de prince de *Salerne* devint un attribut distinctif de l'héritier du trône ; aujourd'hui ce titre est dévolu au second prince royal, attendu que le prince héréditaire prend celui de duc de Calabre. L'*Ecole de médecine* de *Salerne* a joui d'une réputation méritée, et on lit encore aujourd'hui avec fruit ses aphorismes. Son *Université*, dont la fondation est attribuée aux Arabes, avait aussi acquis une célébrité européenne.

Les rues de *Salerne* sont irrégulières, étroites et pavées de lave du *Vésuve*. Sa *Cathédrale* est un édifice gothique du viie siècle, reconstruit dans le xie par *Robert Guiscard*, et restauré dans le goût moderne par *Sanfelice*. Le vestibule de cette église ne manque pas de majesté ; il est orné de colonnes antiques, de sépulcres de princes lombards, et d'un grand vase de granit oriental d'un seul morceau. L'intérieur renferme quelques peintures de mérite : on y voit aussi des sculptures et le mausolée de *S. Gregoire VII*, dans lequel on conserve son corps. Cette ville, quoique archiépiscopale, ne contient pas au delà de 10,000 habitants. *Antoine Mazza, François-Antoine Ventimiglia* et *Joseph Mogaveri* ont écrit des mémoires intéressants sur l'histoire de *Salerne*.

A six milles de distance de cette ville, on traverse un petit fleuve appelé Picentino pour arriver à Vicenza, aujourd'hui village mesquin, et jadis ville capitale (*Picentia*) des peuples *Picentins*.

Après avoir traversé un autre petit fleuve nommé Battipaglia (*Tuscianum*), on entre dans

Eboli (*Ebulum*), petite ville de 5,300 habitants, située sur le sommet d'une montagne et dans un pays très-fertile. Sur son territoire il y a : 1° un village nommé Buccino, situé auprès du fleuve Botta, et qui renferme 4,700 habitants. Sur ce fleuve on voit encore un pont tout entier qui fut construit sous la république romaine ; c'est une antiquité qui mérite d'être observée ; 2° le bourg de Saponara, qui compte 3,200 habitants, et dans lequel on remarque d'assez beaux restes antiques ; ce bourg est l'ancien *Grumentum* cité par *Strabon* et *Tite-Live* ; 3° la magnifique *Chartreuse de la Padula*, qui renferme près de 6,000 habitants.

Des trois routes de poste qu'on rencontre au sortir d'*Eboli*, nous suivrons celle de gauche, qui nous conduira au milieu des roches et des gorges étroites des *Apennins*. La beauté ou la célébrité des lieux que nous rencontrerons sur cette route difficile nous dédommageront amplement de l'incommodité des montées et des descentes continuelles.

Le premier endroit auquel nous arriverons après avoir traversé le Sile, est le bourg appelé la Duchessa ; le second, après avoir franchi un autre fleuve nommé le Négro (*Tanager*), est Auletta, dont la fondation est attribuée aux Grecs. *Auletta* recueille une grande quantité de manne, et possède environ 1,800 âmes de population. En sortant de ce dernier lieu, nous prendrons encore le chemin qui se développe sur notre gauche, et nous arriverons d'abord au village de VIETRO, dit de *Potenza*, pour le distinguer d'un autre village du même nom qui existe près d'*Amalfi*.

A peu de distance de là, nous monterons jusqu'à POTENZA, ville épiscopale, qui s'élève sur une délicieuse colline et compte environ 9,000 âmes de population. C'est la capitale de la *Basilicata*, province sur laquelle nous marchons.

La route continue à courir au milieu des montagnes, et présente même quelquefois un aspect effrayant par la rudesse que la nature y déploie. C'est pourquoi, après avoir traversé le village de TELVE, et laissé sur notre gauche celui d'OPIDO (*Opinum*), nous pourrons nous arrêter un moment à MONTEPELOSO (*Mons Pelosus*), petite ville épiscopale entourée de murs, et renfermant environ 5,000 hab. De là nous pourrons aller coucher à

GRAVINA, jolie petite ville épiscopale, bâtie au pied d'une montagne, jadis fief de la noble famille *Orsini*, qui prenait le titre de duc de *Gravina*. C'est la patrie non du célèbre jurisconsulte et poëte *Vincent Gravina*, qui était de *Rogliano*, près de *Cosenza*, mais de *Dominique Gravina*, historien assez estimé du XIVᵉ siècle.

La ville qui fait suite à *Gravina* est beaucoup plus importante; elle se nomme

ALTAMURA (*Altus Murus*). C'est là résidence d'un gouverneur et le siége d'une *Université*. Elle est en outre ornée de riches et belles fabriques et d'une *Cathédrale* magnifique qu'y fit élever *Frédéric II*, auquel on doit la fondation de cette ville. *Altamura* est construite sur les ruines de l'ancienne *Lupatia*; elle est défendue par un bon château, et sa population est d'environ 16,000 habitants. Cette ville passe avec raison pour l'une des plus belles de la *Pouille*.

A peu de distance d'*Altamura*, on trouve GRUMO, riche village de plus de 3,000 habitants; il est situé sur la route qui conduit à *Bari*.

BITETTO, qui fait suite à *Grumo*, est une petite ville épiscopale plus peuplée que *Grumo*, et qui a le titre de marquisat. La plaine sur laquelle elle est bâtie est d'une grande fertilité. La *Cathédrale* de cette petite ville est remarquable sous plus d'un rapport; elle renferme aussi quelques peintures qui ne sont pas sans mérite. De *Bitetto* on va immédiatement à *Bari*, dont nous avons donné la description route 96, pag. 761.

ROUTE XCVII.

DE **BARI** A **BRINDES**.

8 postes.

De Bari à Mola,	1 p. 1/2	S.-Vito,	1 1/2
Monopoli,	1 1/2	Brindes,	1
Fasano,	1		
Ostuni,	1 1/2	Postes,	8

COMMUNICATION.

De S.-Vito à Mesagno, 1 p. 1/2.

Cette partie de l'Italie étant réputée la plus riante et la plus agréable, nous quitterons les routes montueuses et difficiles, et conduirons le voyageur le long des délicieuses côtes de l'Adriatique. En sortant de *Bari*, nous nous dirigerons vers le S.-E., pour entreprendre un des voyages les plus agréables.

Jadis tout le littoral de *Naples*, soit d'un côté, soit de l'autre, était hérissé de petites fortifications très-serrées, auxquelles on donnait le nom de *Tours* à cause de leur forme. Aujourd'hui ces tours sont devenues des maisons de campagne; mais elles n'ont pas moins conservé leur première dénomination de *Tours*. Nous passerons donc auprès de plusieurs de ces tours, et nous visiterons

MOLA, ville qui possède un port, des chantiers de construction navale, et qui renferme environ 8,000 habitants. En continuant notre route, nous laisserons sur la gauche la ville de CONVERSANO, que, dans le voyage précédent, nous avons laissée sur la droite, et nous gravirons un rocher escarpé au-dessus duquel s'élève

Polignano, ville de 6,000 habitants. La montagne renferme des cavernes assez curieuses que nous engageons le voyageur à visiter. Au delà de *Polignano*, on trouve

Monopoli (*Monopolis* et aussi *Egnatia Nova*, parce que l'ancienne *Egnatia* était jadis située dans ce voisinage). Cette ville, dont la population monte à 16,000 habitants, est jolie, bien bâtie, et surtout bien défendue. Elle possède plusieurs utiles établissements, un assez grand nombre de belles églises, et surtout une riche *Cathédrale*, dans laquelle on remarque une chapelle enrichie de fort belles statues sculptées par *Louis Fiorentini*.

En nous écartant un peu de la côte et nous avançant dans l'intérieur des terres, nous trouverons

Fasano, petite ville située au pied d'une colline. Ce fut autrefois un château appartenant aux chevaliers de Jérusalem; mais aujourd'hui c'est un chef-lieu de canton de la province de *Brindes* (*Brindisi*), et il compte environ 7,600 habitants.

La villa Oltava, qui n'a rien de remarquable, fait suite à *Fasano*, et est elle-même suivie de

Ostuni (*Ostunium*), ville de 6,000 habitants, bâtie sur le sommet d'une colline, et féconde en oliviers, en amandes et en manne : le gibier y est aussi très-abondant.

Martina, ville également bâtie sur le sommet d'une colline, et entourée de bois très-épais, s'élève à environ quinze milles d'*Ostuni*. Caravigna et S.-Vito sont deux beaux bourgs qu'on rencontre sur la route avant d'entrer à

Brindes (*Brundusium*, et en italien *Brindisi*). Il ne reste plus à cette ancienne et célèbre cité que sa vieille réputation, deux rares et précieuses colonnes qu'on voit près de la *Cathédrale*, quelques restes antiques, et un port que les atterrissements ont presque entièrement comblé. Les Asiatiques, les Grecs et les Romains fréquentaient beaucoup cette ville, qui était devenue très-opulente; mais toute sa gloire est dans le passé. *Pacuve* et *Virgile* y moururent. Si on devait fortifier la ville, les rochers appelés *Petaque*, qui s'élèvent en face de la ville, pourraient servir utilement à sa défense.

A *Brindes*, *César* fut assiégé par *Pompée*, son malheureux rival, dont il décrit pompeusement la fuite. Quoique *Brindes* eût perdu toute son importance, elle n'en fût pas moins la victime des dissensions intestines et des discordes civiles dont le funèbre flambeau s'agita si longtemps dans toute l'Italie (1).

ROUTE XCVIII.

DE BARI A TARENTE.

5 postes ³/₄.

De Bari à Cesamassima,	1p. ½	Tarente,	1 p. ½
Gioja,	1 ½		
Mottola,	1 ¼	Postes,	5 ¾

COMMUNICATIONS.

De Bari à Altamura,	3 p.	De Gravina à Potenza,	4 ½
D'Altamura à Gravina,	1	De Matera à Potenza,	5 ½

Dans les deux voyages précédents, nous avons déjà parcouru la route de *Naples* à *Bari* et de *Bari* à *Brindes*; nous partirons donc de ce dernier lieu, et, marchant à travers l'ancienne *Japygia*, ou TERRE D'OTRANTE, pays extrêmement fécond et agréable, nous arriverons au bourg de

MESAGNE ou MESSAGNA, ou mieux encore MISSAGNO (*Messania*). Une route bonne et commode nous conduirait de là à la ville d'ORIA (*Hiria*), puis à FRANCAVILLA (*Frentanum*), puis enfin à *Tarente*; mais le chemin que nous suivons, quoique côtoyant aussi le pied des *Apennins* du côté du bourg de *Latiano*, nous mène directement à *Lecce*, après avoir passé CELLINO (*Beretra*).

(1) Voyez les Mémoires historiques de la ville de Brindes, d'André de la Monaca, imprimés en 1674.

LECCE (*Aletium*) est une belle ville dont on attribue la fondation au Crétois *Idoménée*. On suppose que ce prince fut jeté sur cette plage par la tempête, après la destruction de *Troie*. Cette ville est renommée pour ses dentelles, son huile et sa gomme odoriférante. Elle est forte, commerçante, et contient plus de 15,000 habitants. Les objets les plus remarquables sont : la *Cathédrale*, le *Couvent des Dominicains*, la *Statue de Philippe II* et le *Marché*.

De *Lecce* partent trois routes qui se dirigent vers le S.-E.; celle du milieu nous conduit à

S.-PIETRO IN GALATINA (*Petrinum*), petite ville de 2,300 habitants ; celle de droite mène d'abord à

COPERTINO, autre petite ville de 3,300 habitants, puis à

NARDÒ (*Neritum*), ville située dans une belle plaine, et dont la population est aussi de 3,300 habitants.

De *Nardò* on arrive à GALLIPOLI (*Anxa* et *Gallipoli*), jolie ville de 9,000 habitants, qui possède un port sur le golfe de *Tarente*. On y fait la pêche du thon, et son commerce de cotons, de laine et d'huiles, est très-florissant. Elle est fortifiée le long du rivage, et défendue en outre par trois petites îles situées en face du port et par le promontoire *Pizzo*, qui s'élève à sa gauche.

La troisième des routes que nous avons citées plus haut touche à la villa CAVALLINO, et monte jusqu'au bourg de MARTANO, d'où elle descend à *Otrante*.

OTRANTE (*Hydruntum*). Cette ancienne ville de la *Japygie* est plus forte que belle. En 1480, elle fut assaillie à l'improviste par les Turcs, qui en massacrèrent tous les habitants, à l'exception des enfants et de quelques femmes. *Alphonse*, petit-fils de *Ferdinand d'Aragon*, la leur reprit presque aussitôt ; mais il n'était plus temps, le mal était fait, et depuis cette fatale époque la population de cette ville infortunée n'a pu dépasser le chiffre de 14,000 habitants. Cependant l'étendue et la commodité du port leur donnent la facilité de faire un commerce très-actif avec les Levantins. Ce fut à *Otrante* que *Pythagore* fit entendre sa doctrine pour la première fois, et de là elle se répandit ensuite dans toute l'Italie. L'ancien zodiaque qu'on remarque encore dans l'ancienne *Cathédrale d'Otrante* prouve qu'on y cultivait les sciences avec succès.

Il est impossible de visiter *Otrante* sans éprouver le désir de pousser jusqu'au célèbre promontoire de LEUCADE. La course est d'ailleurs fort courte. Nous passerons sans nous arrêter devant les maisons de plaisance et les bourgs que nous rencontrerons sur notre chemin; mais nous donnerons un coup d'œil à CASTRO (*Castrum*) et à ALESSANO (*Alexanum*), petites villes dont la première renferme environ 8,000 habitants, et la seconde 7,000. A peu de distance de cette dernière s'élève le promontoire de LEUCADE, aujourd'hui appelé de SAINTE-MARIE, à cause de la somptueuse *Église* qu'on y a élevée sur l'emplacement de ce temple de Minerve qu'*Énée* rappelle à *Didon* lorsqu'il lui raconte son départ de l'*Épire*. Les anciens donnaient à ce cap les noms d'*Acra Japygia* et de *Promontorium Salentinum*. En face du cap s'élève l'île grecque de SASENO (*Saso*), que *Pyrrhus* aurait voulu jadis réunir à *Leucade* par le moyen d'un pont. Les montagnes de l'ALBANIE (*Epirus*), dites *Cérauniennes* et *Acrocérauniennes*, se déploient dans le lointain en perspective. Il serait impossible de donner à nos lecteurs une juste idée de la vue extraordinaire dont on jouit du haut du promontoire. Nous les engageons à faire cette petite excursion; ils ne regretteront ni le chemin ni la perte du temps.

ROUTE XCIX.

DE TARENTE A OTRANTE.

8 postes ¼.

De Tarente à Montepavano,	1 p.	Martano,	1 ⅓
Manduria,	1	Otrante,	1 ⅓
Campi,	1 ¾	Postes,	8 ¼
Lecce,	1 ½		

Le premier lieu qu'on rencontre au sortir de *Tarente* est le beau village de PULZANO, qui renferme plus de 1,000 habitants, dont les deux tiers s'appliquent avec succès à la culture du coton. Au-dessous de ce village on trouve LUPERANO, autre village d'égale population, et dans lequel la culture du coton est aussi très-florissante et très-lucrative ; mais nous les laisserons sur notre droite pour entrer à MONTEPAVANO, village du même genre, où nous changerons de chevaux ; de là nous nous rendrons à S.-GIORGO, beau bourg de 1,200 habitants, presque tous originaires de l'*Albanie*. En continuant à marcher au milieu de cette riante plaine, on arrive à

MANDURIA (*Mandurium*), ancienne ville de la *Messapia*, c'est-à-dire des Salentins, que *Fabius Maximus* détruisit en grande partie à l'époque de la seconde guerre punique, ainsi que nous l'apprend *Pline*. Ce ne fut qu'en 1790 qu'elle reprit son ancien nom, et qu'elle abandonna celui de *Casal Nuovo*, qu'elle avait porté pendant plusieurs siècles.

S.-PANCRAZIO, qui vient ensuite, est un petit village de 550 habitants, dont le territoire est égayé et fertilisé par cinq ou six petits lacs dont les rives sont charmantes.

CAMPI, que nous trouvons au delà de ce village, est un bourg vaste, beau et riche, de 3,400 habitants. C'est un relais de poste qui nous conduit rapidement à *Lecce*, d'où nous partirons pour *Otrante* en suivant la route que nous avons indiquée dans la route précédente.

ROUTE C.

DE NAPLES A POLICASTRO.

16 postes 1/2.

De Naples à Torre dell' Annunziata,	1 p. 1/2	Capaccio,	1
		Il Vallo,	3
Nocera,	1 1/2	Montena,	1
Salerno,	1	Policastro,	2
Vicenza,	1		
Pestum,	4 1/2	Postes,	16 1/2

Nous nous transporterons tout d'un coup de *Naples* à *Éboli*, dont nous connaissons déjà la route, et dans ce dernier lieu, où trois chemins se présenteront à nous, nous devrons prendre celui de droite, qui s'étend vers la mer. Le premier endroit remarquable qu'on rencontre est

PESTUM (*Possidonia*), ville fort ancienne dont la fondation remonte jusqu'aux anciens Sybarites, qui, ayant abordé sur cette plage, y bâtirent une ville d'où ils furent plus tard chassés par les Lucaniens. En 479, *Pestum* tomba au pouvoir des Romains, et vers la fin du IX° siècle elle fut détruite par les Sarrasins. Les majestueux restes de cette ville méritent de la part du voyageur instruit une attention particulière. Les murailles de la ville, bâties en larges pierres jointes les unes aux autres avec une rare perfection, quoique sans ciment, donnent une idée de cette grandeur qui présidait à tous les ouvrages des anciens. Des quatre portes qui donnaient entrée à *Pestum*, il n'en existe plus qu'une seule, qui se compose d'un *arc* en pierre de 15 mètres de haut, dont les bas-reliefs de la voûte ont été détruits par le temps. Le *Temple de Neptune*, le plus ancien sans doute qu'il y ait en Europe, se fait remarquer par l'imposante majesté de son style. La longueur extérieure de ce monument est de 62 mètres. Sur les quatre côtés du temple règnent 36 colonnes surmontées d'une architrave et d'une frise d'ordre dorique. Le sanctuaire, du milieu duquel on voit encore l'autel principal sur lequel on égorgeait les victimes, est pavé en larges pierres carrées. La *Basilique*, ainsi nommée parce qu'on en ignore la destination primitive, et un troisième temple qu'on suppose avoir été consacré à Cérès, ne sont pas moins remarquables que le temple de Neptune. Le *Théâtre* et l'*Amphithéâtre* sont presque entièrement détruits; il en reste à peine quelques fragments pour témoigner de leur existence passée. Le voyageur fera bien de se munir de l'ouvrage, de *Bamonti*, intitulé *Antiquités de Pestum*; il y trouvera des détails curieux et des notices fort instructives.

Sur la gauche de *Pestum*, au milieu de rochers presque inaccessibles, on voit le *Vieux* et le *Nouveau* CAPACCIO (*Caput Aqueum*), le premier sorti des ruines de *Pestum*, et le second né de la destruction du premier. En suivant le rivage on rencontre bientôt AGROPOLI, joli bourg où l'été est éternel; mais nous sommes obligés de poursuivre notre route au milieu des vallées pour arriver à PRIGNANO, et de là à VALLI, villages assez importants. En sortant de ce dernier lieu, on ne tarde pas à entrer dans CASTELLO A MARE DELLA BRUCA. Là existait jadis *Hyala* ou *Velia*, cette ville fondée par les mêmes *Phocéens* qui bâtirent *Marseille*, et qui était si chère à *Cicéron* pour la douceur de son climat. *Hyala* fut le berceau des célèbres philosophes *Parménide*, *Zénon* et *Leucippe*. Autrefois elle eut quelque renommée pour la chasse des hérons, dont la race y est aujourd'hui éteinte. Le nom de *Bruca*, ajouté à celui de *Castello a Mare*, lui a été donné à cause d'un bois voisin connu sous cette dénomination.

En côtoyant toujours le rivage, on arrive à

PISCIOTA, petite ville de 2,700 habitants, où exista très-probablement celle que les anciens appelèrent *Buxentum*, et plus tard *Pyxus*. La hauteur qu'on remarque auprès de cette ville est le promontoire que *Strabon* appelle *Promontorium Pissiuntum*. De là on arrive à CAMEROTA, puis au promontoire de PALINURE, auquel *Virgile* a donné tant de célébrité, puis enfin à

POLICASTRO (*Palæocastrum* et aussi *Petelia*), ville qui dans d'autres temps dut avoir beaucoup plus d'importance, mais qui, ayant été rasée par *Robert Guiscard* en 1055, et saccagée par les Turcs en 1542, contient à peine aujourd'hui 400 habitants. Il faut dire aussi que les marais et les rivières qui l'entourent en ont vicié l'air au point de le rendre tout à fait insalubre. Cependant elle donne son nom au golfe qui s'étend devant elle. *Pline* appelle ce golfe *Sinus Vibonensis*, d'autres géographes *Sinus Talanus*; mais les modernes le connaissent sous la dénomination de *Golfe de Policastro*.

ROUTE CI.

DE NAPLES A REGGIO DE CALABRE,

Par Cosenza, 37 p. ½.

De Naples à Torre dell' Annunziata (½ poste de faveur),	1 p. ½	Report.	12 ½
		Lagonero,	1 ½
Nocera (un 3e cheval sans réciprocité),	1 ½	Lauria,	1
		Castelluccio,	1
Salerno,	1 ½	Rotonda,	1
Vicenza,	1	Castrovillari,	2
Eboli (un 3e cheval avec ou sans réciprocité),	1	Tarsia,	2
		Ritorto,	1 ½
		Cosenza,	1 ½
		Rogliano,	1
La Duchessa,	1 ½	Scigliano,	1
D'Auletta à Duchessa (un 3e cheval avec ou sans réciprocité),		Nicastro,	1 ½
		Fondaco del Fico,	1 ½
		Monteleone,	1 ½
Auletta (un 3e cheval avec ou sans réciprocité),	1 ½	Rosarno,	2
		Palma,	1 ½
		Scilla,	1 ½
La Sala,	1 ½	Villa S.-Giovanni,	1
Casalnuovo (un 3e cheval avec ou sans réciprocité),	1 ½	Reggio de Calabre,	1
		Postes,	37 ½
A reporter,	12 ½		

COMMUNICATIONS.

De Naples à Castello a Mare,	2 p.	De Scigliano à Catanzaro,	2 ½
De la Duchessa à la Potenza,	4 ½	De Nicastro à Catanzaro,	2 ½
		De Catanzaro à Cutrone,	5
De Lagonero à Chiaramonte,	2 ½	De Monteleone à Nicotera,	2
De Castrovillari à Rossano,	3 ½	De Nicotera à Palma,	2
		De Palma à Perace,	3

Ainsi que dans le voyage précédent, nous sortirons de *Naples* en nous dirigeant vers *Eboli* et *Auletta*. Au delà de ce dernier lieu nous rencontrerons les villages de POLTA (*Pulta*) et d'ATENA (*Attina*) : le premier renferme 3,600 habitants, et le second 2,000. Entre ces deux villages il existe un gouffre extraordinaire d'où se précipitent les eaux du fleuve NEGRO (*Panager*), qui, après un cours souterrain de plus de deux milles, reparaissent en un lieu appelé la PERTOSA. Ici on entre dans la délicieuse VALLÉE DE DIANE.

SALA, petite ville de 5,500 habitants, est la station suivante. Nous avons déjà parlé de la *Chartreuse de la Padula*, où on arrive ensuite pour traverser CASALNUOVO, village de 1,700 habitants, et LAGONERO (*Nerulum*), bourg de 5,000 habitants, qui tire son nom du lac voisin, dont la source sort du mont SERINO. Une route praticable aux voitures pourrait nous conduire de *Lagonero* à MARATEA (*Marothia*), ville située sur le *Golfe de Policastro* : une seconde route qui passe à gauche à travers les montagnes nous mènerait à LATRONICO (*Latioricum*) et à CHIAÉAMONTE, sans parler d'un troisième chemin moins commode qui conduit à MOLITELNO, bourg de plus de 5,000 habitants ; mais la route de poste nous oblige d'entrer à LAUÉIA (*Laurinum*), autre bourg dont la population est de 2,000 âmes. Les deux relais suivants s'appellent CASTELLUCCIO et ROTONDO. Entre ces deux villages coule le fleuve LEO (*Laus* ou *Talavus*), qui sépare la *Lucanie* des *Bruzi*, c'est-à-dire la *Basilicata* de la *Calabre citérieure*, dans laquelle nous avançons.

Sur un rocher élevé est située CASTROVILLARI, ville fortifiée, bien bâtie, riche en vins, en coton et en manne. Sa population est de 5,600 habitants. La route de poste qui s'étend sur la gauche conduit au *Golfe de Tarente* et aux villes de ROSSANO (*Rosciarum*) et de COTRONE (*Croton*), qui s'élèvent en face de la côte de ce golfe que nous avons déjà visitée, et qui se termine au *Promontoire de Leucade*. La route de droite, qui est celle que nous devons suivre, nous conduit auprès du fleuve COCHYLE (*Sybaris*) et de plusieurs autres, qu'on traverse sur des ponts commodes.

TARSIA (*Caprasum*), premier lieu qui se présente, est une petite ville de 1,500 habitants, qui n'a rien de bien intéressant. Là nous côtoyons le fleuve GRATI (*Crathis*), et, laissant sur notre gauche les jolies et délicieuses villes de CO-RIGLIANO (*Coriolan*) et de BISIGNANO (*Bisunianum*), dont la première renferme 8,000 habitants et la seconde 9,000, nous arrivons au village de RITORTO, d'où nous irons nous reposer dans la ville capitale de cette agréable province, c'est-à-dire à

COSENZA (*Consentia*). Cette ville, qui a été si souvent citée par les historiens romains, fut non-seulement sujette à tous les changements politiques des autres villes d'Italie, mais encore elle fut exposée à la barbare cruauté des Turcs, qui la saccagèrent. On sait en effet qu'aux XVe et XVI siècles, tout ce littoral fut horriblement maltraité par ces barbares. Située aux pieds de l'*Apennin*, dans une position agréable et riante, elle est entourée d'une campagne fertile qui produit en abondance des vins exquis, du safran, de la manne, des lins, et des plantes médicinales. Le séjour de cette ville fut choisi de préférence par *Alaric*, roi des Goths, qui y mourut en 410. Capitale et métropole, patrie de plusieurs hommes illustres, elle possède plusieurs utiles établissements; cependant elle ne compte guère que 8,300 habitants. Ro-GLIANO (*Vergianum*), qui fait suite à *Cosenza*, est une petite ville de 3,400 habitants qui a donné le jour à *Vincent Gravina*.

De *Rogliano* à MONTELEONE, une route un peu plus longue et montagneuse se présente à nous. Nous en indiquerons l'itinéraire, parce qu'il est probable qu'en allant en *Sicile*, ou en revenant, le voyageur sera tenté de la suivre.

De Rogliano à Carace,	2		Report,	5 ½
Tiriolo,	2		Torre Masdea,	1 ¼
Casino Chiriaco,	1 ½		Monteleone,	1
A reporter,	5 ½		Postes,	7 ¾

Entre *Rogliano* et *Monteleone*, coule le fleuve SAVUTO que les anciens appelèrent d'abord *Achéron*, puis *Ocinarus*, puis enfin *Sabbatus*. Une belle route de poste part de *Scigliano*, et va aboutir à

CATANZARO (*Catacium*), ville de 11,000 habitants, située près du rivage du GOLFE DU SQUILLACE (*Sinus Scillacius*) sur l'*Adr tique*. Pour nous, continuant notre route, nous laisserons sur notre droite la ville de MARTORANO (*Mamertium*), et celle de NOCERA (*Nuceria*), pour entrer dans

NICASTRO (*Neocastrum*), ville archiépiscopale, très-fréquentée pour ses bains, très-fertile en excellentes huiles, et qui compte 10,000 habitants. Un peu plus loin nous traversons le fleuve AMATO, et, passant par le gros bourg de MAIDA (*Melanium*), nous monterons encore pour nous arrêter au relais appelé FONDACO DEL FICO. Ici nous sommes arrivés au point le plus resserré de la botte que forme l'Italie, et quand on est sur ces hauteurs, on voit également d'un côté la mer *Tyrrhénienne*, et de l'autre la mer *Adriatique*.

Si nous descendons vers le GOLFE DE STA-EUFEMIA, nous trouverons, après avoir passé le fleuve ANGITOLA, la ville de

PIZZO (*Napitia*), à laquelle sa constante fidélité a fait accorder l'exemption de toute taxe ; puis le bourg de BRIATICO (*Brystania*), renommé pour ses citrons et ses artichauts ; enfin nous entrerons dans

TROPEA (*Postropoæ*), ville épiscopale de 4,000 habitants, à laquelle fait suite le promontoire de BABICANI (*Caput Vaticanum*), qui de ce côté forme la pointe du GOLFE DE GIOJA, ainsi nommé d'un bourg désigné par les anciens sous la dénomination de *Metauria*. Mais en suivant la route de poste, située entre la mer et l'*Apennin*, et traversant une partie d'un grand bois qu'on prétend être le célèbre *Lucus Agatocles*, on arrive à la jolie ville de

MONTELEONE (*Hiponium* et *Vibo-Valentia*), qui renferme 15,000 habitants. Avant le tremblement de terre de 1783, qui détruisit *Messine*, *Monteleone* était beaucoup plus florissante et plus peuplée qu'elle ne l'est aujourd'hui. Le même malheur arriva à NICOMERA (*Medema Locrensium* et *Nicodrum*), ville qu'il faut visiter en hiver, parce que la route est moins dangereuse. Mais pendant l'été on la laisse sur la droite, et on arrive à ROSARNO (*Samnus*), bourg de 2,500 habitants, situé au delà du fleuve METREMO (*Me-*

suna), d'où on passe à DROSI, village auprès duquel la route fait un coude qui se replie vers le *Golfe de Gioja*, et conduit à

PALMA, jolie petite ville de 6,000 habitants, placée sur le rivage. En la quittant, sans nous éloigner beaucoup du rivage, nous entrerons dans le bourg de SEMINARA (*Taurianum*), où on remarque un assez bon nombre de restes antiques, et où les Français battirent les Espagnols en 1503. Là, on traverse le bois de SOLANO, on laisse à droite la ville et le promontoire de SCYLLA (*Caput Scyllecum*), dont le voisinage est dangereux pour les vaisseaux en temps de bourrasque, et on entre à FUMARO DE MORO, où la route se divise en deux branches, dont l'une conduit à VILLA S.-GIOVANNI; là le passage du détroit est plus court et plus fréquenté; l'autre route nous introduit dans

REGGIO (*Regium Julii*). Cette ville est la dernière des Calabres. Elle a été très-célèbre dans les histoires grecque et latine, comme aussi dans l'histoire moderne. Elle a toujours été un objet d'intérêt, tant par son origine que par la préférence que témoignèrent pour elle *Jules César*, *Cicéron*, *Tite-Live*, *St Paul*, *St Jérôme*, etc. Ce fut dans ses murs que *Julie*, fille d'*Auguste*, termina le cours de sa vie déréglée. *Reggio* renferme 17,000 habitants, possède une petite bibliothèque de 4,000 volumes, quelques bonnes fabriques de draps de soie, et fait un commerce assez actif de lins, d'huiles, de vins et d'essences. Elle s'élève en face de la *Sicile*, sur le détroit de *Messine*.

Pour accomplir notre œuvre, nous passerons à la description des îles principales qui appartiennent encore ou qui ont appartenu à l'Italie.

SICILE (1).

Si *Rome* diffère de *Naples* et *Florence* de *Milan*, par les mœurs, les usages et même par le langage, la SICILE offre bien plus de différence encore avec le reste de l'Italie. Chacun a pu observer que les mœurs générales des insulaires ont quelque chose de rude, de tranché et souvent d'original que ne présentent pas celles des habitants des continents; l'observation de la *Sicile* donne plus de poids encore à cette vérité. La nature, dans cette intéressante contrée, a déployé toutes ses ressources; il n'est pas jusqu'aux phénomènes les plus terribles qu'elle n'ait voulu en quelque sorte y acclimater. C'est ce qui fait de la *Sicile* une source inépuisable de richesses pour le naturaliste, le médecin, le géologue, le peintre, le minéralogiste, etc., etc. Mais si cette île célèbre est intéressante sous le rapport géologique, elle ne l'est pas moins si on la considère sous un point de vue historique. Suivant notre usage, nous débuterons par un aperçu des principaux événements de ses annales.

Notions historiques. — La SICILE (*Sicania, Trinacria, Sicilia, Sinacria Tellus*) fut aussi appelée par *Homère* la *Terre du Soleil* et l'*Ile des Cyclopes*. Les premiers habitants de cette contrée furent sans doute les farouches et cruels Lestrigons, qui y menèrent d'abord une vie sauvage et pastorale. Des Sicaniens, d'origine espagnole, des Crétois et quelques Troyens y fixèrent ensuite leur séjour. Les fables imaginées par les anciens sur ces premiers habitants sont assez connues, et le lecteur sait qu'il n'y a de vrai dans tous ces mensonges mythologiques que la férocité naturelle et les formes athlétiques de ces premiers habitants. Cependant les descendants des Cyclopes se civilisèrent peu à peu : de la vie pastorale ils passèrent à la vie agricole, et ce fut alors que prit naissance le culte de Cérès, qui fut institué en l'honneur de celle qui la première fit connaître la culture du blé, ou

---

(1) *Ouvrage à consulter* : Guide du voyageur en Sicile, par Karaczay, 1 vol. in-18 cart., Paris, L. Maison, éditeur, rue Christine 3.

peut-être aussi en témoignage de reconnaissance pour la Terre qui le produisait d'elle-même. Ce peuple à demi civilisé forma ainsi cette nation appelée *Sicanienne*, du nom d'un certain *Sicanus*, qui, dit-on, vint s'établir dans cette île avec une troupe d'Ibères. D'autres assurent que ce nom fut adopté par des émigrés d'Espagne, qui l'avaient eux-mêmes tiré d'un petit ruisseau qui se jetait dans l'Ibère. Quelle qu'en soit l'origine, il est certain que dès cette époque la *Sicile* fut appelée *Sicania*, et que les habitants, repoussés par les terribles éruptions de l'*Etna*, s'établirent pour la plupart sur la côte occidentale de l'île. *Claudien*, en parlant de la *Sicile*, dit dans son poëme, *De raptu Proserpinæ* :

> Trinacria quondam
> Italiæ pars una fuit : sed pontus et æstus
> Mutavêre situm : rupit confina Nereus
> Victor, et abscissos interluit æquore montes, etc.
> (Livre 1.)

On voit que ce poëte admettait l'opinion qui a été adoptée par beaucoup d'autres écrivains, comme *Pline*, *Strabon*, *Justin*, *Diodore* et autres, savoir : que la *Sicile* a été séparée de l'Italie par quelque grande convulsion de la nature. D'autres géologues non moins estimés considèrent au contraire le détroit de *Messine* comme une de ces vallées qui forment une solution de continuité entre les montagnes. *Spallanzani*, dans son *Voyage dans les Deux-Siciles*, t. IV, va même plus loin. Il pense qu'un jour la *Sicile* se réunira encore au continent par le *Peloro*, partie la plus étroite du détroit. Sans pousser plus avant ces recherches géologiques, nous nous bornerons à donner ici une courte notice chronologique des événements dont cette intéressante contrée fut le théâtre. Nous passerons toutefois sur tout ce qui a rapport aux histoires grecque et romaine, parce que les faits en sont suffisamment connus, et nous nous transporterons tout d'un coup en 440, époque de l'invasion des Goths. Alors la Sicile était soumise en partie aux Vandales, état de choses qui dura jusqu'à ce que les Ostrogoths furent parvenus à détruire le royaume d'*Odoacre*. Les Siciliens, se trouvant placés entre deux prétendants également terribles, cédèrent aux insinuations du célèbre *Cassiodore*, et se soumirent volontairement à *Théodoric*, en 493, sans que ce changement politique excitât le moindre tumulte. *Atalaric* gouverna la Sicile après la mort de *Théodoric*; mais il dut céder à la fortune de *Bélisaire*, qui s'empara successivement de *Catane*, *Syracuse*, *Palerme* et *Messine*. En 668, l'empereur *Constant* ayant été assassiné dans son bain, *Mézèze* fut proclamé empereur et dut se renfermer dans *Syracuse*, qui fut bientôt assiégée. Ce fut alors que pour la première fois les Sarrasins se montrèrent sur les côtes de la *Sicile*; ils pénétrèrent jusque dans *Syracuse*, qu'ils livrèrent au plus affreux pillage. Cependant, l'empereur *Constantin* ayant fait la paix avec ces barbares, la *Sicile* respira un moment. En 878, *Syracuse* fut de nouveau assiégée, prise, pillée et renversée par les Africains. En 981, la *Sicile* fut gouvernée par *Assan*, auquel le calife *Almanzor* l'avait donnée à titre d'émirat héréditaire. En 1088, les Sarrasins et les Arabes s'en emparèrent; mais au bout de dix ans ils en furent chassés par les Normands, qui l'incorporèrent dans le royaume de *Naples*, qu'ils avaient conquis. Depuis cette époque, l'histoire de la *Sicile* est la même que celle de *Naples*, à quelques petites différences près. Il y a une foule d'auteurs qui ont décrit avec autant de sagacité que de savoir l'histoire, la géographie, les productions ou les fastes littéraires de cette singulière contrée. Les plus accrédités parmi les historiens et les géographes modernes sont : le prince de *Torremuzza*, l'avocat *Silvio Bucellato*, le prince *Ignace de Biscari*, l'avocat *Joseph Ortolani*; parmi les naturalistes se distinguent le même *Ortolani*, *Niolo*, *Tineo*, et *Gussone*. Les fastes littéraires ont été écrits par *Ventimiglia*, *Mongitore*, et récemment par *Sciria*. Ces auteurs sont tous Siciliens, et ont eu de nombreux précurseurs dans la noble entreprise d'illustrer leur patrie.

La *Sicile* est aujourd'hui divisée en sept intendances ou provinces, dont les capitales sont : *Messine*, *Catane*, *Syracuse*, *Palerme*, *Trapani*, *Calatanisetta* et *Girgenti*; mais depuis longtemps les géographes ont l'habitude de la diviser en trois parties, correspondant à chacun de ses trois promontoires principaux, dont les angles composent la forme triangulaire de l'île. On donne à ces parties le nom de *Val*(1), savoir : *Val di Demona*, *Val di Noto*, *Val di Mazzara*. Le promontoire du premier *Val* est l'ancien *Pélore*, aujourd'hui *Cap du Phare*, qui regarde l'Italie; le promontoire de *Mazzara* est le vieux *Lylibée*, maintenant *Cap de Boco*, qui fait face à la Sardaigne ; enfin le promontoire de *Val di Noto* est l'antique *Pachino*, de nos jours appelé *Cap Passaro*, et qui est tourné vers la Morée.

La population de la Sicile se monte aujourd'hui à 1,690,000 habitants; anciennement *Syracuse*, aux beaux jours de sa gloire, possédait une population de plus d'un million d'habitants ; sur la population actuelle on compte 28 ou 29,000 moines, et environ 18,000 religieuses.

Nous ne suivrons aucune de ces divisions, mais nous parcourrons les distances qui séparent ces caps l'un de l'autre; nous ferons quelques excursions dans l'intérieur de l'île, et nous décrirons ce géant des volcans qui depuis plus de trente siècles effraye et surprend tous les curieux qui le visitent.

ROUTE CII.

DE **NAPLES** A **MESSINE** (Sicile).

Par la vapeur, environ 80 l.

Trajet, environ 25 ou 26 heures.

Deux bateaux à vapeur partent deux fois par semaine pour *Palerme* et *Messine*.

Le trajet du continent italien aux plages de la Sicile est court et facile, surtout depuis l'établissement de la navigation à vapeur entre la métropole et les deux villes capitales

---

(1) *Val* est un mot arabe qui signifie pays ou district. Les Arabes furent en effet les premiers qui divisèrent la Sicile en départements.

de cette île. Nous pensons que le voyageur qui s'y dirige sans autre but que celui de satisfaire une juste curiosité doit choisir de préférence pour point de débarquement le port de *Messine*, qui est aussi beau que sûr. Dans la courbe qu'il faut décrire pour y arriver, se trouve le gouffre de *Charybde*, qui a acquis une si funeste célébrité par les innombrables naufrages dont il a été le théâtre. En suivant le rivage, on arrive au CAP FARO (*Pelorus*), sur lequel s'élève la tour munie d'une grande lanterne qui sert de guide aux navigateurs pendant la nuit, et bientôt on entre à

MESSINE (jadis *Zante*, puis *Messana*), (*hôtels* : la Grande-Bretagne, le Lion-d'Or, de Prusse, etc.), ville célèbre, dont les premiers habitants furent les Messaniens, puis les Mamertins, qui prirent une part si active dans les guerres puniques et attiques. Cette ville, vue du port, présente l'aspect le plus agréable. Sept *Portes*, cinq *Places* publiques, six grandes *Fontaines*, un *Lazaret*, un *Château* fort avec *Arsenal*, des bastions, des *Églises*, et des *Palais* de belle architecture (parmi ces derniers, le *Palais Royal*, non encore terminé, celui du *Sénat* et celui de l'*Udienza*, méritent d'être visités avec attention), quatre *Bibliothèques*, un bon *Collége*, deux *Théâtres*, 46 couvents de moines et de religieux, et une foule d'autres établissements qui reçoivent la vie et le mouvement d'une population de plus de 70,000 habitants, font de *Messine* une des plus belles et des plus florissantes villes de la Sicile, quoiqu'elle ait été ravagée par la peste en 1743, et désolée par le tremblement de terre de 1783. Tout ce que renferme cette intéressante ville de remarquable et de curieux est décrit avec soin et exactitude dans le *Guide de Messine*, imprimé à *Syracuse* en 1826. *Messine* fut le berceau du poëte lyrique *Ibicus*, qui y périt assassiné.

ROUTE CIII.

DU CAP FARO AU CAP PASSARO.

Cap Faro. — Messine. — Nisi et Muluffi ou Savoca, fleuves. — Cap de

St-Alexis. — Taormina. — Cap Schizzo. — Cantara ou Alcantara et Freddo, fleuves. — Golfe de Santa-Tecla. — Aai ou Aci Reale. — Catane. — Le mont Etna. — Paterno. — Aterno. — Aci. — Giare. — Bronte.—Randazzo.—Linguagrossa.—Giaretta et St-Paolo, fleuves.— Murgo, village. — Lentini. — Agoeta. — St-Guiliano et Marcelino, fleuves.—Syracuse.—Massa d'Olivero.—Crimiti, mont.—Paradiso, fleuve. — Castelluccio, St-Marciano, Della Maddalena et Manchisi, îles.—Anapo, fleuve.—Cassibili. —Miranda. — Falconara. — Noto. — Port de Noto.—Abiso, fleuve. — Atellari. — Cap Passaro. — Porto di Pali.

En continuant à descendre à droite au milieu des montagnes, et en suivant le rivage de *Val di Demona* à gauche, lieu où les anciens avaient placé la résidence des Cyclopes, après avoir traversé les fleuves Nisi (*Ænisis*) et Muniuffi ou Savoca, et enfin après avoir gravi le Cap de St-Alexis (*Promontorium Argenum*), nous arrivons, au bout d'environ deux heures de route, à

Taormina (*Tauromænium*), ville de 4,000 habitants, située sur un rocher escarpé, et qui renferme de très-beaux restes de l'antique théâtre, des citernes et de la Naumachie, et l'église *St-Pancrace*, considérée comme le premier temple chrétien élevé par *St Paul* en Sicile.

Au sortir de cette ville, nous continuerons notre route vers le cap Schizzo (*Naxos*), d'où, après avoir passé les fleuves Cantara ou Alcantara (*Acesines, Acathes, Alabus*) et Freddo (*Acis*), nous trouverons le Golfe de S.-Tecla, le long duquel il y a trois rochers que les anciens appelaient les *Écueils des Cyclopes*. Non loin de là s'élève le redoutable *Etna*, que nous ne tarderons pas à visiter. La route que nous suivons nous conduit directement à

Aci ou Aci Reale, ainsi qu'on la nomme aujourd'hui (*Acis*), ville célèbre par ses eaux minérales, et plus encore par la proximité de la *Caverne de Polyphème*, de la grotte de l'infortunée *Galatée*, et du rocher sous lequel gémissait le malheureux *Acis*. Là est le port d'*Ulysse* et ce délicieux rivage chanté par *Virgile*. *Aci* contient environ 15,000 âmes; elle est bien fortifiée, et s'élève aussi sur une hauteur d'où nous descendrons pour entrer en peu d'instants dans

CATANE ou CATANIA (*Catana* et *Cathina*). *Hôtel :* de la Couronne-de-Fer. *Pierre Carrera* et *Vito Maria Amico* nous ont laissé deux histoires de cette ville, aussi intéressantes que bien écrites : nous engageons le voyageur curieux à les consulter. Les fastes littéraires et une grande partie de l'histoire de cette ville appartiennent à l'histoire générale de la *Sicile*, à laquelle nous renvoyons le lecteur. *Catane*, plusieurs fois renversée par des tremblements de terre, s'est toujours relevée plus magnifique qu'avant sa destruction ; elle est encore aujourd'hui la ville la plus importante de toute l'île après *Palerme*. Les dernières révolutions physiques sous lesquelles elle succomba eurent lieu en 1693 : vingt ans après elle était déjà reconstruite avec la symétrie qu'on y remarque aujourd'hui, avec des rues larges et droites, des places commodes, spacieuses et ornées de fontaines. Les rues sont pavées en gros blocs carrés de lave, unis avec la plus grande perfection. Les maisons sont bien construites, bien rangées, d'un aspect fort agréable, mais généralement basses. En 1819, la ville fut de nouveau menacée de destruction ; les violentes secousses qu'elle ressentit produisirent plusieurs fissures dans les principaux édifices. Dans la sacristie de la *Cathédrale* on conserve avec le plus grand soin une peinture à fresque représentant *l'éruption de 1669*; comme production de l'art, cette fresque n'a rien de remarquable, mais elle offre le plus grand intérêt comme peinture exacte d'un si grand désastre. Le monastère de *St-Nicolas des Bénédictins* est un très-bel édifice qui a plus de ressemblance avec une résidence royale qu'avec un asile de pénitence. De beaux escaliers, de vastes corridors, un jardin, des bosquets, des marbres précieux, des tableaux, des statues, des bas-reliefs d'excellents auteurs, des inscriptions, des vases grecs et une foule d'autres objets antiques, composent la riche galerie du *Musée*, où l'amateur trouvera en outre une abondante collection des productions les plus remarquables des trois règnes de la nature. La *Bibliothèque* se distingue aussi par le choix et la rareté des ouvrages qu'elle renferme, ainsi que par la magnificence qu'on a étalée dans leur reliure. L'église qui dépend de cet établissement mérite d'être visitée ; elle est embellie de peintures estimées, dues aux pinceaux de *Tolanelli* et de *Cavalluci*, et possède un orgue que les connaisseurs s'accordent à considérer comme un chef-d'œuvre. La population de *Catane*, qui s'élève aujourd'hui à 45,000 âmes, est généralement animée d'un goût très-vif pour les beaux-arts, les sciences et l'industrie. On connait sans doute la célébrité de son *Université*, dont la fondation remonte jusqu'à l'an 1444. L'enseignement des mathématiques fut introduit dans cet établissement par le savant *Zara*, il y a déjà plus de quarante ans. La physique, l'histoire naturelle, la botanique et la chimie, sciences auxquelles le voisinage de l'*Etna* semble prêter plus d'intérêt, sont cultivées à *Catane* avec le plus grand succès (1). Le *Musée* du prince de *Biscari*, placé dans deux vastes cours, est une des plus riches collections de la Sicile, en fait de statues antiques de marbre et de bronze, de vases étrusques, de médailles de tout modèle et de tout métal, de monnaies de tous les âges et de toutes les nations, d'instruments de physique et d'astronomie, et enfin d'armes de guerre de toute espèce des temps les plus reculés. Quant aux antiquités de *Catane*, on n'y voit que quelques ruines. Sur la place *Stersicorea* on remarque les vestiges de l'*Amphithéâtre*; sur celle de *St-François* on voit les traces du *Théâtre*. L'église *Sta-Maria della Rotonda* est bâtie sur les ruines des anciens *Bains* ; le couvent de *St-Augustin* occupe, selon l'opinion générale, l'emplacement d'une partie du *Forum*, de la *Basilique* et des *Prisons* ; et enfin on reconnaît dans quelques vieux murs délabrés des restes du *temple de Cérès*. Le *Gymnase*, la *Naumachie* et le *Cirque* sont ensevelis sous la lave qui provient de la montagne voisine. Les antiquités les plus intéressantes se trouvent dans les maisons *Gravina*, *Valsavoja*, *Nunziata*, *Corraja*, *Sapuppo*, *Buonajuto* et *Gagliano*. La situation de *Catane* a beaucoup de ressemblance avec celle de *Portici* :

(1) L'Académia GIOENIA, fondée en 1825, ne s'occupe que des sciences naturelles. Cet établissement fut ainsi nommé pour honorer la mémoire du chevalier JOSEPH GIOENI, grand naturaliste, dans le palais duquel on devra visiter le Musée contenant la collection complète de toutes les productions de la Sicile.

comme ce dernier lieu, elle est placée au pied d'un volcan, sur la côte de la mer, et bâtie sur un amas de ruines et de lave.

LE MONT ETNA.

Ce célèbre volcan de la Campanie, qui fut toujours un sujet de terreur, et qui était jadis de l'accès le plus difficile pour le curieux ou le philosophe, à cause des dangers multipliés que présente l'ascension d'un volcan sans cesse en action, dont la hauteur est trois fois supérieure à celle du *Vésuve*, et de qui le sommet est couvert de neige pendant neuf mois de l'année; ce célèbre volcan, disons-nous, est devenu, depuis 1804, plus accessible en quelque sorte que le *Vésuve*, sur lequel on n'a pas à souffrir de la raréfaction de l'air et de l'impression pénible du froid le plus vif. La plupart des obstacles qui arrêtaient le voyageur le plus intrépide ont été aplanis par les soins du philosophe naturaliste et philanthrope *Mario Gemmellari*, le premier Sicilien qui, après *Empédocle*, ait osé construire un asile à ses frais presque sur l'extrémité supérieure de l'*Etna*, dans le voisinage des ruines appelées la *Tour du Philosophe*. Les voyageurs ont donné à cet asile le nom de *Gratissima*.

Ce fut ce même *Gemmellari* qui engagea le général anglais *lord Forbey*, commandant en Sicile en 1812, à ouvrir une souscription dont le produit servit à construire un autre refuge plus grand et plus commode dans le voisinage du premier.

Les noms mythologiques de *Polyphème*, *Typhée* et *Encelade* semblent avoir été inventés pour donner une idée des terribles phénomènes de ce géant des volcans.

Plusieurs routes conduisent de *Catane* à l'*Etna*, et présentent divers lieux de repos, comme PATERNO et ATERNO à l'O., ACI et GIARE à l'E., BRONTE, RANDAZZO et LINGUAGROSSA au N. A l'E., la montée est plus longue et plus tortueuse, mais elle est plus facile et plus agréable. La circonférence de la base de cette montagne est évaluée à 160 milles siciliens, et sa hauteur perpendiculaire à 10,383 pieds anglais. Le nom de *Gibello*, signifiant montagne composée de plusieurs autres, lui fut donné par les Sarrasins. L'*Etna* est divisé en quatre régions depuis la base jusqu'au sommet : la première est nommée *Piedemontana (pied de la montagne)*, et s'étend sur une échelle de huit milles ; elle est très-riche en prairies, en vignes et en gibier, et animée par des villages et des maisons de campagne : la seconde, nommée *Boschiva* ou *Selvosa*, ou encore *Nemorosa (couverte de bois)*, se développe sur environ cinq milles, et se compose de rochers escarpés ; elle est toute couverte de vieux arbres de haute futaie : la troisième, connue sous la dénomination de *Discorperta*, est de trois milles d'étendue : la quatrième enfin, appelée *Deserta*, offre un développement de trois milles, et arrive jusqu'au sommet de l'*Etna* ; elle est constamment couverte de neige qui, dans le mois de juillet seulement, permet de gravir jusque-là. L'histoire nous a conservé le tableau de 77 éruptions, desquelles onze sont antérieures à l'ère chrétienne (1). *Catane* souffrit horriblement des éruptions de 1669 et de 1693 : celles de 1755, 1799 et 1800 furent très-longues et très-effrayantes. Ces dernières et les suivantes de 1811 et 1819 ouvrirent un cratère de plus de quatre milles d'étendue, et vomirent par vingt bouches différentes des grêles de pierres, des pluies de cendres et des torrents de lave qui inondèrent et couvrirent toute la vallée dite de *Linguagrossa*. Dans l'éruption de 1755, il s'élança du milieu de cet océan de feu un fleuve d'eaux bouillonnantes mêlées de sel minéral. Sur le haut de l'*Etna*, à la base du grand cratère du côté oriental, on aperçoit quelques ruines appelées la *Tour du Philosophe*. Ce débris, dont la construction est romaine, a donné lieu à beaucoup de fables auxquelles venait toujours se rattacher le souvenir d'*Empédocle* et de *ses sandales* ; mais le savant M. *Gemmellari* a prouvé jusqu'à l'évidence que ces ruines n'étaient autre

---

(1) Voyez l'Histoire générale et naturelle de l'Etna, par Joseph Recupero, imprimée en 1815.—La description de l'Etna avec l'histoire des éruptions, de l'abbé François Ferrara. Imprimée en 1818.—L'histoire des éruptions de l'Etna, par le chanoine Joseph Alessi, publiée par les frères Gemmellari.

chose qu'un autel dédié à Jupiter. Ce naturaliste appuie son assertion sur la forme elle-même du bâtiment, comme aussi sur les restes de plomb, de marbre, et enfin sur les fragments qui ont été trouvés sur les lieux.

Les voyageurs qui entreprennent l'ascension à l'*Etna* trouvent à *Nicolosi*, chez M. *Gemmellari*, que nous avons déjà nommé, un asile pour la nuit et les guides nécessaires; et ce qu'il y a de plus agréable, c'est que tous ces soins sont gratuits; il suffit d'avoir une recommandation auprès de cet estimable savant.

A l'extrémité de la région moyenne de l'*Etna*, dite *Nemorosa*, on rencontre une sombre caverne de lave, appelée la *Grotte des Anglais*, qui offre aussi un lieu favorable au repos. A deux lieues au-dessous du grand cratère, on arrive à la *Grotte de Castellucio* : ici la montée devient rude et fatigante, le froid se fait sentir avec plus d'intensité, jusqu'à ce qu'on parvienne à la maison nommée *Germellaro*, où on quitte ses montures pour continuer le voyage à pied. L'aspect du point le plus élevé du cratère, dans l'intérieur duquel on entend un fracas continuel semblable à celui du tonnerre, n'est pas susceptible d'être décrit; car, ainsi que celui du *Vésuve*, il change de forme, augmente ou diminue de dimension à chaque éruption nouvelle. De ce lieu, la vue embrasse toute la *Sicile*, une partie de l'Italie inférieure, les îles *Lipari*, et même, si le temps est serein, on peut découvrir à l'œil nu les côtes d'Afrique. L'*Etna* approvisionne toute la Sicile de la glace nécessaire aux habitants, et ce commerce, dont l'activité est extraordinaire, produit à l'évêque de *Catane* une rente annuelle fort importante.

Reprenons maintenant notre route le long des côtes. Après avoir traversé des terrains sablonneux, nous arrivons au pont construit sur le fleuve GIARRETTA (*Terias*), au delà duquel on gravit une vaste colline du sommet de laquelle la vue est aussi étendue que variée. Au pied de cette colline, coule le fleuve S.-PAOLO (*Simœtus*); dès que nous l'aurons traversé, nous nous trouverons sur ces terrains qui étaient jadis les jardins de *Proserpine*, et qui furent le théâtre de son enlèvement. Près de là est un petit village appelé Murgo, qu'on suppose bâti sur l'emplacement de l'ancienne *Morgatium*, ville dont on chercherait vainement des vestiges. A quelque distance on trouve

Lentini, ville jadis célèbre et connue sous les noms d'*Urbs Leontinorum*, ou *Leontium* : elle est située dans les champs des Lestrigons, terres de Sicile qui furent cultivées les premières. On y voit encore des ruines du château de *Bricinnia*, cité par *Thucydide*, les grottes creusées, dit-on, par les Cyclopes, et les traces de l'ancienne *Xuthia*. Quatre milles plus loin, on rencontre

Agosta (*Augusta*), qu'on croit élevée sur les ruines de l'antique *Megara Hyblea*, dont le port fut longtemps appelé, à cause de cela, *Sinus Megaricus* ou *Megarensis*. Elle fut convertie en île par le tremblement de terre de 1693 ; mais elle fut aussitôt réunie au continent par des ponts-levis. Sa population est de 9,000 âmes. On trouve fréquemment dans les environs des urnes funéraires, des médailles et des lampes, ce qui fait présumer qu'il a dû exister plusieurs tombeaux dans les grottes voisines. Passons actuellement les fleuves S.-Giuliano (*Pantachus*) et Marcellino (*Myle*) pour nous hâter d'entrer dans la plus célèbre des anciennes villes de la Sicile.

Syracuse (*Syracusa*). *Hôtel* : du Soleil. Cette malheureuse ville est un exemple frappant des vicissitudes humaines. De cette cité si brillante, si riche et si grande, qui était divisée en cinq vastes parties, et qui du temps des *Hiéron*, des *Denys*, était animée par une population d'un million et demi d'habitants ; de cette cité jadis si florissante, disons-nous, il reste à peine une cinquième partie, les ruines des quatre autres et 15.000 âmes. *Acradina*, *Tica*, *Neapole*, *Epipoli* et *Ortigia* étaient les noms des cinq quartiers que nous venons de citer ; aujourd'hui le seul existant, qui est ce dernier, compose la moderne *Syracuse*. Nous voyons dans *Strabon* que la circonférence de *Syracuse* ancienne était de 180 stades, c'est-à-dire d'environ 22 milles, 35 kil. un quart. Sur les sommets de la colline qui s'élève à l'E., existaient autrefois les châteaux de *Labdalo* et d'*Euryale*, dont on a presque oublié aujourd'hui la situation. *Ortigia* était la partie la moins étendue de la ville, mais la mieux construite. L'*Acradina*, située à l'O. de la première, était le quartier le plus vaste. A l'*Acradina* faisait suite la *Tica*, ou la *Bonne-Fortune*, au delà de laquelle s'étendait *Neapoli*, c'est-à-dire la *Ville neuve* ; enfin *Epipoli* comprenait les hauteurs environnantes, et on a quelque raison de croire que cette dernière partie était séparée de la véritable enceinte de la ville. Visitons maintenant chacune de ces parties, qui satisferont également notre curiosité.

On entre dans *Syracuse*, du côté de terre, en passant sur quatre ponts de bois qui réunissent de larges fossés fortifiés. Les rues sont étroites et tortueuses, mais ornées de beaux édifices. La *Cathédrale*, dont la façade est majestueuse, a été bâtie sur les ruines du *Temple de Minerve*, dont on conserve plusieurs colonnes cannelées et l'architrave. Ce fut de ce temple que, selon *Cicéron*, l'avare *Verrès* enleva les objets les plus précieux, des vases d'or, d'argent et d'ivoire, etc. La chapelle de *Sainte-Lucie*, qui existe dans ladite cathédrale, est tout ce qui reste de ce *Temple de Diane* dans lequel *Archimède* traça la ligne des équinoxes. Il reste aussi fort peu de traces du *Temple de Junon*. La *Fontaine d'Aréthuse*, qui fit éclore dans l'imagination des poëtes de si belles images, n'est plus aujourd'hui qu'un étang fétide situé près du *Fortino*, sur le *Porto Maggiore*. Près de cette fontaine s'élevait le palais de *Verrès*, dans le lieu où est maintenant le moderne *Fortino*. Dans l'église de *Saint-Philippe*, on montre un escalier souterrain très-profond, construit en spirale et d'une seule pièce, qui conduit dans les catacombes ou cimetières creusés dans la pierre même, et qui s'étendent en vastes circuits au-dessous de la ville.

Au S. de cette église était le *Port principal*, qui fut le tombeau de la puissance, de la gloire et de l'orgueil des Athéniens. Ce port avait cinq milles de circonférence, et se nommait *Marmoreo* à cause des somptueux édifices dont il était environné ; d'un côté il était défendu par le fort *Minace*, de l'autre par le promontoire *Plammirio* (aujourd'hui Massa d'Olivero), desquels il ne reste plus que le lieu où ils s'élevaient. A l'entrée du grand port, on montre quelques vestiges du *Temple de Jupiter Olympien*. Les fortifications modernes ont fait disparaître jusqu'aux moindres traces des ouvrages grecs. Telle est aujourd'hui l'antique *Ortigia*, unique débris de la célèbre *Syracuse*.

L'Acradina. Cette partie de la ville était la plus forte et la plus belle. Le *Temple de Jupiter*, ci-dessus cité, l'*Autel de la Concorde*, etc., appartenaient à ce quartier. Il y avait aussi un assez grand nombre de profonds aqueducs, dont quelques-uns servent encore à leur usage primitif.

Tica. Cette partie conserve bien peu de traces de son ancienne magnificence : on les reconnaît plus par les descriptions des historiens que par l'inspection des lieux. Cependant on y voit encore l'antique aqueduc qui dérivait du mont CRIMITI (*Tymbris*). *Neapoli*, ou la *Ville neuve*, qui est aujourd'hui en dehors de *Syracuse moderne*, possède plus de restes antiques que les trois précédentes parties. On y voit une grande portion du *Théâtre*, qui est entièrement creusé dans le vif et assez bien conservé, si l'on en excepte l'avant-scène et l'orchestre. Dans le lieu nommé *la Fossa de' Granati*, on remarque aussi des débris intéressants de l'*Amphithéâtre*. Des temples de *Cérès* et de *Proserpine* il ne reste plus rien. Dans le quartier *Salibra*, on voit le *Bain de Daphné*, dans lequel l'empereur *Constance* trouva la mort. On appelle *Tiracati* un espace de terrain couvert de jardins et de ruines d'anciens aqueducs, et arrosé par le petit fleuve PARADISO (*Fons Dianæ*). Près de là sont les catacombes dites les *Grottes de St-Jean*, et anciennement *Antrum Pelopis*, dans lesquelles on voit de vastes sépulcres creusés dans la pierre ; elles sont divisées en cent corridors, dans lesquels la lumière pénètre par plusieurs ouvertures perpendiculaires pratiquées à des voûtes circulaires qu'on rencontre de distance en distance. En plusieurs endroits, les murailles sont ornées de peintures et d'inscriptions grecques. Dans ces catacombes, les divisions entre chaque famille sont ménagées avec un ordre et un goût admirables. Ce fut probablement dans ce lieu que *Cicéron* trouva le tombeau d'*Archimède*, dont il parle dans la cinquième de ses *Tusculanes*. Parmi les *Latomies de Syracuse*, la prison dite l'*Oreille de Denys* conserve encore son ancienne et infâme célébrité. Elle est creusée dans la masse d'un rocher, et son entrée présente une vaste ouverture horizontale par laquelle peut passer une voiture. Cette entrée est d'abord découverte, puis les parois s'étendant en sinuosités imitent, pour ainsi dire, l'oreille d'un cheval. Il est probable que le besoin d'extraire des pierres pour la construction d'édifices fut la cause déterminante de l'excavation de ce rocher; mais *Denys*, profitant de l'opportunité du lieu, le fit servir à l'usage de prison pour les esclaves, et plus particulièrement pour ceux d'entre eux qui appartenaient à la nation athénienne. On reconnaît cela à de doubles percées dans le rocher, qui sont disposées à distance et hauteur convenables pour y enfermer les prisonniers. Ce qu'il y a de certain, c'est que la forme donnée à cette prison est véritablement le résultat de l'art, car il suffit d'en considérer la disposition. On sait que le nom d'*Oreille de Denys* lui fut donné parce que ce tyran se plaisait à entendre les gémissements et les plaintes des condamnés, sans que ces malheureux soupçonnassent la trahison. La forme parabolique de la grotte est très-favorable à la répercussion du son, et on peut la considérer comme un des échos les plus remarquables. On y a fait et on y fait encore journellement de nombreuses expériences qui démontrent jusqu'à l'évidence la théorie qui a dû présider à la construction de cette prison.

Epipoli. Des cinq parties de *Syracuse* celle-ci est la plus élevée. Ce fut là sans doute que campa *Marcellus* après avoir fait d'inutiles efforts pour s'emparer de la citadelle d'*Euryale*; ce fut de là aussi sans doute qu'il contempla le spectacle de la destruction de *Syracuse*, qu'il avait ordonnée ou du moins autorisée.

Le territoire syracusain est si riche en fragments antiques de toute espèce, que, pour peu qu'on se donne de peine, on trouve des médailles, des camées, des monnaies, etc. En 1803, on découvrit une statue de *Vénus Callypige*, qui est peut-être celle qui, au dire d'*Héliogabale*, fut donnée en présent aux Syracusains, qui possédaient un temple consacré à cette déesse (1).

(1) *Ouvrages à consulter* sur les antiquités de Syracuse; Vicenzo Mirabelli, Giacomo Bonanni Colonna. — Le Guide pour les antiquités

Avant de quitter un lieu si célèbre sous tant de rapports, nous ferons une petite excursion dans les îles voisines. Dans le *Porto Maggiore*, devant le promontoire *Plemmirio*, il y a deux petites îles appelées, l'une CASTELLUCCIO et l'autre S.-MARCIANO. On présume, d'après l'opinion de *Fozello* et de *Bonanni*, que ce fut dans cette dernière que les Athéniens prirent ce trophée dont parle *Thucydide* dans son VII° livre. On appelle aussi île DELLA MADDALENA et île des MANCHISI (*Tapsus*) deux péninsules attenant au continent de *Syracuse* : la première est située au milieu du *Porto Grande*, et la seconde sur la côte septentrionale de la ville. Ces deux îles ont été plusieurs fois mentionnées par les historiens grecs. Le fleuve ANAPO (*Anapus*), qui se jette dans le bassin du port, a eu aussi de la célébrité chez les poètes. Mais ce qui eut encore plus de renommée, ce furent les vins exquis de *Syracuse*, dont les meilleurs sont connus sous les noms de *Pestimbotta*, *Capriata*, *Calabresse* et *Muscat*.

La route qu'il nous reste à parcourir pour arriver à notre destination, est sablonneuse, mal entretenue et presque déserte. Nous devons traverser trois fleuves sur des ponts assez commodes. Le premier, qui coule à près de douze milles de Syracuse, et se nomme CASSIBILI (*Cacyparis*), est ce même fleuve que les Athéniens durent traverser en fuyant les Syracusains, ainsi que nous l'apprend *Thucydide*. Le second, qui est à six milles plus loin, se nomme MIRANDA (*Erineus* et aussi *Orinus*), et est aussi connu par la fuite des Athéniens. Le troisième, dit FALCONARA (*Assinarus*), fut le théâtre de la dernière défaite des Athéniens, arrivée en l'an IV de la 91° olympiade. Aujourd'hui encore on célèbre, au mois de mai, à *Syracuse*, une fête populaire qui tire son origine de cette victoire.

Au delà de *Falconara*, on trouve la ville de

NOTO (*Nea* et *Netum*), qui donne son nom aux trois vallées que nous avons indiquées plus haut. Elle renferme

---

de Syracuse, par l'abbé Bongiovani, imprimé en 1818. — Anciens monuments de Syracuse, et Tableau des choses les plus remarquables de l'histoire de Syracuse, par Joseph Marie Capodici, publiés en 1821.

environ 12,000 habitants. Ayant été détruite par le tremblement de terre de 1693, elle fut reconstruite sur la montagne à cinq milles de distance de son premier emplacement. La *Cathédrale*, le *Lycée*, le *Palais public*, le *Séminaire* et le *Mont-de-Piété* méritent d'être visités. On y remarque aussi un musée archéologique et un cabinet numismatique fort riche, appartenant à M. le baron *Astuti*. Il n'y a pas longtemps qu'on a trouvé, parmi les ruines de la vieille ville, des vestiges d'un ancien *Gymnase*.

Nous laisserons sur notre gauche les bords du PORT DE NOTO (*Portus Phœnicus*), ainsi que trois petites îles sans intérêt qu'il renferme, et, après avoir traversé le fleuve ABISO, autrement nommé ATELLARI (*Elorus*), nous gravirons l'ancien promontoire *Pachino*, aujourd'hui CAP PASSARO, et nous saluerons en passant l'ancien PORTO DI PALI, auquel les anciens donnèrent les noms d'*Odyssea*, c'est-à-dire *Port d'Ulysse*. Quoique ces routes soient généralement fatigantes, le voyageur trouve toujours une sorte de compensation dans cette espèce de magie qui s'attache encore à tous ces noms.

ROUTE CIV.

DU CAP PASSARO AU CAP BOCO.

Passant par Sicle, fleuve.—Modica.—Ragusa, fleuve.—Frascolari, fleuve.—Chiaramonte.—Biscari.—Camarina.—Vittoria.—Drillo, Maraglio et Terranova, fleuves.—Terranova, ville et port.—Buttera. —Mazzarino.—Naufria, fleuve.—Alicata.—Salso, fleuve.—Girgenti.— Îles Pélasges.—Pantellaria, île.—Oppido.—La Grotte delle Stufe.— —Naco et Acraga, fleuves.—Siculiano.—Camaro, Platani et Calatabellota, fleuves.—Sciacca.—Corleone.—Carabi, fleuve.—Salinunte.— Terra de' Pulici.—Belice et Madiano, fleuves.—Campobello.—Arma, fleuve.—Mazzara.—Castel Vetrano.—Salemi.—Marsala.—Capo di Boco.—Gordonisi, Lesinello, Scoglio di Mezzo, le Formiche, Jonara, Porcelli, Favignana, Levanzo et Mareltimo, îles.

En suivant les bords de la *Sicile* que nous avons commencé à parcourir, et laissant derrière nous la mer Ionienne, nous traverserons le fleuve SICLE, nommé par quelques géographes *Scioli*, mais plus exactement *Xicli* (*Morthycanus*); puis, marchant au milieu de verdoyantes collines, nous arriverons à

MODICA (*Motuca*), belle et grande ville de plus de 26,000 habitants. Les Sarrasins l'appelèrent *Mohac*. C'est le chef-lieu d'un vaste comté, qui comprend plusieurs autres villes et bourgs de *Val di Noto*, dont aujourd'hui est investi le noble seigneur anglais *Charles de Fitz-James*, duc de *Berwick* et d'*Alba*. C'est la patrie du célèbre *Thomas Campacilla*, surnommé le poëte philosophe. Les édifices les plus intéressants de cette ville sont le *Château*, le *Palais du Gouvernement*, celui de la *Ville*, la *Cathédrale*, les églises collégiales de *St-Pierre* et de *Ste-Marie de Bethléem*, et quelques autres églises secondaires; le *Séminaire*, la *Commanderie* de l'ordre de *Jérusalem*, etc. Don Placido Caraffa a recueilli avec beaucoup de soin les mémoires historiques de cette ville. Nous recommandons au voyageur de visiter les grottes artificielles de la *Vallée de St-Philippe*; elles sont creusées dans le vif, et ont servi d'asile, selon toutes les probabilités, à une population dont on a perdu jusqu'au souvenir.

Il y a dans le voisinage sept petites îles, ou pour mieux dire sept rochers, qu'on peut visiter; mais elles n'offrent rien d'intéressant. En continuant notre route, nous traverserons le fleuve RAGUSA, dont un bras se nomme MAULO (*Hirminius*), puis l'autre fleuve appelé FRASCOLARI (*Oanus*), au delà duquel nous entrerons dans

CHIARAMONTE, petite ville située au milieu des montagnes, autour desquelles tourne la route qui se rapproche de nouveau du rivage. Au-dessus de *Chiaramonte*, on trouve une autre petite ville appelée

BISCARI, qui a le titre de principauté; au-dessous, après avoir traversé le fleuve CAMARINA (*Hipparis*, ou mieux *Acresis*), on rencontre

VITTORIA, petite ville située sur une colline, qui renferme environ 10,000 hab., dont le principal commerce consiste en soie et en miel. Cependant, pour suivre notre route, il n'est nécessaire de passer dans aucune de ces deux villes. Ce rivage est très-abondant en fleuves, et nous sommes obligés d'en traverser un assez grand nombre, comme le DRILLO (*Phthinthia*), le MAROGLIO et TERRANOVA (*Isponie*), pour visiter ensuite la ville nommée

TERRANOVA (*Heraclea*), qui a un port accessible pour les navires d'un petit tonnage, et qui compte environ 9,500 âmes de population. Plus loin, sur notre droite, on trouve

BUTERA (*Rucia* et aussi *Hubla minor*), beau bourg au delà duquel on monte à

MAZZARINO (*Martorium*, et, selon Alberti, *Mecarinus*). Mais, au lieu d'entreprendre cette courte excursion, nous suivrons la côte, nous traverserons le fleuve NAUFRIA, et nous arrivons à

ALICATA (*Gela*), ville de 13,000 habitants, qui fait un commerce très-actif de grains et d'autres productions territoriales. De là, traversant le fleuve SALSO (*Himera*), et suivant une route tortueuse au milieu des terres qui furent jadis les *Champs Gésiens* ou *Géloniens*, nous entrerons dans la célèbre ville connue sous le nom de

GIRGENTI (*Agragos* et *Agrigentum*), (*hôtels* : Badalamenti, del Piano-di-Lena), berceau du philosophe *Empédocle*, d'*Acron*, de *Créon*, de *Xénocrate*, et la résidence de la cruelle *Phalaris*. Quand elle fut assiégée par *Annibal*, elle contenait 20,000 habitants, tandis qu'aujourd'hui elle renferme à peine 12,000 âmes. Nous ne rappellerons pas ici les tristes vicissitudes auxquelles elle fut soumise, et nous nous contenterons de rechercher les traces de son ancienne magnificence. Nous devons au théatin *Joseph Pancrazzi* un ouvrage scientifique qui traite cette matière avec la plus grande clarté et le plus grand discernement. Les temples de *Minerve*, de *Jupiter Atabiras*, d'*Esculape*, d'*Hercule*, de la *Concorde*, de *Castor et Pollux*, et surtout le temple grandiose de *Jupiter Olympien*, qui est en partie contenu dans le moderne *Palazzo de' Giganti* (*Palais des Géants*), offrent encore des restes aussi curieux qu'intéressants (1).

(1) Curzius Inghirami a publié en 1820 une notice très-savante sur le temple de Jupiter Olympien.

Nous en dirons autant de la tombe du roi *Théron*, des *Sépulcres* creusés dans le roc vif et des *Aqueducs Phéaciens*. Mais ce qu'il y a de mieux conservé, c'est un sarcophage sculpté en marbre qui sert aujourd'hui de fonts baptismaux dans la cathédrale, et qu'on croit, par erreur, avoir renfermé la dépouille de *Phalaris*. Dans cette même cathédrale il y a aussi un écho très-remarquable, sur lequel on peut lire des observations très-judicieuses dans le 9ᵉ volume des *Mémoires de l'Académie de Turin*, p. 143.

Descendons maintenant de ces hauteurs jadis si célèbres, et, après avoir visité quatre petites îles situées devant GIRGENTI, indépendamment d'une autre plus grande placée devant ALICATA, qui toutes ensemble portent le nom de *Pélasges*, dénomination qui a aussi été donnée à quelques autres îles de cette côte, désertes pour la plupart, nous irons faire une excursion à l'île PANTELLARIA (*Cacyra*, *Paconia* et *Patalaria* chez les anciens). Cette île s'élève en face des quatre que nous venons de nommer, et présente un développement de 36 milles, peuplé d'environ 4,000 habitants. On y remarque deux grottes, dont l'une, extrêmement chaude, est appelée DELLE STUFE (*des étuves*); l'autre est si froide, qu'un vase d'eau s'y gèle en très-peu de temps. Les médecins tirent parti de la qualité particulière de cette eau. Il y a aussi dans cette île une citadelle qui sert de prison d'État. OPPIDOLO est le nom de la terre principale de cette île. Sur la ligne droite entre l'île *Pantellaria* et la rive opposée de *Sciacca*, sur un point appelé la *Secca del Corallo*, on voit un jet d'eau bouillonnante qui s'élève à une hauteur d'environ quinze palmes au-dessus du niveau de la mer et exhale une odeur de bitume. Au même endroit surgit, en 1831, une île volcanique qui présentait une base de deux milles et demi de circonférence ; elle avait deux montagnes, deux lacs et un ruisseau d'eau fumante. Sur la fin de la même année elle disparut de nouveau et s'abîma. Cependant elle fut visitée par de hardis navigateurs qui en prirent possession au nom du roi, et lui donnèrent le nom d'*Île Ferdinand*. Il ne serait pas surprenant qu'un jour elle reparût de nouveau, et même les naturalistes donnent d'excellentes raisons à l'appui de cette assertion ; d'autant plus que la terre de Sicile et la mer qui l'environne ont souvent donné le spectacle de semblables phénomènes.

Revenons actuellement à *Girgenti*, et, laissant derrière nous les fleuves Naco (*Narcum*) et Acraga (*Achragos*), nous entrerons dans

Siculiano (*Siculana*), ville de 4,500 habitants, au delà de laquelle nous traverserons les fleuves Camaro (*Hyspa*) et Platani (*Licus*); puis, saluant en passant les ruines de l'ancienne *Héraclée*, nous franchirons le fleuve Calatabellotta (*Cassius*), qui donne son nom à l'antique *Triogola* qui s'élève sur la montagne voisine, et nous irons nous reposer à

Sciacca (*Xecca* et *Thermæ*), patrie d'*Agathocle* et de *Fazzetto*, historien sicilien. Cette ville renferme environ 18,000 habitants. C'est un vaste entrepôt de grains; la ville renferme des bains sulfureux très-fréquentés, et une caverne qui répète plusieurs fois les sons comme l'écho de Syracuse. Les familles *Luoci* et *Pesalto*, qui rivalisèrent longtemps pour la domination de *Sciacca*, furent pour cette ville une source de malheurs. La *Cathédrale* de cette ville fut bâtie par *Juliette*, fille du comte *Roger*.

Une route creusée au milieu des montagnes, traversant plusieurs villages, et qui fut construite en 1480 par des réfugiés albanais, pourrait nous conduire à *Palerme*; mais comme nous voulons faire le tour de la *Sicile*, nous sortirons de *Sciacca*, et nous traverserons le fleuve Caraby (*Atys*), pour observer les ruines de

Salinunte, ville qui dut contenir des édifices gigantesques dans son enceinte, car les cannelures des colonnes brisées qui existent encore peuvent renfermer une personne dans leur concavité. En continuant notre route, nous devrons traverser encore d'autres fleuves, tels que le Bélice (*Hyspa*), le Madiano ou Mediona (*Selinus*) dont les eaux baignent le bourg de Campobello, et enfin le fleuve Arma, à l'embouchure duquel s'élève *Mazzara*.

Mazzara est une petite ville bâtie sur le rivage de la mer, qui donne son nom à l'une des trois vallées dans lesquelles la Sicile est divisée. Cette vallée commence à *Girgenti* et se termine à *Palerme*. *Mazzara* est entourée de murailles, défendue par un château, et renferme environ 8,000 habitants. Du temps des Normands, ce fut une ville riche, florissante et peuplée. Le comte *Roger* la choisit pour sa résidence, et elle fut ensuite le séjour du roi détrôné *Alphonse* et de la reine *Jeanne*, femme de l'infortuné *Ferdinand II*. La *Cathédrale* de *Mazzara* renferme quelques bas-reliefs d'un ciseau grec, et la noble famille *Grignano* possède un musée d'antiquités qui mérite d'être visité.

Au nord de *Mazzara* s'élèvent des montagnes escarpées, au milieu desquelles on trouve la route qui conduit à *Palerme*, en passant par CASTEL-VETRANO, qui est l'ancienne *Entella*, et par

SALEMI (*Semellium*), ville de 12,000 habitants. Au lieu de suivre cette route, nous prendrons celle qui longe la mer pour entrer dans

MARSALA (*Lilibœum*), belle ville à laquelle *Cicéron* a donné le nom de *Splendissima*. A cette ville appartient le CAP DE BOCO, c'est-à-dire l'antique promontoire de *Lilybée*, vers lequel nous nous dirigeons. *Marsala* fut jadis ruinée par suite des guerres puniques; sa forme actuelle est due d'abord aux Sarrasins et puis aux Normands. Ce fut du port de *Marsala* que partit *Scipion*, en l'an de Rome 548, pour se diriger vers *Carthage*. L'ancienne magnificence de cette ville est suffisamment attestée par les restes d'aqueducs et de tombeaux, par les statues et les autres antiquités qu'on y remarque. Nous engageons le voyageur à visiter un très-beau morceau colossal de sculpture grecque qui se voit dans le palais de la ville. Aujourd'hui cette ville ne compte guère que 20,000 habitants; elle fait un assez grand commerce de grains, d'huiles, de vins, de soude et de genièvre qui se récoltent sur son territoire.

Avant de pénétrer plus avant dans l'intérieur, donnons un coup d'œil aux petites îles qu'on remarque sur cette côte, quoique quelques-unes d'entre elles se trouvent à une certaine distance des lieux que nous avons visités.

Les trois petites îles situées entre l'embouchure du *Bélice* et la ville de *Mazzara*, et les trois autres qui s'élèvent entre *Mazzara* et *Marsala*, appartiennent à cette espèce d'archipel connu sous le nom d'*Iles Pélasges*, que nous avons

ROUTE 104. — DU CAP PASSARO AU CAP BOCO.

citées plus haut ; mais celles qui se trouvent entre le *Cap Boco* et *Trapani* ont leurs noms particuliers. Les plus voisines de la côte sont : 1° l'île de CORDONISI ; 2° les îles BURONE, au nombre de quatre, l'une desquelles est appelée LESINELLO, et l'autre SCOGLIO DI MEZZO ; 3° le FORMICHE, aussi au nombre de quatre, c'est-à-dire deux vis-à-vis la pointe de CESIMANA OU CAP DE ST-THÉODORE (*OEgytharsus*), et deux plus rapprochées de *Trapani*. L'une des deux premières est nommée MAL CONSIGLIO, parce que ce fut là que *Jean de Procida* et l'abbé *Palmerio de Trapani* tinrent les premières conférences d'où résultèrent les trop fameuses *Vêpres Siciliennes*. Ces dernières, et peut-être même toutes ensemble, furent appelées *îles OEgades* par les anciens. Dans ces environs, le consul *Claudius Pulcrus* perdit une bataille navale contre les Carthaginois, dont plus tard *Catulus Lutatius* tira une vengeance éclatante, à peu près dans les mêmes lieux, en détruisant la flotte d'*Annon*, et soumettant la *Sicile* entière à la domination romaine.

Il y a encore d'autres îles nommées JONARA, PORCELLI (*Osteodes*), *Asinelli*, etc. ; mais elles ont si peu d'importance, qu'il suffira de les avoir citées. Parmi toutes ces îles il en est cependant quelques-unes qui sont plus considérables, comme FAVIGNANA (*OEgusa*), qui a 15 milles de circonférence, et renferme deux forteresses, une maison de force et une population de 2,500 âmes ; LEVANZO (*Probontia*) et MARETTIMO (*Paconia* et *Sacra*, comme aussi *Hiera* selon quelques écrivains). Cette dernière est la plus éloignée, et abonde en miel excellent.

Nous reprendrons maintenant le chemin de terre sans toutefois nous éloigner du rivage, et autant que les routes tracées, qui du reste sont assez praticables, nous le permettront.

ROUTE CV.

DU CAP BOCO A PALERME.

Passant par Cap Boco.—Birgi et Acilino, fleuves.—Trapani.—St-Giuliano. — Cap St-Vito. — Baido et Inici, villages. — St-Bartolommeo, fleuve.—Egeste ou Segesta.—Sati, fleuve.—Calatafimi.—Alcamo.—Partanica ou Partanico.—Monreale.—Palerme.—Peregrino, mont.—Favorite.—Ziza.—Odivuzza, bourg.—Cura.—Capizzi ou Capaci, village.—Capo de Gallo et la Pointe dell'Uomo morto, promontoires.—Delle Femmine, île.

Au delà des fleuves BIRGI (*Acylius*) et ACILINO (*Acilius*), on arrive en peu de temps de *Marsala* à

TRAPANI (*Drepanum*). Le chantre d'*Énée* a donné de la célébrité à cette ville, dans laquelle il place le tombeau d'*Anchise*. Les historiens grecs et romains en parlèrent aussi comme d'une cité de quelque importance. De nos jours elle a encore de la réputation à cause des belles sculptures en ivoire et en corail qu'on y exécute, et plus encore à cause de la beauté des femmes en général. Le port est assez commode, et le *Palais Senatorio* est d'une architecture majestueuse. La population s'élève à près de 25,000 habitants. On monte ensuite sur la montagne voisine dite de S.-GIULIANO (*St-Julien*) (*Eryx*), où *Énée* trouva une si gracieuse hospitalité auprès d'*Alceste*, et où il éleva un temple à *Vénus*, qui prit le nom d'*Ericina* (1) à cause du lieu sur lequel il était construit.

Un peu plus loin s'élève le CAP S.-VITO (*Agatyrsus*), où commence la plage septentrionale de la *Sicile*. Mais notre route nous en tient à une assez grande distance, et nous conduit à travers les montagnes dans les villages de BAIDO et d'INICI. Au delà du fleuve de S.-BARTOLOMMEO (*Crinicus*),

---

(1) Tous les détails relatifs à l'histoire de cette montagne se trouvent consignés dans l'ouvrage de Leonardo Sammartano, intitulé : Essai historique, statistique, médical, botanique, sur le mont Erix, sa ville et les environs. imprimé à Palerme en 1726.

que nous devons traverser et côtoyer, nous visiterons les restes de l'antique *Egeste*, aujourd'hui Segeste, qui consistent en un magnifique temple et en un théâtre, situés sur deux différentes hauteurs; ils ont été restaurés sur la fin du siècle passé.

En revenant sur nos pas, nous traverserons le fleuve Sati (*Bathis*); et, laissant sur notre droite la ville de

Calatafimi, qui renferme 8,000 habitants particulièrement adonnés à l'agriculture, et dont l'église principale contient un superbe autel en mosaïque, nous arriverons à

Alcamo, autre ville de 13,000 habitants, bâtie dans une très-belle situation sur une colline. L'origine d'*Alcamo* est mauresque, ainsi que le démontrent ses tours et ses édifices. Elle fut en effet fondée dans le IX° siècle par le prince sarrasin *Alkamah*, dont elle prit le nom.

De nouvelles montées et descentes nous conduiront à

Partanica, aujourd'hui Partanico (*Parthenicum*), ville de 6,000 habitants, placée sur un sol très-fertile, d'où, gravissant diverses éminences, on arrive en peu de temps à

Monreale (*Mons Regalis*), qu'on aperçoit de loin à cause de sa position élevée. Elle est assez belle, bien bâtie, et compte environ 13,000 habitants. Parmi les magnifiques églises dont elle est embellie, il faut surtout observer la *Cathédrale*, dite de *Santa-Maria Nuova*, fondée par *Guillaume le Bon* en 1174, ainsi que le couvent contigu des *Bénédictins*, dont les archevêques *pro tempore* sont abbés. La grandeur de ce temple, le style de son architecture, la rareté des marbres, ses portes de bronze travaillées par le célèbre artiste pisan *Bonanni*, le St Jérôme du sculpteur *Antoine Gagini*, les sarcophages des deux *Guillaume le Bon* et le *Méchant*, et d'autres ornements précieux, font de cette église un des édifices les plus beaux et les plus somptueux de la Sicile. *Giovanni Luigi Lello* en a publié une description très-exacte, dont la meilleure édition a paru en 1702. Mais, depuis cette époque, cette église a été enrichie de nouveaux ornements précieux, parmi lesquels nous citerons particulièrement le *maître-autel*, tout en argent, que l'archevêque *Testa*, prélat non moins pieux que savant, y fit élever à ses frais sur la fin du siècle passé. Un incendie arrivé en 1811 causa à cette église de graves dommages; qui cependant ont été entièrement réparés, à l'exception de quelques tombes qui furent tout à fait détruites. Le monastère des Bénédictins, dont nous avons parlé, n'est pas d'un style grandiose; mais il possède dans son réfectoire une peinture très-remarquable, représentant *St Benoît* qui distribue du pain aux pauvres. Ce tableau est l'ouvrage de *Pietro Novelli*, natif de *Monreale*, peintre qui serait digne d'une plus grande renommée. On y voit encore un autre tableau de l'école de *Raphaël*, et une bibliothèque choisie qui fut considérablement augmentée par les soins du même archevêque *Testa*.

La route continue à se prolonger sur le rivage; mais, comme elle n'offre rien de particulier, nous prendrons un chemin plus court et tout aussi commode, qui nous introduira en très-peu de temps dans

PALERME (*Panormum*), (*hôtels*: d'Albion, de France, place de la Marine; del Pizzuto, de Londres, du Prince-de-Galles, même place: dans ces hôtels on peut avoir une chambre à alcôve et un cabinet, au deuxième étage, sur le devant, pour 4 carlins (1 fr. 80 c.); on peut dîner pour le même prix), ville capitale de l'île, et qui renferme une population d'environ 180,000 habitants (1). L'épithète de *Felice* (*heureuse*) a été donnée depuis longtemps à cette ville, à cause de sa beauté, de l'activité florissante de son commerce, de la fertilité du sol, de la sérénité de son ciel, de l'aménité de sa situation, de l'aisance et de la courtoisie de la plupart de ses habitants. Si le vent appelé *Scirocco* n'y soufflait pas, il n'y aurait sans doute pas au monde de pays plus sain que la *Sicile*. Son golfe n'est pas moins riant que celui de *Naples*; et cette couronne pittoresque que forment de loin autour d'elle le MONT PERREGRINO, le *cap Zafferano* et les collines de la *Bagaria*, semées çà et là de

(1) *Ouvrages à consulter*: Topographie de Palerme, par Scina, imprimée en 1816.—Guide instructif de Joseph Palermo, imprimé en 1819.—Itinéraire pour les rues et places de Palerme, d'auteur inconnu, publié en 1828 et 1827. Ces ouvrages sont les plus récents et les plus exacts; le voyageur peut les consulter sans crainte d'être induit en erreur.

jolies maisons de campagne, donnent à cette ville le plus joli aspect, et en rendent le séjour on ne peut plus agréable. Ses rues sont larges et longues : deux d'entre elles se coupent à angle droit dans le milieu de la ville, qu'elles partagent en quatre parties égales. L'une, appelée *Cassaro*, longue de 1,450 pas, large de 13 mètres, se prolongent parallèlement au rivage, depuis la porte *Antoniana* jusqu'à la porte *Maqueda*; l'autre, nommée *rue Neuve* ou de *Tolède*, a 1,200 pas de longueur; elle est plus large que la précédente, et s'étend depuis la porte *Neuve* jusqu'à la porte *Felice*. Ces deux portes sont elles-mêmes assez remarquables : l'une est embellie d'un arc de triomphe, et l'autre se fait remarquer par la noblesse de son architecture.

La *Place* est située précisément au point de rencontre des deux rues que nous venons de citer; elle est de forme octogone, entourée de belles maisons dont l'architecture se compose des trois ordres dorique, ionique et corinthien, artistement combinés; elle est ornée des statues de *Charles V*, de *Philippe II*, de *Philippe III* et de *Philippe IV*. Hors de la porte *Felice*, on trouve la belle promenade appelée la *Marina*, qui introduit dans une autre promenade dite de *Flore*. Cette dernière est un vaste *jardin public*, d'une rare beauté. A peu de distance de là il y a un riche *Jardin botanique* dans lequel les plantes exotiques croissent et multiplient sur leur sol natal.

Le *port de Palerme* est petit, mais commode, sûr et bien fortifié.

PLACES.—La place du *Palais-Royal* est vaste : elle est ornée dans le centre de la statue en bronze de *Philippe IV*, qu'entourent d'autres statues de moindre dimension représentant les vertus de ce prince.

La *place Marina* est aussi remarquable par son étendue. — La *place Pretoriana* se distingue par une fontaine admirable sous le rapport du dessin et des sculptures, quoiqu'il y ait beaucoup de bizarrerie dans la conception. — La place *St-Dominique* est ornée des statues en bronze de *Charles III* et de *Marie-Amélie*, son épouse, et d'une magnifique colonne qui soutient la statue en bronze de Notre-Dame. La façade de l'église *St-Dominique* forme aussi un des principaux ornements de cette place. — La *place de Bologni* présente aux connaisseurs une belle statue en bronze de *Charles V*, qui s'élève dans son milieu.

MONUMENTS RELIGIEUX. — Les églises de *Palerme* sont assez nombreuses et méritent toutes une attention particulière. La *Cathédrale*, bâtie sur la fin du XIIe siècle, est ornée de quatre-vingts colonnes de granit oriental qui soutiennent la voûte : le maître-autel est d'une grande richesse, et se distingue par une magnifique colonne de lapis-lazzuli d'une dimension extraordinaire. On remarque aussi dans cette église plusieurs mausolées de marbre blanc et de porphyre qui contiennent les cendres d'anciens monarques. Les artistes y admirent un bas-relief sculpté par *Villa-Reale*, élève de *Canova*. — Eglise *St-Joseph*. Elle est située sur la place *Vigliena*; elle renferme de hautes colonnes de marbre turquin, des marbres précieux qui embellissent le maître-autel, et une chapelle souterraine dont les ornements sont très-riches. — Des mosaïques, de superbes peintures et l'antiquité de sa fondation distinguent particulièrement l'*église de St-Siméon*, autrement dite de la *Martorana*. — Nous en dirons autant de l'*église S.-Matteo* (*St-Mathieu*) ou *dell' Anima* (de l'Ame), qui possède en outre une porte d'un style singulier. — L'*église S.-Giuseppe de' Teatini* est soutenue par un grand nombre de pilastres d'un seul morceau et d'une dimension énorme. La chapelle souterraine, dite *Capellone del Santo-Crocifisso*, mérite d'être examinée en détail. Cette église renferme en outre une fontaine dont l'eau est extrêmement fraîche et limpide. — L'église de *Jésus* se fait remarquer par le goût exquis de son architecture, par le mérite de ses peintures, la finesse des marbres et la grande richesse de ses chapelles. Le voyageur visitera en outre avec plaisir, 1° l'*église de St-Dominique*, dont l'orgue est d'une dimension étonnante et d'une singularité particulière; 2° l'église d'*Olivella*, dans laquelle il verra de bons tableaux et des stucs estimés; enfin l'*Oratoire du Rosaire*, les églises *St-Ignace*, *St-Philippe Neri*, *St-François de Paule*, *Ste-Thérèse*, *Ste-Catherine*, etc., qui renferment toutes de bonnes peintures ou des objets d'art curieux.

Nous recommandons surtout au voyageur de descendre

dans les *Catacombes*, dont l'entrée est dans l'église des *Capucins*, hors de la ville. Ces catacombes, creusées dans le roc vif, présentent un spectacle extraordinaire. On y conserve une grande quantité de squelettes que le jour des Morts on revêt des costumes qu'ils portaient de leur vivant. Ce spectacle, par sa nature, fait naître des sensations douloureuses, mais on n'en trouve d'exemple en aucun autre endroit.

PALAIS. — Les palais de *Palerme* sont nombreux et grandioses. Le *Palais-Royal*, près de *Porte-Neuve*, était autrefois une forteresse défendue par de nombreuses tours, dont il ne reste plus qu'une qui sert aujourd'hui d'*Observatoire astronomique*. Ce palais est la résidence du vice-roi. Il convient d'y visiter la *Chapelle de St-Pierre*, dont l'architecture, quoique gothique, est très-majestueuse ; elle renferme en outre des marbres précieux, de belles mosaïques et d'autres raretés.

Le *Palais Sénatorial*, devant lequel est la fontaine dont nous avons parlé plus haut, mérite aussi d'être examiné ; il possède deux statues antiques remarquables et plusieurs fragments de pierres grecques et romaines. Le *Palais de la Poste* est d'une architecture qui n'est pas sans mérite.

Parmi les palais particuliers, nous croyons que ceux des princes *Butera*, *Torremuzza*, et des ducs de *Gravina* et d'*Anjou*, méritent la préférence.

Palerme possède cinq *Hôpitaux*, une *Université*, un *Séminaire*, trois *Bibliothèques publiques*, plusieurs *Établissements d'éducation*, vingt-sept *Églises* principales, soixante-sept *Couvents* des deux sexes, quatre *Casernes*, deux *Théâtres*, deux *Monts-de-Piété*, et généralement toutes ces institutions que la civilisation moderne a introduites dans les grandes villes.

La *Pinacothèque*, à la fondation de laquelle a si puissamment contribué le prince de *Belmonte*, mort depuis peu ; le *Musée archéologique*, riche d'une abondante collection de médailles gréco-sicilienne, qui s'augmente journellement des objets rares qu'on découvre dans les fouilles exécutées sur plusieurs points de l'île, et enfin la *Fonderie royale*, sont des établissements qui n'ont rien à envier à ceux des grandes capitales de la presqu'île d'Italie.

Les environs de *Palerme* ne sont pas moins intéressants. En sortant de la ville par la grande route qui suit le rivage, nous passons près du *Lazaret*, et nous arrivons bientôt au pied du mont PERREGRINO, appelé par les anciens *Eratas*. Cette montagne eut quelque célébrité pendant les guerres puniques, après lesquelles elle tomba dans l'oubli et demeura presque inaccessible. Mais en 1624 on y découvrit dans une grotte le cadavre de la vierge royale *Ste Rosalie*. Cette sainte, fuyant les appâts trompeurs et dangereux de la cour de son père, vint se réfugier dans cette grotte, où elle mena une vie solitaire et contemplative. Son cadavre ayant été transporté dans la cathédrale de *Palerme*, tandis que la peste ravageait cette ville, ce fléau cessa tout à coup, ce qui fit déclarer *Ste Rosalie* protectrice de *Palerme*. Par suite de cette détermination, la grotte fut métamorphosée en une église dont l'effet est merveilleux. La route qu'on a pratiquée sur le dos de la montagne a coûté des sommes immenses; elle est appuyée presque en entier sur des arches solides en maçonnerie. On a aussi institué une fête annuelle qui se célèbre le 15 juillet; elle dure quatre jours, et attire à *Palerme* une foule de curieux. Ce jour-là, l'église qui renferme le corps de la sainte est illuminée par une si grande quantité de cierges, que les yeux ont peine à en soutenir l'éclat.

Au pied du mont *Peregrino*, on a planté, il n'y a pas longtemps, le *Parc royal*, dit la FAVORITE, dans lequel s'élève un palais bâti d'un style conforme à sa destination. Près de là on remarque la villa dans le goût chinois appartenant au prince *Vilcami*. Ses environs sont semés de jolies maisons de campagne, parmi lesquelles il faut citer celle du prince *Belmonte*, les jardins du prince de *Villafranca*, ceux du prince de *Butera*; mais ce qu'il y a de plus remarquable encore, ce sont les deux châteaux de style mauresque, dont l'un, appelé la ZIZA, s'élève dans le bourg d'ODIVUZZA, et appartient au prince de la *Scherra*; l'autre, nommé CURA, est situé sur la route de *Monreale*, et n'est plus aujourd'hui qu'une caserne de gendarmerie. Ces deux noms de *Ziza* et *Cura* sont ceux des fils d'un *émir*, qui les firent construire par leurs Arabes. La situation de ces deux édifices est admirable.

A huit milles de distance de *Palerme*, on trouve le village de *Carini*, que nous ne rappelons ici que parce qu'il fut jadis *Hyccara*, patrie de la célèbre courtisane *Laïs*. Un peu plus loin, du côté de la mer, est l'autre village appelé Capizzi ou Capaci (*Capinito*), où il convient que nous nous transportions pour aller ensuite sur le rivage de la mer visiter le Cap de Gallo, la Pointe dell'Uomo Morto (*de l'Homme mort*), deux petits promontoires situés au N.-O. de l'île, et la petite île delle Femmine, dans laquelle finit misérablement ses jours, en 1600, le fameux aventurier *Cotisone*, qui donna tant d'inquiétude à la cour d'Espagne en se faisant croire *Don Sébastien*, roi de Portugal, prince mort en Afrique. Le voyageur ne devra pas manquer aussi de visiter le couvent de *St-Martin*, qui, construit au milieu de montagnes escarpées, s'y développe avec une agréable symétrie. La bibliothèque, le cabinet numismatique, le musée d'histoire naturelle, le cabinet d'antiquités, sont des monuments qui ont acquis une grande réputation, grâce aux soins du P. *Salvator Blasi*, et qui méritent tout l'intérêt des amateurs des beaux-arts. Les peintures de *Novelli* que renferme l'église de ce couvent attirent justement l'attention. Les voyageurs trouveront en outre chez ces bons pères l'hospitalité la plus bienveillante.

Plusieurs routes partent de *Palerme* et conduisent dans l'intérieur de l'île. Bien qu'on y trouve plusieurs villes et plusieurs lieux qui aient de la célébrité, et dont il nous plairait de parler, nous n'entreprendrons pas ces voyages, parce qu'il faut toujours marcher au milieu de tristes montagnes, et que d'ailleurs les routes sont très-incommodes et les auberges fort mauvaises. Quoique les populations de ces montagnes se fassent remarquer par leur loyauté et leur franchise, nous sommes obligés de convenir qu'elles sont encore fort loin de la civilisation moderne. Il nous reste encore à faire un voyage fort agréable le long de la côte septentrionale, pour nous rendre à *Messine*, ou au *Phare*, d'où nous sommes partis. Par la même occasion nous dirons quelques mots des pays limitrophes qui nous paraîtront les plus dignes d'attention.

ROUTE CVI.

DE PALERME A MESSINE.

PAR LE LITTORAL.

Passant par Cap de Zaffarano.—Bagaria, village.—Ponterotto, fleuve.—Milicia.—Mandero.—Trabia, bourg.—St-Leonardo, fleuve.—Termini.—Polizzi.—Madoni et Nicosia, montagnes.—Torto et Fleuve Grande, fleuves.—Rocella, village.—Pilato, fleuve.—Cefalù.—Pollina, fleuve.—Tusa.—Caronia et Ste-Agathe, terres.—Furiano et Rosmarino, fleuves.—Naso, village.—Cap d'Orlando.—Patti.—Olivieria, fleuve.—Milazzo.—Castro Reale.—Voyages de Messine à Palerme—De Catania à Girgenti—De Messine à Syracuse.—De Syracuse au Cap Passaro.—De Palerme à Mazzara.—De Palerme à Catania.—De Syracuse à Girgenti.—Du Cap Passaro à Marsala.—Du Cap Passaro à Malte.

En laissant sur notre droite le CAP DE ZAFFARANO, appelé jadis *Buongiardino*, nous arriverons en moins d'une demi-heure à l'agréable ville de

BAGARIA (*Baccharium*), dans laquelle on remarque une très-grande quantité de maisons de campagne appartenant aux plus riches habitants de *Palerme*, dont les principales sont celles de *Butera*, *Palagonia* et *Valguarnera*; un peu plus loin vers la gauche, vous apercevez sur une éminence les ruines de l'ancienne *Solunta*, occupée jadis par les Carthaginois. Pop. 6,800 hab. Après avoir passé le fleuve PONTEROTTO (*Eleutherus*), et traversé les petites terres de MILICIA, de MANDERO, et enfin le bourg de TRABIA, on trouve au delà du fleuve de S.-LEONARDO (*Himera*) la ville de

TERMINI (*Thermæ Himeræ*). Elle fut détruite par *Annibal*, qui voulut venger la défaite essuyée par son frère *Amilcar*. Son nom ancien lui a été donné à cause de ses bains chauds, qui aujourd'hui sont encore très-fréquentés. Elle renferme 19,500 habitants, possède une bonne citadelle, un territoire très-fertile, de belles églises et plusieurs établissements utiles. De cette ville on peut aussi se rendre dans l'intérieur de l'île, mais la route est fort incommode.

POLIZZI (*Politium*) est une petite ville située sur le sommet des montagnes MADONI (*Nebrides*), avec une population de 5,300 habitants. NICOSIA (*Herbita*) s'élève à peu de distance. C'est une ville assez importante, dont la population s'élève à 12,000 habitants. Ces deux villes ont occupé une place assez importante dans l'histoire de *Sicile*.

En continuant notre route le long de la côte, nous rencontrerons encore deux fleuves, c'est-à-dire le TORTO (*Chemera*) et le FLEUVE GRANDE (*Hincera Septentrionalis*), et, après avoir quitté la *Vallée de Mazzara*, nous entrons dans celle appelée de *Demona*, pour arriver au village de

ROCELLA. Traversant ensuite le petit fleuve du même nom et celui nommé PILATO, nous entrons dans

CEFALU (*Cephalodium*), petite ville d'environ 9,000 habitants, avec port de mer. La *Cathédrale* renferme plusieurs anciennes mosaïques assez remarquables. Au delà de *Cefalù* on passe le fleuve POLLINA, on traverse les terres de TUSA (*Thissa*), de CARONIA (*Alæsa*) et de STE-AGATHE; on traverse les fleuves FURIANO et ROSMARINO (*Chyda*), on entre dans le village de

NASO (*Nasida* et *Nasis*); on salue en passant le CAP D'ORLADO (*Agathirium*), qui le domine à gauche, et enfin on se repose à

PATTI (*Pactæ*). Dans cette ville, qui ne renferme que 4,000 âmes, on voit encore la somptueuse *abbaye* fondée par le comte *Roger*, dans laquelle existe le tombeau d'*Adélaïde*, épouse de *Roger*. Cette ville possède quelques établissements utiles et de bienfaisance, parmi lesquels nous citerons de préférence le *Retiro delle Povere*. La colline qui fait suite à *Patti*, du côté de la mer, offre aux curieux un château délabré, bâti sur les ruines d'une partie de la ville de *Tindari*, jadis pillée par *Verrès*, ruinée plus tard par un tremblement de terre, et finalement ensevelie sous les eaux.

A quelque distance de cette colline, il faut traverser le fleuve OLIVIERIA (*Helium*) pour entrer dans la ville de

MILAZZO (*Mylia*), située sur la baie qui porte son nom. Cette ville a un assez bon port, et renferme environ 6,400 âmes. Son territoire est si fertile, que les anciens poëtes supposèrent qu'*Apollon* y tenait ses troupeaux. Elle est célèbre par la première victoire navale que le consul *Duillius* remporta sur les Carthaginois, et par la rencontre qui eut lieu dans ces mers entre les vaisseaux d'*Auguste* et ceux de *Sextus Pompée* qui furent dispersés et mis en fuite.

En face de *Milazzo* on voit les *îles Éoliennes*, que nous avons déjà visitées. A la droite de *Milazzo* s'élève

CASTRO-REALE (*Castrum Regis*), ville petite, mais riche, et dont la population s'élève à 11,200 habitants, qui fut jadis le séjour favori du roi *Frédéric II*, et dans laquelle on suppose que commença l'art de la versification italienne. De là jusqu'à *Messine* on ne rencontre que les informes débris de quelques monuments anciens, ou les funestes traces des éruptions du *Mont Gibello*.

DISTANCES

Entre les endroits principaux de la Sicile.

DE MESSINE A PALERME.

De Messine à Patti,	54 mil.	Report,	135 mil.
Cefalù,	59	Palerme,	20
Termini,	22		
	——		Milles, 155
A reporter,	135		

DE CATANIA A GIRGENTI.

De Catania à Palogonia,	24 mil.	Report,	56 mil.
Palazzo-Nuovo,	20	Girgenti,	30
Catenisetta,	12		
	——		Milles, 86
A reporter,	56		

DE MESSINE A SYRACUSE.

De Messine à Taormina,	30 mil.	Report,	55 mil.
Catania,	25	Syracuse,	41
	——		Milles, 96
A reporter,	55		

ROUTE 106. — DE PALERME A MESSINE. 815

DE SYRACUSE AU CAP PASSARO.

De Syracuse à Casibili,	8 mil.		Report,	20 mil.
Falconara,	12	Cap Passaro,		15
A reporter,	20		Milles,	35

DE PALERME A MAZZARA.

De Palerme à Alcamo,	35 mil.		Report,	76 mil.
Trapani,	24	Mazzara,		9
Marsala,	17		Milles,	85
A reporter,	76			

DE PALERME A CATANIA.

De Palerme à Solento,	12 mil.		Report,	69 mil.
Termini,	12	Ragalbuto,		7
Asinello,	15	Renis,		20
Donalta,	10	Catania,		8
S.-Philippo d'Argiro,	20		Milles,	104
A reporter,	69			

DE SYRACUSE A GIRGENTI.

De Syracuse à Noto,	11 mil.		Report,	63 mil.
Modica,	10	Alicata,		19
Chiaramonti,	14	Girgenti,		29
Terranova,	28		Milles,	111
A reporter,	63			

DU CAP PASSARO A MARSALA.

Du cap Passaro à Marza,	8 mil.		Report,	88 mil.
		Girgenti,		10
S.-Nicolo,	25	Siculiano,		10
S.-Maria Camerina,	8	Monte Vergina,		12
Luterina,	7	Sciacca,		8
Terranova,	12	Castel Vetrano,		15
Falconara,	8	Mazzara,		8
Alicata,	8	Marsala,		8
Monte Chiaro,	12		Milles,	159
A reporter,	88			

DU CAP PASSARO A MALTE.

La distance par mer est d'environ 60 milles.

ROUTE CVII.

Voyage dans l'ILE DE SARDAIGNE.

MOYENS DE LOCOMOTION. — C'est ordinairement de *Gênes* que partent les touristes qui veulent visiter cette île si intéressante pour l'antiquaire et le géologue. Un bateau à vapeur part régulièrement de *Gênes* pour *Cagliari*; trajet, 40 heures.

Notre ouvrage ne serait point complet si nous ne disions quelques mots de la *Sardaigne*, de la *Corse* et de l'île de *Malte*. Leur voisinage de la presqu'île d'Italie et l'idiome qu'on y parle peuvent avec raison les faire considérer comme appartenant géographiquement à l'Italie, quoique la seconde fasse partie du royaume de *France*, et que la troisième appartienne à l'Angleterre. Cependant, comme il y a peu de voyageurs qui aillent les visiter, nous nous bornerons à quelques notions générales, pour ne pas nous attirer le reproche de les avoir oubliées.

LA SARDAIGNE (*Ichnusa* et *Sardinia*), qui donne son nom au royaume situé dans la partie occidentale de l'Italie, renferme 520,000 habitants, sur une surface de 840 lieues carrées. Cette île, sous les Romains, comptait 42 villes; aujourd'hui à peine 10 méritent ce titre.

> Molto sarebbe l'isola benigna
> Più che non è, se, per alcun mal vento,
> Che soffi ivi, non fosse maligna,

dit jadis avec raison *Fazio Dagli Uberti* dans son *Dittamondo*, liv. III, chap. XII. Le sol en est effectivement très-fertile; il est arrosé par plusieurs fleuves, et principalement par l'ORISTANO, le FLUMENDASA, le CEDRA et le TURSA; mais son climat fut toujours insalubre sur divers points, ce qui a peut-être contribué au défaut d'industrie attribué à ces insulaires, quoiqu'on ne puisse nier qu'ils se sont montrés aussi actifs qu'intelligents dans la culture des grains et la pêche des thons. Depuis quelque temps, et surtout à partir du commencement de ce siècle, la sage prévoyance des rois sardes a tiré parti des immenses avantages que présente la *Sardaigne*, avantages que l'ignorance, la paresse ou la malignité leur tenaient cachés. Un sol favorable à toutes les productions, une chaîne de montagnes riches en mines métalliques et en sources minérales, plusieurs ports d'un accès sûr et facile, le port de *Cagliari* surtout, l'un des plus vastes et des plus sûrs de l'Europe, les dispositions et l'adresse des habitants de l'île, tout cela fera bientôt de la *Sardaigne* une île qui, par son importance, pourra soutenir la comparaison avec toutes les autres îles des mers d'Italie.

CAGLIARI (*Calaris*) est la capitale de la *Sardaigne*, la résidence du vice-roi et le siége d'un archevêché. Elle est bâtie sur le flanc d'une montagne, et domine le golfe auquel elle donne son nom. Elle possède un bon château, une université, un riche cabinet numismatique, un musée d'histoire naturelle abondamment fourni d'objets minéralogiques, de poissons et d'oiseaux originaires de l'île. Outre sa belle *Cathédrale*, cette cité renferme encore 38 *Églises*, 21 *Couvents*, une *Bibliothèque* de 16,000 vol., un *Théâtre*, et quelques restes de son antique splendeur. La population s'élève à environ 30,000 âmes.

A 160 kil. nord se trouve la ville de SASSARI (*Plumbium*, *Turris*, *Libysonis nova* et aussi *Saxaris*), qui est la seconde ville de la *Sardaigne*. Elle est construite dans une plaine vaste et fertile; elle est entourée de magnifiques promenades, et ornée d'édifices remarquables. C'est aussi le siége d'un *Archevêché*, d'une *Université*, et des magistratures secondaires. Ses bains célèbres y attirent beaucoup de visiteurs. Les édifices les plus remarquables sont le *Palais du Gouvernement*, celui de l'archevêque, la *Cathédrale* avec son beau portail; on y trouve encore 4 *Églises* paroissiales, 10 couvents d'hommes et trois de femmes, un *Séminaire*, un *Collège* de nobles, une bibliothèque de 15,000 vol. La population est de 28,000 habitants.

Les autres villes de quelque importance sont *Oristano*, sur le golfe de ce nom; commerce considérable de thons. Pop. 10,000 hab. *Bosa*, avec une antique cathédrale, et sa pêche de corail. Pop. 6,000 hab. *Alghero*; évêché, commerce de blé. Pop. 7,000 hab.

Nous ne parlerons point ici des villes secondaires ; nous citerons seulement quelques îles qui s'élèvent dans les environs des rivages sardes, comme : SERPENTARA (*Ficaria*), CORTELLAZZO, VASA, NORO, PALMA DE SALE, S.-PIETRO, ZAVARA (*Asiniara*), TOLARA, CERVIO, FIGO, etc. (1).

Un canal de trois lieues sépare la Sardaigne de la

CORSE (*Corsica* en italien, et *Cyrnus*, nom ancien). Cette île est beaucoup plus connue que la précédente, parce qu'elle est plus petite. Elle appartint tour à tour à tous les peuples navigateurs. Son histoire est du plus grand intérêt. C'est aujourd'hui un département de la France, à laquelle les Génois la vendirent en 1768. AJACCIO (*Urcinium* et *Adjacium*) et BASTIA (*Mantinum*) sont les villes principales. Après celles-ci, viennent CALVI (*Litus Cœciæ*), CORTE (*Cenestum*) et SARTENA. Une chaîne de montagnes traverse l'île du N. au S., et étend ses ramifications sur toute l'île; ces montagnes sont appelées en général *Frontogna* ; leurs sommités les plus élevées sont les suivantes : les monts ROTONDO, dell' OAO, del CAGNONE et le mont GROSSO (*Rhœtius*). L'île est arrosée par quatre lacs et par plus de vingt fleuves. Les *Golfes de S.-Fiorenzo*, de *Calvi*, de *Porto*, de la *Liscia*, de *Valinco* et de *Ventilegue*, sont autant de rades très-sûres pour les flottes les plus considérables. En Corse rien ne manque pour la subsis-

---

(1) Consultez les ouvrages suivants : Rifiorimento della Sardegna, de François Gelmetti, publié en 1776.

Zacologie minérale, du docteur Bertini, publiée à Turin en 1822.

Histoire de la Sardaigne, par Joseph Manno, publiée récemment.

Histoire des Amphibies, Poissons, Oiseaux et Quadrupèdes de la Sardaigne.

tance des habitants, qui sont au nombre d'environ 200,000. *Pascal de Paoli* et *Napoléon Bonaparte*, dont elle fut le berceau, ont donné à cette île une célébrité extraordinaire.

Plusieurs petites îles sans importance forment une couronne aux rivages corses.

Le voyageur qui de Paris veut aller directement à *Malte*, sans stationner dans les ports d'Italie, doit prendre les *steamers* de l'administration des postes, qui quittent *Marseille* le 4 de chaque mois; trajet en 72 heures; prix : 1res, 220 fr.; 2es, 132 fr.; nourriture, par jour, 6 fr. et 4 fr. Pour plus de détail, *voy.* pages 57 et 58.

ROUTE CVIII.

DE PARIS A MALTE.

MALTE (*Melite*), COMINO (*OEphestias* et *Lompa*) et GOZZO (*Cosyra*) tiennent plutôt à l'Afrique qu'à l'Europe, si on s'arrête à leur position géographique; mais cependant on y parle l'idiome italien, quoique mêlé d'une foule de mots arabes; c'est pour cela que nous les regardons aussi comme parties intégrantes de l'ancienne Italie. La population de ces diverses îles, prises ensemble, ne dépasse pas 100,000 habitants (1).

La capitale de cette île si petite et pourtant si riche de souvenirs historiques est

LAVALETTE. *Hôtels* : de Clarence, rue Royale; de Morrell, rue Forni; de Beverley, rue Ponente. Cette belle cité est bien fortifiée, bien percée, mais bâtie sur un terrain inégal. Parmi le grand nombre d'objets dignes de fixer l'attention du voyageur, nous citerons la *Cathédrale*, avec la belle toile

---

(1) Ouvrage à consulter : *Histoire de Malte*, précédée de la Statistique de Malte et de ses dépendances, par M. MIÉGE, ancien consul de France à Malte. 3 vol. in-8°, Paris, 1841.

de *Carravage* représentant la Décapitation de St Jean, et d'autres peintures également belles. Ensuite viennent le *Palais des grands-maîtres*, résidence du gouverneur; le *Port*, la *Bourse*, la *Bibliothèque* de 60,000 v., l'*Hôpital*, la *Douane*, l'*Évêché*, le *Palais de justice*, etc. On y remarque encore 19 *Églises*, 4 *Hôpitaux civils*, de belles *Casernes*, un *Jardin botanique*, un *Théâtre*, et beaucoup de belles peintures répandues dans les églises et dans des maisons particulières. Pop. 50,000 hab. La seconde ville de l'île se nomme

CIVITA-VECCHIA, à 8 kil. E. *Hôtel :* Griffiths. C'était la *Medina* des Sarrasins. Visitez la belle *Cathédrale de Saint-Paul*, dans le faubourg, la *grotte de Saint-Paul* et l'*église*, où se voit une belle statue en marbre de ce saint, par *Gaffa*; les *Catacombes*, plus vastes et aussi curieuses que celles de Rome. Pop. 5,600 hab.

FIN.

TABLE DES MATIÈRES.

Introduction.	1
Alpes (les).	13
Aperçu géographique, statistique et commercial.	7
Architecture. — Architectes.	29
Canaux.	13
Chemins de fer.	53
Commerce, industrie.	11
Courriers (service des).	43-49
Dépense en voyage.	4
Diligences (en poste).	50
Division actuelle et population.	9
Durée du voyage.	6
Etats pontificaux.	19
Graveurs.	30
Lombard-Vénitien (royaume).	12
Lucques (duché de).	17
Malles-postes (service des).	39-43-47
Messageries (service des).	45
Mesures itinéraires.	36
Modène (duché de).	16
Monnaies (tarif des).	32
Montagnes (hauteur des).	23
Mosaïque (artistes en).	30
Naples (royaume de).	21
Navigation à vapeur.	54
— sur les lacs.	59

Parme (duché de).	15
Peinture (exposé de la).	24
Peintres.	24
Police. — Passe-ports.	37
Postes (service des).	38
— (tarif des courses).	40
Produits agricoles.	10
Renseignements sur les diverses manières de voyager.	3
Saint-Marin (république de).	19
Sardaigne (royaume de).	14
— (île de).	14
Sculpteurs.	31
Sicile (royaume de).	22
Toscane (duché de).	18
Universités.	32
Vélocifères (service des).	44-49

TABLE ALPHABÉTIQUE

DES ROUTES.

Altorf à Turin, par le St-Gothard. 242
Ancône à Rome, par Lorette et Foligno. 674
Bari à Brindes. 768
Bari à Tarente. 770
Bellinzone à Lugano. 327
Bologne à Fano. 453
— à Florence, par Modène. 460
— à Mantoue. 549
— à Ravenne. 459
Briançon à Turin. 230
Cap Boco à Palerme. 804
Cap Faro au cap Passaro (Sicile). 785
Cap Passaro au cap Boco. 797
Cap Passaro à Malte. 816
Civita-Vecchia à Rome. 447
Fano à Ancône. 671
Fermo et Aquila à Sulmona. 691
Florence à Bologne. 543
— à Rome, par Pérouse. 563
— à Rome, par Sienne. 552
Gênes à Antibes, par Nice et le littoral. 226
— à Cagliari (Sardaigne). 816
— à Genève, par le Simplon. 226
— à Lucques, par la rivière du Levant. 222
— à Milan, par Novi. 229
— à Nice, par Asti, Cuneo et le col de Tende. 227
— à Nice, par Asti et Ceva. 228

Gênes à Turin, par Alexandrie.	229
Genève à Milan, par le Simplon.	154
— à Turin, par le Grand-St-Bernard.	237
Innspruck à Milan, par le col du Stelvio.	421
Lyon à Marseille, par la vapeur.	102
— à Turin, par Chambéry, route 3.	75
Mantoue à Bologne.	430
— à Brescia.	431
— à Trente.	432
Marseille à Gênes (voie de terre), par Brignolles.	194
Marseille à Nice, par la vapeur.	103
Milan à Altorf, par le St-Gothard.	318
— à Bologne, par Plaisance.	333
— à Berne, par Domo-d'Ossola.	417
— aux îles Borromées (lac Majeur).	297
— à Bologne, par Mantoue et Guastalla.	348
— à Bologne, par Mantoue et Carpi.	347
— à Coire, par le Bernardin.	326
— à Coire, par le Splügen.	319
— à Côme.	307
— à la Brianza.	314
— à Gênes, par Novi.	328
— à Genève, par le Simplon.	318
— à Monza, chemin de fer.	292
— à Munich, par Coire.	480
— — par Brescia et Innspruck.	589
— à Trente et à Bolzano, par Brescia.	429
— à Varèse.	306
— à Venise, par Crémone et Mantoue.	412
— à Venise, par Brescia et Vérone.	348
— — par Bergame.	349
— à Vienne, par le Stelvio et Innspruck.	418
— à Vienne, par Brescia et Innspruck.	419
— à Vienne, par la Ponteba.	428
Modène à Mantoue, par Carpi.	459
Naples à Bari, par Potenza.	761
— à Bari, par Foggia.	756
— à Messine et à Palerme, par la vapeur.	784
— à Policastro.	773

TABLE ALPHABÉTIQUE DES ROUTES.

Naples à Portici (chemin de fer). 780
— à Reggio de Calabre, par Cosenza. 776
Padoue à Trente. 433
Palerme à Messine, par le littoral. 812
Paris à Gênes, par Marseille, et navigation à vapeur. 188
— à Lyon, par Nevers et Moulins. 74
— à Lyon, par Auxerre et Autun. 62
— à Malte. 819
— à Milan, par Pontarlier, Lausanne et Vevey. 178
— à Milan, par Dijon, Genève, Sion, le Simplon. 151
— à Rome, par Marseille, Gênes, Civita-Vecchia. 445
— à Rome, par Milan et Florence. 448
— à Turin (Piémont), par Nice. 101
Parme à Mantoue, par Guastalla. 459
— à la Spezia, par Pontremoli. 458
Pesaro à Rome, par Foligno. 669
Pont-de-Beauvoisin à Turin, par le Petit-St-Bernard. 233
Ponteba à Venise. 442
Rome à Civita-Vecchia. 679
— à Naples, par Terracine. 680
— à Naples, par Piperno. 689
— à Naples, par Civita-Vecchia, et la vapeur. 690
Sulmona à Naples. 691
Tarente à Otrante. 772
Trieste à Salzbourg. 444
— à Venise, par Udine. 441
— à Vienne, par Lubiana et Klagenfurt. 443
Turin à Arona, sur le lac Majeur, par Romagnano. 255
— à Gênes, par Alexandrie. 248
— à Genève, par le mont Cénis. 259
— à Genève, par Chambéry et Annecy. 259
— à Milan, par Verceil et Novare. 260
— à Oneille, par Cherasco. 254
— à Plaisance, par Alexandrie. 258
Venise à Bellune. 435
— à Innspruck. 440
— à Milan, par Vérone. 435
— à Milan, par Mantoue. 435
— à Rimini, par Chiozza. 437

Venise à Rimini.	449
— à Trente, par Bassano.	436
— à Trieste, par Palma-Nuova.	438
— à Vienne.	434
Vérone à Venise.	432

TABLE ALPHABÉTIQUE

DES LIEUX REMARQUABLES CITÉS DANS LE GUIDE,

Avec les contrées auxquelles ils appartiennent.

A

Acerba, Naples.	697
Aci-Reale, Sicile.	786
Acquapendente, États R.	559
Acqui, Sarde.	250
Adda, rivière.	319-349
Adrienne, villa.	663
Aglié (château d').	150
Agosta, Sicile.	792
Ajaccio, Corse.	818
Aiguebelle, Sarde.	94
Airolo, Suisse.	246-247
Alassio, Sarde.	196
Alba.	250
Albano, États Rom.	681
Albenga, Sarde.	196
Albizzola.	198
Alexandrie.	251
Algaby (galerie d').	170
Alessano, Naples.	772
Algamo, Sicile.	805
Alghero, Sarde.	818
Alicata, Sicile.	799
Altamura, Naples.	767
Altorf, Suisse.	243
Alvernia, Toscane.	565
Amalfi, Naples.	764
Amsteg, Suisse.	243
Ancône, États Romains.	672
Ander, Suisse.	324
Andermatt.	245
Angera, Lombardie.	305
Annone, Sarde.	250
Anzano, Lombardie.	315
Aoste (val d').	235
— (ville de).	241
Aquila, Naples.	694
Arc (vallée de l'), Suisse.	92
Arcole, Lombardie.	361
Arezzo, Toscane.	565
Ariano, Naples.	758
Arona, Piémont.	175
Arsago, Lombardie.	398
Arsizio.	297
Arvier, Sarde.	237
Arquata, Lombardie.	361
Ascoli, États Romains.	692
Ariago, Lombardie.	366
Asti, Sarde.	250
Assina (val. d'), Lomb.	315
Assise, États Romains.	569
Atena, Naples.	777
Auletta.	766
Avella.	757
Avellino.	757
Averne (lac).	738
Aversa.	688

Avigliano, Sarde.	100	Bologne, Etats Romains.	545
Avise.	236	— (Pinacothèque de).	547
		— (Chartreuse de).	548
B		Bolsena (lac de), Toscan.	559
		Bolzano ou Botzen, Tyrol.	421
Bagaria, Sicile.	812	Borcetto, Parme.	458
Bagnes (val de), Suisse.	238	Borghetto, Sarde.	196
Baies, Naples.	739	Borghetto, Tyrol.	419
— (château de).	740	Borgoforte (château de),	
Balbanio, Lombardie.	311	Lombardie.	348
Baldo (mont).	356	Borgomanero, Sard.	258
Balladora.	426	Borgo-San-Donnino, Parm.	335
Baradello (château de).	312	Bormio, Lombardie.	425
Barletta, Naples.	760	Borromées (îles).	302
Bari.	761	Bosa, Sarde.	818
Barlissina, Lombardie.	308	Bosco (abbaye de).	252
Basciano, États Romains.	690	Boveret, Suisse.	157
Bassano, Lombardie.	433	Bout-du-Monde (ravin du).	91
Bastia, Corse.	818	Bozzolo, Lombardie.	414
Bâtie (château de la),		Bra, Sarde.	227-254
Suisse.	160	Braulio (montagne de),	
Baveno, Piémont.	173	Tyrol.	423
— Excursion de.	174	Brescia, Lombardie.	352
Bauli, Naples.	742	— (galerie de tableaux).	353
Belgirate, Sarde.	175	— (environs de).	354
Bellaggio, Lombardie.	311	— (habitants de).	355
Bellano.	319	Briançon, France.	231
Bellinzone, Suisse.	247-326	Brianza (la), Lomb.	294-314
Bellune, Lombardie.	434	Briatico, Naples.	779
Bénévent, Naples.	758	Brigg ou Brieg, Suisse.	163
Bergame, Lombardie.	350	Brindes, Naples.	769
— (habitants de).	351	Broni (château de), Lom-	
Berisal (auberge), Sarde.	166	bardie.	228
Bet, Lombardie.	321	Brissago, Suisse.	306
Bex, Suisse.	186	Buccino, Naples.	766
Biella, Sarde.	256	Buffalora, Lombardie.	263
Biscaglia, Naples.	761	Burone (îles), Sicile.	803
Biscari, Sicile.	798	Bussolino (plaine de),	
Bisignano, Naples.	778	Sarde.	99
Biltetto, Naples.	766	Busto, Lombardie.	177
Blonay (château de),		Butera, Sicile.	799
Suisse.	184	Byron (hôtel de), Suisse.	186
Bochetta (col de la),			
Sarde.	253	**C**	
Boignes (histoire de M. de)	81		
Bordighera.	195	Cagliari, Sardaigne.	817
Bolca, Lombardie.	361	Calatafimi, Sicile.	805

Cagli, Etats Romains.	670	ca, Naples.	775
Cairo, Sarde.	228	Castiglione, Lombardie.	431
Calcia, Lombardie.	349	Castro, Naples.	772
Caldiero.	361	Castro-Reale, Sicile.	814
Calvi, Corse.	818	Castrovillari, Naples.	777
Calvi, Naples.	696	Catane ou Catania, Sicile.	787
Camaldules, Toscane.	564	Catanzaro, Naples.	778
Campi, Naples.	773	Catinat (pré de), Suisse.	233
Campo-Basso.	695	Cattolica, États Rom.	456
Campo-Dolcino, Lomb.	321	Cava (la), Naples.	764
Camuccia, Toscane.	566	Cefalu, Sicile.	813
Canero, Sarde.	306	Cegliani, Sarde.	256
Cannobio.	306	Celano (lac de).	695
Cap Faro, Sicile.	785	Cellino, Naples.	770
Cap Passaro.	797	Centallo.	109
Cap St-Vito.	804	Cento, États Rom.	550
Capoue, Naples.	774	Ceriale, Sarde.	196
Capizzi, Sicile.	811	Cerignola, Naples.	759
Capo-di-Chino, Naples.	689	Cervère, Sarde.	227
Caprarola, États Rom.	562	Cesenatico, États Rom.	461
Capri (île de).	752	Césène.	455
Capua, Naples.	687	Ceva, Sarde.	229
Caravaggio, Lombardie.	349	Chailly, Suisse.	184
Carignano, Sarde.	110	Chambéry, Savoie.	79
Carini, Sicile.	811	Chambre (la).	95
Carmagnola, Sarde.	254	Chamouny (vallée de).	161
Caronno, Lombardie.	306	Champs Elysées, Naples.	743
Carpi, Modène.	347-431	Charmettes (excursion	
Carrara, Massa.	225	aux), Suisse.	84
Carybde (gouffre de).	785	Châtillon, Sarde.	241
Casalnuovo, Naples.	777	Cherasco.	229-254
Casal-Pusterlengo,		Chiana (vallée de la),	
Lomb.	333-513	Toscane.	564
Case-Nuove, États Rom.	677	Chiaravalle (chartreuse	
Caserta, Naples.	688	de).	294
Casoria.	697	Chiaramonte, Sicile.	798
Cassano, Lombardie.	349	Chiari, Lombardie.	349
Cassibili, Sicile.	794	Chiavenna, Lombardie.	320
Casteggio, Sarde.	228-259	Chiavari, Sarde.	223-445
Castellamare, Naples.	762	Chierasco.	250
Castel-Franco, Modène.	347	Chieti, Naples.	693
Castel di Sangio, Naples.	695	Chieri, Sarde.	249
Castellacio, Sarde,	255	Chillon (château de),	
Castel-Franco, Lombard.	436	Suisse.	185
Castel-Gandolfo, États R.	668	Chiozza, Lombardie.	437
Castelluccio (île), Sicile.	794	Chiuza.	442
Castello a Mare della Bru-		Chivasso, Sarde.	255-260

Cigliano, Sarde.	261	**D**	
Cimier (ruines de), Sard.	106		
Citta-Vecchia, Malte.	820	Dazio-Grande, Suisse.	247
Civita-Castellana, États Rom.	573	Dentecane, Naples.	757
		Dent-du-Midi, Alpes.	158
Civita-Lavinia,	681	Dent-de-Morcle, Alpes.	158
Civita-Vecchia, Rome.	446	Dervio, Lombardie.	319
Civita di Penne, Naples.	693	Desenzano.	356
Clarens, Suisse.	184	Desio.	314
Clavière, France.	231	Diano-Marino, Sarde.	196
Clusone (vallée de la), France.	232	Diroccamento (vallée du), Tyrol.	424
Codogno, Lombardie.	413	Doire (la), rivière.	236
Cgoleti, Sarde.	198	Domo-d'Ossola, Sarde.	173
Coire, Grisons.	325	Doria (gorge de la).	92
Col de Tende, Sarde.	108	Dovaine.	155
Colico, Lombardie.	320	Doveria (rivière).	170
Cologno.	311	Dovedro (vallon de).	172
Comacchio (vallée de).	438	Drafoi (vallée de), Tyrol.	422
Côme.	308	Duchessa, Naples.	766
— (lac de),	390	Durance (rivière).	231
— (navigation).	313		
Comino (île de).	819	**E**	
Conegliano, Lombardie.	439		
Copertino, Naples.	771	Eboli, Naples.	766
Cordonna (cascade de), Lombardie.	321	Echelles, Sarde.	77
		Ems, Grisons.	325
Cordonisi (île), Sicile.	803	Entremont (vallée de), Suisse.	237
Corigliano, Naples.	778		
Corrège, Modène.	343	Erba, Lombardie.	315
Corse (île de).	818	Ermitage de Notre-Dame-du-Sex, Suisse.	160
Corte, Corse.	818		
Cortone, Toscane.	566	Esa, Sarde.	195
Cosenza, Naples.	778	Este (château d'), Lomb.	416
Cossonney, Suisse.	179	Etna (mont), Sicile.	788
Costozza, Lombardie.	366	Euganei (monts), Lomb.	361
Coux (cascade de), Sard.	94	Evian, Suisse.	156
Crema, Lombardie.	413	Exiles, Sarde.	232
Crémone.	414		
Crevola (galerie de), Sar.	172	**F**	
Cumes, Naples.	741		
Cuneo ou Coni, Sarde.	109	Faenza, États Rom.	454
Curegio.	258	Faido, Suisse.	247
Curone (torrent).	255	Falconara (fleuve), Sicile.	796
		Falerno, Tyrol.	421
		Fallibrouk, Suisse.	244
		Fano, États Rom.	457

TABLE DES LIEUX REMARQUABLES.

Fariolo, Suisse. 173
Fasano, Naples. 769
Favignana (île), Sicile. 803
Feltre, Lombardie. 435
Fenestrelles, Sarde. 232
— (fort de). 233
Fenêtre (col de la). 233
Fermo, États Rom. 692
Ferrare. 550
Finale, Sarde. 197
Figline, Toscane. 564
Fino, Lombardie. 308
Florence, Toscane. 461
— Bibliothèque et musée. 463
— Palais Pitti. 477
— Muséum d'histoire naturelle. 499
— Monuments religieux. 500
Foggia, Naples. 759
Foligno, États Rom. 569
Fondi, Naples. 685
— (lac de). 685
Forli, États Rom. 455
Forlimpopoli. 455
Formiche (îles), Sicile. 803
Forno, Parme. 458
Fossano, Sarde. 227
Fossombrone, États R. 669
Fort-Arbre, Sarde. 241
Frascati, États Rom. 667

G

Gabbio, États Rom. 458
Gaëte, Naples. 686
Galerie dell' Acque-Rose, Lomb. 323
Galeries Rio de Peder, Stelvio. 424
Gallarate. 298
Gallinara, Sarde. 196
Gallipoli, Naples. 771
Gallivaggio, Lombardie. 321
Ganneto. 414

Ganther, Suisse. 167
Garegnano (la chartreuse de), Lombardie. 293
Garezzo, Sarde. 255
Garezzio. 229
Gattinara. 256
Gavi. 253
Gênes, Sarde. 199
— (palais de). 200
— (monuments religieux de). 208
— (établissements publics de). 214
— (théâtres de). 215
— (physionomie générale de). 218
— (renseignements divers sur). 220
— (moyens de locomotion de). 221
Genzano, États Rom. 681
Giornico, Suisse. 247
Giaveno, Sarde. 100
Giovenazzo, Naples. 761
Girgenti, Sicile. 799
Glis. 166
Glaciers (galerie des), Suisse. 168
Goito, Lombardie. 421
Gondo (vallée de). 170
— (village de), Suisse. 171
Goritz, Illyrie. 439
Gozzo (île de). 819
Gradisca, Lombardie. 439
Gravina, Naples. 767
Grosio, Lombardie. 426
Grossotto. 426
Grotte du Chien, Naples. 736
Grumo. 767
Guastalla, Lomb. 348

H

Herculanum, Naples. 743
Hospital (village), Suisse. 245

I

Imola, États Rom.	453
Im-Ried, Suisse.	244
Intra, Sarde.	306
Inverigo, Lombardie.	315
Inzago, Lombardie.	349
Ile-Mère (Isola Madre), Borromées.	305
Ile St-Jean, lac de Côme.	311
Ile-Supérieure ou des Pêcheurs, Borromées.	304
Isère (vallée de l'), Sarde.	92
Isola-Bella, île Borromée.	302
Isella.	171
Isola, Lomb.	322
Isernia, Naples.	695
Ischia (île d').	753
Itri.	685
Ivrée, Sarde.	242

L

Lac de Garda, Lombardie.	355
— (promenade sur).	356
Lac d'Orta, Sarde.	318
Lac Majeur (descrip. du).	298
— (navigation à vap. sur le).	300
Lagonero, Naples.	777
Laigle, Suisse.	186
Lainate, Lomb.	294
Lanciano, Naples.	694
Lans-le-Bourg, Sarde.	96
Lauria, Naples.	777
Lausanne, Suisse.	179
— (cathédrale de).	180
— (navigation à vapeur).	182
Lavagna, Sarde.	223
La Valette, Malte.	819
Laveno, Lombardie.	305
Lavey (bains de), Suisse.	187
Lavis, Tyrol.	421
Lecco, Lomb.	319
Lenno (promontoire de).	311
Lecce, Naples.	771
Leucade (promont. de).	772
Lentini, Sicile.	792
Leuck, Suisse.	162
Limone, Sarde.	109
Linterno, Lombardie.	294
Liro (vallée du).	321
Livourne, Toscane.	445
Livrogne, Sarde.	236
Loano, Sarde.	197
Locarno, Suisse.	305
Lodi, Lombardie.	413
Lomello, Sarde.	248
Lonato, Lomb.	355
Lorette, États Rom.	674
Lucera, Naples.	759
Lugano, Suisse.	327-328
Lugo, États Rom.	460
Luino, Lombardie.	305
Luperano, Naples.	773
Lurago, Lombardie.	315
Lyon, Rhône.	63
— (navigation à vapeur de).	69
— (musée de).	72

M

Macerata, États Rom.	676
Maddaloni, Naples.	697
Madonna-del-Monte (église de la), Sarde.	366
Magadino, Suisse.	305
Magenta, Lombardie.	263
Magliano, États Rom.	573
Majorie (château de), Suisse.	162
Mal de mer (conseil aux voyageurs sur le).	103
Mals, Tyrol.	421
Malte (île de).	819
Mamura, Naples.	686
Manduria.	773
Manfredonia.	759
Mantoue, Lombardie.	415
Marais Pontins, États Rom.	682
Maratea, Naples.	777

Marengo, Sarde.	252	Modène (édifices religieux de).	344
Maretimo (ile), Sicile.	803	— (mœurs de).	345
Marigliano, Naples.	757	— (excursions de).	346
Marignano, Lombardie.	412	Modica, Sicile.	798
Marino, États Rom.	668	Mola, Naples.	686-768
Marino-Valmotone.	690	Molaret, Sarde.	99
Marsala, Sicile.	802	Molfetta, Naples.	761
Marseille, France.	188	Molitelno.	777
— (musée.)	190	Moltrasio, Lombardie.	312
— (moyens de locomotion de).	192	Monaco (ancienne principauté de).	195
Martigny, Suisse.	160	Monastère (vallée de), Tyrol.	423
Martina, Naples.	769	Monopoli, Naples.	769
Massa (cap du duché de).	225	Monreale, Sicile.	805
Massa, Naples.	753-763	Montalban, Sarde.	195
Massico (mont), Naples.	687	Montaleino, Toscane.	558
Massongy, Sarde.	155	Mont-Albergian, Sarde.	233
Maurienne (vallée de).	93	Montcalieri.	249
Mazzara, Sicile.	801	Montefiascone, États Rom.	560
Mazzarino.	799	Monte-Fortino.	690
Meillerie, Suisse.	156	Monteleone, Naples.	779
Mentone, Sarde.	195	Montevarchi, Toscane.	564
Mesagne ou Messagna, Naples.	770	Mont Cénis (passage du).	97
Messine, Sicile.	785	— (poste du).	97
Milan, Lombardie.	264	— (hospice du).	98
— (places de).	265	Mont Genèvre.	231
— (monuments religieux).	266	— (passage du).	231
— (palais).	273	Mont Grenier.	92-93
— (établissements publics).	274	Mont Legnone, Lomb.	319
— (galerie de tableaux).	276	Monte-Monterone, Sarde.	173
— (théâtres).	278	Montebello, Lombardie.	361
— (habitants de).	282	Montepavano, Naples.	773
— (renseignements utiles).	283	Montepeloso.	767
— (chemin de fer).	285	Monticello.	685
— (panorama rétrospectif).	287	Monthey, Suisse.	158
Milazzo, Sicile.	813	Montmélian, Sarde.	93-232
Miranda (fleuve), Sicile.	794	Montreux, Suisse.	185
Mirandola, Modène.	346	Monza, Lombardie.	292
Modane, Sarde.	96	Morbegno.	427
Modène (cap. du duché de).	343	Moutiers, Sarde.	234
		Murgo, Sicile.	792
		Mysène (cap), Naples.	741

N

Naples.	697
— (histoire de).	698
— (statistique de).	701
— (places de).	704
— (palais de).	707
— (monuments religieux de).	711
— (musées, collections et bibliothèque).	718
— (musée Bourbon).	720
— (théâtres de).	726
— (commerce de).	728
— (renseignements).	729
— (environs de).	731
— (tarif des voitures et barques).	755
Nardo, Naples.	771
Narni, États Rom.	572
Naters (vallée du Rhône).	163
Nervi, Sarde.	223
Nettuno, États Rom.	684
Neumarkt, Tyrol.	421
Nicastro, Naples.	779
Nice, Sarde.	103
— (renseignem. sur).	107
— (environs de).	108
Nicosia, Sicile.	813
Nicotera, Naples.	779
Nocera, Naples.	763
Nocera, États Rom.	458-670
Nola, Naples.	757
Noli, Sarde.	197
Noto, Sicile.	796
— (port de).	797
Notre-Dame-des-Anges, États Rom.	569
Notre-Dame-des-Neiges (chapelle de).	98
Novare, Sarde.	262
Novi.	252
Novi, Lombardie.	347-431

O

Oleggio, ville sarde.	263
Oltava, Naples.	769
Oneglia, Sarde.	196
Orbe, Suisse.	178
Oristano, Sarde.	818
Ormea, ville sarde.	255
Oropa (sanctuaire d').	256
Orviette, États Rom.	560
Osimo.	674
Ossenigo, Lombardie.	419
Ostuni, Naples.	769
Otrante.	771
Oulx, Sarde.	233

P

Padoue, Lombardie.	366
— (université de).	373
— (ch. de fer de).	374
Padula (chartreuse de la), Naples.	766
Palerme, Sicile.	806
— (monuments religieux de)	808
— (palais de).	809
— (environs de).	810
Palestrine, ancienne Préneste.	666
Pallanza, Sarde.	306
Palma, Naples.	780
Palma-Nuova, Lombard.	439
Panaro, Modène.	347
Pantellaria (île), Sicile.	800
Parme (cap. du duc. de),	335
— (palais de).	338
— (séjour de).	341
Partanica, Sicile.	805
Pesaro, États Rom.	456
Passo-d'Orta, Naples.	759
Patti, Sicile.	813
Pausilippe, Naples.	734
Pavie, Lombardie.	329
— (chartreuse de).	295-330
Pélasges (îles), Sicile	860
Perlana (cascade de),	

Lombardie.	311	Pratolino.	543
Pérouse, États Rom.	567	Pré-St-Didier, Sarde.	236
— (vallée de).	569	Primaro, Lombardie.	438
Peschiera, Lomb.	355	Primolano, Lombardie.	437
Pestum, Naples.	774	Procida (île de), Naples.	755
Pettorano.	695	Pulzano.	772
Pietra, Sarde.	197		
Pietrasanta, Massa.	225	**R.**	
Pignerol, Sarde.	229	Racconigi, Sarde.	109
Piona, Lombardie.	319	Racconis.	150
Pino.	305	Radicofani, Toscane.	
Piperno, États Rom.	690	Rapallo, Sarde.	223
Pisciota, Naples.	775	Ravenne, États Romains.	449
Pise.	531		
Pistoja, Toscane.	541	Reggio, Modène.	342
Pizzighettone, Lombard.	413	Reggio, Naples.	780
Pizzo, Naples.	779	Reichnau, Grisons.	325
Plaisance, Parme.	334	Résina, Naples.	732-734
Plautia (tombeau de), Ét. Rom.	662	Reuss (vallée de la).	243
		Rhône supérieur.	
Pliniana (palais de), Lombardie.	311	— (navigation sur le)	75
		— (vallée du)	166
Poggibonzi, Toscane.	553	Rho, Lombardie.	177-294-297
Poirino, Sarde.	249	Ricello (canal de), Naples.	697
Polcevera (vallée de la).	253		
Policastro, Naples.	775	Riddes, Sarde.	161
Polignano.	769	Rimini, États Rom.	451
Polta.	777	Ripa-Transone.	692
Polizzi, Sicile.	812	Ripaille (chartreuse de), Sarde.	155
Pompéi (ruines de), Nap.	747		
Pont-de-Beauvoisin, Isère.	76	Riva, Lombardie.	320
Ponte-Alto, Sarde.	170	Rivoli, Sarde.	100-150
Pont-du-Diable, Suisse.	245	Rivoli, Lombardie.	361
Ponteba, Lombardie.	442	Robellante, Sarde.	109
Ponte di Bovino, Naples.	758	Rocca-Valoscuro, Naples.	695
Ponte-Maggiore, États R.	690		
Ponte di Mezzo, Tyrol.	424	Rocca-Raso.	695
Pontremoli, Parme.	458	Rochemelon (montagne), Sarde.	99
Popoli, Naples.	693		
Pordenone, Lombardie.	439	Rogliano, Naples.	778
Portello, Naples.	685	Romagnano, Sarde.	256
Portici.	732	Rome.	573
Porto-Maurizio, Sarde.	196	—(Aperçu de).	574
Potenza, Naples.	767	—Renseignements utiles.	658
Pouzzoles.	736	—(Environs de).	661
Prato, Sarde.	198	—Eglises. St-Pierre.	639
Prato, Toscane.	542	— —St-Jean de	

— Latran.	599	— —Temple de Vesta.	630
— —St-Luc.	592	— —Pont Ælius (St-Ange).	337
— —Ste-Croix-en-Jérusalem.	601	— —Mausolée d'Adrien, Château-St-Ange.	637
— —Ste-Marie-des-Anges.	608	—Palais Borghèse.	614
— —St-Louis des Français.	618	— —Farnèse.	635
— —St-Sébastien (basilique de).	626	— —Doria.	583
— —St-Paul (basilique de).	628	— —Ruspoli.	580
— —Ste-Sabine.	629	— —Braschi.	521
— —Ste-Marie-in-Trastevere.	632	— —Corsini.	634
—Musée du Capitole.	583	— —Sciarra.	582
— —Chiaramonti.	649	— —Venise.	583
— —Egyptien.	649	— —Sénatorial.	583
— —Pie-Clémentin.	650	— —des Conservateurs.	589
— —de St-Jean de Latran.	600	— —Pontifical.	607
—Bibliothèque du Vatican.	648	— —de l'Académie de France.	612
—Galerie de tableaux du Vatican.	654	— —Université.	613
—Monuments antiques. Colisée.	596	— —de la Chancellerie.	635
— —Panthéon.	615	— Place St-Pierre-au-Vatican.	638
— —Colonne de Trajan.	605	— —du Peuple.	578
— —de Phocas.	603	— —de St-Jean-de-Latran.	599
— —d'Antonin.	581	— —du Quirinal.	606
— —Forum.	591	— —Barberini.	610
— —Arc de Septime-Sévère.	592-624	— —d'Espagne.	612
— —de Constantin.	597	— —de la Minerve.	617
— —de Titus.	594	— —Navone.	620
— —Théâtre de Marcellus.	622	—Fontaine-Pauline.	632
— —Tombeau des Scipions.	625	— —de Pont-Sixte.	635
— —Thermes de Caracalla.	624	—Porte du Peuple.	578
— —Cirque de Romulus.	627	—Villa Borghèse.	612
— —Tombeau de Cécilia Métella.	627	— —Pamphili-Doria.	633
— —Pyramide de Caius Sestus.	628	Ronca, Lombardie.	360
		Rondissone, Sarde.	256
		Ronciglione, Etats Rom.	
		Rosarno, Naples.	779
		Rossa, Parme.	333
		Roveredo, Tyrol.	429
		Ruitor (glacier de).	352

S

Sala, Naples.	777
Salemi, Sicile.	802
Salerne, Naples.	765
Salinunte, Sicile.	801
Salle (la), Sarde.	236
Sallenche (chute de la), Suisse.	100
Saltine, rivière.	166
Samoggia, États Rom.	460
Santhia, Sarde.	256
Saponara, Naples.	766
Sardaigne.	618
Saronno, Lombardie.	293-307
Sarzana, Sarde.	224
Saseno (île de), Naples.	772
Sassari.	817
Saut-du-Moine (pont du), Suisse.	244
Savigliano, Sarde.	109
Savigliano, Naples.	758
Savignano, États Rom.	456
Sevone, Sarde.	198
San-Dalmazzo, Sarde.	109
Santa-Maria (mont de), Lombardie.	423-424
San-Remo, Sarde.	195
S.-Agata, Naples.	687
St-Ambroise, Sarde.	100
S.-Benedetto, Lombard.	347
St-Benoît.	430
St-Bernard (Grand-).	239
— (Hospice du).	239
St-Bernard (Petit-).	235
— (Hospice du).	235
St-Branchier, Sarde.	238
St-Cassano, Naples.	760
St Charles Borromée (statue de).	175
St-Elpidio, Naples.	689
S.-Felice, États Rom.	684
St-Germano (bains de), Naples.	736
St-George, Sarde.	100
St-Gingolph.	157
St-Giorgo, Naples.	773
St-Giuliano (mont), Sic.	804
St-Germain, Sarde.	234
St-Gothard (mont).	242
— (sommet du).	246
St-Jean-de-Maurienne, Sarde.	95
St-Julien, Naples.	689
Ste-Lucie (grotte de), Sarde.	196
St-Marciano (île), Sicile.	794
Ste-Marie-Majeure, Naples.	688
St-Marin (république de).	452
St-Michel, Sarde.	95
St-Maurice, Suisse.	158-234
S.-Pancrazio, Naples.	773
S.-Paolo (fleuve), Sicile.	791
St-Pierre, Sarde.	238
S.-Pietro-in-Galatina, Naples.	771
S.-Quirico, Toscane.	658
St-Remy, Sarde.	241
St-Thibaud-de-Coux.	79
St-Nicolas (plaine de).	98
Scarena, Sarde.	108
Scez.	234
Schalbet (galerie de).	167
Schams (vallée de), Suis.	324
Schon-Horn, mont.	168
Sciacca, Sicile.	801
Scylla, Naples.	780
Segesta.	805
Seminara, Naples.	780
Seravezza (carrières de), Modène.	226
Serra, Lombardie.	426
Sermoneta, États Rom.	690
Serravalle.	677
Servites (église des), Naples.	735
Sésane (vallée de), Sarde.	231
Sesto-Calende, Lomb.	176-298
Sestri di Levante, Sarde.	223
Sestri di Ponente.	198
Settimo.	255
Sezze, États Rom.	688
Sicile.	780

Sicile (division de).	783	Termignon, Sarde.	96
— (population).	784	Terni, États Rom.	571
Siciliano.	801	— (cascade de).	571
Sienne, Toscane.	554	Teramo, Naples.	603
— (mœurs de).	557	Terracina, États Rom.	683
Sierre, Suisse.	162	Terranova, Sicile.	799
Simplon (route du).	164	Tessin, rivière.	246
— (avis sur le).	165	Thonon, Sarde.	155
— (col du).	168	Thusis, Grisons.	325
— (hospice du).	169	Tiolo, Lombardie.	426
— (village du).	169	Tirano.	426
Sinigaglia, États Rom.	671	Tivoli, États Rom.	664
Sion, Suisse.	161	— (cascade de).	665
Solfatara (pont et lac de la), États Romains.	662	Tour de Peil (château de la), Suisse.	184
		Tour-du-Pin, Isère.	76
Soma, Lombardie.	177 298	Tour-Ronde, Suisse.	156
Somma, Apennins.	571	Tourbillon (château de).	162
Sommariva (palais de), Lombardie.	311	Tourtemagne.	163
		Tortona, Sarde.	258
Sommet-de-Prou, plaine, Sarde.	239	Torriglia, Lombardie.	311
		Torno.	312
Sondrio, Lombardie.	427	Tortone, Sarde.	332
Sorrento, Naples.	762	Tolentino, États Rom.	677
Sospello, Sarde.	108	Torre di Mezzavia.	681
Souvers, Suisse.	324	Torre de Confini, Napl.	685
Spandindig (pont de), Tyrol.	422	Tocco.	693
		Torre di Patria.	742
Spezia, Sarde.	224-445	Torre del Greco.	752
Splugen (col du).	333	Torre della Nunziata.	752
— (route du).	324	Torre dell'Annnuziata.	762
Spolette, États Rom.	570	Trani.	760
Stabbia, Naples.	747	Trapani, Sicile.	804
Stelvio (col du).	423	Trente, cap. du Tyrol.	420
Stradella, Sarde.	228	— (excursions de).	421
Stupinigi (château royal de).	148	Trevi, États Rom.	570
		Treviglio, Lombardie.	349
Superga (église de la), Sarde.	144	Treviro, Naples.	758
		Trevise, Lombardie.	436
Suse.	99	Trieste, Illyrie.	439
Syracuse, Sicile.	792	Trigola, Sicile.	801
		Trigento, Naples.	757
T		Trissalda ou Tripalda.	757
		Tropoa.	779
Taormina, Sicile.	786	Truffarello, Sarde.	249
Tarsia, Naples.	777	Termini, Sicile.	812
Teano.	696	Tuile, Sarde.	234

TABLE DES LIEUX REMARQUABLES. 839

Turbia. 195
Turin, Piémont. 110
— (places de). 112
— (églises de). 114
— (palais de). 120
— (musées de). 121
— (théâtres de). 127
— (université de). 127
— (visite aux collec. scientifiques de). 128
— (musée égyptien). 132
— (bibliothèque de). 133
— (établissem. de bienfaisance de). 137
— (promenades de) 139
— (commerce de). 140
— (renseignements). 141
— (voitures). 142
— (excursions). 144

U

Udine, Lombardie. 441
Urbin, États Rom. 452
Urnerloch (voûtes de), Sarde. 245
Urseren (vallée de). 245

V

Vado, port sarde. 197
Valence. 252
Valerie (château de), Suisse. 162
Vallée des neiges, Tyrol. 424
Vallée de St-Philippe, Sicile. 798
Vallette, Sarde. 238
Vallombreuse (monast.), Toscane. 564
Vaprio, Lombardie. 349
Varello, Sarde. 257
— (sanctuaire de). 257
Varenna, Lomb. 319
Varèse. 307
Varigotti, Sarde. 197
Varraggio. 198

Vault-Pennine. 240
Velletri, États Rom. 681
Venafri, Naples. 696
Venise, Lombardie. 375
— église St-Marc. 376
— bibliothèque. 382
— clocher de St-Marc. 384
— galeries. 385
— jardin public. 388
— arsenal. 388
— Acad. des beaux-arts. 390
— pont de Rialto. 393
— palais Manfrini (galerie du). 393
— Ste-Marie-des-Frari (égl. de). 397
— St-Roch (égl. de). 399
— St-Sauveur. 401
— Théâtre Fenice. 402
— St-Etienne (ég. de). 403
— palais Grimani. 405
— St-Jean et St-Paul (église de). 405
— monum. Colleoni. 407
— église des Jésuites. 407
— (dépense à). 410
— moyens de locom. 411
— bateaux à vap. 411
— passe-port. 411
Venosa, Naples. 758
Venzone, Lomb. 442
Verceil, Sarde. 261
Verolliey (chapelle de), Suisse. 160
Vérone, Lombardie. 357
Vésuve (mont), Naples. 731
Vevey, Suisse. 182
Vicence, Lombardie. 362
— (palais de). 363
— (églises de). 364
— (mœurs de). 365
Vicenza, Naples. 766
Vico. 762
Viège, Suisse. 163
Villa (lac de Côme), Lombardie. 311

Villa de la princesse de Galles, États Rom.	457	Viterbe, États Rom.	561
		Vittoria, Sicile	798
Villa St-Giovanni, Nap.	780	Voghera, Sarde.	228-332
Villafranca, Sarde.	195	Vogogna.	172
Villanova.	249	Volarni, Lombardie.	433
Villard-Dessous.	334	Voltri.	198
Villefranche.	249	Wasen, Suisse.	244
Villeneuve.	237		
Villeneuve, Suisse.	186	**Z**	
Vintimiglia.	195		
Virgile (tombeau de), N.	735	Zillis.	324

FIN DE LA TABLE.

Poitiers. — Imp. de F.-A. SAURIN.

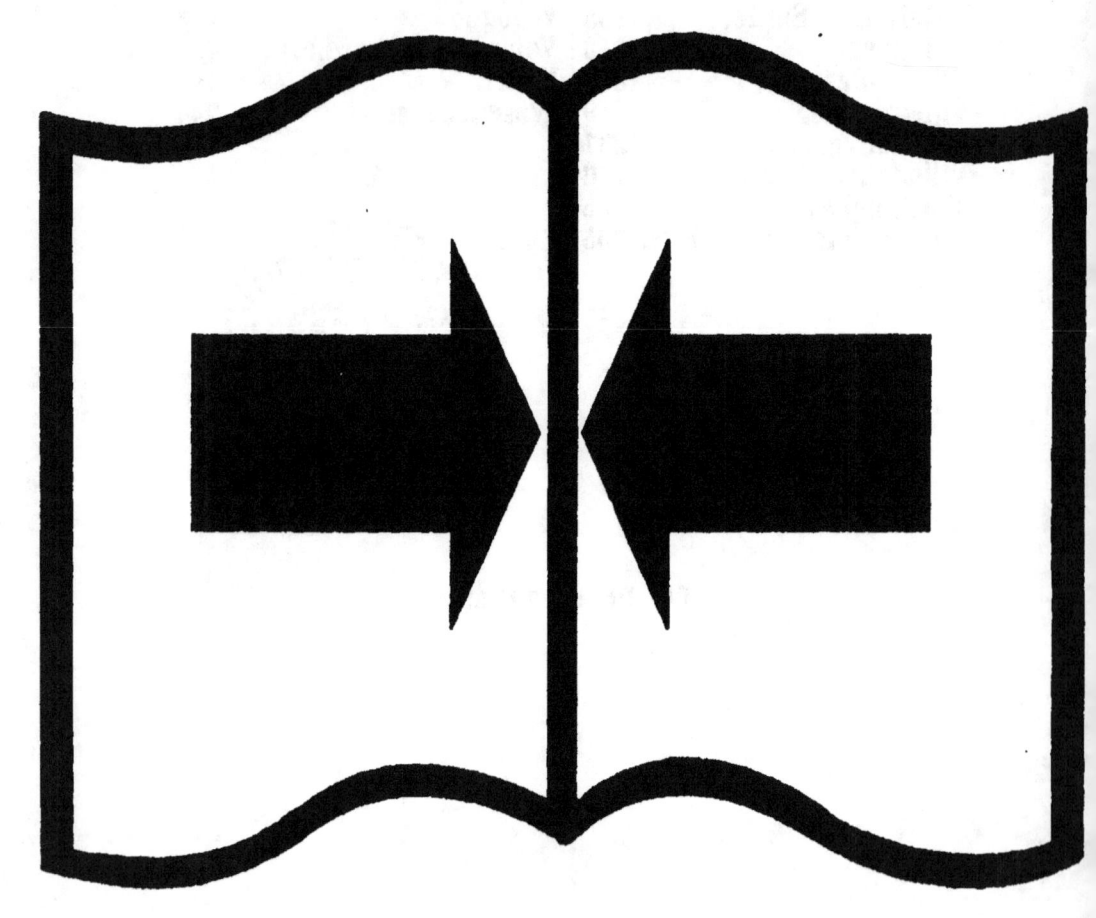

Reliure serrée

www.ingramcontent.com/pod-product-compliance
Lightning Source LLC
Chambersburg PA
CBHW071418300426
44114CB00013B/1296